國家古籍整理出版專項經費資助項目

清代進士傳録

（第一册）

朱 犇　宋苓珠　編纂

國家圖書館出版社

圖書在版編目（CIP）數據

清代進士傳録：全四册／朱鰲、宋苓珠編纂．— 北京：國家圖書館出版社，2019.3

ISBN 978-7-5013-6696-5

Ⅰ.①清… Ⅱ.①朱…②宋… Ⅲ.①進士—人名録—中國—清代 Ⅳ.① K827=49

中國版本圖書館 CIP 數據核字（2019）第 043198 號

書　　名	清代進士傳録（全四册）
著　　者	朱鰲　宋苓珠　編纂
責任編輯	于春媚　潘肖薔

出版發行	國家圖書館出版社（北京市西城區文津街 7 號　100034）
	（原書目文獻出版社 北京圖書館出版社）
	010-66114536　63802249　nlcpress@nlc.cn（郵購）
網　　址	http://www.nlcpress.com
排　　版	北京九章文化有限公司
印　　裝	北京科信印刷有限公司
版次印次	2019 年 3 月第 1 版　2019 年 3 月第 1 次印刷

開　　本	710×1000（毫米）　1/16
印　　張	139.5
字　　數	2428 千字
書　　號	ISBN 978-7-5013-6696-5
定　　價	980.00 圓

前　言

　　科舉制度在我國存在了 1300 多年。封建統治者需要大量有文化、懂禮教的人才，來充實全國各級政府，幫助他們治理國家，維護統治。而廣大百姓也盼望自己的子弟，經過十年寒窗苦讀，參加科舉，入仕做官，取得功名，光宗耀祖。在全國範圍內定期不分地區、民族、階層招收人才，按照統一的標準進行考核，既比較公平，又有大的空間，這種制度適應了政府和群衆的需求，因而能長期存在。

　　進士是從廣大群衆中千挑萬選出來的優秀人才，是民族的精英，也是歷史的傳承人。進士不僅是一種榮譽稱號，而且是當時的最高學位。歷史上才華橫溢的名臣大儒，許多都是進士出身，他們都是國家需要的棟梁。因此，每一個朝代都非常重視科舉考試，選派出重要的官員和博學多才的考官來主持。科舉入仕，一般要經過三級考試，即童試得秀才，鄉試得舉人，會試加殿試取進士。殿試由皇帝親自主持。每三年一屆，經過三級考試，淘汰率是很高的，大約兩千名左右秀才，纔有一人有幸中進士。

　　以武功建國的清統治者，在全國大部分地區還處於戰亂、立國還未穩的情況下，作爲軍事征服的輔助措施，他們采用了政府中一些漢族官員的建議，於順治二年（1645）在順天府首開了鄉試。第一次應考的秀才就有三千多名，這大大出乎清廷意料，他們看到了科舉對漢族知識分子的吸引力，隨後在順治三年（1646）又進行了首次會試，當年就錄取了三百七十三名進士。這使清廷體會到科舉對安撫士人、選拔人才、維護統治具有軍事征服所不可替代的作用。

　　按明制開科取士，達到了籠絡漢族知識分子、消解他們的反清情緒的目的，同時也使得大量士子從考場走向官場。十多年後的順治末年，清朝的統治開始進入比較穩定的時期。

　　清朝順治、康熙皇帝對漢儒思想已有認同，開始興文教、學儒學，使最初反對異族統治的漢族士人改變了態度，開始與清廷合作，但是二者目的還是不同，清皇帝是借孔孟儒家思想來加強對漢人的統治，而士子們認爲，一旦實現了皇帝們對儒家思想的認同，明朝雖亡，中華大地仍可繼續保持幾千年的理學儒風、孔孟之道，社稷永存。

從康熙皇帝幼年起，就有擁有着較高儒家思想造詣的漢族進士出身官員，如熊賜履、張玉書、湯斌、張英、李光地等人，爲他系統地進講四書五經和《資治通鑑》等儒家典籍。十多年後已成年的康熙，基本形成了以儒家思想爲主導的思想體系。在漢族進士出身的官員群體努力之下，將一個靠武裝騎射征服明朝而開國的少數民族的皇帝，培養成了具有漢儒思想、正統孔孟之道的統治者。

自此之後，清朝的每一位皇帝都承襲了儒學思想，都對科舉制度非常重視，使正統的漢文化得到保持發展。從順治三年到光緒三十年，二百多年間共舉行了一百一十二科，錄取了兩萬六千八百四十九名進士。這時大部分士子，已把科舉入仕當作進身的唯一途徑，把榮登進士作爲終身奮鬥目標，不少人爲此終其一生。據統計，清代考中進士最高年齡的，是嘉慶十三年（1808）三甲一百二十名進士王服經，時年八十五，特授檢討。另一名乾隆十七年（1752）徐文靖，年八十六，入試未中，賜檢討。還有一名江西南豐人趙宜韓，參加禮闈十二次未遇，二十六年後嘉慶十三年大挑任陝西韓城知縣。可見進士對於士人有多大吸引力。

清代共進行了一百一十二科，平均計算每一科錄取進士二百三十九名，但九朝每科所取進士平均數却有很大差別，順治朝共八科每科平均三百八十三名，而康熙和乾隆朝，每科平均纔取一百九十多名，爲什麼相差如此懸殊呢？雖然這和皇帝更迭、時局變化有關，但更重要的是清統治者把科舉當作控制漢士人的工具。當朝廷需要得到他們合作的時候，進士中額就高，當朝廷實行專制統治的時候，中額就低。如順治初年，爲了安撫漢族知識分子，消除他們的反清情緒，而且需要大量士人出身的官員來充實各級政府時，進士中額就高，順治十二年一科名額達到三百九十九名。而康熙中後期和乾隆年間，因有文字獄，爲了處分士子，錄取額年年下降，最低一年是乾隆五十八年（1793），僅錄取了八十一名進士，二者相差約五倍。而這時清代讀書人却在不斷增長，與錄取進士人數年年降低之間的矛盾比較突出，因此康熙、乾隆朝考取進士最難，所以這一時期，士人諷刺、攻擊科舉制度的文章最多。順治和光緒朝進士中額高，考取進士較易，言論就較平穩。

隨着進士入官人數逐漸增加，在文學藝術上創造了繁榮的局面，繼續保存和發揚了漢唐文化。康熙時期有大學士張玉書和王掞、狀元王式丹、趙熊韶和探花徐秉義、錢名世等共同編著的四百五十卷的大型類書《淵鑒類涵》；由大學士張玉書組織人員編纂，共收錄四萬七千多單字的《康熙字典》，這是第一部比較完善的字典；還有四百四十卷的大型辭書《佩文韻府》；還有由狀元彭定求參加編纂校刊的《全唐詩》，共收錄了四萬九千四百多首唐詩。比較突出的一個表現是成立了四庫館，從乾隆三十八年（1773）起，前後組織了三百多名大部分是進士出身的館員，由協辦大學士紀昀、左副督御史陸錫熊爲總纂官，纂修了《四庫全書》，共收書三千五百多種，七萬九千三百多卷，分經、史、子、集四部，故名四庫，內容極爲廣泛，共繕寫七部，起到了保存和整理乾隆朝以前文獻的作用。（雖然《四庫全書》保存了中國古代許多典籍，但是應該指出在編修《四庫全書》的二十多年時間裡，乾隆皇帝曾三令五申令全國藏書家收集民間所藏典籍珍品，對這些書籍經過嚴格審查，凡是有斥責金朝元朝的，和對滿蒙和女真不利的文字都予以銷毀。據傳共查禁銷毀了約三千多種、十多萬部典籍珍品。同時民間因擔心牽連"文字獄"，自行銷毀者不計其數。後人稱"清朝修《四庫全書》而古書亡矣"，給中國古籍造成不可估量的損失）。再有嘉慶年間由大學士董浩與徐松編纂的《全唐文》，共收錄了唐代三千多名作家的兩萬多篇文章。再有由光緒朝大學士徐世昌組織人員編著的大型清人詩集《晚晴簃詩匯》，共收集了清代六千一百家詩人的四萬七千多首詩；徐世昌還編纂了《清儒學案》，比較全面地保存了清代文學家的作品和詩集。

　　清代進士出身的書法家、畫家更是不勝枚舉。清初的畫家王原祁和其祖父王時敏，族兄王翬、王鑒一門四人都是名畫家，還有乾隆時期的大畫家鄭板橋。進士出身的書法家也比比皆是，首推康熙年間的何焯，次爲姜宸英、趙大鯨。再有，進士出身的藏書家、刻書家、考據家、史學家就更多了。這些人的作品，都爲後人留下了非常豐富寶貴的財富。

　　值得一提的是清代所發生的文字獄之害。清代是歷史上文字獄最頻繁、最嚴重的朝代。受害者大部分是進士。從順治四年（1647）的"函可案"到光緒二十九年（1903）的"蘇報案"，二百六十多年共發生了一百五十多起，其中康熙、雍正、乾隆三朝最多最嚴重。如康熙二年（1663）的"明史案"，牽連到幾十家，有千人之多，無論男女老幼盡皆入獄，定案後被處死七十多人，慘不忍睹。雍正朝的"錢名世案"，祇是因爲在年羹堯青海平叛凱旋後，錢寫詩稱頌年，後來年羹堯獲罪，雍正帝把錢名世當作漏網年黨，按"悖逆"之名定爲死罪。但雍正同時認爲錢是一甲進士，是全國聞名的才子，殺掉他其文名尚存，不如將其樹爲"理學罪人"，所以賜榜書"名教罪人"，命懸匾於中堂，每月由常州知府、武進知縣親往審視，不懸挂則治罪，并命所有京城官員，上至大學士、下至知縣都作詩諷刺錢氏，共三百八十五首，讓他自己出資刊印，并發往全國府州縣，讓他活着接受精神折磨。再有雍正八年（1730）的"徐駿案"，祇因發現徐駿詩中有"清風不識字，何必亂翻書"等字句，就定爲"悖逆狂妄、罪不容誅"處斬。之後的乾隆朝是清代文字獄發生最多的時期，共有一百三十多起。乾隆二十年（1755）"胡中藻"一案，因胡寫詩攻擊政敵張廷玉，趁此機會乾隆派人密查胡中藻詩集，摘其詩中有"一把心腸論濁清"等"悖逆之語"而定罪，將其斬首示眾。在這起文字獄中，乾隆帝既打擊了大學士張廷玉一派勢力，又徹底清洗了大學士鄂爾泰一派勢力。此案使許多進士出身的官員受到牽連，成爲專制政治的受害者。

清代兩萬六千多名進士，對清代的政治思想領域、科舉制度、文學藝術、文化教育、財政經濟、國防軍事和工農業生産等各方面的社會進步改革和發展，起到了很大作用。

本人編纂這部《清代進士傳錄》的目的，是向讀者提供清代兩萬多名進士的簡歷及其一生作爲，希望對瞭解、研討清代科舉制度和進士的作用有所助益。同時本人也有承繼先祖父遺願之想。因爲我們海鹽朱氏，在清代從順治六年（1649）第五世祖朱挾鏶，到光緒二十四年（1898）第二十一世祖朱彭壽，共有十一人考中進士，其中道光六年（1826）第二十世祖朱昌頤曾中第一名狀元。這也是海鹽朱氏的榮譽。先祖父朱彭壽，光緒二十四年中二甲第十一名進士，三十二年（1906）纍遷陸軍部左丞，宣統三年（1911）官至典禮院直學士，二品頂戴。民國後，於1918年任北洋政府秘書長幫辦，1928年卸職家居。1931年應徐世昌之約參與編纂《清儒學案》一書，該書粗就後由祖父總其成。1950年3月卒於北京，終年八十二歲。先祖父從二十多歲任內閣中書起，公退多暇，常以文自娛，一生躋

從北京國子監孔廟進士題名碑上拓下的光緒二十四年戊戌科進士碑拓片，其中二甲十一名進士朱彭壽即編者祖父

身仕途三十多年，期間共編寫了二十多部著作。這些書稿大都没有出版。

　　1993 本人退休後，得知祖父的書稿已由叔父捐贈給上海圖書館保存，後我將尚存的十六部原稿全部複印了回來，開始整理出版工作。先將已基本成書的《皇清紀年五表》《皇清人物通檢》和《皇清人物考略》等三部有關清代人物史料的書稿，與《古今人生日考》合并，以《稿本清代人物史料三編》外一種爲名，交北京圖書館出版社（今國家圖書館出版社）影印出版。之後相繼整理改編了《清代人物大事紀年》和《清代大學士部院大臣總督巡撫全録》二書，仍由北京圖書館出版社出版。

　　在整理以上書稿時，看到這些著作中已收録了約七千多名清代進士的不完整史料，從中猜想祖父一定很想將清代進士史料收齊，這使我萌發了編纂一部《清代進士傳録》的想法。那時我已七十三歲，雖然知道要收齊清代兩萬六千多名進士的簡歷，難度一定很大，但目前清代進士録的整理還有所欠缺，所以我覺得編纂一部《清代進士傳録》是很有必要的。衡量了一下自己的身體情況，那時還精力較足，很有信心"十年磨一劍"，爭取完成這一艱巨任務。

編者（前排右一）1939 年八歲時，與祖父朱彭壽和諸兄弟的合影

　　從 2005 年算起來已經過去十二個年頭了，本想把本書編得更完善些，如今本人年歲已高，體力、眼力都不如以前，書中還有很多不足之處，我已盡力了，基本完成先祖父的遺願了。由於本人水準所限，錯誤和遺漏之處一定很多，敬請讀者見諒，多多批評指正。

朱鰲　2017 年 8 月於北京

時年八十五

整理説明

★清代二百多年共兩萬多名進士，都曾擔任過從中央到地方各級政府的領導職務，他們從政治、經濟、文化和思想上，對當時社會都很有影響。本書主要以人員簡歷爲主，祇介紹進士的姓名、字號、籍貫、生卒年、科第、任職、封爵、獎懲、謚號、著述等。這些都是歷史固有的，不能改變的，因此本書祇能按照歷史史料，如清代省府縣志等文獻摘抄，進行編纂。對他們一生的功過是非，本書不做更多評價。

★清代進士的人數，各種書中有不同記載，可能是有些人把中試後未經殿試的人都計算在內，或者把翻譯進士和欽賜編修、檢討都列入進士中所致。本書最初是從先祖父朱彭壽所編《稿本清代人物史料三編》一書所收錄的七千四百多名清代進士，按清代十朝前後順序開始編纂的，之後參閱了《清史稿》《清史列傳》和清代省、府、縣志，得到了大量進士補充。但由於有些書中所列進士有科年甲第名次，有些書中沒有名次，這樣就無法排列進士的名次。後來購得《明清進士題名碑錄索引》一書，得以對照該書將進士按甲第全部排列下來進行編纂。2007年中華書局出版了《清朝進士題名錄》，其與《明清進士題名碑錄索引》在進士人數和排名順序上有所不同，所以又對照《清朝進士題名錄》一書的進士人數和排名順序進行了調整，對不同之處都做了注明。本書共收錄清代一百一十二科經過殿試的進士，總人數爲兩萬六千八百四十八名（這裏也包括欽賜進士，但都有名次），另有一名欽賜進士雍正二年（1724）張泰基，是沒有列名次的，所以是兩萬六千八百四十九名。

★清代二百六十多年間全國行政區劃有很多變化，如清初湖廣省後來改爲湖北省、湖南省。江南省改爲江蘇省、安徽省。陝甘省改爲陝西省、甘肅省、新疆省、青海省。奉天省改爲奉天省、吉林省、黑龍江省。各省府、縣的變化更多，如四川的遵義府，改爲貴州遵義府，直隸與山西、河南、山東之間，府、縣變化也很多，這樣就有許多人出生時爲直隸人，後來變爲河南、山東、山西人。任職變化又如順治朝是直隸濬縣，乾隆朝變爲河南潯縣，等等。望讀者閱讀時注意。

★清代各省地名重名的也很多，初步統計有五十多縣重名。其中在四川、廣西、河南、江西四個省都有新城縣、永寧縣。在不同三個省都有新安、太平、長樂、西寧、長寧、懷遠、永安七縣。有些府縣志中未標明其出生或任職在哪一省，因而無法確認。

★有些進士有好幾個名字，有原名、榜名、改名、以字行，還有復姓等。這樣立目就有些麻煩，如：順治六年（1649）三甲第九名進士鄔景從（榜名周景從，復姓）立目爲鄔景從；順治十八年（1661）三百零一名進士朱彝（原名莊洪彝）立目朱彝；又康熙二十七年（1688）二甲第二名丘昇（榜名丘昇，復姓查）立目爲查昇；又康熙六年（1667）二甲十四名陸菜（原名陸進枋）立目陸菜。這種情況很多，立目名和榜名、原名、改名都不同，有時姓也不同，請讀者注意可在括注中查找。在進士姓名索引後編有進士異名對照表，以便於讀者查找。

★本書中進士的字、號，都是參閱府縣志和各種文獻抄錄下來的，但有時同一名進士，在幾種書中其字、號差別很大，有的是字號相換，有的音同字不同。本想參閱比較有影響的書對照一下，但許多有關書中，同一人前後字、號也不同。最後筆者祇能隨第一次參閱書中人的字、號錄入，可能錯誤很多，僅供讀者參考。

★本書中各進士所任職務大部分都參閱府縣志，這些府縣志中由於沒有標明其任職時間，尤其是同級間調動，如：道員、知府、知州、知縣、主事等，同級間調動不標明時間就很難確定其任職先後次序，哪個是先任，哪個是後任，所以書中有些同級間調動，前後次序可能有錯誤，這種情況很多。

★許多進士都出任過鄉試、會試考官和學政。這些任職，本書主要是參閱《清秘述聞三種》和《清代職官年表》二書，但在任職的時間和省份上，發現二書有差別，尤在順治末年至康熙中期湖廣學政任職上，二書相差較大，對有區別的情況，本書都有注明。

★本書由於收錄人員較多，所收錄的進士史料，都是從清代近千部府縣志中轉錄而來，清代又經過太平天國等各種戰事，很多府縣志在戰事中被毀，所以會有許多遺漏和錯誤，爲了準確起見，凡高級官員的任職都用《清代職官年表》一書核對；凡御史都與《清代御史題名》一書核對，有疑問則加以注明。但道員以下官員祇能全靠抄錄府縣志中的史料錄入。

★本書中人物的年齡都按歷史上的虛歲計算，即出生年就算一歲。凡能查出農曆出生時日已過了公曆 12 月 31 日時就加一歲計。如光緒二十六年農曆十一月十一日（公元 1901 年 1 月 1 日）出生，相比農曆光緒二十六年十一月十日（1900 年 12 月 31 日）出生，就應加一歲。

★本書中人物籍貫均按清代地名，未對應今地名。

★本書中人物生卒年，或在人名後括注，或隨文敘述，不作統一處理。

朱　鰲

2017 年 8 月於北京

時年八十五

總目録

順治三年（1646）丙戌科……………………………………………… 一

順治四年（1647）丁亥科……………………………………………… 三〇

順治六年（1649）己丑科……………………………………………… 五三

順治九年（1652）壬辰科……………………………………………… 八四

順治九年（1652）策試滿洲進士壬辰科……………………………… 一一二

順治十二年（1655）乙未科…………………………………………… 一一五

順治十二年（1655）策試滿洲進士乙未科…………………………… 一四五

順治十五年（1658）戊戌科…………………………………………… 一四八

順治十六年（1659）己亥科…………………………………………… 一七三

順治十八年（1661）辛丑科…………………………………………… 一九九

康熙三年（1664）甲辰科……………………………………………… 二二四

康熙六年（1667）丁未科……………………………………………… 二三八

康熙九年（1670）庚戌科……………………………………………… 二四九

康熙十二年（1673）癸丑科…………………………………………… 二七〇

康熙十五年（1676）丙辰科…………………………………………… 二八二

康熙十八年（1679）己未科…………………………………………… 二九七

康熙二十一年（1682）壬戌科………………………………………… 三〇九

康熙二十四年（1685）乙丑科………………………………………… 三二三

康熙二十七年（1688）戊辰科………………………………………… 三三六

康熙三十年（1691）辛未科…………………………………………… 三四八

康熙三十三年（1694）甲戌科………………………………………… 三六〇

康熙三十六年（1697）丁丑科………………………………………… 三七三

康熙三十九年（1700）庚辰科………………………………………… 三八四

康熙四十二年（1703）癸未科………………………………………… 四〇六

康熙四十五年（1706）丙戌科……四一九

康熙四十八年（1709）己丑科……四三九

康熙五十一年（1712）壬辰科……四六〇

康熙五十二年（1713）癸巳恩科……四七五

康熙五十四年（1715）乙未科……四九〇

康熙五十七年（1718）戊戌科……五〇三

康熙六十年（1721）辛丑科……五一五

雍正元年（1723）癸卯恩科……五二九

雍正二年（1724）甲辰科……五四八

雍正五年（1727）丁未科……五七〇

雍正八年（1730）庚戌科……五八六

雍正十一年（1733）癸丑科……六一六

乾隆元年（1736）丙辰科……六四〇

乾隆二年（1737）丁巳恩科……六六四

乾隆四年（1739）己未科……六八六

乾隆七年（1742）壬戌科……七〇八

乾隆十年（1745）乙丑科……七三〇

乾隆十三年（1748）戊辰科……七五一

乾隆十六年（1751）辛未科……七七一

乾隆十七年（1752）壬申恩科……七九〇

乾隆十九年（1754）甲戌科……八〇七

乾隆二十二年（1757）丁丑科……八二五

乾隆二十五年（1760）庚辰科……八四三

乾隆二十六年（1761）辛巳恩科……八五七

乾隆二十八年（1763）癸未科……八七四

乾隆三十一年（1766）丙戌科……八八九

乾隆三十四年（1769）己丑科……九〇六

乾隆三十六年（1771）辛卯恩科……九一八

乾隆三十七年（1772）壬辰科……九三二

乾隆四十年（1775）乙未科……九四五

乾隆四十三年（1778）戊戌科……九五八

乾隆四十五年（1780）庚子恩科……九七一

乾隆四十六年（1781）辛丑科……九八四

乾隆四十九年（1784）甲辰科……九九七

乾隆五十二年（1787）丁未科……………………………一〇〇七

乾隆五十四年（1789）己酉科……………………………一〇一一

乾隆五十五年（1790）庚戌恩科…………………………一〇二八

乾隆五十八年（1793）癸丑科……………………………一〇三八

乾隆六十年（1795）乙卯恩科……………………………一〇四七

嘉慶元年（1796）丙辰科…………………………………一〇五七

嘉慶四年（1799）己未科…………………………………一〇六八

嘉慶六年（1801）辛酉恩科………………………………一〇八八

嘉慶七年（1802）壬戌科…………………………………一一〇九

嘉慶十年（1805）乙丑科…………………………………一一二九

嘉慶十三年（1808）戊辰科………………………………一一四九

嘉慶十四年（1809）己巳恩科……………………………一一六九

嘉慶十六年（1811）辛未科………………………………一一八八

嘉慶十九年（1814）甲戌科………………………………一二〇六

嘉慶二十二年（1817）丁丑科……………………………一二二五

嘉慶二十四年（1819）己卯恩科…………………………一二四五

嘉慶二十五年（1820）庚辰科……………………………一二六三

道光二年（1822）壬午恩科………………………………一二八三

道光三年（1823）癸未科…………………………………一三〇三

道光六年（1826）丙戌科…………………………………一三二二

道光九年（1829）己丑科…………………………………一三四二

道光十二年（1832）壬辰恩科……………………………一三六〇

道光十三年（1833）癸巳科………………………………一三七八

道光十五年（1835）乙未科………………………………一三九六

道光十六年（1836）丙申恩科……………………………一四一九

道光十八年（1838）戊戌科………………………………一四三四

道光二十年（1840）庚子科………………………………一四五一

道光二十一年（1841）辛丑恩科…………………………一四六七

道光二十四年（1844）甲辰科……………………………一四八五

道光二十五年（1845）乙巳恩科…………………………一五〇三

道光二十七年（1847）丁未科……………………………一五二二

道光三十年（1850）庚戌科………………………………一五四二

咸豐二年（1852）壬子恩科………………………………一五五九

咸豐三年（1853）癸丑科…………………………………一五七八

咸豐六年（1856）丙辰科……………………………一五九四

咸豐九年（1859）己未科……………………………一六一〇

咸豐十年（1860）庚申恩科…………………………一六二二

同治元年（1862）壬戌科……………………………一六三五

同治二年（1863）癸亥恩科…………………………一六四九

同治四年（1865）乙丑科……………………………一六六四

同治七年（1868）戊辰科……………………………一六八三

同治十年（1871）辛未科……………………………一七〇三

同治十三年（1874）甲戌科…………………………一七二五

光緒二年（1876）丙子恩科…………………………一七四九

光緒三年（1877）丁丑科……………………………一七七二

光緒六年（1880）庚辰科……………………………一七九四

光緒九年（1883）癸未科……………………………一八一七

光緒十二年（1886）丙戌科…………………………一八三八

光緒十五年（1889）己丑科…………………………一八六〇

光緒十六年（1890）庚寅恩科………………………一八八〇

光緒十八年（1892）壬辰科…………………………一九〇一

光緒二十年（1894）甲午恩科………………………一九二二

光緒二十一年（1895）乙未科………………………一九四二

光緒二十四年（1898）戊戌科………………………一九六〇

光緒二十九年（1903）癸卯科………………………一九八〇

光緒三十年（1904）甲辰恩科………………………一九九九

主要參閱書目…………………………………………二〇一五

姓氏筆畫索引……………………………………………一

姓名筆畫索引……………………………………………一

進士異名對照表…………………………………………一

第一册目録

順治三年（1646）丙戌科

第一甲三名………………………… 一
第二甲七十七名…………………… 一
第三甲二百九十三名……………… 九

順治四年（1647）丁亥科

第一甲三名………………………… 三〇
第二甲五十七名…………………… 三〇
第三甲二百三十八名……………… 三五

順治六年（1649）己丑科

第一甲三名………………………… 五三
第二甲七十七名…………………… 五三
第三甲三百一十五名……………… 六一

順治九年（1652）壬辰科

第一甲三名………………………… 八四
第二甲七十七名…………………… 八四
第三甲三百一十七名……………… 九〇

順治九年（1652）策試滿洲進士壬
辰科

第一甲三名………………………… 一一二

第二甲七名………………………… 一一二
第三甲四十名……………………… 一一三

順治十二年（1655）乙未科

第一甲三名………………………… 一一五
第二甲七十七名…………………… 一一五
第三甲三百一十九名……………… 一二二

順治十二年（1655）策試滿洲進士
乙未科

第一甲三名………………………… 一四五
第二甲七名………………………… 一四五
第三甲四十名……………………… 一四五

順治十五年（1658）戊戌科

第一甲三名………………………… 一四八
第二甲八十名……………………… 一四八
第三甲二百六十名………………… 一五五

順治十六年（1659）己亥科

本科爲加科

第一甲三名………………………… 一七三
第二甲九十六名…………………… 一七三
第三甲二百七十七名……………… 一八一

順治十八年（1661）辛丑科

第一甲三名……………… 一九九
第二甲七十七名…………… 一九九
第三甲二百零三名………… 二〇五

康熙三年（1664）甲辰科

第一甲三名……………… 二二四
第二甲四十名……………… 二二四
第三甲一百五十七名……… 二二七

康熙六年（1667）丁未科

第一甲三名……………… 二三八
第二甲四十名……………… 二三八
第三甲一百一十二名……… 二四二

康熙九年（1670）庚戌科

第一甲三名……………… 二四九
第二甲五十七名…………… 二四九
第三甲二百三十九名……… 二五五

康熙十二年（1673）癸丑科

第一甲三名……………… 二七〇
第二甲四十名……………… 二七一
第三甲一百二十三名……… 二七四

康熙十五年（1676）丙辰科

第一甲三名……………… 二八二
第二甲五十名……………… 二八二
第三甲一百五十六名……… 二八七

康熙十八年（1679）己未科

第一甲三名……………… 二九七
第二甲四十名……………… 二九七

第三甲一百零八名………… 三〇一

康熙二十一年（1682）壬戌科

第一甲三名……………… 三〇九
第二甲四十名……………… 三〇九
第三甲一百三十六名……… 三一三

康熙二十四年（1685）乙丑科

第一甲三名……………… 三二三
第二甲四十名……………… 三二三
第三甲一百二十一名……… 三二七

康熙二十七年（1688）戊辰科

第一甲三名……………… 三三六
第二甲四十名……………… 三三六
第三甲一百零三名………… 三四〇

康熙三十年（1691）辛未科

第一甲三名……………… 三四八
第二甲四十名……………… 三四八
第三甲一百一十四名……… 三五二

康熙三十三年（1694）甲戌科

第一甲三名……………… 三六〇
第二甲四十名……………… 三六〇
第三甲一百二十五名……… 三六四

康熙三十六年（1697）丁丑科

第一甲三名……………… 三七三
第二甲四十名……………… 三七三
第三甲一百零七名………… 三七七

康熙三十九年（1700）庚辰科

第一甲三名……………… 三八四

第二甲六十名…………………… 三八四

第三甲二百四十二名……… 三八九

康熙四十二年（1703）癸未科

第一甲三名………………… 四〇六

第二甲五十名……………… 四〇六

第三甲一百一十三名……… 四一二

康熙四十五年（1706）丙戌科

第一甲三名………………… 四一九

第二甲五十名……………… 四一九

第三甲二百三十七名……… 四二三

康熙四十八年（1709）己丑科

第一甲三名………………… 四三九

第二甲五十名……………… 四三九

第三甲二百三十九名……… 四四四

康熙五十一年（1712）壬辰科

第一甲三名………………… 四六〇

第二甲五十名……………… 四六〇

第三甲一百二十四名……… 四六六

康熙五十二年（1713）癸巳恩科

第一甲三名………………… 四七五

第二甲五十名……………… 四七五

第三甲一百四十三名……… 四八〇

康熙五十四年（1715）乙未科

第一甲三名………………… 四九〇

第二甲四十名……………… 四九〇

第三甲一百四十七名……… 四九四

康熙五十七年（1718）戊戌科

第一甲三名………………… 五〇三

第二甲四十名……………… 五〇三

第三甲一百二十二名……… 五〇七

康熙六十年（1721）辛丑科

第一甲三名………………… 五一五

第二甲四十名……………… 五一五

第三甲一百二十名………… 五二〇

順治三年（1646）丙戌科

第一甲三名

傅以漸 字於磐，號星岩（一作星石）。山東聊城縣人。明萬曆三十六年（1608）生。順治三年狀元。任弘文院修纂、國史院侍講、左庶子、少詹事，十一年遷秘書院大學士。十二年加太子太保，爲康熙帝師，十五年晋少保，改武英殿大學士兼兵部尚書。充《明史》《文宗皇帝實錄》纂修官。順治十八年休致，康熙四年（1665）卒。編撰有《内則衍義》《賦役全書》等。

吕纘祖 字伯承、修祉，號峻發。直隸滄州人。順治三年榜眼。授編修。四年充會試同考官，升國子監司業，官至侍讀學士。以足疾告歸，卒於家，年五十八歲。著有《幾園集》行世。

李奭棠 字貳公，號黼庵。順天府大興縣人。順治三年會元，一甲探花。授編修。四年任會試同考官，遷侍讀學士、詹事，十一年授國史院學士，十二年遷禮部右侍郎，十四年改左侍郎。順治十七年二月病休。康熙六年（1667）五月卒，年六十八。

第二甲七十七名

梁清寬 字敷五。直隸正定縣人。順治三年二甲第一名進士。選庶吉士，授編修。纍遷詹事，十二年授内翰林國史院學士。十三年丁憂。服闋，十五年授吏部侍郎，十六年改吏部左侍郎。九月病休。

陳熿 字公朗，號去炫。河南孟津縣人。順治三年二甲第二名進士。選庶吉士，授編修。五年任浙江鄉試主考官，升侍讀學士。遷詹事，十二年授山東右布政使，十四年改陝西左布政史。順治十八年（1661）卒於任。

樊纘前 順天霸州人。順治三年二甲第三名進士。纍遷禮部郎中。九年任江西學政（《清代職官年表》作六年）。

王炳昆 字慰生，號立芝。山

東掖縣人。順治三年二甲第四名進士。選庶吉士，四年充會試同考官，散館授編修。遷侍讀，官至江西糧道。以親老歸。

劉景雲 字三素。直隸深州人。順治三年二甲第五名進士。任兵部主事，遷郎中。六年遷甘肅兵備道，改陝西漢羌道。官至按察副使，丁母憂歸，卒。

田厥茂 字心耕。山西蒲州人。順治三年二甲第六名進士。任刑部主事，升員外郎，順治五年充廣東鄉試副考官。遷刑部郎中，七年督陝甘提學道，十一年改江西湖西道。十四年官至福建布政使，卒於任。

李世鎬 字西京。山東膠州人。順治三年二甲第七名進士。授工部主事。因乞假省親卒於途次，年二十八。著有《懶吟園古詩》。

朱之錫 字夢九，號梅麓。浙江義烏縣人。明天啓三年（1623）生。順治三年二甲第八名進士。選庶吉士，授編修。纍遷詹事，十三年授弘文院學士，十四年六月遷吏部右侍郎，七月改河道總督（兵部尚書銜），十七年封太子少保。任河督近十年政績卓著，康熙五年（1666）二月以勞卒於官，年四十四。乾隆四十五年帝南巡時追封"助順永寧侯"。著有《海防疏略》。

黃志遜 字銓士，號鷗湄。福建晉江縣人。順治三年二甲第九名進士。選庶吉士，授編修。順治五年充順天鄉試副考官，升侍講、侍讀、侍讀學士。十二年十二月以少詹事遷湖廣左布政使。十六年去職。

李棠馥 字子茱、漢清。山西高平人。順治三年二甲第十名進士。歷任刑部河南司主事，四川司員外郎、郎中。六年督湖南提學道。十年分守湖北荆西兵備道，十一年改陝西糧道參政，十四年授四川按察使，十五年遷兵部右侍郎，康熙元年（1662）三月以病免職。八年正月復任兵部侍郎，同年九月休致。

法若真 字漢儒，號黃石、黃山。山東膠州人。明萬曆四十一年（1613）生。順治三年二甲十一名進士。選庶吉士，授編修。五年充福建鄉試正考官，升侍讀。十八年由福寧道參政授浙江按察使，康熙二年遷湖廣右布政使，以事罷。六年起用任江蘇布政使，九年再罷歸。康熙三十五年（1696）卒，年八十四。以書畫名於世，善畫山水、花鳥、小幅扇面，有《溪山白雲圖》《華山落葉圖》等傳世，著有《黃山詩留》等。

萬惟樞 字區木，號瞻華。山東曹縣人。順治三年二甲十二名進士。任刑部陝西司主事，以病歸。卒於途，年五十。

董珬 字良合。江蘇贛榆縣人。順治三年二甲十三名進士，選庶吉士。

梁清遠 字無垢，號邇之、葵石，直隸正定縣人。順治三年二甲十四名進士。任刑部主事，升吏部考工司郎中，九年充會試同考官。遷大理寺少卿，十一年授大理寺卿，八月遷督捕侍郎，十三年改戶部侍郎、吏部侍郎，同年十二月坐事降光祿寺少卿。丁憂，服闋補通政使參議，乞假歸，卒於康熙二十三年（1684），年七十七。著有《袚園文集》《雕丘雜錄》等。

翟文賁 字去文，號于園、羲圖。山東益都縣人。順治三年二甲十五名進士。任刑部主事，升刑部郎中，順治六年督浙江提學道。官至陝西驛鹽道。

樓 晟 順天大興縣人。順治三年二甲十六名進士。官至湖南江防兵備道。

王無咎 字藉茅。河南孟津縣人，原籍山西洪洞。禮部尚書王鐸子。順治三年二甲十七名進士。選庶吉士，授編修。纍遷弘文院侍讀學士，十二年授浙江按察使，十三年遷江南右布政使，十六年革職，降西寧道，後擢太常寺少卿。卒年四十七。著有《嶍嵲山房詩集》。

高丹桂 字元香、念劬。山西壽陽人。順治三年二甲十八名進士。授工部虞衡司主事，升員外郎，順治六年充會試同考官。遷營繕司郎中，調刑科給事中。官至江蘇淮陽兵備道。歸里省墓，忽罹疾，卒於家。

石維昆 字興瞻。直隸大寧都水衛（一作清苑人）。順治三年二甲十九名進士。選庶吉士，四年授陝

西道御史，改山西道御史，十三年改浙江巡鹽御史。卒於任。

匡蘭兆 字楚晚。山東膠州人。順治三年二甲二十名進士。授貴州道御史。順治十年巡按浙江回京覆命，便道回籍省親，遇賊遇害卒於山東膠州。

胡兆龍 字予袞（一作子袞），號具茨、宛委。順天大興縣人，原籍浙江山陰。明天啓七年（1627）生。順治三年丙戌科二甲二十一名進士。選庶吉士，授編修。五年充湖廣主考官，歷任詹事、秘書院學士，十二年充會試副考官，十八年官至吏部左侍郎，告歸。康熙二年十二月（1664年1月）卒，年三十七。加太子太保。著有《息游堂集》。

韋成賢 字集生，號念峨。湖北黃岡縣人。順治三年二甲二十二名進士。選庶吉士，順治四年充會試同考官，散館授編修。遷侍讀，官至右通政使。

梁知先 字朗公。山東鄒平縣人。順治三年二甲二十三名進士。授工部都水司主事，遷虞衡司員外郎，順治八年充陝西鄉試副考官，遷郎中。外任湖北武昌知府，遷浙江鹽道。十七年任兩淮鹽運使。康熙五年（1666）卒，年五十四。

張爾素 字賁園，號東山、念菴。山西陽城縣人。順治三年二甲二十四名進士。選庶吉士，授編修。六年任會試同考官。歷江寧道參政，十一年授陝西按察使遷湖廣右布政

使，十三年以通政使遷刑部右侍郎，十四年病假歸。康熙元年復任，九年改刑部左侍郎，十年以病免職。康熙十五年（1676）八月卒。

呂紹杖 河南寧陵縣人。順治三年二甲二十五名進士。任户部主事。

楊宗岱 山西安邑縣人。順治三年二甲二十六名進士。任户部主事，十二年纍遷湖北襄陽知府，擢貴州思仁道，十六年官至福建鹽運使。

張彥珩 字九如。河南洛陽縣人。順治三年二甲二十七名進士。任户部管倉分司主事（駐山東德州），升員外郎，十一年纍遷福建興化知府，擢廣東兵備道，貴州糧道。康熙三年授貴州按察使，六年改雲南按察使，九年遷湖北布政使，十三年去職。優游林泉，年八十卒。

王依書 字幼契。河南柘城縣人。順治三年二甲二十八名進士。授刑部主事。官至福建福寧道。卒於任。

高鵬南 字區木，號瞻華。山東曹縣人，原籍江蘇句容。順治三年會元，二甲二十九名進士。授山西汾西知縣，官至福建福寧道。康熙六年（1667）病卒。

崔士俊 字再祁。直隸唐縣人。順治三年二甲三十名進士。任福建汀州府推官，擢江南道御史。著有《書義詩集》。

耿于垣 順天大興縣人。順治三年二甲三十一名進士。

朱之弼 字右君，號幼庵。順

天大興縣人。明天啓元年（1621）生。順治三年二甲三十二名進士。任禮科、工科、户科給事中，右通政。順治十二年授宗人府丞，遷户部侍郎。十三年降光禄寺少卿，改通政使司左參議，十七年授左副都御史，十八年復授户部侍郎改吏部侍郎。康熙五年遷左都御史，改工部、刑部尚書。九年調兵部尚書，十七年授工部尚書。二十二年因事降三級，遂歸。康熙二十六年（1687）十月卒，年六十七。著有《先儒遺書》。

楊思聖 字猶龍，號雪樵。直隸巨鹿縣人。明萬曆四十八年（1620）八月十二日生。順治三年二甲三十三名進士。選庶吉士，授編修。六年充會試同考官，遷春坊、侍讀學士。十二年授山西按察使，遷河南布政使，十四年改四川左布政使。康熙二年（1663）六月十四日入覲回任，卒於河內清化鎮途次，年四十四。著有《且亭詩集》七卷。

多象謙 字尊光，號懷凌。直隸阜城縣人。順治三年丙戌科二甲三十四名進士。選庶吉士。早卒。

毛一豸 字香林。山西澤州直隸州人。順治三年二甲三十五名進士。任户部主事，員外郎，督餉蘭州，遷郎中。官至陝西興安參議，關南道。爲官清廉，卒無以爲殮。

紀耀 字光甫。直隸大寧都水衛人。順治三年二甲三十六名進士。任刑部主事，十一年遷福建邵武知府，十五年改浙江紹興知府，十八年遷下川南道，康熙五年改山東青州兵備海防道。官至雲南巡道，未任卒於家。

高明 河南河內縣人。順治三年二甲三十七名進士。任工部都水司南河分司主事。十一年官至湖南常德知府。

史載 字筆公。河南蘭陽縣人。順治三年二甲三十八名進士。任工部主事，遷福建鹽運司同知。十二年官至浙江嘉興府知府。

陳衷一 字靖丹，號陶庵。河南開封府蘭陽縣人。順治三年二甲三十九名進士。任戶部主事，五年改蕪湖鈔關監督，升員外郎，順治八年充廣東鄉試主考官，升郎中。十年擢甘肅慶陽府知府。乞休歸。

趙嗣美 字濟甫、伯瞻，號瞻淇。山西澤州直隸州人。順治三年二甲四十名進士。任刑部主事，七年官至福建建南巡道。工畫，山水隨筆揮灑皆胸中丘壑，有自然之趣。

夏敷九 字弼五。遼寧蓋州衛人。順治三年二甲四十一名進士。選庶吉士，順治四年充會試同考官，散館授編修。官至侍讀學士。

劉芳聲 字茂遠、何實，號起馨。山東魚臺縣人。順治三年二甲四十二名進士。任主事，纍遷雲南順寧知府，改甘肅鞏昌知府，丁父憂。服闋遷廣西桂林道，康熙五年改貴州貴西道。官至畢節道，裁缺歸。居鄉三十年，設義學。

劉肇基 河南汲縣人。順治三年二甲四十三名進士。任刑部主事。

趙映乘 字涵漳。河南祥符縣人。順治三年二甲四十四名進士。任刑部主事，升郎中，遷福建汀漳龍道。十三年官至湖北下江防道。卒於任。

王度 山西沁水縣人。順治三年二甲四十五名進士。纍遷直隸霸州知州，以疾告歸。

官靖共 字衷寅，號方山。山東平度州人。順治三年二甲四十六名進士。任刑部主事，升郎中，七年官至浙江杭嘉湖道。靖盜安民，百廢俱舉，忤上解職歸。

閻廷謨 字獻儒。河南孟津縣人。順治三年二甲四十七名進士。任工部都水司主事，以主事督理河工。擢吏部員外郎，十二年分巡湖北下荊南道，康熙二年任山東濟南道，六年授湖北按察使，康熙七年去職。著有《北河續記》。

甯之鳳 字德九。山東寧陽縣人。順治三年二甲四十八名進士。任工部都水司主事，升虞衡司員外郎，營繕司郎中。十一年出任河南知府，遷浙江金衢嚴道參政，十七年授陝西按察使，十八年遷陝西右布政使。康熙元年以疾卒於官。

劉楗 字公愚，號玉礨。順天大城縣人。明萬曆四十五年（1617）十一月二十五日生。順治三年二甲四十九名進士。歷任戶科、兵科給事中，山西河東道副使，河南鹽驛道參議。順治十六年授湖廣按察使，遷湖廣右布政使，康熙九年改江西布政使，十四年授太常寺卿改大理寺卿，十六年遷左副都御史改吏部侍郎，十七年十二月遷刑部尚書。康熙十八年（1679）五月十三日卒，年六十三。諡"端敏"。著有《雙鶴堂詩集》《諫垣書稿》。

翟鳳翥 字翼經，號象陸。山西聞喜縣人。明萬曆三十六年（1608）生。順治三年二甲五十名進士。任刑部主事，歷郎中，六年遷江西饒州知府，擢江西興屯道副使，十五年授陝西按察使，十六年遷湖廣右布政使，十七年改福建左布政使，十八年降調改福建鹽驛道，卒於官。在任尤以培護士類爲先務，在饒州建芝山書院，在陝西修馮公書院，在湖廣修夕陽書院，在桑梓建涑水書院，於絳縣建啓光書院。著有《涑水編》《風忠錄》等。

李實秀 字範林。河南汲縣人。順治三年二甲五十一名進士。任中書舍人，升兵、刑、工科給事中，十一年分巡江西湖東道，官至安徽鳳宿兵備道，補廣西鬱林兵備道，康熙十八年（1679）卒，年七十三。

宋牧民 字崇愚。直隸雄縣人。順治三年丙戌科二甲五十二名進士。任內閣中書，擢戶科給事中，十三年纍遷河南汝南道，十五年官至河南睢陳道。以罣誤左遷解組歸。家居二十年，卒年七十三。

劉克家 號振夫。順天保定縣人。順治三年二甲五十三名進士。

授內閣中書，改戶部山東司主事，遷員外郎，郎中。官至廣東僉事，告歸。

王一驥 字念石，號千里。山東蓬萊縣人。順治三年二甲五十四名進士。選庶吉士，授編修。八年充福建主考官，歷左春坊左中允。官至江南鳳宿道副使。

袁懋功 字九叙。順天香河縣人。明天啓元年（1621）九月二十一日生。順治三年二甲五十五名進士。任戶科給事中，五年改刑科給事中，後任大理寺丞、太常寺少卿。順治十六年授左副都御史改戶部侍郎，十七年調雲南巡撫，康熙六年十一月丁父憂。九年四月授山東巡撫，十年（1671）七月改浙江巡撫（未任），八月復任山東巡撫。十月卒，年五十一。諡"清獻"。

王荃可 字遇符。山東益都縣人。順治三年二甲五十六名進士。任行人司行人，八年考選湖廣道御史，巡按廣西。廣西初定，雲南李定國抗清，圍桂林，城陷，荃可被執，不屈卒。贈太僕寺少卿銜。

賣蔚 山東章丘縣人。順治三年二甲五十七名進士。任廣東道御史，八年官至直隸口北道（一作山西布政使司參議）。

李賁 字文叔。河南鄲城縣人。順治三年二甲五十八名進士。任工部主事、員外郎，十年任蕪湖鈔關。官至工部郎中。

劉鴻儒 字魯一，直隸遷安人。

順治三年二甲五十九名進士。任兵科給事中，改戶科給事中，十七年遷順天府丞，改左通政使，十八年授太常寺卿，康熙三年改通政使，六年遷兵部侍郎，十年改戶部侍郎，十二年遷左都御史。因替甘肅巡撫華善未經報批擅發倉糧賑災辯護，被劾降調，卒於家。著有《四留堂集》。

孫珀齡 字嗣昭。山東章丘縣人。順治三年二甲六十名進士。授工科給事中，歷刑科、禮科給事中。九年充會試同考官，遷太僕寺少卿，擢鴻臚寺卿。官至通政司左通政。

王廷諫 字念蓼。山西翼城縣人。順治三年二甲六十一名進士。任行人司行人，考選工科給事中。順治八年充湖廣鄉試副考官，十三年遷陝西榆葭道，改湖北荊西道，康熙三年官至山東按察使，五年去職。

傅維鱗 初名傅維楨，字長雷、掌雷，號歉齋。直隸靈壽縣人。順治三年二甲六十二名進士。選庶吉士，任編修。五年充江南鄉試副考官，升左中允，外任山東東昌兵備道，遷大理寺少卿。順治十三年授太僕寺卿，改通政使，十四年授左副都御史改戶部侍郎，十六年三月加太子少保。十八年閏七月改工部侍郎遷工部尚書，康熙五年六月以病休致。康熙六年（1667）五月卒。編成《明書》四十五卷，另著有《歉齋說書》《四思堂文集》。

張文炳 字虎別、周如。直隸滄州人，原籍山西陽曲。順治三年二甲六十三名進士。任中書舍人，五年充陝西鄉試副考官，九年考選江西道御史。十四年遷陝西河西道，十七年改山東兗沂道，十八年調江西湖西道。康熙四年官至廣東布政司參議。

法若貞 字玉符。山東膠州人。順治三年二甲六十四名進士。任禮科給事中，轉兵科、吏科給事中。補直隸井陘巡道，官至漢羌兵備道。

王紫綬 字金章、逸章，號蓼航。河南祥符縣人。順治三年二甲六十五名進士。選庶吉士，授編修。六年充會試同考官，以乞養歸，居家十七年。康熙十二年授江西贛南道，官至浙江糧道，康熙十六年以病歸。十八年召試鴻博。著有《知悶堂詩集》。

高桂 字南華。直隸清苑縣人。順治三年丙戌科二甲六十六名進士。十四年任河南尉氏知縣，縶遷禮科給事中，九年充會試同考官，降太僕寺主簿。官至光祿寺少卿，告歸。居鄉十六年，卒年六十二。

王楨 字大木，號雨嵐。山東長山縣人。順治三年二甲六十七名進士。任中書科中書，考選兵科給事中，轉吏科、戶科給事中，十二年充會試同考官。官至太常寺少卿，因父年邁辭職歸養。居林下三十年，年八十卒。

柴望岱（一作紫望岱，誤） 字東巡。直隸曲周縣人。順治三年丙戌科二甲六十八名進士。任刑部主事，順治八年充山西鄉試副考官。十一年官至河南汝寧府知府。

王再興 河南祥符縣人。順治三年二甲六十九名進士。任行人司行人。

趙維旗 字介眉。山東萊陽縣人。順治三年二甲七十名進士。任行人司行人。九年考選浙江道御史。欽命巡按兩浙督理鹽科，兼海防水利漕物事。據傳，趙督鹽物時因革除積弊，查辦奸商偷稅漏稅案，使部分商賈懷恨在心，重金雇請刺客對其行刺，趙謝職返京，刺客跟隨至京郊，行刺得手而去。

董篤行 字嘉賓、瀛賓，號天因，河南洛陽縣人。明萬曆四十一年（1613）生。順治三年二甲七十一名進士。選庶吉士，改吏部主事，遷吏科給事中，六年充浙江鄉試副考官，十六年授太僕寺少卿，升右通政副使，十七年遷右通政使，十八年授太常寺卿，改宗人府丞，康熙二年遷左副都御史。七年十一月病休。上諭董篤行才力不及，念其效力有年，着以原品休致。康熙二十六年（1688）十二月二十三日卒，年七十六。

王天眷 字龍錫，號魯源。山東濟寧州人。順治三年二甲七十二名進士。任行人司行人，九年考選山西道御史。十二年遷江西饒州知府，擢饒南九道，十三年改山西雁平道，遷左通政使，十八年遷宗人府丞，閏七月乞養。康熙十年復任府丞。十一年遷工部左侍郎，十二年三月降調。致仕後以吟咏自娛。著有《夢吟集》。

王舜年 字永祺，號孝源（一作考源）、潛庵。山東掖縣人。順治三年二甲七十三名進士。選庶吉士，授編修。九年充會試同考官，遷山西冀寧道參政，江西糧道。十三年授江西按察使，十五年遷山西右布政使，順治十七年降調。後任江蘇蘇松糧道，康熙二十年湖南兵備道，三十年浙江寧紹台道，再降，後以侍讀罷官。

林起龍 順天大興縣人。順治三年二甲七十四名進士。任吏科給事中，坐事罷。世祖親政起復，十一年轉刑科給事中，因劾總河督楊方興不實，降光祿寺署正，改大理寺丞，遷左通政。順治十三年授大理寺卿遷工部侍郎，十五年改倉場侍郎，十六年加太子少保，十七年調鳳陽巡撫晉太子太保（兵部尚書銜）。十八年十月授漕運總督，康熙六年閏四月以運丁多携帶貨物，失職降三級休致。尋卒。

李脈健 山西洪洞縣人。順治三年二甲七十五名進士。任行人司行人，奉差赴粵東，會李成棟叛，召之往，不屈卒。

吳琯 河南洛陽縣人。順治三年二甲七十六名進士。任中書舍人。

王體晋 順天香河縣人。順治三年二甲七十七名進士。官至僉事。

第三甲二百九十三名

單若魯 字唯一，號拙庵。山東高密縣人。順治三年三甲第一名進士。選庶吉士，授檢討。順治六年充會試同考官，官至國子監祭酒。致仕歸，授子侄讀書。著有《語石齋詩集》。

艾元徵 字長人，號允洽。山東濟陽縣人。順治三年三甲第二名進士。選庶吉士，授檢討。六年充會試同考官，十年遷左春坊左庶子，兼秘書院侍讀，十二年丁憂，十五年二月侍講學士，六月授內翰林秘書院學士，改東閣學士，十八年改內國史院學士，康熙二年遷戶部侍郎，九年改吏部侍郎，十一月授左都御史，十一年三月改刑部尚書。康熙十五年（1676）七月卒。著有《退食槐聲留餘集》。

李胤岊 一作李允岩、李蔭岩。字羲居，號嵐如。河南永城縣人。順治三年三甲第三名進士。任山東道御史，六年督江南提學道，忤上官左遷。乞休歸。

孫胤裕 河南河內縣人。順治三年三甲第四名進士。纍遷安徽徽寧道，官至按察司副使。

喬映伍 字白山、星文。山西陽城縣人。順治三年丙戌科三甲第五名進士。選庶吉士，授檢討。順治九年充會試同考官，官至詹事府左春坊左贊善，以繼母年高，乞養歸。

周曆長 字清熙。山東安丘縣人。順治三年三甲第六名進士。中書舍人，任戶部主事，官至郎中。父母老，例不得終養，引疾歸。吟詩林下，著有《句園詩草》。

陳協 字念蓋。順天文安縣人。順治三年三甲第七名進士。任內閣中書，擢工科給事中，十二年充會試同考官。改禮科、工科給事中，補太僕寺少卿，改鴻臚寺卿，左通政使。十六年授宗人府府丞，十二月遷左副都御史，十七年改督捕侍郎，十八年任倉場侍郎。康熙二年（1663）八月卒。

李培基 直隸南宮縣人。順治三年三甲第八名進士。任內閣中書。

李生芳 河南武陟縣人。順治三年三甲第九名進士。十年纍遷甘肅涼莊道，官至按察司副使。

蘇文樞 字寰中。河南汲縣人。順治三年三甲第十名進士。授行人司行人，官至戶科給事中，坐疏言刑賞不當，獲譴罷歸。

滑文蔚 河南潁川衛人。順治三年三甲十一名進士。任甘肅臨洮府推官，遷直隸蔚州知州。

朱裴 （本名朱棐，榜訛爲朱裴）字小晉，號裴公。山西聞喜縣人。順治三年三甲十二名進士。任直隸易州知州，七年改河南禹州知州，擢刑部員外郎、郎中。十五年考選廣東道御史，遷禮科給事中，康熙十一年充湖廣鄉試主考官。遷太僕寺少卿，十七年授太常寺卿，遷左副都御史，十八年改工部侍郎、戶部侍郎。二十年二月休致。康熙三十九年（1700）五月卒。

常自牧 順天宛平縣人。順治三年三甲十三名進士。官至湖南郴州知州。

李 浹 字孔皆、霖瞻，號陶庵。山東德左二衛人。順治三年三甲十四名進士。任直隸延慶州知州，調湖南茶陵知州，因失察逃人降山西芮城縣知縣。山西總兵姜瓖反清，芮城失守罷歸。卒年八十。著有《陶庵詩集》三卷。

田一倫 字又田。直隸內丘縣人。順治三年三甲十五名進士。任山西解州直隸州，改湖廣郴州知州。卒於任。

李大升 字木生。山西猗氏縣人。順治三年三甲十六名進士。任山東德州知州，十年改安徽壽州知州。

張 嘉 字鹿野，號雪蓱。浙江歸安縣人。順治三年三甲十七名進士。選庶吉士，散館改任江南道御史，八年任江西巡按御史。著有《寒松堂詩稿》。

沈兆行 字曙白、在田。浙江武康縣人。順治三年三甲十八名進士。選庶吉士。

楊宗震 字嚴四。山東濟寧州人。順治三年三甲十九名進士。任陝西興安知州，改乾州知州，遷工部員外郎，官至江南驛鹽道。年老卒於任。

馮永禎 字介石、倩仙。山東益都縣人。順治三年三甲二十名進士。授順天昌平知州，降推官，十五年調浙江黃岩知縣。

孟學孔 字習魯。河南鄭州人。順治三年三甲二十一名進士。七年任福建建寧府推官。

張四教 字道一，號芹沚。山東萊蕪縣人。順治三年三甲二十二名進士。授山西平陽府推官，遷兵部督捕司主事，升車駕司員外郎。六年督山西提學道，官至陝西榆林道，因事忤上革職。後任江西驛鹽道，康熙三十一年授廣西按察使，三十五年遷安徽布政使。三十九年因供辦康熙帝南巡動庫銀十一萬兩，四十年被劾革職。著有《大榆山房集》

孫張嵩 康熙四十八年進士。

劉中砥 河南虞城縣人。順治三年三甲二十三名進士。任山東兗州府推官。

張 逸 號二瞻。山東海豐縣人。順治三年三甲二十四名進士。任直隸廣平府推官，康熙六年裁，纍遷兵部車駕司郎中。因忤上謫河東道副使，遷福建延平府同知，卒於任。著有《拙訥居草》。

郭一鶚 字裕九。河南洛陽縣人。明萬曆四十七年十二月初六（1620 年 1 月）生。順治三年三甲二十五名進士。授山東萊州府推官，擢禮部主事，遷禮部郎中。九年充會試同考官，官至浙江杭嚴道。順治十三年（1656）八月初九日卒，年三十八。

高 瑋 字握之，號繩東。山

東淄川縣人。順治六年三甲二十六名進士。授直隸河間府推官，在任未幾土寇陷城，罷職歸田，以詩酒自娛。著有《淄風輯略》《南游詩草》等。

袁浴 字新甫。山東海豐縣人。順治三年三甲二十七名進士。四年授浙江杭州推官。行取主事，未到任卒。

李培真 字仲儒，號侗庵。河南夏邑縣人。順治三年三甲二十八名進士。選庶吉士，授檢討。六年充會試同考官，升贊善，官至江蘇揚州兵備道，病歸。

藍潤（初名藍滋）字海金，號農叟、鳧渚。山東即墨縣人。順治三年三甲二十九名進士。選庶吉士，授檢討。六年充會試同考官，遷侍讀，十年督江南學政。遷福建糧儲道，嶺南道參政，十七年授江南按察使，十八年遷山西布政使改湖廣布政使。著有《視學錄》《視閩紀錄》《入粵條議》《臬政紀略》《聿修堂集》等。

馬頎 字頎公。河南杞縣人。順治三年三甲三十名進士。三年任江蘇淮安府推官。左遷大名府經歷，病卒。善畫山水花草。

高景 字仙斗。直隸新安縣人。順治三年三甲三十一名進士。任湖廣道御史，遷右通政。順治十二年授宗人府府丞，遷兵部侍郎，十六年改授刑部侍郎、倉場侍郎。十八年五月遷工部尚書，七月改刑部尚書，康熙三年閏六月以考滿文

不稱職解任。康熙二十年（1681）卒，享年七十。

韓充美 字在中。山東即墨縣人。順治三年丙戌科三甲三十二名進士。四年任浙江嘉興府推官，升禮部主事。順治八年充山西鄉試主考官。

楊璜 字半雲，號若澹（一作字半玉，號澹若）。順天宛平縣人。順治三年三甲三十三名進士。授刑科給事中，改戶科給事中。九年充會試同考官，因事降鑾儀衛經歷，丁憂歸遂不出。家居五年卒。

王紀 直隸交河縣人。順治三年三甲三十四名進士。任江西臨江府推官。

王道新 字介公。山東濟寧州人。順治三年三甲三十五名進士。任汝寧府推官，九年行取福建道御史，外任建南道。與上官不協，告歸。

賈都 河南武安縣人。順治三年三甲三十六名進士。任江蘇鎮江府推官。

王廷獻 字丹愫。山東濰縣人。順治三年三甲三十七名進士。任河南懷慶府推官。在任四載，積勞病，卒於官。

李唐裔 號西林。山東棲霞縣人。順治三年三甲三十八名進士。授甘肅平涼府推官，升兵部督捕主事，官至禮科給事中。

楊君正 山東臨清衛人。順治三年三甲三十九名進士。授江蘇江寧府推官。

李振春 直隸深州人。順治三年三甲四十名進士。十五年授山東濟南府推官，補萊州府推官。

王期遠 河南潁川衛人。順治三年三甲四十一名進士。任推官。

霍 炳 字劍寒。山東青城縣人。順治三年三甲四十二名進士。四年任河南河南府推官，十五年纍遷江蘇淮揚道，康熙二年改福建福寧道，十四年任河南河北道，十六年官至直隸通永道。

張純熙 字晦先。直隸正定縣人。順治三年三甲四十三名進士。任安徽鳳陽府推官，升主事，遷廣東道御史，十三年督廣東提學道，纍遷四川兵備道，雲南參議道，康熙五年督貴州提學道。八年（1669）卒。

胡希聖 山西臨汾縣人。順治三年三甲四十四名進士。四年任安徽徽州府推官，十五年纍遷江西袁州知府，官至僉事。

林起宗 字德元。山東文登縣人，原籍福建莆田。順治三年三甲四十五名進士。任直隸永平府推官，九年行取江西道御史。官至湖廣下湖南道，以病致仕。

徐化龍 字躍齋。浙江山陰縣人。順治三年三甲四十六名進士。四年任直隸宣化府推官（一作河間府推官），多所平反。十一年改山西安邑知縣，遷兵部武選司主事，十五年官至福建鹽運使，任一年乞休歸，年九十四卒。

侯良翰 字筠庵。河南蘭陽縣人。順治三年丙戌科三甲四十七名進士。任浙江嚴州府推官，纍遷刑部員外郎、郎中，順治十八年督廣東提學道。

崔胤弘 字興我。直隸長垣縣人。順治三年三甲四十八名進士。纍遷安徽巡鹽御史，十六年官至安徽安廬六道。以病歸。在家鄉爲貧病、灾鄰捐穀千石。

呂慎多 字減之，號蓮舟。河南寧陵縣人。順治三年三甲四十九名進士。任湖北德安府推官，遷刑部主事，官至刑部員外郎。慎多淡於勛名，不樂吏事，乞病歸杜門却掃，不問外事，康熙十八年（1679）卒，年八十。

張國憲 字爾執。順天宛平縣人。順治三年三甲五十名進士。官至吏科給事中。以建言而得名。解組歸享天倫之樂，竟忘其四壁蕭然。

韓 范 字有一。河南蘭陽縣人。順治三年三甲五十一名進士。任安徽廬州府推官，行取兵科給事中。

陳國經 河南商城縣人。順治三年三甲五十二名進士。任江蘇松江府推官。

何可化 直隸大寧都水衛人。順治三年三甲五十三名進士。五年任寧波府推官，遷督捕員外郎，十五年考選河南道御史。康熙十二年擢福建興泉永道，二十年官至湖北下江防兵備道。

李 霨 字景霄，號坦園。直隸高陽縣人。明天啓五年（1625）

生。順治三年三甲五十四名進士。選庶吉士，授檢討進編修。歷中允、侍講學士。順治十二年遷內秘書院學士，十五年授內弘文院大學士，同年九月改東閣大學士兼工部尚書，十六年三月加太子太保。十八年七月復授內弘文院大學士，康熙九年八月改保和殿大學士兼戶部尚書。充《世祖實錄》總裁，十一年書成晉太子太傅。康熙二十一年十一月重修《太宗實錄》成，晉太子太師。康熙二十三年（1684）六月十一日卒，享年六十。謚"文勤"。著有《心遠堂集》《李坦園詩》。

張惠迪　直隸完縣人。順治三年三甲五十五名進士。六年任湖南辰州府推官。

王士驥　字千里，號隴西。順天大興縣人，原籍浙江山陰。順治三年三甲五十六名進士。選庶吉士，五年任兩淮巡鹽御史，八年改江南道御史，因被劾失職奪官。

李炌　字闇修。山東長山縣人。順治三年三甲五十七名進士。授長沙府推官，丁憂服除，七年補衢州府推官。擢刑部主事、員外郎、郎中。以疾乞歸，卒年四十七。著有《衢游草》行世。

張初旭　字熹若。山東臨朐縣人。順治三年三甲五十八名進士。任湖廣辰州推官，因道阻以違限去職。爲洪承疇幕僚，後因疾辭歸里。著有《大易心鏡》《四書宗旨》。

席教事　字覺海。山西臨汾縣人。順治三年三甲五十九名進士。五年任浙江溫州府推官，六年改江西九江府推官，行取刑部主事，遷刑部郎中，十六年十一月督四川提學道。著有《闓中吟》《棲雲草》。

劉文雋　直隸濬縣人。順治三年三甲六十名進士。四年任山西大同府推官，七年改湖北襄陽府推官。官至給事中。

王鼐　字允調。山西長治縣人。順治三年丙戌科三甲六十一名進士。授江西南安府推官，署江西豐城、瑞金、寧都知縣，丁憂歸。十一年任山東登州府推官，十五年行取江西道御史，十八年改浙江巡鹽御史。官至廣東海南道。

魏裔介　字石生，號貞庵、昆林。直隸柏鄉縣人。明萬曆四十四年（1616）七月二十五日生。順治三年三甲六十二名進士。選庶吉士，任工科給事中，遷太常寺少卿。十二年授都察院左副都御史，遷左都御史，十六年加太子太保，十七年削。康熙二年復加太子太保，五月改吏部尚書，三年十一月授內秘書院大學士。九年八月改保和殿大學士，康熙十年正月以老病乞休，十一年晉太子太傅。康熙二十五年（1686）四月初九日卒，年七十一。雍正十年十月入祀賢良祠。乾隆元年正月追謚"文毅"。著有《約言錄內外篇》《聖學知統錄》《知統翼錄》《致和格物解》《信紙性書》《重定周程張朱正脉》《薛文清讀書錄纂要》《易經大全纂要》《四書精義匯解》《惺心篇捷解》《孝經注義經世編》《嶼舫集》《兼濟堂集》《希賢錄》等。

弟魏裔訥,順治十八年進士。

王諮 河南睢州人。順治三年三甲六十三名進士。任安徽安慶府推官。

蘇銑 字澤公,號治如。直隸交河縣人。順治三年三甲六十四名進士。任河南衛輝府推官,九年行取山東道御史。纍遷至甘肅凉莊道、西寧道、嶺東道,康熙元年授江西按察使,三年請終養歸。纂《西寧志》。

單父令 字香薈。山東高密縣人。順治三年丙戌科三甲六十五名進士。五年任江蘇蘇州府推官。

邵士標 山東濟寧州人。順治三年三甲六十六名進士。任直隸河間府推官,九年行取山西道御史。後以病歸里。

禹昌際 河南汜水縣人。順治三年三甲六十七名進士。六年任湖南長沙府推官。

王胤祚 (原名王景祚)字振公,號迂叟。順天文安縣人。順治三年三甲六十八名進士。任山西太原府推官,九年擢廣東道御史,外任山東左參議,十三年丁憂。十六年補浙江杭嘉湖道,十七年遷太常寺少卿改左通政使,左僉都御史。康熙六年授奉天府尹,十年改大理寺卿。十一年左遷,後補鴻臚寺卿。十五年告歸,年七十卒。

鮑開茂 字夏生,號素垣。山東長山縣人。順治三年三甲六十九名進士。任江西瑞州府推官,纍遷湖西道布政使司參議、廣東海北道,官至陝西鄜延道。十八年改甘肅西寧道,丁憂補山西河東道,康熙七年奉裁告歸。卒於家,年七十。

劉之琦 字丹勛。直隸邯鄲縣人。順治三年三甲七十名進士。五年任安徽太平府推官,行取未赴以事免。

韋炳 河南永寧縣人。順治三年三甲七十一名進士。三年任山西高平知縣。

宋杞 字若木。順天大興縣人。順治三年三甲七十二名進士。選庶吉士,授檢討。六年充會試同考官,十五年任福建建南守道,官至陝西潼商道。

常居仁 字備之。山西樂平縣人。順治三年三甲七十三名進士。選庶吉士,散館改戶科給事中,五年充湖廣鄉試副考官。

吳治匯 字東卿。河南汝州直隸州人。順治三年三甲七十四名進士。四年任順天大城知縣,五年調湖南安鄉縣,遷刑部主事。官至按察司副使。

龐太樸 山西高平縣人。順治三年三甲七十五名進士。任順天永清知縣,改湖南華容知縣。

李适 字長倩。山東壽光縣人。順治三年三甲七十六名進士。三年授河南內黃縣知縣,調湖南湘陰知縣，以病歸。

弟李迥，康熙三年進士。

張慎行 字五從，號恒庵。直隸南宮縣人。順治三年三甲七十七名進士。任山東沂水知縣，丁內艱。八年補江西靖安知縣，康熙八年官至雲南晋寧州知州。十年致仕歸。

李岱陽 河南封丘縣人。順治三年三甲七十八名進士。三年任山西汾陽知縣。

蔡永莊 山東蓬萊縣人。順治三年三甲七十九名進士。三年任山西嵐縣知縣。

李珫 字郎玉。河南滎澤縣人。順治三年三甲八十名進士。任山西沁源知縣，父病告歸。

李世鐸 字伯端，號兼山。山東膠州人。順治三年三甲八十一名進士。四年任山西交城知縣，九年調直隸蠡縣知縣，擢戶部浙江司主事，遷員外郎，福建司郎中。十六年調江西饒南九兵備道，丁母憂。服闕補湖廣辰常黎兵備道，署湖廣布政使，卒於官，年五十九。著有《易義》《四書當下義》等。

段昌祚 字西美。河南濟源縣人。順治三年三甲八十二名進士。授山西平順知縣，改潞城知縣，調補直隸南樂知縣，任中書舍人，康熙八年充浙江鄉試副考官，官至工部主事。以病乞休。

趙汴 山西沁水縣人。順治三年三甲八十三名進士。任山東蓬萊知縣，丁憂歸里。值姜瓖之變，

不屈被害，子奔救亦被害。

王三接 號康侯。山東曹縣人。順治三年三甲八十四名進士。三年任山西汾西知縣。回籍事母。

楊時薦 字仲升，號賢甫。直隸巨鹿縣人。順治三年三甲八十五名進士。任山東聊城知縣，升兵部主事，員外郎，八年充山東鄉試副考官，遷郎中。十年任河南驛鹽道，遷鴻臚寺卿。十七年授宗人府丞，十八年遷左副都御史，康熙元年改督捕侍郎。康熙五年（1666）卒，年六十九。著有《鑒微錄》《勸善錄》行世。

劉澤芳 字德馨。順天宛平縣人。順治三年三甲八十六名進士。選庶吉士，授檢討。六年充會試同考官，出任兩淮鹽運司同知，後裁減，僑居江寧。著有《竹嬾詩稿》。

李善感 河南祥符縣人。順治三年三甲八十七名進士。初授直隸平山知縣，調湖南醴陵知縣，未任卒。著有《四書要旨》《繼述堂詩》。

郭皇畿 字星鶉。山東滋陽縣人。順治三年三甲八十八名進士。任直隸遵化知縣，調貴州安化知縣。以疾歸，卒。

王克生 字孟楨，號半石。山西陽城縣人。明萬曆四十四年（1616）生。順治三年三甲八十九名進士。三年任江蘇沛縣知縣，改山東壽光縣知縣。康熙二年（1663）五月卒，終年四十八。家藏書萬卷。著有《懷古集》。

魏爾康　山東濟寧州人。順治三年三甲九十名進士。任順天固安知縣。

郝肖仁　山西忻州人。順治三年三甲九十一名進士。三年任直隸曲陽知縣，五年改湖南瀏陽知縣。

杜承美　河南睢陽衛人。順治三年三甲九十二名進士。四年任直隸完縣知縣。

張奎昇　山西安邑縣人。順治三年三甲九十三名進士。五年任江蘇儀徵知縣。

袁天秩　河南杞縣人。順治三年三甲九十四名進士。三年任直隸威縣知縣，五年改湖南寧鄉知縣，十二年改湖南長沙府推官，康熙六年任山東萊州府推官。

暢　悅　河南孟津縣人。順治三年三甲九十五名進士。任山西定襄知縣。

馬胤昌　山西榆次縣人。順治三年三甲九十六名進士。任山東沾化縣知縣。土寇作亂卒於亂。

于嗣登　字岱山。直隸安州人。順治三年三甲九十七名進士。特授御史，以太廟失儀罷歸。家居十年復官掌河南道御史，遷吏科給事中，升光祿寺少卿，康熙十一年充江西鄉試主考官，纍遷左通政，康熙十二年授宗人府丞，遷刑部右侍郎，十八年四月降光祿寺卿，九月改大理寺卿。康熙十八年（1679）地震，以驚悸病歸卒。

陳益修　字偉如。山東濟寧州人。順治三年三甲九十八名進士。任安徽貴池知縣，升戶部主事，改湖北荊州關監督，以滿任告歸，卒於家。

梁肯堂　字掖呂。山西澤州人。順治三年三甲九十九名進士。授山東掖縣知縣。卒於任。

楊三知　字知斯、伯筠，號茶庵。直隸良鄉縣人。順治三年三甲一百名進士。三年任山西榆次知縣，擢兵部主事，遷郎中。調四川松龍道、上川東道，康熙十一年改陝西神木道。十三年陝西提督王輔臣叛附吳三桂。神木守將孫崇雅通叛城陷，十四年（1675）楊三知遇害，年六十五。康熙十五年八月追贈光祿寺少卿。

李鴻勛　字常六。河南滋州人。順治三年三甲一百零一名進士。四年任山西陽城知縣。

尚際明　河南羅山縣人。順治三年三甲一百零二名進士。三年任山西武鄉知縣。

青伯昌　河南洛陽縣人。順治三年三甲一百零三名進士。四年任山西臨晉知縣。

史三榮　山西忻州人。順治三年三甲一百零四名進士。任山東東阿知縣。

武士豪　字方塘。直隸正定縣人。順治三年三甲一百零五名進士。十二年授山西永和知縣，改山東萊蕪知縣。與上官不合歸，卒於家。

張　爌　河南商丘縣人。順治

三年三甲一百零六名進士。任山西曲沃知縣。

陳公定 字子材。直隸安肅縣人。順治三年三甲一百零七名進士。任山東禹城知縣。

周 樸 字器先。順天密雲縣人。順治三年三甲一百零八名進士。任山東陽信知縣。

楊原澄 山西解州人。順治三年三甲一百零九名進士。授山東益都知縣，升兵部主事，擢郎中，外任廣東僉事。以勞瘁卒。

馬 瑾 字公諭。山西長子縣人。順治三年三甲一百十名進士。任江蘇句容知縣。未滿一年卒於官。

袁襜如 字聖衣。河南祥符縣人。順治三年丙戌科三甲一百十一名進士。選庶吉士。著有《五經議宗通合說》二十卷。

褚士昇 直隸鹽山縣人。順治三年三甲一百十二名進士。三年任河南通許知縣。

劉 澍 順天永清縣人。順治三年丙戌科三甲一百十三名進士。纍遷戶科給事中，改陝西僉事。十七年遷甘南洮岷道，康熙元年官至河南河北道。

潘朝佑 字右君。河南杞縣人。順治三年三甲一百十四名進士。任湖廣襄陽縣知縣。順治四年王關鎖變，五月於襄陽遇害。贈按察司僉事。

賈 壯 （1607—1663）字泰華，號弱侯、止庵。河南襄城縣人。順治三年三甲一百十五名進士。任安徽懷寧知縣，九年遷戶部主事，升員外郎，督餉郎中。遷陝西榆林道，康熙二年改陝西榆葭道。

薛元瑞 順天大城縣人。順治三年三甲一百十六名進士。曾任保定府教授，官至兵部郎中。

張篤行 字堤紳、右石，號四藝。山東章丘縣人。順治三年三甲一百十七名進士。授河南郟縣知縣，八年升禮部主事，充河南鄉試副考官。十年官至福建建南巡道。為清初畫家，善書法、詩。著有《九石居遺稿》。

宗良弼 河南滎澤縣人。順治三年三甲一百十八名進士。三年任江蘇金匱知縣，九年改順天府東安知縣。

劉 霖 字潛夫。直隸高陽縣人。順治三年三甲一百十九名進士。任河南武陟知縣，十三年任甘肅文縣知縣，康熙四年擢湖北隨州知州，遷兵部主事，康熙十五年充會試同考官。擢工部郎中，十八年督浙江提學道。卒年七十五。

張其抱 字仲展。山東高唐州人。順治三年三甲一百二十名進士。任河南虞城知縣。以勞瘁歸，卒於家。

和元化 山西陵川縣人。順治三年三甲一百二十一名進士。任河南新鄭知縣，卒於任。

畢振姬 字亮四，號王孫、頡雲。山西高平縣人。順治三年三甲一百二十二名進士。任山西平陽府教授，改國子監助教，遷刑部主事，歷員外郎、郎中。十三年遷山東濟南道，改浙江金衢道僉事，十四年遷廣東按察副使，十六年授廣西按察使，十七年遷湖廣左布政使，十七年舉博學鴻詞，十八年（1679）以病乞歸卒，年六十九。著有《尚書注》《西河遺教》《四州文獻摘抄》《三川別志》《西北文集》等。

呂維檽 字稚修。山東益都縣人。順治二年舉人，三年三甲一百二十三名進士。任江西道監察御史。隨扈去五臺山卒。

弟呂維槹，康熙六年進士。

劉 瀾 字安東。順天霸州人。順治三年三甲一百二十四名進士。任河南盧氏知縣，丁憂歸。服闋補兵部車馬司主事，遷兵部郎中。順治十四年充廣東鄉試主考官。官至陝西固原道。

李 鯨 順天宛平縣人。順治三年三甲一百二十五名進士。任湖南善化知縣。

江起元 字貞起，號泰鄰。山東曹縣人。順治三年三甲一百二十六名進士。任直隸容城知縣。

趙胤振 字聖苞，號綿疊。山東齊河縣人。順治三年三甲一百二十七名進士。任直隸阜城知縣，調湖南衡山知縣。闖王軍攻城，城陷卒。

朱之玉 字席珍，號荊公。山東魚臺縣人。順治三年三甲一百二十八名進士。任永寧知縣，調湖南蘭山知縣。母喪歸，不仕。

雷噓和 陝西華陰縣人。順治三年三甲一百二十九名進士。任直隸樂城知縣，調湖廣嘉禾知縣。

呂士秀 直隸滄州人。順治三年三甲一百三十名進士。三年任河南夏邑知縣。

李 源 字江餘，號星來、退庵。山東德州人。順治三年三甲一百三十一名進士。三年任山西河津縣知縣。因大同總兵姜瓖反清，河津募鄉兵自守，後以守城不力被劾告歸，杜門謝客。卒年七十。著有《見可園集》。

郭鵬霄 山西文水縣人。順治三年三甲一百三十二名進士。三年任直隸慶雲知縣，改任四川長寧知縣。

趙方晉 河南杞縣人。順治三年三甲一百三十三名進士。四年任直隸獻縣知縣，八年改山東武城知縣。

魏象樞 字環極、環溪，號庸齋、昆林、寒松老人。山西蔚州人。明萬曆四十五年（1617）九月二十日生。順治三年三甲一百三十四名進士。選庶吉士，任刑科給事中，貴州道御史。康熙十三年授順天府尹改大理寺卿，遷戶部侍郎。十七年授左都御史，十八年四月改刑部尚書，五月復任左都御史。十九年十一月復改刑部尚書，二十三年八月休致。辭官後，康熙帝賜"寒松堂"匾額。康熙二十六年（1687）七月二十九日卒，年七十一。謚"敏果"。雍正十年十月入祀賢良祠。著有《儒宗錄》《知言錄》《寒松堂集》。

子魏學誠，康熙二十一年進士。

鄧林瞿　順天宛平縣人。順治三年三甲一百三十五名進士。任知縣。官至工科給事中。

曹之錦　河南儀封縣人。順治三年一百三十六名進士。六年任安徽黟縣知縣，改山東新泰知縣。

馬其昌　字遂良。河南杞縣人。順治三年三甲一百三十七名進士。四年任順天府平谷知縣，五年改湖南長沙知縣，卒於任。

宮廷珍　山東蓬萊縣人。順治三年三甲一百三十八名進士。三年任直隸元氏知縣，調湖南臨武知縣。

楊在陞　字台卿。陝西三原縣人。順治三年三甲一百三十九名進士。三年任河南扶溝知縣，遷戶部主事。

丁浴初　（一作丁裕初）直隸獲鹿縣人。順治三年三甲一百四十名進士。十八年纍遷浙江杭州知府，康熙二年改濟南知府，官至雲南曲靖府知府。

王忻　山東章丘縣人。順治三年丙戌科三甲一百四十一名進士。任江西宜春知縣。

盧鑄　字九洲。河南陽武人。順治三年三甲一百四十二名進士。任江蘇道御史。

楊運昌　字子立，號厚齋。河南河內縣人。順治三年三甲一百四十三名進士。選庶吉士，授檢討。纍遷詹事，十四年授國史院學士，遷禮部右侍郎，閏三月假歸。康熙三年授工部左侍郎，康熙十一年，葬假歸。著有《石齋文集》。

劉昌　直隸隆平縣人。順治三年三甲一百四十四名進士。任山西沁水知縣。

郭鎮　山西交城縣人。順治三年三甲一百四十五名進士。任湖南城步知縣，十四年改直隸新城知縣。

張翀　字南溟。山西河津縣人。順治三年三甲一百四十六名進士。康熙七年任福建羅源知縣。

胡之駿　字伯襄。江蘇山陽縣人。順治三年丙戌科三甲一百四十七名進士。選庶吉士，任吏科給事中。順治八年以工科給事中充福建鄉試副考官。

子胡可及，順治十五年進士。

張流謙　山西高平縣人。順治三年三甲一百四十八名進士。任湖南衡陽知縣，改直隸靜海知縣。

馬纘緒　山西安邑縣人。順治三年三甲一百四十九名進士。三年七月任山東鄒縣知縣，改湖北黃州府推官。

王體言　字屺耕。山西聞喜縣人。順治三年三甲一百五十名進士。任甘肅隴西知縣，解組歸。

王公選　字拙庵。陝西三原縣人。順治三年三甲一百五十一名進士。選庶吉士，官至任禮科給事中。

王惟叙　字元夫。直隸景州人。順治三年三甲一百五十二名進士。三年任山西徐溝知縣。

成觀光　河南修武縣人。順治三年三甲一百五十三名進士。同年授山西清源知縣，升刑部主事。

趙昉 字海曙。山東武城縣人。順治三年三甲一百五十四名進士。任山西翼城知縣。

程佺 字全人。河南蘭陽縣人。順治三年三甲一百五十五名進士。同年任浙江石門知縣，歸里後卒。

石申 字仲生。直隸灤州人，原籍湖北黃岡。順治三年三甲一百五十六名進士。選庶吉士，授檢討。六年充會試同考官，升侍讀，十年督江南學政，遷侍讀學士，十六年授吏部侍郎，十八年病免。康熙四年改刑部侍郎，六年三月革職。康熙十二年（1673）卒。著有《寶笏堂遺集》。

閻珆 山西太原府右衛人。順治三年三甲一百五十七名進士。任江蘇豐縣知縣。

唐瑾 字雪靈。河南光州人。順治三年三甲一百五十八名進士。任江蘇嘉定知縣，丁憂，八年補青浦知縣，十三年任山東新城知縣，十四年丁酉科場事牽連罷官。

張聯第 山西安邑縣人。順治三年三甲一百五十九名進士。任陝西渭南知縣。

王宏 山東濟寧州人。順治三年三甲一百六十名進士。四年任直隸遷安知縣。

趙班璽 字受介，號餘庵。山東益都縣人。明萬曆四十六年（1618）生。順治三年三甲一百六十一名進士。任河南道御史，初巡按四川，後巡按山西，丁父憂歸，康熙二十六年（1687）十月卒，年七十。

張萬綏 字履之。山東鄒平縣人。順治三年三甲一百六十二名進士。授直隸博野知縣。未任而卒。

王登錄 字拱北。直隸任丘縣人，順治三年三甲一百六十三名進士。任山西稷山知縣，姜瓖叛，城陷被執不屈，看守知登錄放歸。十年補江西永新知縣。著有《梅軒詩草》。

王天鑑 字近薇，號毅州。直隸宣府萬泉都司衛人。明天啓二年（1622）六月初一生。順治三年三甲一百六十四名進士。任山東恩縣知縣，遷禮部主事、員外郎、郎中。順治十一年充山東鄉試副考官，十二年官至陝西河西道參議，因性情剛介負氣，曾數忤上官，乞病歸，杜門絕交，接尚書魏象樞疏薦不起，康熙二十年（1681）六月二十日卒，年六十。

衛貞元 字伯始。山西陽城縣人。順治三年三甲一百六十五名進士。三年任河南商城知縣，擢工部主事，員外郎，十五年考選御史。十六年任安徽泗州巡按，以事被逮，得釋歸，卒於家。

劉芳譽 河南鄭州人。順治三年三甲一百六十六名進士。任工部主事，湖北荆關監督。

趙賓 字珠履，號錦帆。河南陽武縣人。順治三年三甲一百六十七名進士。任陝西淳化知縣，官至刑部主事。有與史大成、施潤章、宋琬等合刻詩選《學易庵詩選》八卷。

宋之屏 字維都、霞城。山西開平人，赤城籍。順治三年三甲一百六十八名進士。任山東高密知縣，行取禮部主事，遷兵部郎中。外任湖北荊州知府，十三年遷湖北荊西道，十六年官至安徽池太道，改陝西參議，卒於任。

馬剛 字裕三。河南睢州人。順治三年三甲一百六十九名進士。任直隸廣平知縣，十六年改安徽懷寧知縣，升吏部主事。康熙九年充會試同考官，遷吏部員外郎。官至陝西肅州道。

連起鳳 山西榆社縣人。順治三年三甲一百七十名進士。任江西瑞昌知縣。著有《漫蠡吟》(一作《漢蠡吟》) 行世。

胡以溫 字公嶠，號東甌、書巢。直隸萬全都司衛人。順治三年三甲一百七十一名進士。三年任江西樂安知縣，被議罷官，家居四十年絕意仕進。著有《辨字編》《蠡測編》《見山堂詩文集》。

柴濬 山西臨汾縣人。順治三年三甲一百七十二名進士。五年任安徽盱眙知縣。

師若瑋 字嵩坅。直隸安肅縣人。順治三年三甲一百七十三名進士。三年任浙江嘉興知縣。

胡應徵 字德陞，號芝山。順天三河縣人。順治三年三甲一百七十四名進士。任湖北羅田知縣。任半載，值"逆顯之變"解組歸。

李遵度 字武玉。山西龍門衛人。順治三年三甲一百七十五名進士。三年任浙江德清知縣，在官五載，政簡刑清，境內靖靜，為忌者所中，罷歸。讀書養親，絕意仕進。

劉之屏 字方伯。直隸大寧都司衛人。順治三年三甲一百七十六名進士。四年任山西夏縣知縣。五年十二月姜瓖之亂守城戰亡，贈按察司僉事。

張慎爲 字含銳。河南陽武縣人。順治三年三甲一百七十七名進士。同年任浙江長興知縣，在任四年。

朱國俊 號冰壺。順天三河縣人。順治三年三甲一百七十八名進士。任山西五臺知縣。未一載，以事被謫，歸時士民泣送數十里。

侯方夏 字赤社。河南商丘縣人。順治三年三甲一百七十九名進士。任甘肅平涼知縣，遷刑部主事，官至江西湖廣司郎中。

王德顯 字秉懿。河南偃師縣人。順治三年三甲一百八十名進士。任山西平陸知縣。歸後詩酒自娛。

李若琛 字公遠。順天大興縣人。順治三年三甲一百八十一名進士。選庶吉士，授福建道御史。

劉士蘭 字奎瞻。河南羅山縣人。順治三年三甲一百八十二名進士。五年任山東肥城知縣，擢刑部主事，升員外郎、郎中。外任山東東昌知府，十四年升陝西驛鹽道，官至通政使。

雷鳴皋　河南盧氏縣人。順治三年三甲一百八十三名進士。四年任直隸廣宗知縣，五年改湖南溆浦知縣。

刁　昇　山東即墨縣人。順治三年三甲一百八十四名進士。四年授安徽石埭知縣。

崔　對　字璩墟、天柱。直隸長垣縣人。順治三年三甲一百八十五名進士。任山東蒙陰縣知縣。四年冬盜賊數百人攻蒙陰，城陷卒。

陸華疆　順天昌平衛人，原籍浙江會稽。順治三年三甲一百八十六名進士。任河南開封知縣，改祥符知縣。

衛紹芳　字筠咸、復庵。山西猗氏縣人。順治三年三甲一百八十七名進士。任河南尉氏知縣，行取兵部主事，十七年纍遷四川川北道，康熙二年督貴州提學道。八年官至浙江寧台溫海道。致仕歸卒。

子衛既齊，康熙三年進士，貴州巡撫。

朱廷位　字與三。山東萊蕪縣人。順治三年三甲一百八十八名進士。任河南唐縣知縣，丁憂。補江西廣昌知縣，後被誣贓私，聞後立卒。

左射斗　山西汾陽縣人。順治三年三甲一百八十九名進士。任陝西洛川知縣。

王　度　字平子。山東泰安州人。順治三年三甲一百九十名進士。三年授山西大同知縣，遷刑部主事。十六年纍遷直隸大順廣道，擢右通政使，順治十八年授大理寺卿，康熙二年官至倉場侍郎，康熙七年休致。著有《恤刑題稿》。

薛胤隆　（爲避清世宗諱，改薛允隆）陝西韓城縣人。順治三年三甲一百九十一名進士。四年任山西壺關知縣，丁憂歸。服闋調江西星子知縣，卒於任。

段上彩　山西陽城縣人。順治三年三甲一百九十二名進士。任江蘇沭陽知縣，賊破沭陽被殺。贈按察司僉事。

周之鼎　字象九。直隸望都縣人。順治三年三甲一百九十三名進士。任山東青城知縣。

翟鳳梧　字衍水。山西澤州直隸州人。順治三年三甲一百九十四名進士。四年任陝西蒲城知縣。

張文明　字深發。順天大興縣人。順治三年三甲一百九十五名進士。選庶吉士，順治四年充會試同考官，授檢討。改戶部主事，升郎中，十二年任江西九江關監督，康熙十年官至河南南陽府知府。卒於任。

張　汧　字蕙蝶，號壺陽。山西高平縣人。順治三年三甲一百九十六名進士。選庶吉士，散館任主事，康熙六年纍遷天津兵備道，七年改江西糧儲道，改陝西糧道，十四年任河南道，十八年改浙江驛傳道，十九年改台海道，康熙二十二年授貴州按察使遷福建布政使，二十五年十二月授湖廣巡撫。二十六年十二月解職，二十七年三月查明貪污銀九萬兩，絞監候。

王鼎胤 字六符。山東淄川縣人。順治三年。三甲一百九十七名進士。授湖南東安知縣，調江蘇溧水知縣，八年改河南銅柏知縣，十六年改宜陽、孟津知縣。因罣誤降歸。

李雲起 直隸昌黎縣人。順治三年三甲一百九十八名進士。任山西黎城知縣，卒於姜瓖之亂。

顏永錫 順天大興縣人。順治三年三甲一百九十九名進士。三年任山西山陰知縣。

趙齊芳 山西曲沃縣人。順治三年三甲二百名進士。署湖北通城知縣。

程附鳳 山西祁縣人。順治三年三甲二百零一名進士。任湖南長沙知縣。

張夢蛟 字季麟。山東齊東縣人。順治三年三甲二百零二名進士。署山東東昌府教授，卒於官。

劉源濬 字導九，號曉川。直隸滑縣人。順治三年三甲二百零三名進士。任雲南知縣，改安徽太和知縣，八年改山東濟陽知縣，十三年調甘肅伏羌知縣，遷刑部主事，升員外郎，十五年考選河南道御史。康熙十二年官至江西饒南九道。積勞成疾，請病假歸里，優游林下十三載，年七十卒。

張芳 陝西長安縣人。順治三年三甲二百零四名進士。任江西吉水知縣。

鄭瑛 山西洪洞縣人。順治三年三甲二百零五名進士。四年任直隸博野知縣，改湖南麻陽知縣。

趙士俊 山西陽城縣人。順治三年三甲二百零六名進士。四年任山東荏平知縣，被劾去官。

黃朝薦 字荻門。河南長葛縣人。順治三年三甲二百零七名進士。任順天漷縣知縣，調湖南沅陵縣未任。十五年官至通州知州。

瞿四達 字鶴孫。河南河內縣人。順治三年三甲二百零八名進士。四年任江蘇常熟知縣。

高爽 號日霽。山東武城縣人。順治三年三甲二百零九名進士。任江蘇江浦知縣，九年調福建光澤知縣，改直隸廣平縣。官至刑部員外郎。

史編 字覺萬。河南滎陽縣人。順治三年三甲二百十名進士。任安徽青陽知縣。

韓綿禧 山東萊蕪縣人。順治三年三甲二百十一名進士。四年任江西進賢知縣。

沙澄 字淵如，號會清。山東萊陽縣人。順治三年三甲二百十二名進士。選庶吉士，任檢討。遷國子監祭酒，順治十五年授詹事，擢禮部侍郎，十八年十二月遷禮部尚書，康熙五年丁憂。康熙二十年仍授禮部尚書，二十五年九月休致。

李時蓁 直隸祁州人。順治三年三甲二百十三名進士。任浙江平湖知縣。

馬仲融　字木臣。陝西綏德州人。順治三年三甲二百十四名進士。三年任河南固始知縣，卒於任。

傅作霖　字叔甘。河南登封縣人。順治三年三甲二百十五名進士。選庶吉士，授檢討。九年充會試同考官。官至江南江安糧道，歸。

李恩光　河南洛陽縣人。順治三年三甲二百十六名進士。五年任湖南沅江知縣。

王廷傑　山西鄉寧縣人。順治三年三甲二百十七名進士。四年任直隸行唐知縣，五年改湖南酃縣知縣。

趙明英　直隸雄縣人。順治三年三甲二百十八名進士。三年任山西盂縣知縣，遷禮部主事，官至員外郎。

安　銳　山東淄川縣人。順治三年三甲二百十九名進士。授直隸曲周知縣。

解體健　陝西韓城縣人。順治三年三甲二百二十名進士。任知縣。

姚廣唐　河南洛陽縣人。順治三年三甲二百二十一名進士。四年任山西介休知縣。

李天倫　字彝完。直隸新安縣人。順治三年三甲二百二十二名進士。任山東諸城知縣，以丁憂去。

謝賓王　字起東。山東臨淄縣人。順治三年三甲二百二十三名進士。任江西南康府推官，江西餘幹知縣。祖母卒，扶櫬歸里，遂不出。著有《蘭雪堂詩集》，收入《四庫全書》。

白所見　河南滋州人。順治三年三甲二百二十四名進士。五年任山東魚臺知縣。重民命、崇學校、慎刑罰、薄稅斂。有古循良之風。

李光胤　（一作李光允）河南洛陽縣人。順治三年三甲二百二十五名進士。四年任江西都昌知縣，改江西瑞昌知縣。

高之彥　山東武城人。順治三年三甲二百二十六名進士。任江西新淦知縣。

李成性　直隸遷安縣人，祖籍浙江德清。順治三年三甲二百二十七名進士。四年任山東新城知縣，未幾乞休歸，隱山莊，讀書嗜古。

陸運際　山西猗氏縣人。順治三年三甲二百二十八名進士。任江西萍鄉知縣，六年官至江西南昌知府。

葉承宗　字奕繩，號灤湄、嘯史。山東歷城縣人。順治三年三甲二百二十九名進士。任江西臨川知縣，五年金聲桓攻城被執不屈。十月初七自盡身亡，年四十七。爲清初戲曲家。著有《灤涵》，撰《歷城縣志》。

扈　標　字莊臨，號岱嶠。山東臨淄縣人。順治三年三甲二百三十名進士。四年任江西廣豐縣知縣，十四年調補陝西淳化縣知縣。致仕歸里。

劉世禎　直隸東光縣人。順治三年三甲二百三十一名進士。四年任江西石城知縣。

于四裳　山東青城縣人。順治三年三甲二百三十二名進士。四年任直隸南宮知縣。

劉嘉註　山東平原縣人。順治三年三甲二百三十三名進士。三年任直隸高陽知縣，七年調湖南永興知縣。

杭齊蘇　字東儀、東侯。山東聊城縣人。順治三年三甲二百三十四名進士。選庶吉士，授吏科給事中，五年充福建鄉試副考官。

劉漪　河南濟源縣人。順治三年三甲二百三十五名進士。五年任山西道御史。

劉蚤譽　山西洪洞縣人。順治三年三甲二百三十六名進士。四年任山東莘縣知縣。守城夕寇，備冬勞瘁，遭罜誤去職。

上官鑑　字金之。山西翼城縣人。順治三年三甲二百三十七名進士。任山西潞安府教授，遷國子監助教，改戶部主事，吏部主事，升郎中。十七年任杭嘉湖道，康熙五年官至河南開歸道。康熙十八年召試鴻博。著有《一經樓文集》。

杜來鳳　山西武鄉縣人。順治三年三甲二百三十八名進士。四年任山東蒲臺知縣，改江蘇江寧知縣。

張啓泰　字開之。山東長山縣人。順治三年三甲二百三十九名進士。任安徽鳳陽知縣，署臨淮縣，丁憂。十三年補河南淇縣知縣，遷兵部督捕主事，進郎中。擢安徽潁

州僉事、嶺南道僉事，十八年廣東按察司僉事，以積勞成疾卒於官。

劉廷訓　字大復。直隸淶水縣人。順治三年三甲二百四十名進士。任山東臨淄知縣。

孔傳孟　順天宛平縣人。順治三年三甲二百四十一名進士。任僉事。

王春陽　山西臨晋縣人。順治三年三甲二百四十二名進士。任山東新泰知縣。

趙永祚　山西汾陽縣人。順治三年三甲二百四十三名進士。十二年任廣東雷州府推官，改甘肅慶陽府推官，遷山東鄒平知縣。

李溥　字雷澤。河南鄏城縣人。順治三年三甲二百四十四名進士。任陝西三原知縣，升戶部主事，員外郎，官至戶部郎中。

田六善　字廉山。山西陽城縣人。明天啓元年（1621）生。順治三年三甲二百四十五名進士。四年任河南太康知縣，遷戶部主事，升郎中，改江南道御史，十六年任山東巡鹽御史，遷刑科給事中。康熙十二年充會試同考官，十三年授順天府尹，遷左副都御史，十六年改工部侍郎、戶部侍郎，康熙二十年休致。本人勇於自律，自言歷官四十年"無一日不可對天，無一事或敢欺人"。康熙三十年（1691）四月卒，年七十一。著有《鶊棲慢坡諸集》。

次子田沆，康熙三十三年進士。

劉　楷　字式圍。山東恩縣人。順治三年三甲二百四十六名進士。五年任湖北穀城知縣，遷戶部主事，官至禮部祠祭司郎中。

袁鳳彩　河南商丘縣人。順治三年三甲二百四十七名進士。任陝西朝邑知縣。

晉淑軾　字長眉，號積庵。山西洪洞縣人。順治三年三甲二百四十八名進士。八年任河南中牟知縣，行取兵科給事中，外任直隸大名知府，擢順天府丞，遷鴻臚寺卿，左通政，順治十六年授通政史，十七年二月以病免職。康熙四年（1665）卒。

龐　禔　字紫麓。山西河津縣人。順治三年三甲二百四十九名進士。四年任安徽霍丘知縣，以耿直忤上去職。

史良植　河南河南衛人。順治三年三甲二百五十名進士。順治三年任安徽英山知縣，年僅十八。康熙六年（1667）遇賊來襲，被執不屈卒。

卜汝弼　河南蘭陽縣人。順治三年三甲二百五十一名進士。任貴州道御史，官至甘肅寧夏道。

宋　翔　字子飛。順天大興縣人。順治三年三甲二百五十二名進士。任河南封丘知縣，纍遷戶部郎中。康熙六年充會試同考官，七年考選兩淮巡鹽御史。官至廣西左江道。

劉修已　山西永寧州人。順治三年三甲二百五十三名進士。四年任山東淄川知縣。

郭肇基　山東金鄉縣人。順治三年三甲二百五十四名進士。任直隸望都知縣，改甘肅狄道知縣。六年五月以三等輕車都尉授首任廣西巡撫，因擅帶逃人五十三名，七年二月免職，六月處斬。

李道昌　字大來、匪莪。山東海豐縣人。順治三年三甲二百五十五名進士。纍遷河南道御史，因望誤降調臨洮府經歷，後升大理寺丞，年四十五無病卒。著有《游履草》《臨洮草》。

陸　嵩　字中山。順天宛平縣人，原籍浙江山陰。順治三年三甲二百五十六名進士。選庶吉士，授檢討。

解元才　字孫碩、法周。山西朔州人。順治三年三甲二百五十七名進士。四年任山東濟陽知縣，升戶部主事、郎中，順治十四年充四川鄉試主考官，官至安徽池州知府。緣事歸。

劉三章　字逢仙。直隸景州人。順治三年三甲二百五十八名進士。四年任山西懷仁知縣，晉戶部主事，十六年遷福建漳南道僉事。康熙三年官至安徽池太道，兼轉安慶糧儲道，三載歸卒。

張　翩　山西高平縣人。順治三年三甲二百五十九名進士。四年任兩淮巡鹽御史。

張啓元　山西沁水縣人。順治三年三甲二百六十名進士。任陝西漢中府推官，改山東禹城知縣。康熙年間任直隸祁州州判。

史具勛 陝西華陰縣人。順治三年三甲二百六十一名進士。四年任山西寧鄉知縣。

楊榮胤 字半嵋。山西陽城縣人。順治三年三甲丙戌科二百六十二名進士。四年任甘肅華亭知縣，擢工部主事，湖北荊關監督，遷甘肅慶陽知府，十七年改廣西桂林知府，康熙七年官至廣西平樂知府。

蘇弘祖 字次公，號恪甫。河南湯陰縣人。順治三年三甲二百六十三名進士。任山西和順知縣，在任七年，以積勞卒於任。著有《經世名言》《易台風雅》。

韓重輝 直隸鹽山縣人。順治三年三甲二百六十四名進士。任河南滎澤知縣。

侯國泰 山西長治縣人。順治三年三甲二百六十五名進士。任河南寧陵知縣。

李焯然 山西翼城縣人。順治三年三甲二百六十六名進士。八年任湖北嘉魚知縣，康熙四年官至山東巡鹽御史。

孫芝華 河南虞城縣人。順治三年三甲二百六十七名進士。任山西聞喜知縣。

張元鎮 字翰白，號思庵。山東單縣人。順治三年三甲二百六十八名進士。四年授江南宿遷知縣，丁父憂，服闋補浙江上虞縣知縣，在任二年，爲人鯁直，終與權勢不合被劾罷官。歸後杜門不出，年七十三卒於里。

任佐 山西介休縣人。順治三年三甲二百六十九名進士。任河南涉縣知縣。

武攀龍 山西交城縣人。順治三年三甲二百七十名進士。四年任河南洛陽知縣，纍遷江寧兵備道參議，改江蘇鎮江道，官至河南糧儲道。

王潤身 山西陽城縣人。順治三年三甲二百七十一名進士。三年任河南永寧知縣，十年改直隸正定知縣，遷戶部主事。

郭知遜 字生白，號泰滄。山東濰縣人。順治三年三甲二百七十二名進士。任江南江都知縣，五年卒於任，年四十八。

趙士宏 （一作趙士弘）直隸永年縣人。順治三年三甲二百七十三名進士。任山東臨邑知縣，十五年調山西絳縣知縣。

孫爾令 字德聞。山東安丘縣人。順治三年三甲二百七十四名進士。四年任河南濟源知縣，改山西玉川知縣。姜瓖之變以數千圍城，爾令守城，夜出不意擊之，斬其將，獲輜重，賊遁城賴以全。著有《尊石園詩話》。

崔子明 山西高平縣人。順治三年三甲二百七十五名進士。順治四年任河南葉縣知縣，遷戶部主事，尋卒。著有《經國大葉》。

王同春 字世如，號石幢。山西沁水縣人。順治三年三甲二百七十六名進士。任山東陵縣知縣，七年改安徽宣城知縣，升户部主事，順治十五年督江南（上江）提學道，康熙三年官至四川川東道。卒年七十一。

范發愚 字元穎。河南河内縣人。順治三年三甲二百七十七名進士。四年任山西廣靈知縣，改順天府大城知縣，纍遷户部郎中。十八年任甘肅關西道，康熙三年官至陝西漢羌道。

曲聖凝 字律孔。山東寧海州人。順治三年三甲二百七十八名進士。任河南確山知縣，調順天府香河知縣，改湖北漢陽知縣。

張元慶 山西汾陽縣人。順治三年三甲二百七十九名進士。任山東德平知縣。

李鍾庚 山西屯留縣人。順治三年三甲二百八十名進士。順治四年任山東商河知縣。

劉胤德 字孟宷，號默庵。山東德平縣人。順治三年三甲二百八十一名進士。四年任直隸鹽山知縣。著有《默庵雜俎》。

孫鏡 山東棲霞縣人。順治三年三甲二百八十二名進士。任甘肅清水知縣，直隸清河知縣，改福建知事。

陰應節 字雲礎。山西洪洞縣人。順治三年三甲二百八十三名進士。四年授山東沾化知縣，行取刑科、户科、工科給事中，十六年充會試同考官。以疾卒。

李榮宗 山東費縣人。順治三年三甲二百八十四名進士。四年任山西垣曲知縣，山西大同總兵姜瓖叛，城陷被執不屈卒。贈山西按察司僉事。

秦之鉉 字鼎黄、象山。山西陵川縣人。順治三年三甲二百八十五名進士。任甘肅莊浪知縣，丁憂。九年補江西新建知縣。著有《聞素草》《汾水秋滕王閣》。

劉緯 字光宿。山東歷城縣人。順治三年三甲二百八十六名進士。授江蘇崇明知縣，調安徽盱眙知縣。卒於官。

王嶙 字雲嶠。山東沾化縣人。順治三年三甲二百八十七名進士。四年任江蘇青浦知縣，丁憂歸，不仕。善書法，著有《盤河集》。

羅應選 字賢岫。河南信陽州人。順治三年二百八十八名進士。四年任山東曹縣知縣。

喬震蕃 字篤生。山西猗氏縣人。順治三年三甲二百八十九名進士。任山東鉅野知縣。六年五月曹縣李化鯨倡亂，連破定陶、武城、東明諸縣，乘勝圍城，被圍三晝夜，進攻皆應機而拒。總河楊上其功，部議獎叙不及，以疾歸，尋卒。年四十三。

梁遂 字大吕。河南鹿邑縣人。順治三年三甲二百九十名進士。四年任山東汶上知縣，八年調浙江武義縣知縣，遷内閣中書，康熙五年充四川鄉試副考官，十三年督山東提學道。康熙十年官至貴州貴西道。

王蘭彰 山西陽城縣人。順治三年三甲二百九十一名進士。任山東陽穀知縣。

閻鶴昇 河南林縣人。順治三年三甲二百九十二名進士。四年任山西樂平知縣，升戶部主事。

任昌祚 直隸靜海縣人。順治三年三甲二百九十三名進士。任山東武城知縣。

順治四年（1647）丁亥科

第一甲三名

吕　宫　字長音，號蒼忱、金門。江蘇武進縣人。明萬曆三十一年（1603）生。順治四年一甲一名狀元。任秘書院修撰，遷右中允。十年遷内秘書院學士，閏六月授吏部侍郎，十二月遷内弘文院大學士。十二年以修《資政要覽》書成加太子太保。二月休致。康熙三年（1664）四月十八日卒，享年六十二。著有《五經辨訛》《羣書通解》等。

程芳朝　（初名程鈺）　字其相。安徽桐城縣人。順治四年一甲第二名榜眼。授編修。九年充會試同考官，遷左諭德，十年督直隸學政，康熙七年由侍讀學士遷太常寺卿。九年以疾乞休歸。卒年六十六。

蔣　超　字綏庵，號虎臣、無瞋道人，又號華陽山人。江蘇金壇縣人。明天啓四年（1624）生。順治四年一甲第三名探花。授編修。八年充浙江鄉試主考官，官至弘文院修撰，康熙六年督直隸學政。後以疾乞歸。辭官後游全國名山，自稱爲峨眉老僧轉世。康熙十二年（1673）五月卒於峨眉山伏虎寺，年五十。著有《綏庵集》《峨眉志餘》。

第二甲五十七名

于明寶　字賡梅、公安。江蘇金壇縣人。順治四年二甲第一名進士。任禮部主事，順治五年充廣東鄉試主考官。七年官至臨鞏兵備道，卒於任。

周啓雋　（一作周啓寯）字立五，號節人。江蘇宜興縣人。順治四年二甲第二名進士。選庶吉士，授編修。升侍講，十二年充會試同考官，歷詹事府庶子。官至鴻臚寺少卿。著有《澹木齋文集》。

李及秀　字公愚。直隸玉田縣人。順治四年二甲第三名進士。任户部管倉分司（駐山東德州），升郎中，任湖北荆關監督，十二年考選御史。

王大扐　字以介、定爾，號願

五。安徽桐城縣人。順治四年二甲第四名進士。選庶吉士，授編修。因病乞休，家居九載。復起，十八年官至江西督糧道。著有《懷堂集》《西園雜録》。卒年五十八。

錢祖壽　字福先，號三峰。江蘇常熟縣人。順治四年二甲第五名進士。任户部主事，升員外郎，官至郎中。

兄子錢裔禧，同榜進士。

徐兆舉　字羽青。順天大興縣人，原籍浙江山陰。順治四年二甲第六名進士。任户部主事，山西督餉三載，官至廣東知府。以勞瘁卒於任。

顧　鏞　（榜名楊鏞，復姓）字孟常，號勉齋。江蘇吴縣人。順治四年二甲第七名進士。任户部主事，六年充會試同考官，升户部郎中，十四年遷福建興化知府，十六年督廣東提學道。因奏銷案罣誤歸。

郝惟訥　字敏公，號端甫。順天霸州人。明天啓三年（1623）九月二十七日生。順治四年二甲第八名進士。歷任刑部主事、員外郎、郎中、福建督糧道僉事、太僕寺少卿、左通政使，十二年改大理寺卿，十三年授户部侍郎改吏部侍郎，十六年丁憂。十八年復改户部侍郎，康熙二年改吏部侍郎，四年遷左都御史，五年改刑部尚書，歷禮部、户部尚書，十一年二月調吏部尚書，十九年丁母憂。二十二年（1683）入都候檢，六月初九日卒於京師，

享年六十一。諡"恭定"。著有《郝恭定集》。

父郝傑，户部右侍郎。

劉果遠　（榜名徐果遠，復姓）字岵陟，號千之。江蘇無錫縣人。順治四年二甲第九名進士。任户部主事，歷户部郎中改按察使僉事，十四年督湖北提學道。

張弘俊　字識之，號及庵。順天大興縣人。明天啓元年十二月（1622年1月）生。順治四年二甲十名進士。選庶吉士，授編修。補湖廣武昌道，升山西糧儲道，丁憂。十六年補山西驛傳道，遷山東兖東道，康熙三年擢福建按察使。康熙四年（1665）病卒。年四十三。

馮溥　字孔博，號易齋。山東臨朐縣人。明萬曆三十七年（1609）生。順治四年二甲十一名進士。選庶吉士，任編修。纍遷秘書院侍讀學士。十六年授吏部侍郎，康熙六年充會試副考官，七年遷都察院左都御史，九年改刑部尚書，十年二月授文華殿大學士。十二年充會試正考官，二十一年致仕，加太子太傅。康熙三十年十二月十一日卒，享年八十三。諡"文毅"。著有《佳山堂集》。

方若斑　安徽桐城縣人。順治四年二甲十二名進士。任户部主事，順治五年充山西鄉試副考官，升員外郎，督餉蘭州，官至户部郎中。

張安茂　字匪莪，號子美。江蘇青甫縣人。順治四年二甲十三名

進士。任工部主事，八年晉員外郎，擢按察司僉事，十年督浙江提學道。轉陝西布政司參議，康熙二年纍遷甘肅西寧道，致仕歸。著有《泮宮禮全書》。

錢朝鼎（榜名唐朝鼎，復姓）字禹九，號黍穀。江蘇常熟縣人。順治四年二甲十四名進士。任刑部主事、郎中，九年督廣東提學道。十三年授浙江按察使，十五年超擢左副都御史。十六年被劾降補鴻臚寺卿。遷大理寺少卿，罷歸。能詩善畫，著有《水坑石記》。

須兆祉　字繁性。江蘇武進縣人。順治四年二甲十五名進士。任工部主事，十三年纍遷甘肅肅州道，官至陝西按察司副使。

宋徵輿　字直方，號轅文。江蘇華亭縣人。明萬曆四十六年（1618）生。順治四年二甲十六名進士。任刑部主事，升郎中，七年督福建學政，纍遷至大理寺少卿。十四年授太僕寺卿，改太常寺卿、宗人府府丞，十五年以病免職。康熙二年復任府丞。五年遷左副都御史，康熙六年（1667）七月卒，年五十。著有《林屋詩文集》《廣平雜記》《瑣聞錄》。

佘一元　字占一，號潛倉，直隸永平山海衛人。順治四年二甲十七名進士。任刑部江南司主事，升禮部祠祭司員外郎，官至禮部儀制司郎中。以疾告歸，立社講學。著有《潛倉集》八卷。

馮右京　生於明天啟二年（1622），

字左知、恒山。山西代州人。順治四年二甲十八名進士。選庶吉士，授編修。升福建道御史，康熙三年官至湖廣荊西兵備道。以疾歸，卒。

李昌垣　字長文。順天宛平縣人。順治四年二甲十九名進士。選庶吉士，授編修。順治十一年充福建鄉試主考官。官至侍讀學士。

陳卓　字懋修。江蘇江都縣人。順治四年二甲二十名進士。任刑部主事，升刑部郎中。順治七年督四川提學道，遷陝西臨鞏道。官至湖廣上荊南道。

莊正中　順天大興縣人。順治四年二甲二十一名進士。官至江西南安知府。

楊鼎　字象九。江蘇丹徒縣人。順治四年二甲二十二名進士。任戶部主事，員外郎，官至戶部河南司郎中。卒於任。

張岊　字峒公。直隸大寧都司衛人。順治四年二甲二十三名進士。授刑部主事。官至湖廣道僉事，以母老乞歸。

卓彝　字朗彝，號靜岩。浙江武康籍，仁和縣人。順治四年二甲二十四名進士。選庶吉士，授編修。升侍講，十一年充江西主考官。官至詹事府左庶子。

王鳳鼎　安徽廬江縣人。順治四年二甲二十五名進士。任工部主事。

冀如錫　字公冶，號鎔我。直

隸永年縣人。順治四年二甲二十六名進士。任刑部主事，升員外郎、郎中。七年遷湖北襄陽知府，十一年擢山西河東鹽運使，改河南汝南道，十六年授浙江按察使，遷太常寺卿，改通政使，十八年授工部侍郎。康熙四年丁憂，八年改兵部侍郎，十二年遷左都御史，九月改工部尚書，十六年四月革。康熙二十五年（1686）八月十六日卒，年七十四。

黃機 字次辰，號雪臺、澂齋。浙江錢塘縣人。明萬曆四十年（1612）生。順治四年二甲二十七名進士。選庶吉士，授編修。歷任左中允、侍讀、侍讀學士。順治十七年授禮部侍郎。康熙六年三月遷禮部尚書改戶部尚書，八年四月改吏部尚書，十一年二月葬假。十八年還朝任刑部尚書，十九年復任吏部尚書，二十一年十月授文華殿大學士，二十三年二月休致。康熙二十五年（1686）二月卒，享年七十五。謚“文僖”。著有《湛露堂詩文集》。

諸舜發 字元升，號陶叟。江蘇青浦縣人。順治四年二甲二十八名進士。任戶部主事，順治十一年督陝西提學道，以疾卒於綏德州。

宋琬 字玉叔，號荔裳、二鄉亭主人。山東萊陽縣人。順治四年二甲二十九名進士。任戶部河南司主事，遷吏部郎中，調陝西隴右道僉事，改直隸永平道、浙江寧紹台道。十七年十一月授浙江按察使，

十八年因被族人誣告與登州于七通謀爲叛，革職入獄。康熙三年事白獲釋。康熙十一年授四川按察使，康熙十二年（1673）入覲卒於京師，年六十。爲清初詩人，與施閏章齊名。著有《安雅堂集》《安雅堂未刻稿》《二鄉亭詞》《秦州紀異》《永平府志》等。

馬光裕 字繩詒，號玉筍、止齋，山西安邑縣人。順治四年二甲三十名進士。任工部都水司主事、吏部員外郎，官至吏部郎中。以母老乞養歸。康熙十年（1671）十月卒，年六十一。著有《止齋集》《庭訓錄》等。

劉思敬 字純之，號覺岸。江蘇上元縣人。順治四年二甲三十一名進士。任刑部主事。官至廣西左江道。母八十乞養歸。著有《存徵錄》。

蔣之綖 字赤臣。江蘇銅山縣人。順治四年二甲三十二名進士。任刑部主事。

蘇霖 字商卿。順天宛平縣人。順治四年二甲三十三名進士。六年任江西九江關監督，升廣西柳州知府，遷浙江溫處道。康熙三年官至廣東按察副使，未幾卒。

高翔 字雲旂。江蘇江寧縣人。順治四年二甲三十四名進士。任戶部主事，八年任江西九江關監督。十六年官至湖北德安府知府，在任七年，升福建延建道。

翁長庸 字子虛、山愚、若晚，

號蓼野，晚號懦庵。江蘇常熟縣人。明萬曆四十四年（1616）生。順治四年二甲三十五名進士。任戶部主事，十六年纍遷長蘆鹽運使，改河南布政使司，十七年官至河南河南道，參與汝南道參政。康熙二十二年（1683）六月十六日卒。著有《蓼野自訂年譜》一卷。

子翁大中，康熙三十六年進士。

李 目 字腹公，號目千。河南商丘縣人。順治四年二甲三十六名進士。選庶吉士，授編修。順治九年充會試同考官，官至翰林院侍講，以病解官歸。

傅長祺 字慎和。河南永城縣人。順治四年二甲三十七名進士。六年任戶部主事，兼蕪湖鈔關監督。

劉履旋 字素隅。江蘇武進縣人。順治四年二甲三十八名進士。任戶部主事，十四年遷廣東瓊州知府，官至直隸保定府知府。

馮達道 字惇五，江蘇武進縣人。順治四年二甲三十九名進士，任戶部主事，遷郎中。十七年官至山西河東鹽運使。

李宗孔 字書雲，江蘇江都縣人。順治四年二甲四十名進士。任戶部主事，七年任蕪湖鈔關監督，十一年充四川鄉試主考官，歷福建道御史、工科給事中。官至大理寺少卿。假歸。著有《宋稗類鈔》。

趙函乙 字授若、映三。安徽合肥縣人。順治四年二甲四十一名進士。任戶部主事，順治九年督江西提學道。

許 煥 字堯文。江蘇太倉州人。順治四年二甲四十二名進士。授福建莆陽知縣，九年任九江關監督，康熙四年任江西吉安府同知，九年遷福建興化知府，官至浙江嘉興知府。

賣遴奇 字德邁，號松濤。直隸大名縣人。順治四年二甲四十三名進士。任戶部主事，丁憂歸。十四年遷山東司郎中，康熙四年官至安徽徽寧道。以疾歸，年五十四卒。著有《倚雄堂集》十二卷。

陸有聲 江蘇武進人。順治四年二甲四十四名進士。任戶部主事。

姚玄煐 字碧液。浙江錢塘縣人。順治四年二甲四十五名進士。任戶部江南司主事，五年徐州管倉。

秦仁管 字凱人。安徽南陵縣人。順治四年二甲四十六名進士。任戶部主事，司鳳陽倉，纍升郎中。康熙六年遷直隸大順廣道，七年改安徽鳳陽關監督、兵備道，九年官至廣西蒼梧道，致仕歸。

弟秦才管，同榜進士。

陸朝瑛 （一作范朝瑛，復姓）字石齋。江蘇吳縣人。順治四年二甲四十七名進士。任戶部主事，升員外郎。順治十一年充陝西鄉試副考官，十三年官至山東濟南道，十六年改陝西商雒道。

陸元龍 字雲岩。浙江錢塘縣人。順治四年二甲四十八名進士。任戶部廣東司主事，官至督餉郎中。

秦才管　字尾仙。安徽南陵縣人。順治四年二甲四十九名進士。任戶部主事，湖北荆關監督，升郎中，順治十三年督陝西提學道。聞父母喪哀毀卒。

兄秦仁管，同榜進士。

谷應泰　字賡虞，號夢求，別號霖蒼，直隸豐潤縣人。順治四年二甲五十名進士。任戶部主事，遷員外郎，十三年督浙江提學道。官至浙江按察使僉事。著有《明史紀事本末》《築益堂集》。

胡芝發　直隸永年縣人。順治四年二甲五十一名進士。任戶部主事。

胡惟德　順天宛平縣人，原籍浙江餘姚。順治四年二甲五十二名進士。任內閣中書，官至行人司行人。

聶政新　字宗鼎。江蘇丹陽縣人。順治四年二甲五十三名進士。任行人司行人。

楊世學　字爾台，號訥銘。安徽當塗縣人。順治四年二甲五十四名進士。任大理寺評事，九年考選雲南道御史，出任湖北武昌知府，十六年升浙江鹽驛道，官至鹽法武昌道、湖北漢黃德道，改湖南衡永道。解任歸。

薛陳偉　（榜名陳偉）號形許。河南祥符縣人。順治四年二甲五十五名進士。任中書科中書，八年考選陝西道御史，十二年外任山西河東道，官至直隸薊州兵備道。

李敬　字聖一，號退庵，江蘇江寧縣人。順治四年二甲五十六名進士。任行人，八年考選廣西道監察御史，纍遷左通政使。十七年授宗人府府丞，三月遷刑部右侍郎，改左侍郎。康熙元年十月去職，四年（1665）卒。著有《退庵集》。

宋學洙　字文起，號長修。湖廣江陵縣人。順治四年二甲五十七名進士。選庶吉士，散館任吏部主事，升員外郎，八年充河南主考官，官至陝西按察副使。因宿娼革職。

第三甲二百三十八名

王埰　字方岳。山東萊州鰲山衛人。順治四年三甲第一名進士。任太常寺博士，纍遷禮部郎中，康熙三年官至安徽廬六鳳道。以母老歸，卒於里。

張九徵　字公選，號湘曉。江蘇丹徒縣人。明萬曆四十六年（1618）生。順治二年江南鄉試解元，四年三甲第二名進士。任行人，升吏部文選司主事、員外郎、驗封司郎中。順治十二年充會試同考官，康熙三年督河南提學道，十八年薦應鴻博未赴，引疾歸。康熙二十三年（1684）九月卒，年六十七。

子張玉裁，康熙六年榜眼；子張玉書，順治十八年進士，文華殿大學士。

王輔運　字林州。河南太康縣人。順治四年三甲第三名進士。任内閣中書，升刑部主事，禮部員外郎，擢禮部郎中。官至湖北荊南道。卒於任。

孫宗彝 字孝則，號虞橋，別號眉休居士。江蘇高郵州人。順治四年三甲第四名進士。任中書科中書，吏部考工司主事，升員外郎，順治十一年充河南鄉試主考官，遷吏部郎中，官至直隸薊州道。康熙二十一年仵河道總督靳輔，被誣侵用官銀一千三百兩，下獄。二十二年（1683）九月初七日卒於揚州獄中，年七十二。著有《易宗集注》十二卷、《圖說》一卷、《曆數》四卷、《愛堂文集》十二卷。

陳忠靖 字念共、爾位，號曉堂。江蘇泰州人。順治四年三甲第五名進士。任內閣中書，官至刑科給事中，降懷慶府經歷，乞養歸。著有《曉堂詩集》。

胡昇猷 字允大，號貞巖。順天大興縣人，原籍浙江山陰。順治四年三甲第六名進士。任行人，遷戶部郎中，十五年外任江西南瑞道，改湖東道，十七年轉福建興泉永道，康熙元年遷江寧道，十二年補陝西漢興道，十四年被吳三桂俘，被執五年不屈，十九年大軍進川得脫。康熙十九年授四川按察使，改左僉都御史，二十四年授左副都御史，改戶部、吏部侍郎，二十五年十月遷刑部尚書，二十六年二月降調。二十七年十一月授太常寺卿，二十九年十一月復任左副都御史，康熙

三十年（1691）二月卒。

鄭之璞 字大玉。山西汾陽縣人。順治四年三甲第七名進士。任兵部主事。順治九年充會試同考官。官至兵部車駕司郎中。

朱克簡 字淡子、敬可，號澹子，別號石崖。江蘇寶應縣人。明萬曆四十四年（1616）生。順治四年三甲第八名進士。任中書科中書，八年充廣東鄉試副考官，遷雲南道御史，十三年任福建巡按御史。康熙三十二年（1693）卒，年七十八。著有《奏疏》《政略》《石崖遺集》等。

李蔚 字伭暉，號璉山。江蘇溧水縣人。順治四年三甲第九名進士。授行人司行人，升工部主事。以病告歸，卒於家。

王伯勉 字學健，號東皋。河南湯陰縣人。順治四年三甲十名進士。任行人，纍遷吏部郎中。康熙四年考選山東道御史，歸。

蘇東柱 字生紫。直隸雄縣人。順治四年三甲十一名進士。任陝西邠州知州，以事解任。十七年授山西保德直隸州知州，有文士風，無吏治之才。在任六載，卒於任。

劉德炎 江蘇無錫縣人。順治四年三甲十二名進士。四年任山西忻州直隸州知州，姜瓖之變弃城逃，爲巡撫捕誅。

陸運熺 山西猗氏縣人。順治四年三甲十三名進士。官至彝陵州知州。

王灝儒 字心孩。山西清源縣

人。順治四年三甲十四名進士。四年任山東菏澤知州。官至山東曹州知州。僅一年解組歸，閉戶讀書。著有《四書音辯》。

蕭家蕙 字紫眉。河南河內縣人。順治四年三甲十五名進士。四年任山西岢嵐州，遷戶部主事，升戶部員外郎，擢刑部郎中。官至山西朔平府知州。

孫應龍 字海門。浙江餘杭縣人。順治四年三甲十六名進士。順治年任山西隰州知州，七年補山東德州知州。著有《周易塵談》。

張光祁 字雲仲。安徽歙縣人。順治四年三甲十七名進士。任鄧川州，順治七年升禮部制儀司員外郎，以治河勞瘁致疾卒。

馮雷鳴 字震伯。江蘇金壇縣人。順治四年三甲十八名進士。官至山西絳州直隸州知州。卒於任。

湯調鼎 字右君。江蘇清河縣人。順治四年三甲十九名進士。五年任湖南澧州知州，兩年歸。

次子湯濩，順治十六年進士。

鄧旭 字元昭，安徽壽州縣人。順治四年三甲二十名進士。選庶吉士，授檢討。八年充江西主考官。官至甘肅洮岷道，引疾歸。著有《林屋詩集》。

杜濬 字子濂，號湄村。山東濱州人。明天啓二年（1622）六月十九日生。順治四年三甲二十一名進士。授直隸真定府推官，纍遷禮科給事中，外官河南鹽驛道，十

七年任江蘇淮揚道，康熙四年改浙江巡海道，官至直隸通濟道，因罣誤去官。康熙二十四年（1685）十一月初八日卒，年六十四。著有《湄湖吟》《湄村全集》等。

常若柱 字擎宇。陝西蒲城縣人。順治四年三甲二十二名進士。選庶吉士，官至戶科給事中。

潘泗水 字飛淮。安徽南陵縣人。順治四年三甲二十三名進士。任湖北黃州府推官，解組歸。

黃敬璣 字在之，號屺雲。山東曲阜縣人。順治四年三甲二十四名進士。十一年任安徽安慶府推官，十七年升大理寺評事，充貴州鄉試主考官，改刑部主事，康熙元年考選雲南道御史，四年任兩淮巡鹽御史，官至河南道御史，未任卒。

史允琦 字奇玉，號蒼航、蒿子。江蘇江寧縣人。順治四年三甲二十五名進士。任福建福州府、興化府推官，纍遷戶部郎中，改按察使僉事，康熙元年督山西提學道。

季芷 字蘭儒。江蘇江陰縣人。順治四年三甲二十六名進士。任福建福州府推官，遷刑部主事，康熙元年降浙江石門縣縣丞，八年任直隸任縣知縣。

田國足 直隸撫寧縣人。順治四年三甲二十七名進士。任江西撫州府推官。

顧仁 字伯元。江蘇丹徒縣人。順治四年三甲二十八名進士。八年任湖南寶慶府推官。擢御史。

十二年因納賄罪處斬。

吳六一 安徽宣城縣人。順治四年三甲二十九名進士。授山東青州府推官，遷刑部主事，轉員外郎，丁憂歸。補郎中，官至福建福州府知府。解組歸。

唐稷 字田卿。安徽宣城縣人。順治四年三甲三十名進士。六年任山西平陽府推官，遷戶部主事。

杜果 字登聖。江西新建縣人。順治四年三甲三十一名進士。選庶吉士，授檢討。升江南道御史，十三年纍遷山東運河道，官至山東濟寧道。致仕歸。家居二十年，甘貧樂道。

馬鳴蕭 字和鸞，號子乾。直隸青縣人。順治四年三甲三十二名進士。任浙江湖州府推官，十一年遷工部主事，升員外郎，康熙三年告歸。優游林泉。著有《愓齋詩草》。

張元樞 順天良鄉縣人。順治四年三甲三十三名進士。授浙江處州府推官（一作河南懷慶府推官）。

李澄 直隸永年縣人。順治四年三甲三十四名進士。任江蘇松江府推官，六年改江西饒州府推官。

武纘緒 河南永城縣人。順治四年三甲三十五名進士。六年任江蘇揚州府推官，改安徽桐城知縣。

石瑋 字雯豐。江蘇興化縣人。順治四年三甲三十六名進士。九年任福建漳州府推官，補東昌府推官，遷兵部主事，外授直隸順德府，未任卒於京。

郝翀翰 字臥灘。河南陽武縣人。順治四年三甲三十七名進士。五年任福建邵武府推官，十年任安徽太平府通判，以公過免職。

楊毓蘭 字伯馨、冬始。河南新鄉縣人。順治四年三甲三十八名進士。任江寧府推官，改工部都水司主事，遷刑部郎中，康熙七年改浙江巡鹽御史，九年督山東學政。官至湖南衡永郴道。以病乞歸。康熙十八年曾召試鴻博。

戚良宰 山東黃縣人。順治四年三甲三十九名進士。授安徽池州府推官，遷兵部督捕司主事，員外郎。十五年纍遷山西左衛兵備道，改湖北武昌道、漢黃德道、福建福寧道，官至福建按察副使。

萬方慶 字星羅，號虛公。順天文安縣人。順治四年三甲四十名進士。六年任安徽寧國府推官。

何棟 字與偕，號涵齋。江蘇崇明縣人。順治四年三甲四十一名進士。七年任福建邵武府推官，改戶部主事，遷禮部郎中，康熙二十三年充河南鄉試副考官，改按察使僉事，二十三年十二月督江西提學道。告歸卒。

長子何炳，康熙二十七年進士；次子何煜，康熙四十五年進士。

王章炳 字文虎。河南通許縣人。順治四年三甲四十二名進士。任湖廣鄖陽府推官，致仕歸。

岳峻極 字道洋、于天。山西澤州直隸州人。順治四年三甲四十三名進士。任甘肅臨洮府推官，擢工部主事，官至吏部驗封司郎中。

李之芳 字鄴園。山東武定州人。明天啓二年（1622）八月十八日生。順治四年三甲四十四名進士。歷任浙江金華府推官、刑部主事、員外郎、郎中。十五年任廣西道御史、湖廣道御史。康熙十一年授左副都御史，改吏部侍郎，十二年調浙江總督，二十一年遷兵部尚書改吏部尚書，二十六年九月遷文華殿大學士。二十七年休致。康熙三十三年（1694）十一月初二日卒，享年七十三。謚"文襄"。雍正十年十月入祀賢良祠。著有《棘聽草》十二卷、《疏奏》十五卷、《別錄》六卷等。

呂大猷 陝西咸寧縣人。順治四年三甲四十五名進士。任主事。

劉元運 山東東昌衛人。順治四年三甲四十六名進士。任直隸大名府推官，遷刑部主事，纍遷山西冀寧道，十八年官至廣東布政司左參議。

董玫 山西澤州直隸州人。順治四年三甲四十七名進士。八年任湖南常德府推官。未竟其用卒。

王三畏 陝西長安縣人。順治四年三甲四十八名進士。任湖北漢陽府推官。

馮班 字丙聞。江蘇金壇縣人。順治四年三甲四十九名進士。授西安府推官，擢兵部主事，遷員外郎、郎中。十五年考選湖廣道御史，十七年任山東巡鹽監察御史。

任文燁 字聯璧。河南新鄉縣人。順治四年三甲五十名進士。任江西廣信府推官。

王之鼎 字公調。順天宛平縣人。順治四年三甲五十一名進士。四年任山西祁縣知縣。姜瓖叛清，城陷被執，罵不絕口，卒後贈按察司僉事。

李憲 字玉春。山東淄川縣人。順治四年三甲五十二名進士。四年授浙江孝豐知縣，卒於官。著有《養生録》《四香齋集》《黃庭經集注》。

高明 字曜南。直隸晉州人。順治四年三甲五十三名進士。五年任山東陵縣知縣，丁憂。服闋補陝西臨潼知縣，卒於任。

李宗白 （榜名李中白）字繪先。山西長治縣人。順治四年三甲五十四名進士。選庶吉士，授檢討。八年充順天副考官，官至内秘書院侍讀學士。後以疾辭官歸里，卒。

堵廷棻 江蘇無錫縣人。順治四年三甲五十五名進士。四年任直隸滿城知縣，改江西崇仁知縣，山東歷城知縣。因與上官牴牾，感憤成疾，歸後卒。著有《含煙閣集》。

莊同生 字玉驄，號澹庵。江蘇武進人。順治四年三甲五十六名進士。選庶吉士，授檢討。八年充湖廣鄉試正考官，升侍讀，官至左庶子。以奏銷案罷職，後補官卒。工詩、古文辭，善畫山水、馬等。

著有《澹庵集》《長安春草》《黃山紀游》《炉史》等。

孫自式 字王度，號衣月。江南武進縣人。明崇禎元年（1628）生。順治四年三甲五十七名進士。選庶吉士，授檢討。八年充順天鄉試副考官，曾條奏科場事，語極剴切、多諷喻；又慨吏治日壞。帝詔賜牛黃丸，令歸里養疾，人呼爲“狂翰林”。歸後杜門不出。

郭亮 字臥侯。江蘇上元縣人。順治四年三甲五十八名進士。任甘肅隆德知縣，纍遷戶科給事中，十五年遷甘肅西寧道，十八年改上荊南道，官至四川川西兵備道。

楊大功 字襟海。山東東昌府安東衛人。順治四年三甲五十九名進士。四年任山西武鄉知縣，改湖北房縣知縣。

周繩烈 順天昌平衛人。順治四年三甲六十名進士。

曹垂璨 字天祺，號綠岩。江蘇上海縣人。順治四年三甲六十一名進士。四年任直隸藁城知縣，五年改浙江遂安知縣。著有《竹香亭詩餘》《明志堂集》。

郭方 山西長治縣人。順治四年三甲六十二名進士。五年任浙江象山知縣。

李應軫 字宗白。江蘇高郵州人。順治四年三甲六十三名進士。任山東邱縣知縣，擢刑部主事。

傅雲鵬 字翼軒。直隸慶都（乾隆十一年改名望都）縣人。順治四年三甲六十四名進士。任陝西鳳縣知縣，十年補河南淇縣知縣。官至安徽鳳陽府知府。

陳謙生 （榜名徐謙生）江蘇武進縣人。順治四年三甲六十五名進士。授福建鄞縣知縣，任三年罷官。九年復起任江西安福知縣，罷歸。

章雲鷺 字紫儀。順天宛平縣人，原籍浙江山陰。順治四年三甲六十六名進士。選庶吉士，授檢討。九年充會試同考官，纍遷至國子監祭酒，十八年授秘書院學士，并充教習庶吉士。康熙五年授兵部督捕侍郎。十年四月病休。

方亨咸 字吉偶，號邵村。安徽桐城縣人。順治四年三甲六十七名進士。四年任直隸獲鹿知縣，改浙江麗水知縣，行取刑部主事，升郎中。十四年科場獄興，被謫寧古塔近二年，釋歸後十五年考選陝西道御史，未久罷。工詩畫，尤善畫人。著有《楚粵使草》《班馬筆記》《怡亭雜記》等。

李長青 山西榆社縣人。順治四年三甲六十八名進士。任江西弋陽知縣，未及一年卒。

李瑛 （本姓鄒）字希古、尹清。江蘇昆山縣人。順治四年三甲六十九名進士。任甘肅漳縣知縣。

劉璽 字爾符，號三峰。陝西朝邑縣人。順治四年三甲七十名進士。四年任浙江烏程知縣，因除盜忤上官，八年左遷四川按察照磨，署通江知縣、簡州知州。歸後卒於家。著有《仕餘小草》《鐮山集》。

葉子循 （復姓張）字玉綸。江蘇昆山縣人。順治四年三甲七十一名進士。四年任直隸唐縣知縣，改陝西郃陽知縣，十七年改廣西容縣知縣。

馬雲翬 字漢翔，號嵋輪。江蘇昆山縣人。順治四年三甲七十二名進士。四年任山西河曲知縣，署保德知州。姜瓖變，雲翬被執不屈，事平罷歸。逍遙林下二十年，卒年六十四。著有《萬卷樓簡編》《凝秋堂集》

譚希閔 江蘇江都縣人。順治四年三甲七十三名進士。四年任直隸靈壽知縣，五年改浙江里安知縣。康熙元年官至浙江湖州府知府。康熙二年因"明史案"文字獄，被處死。

董大翮 字武峰。江蘇江陰縣人。順治四年三甲七十四名進士。四年任浙江鄞縣知縣，十年補天台知縣，後罷歸。

王際有 字書年（一字書有）。江蘇丹徒縣人。順治四年三甲七十五名進士。任江西永豐知縣，丁憂歸。十一年補河南鹿邑知縣，罣誤降甘肅秦州州判，遷山西潞城知縣，補陝西涇陽知縣，遷工部主事，康熙十五年任延安府西路管糧同知，二十二年擢廣東高州知府，二十六年督河南提學道。卒於任。

李孟雨 字欽若。山東安丘縣人。順治四年三甲七十六名進士。

授山西潞城知縣，丁憂服闋，補湖廣桂陽知縣，赴任疾作歸里。優游林下三十年。

蔣胤修 （一作蔣永修）字慎齋，號紀友。江蘇宜興縣人。順治四年三甲七十七名進士。任湖北應山知縣，遷江西瑞州府同知，順治十八年纍遷江西九江道，遷按察使僉事，康熙十六年督湖廣提學道（《清秘述聞》一書作康熙十年），官至貴州平越知府。康熙二十一年（1682）卒。著有《慎齋遇集》《孝經集解》《小學集解》。

周文燁 字穆仲，號元龐。浙江海寧籍，海鹽縣人。順治四年三甲七十八名進士。官至湖南黔陽縣知縣。戰亡。

徐鼎 江蘇華亭縣人。順治四年三甲七十九名進士。四年任湖北麻城知縣。

施鳳翼 字子翔。江蘇江寧縣人（《蘇州府志》作吳縣）。順治四年三甲八十名進士。四年任直隸南和知縣，改浙江上虞知縣。

郜煥元 （1623—1695）字凌玉，號雪嵐。直隸長垣縣人。順治四年三甲八十一名進士。四年任山西太原知縣，姜瓖之變死守城七晝夜，大軍至，殲寇於晉祠，以功遷刑部貴州司主事，十年督湖北提學道，十一年革。好詩，與彭而述、趙進美、宋琬、周體觀、申涵光、趙賓，稱"江北七才子"。著有《郜凌玉詩》《漪園存笥稿》《大明府志》。

王家楨 （又作王家禎、王家貞）字挺生，號盂山。江蘇山陽縣人。順治四年三甲八十二名進士。歷任河南新安、浙江龍游知縣，八年改江西奉新知縣，丁憂歸。服闋調貴州荔波知縣，康熙五年改直隸永年知縣，擢兵部主事，卒於任。

李如瑜 字泐石。河南登封縣人。順治四年三甲八十三名進士。五年任山西臨晉知縣。官至荊南道參政。

張畢宿 字兆蘇，號六園。安徽當塗縣人。順治四年三甲八十四名進士。任江西上高知縣，年七十四卒。

劉芳聲 字何實。直隸滄州人。順治四年三甲八十五名進士。四年任山西太平縣知縣。十七年改江西九江關監督。

王　熙 字子雍、子撰，號晉亭、慕齋。順天宛平縣人。禮部尚書王崇簡子。崇禎元年（1628）七月初八日生。順治四年三甲八十六名進士。選庶吉士，授檢討。歷任右春坊、諭德、侍講學士。順治十四年授內弘文院學士，十五年任禮部侍郎衛翰林院掌院學士，十八年十二月授禮部左侍郎。康熙五年十一月遷都察院左都御史，七年九月改工部尚書，十二年調兵部尚書，十七年丁憂。康熙二十一年授保和殿大學士。二十五年重修《太祖實錄》告成，加太子太傅。并屢充《三朝聖訓》《平定三逆方略》《大清一統治》《明史》總裁官，四十年九月晉少傅休致。康熙四十二年（1703）正月二十七日卒，享年七十六。諡"文靖"。雍正十年入祀賢良祠。著有《寶翰堂集》《王文靖公集》。

丁同益 順天昌平衛人。順治四年三甲八十七名進士。十四年任湖南常德府推官。

張　寬 江蘇泰興縣人。順治四年三甲八十八名進士。任陝西咸陽知縣。

葉甘棠 湖北麻城縣人，順治四年三甲八十九名進士。

羅雲逵 字遠伯。安徽青陽縣人。順治四年三甲九十名進士，四年任山西太谷知縣。

朱鳳台 字慎人，號驥渚。江蘇靖江縣人。順治四年三甲九十一名進士。任直隸阜平知縣，調浙江開化知縣，官至兵部車駕司主事。告歸終養，年八十八卒。著有《追思堂集》。

王　訓 字敷彝、念泉，號悔齋。山東安丘縣人。順治四年三甲九十二名進士。任山西萬泉知縣。總兵姜瓖叛清，萬泉失守歸里。著有《論語日知編》《學庸思辨錄》《指略晦齋全集》《讀安丘志》《二酉匯冊》。

顧予咸 字小阮，號松友，江蘇吳縣人。順治四年三甲九十三名進士。四年任直隸寧晉知縣，調浙江山陰知縣，擢刑部主事，官至吏部員外郎。十八年移疾歸。康熙八年（1669）卒。曾補注《溫飛卿集》。

錢裔禧 字嗣希，號五峰。江蘇常熟縣人。順治四年三甲九十四名進士。四年任山東嘉祥知縣，歸。

兄子錢祖壽，同榜進士。

王世璽 字春如。江蘇鹽城縣人。順治四年三甲九十五名進士。任直隸定興知縣，六年調江西宜黃知縣，升寧都直隸州知州，解職歸。

張能鱗 字玉甲，號西山、瑞庵。順天大興縣人，原籍河南濬縣。明萬曆四十七年（1619）生。順治四年三甲九十六名進士。任浙江仁和知縣，行取禮部主事，遷禮部員外郎，順治十一年督江南（下江）學政。十四年官至山東青州道，調四川川南道。十八年薦試博學鴻詞未遇歸。著有《儒宗理要》二十九卷、《孝經衍義補刪》《詩經傳說取裁》十二卷、《西山文集》九卷等。

賈濬 山西蒲州人。順治四年三甲九十七名進士。四年任湖北鍾祥知縣，遷兵部武選司主事。

晉淑説 山西洪洞縣人。順治四年三甲九十八名進士。任安徽歙縣知縣。

張王治 字無近。江蘇太倉州人。順治四年三甲九十九名進士。同年授浙江桐廬知縣。官至工科給事中。去職歸，康熙十八年（1679）卒。

吳守宷 字含一、其凝。江蘇武進縣人。順治四年三甲一百名進士。任湖北房縣知縣（一作直隸房山知縣），改江西金溪知縣，罣誤罷。

補河南杞縣知縣，十三年任河南陳留知縣，擢行人，康熙八年充山西鄉試副考官。官至江西瑞州知府。

張九嶷 江蘇武進縣人。順治四年三甲一百零一名進士。任江西萬安知縣，十一年改浙江武康知縣。

馮旦 字既白。江蘇丹徒縣人。順治四年三甲一百零二名進士。任直隸長垣知縣。

王章 字闇子、守約，號酉山。山東萊陽縣人。順治四年三甲一百零三名進士。四年授直隸井陘知縣，以罣誤去職，後署福建連江、古田、武平知縣，任湖廣石首縣縣丞，署湖北遠安知縣。吳三桂之變抗節歸里。康熙三十五年任四川丹稜知縣，著有《遂緣草堂文稿》《守約堂詩集》。

張秀實 直隸靈壽縣人。順治四年三甲一百零四名進士。任江西南城知縣。

任天祚 山西汾陽縣人。順治四年三甲一百零五名進士。四年任江西武寧知縣，十四年改江西建昌知縣，調河南寧陵知縣。

王翰 字錫彤，號友陶。直隸吳橋縣人。順治四年三甲一百零六名進士。任山西寧鄉知縣，解組歸。潔己愛民，有青天之頌。

徐我達 江蘇泰州人。順治四年三甲一百零七名進士。四年任順天府懷柔知縣，五年改湖南益陽知縣。

繆慧遠 字子長。江蘇吳縣人。

順治四年三甲一百零八名進士。同年任山西壽陽知縣。以耿直忤大吏，謝病歸。卒年八十五。

子繆綿宣，康熙十二年進士。

樊鴻選 直隸永年縣人。順治四年三甲一百零九名進士。任陝西長安知縣。

朱長泰 字大來、謙如。山東德平縣人。順治四年三甲一百十名進士。任安徽含山知縣，升戶部雲南司主事。還里後究心典籍，尤邃於易。著有《周易致一》六卷、《帝王年編》四卷。

張夙成 湖北江陵縣人。順治三年舉人。四年三甲一百十一名進士。任江西彭澤知縣，改直隸贊皇知縣。

徐可先 字聲服，號梅溪。江蘇武進縣人。順治四年三甲一百十二名進士。四年任直隸束鹿知縣，改浙江龍泉知縣，署慶元知縣，遷刑部主事，順治十五年遷山東登州知府。十六年官至直隸河間知府。

朱之翰 字鶴門。江蘇上元縣人。順治四年三甲一百十三名進士。任直隸蠡縣知縣，五年改浙江諸暨、平湖知縣，遷行人，康熙五年充山西鄉試副考官。升禮部郎中，十三年督河南提學道。

李長秀 順天玉田縣人，順治四年三甲一百十四名進士。四年任江蘇江陰知縣。九年革。

王晉 字子晉。山東掖縣人。順治四年三甲一百十五名進士。任

順天府東安知縣，纍遷湖南辰沅道副使，轉江蘇蘇松督糧道參政。以罣誤奪職。

朱士冲 字雲子，號澹軒。湖北潛江縣人。順治三年舉人，四年三甲一百十六名進士。選庶吉士。假歸，年二十八卒。

趙瑾 字懿侯。山西陽曲縣人。順治四年三甲一百十七名進士。順治四年八月任江蘇長洲知縣。五年七月被劾去。

婁維嵩 字中立。直隸正定縣人。順治四年三甲一百十八名進士。任江蘇六合知縣，七年改江西浮梁知縣，十四年改江蘇青浦知縣，以憂去。

曾振甲 字鷺公。江蘇常熟縣人。順治四年三甲一百十九名進士。任江西貴溪知縣，因叛將金聲桓作亂，道不通未到任，卒。

袁秉銓 字國衡。江蘇金壇縣人。順治四年三甲一百二十名進士。五年授山西壺關知縣。去官無長物，惟圖書數百卷而已。

邵擢 字者超，號六優。山東城武縣人。順治四年三甲一百二十一名進士。任江蘇江寧知縣。

郭四維 字峒公，號帝京。山西猗氏縣人。順治四年三甲一百二十二名進士。任山東巨野知縣，四年改安徽績溪知縣，行取禮部主事，升員外郎，康熙八年纍遷江蘇蘇州知府。十三年官至河南驛鹽道。

羅森 字約齋。順天大興縣

人。順治四年三甲一百二十三名進士。四年任山西靈丘知縣，十三年纍遷江西湖東道，改江南巡驛道，康熙五年授浙江按察使遷陝西布政使，改甘肅布政使。十年六月授四川巡撫，康熙十三年正月降吳三桂，三桂性急忌，降者多被殺，羅森不知所終。著有《麻姑山丹霞洞天志》。

錢綖 直隸元城縣人。順治四年三甲一百二十四名進士。五年任河南淅川知縣，纍遷大理寺少卿，康熙十一年授太僕寺卿，改太常寺卿，十二年改宗人府府丞，四月遷左副都御史，同年罷官。

劉源湛 字石友。河南新鄉縣人。順治四年三甲一百二十五名進士。授湖北大冶知縣，遷甘肅鞏昌府同知，升禮部郎中。官至山東武德道，代理按察司僉事。積勞成疾卒於任。

王康侯 字爾錫。江蘇金壇縣人。順治四年三甲一百二十六名進士。四年任河南南召知縣，擢河南興屯同知。十五年纍遷福建汀州府知府，十六年督浙江提學道。

楊本春 字光美。陝西澄城縣人。順治四年三甲一百二十七名進士。四年任河南泌陽知縣，改福建長樂縣、閩縣知縣，十五年調廣東英德知縣。

孫根深 山東武定州人。順治四年三甲一百二十八名進士。任湖北漢川知縣。

段袞 山東沂州人。順治四年三甲一百二十九名進士。四年任湖南安仁知縣，以母老歸。母喪哀毀，未逾年而卒。

王象天 字文石，號穎山。陝西富平縣人。順治四年三甲一百三十名進士。四年任河南臨漳知縣，遷主事，擢戶部郎中，康熙元年督湖廣提學道，康熙二年充山西鄉試副考官。著有《望雲軒集》等。

連城 山西潞城縣人。順治四年三甲一百三十一名進士。任河南林縣知縣。

于雲石 字括蒼。江蘇金壇縣人。順治四年三甲一百三十二名進士。任河南河內知縣。

陳一道 字念曾，號率庵。湖北江夏縣人。順治四年三甲一百三十三名進士。七年授河南孟縣知縣，坐攉科畺誤，謫浙江嚴州府照磨，卒於任。貧無以殮。紳民賻而歸櫬。

胥庭清 字永公。江蘇江寧縣人。順治四年三甲一百三十四名進士。十一年任浙江餘姚縣知縣，擢工部主事，員外郎。致仕歸。

楊藻鳳 字親玉、穎立。山西鄉寧縣人。順治四年三甲一百三十五名進士。四年任河南湯陰知縣，十四年纍遷甘肅慶陽府知府，十六年督湖廣提學道。

褚振聲 河南睢州人。順治四年三甲一百三十六名進士。任陝西延長知縣。

張珥 字夫敦。陝西同州人。順治四年三甲一百三十七名進士。

四年任山西襄陵知縣。

張　昊　河南商丘縣人。順治四年三甲一百三十八名進士。任陝西富平知縣。

程汝璞　字蕉鹿。安徽合肥縣人。順治四年三甲一百三十九名進士。任江西上饒知縣。康熙十六年督浙江提學道。

張台耀　山西蒲州人。順治四年三甲一百四十名進士。任陝西西鄉知縣。

汪浴日　號菩水。安徽六安州人。順治四年三甲一百四十一名進士。四年任河南陽武知縣，忤上被劾歸。

武全文　字藏夫，號石庵。山西盂縣人。順治四年三甲一百四十二名進士。授甘肅崇信知縣，升刑部山西司主事，湖廣司員外郎，福建司郎中。十五年補甘肅關西道，改山東兗東道，官至湖南衡永郴守道。以疾告歸，卒。

高仁度　山西長治縣人。順治四年三甲一百四十三名進士。四年任山東博興知縣，十二年調山東鄒縣知縣。

楊　泰　順天豐潤縣人。順治四年三甲一百四十四名進士。五年任山西永和知縣。

汪永瑞　字湍木。江蘇吳縣人。順治四年三甲一百四十五名進士。四年任河南新野知縣，改四川南充知縣，擢四川順慶府知府，十六年督河南提學道。康熙三年遷四川重慶府同知，九年官至廣東廣州知府。

劉玉瓚　順天大興縣人。順治四年三甲一百四十六名進士。十年任江蘇江都知縣，改山西太原府中路同知，康熙元年遷江西撫州知府，署偏關兵備道。

葉　舟　字天木，號星槎。江蘇上元縣人。明萬曆四十六年（1618）生。順治四年三甲一百四十七名進士。任陝西華陰知縣，升兵部主事。十五年纍遷陝西延安知府，康熙二年官至江西南昌府知府。

柴　望　字秩于，號雲岩。浙江仁和籍，歸安縣人。順治四年三甲一百四十八名進士。四年任河南淇縣知縣，遷福建鹽運司同知，康熙十四年擢安徽池州知府，二十三年遷甘肅甘山道。二十五年授湖南按察使，二十六年遷廣東布政使，二十七年九月革。

賈弘祚　字永錫。陝西韓城縣人。順治四年三甲一百四十九名進士。任山東歷城知縣，改章丘知縣，十一年任河南尉氏知縣，改直隸元氏知縣。十八年行取廣東道御史，康熙三年任山東巡鹽御史。

黃炳啓　字佑君。山西豐城縣人。順治四年三甲一百五十名進士。任醴縣知縣，以疾告歸。

李彥珂　陝西三原縣人。順治四年三甲一百五十一名進士。任福建羅源知縣。

靳秉璋　直隸寧晉縣人。順治四年三甲一百五十二名進士。任山西長治知縣，姜瓖之亂秉璋守城殉難。

朱虛 字邵齋、若虛，號可庵、介庵。山東曹州（一作菏澤）人。順治四年三甲一百五十三名進士。任直隸衡水知縣，九年行取廣西道御史，出任紹興知府，十三年遷浙江寧紹台道，官至甘肅肅州道。著有《古今疏》，收入《四庫全書》。善畫山水，落筆蕭疏，脫略蹊徑。

王允諧 山東福山縣人。順治四年三甲一百五十四名進士。任大理寺觀政，改山西成縣知縣。因事歸里。

趙志忭 直隸藁城縣人。順治四年三甲一百五十五名進士。五年任甘肅伏羌知縣，改山西趙城知縣。

溫樹珖 陝西涇陽縣人。順治四年三甲一百五十六名進士。授山東堂邑知縣，任三月罷歸，家居事親。

邢若鵬 字南溟。河南新鄉縣人。順治四年三甲一百五十七名進士。任江西新昌知縣。

賀運清 字象山、疎林，號嵩螺。湖北荊門州人。順治三年舉人，四年三甲一百五十八名進士。五年任江蘇興化知縣，擢吏部文選司主事，升吏部郎中，外任山東泰安州州同。十三年官至福建興泉巡道，致仕歸。

范印心 字正其，河南河內縣人，明萬曆三十七年（1609）生。順治四年三甲一百五十九名進士。

授山西崞縣知縣，進戶部主事，升員外郎、郎中，十四年纍遷浙江嚴杭道，康熙四年官至山西河東道。丁憂歸。康熙七年（1668）卒，年六十。

羅大猷 字翊宸。江西南昌縣人。順治四年三甲一百六十名進士。任浙江嵊縣知縣，纍遷江蘇江寧知府，十二年改揚州知府，署江蘇淮揚道，因公事罣誤免官去。

朱天寧 字文靜。江西進賢縣人。順治四年三甲一百六十一名進士。授山東長山知縣。五年賊盜殺其母，後擒盜首取其心肝祭母，後單騎捉盜十餘人，盜蜂聚遂遇害。

葉嘉徵 字仲升。安徽宣城縣人。順治四年三甲一百六十二名進士。任陝西盩厔知縣。

崔掄奇 字正誼。河南夏邑縣人。順治四年三甲一百六十三名進士。任江蘇高淳知縣，改山東平原知縣，遷安徽徽州同知，官至戶部主事。

王廷機 字定一。陝西岐山縣人。順治四年三甲一百六十四名進士。任直隸青縣知縣，改江蘇丹陽知縣。十七年任浙江秀水知縣，康熙七年遷江蘇通州知州。

阮鞠廷 字藎臣。安徽南陵縣人。順治四年三甲一百六十五名進士。任山東朝城知縣，順治九年改浙江太平知縣、寧海知縣。

錢世錦 字闇生。安徽盱眙縣人。順治四年三甲一百六十六名進士。五年任順天府文安知縣。

焦象賢 字公上。山東青城縣人。順治四年三甲一百六十七名進士。任甘肅真寧知縣。

張祚先 江蘇武進縣人。順治四年三甲一百六十八名進士。康熙六年官至四川下川東道。

王榜 字爾賓。江蘇寶應縣人。順治四年三甲一百六十九名進士。五年授福建德化知縣，被劾歸後縱酒自娛，不事生產。

董上治 字翼峰。江蘇武進縣人。順治四年三甲一百七十名進士。任福建建陽知縣，改湖北襄陽知縣。

薛眉 江蘇武進縣人。順治四年三甲一百七十一名進士。五年任福建建陽知縣。

吳用光 陝西高陵縣人。順治四年三甲一百七十二名進士。任河南武陟知縣，順治十六年纍遷山西平陽知府。

葛陞 河南商丘縣人。順治四年三甲一百七十三名進士。任陝西鄜縣知縣。

呂鳴純 江蘇泰興縣人。順治四年三甲一百七十四名進士。任福建長樂知縣，遷戶部主事。

王秉直 陝西南鄭縣人。順治四年三甲一百七十五名進士。五年任福建泰寧知縣，十一年改直隸行唐知縣，十七年調湖南新寧知縣。官至戶部郎中。

李陶 字淑井。直隸任丘縣人。順治四年三甲一百七十六名進士。任湖北沔陽知縣，以親老不赴。卒年七十五。

靳龍光 順天大興縣人。順治四年三甲一百七十七名進士。四年任江蘇寶應知縣。

孫自成 字物皆。江蘇江都縣人。順治四年三甲一百七十八名進士。五年授福建歸化知縣。

劉復鼎 字玉鉉、王璉。山西趙城縣人。順治四年三甲一百七十九名進士。五年任福建漳浦知縣，引疾歸。家居二十餘年卒。

劉振 字煜凡。江蘇盱眙縣人。順治四年三甲一百八十名進士。任陝西紫陽知縣。

趙來鳴 河南禹州人。順治四年三甲一百八十一名進士。任安徽舒城知縣。

劉緝堯 字無糜、虞上。山西曲沃縣人。順治四年三甲一百八十二名進士。任河南內鄉知縣，十六年纍遷湖北下江防兵備道，康熙元年官至浙江寧紹台兵備道。

薛耳 江蘇武進縣人。順治四年三甲一百八十三名進士。五年任河南羅山知縣。

高光國 直隸寧晉縣人。順治四年三甲一百八十四名進士。五年任福建松溪知縣，十五年改江西龍南知縣，康熙七年遷廣東連平州知州，十四年官至廣東驛鹽道。

盛交 江蘇太倉州人。順治四年三甲一百八十五名進士。十一年任福建沙縣知縣。

劉　幬　字尚中。江蘇靖江縣人。順治四年三甲一百八十六名進士。五年任福建建安知縣。去官歸孝養。卒年七十。

許　襄　江蘇無錫縣人。順治四年三甲一百八十七名進士。任陝西中部知縣。

喬來鳳　河南孟縣人。順治四年三甲一百八十八名進士。任陝西白水知縣。

劉允謙　字六吉。安徽壽州人。順治四年三甲一百八十九名進士。四年任河南沈丘知縣，升主事，擢山東巡按。

王建中　順天大城縣人。順治四年三甲一百九十名進士。六年任福建將樂知縣。

史樹駿　字光庭。江蘇武進縣人。順治四年三甲一百九十一名進士。任直隸寧津知縣。十五年改直隸河間知府。康熙五年改直隸順德知府。調廣東肇慶府知府。

江中楫　字祖如。順天玉田縣人。順治四年三甲一百九十二名進士。四年任福建甌寧知縣。

陳廷楹　字燦若。江蘇丹徒縣人。順治四年三甲一百九十三名進士。五年任福建海澄知縣，十一年調浙江餘姚知縣。

朱廷瑞　字增城。安徽歙縣人。順治四年三甲一百九十四名進士。任福建福清知縣，遷禮部主事，升郎中。十四年督河南提學道，康熙元年任廣東海北道，五年任廣東布政司參議。

李廷樞　字辰玉。江蘇江寧縣人。順治四年三甲一百九十五名進士。選庶吉士，授檢討。九年充會試同考官，官至浙江糧道。康熙二年因“明史案”文字獄，被處死。

龔景運　河南永城縣人。順治四年三甲一百九十六名進士。六年任安徽桐城知縣。

王　勸　字袞華。山東諸城縣人。順治四年三甲一百九十七名進士。四年任江蘇宜興知縣，九年調順天文安知縣。歸卒，年八十五。

子王度昭，康熙二十四年進士，官兵部侍郎。

周文華　字在中，號尹公。山西翼城縣人。順治四年三甲一百九十八名進士。四年任湖北咸寧知縣，調河南內鄉知縣，康熙元年纍遷福建福寧知府，十年遷安徽鳳陽關監督，遷兵備道，改山東兗沂道。卒於任。

宋國彥　山東濰縣人。順治四年三甲一百九十九名進士。任浙江歸安知縣。

喻　勛　湖北麻城縣人。順治四年三甲二百名進士。五年任山東嶧縣知縣，丁憂歸，九年改福建浦城知縣。

李人龍　字震陽，號元美。直隸滄州人。順治四年會元，三甲二百零一名進士。任安徽定遠知縣，改內閣中書。年六十九卒。

王道隆　陝西富平縣人。順治

四年三甲二百零二名進士。任江西武寧知縣。

米襄 陝西蒲城縣人。順治四年三甲二百零三名進士。任直隸邢臺知縣，九年行取廣西道御史，十年江西巡按御史。降三級外用。

楊六德 河南鹿邑縣人。順治四年三甲二百零四名進士。任陝西漢陰知縣。

李世洽 字漑林。直隸束鹿縣人。順治四年三甲二百零五名進士。任安徽太湖知縣，升兵部主事，遷兵部郎中，順治十四年充山東鄉試副考官，十七年官至山東督糧道。告病回籍。

盧毓粹 字含美。直隸束明縣人。順治四年三甲二百零六名進士。任陝西平利知縣，十三年調浙江昌化知縣，在任十年，升工部虞衡司主事。

張鯤翔 字鵬翠。陝西華州人。順治四年三甲二百零七名進士。任安徽合肥知縣，工部主事，湖北荊關監督，官至郎中。

蔡瓊枝 字闇培、皖森。江蘇無錫縣人。順治四年三甲二百零八名進士。五年任河南南樂知縣，擢工部都水司主事，順治十一年充四川鄉試副考官，十五年官至浙江寧紹台道。

穆爾謨 字賓曰。直隸永平府山海衛人。順治四年三甲二百零九名進士。任江蘇贛榆知縣，遷禮部主事，升郎中，官至山東萊州府知府。母喪廬墓三年，遂不出。

趙編 山西洪洞縣人。順治四年三甲二百十名進士。任河南武安知縣。

徐明弼 字子諧，號靜庵。安徽蕪湖縣人。順治四年三甲二百十一名進士。四年授山西馬邑知縣，以卓異升戶部主事，擢郎中。康熙三年督陝西提學道，十二年遷安徽鳳陽關監督、兵備道。著有《次畦堂集》行世。

馮美玉 字樂天，號玉蕤。浙江烏程縣人。順治四年三甲二百十二名進士。十五年任山西蒲縣知縣，官至山西隰州直隸州知州。以病告歸。

萬應皋（復姓鄭）字允生。江蘇無錫人。順治四年三甲二百十三名進士。五年任浙江建德知縣，升任戶部主事，十三年任安徽鳳陽關監督，兵備道。

郜炳元 字虎振，號飛虹。直隸長垣縣人。順治四年三甲二百十四名進士。四年任湖北孝感知縣，五年（1648）賊攻城，城陷卒。妻李氏亦罵賊卒。

吳道凝 字子遠。安徽桐城縣人。順治四年三甲二百十五名進士。授山東長清縣知縣，十六年調浙江奉化知縣，未幾歸。著《大指齋集》十二卷。

蔣爾琇 字秀玉。浙江諸暨縣人。順治四年三甲二百十六名進士。任河南新鄭知縣，五年丁憂，八年補河南原武知縣，以強直罷官歸。

季振宜 字詵兮，號滄葦，江蘇泰興縣人。順治四年三甲二百十七名進士。四年任浙江蘭溪知縣，行取刑部主事，升户部員外郎、郎中。十五年考選浙江道御史，補湖廣道御史，康熙二年官至山西巡鹽御史。後乞歸，卒於家。家富藏書，有《季滄葦藏書目》一卷。著有《静思堂詩集》《聽雨樓集》。

兄季開生，順治六年進士。

余國柱 字石臣。江蘇昆山縣人。順治四年三甲二百十八名進士。任浙江餘姚知縣，調湖北咸寧知縣，擢刑部主事，升郎中。考選督學，被逮下獄，赦歸。

葉騰鳳 直隸永年縣人。順治四年三甲二百十九名進士。任山東陽信知縣。十一年官至江蘇淮安府河務同知。

李生美 字伯鈍。湖北蘄水縣人。順治三年舉人，四年三甲二百二十名進士。任江西德安知縣，卒於任。

劉裨 字廣益。陝西中部縣人。順治二年舉人，四年三甲二百二十一名進士。任湖北竹山知縣，八年署蒲圻知縣，官至四川順慶府知府，左遷江寧府同知。

相啓運 山東日照縣人。順治四年三甲二百二十二名進士。四年任湖北房縣知縣。

田莘禎 陝西富平人。順治四年三甲二百二十三名進士。五年任湖北鄖縣知縣，十五年遷山東兗州知府。官至雲南洱海道。

李倩 直隸曲周縣人。順治四年三甲二百二十四名進士。任山東齊東知縣，升兵部職方司主事，官至兵部員外郎。

王起彪 字虎子。浙江錢塘縣籍，仁和人。順治四年三甲二百二十五名進士。任江西德興知縣。值金聲桓之亂，起彪禦之不支，以城陷遇害。

蔡含靈 字子虛，號止齋。直隸寧晉縣人。明萬曆四十六年（1618）生。順治四年三甲二百二十六名進士。任浙江天台知縣，升工部主事。康熙元年官至河南睢陳道。康熙四年（1665）卒，年四十八。著有《吏餘草》《就聞吟》《勞治堂詩集》。

王民瞻 直隸沙河縣人。順治四年三甲二百二十七名進士。任湖北保康知縣。

周嘉植 山東鰲山衛人。順治四年三甲二百二十八名進士。十三年任直隸南和縣知縣。

史士儁 字公昇。安徽黟縣人。順治四年三甲二百二十九名進士。五年任浙江江山知縣，改山東蒙陰知縣。

胡揚俊 字旬方。山西交城縣人。順治四年三甲二百三十名進士。任河南商丘知縣，十一年改裕州州判，十四年調福建邵武知縣，有大姓家纍巨萬，以人命受誣，雪其冤，出獄饋千金，怒曰：爾本冤，吾故平反，非爲私，何得污我？吾以清白遺子孫。後以不善事忤上官罷歸。歸後四壁蕭然。里党無不仰其高致。

鮑鳳仞 江蘇無錫縣人。順治四年三甲二百三十一名進士。順治五年任河南鎮平知縣，八年改山東樂安縣知縣。

程萬里 字圖南，號羽鳴。直隸南和縣人。順治四年三甲二百三十二名進士。四年任河南銅柏知縣，十一年改廣東潮州府推官。理潮一年丁父憂歸。抵江蘇宿遷，臥病不起卒。

杜良祚 字步武、訥涵。直隸沙河縣人。順治四年三甲二百三十三名進士。授山東海豐知縣，丁憂歸。改江西弋陽知縣，調陝西臨潼知縣，丁母憂。補河南濟源知縣，未任卒。

邢以正 山西安邑縣人。順治四年三甲二百三十四名進士。五年任江西會昌知縣。

劉惠恒 字子迪，號養孺。江蘇吳縣人。順治四年三甲二百三十五名進士。任福建閩縣知縣，以抗直罷歸，年僅二十五。杜門謝客，無書不讀，尤好宋儒，卒年五十九。著有《樹栲園詩集》《贅語遺稿》。

張　暉 山西祁縣人。順治四年三甲二百三十六名進士。授江西樂安縣知縣。

李純質 河南鄭州人。順治四年三甲二百三十七名進士。四年任浙江海寧知縣。

虞　宁 字興間。江蘇金壇縣人。順治四年三甲二百三十八名進士。任福建侯官知縣，補山東掖縣知縣。

順治六年（1649）己丑科

第一甲三名

劉子壯 字克猷，號稚川。湖北黃岡縣人，原籍江西清江。明萬曆三十八年（1610）生。順治六年一甲第一名狀元。授修撰，九年充會試同考官，尋告歸。順治十年（1653）卒，年四十四。工古文，與熊伯龍、韓菼、李光地共稱爲“順康四大家”。著有《屺思堂文集》八卷、《詩集》一卷。

熊伯龍 字次侯，號塞齋、鐘陵。湖北漢陽縣人，原籍江西進賢。明萬曆四十五年（1617）生。順治六年一甲第二名榜眼，授編修。十一年充浙江鄉試主考官，遷侍讀、國子監祭酒，十六年督直隸學政，遷侍講學士。康熙八年（1669）卒，年五十三。著有《貽谷堂文集》《無何集》。

張天植 字次先，號蓬林。浙江秀水縣人。順治六年一甲第三名探花。授編修，十一年督河南學政。十四年正月纍遷左通政使擢大理寺卿，二月遷兵部右侍郎。順治十五年以病免。

第二甲七十七名

范光文 字潞公，號甬愨。浙江鄞縣人。順治六年二甲第一名進士。任禮部主事，改吏部文選司主事，八年充陝西鄉試主考官。以勁直不獲上官歸。爲藏書家，藏書處曰“天一閣”。

弟范光遇，同榜進士。

黃日祚 字彤木。福建晉江縣人。順治六年二甲第二名進士。任兵部主事，遷兵部員外郎。七年督河南提學道。挂議歸。年八十五卒。

徐致覺 字先衆，號莘叟。安徽六安州人。順治六年二甲第三名進士。選庶吉士，授編修。十一年充湖廣鄉試主考官，乞歸。卒年六十五。

方孝標 （本名方玄成，後避諱，以字行）字樓崗、樓江。安徽桐城縣人。順治六年二甲第四名進士。選庶吉士，授編修。官至弘文院侍讀學士，以弟方章鉞罷十四年江南科場之獄牽連，父子兄弟同遣寧古塔。釋歸後赴雲南投奔吳三桂，任翰林承旨。吳三桂失敗後首先迎降免死，後回鄉避居。著有《鈍齋文集》《滇黔紀聞》，書中多指責朝廷。因與戴名世交往，戴名世所著《南山集》書中多引用。文字獄案發後，方孝標已卒，被剖棺戮尸，其親族及諸子多人亦遭株連被殺及流徙。

周 莖（復姓范，原名范周莖）字挺岳，號瑞臣。江蘇吳縣人。順治六年二甲第五名進士。選庶吉士，授編修。十一年充順天鄉試副考官，十二年任直隸霸昌道，十七年分守山西冀南道，康熙十一年官至河南糧道。

錢天任（榜名王應京，復姓錢）字友馮。江蘇吳縣人。順治六年二甲第六名進士。任工部主事，九年督廣西提學道。

林雲京 字士爵，號雙城。福建福清縣人。順治六年二甲第七名進士。選庶吉士，未散館任刑科給事中，十一年充山東鄉試主考官，官至廣東鹽茶道。裁缺歸，卒年六十。

狄 敬 字文止，號陶鄰（陶齡）。江蘇溧陽縣人。順治六年二甲第八名進士。任工部主事、員外郎。十二年督湖廣提學道，十七年官至陝西潼商道。致仕歸。著有《尚書衍義》。康熙十九年（1680）卒，年

六十六。

孫 籀 字殿英、頡初。浙江嘉善縣人。順治六年二甲第九名進士。任刑部主事、員外郎、刑部郎中，順治十年督山西提學道。遷安徽廬六道、福建糧儲道，康熙九年官至河南汝光道。

左敬祖 字念源，號虔孫。直隸河間縣人。順治六年會元，二甲第十名進士。選庶吉士，授編修。九年充會試同考官，纍遷至秘書院侍讀學士。康熙元年授通政使，六年遷左副都御史。七年四月病免。卒於家。著有《四書抄訓》《易經抄訓》《理學真傳》等行世。

胡 亶 字保叔、保林，號勵齋。浙江仁和縣人。順治六年己丑科二甲十一名進士。選庶吉士，授編修。纍遷江蘇常鎮道，歷鴻臚寺卿，官至右通政使。以乞養歸。因父喪悲傷過度，成疾而卒。著有《中星譜》《周天現界圖》《步天歌》《勵齋文集》等。

吳南岱 字泰岩。江蘇武進縣人。順治六年二甲十二名進士。任刑部員外郎，八年充四川鄉試副考官，升郎中。十年外任江西袁州知府，十二年調山東濟南知府，擢江西督糧道。

張道湜 字渙之，號子礎。山西沁水縣人。順治六年二甲十三名進士。選庶吉士，授編修。歷湖廣守道、陝西商洛僉事，十三年官至直隸天津道，以終養歸。著有《史

鑑校録》。

成　亮　字寅天，號伍嵐。直隸大名縣人。順治六年二甲十四名進士。選庶吉士，授編修。官至侍講學士。康熙二年丁母憂，以哀毀卒。

何　采　字敬與，號滌原、南澗、省齋、廬莊。江蘇江寧縣人，原籍安徽桐城。順治六年二甲十五名進士。選庶吉士，授編修。任詹事府中允，順治十二年充會試同考官，遷侍讀，官至侍讀學士。著有《南澗集》《南澗詞》《讓村集》。

楊旬瑛　字維六、似公。福建晉江縣人。順治六年二甲十六名進士。選庶吉士。八年改湖廣道御史，補江南道御史，廣東巡按御史。乞終養歸，卒於家。

劉芳聲　字何實，號山迺。江蘇山陽縣人。順治六年二甲十七名進士。任刑部主事，戶科給事中，康熙元年督山東提學道。工書法，亦雋潔可愛。

張習孔　字念難，號黃岳。安徽歙縣人。順治六年二甲十八名進士。選庶吉士，任刑部郎中，九年督山東提學道。著有《大易辨志》二十四卷、《雲谷臥餘》二十八卷、《貼清堂集》十六卷、《檀弓問》四卷。

袁國梓　字若遺、丹叔。江蘇華亭縣人。順治六年二甲十九名進士。選庶吉士，任刑部主事，升郎中，康熙十年補浙江衢州知府，十

二年改山西平陽知府，十七年官至浙江嘉興府知府。卒於任。

張　表　字右訥。陝西朝邑縣人。順治六年二甲二十名進士。選庶吉士，授編修。康熙七年任四川邛州州判，歸卒。著有《張右訥漱墨軒初集》。

丁峻飛　字扶萬。江蘇江浦縣人。順治六年二甲二十一名進士。任刑部主事，升郎中，官至湖南辰州府知府。卒年僅三十二。

安　煥　字復旦，號默齋。山東日照縣人。順治六年二甲二十二名進士。選庶吉士，授編修，官至江西湖東道。

周茂源　字宿來，號釜升。江蘇華亭縣人。順治六年二甲二十三名進士。任刑部主事，十二年官至浙江處州知府。著有《鶴靜堂集》。

周體觀　字伯衡。順天遵化州人。順治六年二甲二十四名進士。選庶吉士，任吏科給事中，十三年任池太兵備道，十五年官至江西饒九道。著有《晴鶴堂集》十六卷。

李登雲　字晉黃。江蘇太倉州人。順治六年二甲二十五名進士。授刑部主事，官至直隸真定知府。

施閏章　字尚白，號屺雲、愚山。安徽宣城縣人。明萬曆四十六年（1618）十二月二十一日生。順治六年二甲二十六名進士。任刑部主事，十三年督山東學政，升員外郎，調江西布政司參議、江西湖西道。以裁缺歸。康熙十八年召試博

學鴻詞二等第四名，授翰林院侍講，二十二年改侍讀。修《明史》。同年（1683）閏六月十三日卒，年六十六。著有《硯林拾遺》《施氏家風述略》《蠖齋詩話》《矩齋雜記》《施愚山先生學餘文集》《試院冰淵》《清原志略補輯》《詩集》《別集》《遺集》等。

姜圖南 字彙思，號直源。順天大興人，原籍浙江山陰。順治六年二甲二十七名進士。選庶吉士，八年任河南道御史，十二年改兩淮巡鹽運使。十七年遷江西南昌道，十八年以山東按察司副使任山東濟南道。康熙六年官至河南睢陳道。以病去官。

施肇元 字長也。直隸定興縣人。順治六年二甲二十八名進士。任刑部主事，十年官至浙江紹興府知府，有政聲。

姜元衡（又名黃元衡，復姓）字玉璿。山東即墨縣人。順治六年二甲二十九名進士。選庶吉士，授編修。升左贊善，十一年充江南鄉試主考官，官至弘文院侍讀，順治十三年督直隸學政。

梁以桂 字惕居。順天大興縣人。順治六年二甲三十名進士。纍遷刑部郎中。十年官至江西饒州知府。

黃自起 字鄰直，號植雲。浙江秀水籍，江蘇吳縣人。順治六年二甲三十一名進士。選庶吉士，任刑部主事、員外郎，十一年充山西鄉試副考官，官至刑部郎中，十二年督湖南提學道。以疾卒。著有《鶴渚室集》。

馬紹曾（原名馬燁曾）字觀揚。浙江平湖縣人。順治六年二甲三十二名進士。選庶吉士，授編修。十一年充江南鄉試副考官，纍遷山西寧武道，改福建督糧道，擢兵部督捕右理事官。康熙七年遷左副都御史，九年改刑部左侍郎，十一年任戶部右侍郎，十二年病休。

王鍈 字伯利，號樸齋。山東諸城縣人。明萬曆四十八年（1620）生。順治六年二甲三十三名進士。任戶部浙江司主事，升員外郎、雲南司郎中。十三年遷江西饒南九道，十七年授貴州按察使，康熙元年遷江西右布政使，二年改江南布政使。康熙三年（1664）卒，年四十五。

弟王鉞，順治十六年進士。

顏敏 字乃來，號澹叟。順天宛平縣人，原籍山東曲阜。明萬曆四十五年（1617）正月初八日生。順治六年二甲三十四名進士。任刑部主事，遷郎中。出任安徽池州知府，遷湖北上下荊南道，順治十七年授貴州按察使調廣西布政使，十八年改陝西布政使，康熙元年以病免。十九年復任廣西布政使。康熙二十三年（1684）四月二十六日卒，年六十八。

丁彥 字亦哉。浙江嘉善縣人。順治六年二甲三十五名進士。七年任工部主事。

劉國欽　字叙生、天京。江蘇金壇縣人。順治六年二甲三十六名進士。任户部主事，升員外郎、郎中，九江關監督，十七年外任廣東惠州府知府，官至直隸大名兵備道。

吳之紀　字天章，號小修。江蘇吳縣人。順治六年二甲三十七名進士。任工部主事，順治九年官至湖北荆西道。歸。工書法，學米芾，古文學歐陽。

焦毓瑞　字輯五，號石虹。山東章丘縣人。順治六年二甲三十八名進士。選庶吉士，八年改廣東道御史，纍遷至左通政使。康熙十三年授太僕寺卿，十七年調太常寺卿，十八年二月改通政使，四月遷刑部右侍郎，改兵部侍郎，二十三年改户部左侍郎。康熙二十三年十二月（1685 年 1 月）卒。著有《南游草》等。

何承都　字玉水。福建晋江縣人。順治六年二甲三十九名進士。任刑部主事，考選四川道御史。官至甘肅關内道。

戴京曾　（榜名曾子京）字型遠、岵瞻。浙江錢塘縣人。順治六年二甲四十名進士。任禮部主事，擢郎中，十年督山東提學道。官至順天府府丞。

張茂先　山東膠州人。順治六年二甲四十一名進士。任工部主事。

吳正治　字當世，號賡庵。湖北江夏縣人。明萬曆四十六年（1618）正月初五日生。順治六年二甲四十二名進士。選庶吉士，任國史院編修。遷右庶子，十五年任江西南昌道，十六年授陝西按察使，十七年遷工部侍郎改刑部侍郎。康熙七年復改工部侍郎，十年授督捕侍郎，十二年遷都察院左都御史改工部尚書、禮部尚書，康熙二十一年十月授武英殿大學士。二十五年以重修《太祖實録》告成加太子太傅，二十六年正月休致。康熙三十年（1691）閏七月二十五日卒，享年七十四。謚“文僖”。

郝　浴　字冰滌，號雪海、復陽。直隸定州人。明天啓三年（1623）生。順治六年二甲四十三名進士。任刑部廣東司主事，八年考選湖廣道御史，巡按四川被誣革，謫奉天。十二年召用補原官，十六年任兩淮巡鹽御史，遷左僉都御史，康熙十八年授左副都御史，十九年十二月改廣西巡撫。康熙二十二年（1683）七月十五日卒，年六十一。著有《郝中山文集》。

次子郝林，康熙二十一年進士，禮部侍郎。

郁之章　字衷恒。浙江嘉善縣人。順治六年二甲四十四名進士。任刑部主事，八年順天鄉試同考官，十年遷河南司員外郎，升福建分巡漳南道駐上杭，官至大理寺丞，坐罪徙遼寧開原尚陽堡。時京師修官府，可許罪人出資佐工贖罪，其子郁褒願出家資贖父罪。但工未如程，例當復徙，郁褒請弃官代父行，弟郁廣言身當代父徙，留褒侍父疾。順治帝念其孝友寬恕之。郁之章得以還鄉，歸後杜門課孫。

曹本榮 字伯安，號木欣、厚庵。湖北黃岡縣人。明天啓元年（1621）八月二十九日生。順治六年二甲四十五名進士。選庶吉士，授秘書院編修。十年擢右春坊右贊善，兼國子監司業，轉中允，充日講官，十三年升庶子兼秘書院侍讀，十四年充順天鄉試主考官。十八年遷翰林院侍讀學士，改國史院侍讀學士。康熙三年以病回籍。十一月二十三日（1665年1月）卒於揚州，年四十四。著有《五大儒語要》《周張精義》《王羅擇編》《書紳錄》《奏議稽絢》等。

李本晟 字晹若。湖北蘄州人。順治六年二甲四十六名進士。任工部主事，改廣西蒼梧道僉事。順治十五年授雲南按察使改廣東按察使，遷浙江右布政使，康熙四年回任雲南按察使，六年閏四月遷浙江右布政，十二年解職。十六年二月授太常寺卿，五月改大理寺卿，十八年九月授浙江巡撫。康熙二十一年（1682）六月卒。

周曾發 字苣谷、世培，號勉齋。浙江慈溪縣人。順治六年二甲四十七名進士。選庶吉士，未散館特改戶科給事中。官至山東曹州兵備道，忤上被劾歸。川陝用兵薦起軍前效用，謝不往。家居課子讀書爲樂。

四子周近梁，康熙三十年進士。

郭一鶚 字漢中、立庵、元庵、快庵。河南洛陽縣人。順治六年二甲四十八名進士。選庶吉士，未散館改戶科給事中。十一年充江西鄉試副考官，十三年遷山西陽和兵備道，甘肅關內道，十七年授廣東按察使，康熙元年遷陝西布政使，二年改廣東布政使，康熙三年去職。著有《太極圖解》及《奏章稿》。

戴璣 字利衡，號紫杓。福建長泰縣人。順治六年二甲四十九名進士。任戶部主事，改吏部，外任湖廣按察司僉事，遷陝西西寧道，未任丁父憂歸。服闋補廣西右江道，後解任歸里。耿精忠反清，被執不降，囚於密室。康熙十八年（1679）殉難，年七十四。

孔自洙 字文在，號行湄居士。浙江桐鄉縣人。順治六年二甲五十名進士。任刑部主事，改兵部武庫司主事，十年督福建提學道。十七年官至湖廣荊西兵備道。

王廣心 字伊人，號農山。江蘇華亭縣人。尚書王鴻緒之父。順治六年二甲五十一名進士。任行人，遷御史，巡視京通二倉，剔除漕政之弊。以親老乞歸，卒年八十一。著有《蘭雪堂集》《王廣心稿》等。

徐增美 字君實。順天大興縣人。順治六年二甲五十二名進士。授行人，升吏部主事，左遷光錄寺寺正，以甄別被劾而歸。

郭金鉉 字紫侯。直隸安平縣

人。順治六年二甲五十三名進士。授內閣中書，擢戶部山東司主事，遷戶部郎中。十五年任安徽鳳陽關監督、兵備道。以疾卒。

衛之瓊 字庵清。浙江長興縣人。順治六年二甲五十四名進士。禮部觀政。

翁祖望 字渭公。浙江錢塘縣人。順治六年二甲五十五名進士。授內閣中書，改吏部文選司主事，康熙五年充山東鄉試副考官，升考工司員外郎，擢御史。乞歸杜門課子。

王　清 字素修，號冰壺、思齋。山東海豐縣人。明崇禎三年（1630）四月初八日生。順治六年二甲五十六名進士。選庶吉士，授編修。纍遷侍讀學士，康熙元年授弘文院學士，六年遷刑部侍郎，九年改吏部左侍郎。康熙十一年（1672）十月病卒，年四十三。著有《留餘堂詩集》。

張新標 字鞠存。江蘇山陽縣人。順治六年二甲五十七名進士。任內閣中書，官至吏部主事，改戶科，坐事謫黑水監。以疾告歸。卒年六十三。

韓　璵 字五城。山西沁水縣人。順治六年二甲五十八名進士。任直隸易州知州，纍遷刑部郎中。補廣西桂林知府，官至福建督糧道，丁憂歸。

許熙宇 字我位。江蘇金壇縣人。順治六年二甲五十九名進士。

任內閣中書，升刑部主事，充順天鄉試同考官，升員外郎、郎中。康熙元年官至直隸大順廣道。母老乞養歸，杜門鄉居，卒年七十一。

孫允恭 字堯表、子蕭。江蘇丹徒縣人。順治六年二甲六十名進士。授行人，改工部主事，升員外郎、郎中。康熙六年督四川提學道，二十五年遷廣東高廉道，二十七年改浙江金衢道，二十九年授浙江按察使，康熙三十年罷。

李繡明 字仲卿。山東濟南章丘縣人。順治六年二甲六十一名進士。任大理寺評事。官至工部郎中。著有《蓄德錄》《彭門腐草》。

馬之騋（一作馬之腴）字元敏，號遹聞。直隸東光縣人。順治六年二甲六十二名進士。任行人，改兵部主事。順治十六年督陝西提學道。年五十五卒。

族兄馬廷贊，同榜進士。

李銘常 字紀功。江蘇金壇縣人。順治六年二甲六十三名進士。任大理寺評事。順治八年充廣西鄉試副考官。

蕭嗣奇 安徽合肥縣人。順治六年二甲六十四名進士。任行人司行人，順治十一年充順天鄉試同考官，歸。

張士甄 字鏞紫，號鐵冶。順天通州人，原籍浙江鄞縣。明天啓四年（1624）生。順治六年二甲六十五名進士。選庶吉士，任編修。纍遷弘文院侍讀學士，康熙二年授內國史院學士，十年改內閣學士，十一年遷禮部侍郎改吏部。二十三年授刑部尚書改禮部，二十七年任吏部尚書。三十年降。康熙三十二年（1693）卒，年七十。

黃宣泰 字蘭岩。江蘇山陽縣人。順治六年二甲六十六名進士。授大理寺評事。左遷行人司司副，升兵部員外郎。康熙五年充河南鄉試副考官，晋戶部郎中，擢寧夏兵備道。母喪哀毀卒。

祝　昌 字九如，號山公。河南固始縣人。順治六年二甲六十七名進士。任內閣中書，改福建興化府推官、湖廣黃州府推官，擢戶部主事，升刑部郎中。康熙五年充江西鄉試副考官，遷湖南辰沅道。康熙十三年吳三桂叛清，大軍至長沙，城陷殉難。

潘瀛選 字仙客，號梅庵。江蘇宜興縣人。順治六年二甲六十八名進士。任內閣中書，十四年充廣西鄉試副考官。康熙二年任浙江寧波府同知，十七年遷直隸河間知府，官至長蘆鹽運使。卒於任。

高光夔 字得一，號念侶。順天文安縣人。順治六年二甲六十九名進士。選庶吉士，授編修。擢廣東督糧道，十二年布政使司左參議。十四年改江南揚州兵備道。以船工罣誤解職。後起康熙二十一年任廣東雷州府同知。母喪歸里，卒於家。

楊毅汝 字書田。安徽當塗縣人。順治六年二甲七十名進士。任

內閣中書，卒於任。

王　垓 字漢京，號巢雲。山東鰲山衛人。明萬曆四十六年（1618）十一月初七日生。順治六年二甲七十一名進士。授行人，升戶部主事，歷任員外郎、郎中。康熙四年考選御史，升戶科給事中，十四年充浙江鄉試副考官，十八年遷浙江寧紹道。官至浙江按察副使，奉命督造戰船，以病卒。著有《奉使琉球記》。

諸　豫 字震坤。江蘇昆山縣（一作陽湖）人。順治六年二甲七十二名進士。選庶吉士，授編修。十二年充會試同考官，遷侍讀，官至詹事府右中允。

兄諸保宥，同榜進士。

沈　焯 字蘊公。浙江烏程縣人。順治六年二甲七十三名進士。任行人司行人，遷吏部員外郎，十一年充陝西鄉試主考官。以憂歸。

顧　贄 字銘柏、蒨來。江蘇吳縣人。順治六年二甲七十四名進士。任浙江象山知縣，調大理寺評事，順治十一年充廣東鄉試副考官。官至吏部郎中。著有《尚書講義》《經濟巨文》《古文粹》《射書》。

張　璿 字在茲。河南永寧縣人。順治六年二甲七十五名進士。選庶吉士，任兵科給事中，康熙二年纍遷下湖南道，二十一年任廣東按察司僉事，二十三年官至江南廬鳳道。

壽以仁 字靜肯。浙江餘杭縣人。順治六年二甲七十六名進士。

任户部主事、刑部郎中。康熙六年督雲南提學道，二十一年官至甘肅涼莊道。二十四年卒於任。

匡蘭馨　字石江、九畹。山東膠州人。順治六年二甲七十七名進士。授行人，遷吏部主事、員外郎、郎中。官至太常寺少卿（一作太僕寺），十四年充山西鄉試主考官。以病去職，卒年六十四。

第三甲三百一十五名

曹　琪　字玉度，號淮湄。河南息縣人。順治六年三甲第一名進士。任行人，官至禮部主事。母憂歸，哀毀卒。

黃象雍　字靜涵、薛侯。浙江鄞縣人。順治六年三甲第二名進士。任行人，順治十四年充廣東鄉試副考官，遷禮部郎中。歸。

徐必遠　字致公，號寧庵。貴州新貴人，原籍江蘇江寧。順治六年三甲第三名進士。選庶吉士，授檢討。十二年充會試同考官，外任河南按察司副使，管理河道。遷廣西左參政，分守廣西桂平道，爲奸人所中落職。得白後又以江南奏銷案被累，遂不出。康熙十六年（1677）三月卒。著有《敦善堂詩集》《寧庵文集》。

弟徐必遴，康熙十五年進士。

譚鳳禎　字韶來。湖北漢陽縣人。順治五年舉人，六年三甲第四名進士。授大理寺寺右，官至大理寺評事。

鍾明進　字子佳，號偉發。浙江長興縣人。順治六年三甲第五名進士。任行人，改工部主事，湖北荊關監督，晋郎中。康熙十六年遷廣東廉州知府，改惠州知府。

董文驥　字玉虬，號易農、雲和。江蘇武進縣人。順治六年三甲第六名進士。任行人司行人，十五年考選江南道御史。康熙四年改山西巡鹽御史，遷甘肅隴西道。稱疾歸。博學高材，尤邃於禮經，立論精核。工詩畫，文采爲一時之冠。著有《徽泉閣集》。

葉樹德　字太立，號輔長。順天大興縣人。順治六年三甲第七名進士。選庶吉士，改禮部主事，升郎中。十二年充會試同考官，十六年任福建泉州知府，改浙江處州知府，以呈誤落職。康熙十九年復起任貴州銅仁知府，卒於任。

任中傑　直隸寧津縣人。順治六年三甲第八名進士。任行人司行人。

邬景從　（榜名周景從，復姓）字靜岳、嘉賓。浙江餘姚縣人。順治六年三甲第九名進士。任行人，遷兵部職方司主事，康熙三年充會試同考官，升户部郎中。康熙六年督河南學政，遷雲南永昌知府。官至迤西道。年七十歸，卒年七十一。

季開生　字天中，號冠月。江蘇泰興縣人。明天啓七年（1627）生。順治六年三甲第十名進士。選庶吉士，任禮科、兵科給事中。十二年曾上疏勸阻順治帝派人赴江南采辦器皿及揚州女子，被下獄杖責并流放尚明堡。順治十六年在戍所被毆致死，年僅三十三。十七年賞復原官歸葬，并蔭一子入監讀書。工詩畫，著有《出關草》《冠月樓集》《戀臣詩稿》等。

弟季振宜，順治四年進士。

陳贄 字陸又，號慎旃。浙江烏程縣人。順治六年三甲第十一名進士。時廣東未定，隨大軍從征，升嶺南道，十三年任甘肅肅州道。解組後以詩文自娛。

沈蕭 字止岳，號香山。浙江嘉善縣人。順治六年三甲十二名進士。遷安徽徽寧道。十八年官至福建巡海道。

相有度 字一臣。山東堂邑縣人。順治六年三甲十三名進士。六年任湖北隨州知州，十三年遷山西左衛兵備道，十五年任廣東按察司左參議，康熙元年官至直隸通永道。

王紹隆 字聖質（一作聖則），號綏山、嶧桐。浙江海寧縣人。順治六年三甲十四名進士。選庶吉士，授檢討。晉諭德，十四年充江西主考官，外官江南江安糧道、江蘇江寧道，年未四十引疾歸，課子以終。

王慶章 字聖水。浙江山陰縣人。順治六年三甲十五名進士。授廣東瓊州道。八年任廣東布政司左參議。

趙燾 字露湄。山東膠州人。

順治六年三甲十六名進士。授陝西寧羌州知州，遷湖廣鄖襄府知府，十一年遷安襄鄖兵備道，順治十五年督貴州提學道。康熙元年任廣東按察副使，官至廣東糧儲道。以養老母告歸，卒於家。

李光座 字彥升，號東園。河南祥符縣人。明萬曆三十八年（1610）生。順治六年三甲十七名進士。任甘肅蘭州知縣，十年歷湖北均州知州，升湖南衡州知府，十一年遷安襄鄖兵備道，十六年督雲南提學道。康熙十年改福建興泉守道，康熙十二年授江西按察使。康熙十九年（1680）正月二十日卒，年七十一。

子李錦，順治十八年進士。

方于光 字垂裕，號澄嵐。順天大興縣人。順治六年三甲十八名進士。七年任湖北蘄州知州，康熙元年改河南陳州府同知，官至浙江台州府同知。任月餘卒，年五十三。

陸振芬 字令遠。江蘇華亭縣人。順治六年三甲十九名進士。時兩粵未平，破格用人，新進士即授道府。授廣東惠潮道隨軍南征。八年抵潮州，任廣東布政司左參議。十年秋引疾歸里，家居四十餘年卒。

（按：朱彭壽所著《皇清紀年五表》一書稱："順治八年兩廣初定，破格用人，廣東廣西道府各缺，即以榜下進士補授。"順治六年許多進士隨大軍南征，均破格授以較高職務。）

郭之培 字生洲。直隸任丘縣

人。順治六年三甲二十名進士。九年任陝西固原州知州，十五年纍遷甘肅寧夏道，十八年改江西驛鹽道、廣西桂平道，改陝西漢興道。康熙十二年授浙江按察使。康熙十四年（1675）卒。

馮　俠　字英人。浙江慈溪縣人。順治六年三甲二十一名進士。超授廣東惠潮兵備道、廣東按察副使，隨大軍南征，風餐露宿，朝夕督餉，以勞瘁卒。

徐　炟　字符禺。江蘇興化縣人。順治六年三甲二十二名進士。任廣東督糧道，改陝西督糧道。十六年授山東按察使，十七年遷山西右布政使，改貴州左布政使，康熙七年改廣東布政使。十一年丁憂歸，卒於家。

劉元琬　字石芝。河南汝陽縣人。順治六年三甲二十三名進士。七年任湖南岳陽府推官。纍遷工部郎中，康熙十一年督浙江提學道。

莊有筠　江蘇武進縣人。順治六年三甲二十四名進士。康熙九年任山東兗西道，改山東曹州兵備道。

王介錫　字振岳。山東臨清縣人。順治六年三甲二十五名進士。任浙江台州推官。

員起龍　陝西三原縣人。順治六年三甲二十六名進士。七年任江西南安府推官。

陳嘉善　字伯敬。江蘇上元縣人。順治六年三甲二十七名進士。八年遷廣東海北道，改山東青州海防道，十五年改浙江金衢道。以廉惠著稱，卒於任。

李　頵　字廷堅，號松岩。浙江長興縣人。順治六年三甲二十八名進士。官至廣東參議，分巡海北道，攝按察使，未幾卒。

衣璟如　山東棲霞縣人。順治六年三甲二十九名進士。授陝西漢中府推官。歸後卒於家。

李子燮　字以理。陝西同州人。順治六年三甲三十名進士。任江蘇淮安府推官。十三年因貪污被罷官（《淮安府志》作孤介不阿罷去）歸後南游廣西，值吳三桂叛，巡撫馬鎮雄曾托子燮將其子世濟、世永帶赴京。康熙十四年授直隸內黃知縣（內黃縣，雍正年間改隸河南）。告歸。

施起元　字君貞，號虹澗。福建福清縣人。順治六年三甲三十一名進士。隨大軍南征入粵，授廣東布政司右參議，分守嶺東道，以憂歸，卒年六十九。著有《荔幃樓詩文》十卷。

林嗣環　字起八、鐵崖。福建安溪縣人。順治六年三甲三十二名進士。隨尚可喜、耿精忠大軍南下，七年任廣東瓊州道，八年授廣東按察副使。落職後寓杭州西湖。

周公軾　字端明。江蘇長洲縣人。順治六年三甲三十三名進士。官至廣東布政司右參議。

鄔象鼎　字符九。浙江仁和縣人。順治六年三甲三十四名進士。

任廣東羅定兵備道、布政司右參議。順治十年明桂王部將李定國攻廣東陷羅定，八月被拘至連灘不降，被殺。贈光祿寺卿。

王道南 山西蔚州人。順治六年三甲三十五名進士。任直隸順德府推官，改戶部管倉分司（駐山東德州），官至戶部郎中。未幾卒於任。

史燨 字旭初、曉瞻。江蘇溧陽縣人。順治六年三甲三十六名進士。十二年分巡江西嶺北道，十四年改杭嘉湖道、山東武德道，康熙二年官至廣東惠潮道。裁缺歸，修家譜。

沈搏上 字扶雲。江蘇武進縣人。順治六年三甲三十七名進士。任廣東惠州知府。卒於任，年僅三十七。

龍起潛 直隸棗強縣人。順治六年三甲三十八名進士。七年任福建泉州府推官，改安徽鳳陽府推官，康熙二十三年任浙江諸暨知縣，官至陝西延安府同知。

薛信辰 字侯執、國符。江蘇無錫縣（一作陽湖）人。順治六年三甲三十九名進士。八年授廣東潮州府知府，補保定知府，改直隸井陘道副使。康熙二年巡視寧波海道，十五年授江西按察使，遷浙江右布政使，十七年降調。

鄭龍光 字雨爲，號韜生、連如。浙江平湖縣人。順治六年三甲四十名進士。七年遷廣東南雄知府。遷甘肅涼莊道，十三年官至甘肅西

寧道，尋謝政歸。

賈廷奭 直隸天津人。順治六年三甲四十一名進士。七年任山東登州府推官。

王教 字印麓。浙江德清縣人。順治六年三甲四十二名進士。官至廣東瓊州知府，八年革職。

楊模聖 字撰一，安徽懷遠縣人。順治六年三甲四十三名進士。官至廣東廉州府知府。歸後以詩文自娛。著有《還珠集》。

周禮 湖北麻城人。順治五年舉人，六年三甲四十四名進士。十八年官至廣東高州府知府。

王庭 字言遠，號邁人。浙江嘉興縣人。明萬曆三十五年（1607）生。順治六年三甲四十五名進士。授廣州府知府，擢廣西右江道，十四年任四川川北道，十六年授四川按察使，遷江西右布政使。康熙元年丁憂。五年授山西右布政使。六年休致歸。康熙三十二年（1693）卒，年八十七。著有《嵌田論》《理學辨》《秋聞三仕》《二西漫餘》等。

陸彪 字繡公。浙江烏程縣人。順治六年三甲四十六名進士。八年任廣東韶州府知府，十二年改廣東雷州府知府。擢廣東雷瓊道（糧儲道）卒。

張之璧 字玉璜。江蘇通州人。順治六年三甲四十七名進士。十八年任山西運同，遷廣東肇慶府知府。官至陝西潼關道。

閔渠黃 字浮樽。浙江烏程縣人。順治六年三甲四十八名進士。八年官至廣東雷州知府。降李定國。

魯期昌 字人啓。山東章丘縣人。順治六年三甲四十九名進士。七年任蘇州府推官，改雲南府推官，康熙七年改湖北孝感知縣。

劉珖 山東萊陽人。順治六年三甲五十名進士。授河南彰德府推官，改江西江南按察司照磨、廣西上林監良牧署丞。

瞿廷諧 江蘇武進縣人。順治六年三甲五十一名進士。十八年授福建泉州府推官。

侯于廷 順天通州人。順治六年三甲五十二名進士。任河南開封府推官。

劉宏譽 直隸正定縣人。順治六年三甲五十三名進士。丁父憂，補大同府推官，丁母憂歸。十七年補廣東南雄推官，官至戶部江西司主事，卒於任。

任克溥 字海眉、湄村。山東平山縣人。順治六年三甲五十四名進士。任河南南陽府推官，改吏科、刑科、禮科給事中。十七年遷太常寺少卿，康熙十年纍遷左通政使，十一年授通政使遷左副都御史，十二年改刑部左侍郎，康熙十八年京察，以“才力不及”奪職歸。三十八年康熙帝南巡賞復原銜。四十二年年將九十加賜刑部尚書銜。同年八月卒於里，年八十九。

彭舜齡 字容園、孝先。河南夏邑縣人。順治六年三甲五十五名進士。七年任浙江嘉興府推官，丁父憂。十六年改山東登州府推官。卒於任。

胡應潘 字天聲。浙江臨安縣人。順治六年三甲五十六名進士。任廣西右參議，官至廣西桂林道。

彭爌 字孔晢，號粥岑。安徽桐城縣人。順治六年三甲五十七名進士。八年官至廣西蒼梧道。奧親王器重即以巡撫題授，固辭。秩滿授河南按察司，十二年分巡汝南道，告歸。

王嘉生 字美發。河南睢州人。順治六年三甲五十八名進士。任江西建昌府推官，十六年改福建建寧府推官，擢吏部主事，母憂歸。

陳上年 字祺公，號松庵。直隸清苑縣人。順治六年三甲五十九名進士。任陝西推官，遷兵部主事，升郎中。外任陝西固原兵備道，改廣西梧州道、右江道參議。康熙十六年吳三桂反清占梧州，脅其降，不屈。被幽禁，卒於貴州。

趙胤翰 （一作趙允翰、趙蔭翰）字述陽、宗維。江蘇興化縣人。順治六年三甲六十名進士。隨大軍征粵西授分守道，晋太僕寺少卿，十二年任直隸通永道，督廣西提學道。

汪繼昌 字征五，號悔岸。浙江嘉興籍，秀水縣人。明萬曆四十五年（1617）生。順治六年三甲六十一名進士。任廣東瓊州府知府，擢廣西左江參議，十四年官至湖北江防道。康熙二十二年（1683）十月卒，年六十七。

劉兆元 浙江仁和縣人。順治六年三甲六十二名進士。官至廣西右參議，分守蒼梧道。

袁大受 字亦文。江蘇金壇縣人。順治六年三甲六十三名進士。十一年任廣西蒼梧道，十二年改廣東按察副使，官至廣西賓州道僉事。

陳 舒 字原舒、鳴遷，號道山。浙江嘉善縣人。僑居江寧。順治六年三甲六十四名進士。順治八年督廣西提學道，廣西驛傳道。官至布政使參議。工畫，擅花鳥草蟲，長畫荷。著有《道山詩鈔》。康熙二十一年（1682）卒。

陳兆鸞 字鳴瑞，號仙友。山東濰縣人。順治六年三甲六十五名進士。授湖北荊州府推官，十二年改安徽池州府推官。官至河南彰德府知府。

韓 理 字長公。山東淄川縣人。順治六年三甲六十六名進士。授江蘇松江府推官。卒於官。著有《松陵詩草》。

周永緒 字承之，號純武。安徽盱眙縣人。順治六年三甲六十七名進士。任廣西左江道，分守平樂。順治九年，明桂王部將李定國攻桂林，乘勝取平樂，城陷，七月十八日於平樂遇害。贈光祿寺卿。

李世耀 福建晉江縣人。順治六年三甲六十八名進士。任僉事，

順治十二年官至河南睢陳道。

金漢蕙 字公樹，號湘鄰。浙江義烏縣人。順治六年三甲六十九名進士。任廣西右江道，順治九年（1652）明將李定國攻桂林、柳州城陷，被拘至衡州，十一月二十三日遇害，年四十六。贈光祿寺卿。

趙霖吉 河南睢州人。順治六年三甲七十名進士。八年任浙江處州府推官，升戶部員外郎。十七年官至廣東韶州府知府。

楊行健 字乾行。直隸新安縣人。順治六年三甲七十一名進士。任陝西藍田縣知縣。以事忤上官，被劾歸卒。

王嗣皋 字德邁。浙江慈溪縣人。順治五年浙江鄉試解元，六年三甲七十二名進士。任禮部主事。隨大軍南征授廣西桂林府知府。以疾乞歸。

孟縮祚 山西蒲州人。順治六年三甲七十三名進士。任陝西扶風知縣。

胡 允 字甯伯。江蘇句容人。順治六年三甲七十四名進士。任廣西慶遠知府。十二年補臨江知府，十六年升湖南道。官至雲南布政使，未赴任。卒年四十二。

姚廷著 字象懸，號榕似。浙江烏程縣人。順治六年三甲七十五名進士。初授廣西慶遠知府，改任廣西柳州府知府、平樂府知府，嶺南道參政。十二年任山東鹽運使，十五年授江南按察使，十六年遷河

南右布政使。十七年丁憂。順治十八年七月追論其治金壇獄時"疏縱"處絞。就刑日江寧爲之罷市，士民爲之哭踴，數百里祭奠不絕。

（按：順治十六年秋鄭成功進軍江南時，沿長江諸城官紳曾陸續向鄭成功納款。順治帝曰："他們怕死耳，不必問。"其事遂置之。十八年順治帝逝，江寧巡撫朱國治欲殺戮以示威，乃復成大獄。此次"江南十案"共處死一百一十二人。）

冀紹芳 字傚曾、復明。山東益都縣人。順治六年三甲七十六名進士。授福建漳平知縣，任職五年以勞瘁卒於官。

鄭 名 字君實，號率叟。直隸寧晉縣人。順治六年三甲七十七名進士。六年任福建永春知州，九年丁內艱，補山西宜君知縣，十五年行取山東道御史，康熙元年任兩淮巡鹽御史，官至掌河南道御史歸。十二年（1673）正月卒。

尹明廷 字冀階。江蘇吳縣人。順治六年三甲七十八名進士。任廣西平樂知府。順治十年明桂王部將李定國復攻平樂，七月城陷被害。贈太僕寺卿。

荊其惇 字敕五。江蘇丹陽縣人。順治六年三甲七十九名進士。授平樂知縣，丁憂未赴。服闋，九年補河南鄢城知縣，卒於任。

黃中通 字睿夫。福建晉江縣人。順治六年三甲八十名進士。隨大軍南征，授廣西太平知府，署梧州府。十二年任湖南永州知府，十四年分守上湖南道，十五年授貴州參政管左布政使，十七年改廣西按察使。康熙三年卒於任。

南起鳳 河南新鄉縣人。順治六年三甲八十一名進士。六年任湖南湘鄉知縣。

張舜舉 字哲之。順天宛平縣人，原籍浙江山陰。順治六年三甲八十二名進士。任陝西蒲城知縣。

蘇騰鳳 字爰止。直隸寧津縣人。順治六年三甲八十三名進士。任江西石泉知縣，蒞任數日即告歸。構精廬一區，讀書其中，博群籍，善爲詩，暇則邀知己，尊酒論文。

韓 冲 字穀玉。山東淄川縣人。順治六年三甲八十四名進士。授陝西白水知縣，擢直隸廣平府司馬，以事罷官。

王毓恂 順天大興縣人。順治六年三甲八十五名進士。授浙江青田知縣，補山西長子知縣，十二年遷湖北隨州州判。

胡順中 字將美。江蘇上元縣人。順治六年三甲八十六名進士。任廣西潯州知府，十八年改江西南安知府。致仕歸。

沈 倫 字彝士，號景山。湖北景陵縣人。順治六年三甲八十七名進士。八年超授廣西梧州知府。順治九年八月明桂王部將李定國、孫延齡攻梧州，城陷不屈卒。

王大章 字日求。安徽當塗縣人。順治六年三甲八十八名進士。

官至廣西思恩知府，赴任卒於途。

葛天驌　字霜華。安徽蕪湖縣人。順治六年三甲八十九名進士。纍遷廣西南寧府知府，丁憂。補江西贛州知府，因疾未赴，聘修府志。

季還春　山西長治縣人。順治六年三甲九十名進士。九年任湖南慈利知縣，改漵浦知縣。賊黨猝至，慈利無城可守，遂以身殉。

謝　泰　字蕙征，號建侯。順天宛平縣人，原籍浙江會稽。順治六年三甲九十一名進士。七年任湖北竹山知縣，以守城功遷軍餉同知，以年老告歸。寄居山東臨清州，卒。

盛　治　字允康，號霖襄。江蘇江都縣人。順治六年三甲九十二名進士。六年任湖北通城知縣，升工部主事。官至河南兵備道。以疾歸。

潘士璜　字鳴瑕，號古岩。安徽桐城縣人。順治六年三甲九十三名進士。六年任浙江東陽知縣，八年罷歸。以疾卒。

張日浣　字江右。江蘇泰興縣人。順治六年三甲九十四名進士。六年任湖南衡陽知縣。

汪　匯　字百穀、玉濤。江蘇六合縣人。順治六年三甲九十五名進士。六年任湖北天門知縣，改湖北景陵知縣，卒於任。

柯虞昌　字退穀、貽趄。福建長樂縣人。順治六年三甲九十六名進士。七年任湖北潛江知縣，遷禮部主客司主事，康熙二年充河南鄉試副考官。

黃顥中　字嗣昭。福建晉江縣人。順治六年三甲九十七名進士。任浙江浦江知縣，積勞成疾卒於任。

史弘謨　字文若。江蘇金壇縣人。順治六年三甲九十八名進士。任浙江臨安知縣。

張六部　字京宜。山東汶上縣人。順治六年三甲九十九名進士。任陝西寶雞知縣。挂冠歸。閉戶課子。

劉世永　山東武城縣人。順治六年三甲一百名進士。任陝西興平知縣。

吳道煌　字瑤如。順天宛平縣人，原籍浙江錢塘。順治六年三甲一百零一名進士。六年任浙江武康知縣。康熙二年官至江蘇蘇州府知府。

楊紹武　字式穀，號悔堂。陝西富平縣人。順治六年三甲一百零二名進士。任浙江知縣，罷歸。

王運啓　字升獻。山東濰縣人。順治六年三甲一百零三名進士。任浙江蕭山知縣。十一年降。

倪籥元　字弘閭。浙江平湖縣人。順治六年三甲一百零四名進士。任湖北蘄水知縣，不善事上官，尋罷歸。

謝　觀　字叔賓。江蘇上元縣人。順治六年三甲一百零五名進士。七年任福建同安知縣，改直隸欒城知縣，遷戶部主事，升戶部郎中。康熙五年充湖廣鄉試主考官，六年考選四川道御史，官至山西冀寧道，十二年督山西學政。

董象乾 山西萬泉縣人。順治六年三甲一百零六名進士。任江南知縣，改湖北江夏知縣。

謝 宸 江蘇武進縣人。順治六年三甲一百零七名進士。十年任江西泰和知縣，十年改福建歸化知縣，十四年遷河南彰德府同知，十八年官至廣東按察司僉事。

尹 衡 字平之。浙江歸安縣人。順治六年三甲一百零八名進士。江西樂平縣知縣，遇難被殺。

魏似韓 字雲卿。山東萊蕪縣人。順治六年三甲一百零九名進士。任工部屯田司主事。

何其智 字侗卿。福建福清縣人。順治六年三甲一百十名進士。七年任江西德興知縣。母老乞養歸，卒年七十一。

朱廷璟（又名朱廷璙）字山輝，號嵐坪。陝西富平縣人。明天啟五年（1625）生。順治六年三甲一百十一名進士。選庶吉士，授檢討。歷任山西口外兵備道、廣西左江道、山東登州海防道，官至河南布政使司參議。致仕歸。康熙十六年（1677）七月十六日卒。著有《循寄堂詩稿》十六卷。

吳天麒 字雲石。浙江餘杭縣人。順治六年三甲一百十二名進士。授山西陽城知縣。爲母病不就，寧終身不仕以事親，母喪以哀毀卒。

孫 溫 直隸獲鹿縣人。順治六年三甲一百十三名進士。任知縣。

劉廣國 字寶史、寶生。湖北潛江縣人。順治六年三甲一百十四名進士。七年任山西高平知縣，十四年調廣西岑溪知縣，擢刑部主事，升禮部郎中。遷甘肅洮岷道，康熙六年改漢羌兵備道。裁缺歸里，卒年四十九。

王鼎臣 直隸正定縣人。順治六年三甲一百十五名進士。七年任山西壺關知縣，以目疾歸。

余廉徵 字澹公。浙江遂安縣人。順治六年三甲一百十六名進士。授山西平順知縣，改潞城知縣，遷直隸正定府赤城同知，十七年六月官至江蘇蘇州知府。

張廷賓 字上卿、興若。湖北江夏縣人。順治六年三甲一百十七名進士。任山西黎城知縣，卒於任。著有《長安春集》。

尚金章 字子雲。河南儀封縣人。順治六年三甲一百十八名進士。任山西沁水知縣，升刑部主事，擢郎中，十六年督廣西提學道。父病歸，哀毀卒。

華士眉 字良白。湖北興國州人。順治三年舉人，六年三甲一百十九名進士。任山西長治知縣。

董巽祥 字志潔。江蘇武進縣人。順治六年三甲一百二十名進士。任陝西紫陽知縣，丁憂。補陝西鳳翔知縣，遷甘肅平涼府同知，擢兵部職方司主事，升兵部員外郎，降光祿寺署正。

子董佩笈，康熙二十二年進士。

董朱衮 字繡章。山東青城縣人。順治六年三甲一百二十一名進士。任陝西莊浪知縣，升戶部主事，康熙五年充四川鄉試主考官，遷工部郎中。康熙九年督山西提學道。

汪衡 湖北蘄州人。順治六年三甲一百二十二名進士。七年任福建南屏知縣，官至廣西桂林府同知。

蔡震蘭 直隸滄州人。順治六年三甲一百二十三名進士。

孫大儒 山東萊陽縣人。順治六年三甲一百二十四名進士。七年授陝西安塞知縣，十七年遷江陰海防同知，擢安徽池州知府。康熙二年官至浙江處州府知府。

吉允迪 字太邱。陝西洋縣人。順治六年三甲一百二十五名進士。七年任江西信豐知縣，十七年任湖南永州府同知，纍遷雲南屯田道。康熙三年督貴州提學道，卒於任。

賈程誼 河南上蔡縣人。順治六年三甲一百二十六名進士。七年任江西龍南知縣。

崔作霖 字見龍。直隸故城縣人。順治六年三甲一百二十七名進士。六年任江西崇義知縣。

程啓朱 字念伊。湖北黃岡縣人。順治六年三甲一百二十八名進士。授陝西神木知縣，擢刑部主事，十六年纍遷河南衛輝知府，康熙十五年官至山西河東鹽運使。卒於任。

崔傑 山東曹州（一作菏澤）人。順治六年三甲一百二十九名進士。任江西大庾知縣。

郭一元 字燮宸。直隸魏縣人。順治六年三甲一百三十名進士。授陝西宜川知縣，順治十一年升湖南常德府同知。後謫山西永寧州判，康熙二年轉山東費縣知縣，以勞致疾歸。卒年八十一。著有《居易齋詩集》。

王廷議 字文二。山西翼城縣人。順治六年三甲一百三十一名進士。授陝西清澗知縣，卓異升戶部主事，十二年官至浙江紹興府知府，升兩浙鹽運司，因前官罣誤降運同。著有《敬慎齋遺集》。

吳來儀 字瑞虞。江蘇武進縣人。順治六年三甲一百三十二名進士。授江西新淦知縣，調福建古田知縣。授部員未任坐事歸。流寓無錫、江陰，年八十卒於客舍。

史象晉 字畫野。江蘇上元縣人。順治六年三甲一百三十三名進士。任江西萬安知縣。

袁英 字千一。浙江新城縣人。順治六年三甲一百三十四名進士。任陝西保安知縣，順治十四年擢山東青州府海防同知。致仕歸。

錢茂秦 字沃皆。浙江慈溪縣人。順治六年三甲一百三十五名進士（時年六十六）。授陝西延川知縣，大軍征姜瓖，艱苦倍嘗，時年七十餘，上官憐其耆而勤，十一年升山西平陽府同知致仕。卒年八十八。

熊焯 字敏之。陝西咸寧縣

人。順治六年三甲一百三十六名進士。十一年任四川渠縣知縣，遷戶部主事，升戶部郎中，康熙五年充河南鄉試主考官，六年考選陝西道御史，十年改浙江巡鹽御史。著有《詩文集》。

董應譽 江蘇武進縣人。順治六年三甲一百三十七名進士。七年任江西石城知縣。

錢　江 字珥綻，號容山。浙江嘉興籍，秀水縣人。順治六年三甲一百三十八名進士。七年任江西瑞金知縣，行取兵部主事，遷兵部郎中，康熙十三年督山東提學道，官至甘肅洮岷道。

王篤慶 字克六，號海岑。山東武定縣人。順治六年三甲一百三十九名進士。七年任湖南巴陵知縣，行取工部主事。

朱承命 字雪沽。直隸天津縣人。順治六年三甲一百四十名進士。六年任江西上猶知縣，康熙九年改山東鄒縣知縣，十一年調浙江鎮海知縣，十九年任河南新蔡知縣，遷雲南安寧州知州，官至戶部員外郎。

范光遇 字逢年，號會齋。浙江鄞縣人。順治六年三甲一百四十一名進士。任陝西鄠縣知縣，改膚施知縣，擢江陰海防同知，十四年官至山東兗州府知府。後以在常州時拖欠稅糧左遷歸。

族兄范光文，同榜進士；子范廷元，同榜進士。

李嘉胤 字爾止。江蘇泰州人。

順治六年三甲一百四十二名進士。七年任甘肅安定知縣，遷河南歸德府同知，改陝西寧夏衛同知，升貴州黎平知府，康熙六年遷直隸順德知府。九年以病歸，卒。

韓文鋒 陝西長安縣人。順治六年三甲一百四十三名進士。十三年任河南安陽知縣，康熙元年改浙江石門知縣。

牛天宿 字覲薇，號次月。山東章丘縣人。順治六年三甲一百四十四名進士。七年授江西安遠知縣，升工部員外郎，十二年任蕪湖鈔關，升郎中。十七年調陝西延安知府，丁憂歸。起補廣東瓊州府知府，以病歸。著有《四書正宗》《毓秀館草》《安政三略》《厚俗會書》《海表奇觀》《百僚金監》等集行世。

董　襄 字倩思，號澹園，河南湯陰縣人。順治六年三甲一百四十五名進士。十三年官至江西彭澤知縣，補陝西雒南知縣。著有《澹園集》《彭澤歸來集》《湯陰文獻錄》。

魏　震 山西榆次縣人。順治六年三甲一百四十六名進士。任陝西府谷知縣，行取刑部主事，歷任員外郎、郎中。十三年官至山東濟南知府。

張三異 字魯如，號禹木。湖北漢陽縣人。順治六年三甲一百四十七名進士。任陝西延長知縣，十三年擢河南南陽府同知，康熙元年改福建邵武府同知，七年官至浙江紹興府知府。

储　曾　字觀我、留日。江蘇宜興縣人。順治六年三甲一百四十八名進士。七年任江西永豐縣知縣，在任四年以逋賦罷職，特旨復原官，不仕。

王　洵　字大允。山東濰縣人。順治六年三甲一百四十九名進士。六年任江西會昌知縣，遷工部都水司主事，官至郎中。

席　式　陝西咸寧縣人。順治六年三甲一百五十名進士。十四年纍遷河南開封知府，十七年遷浙江溫處道，康熙元年授雲南按察使，二年改廣東按察使，七年改福建按察使，十二年遷四川布政使。康熙十九年罷。

徐徵鳳　江蘇宜興縣人。順治六年三甲一百五十一名進士。

張禹謨　字緒禹。河南寧陵縣人。順治六年三甲一百五十二名進士。任陝西米脂知縣，遷甘肅鞏昌府同知，卒於任。

范廷元　字調垣，號遜三。浙江鄞縣人。順治六年三甲一百五十三名進士。選庶吉士，授檢討。歷官洗馬，十五年充會試同考官，十七年由江南糧道參政遷河南按察使，十八年遷廣東右布政使。康熙二年罷職。

父范光遇，同榜進士；從弟范廷魁，順治十二年進士。

許纘曾　字孝修、孝達，號鶴沙、悟西。江蘇上海縣人。明天啓七年（1627）生。順治六年三甲一百五十四名進士。選庶吉士，授檢討。十二年纍遷至江西驛鹽道，十六年改四川川東道，康熙二年授河南按察使，九年改雲南按察使。康熙十一年病免。著有《寶綸堂集》五卷、《滇行紀程》一卷、《東還紀程》等。

張繼前　字念瞻。山東濱州人。順治六年三甲一百五十五名進士。任湖南善化知縣。

蔡祖庚　字廉犀、蓮西，號抑庵。江蘇上元縣人。順治六年三甲一百五十六名進士。任陝西甘泉知縣，升戶部主事，十三年纍遷山西太原知府，改直隸真定知府。官至直隸通薊道。

祝匡基　字一之。浙江蘭溪縣人。順治六年三甲一百五十七名進士。七年任江西建昌知縣。

趙夢仁　字卜生。河南新鄉縣人。順治六年三甲一百五十八名進士。八年任江西興國知縣，任二年以憂去。

方躍龍　字去霓。浙江於潛縣人。順治六年三甲一百五十九名進士。七年任湖南華容知縣，遷甘肅臨洮同知，官至陝西兵備道。

楊仕顯　字明卿。陝西蒲城縣人。順治六年三甲一百六十名進士。七年任江西雩都知縣。

陳憲冲　江蘇武進縣人。順治六年三甲一百六十一名進士。七年任湖南益陽知縣，升同知。

吳宗孟　字孟長，號汝瀾。河

南汝州寶豐縣人。順治六年三甲一百六十二名進士。七年任湖北雲夢知縣，在任八載，官至工部主事。

徐惺 字子星，號龠元。江蘇江寧縣人。順治六年三甲一百六十三名進士。任內閣中書，康熙元年纍遷山東兗沂道，調湖北武昌道，九年改下江防道，十二年授河南按察使，十五年遷湖北布政使。康熙二十一年以奏銷案罷職。

楊元勛 字聖調。江蘇句容縣人。順治六年三甲一百六十四名進士。八年任湖南醴陵知縣。

柯聳 字素培，號岸初、霽園。浙江嘉善縣人。順治六年三甲一百六十五名進士。七年任湖北襄陽縣知縣。進兵科給事中，康熙三年充會試同考官，官至通政使司參議。著有《霽園詩》《柯素培詩》《存古堂文稿》。

朱挾鍭 字四如，號樹庵。浙江海鹽縣人。明萬曆三十九年（1611）生。順治六年三甲一百六十六名進士。任湖南臨湘縣知縣、武陵知縣。康熙十年（1671）卒，年六十一。著有《禮經詮解》《蓬壺軒稿》。

吳衷一 字敬涵。山東嘉祥縣人。順治六年三甲一百六十七名進士。任湖北漢陽知縣，以病乞歸卒。

孫弘詰 字仲吉。山東樂安縣人。順治六年三甲一百六十八名進士。七年任安徽廬江知縣。以罣誤歸里，年八十三卒。

成晉徵 字昭其。山東鄒平縣人。順治六年三甲一百六十九名進士。任浙江西安知縣，在任五年，升山西太原府官糧同知，以事忤上官罷歸。優游林下四十年，卒年八十。著有《周易心解》等。

徐翀 字寧子。順天大興縣人。順治六年三甲一百七十名進士。任江蘇贛榆知縣，十年改湖北武昌知縣。

蕭世賁 順天大興人。順治六年三甲一百七十一名進士。七年任湖北黃安知縣。

宋奇傑 山西介休縣人。順治六年三甲一百七十二名進士。七年任湖南衡山知縣。

朱瑛 字野巖、晉白。江蘇吳縣（一作陽湖）人。順治六年三甲一百七十三名進士。七年任湖南常寧知縣，九年擢湖南寶慶府同知。以親老歸。

葉鍾芝 字幹九。浙江蘭溪縣人。順治六年三甲一百七十四名進士。八年任江西安仁知縣。

徐鼎臣 字調明。安徽當塗縣人。順治六年三甲一百七十五名進士。七年任湖南鄲縣知縣，卒於任，囊無一錢，幾不能斂。

李儀古 字淑復，號尚友。直隸任丘縣人。順治六年三甲一百七十六名進士。選庶吉士，授檢討。升右春坊，歷右贊善、中允、國子監祭酒、侍讀學士。康熙二年充浙江鄉試主考官，以疾卒。著有《尚友山房文集》《綸音彙記》行世。

侯振世 字韓振。安徽宣城縣人。順治六年三甲一百七十七名進士。任湖南藍山知縣。

朱 紱 字五任，號白穀。江西進賢縣人。順治六年三甲一百七十八名進士。選庶吉士，八年改浙江道御史，補廣西道御史，改督捕理事官。官至左僉都御史。致仕歸。

劉漢卿 字依思、上宇。江蘇武進縣人。順治六年三甲一百七十九名進士。授江西鉛山知縣，補陝西褒城知縣。歸後以經史自娛。

程 雲 字松壺。山東萊蕪縣人。順治六年三甲一百八十名進士。任湖北孝感知縣。

費緯祉 字支嶠、錫茲。浙江鄞縣人。順治六年三甲一百八十一名進士。十五年任山東淄川縣，以罣誤去職。後任陝西武功知縣。

宗 彝 字有六。順天大興縣人。順治六年三甲一百八十二名進士。七年任江西豐城知縣，遷山東東昌府同知，遷雲南大理府知府，改太原知府，擢陝西驛鹽道，官至福建漳南道。

李即龍 字子潛、爲癡。直隸雄縣人。順治六年三甲一百八十三名進士。七年任江西瀘溪知縣，十二年調福建寧德知縣，丁艱去。十八年改廣東長寧知縣，遷甘肅鞏昌府同知，纍遷隴左道副使，督餉有功卒於任。

胡明垣 字衛公。湖北黃陂縣人。順治六年三甲一百八十四名進士。授陝西鎮安知縣，遷鳳翔府同知。

汪基遠 字星伯。湖北黃岡縣人。順治六年三甲一百八十五名進士。七年任江西東鄉知縣，到任兩月，土寇吳君寵攻城，督兵出戰卒。贈按察司僉事。

陳廷樞 字聖旋，號葆初。浙江歸安縣人。順治六年三甲一百八十六名進士。七年任福建永安知縣，改內閣中書。康熙二年充廣西鄉試副考官，升刑部郎中，官至蘇松糧道。著有《賦餘集》。

易道沛 字晴湄、子然。湖北漢陽縣人。順治六年三甲一百八十七名進士。七年任江西上高知縣，改直隸高陽知縣，十二年調獲鹿知縣，改內閣中書，康熙二年充貴州鄉試副考官。官至刑部山東司郎中。

李雨霑 字時若。山東泰安州人。順治六年三甲一百八十八名進士。七年任湖北羅田知縣，纍遷福建福州知府、山西甘州道，十八年任甘肅兵備道副使。

范正脉 字介子，號龍圖。河南修武縣人。順治六年三甲一百八十九名進士。選庶吉士，授檢討，改戶部主事，任長蘆運同，官至浙江鹽運使。

張 瑄 號石龕。直隸元城縣人。順治六年三甲一百九十名進士。未任卒。

王世裔 山東淄川縣人。順治

六年三甲一百九十一名進士。十年授江西永寧知縣。

楊逢春 字德溥。山東聊城平山衛人。順治六年三甲一百九十二名進士。七年任福建惠安知縣，卒於任。

郭行義 陝西咸寧縣人。順治六年三甲一百九十三名進士。任知縣。

蔣如瑤 順天大興縣人。順治六年三甲一百九十四名進士。任知縣。

冷開泰 字嚚雪，號霞洋。山東膠州人。順治六年三甲一百九十五名進士。七年任湖南宜章知縣，官至直隸順德府同知。既去，土寇糾眾作亂，宜章新令失守，將開泰一并罷官。

劉絃（《進士題名碑錄》作劉絃）字秉三、子遠。陝西洛川縣人。順治六年三甲一百九十六名進士。七年任河南遂平知縣，改湖北松滋知縣，十四年任江陰海防同知，升兵部員外郎，十七年充雲南鄉試主考官，遷戶部郎中、鎮江知府，官至長蘆鹽運使。

王繡 山東淄川縣人。順治六年三甲一百九十七名進士。授浙江慈溪知縣。

倪斌 字斯一。福建閩縣人。順治六年三甲一百九十八名進士。任河南滎陽知縣。

唐彥裘 字倚旭。浙江桐鄉縣人。順治六年三甲一百九十九名進士。九年任安徽英山、霍山知縣，十八年改湖南安化知縣。

吳道觀 字容若，號遠田。安徽桐城縣人。順治六年三甲二百名進士。授河南商水知縣，行取不果，歸家十餘年卒。

裴春魁 字誦斗。江蘇江陰縣（一作陽湖）人。順治六年三甲二百零一名進士。任山東汶上知縣。改湖北當陽知縣。

楊瓏 字荊石。山東青城縣人。順治六年三甲二百零二名進士。七年任甘肅文縣知縣。

范龍（本姓王）字雲生。江蘇長洲縣人。順治六年三甲二百零三名進士。任山東歷城知縣。七年改河南儀封知縣。

劉之浴 字景曾。山東壽光縣人。順治六年三甲二百零四名進士。任甘肅合水知縣。卒於任。

盧絃（《進士題名碑錄》作盧絃）字元度，號澹岩。湖北蘄州人。順治六年三甲二百零五名進士。任山東新泰知縣，調廣西桂林府同知，遷山東東昌知府。擢江蘇蘇州糧道。十八年官至長蘆鹽運使。著有《四照堂文集》三十五卷、《樂府》二卷。

潘運皡（榜姓唐，復姓）字熙仲，號西沆。安徽滁州人。順治六年三甲二百零六名進士。任中書科中書，十四年充順天鄉試同考官，歸後晚年研經學，著有《頗遜齋易說》《西沆紀游》。

陳基 字受伯。湖北江夏縣

人。順治三年舉人，六年三甲二百零七名進士。任山東即墨知縣，以親老終養歸。

張自涵 字施普。山東平原縣人。順治六年三甲二百零八名進士。任直隸遷安知縣，纍遷刑部郎中。十五年外任山西寧武兵備道，十七年河南道、貴州安平道副使。卒於任。

丁　敬 字恪臣。河南杞縣人。順治六年三甲二百零九名進士。七年任廣東海豐知縣，升戶部員外郎。官至廣西賓州道。裁缺歸，卒。

高爾修 字中寅，號正庵。直隸靜海縣人。順治六年三甲二百十名進士。九年任浙江遂安知縣，十四年擢刑部主事，遷刑部郎中，康熙六年充會試同考官，考選江南道御史。致仕歸。

金漢鼎 字公鉉，號紫芬。浙江義烏縣人。順治六年三甲二百十一名進士。任陝西涇陽知縣，擢刑科、兵科給事中。順治十六年充會試同考官。丁母憂歸，哀毀卒。著有《詩文集》七卷。

顧如華 字實夫，號西巘。湖北漢川縣人。順治六年三甲二百十二名進士。任直隸廣平知縣，十五年行取山東道御史，康熙二年改浙江巡鹽御史。官至浙江溫處道。

何士錦 字畫生。浙江建德縣人。順治六年三甲二百十三名進士。任甘肅漳縣知縣，改江西豐城知縣，遷行人司行人，官至太原知府。假

歸，年八十卒。

沈令式 字雲中。浙江海寧縣人。順治六年三甲二百十四名進士。七年任直隸新河知縣，遷主事，升禮部郎中。康熙五年充順天鄉試副考官，九年督廣東提學道，官至廣東糧道。

魚飛漢 字仲升。陝西高陵縣人。順治六年三甲二百十五名進士。九年任河南洧川知縣，升刑部主事，纍遷吏科、兵科、工科給事中。以親老乞歸不復出。

子魚鷟翔，康熙二十四年進士。清代魚姓進士，僅此父子二人。

吳慶期 江蘇宜興縣人。順治六年三甲二百十六名進士。

夏人佺（一作夏大佺）字敬孚。安徽壽州人。順治六年三甲二百十七名進士。七年任山東夏津知縣，康熙元年行取四川道御史，八年改山西巡鹽御史。乞休歸。

陳天清 字如水。河南柘城縣人。明萬曆四十三年（1615）生。順治六年三甲二百十八名進士。七年任直隸平鄉知縣，在任八年，行取工部都水司主事，分司南運河，官至光祿寺署正，降調。康熙二十八年（1689）卒，年七十五。著有《家訓》《天官紀略》《北曲六種》《詩文全集》。

鄭遹玄 順天密雲縣人。順治六年三甲二百十九名進士。七年任安徽潛山知縣，升萊守，卒於官。

胡三順 湖廣蘄水縣人。順治

六年三甲二百二十名進士。順治七年授山東萊陽知縣。

錢君銓 字衡垣。浙江平湖縣人。順治六年三甲二百二十一名進士。八年任福建連城知縣。

張一震 陝西蒲城縣人。順治六年三甲二百二十二名進士。任直隸成安知縣。

范 進 字漚存。浙江仁和縣人，會稽籍。順治六年三甲二百二十三名進士。七年任福建漳浦知縣。

張超方 安徽懷寧縣人。順治六年三甲二百二十四名進士。任陝西盩厔知縣。

宋可發 字艾石。山東膠州人。明萬曆三十八年（1610）生。順治六年三甲二百二十五名進士。八年授福建將樂縣知縣，升河南彰德府知府，十八年任福建巡海道，改湖廣鹽驛道。康熙三年授山西按察使，七年改四川按察使，十一年遷廣東布政使。康熙十三年引疾歸。三十八年（1699）卒。

侯 杲 字仙蓓，號霓峰。江蘇無錫縣人。順治六年三甲二百二十六名進士。任浙江宣平知縣，遷禮部主事，官至刑部郎中，督江西九江關。丁憂歸，遂不出。

南 儀 陝西鞏昌府安定人。順治六年三甲二百二十七名進士。七年任山東郯城知縣。

王國瑋 江蘇江都縣人。順治六年三甲二百二十八名進士。任陝西汧陽知縣。

祝 喻 字完真、文山。山東城武縣人。順治六年三甲二百二十九名進士。任福建龍溪知縣，卒於任。

夏 霖 字雨三。江蘇江陰縣人。順治六年三甲二百三十名進士。七年授河南濟源知縣，順治十六年改山西安邑縣運城，擢戶部主事。康熙四年外任紹興知府，十九年改四川保寧府知府，官至山西鹽運使。謝歸，壽九十五。

沈在湄 江蘇吳錫縣人。順治六年三甲二百三十一名進士。七年任福建永定知縣。在任八年，卒於永定。

李祥光 山西翼城縣人。順治六年三甲二百三十二名進士。十一年任江蘇山陽知縣。

顧淶初 字西及，號盟鷗。浙江歸安縣人。順治六年三甲二百三十三名進士。七年任湖北上津知縣，行取刑部主事，康熙十年左遷山西稷山知縣，後以罣誤解職歸，卒於家。

卜永昇 字澹庵。江南安東縣人。順治六年三甲二百三十四名進士。七年任河南郟縣知縣，十四年改修武知縣，有政聲。致仕歸。

李可喬 字斗岩。陝西城固縣人。順治六年三甲二百三十五名進士。七年任福建寧化知縣，纍遷刑部郎中，順治十七年督湖廣提學道。

諸保宥 字六在。江蘇昆山縣（一作陽湖）人。順治六年三甲二百三十六名進士。十年任湖南岳州知府，改湖北荆州知府，官至江西南昌知府。

弟諸豫，同榜進士。

聶文遂　山東長山縣人。順治六年三甲二百三十七名進士。任江西新喻知縣。

陳凝　字瑞庵。浙江德清縣人。順治六年三甲二百三十八名進士。五年任山東新城知縣，因呈誤謫江西大庾縣典史。

劉嗣美　字心周，號爾涵。河南陳留縣人。順治六年三甲二百三十九名進士。選庶吉士，八年改山東道御史，十一年官至湖廣荆西兵備道。歸後講學二十年。

黎民牧　字具瞻。山東鄆城縣人。順治六年三甲二百四十名進士。六年授福建晉江知縣。居官數月設施未竟解任歸。

李楨　字翼猶。江蘇上元縣人。順治六年三甲二百四十一名進士。任陝西扶風知縣。與李沛霖合撰《四書朱子異同條辨》。

王辛　順天宛平縣人。順治六年三甲二百四十二名進士。任安徽天長知縣，蒞官九載。康熙十六年（1677）海寇犯江南，死守，城破被執不屈卒。

程萬善　字元夫。山東城武縣人。順治六年三甲二百四十三名進士。七年任河南永寧知縣，升河南府同知，未任卒。

孫遂　字仲良。直隸故城縣人。順治六年三甲二百四十四名進士。順治八年任浙江江山知縣，十一年改河南息縣知縣，遷德州州判。卒於任。

王功成　字允大，號省齋。山東博平縣人。順治六年三甲二百四十五名進士。授山西長治知縣，擢兵部主事，升兵部車駕司郎中。順治十八年督陝甘提學道，官至江南鹽道。以母老終養歸。卒於里。

管抒素　陝西咸寧縣人。順治六年三甲二百四十六名進士。八年任安徽霍丘知縣。

鄧秉恒　字元固，號瀧江、忍庵。山東東昌衛人。順治六年三甲二百四十七名進士。任江蘇昆山知縣，十三年改江西永豐知縣，升戶部主事，康熙十一年充河南鄉試副考官，晉戶部江西司員外郎、郎中。二十年外任福建巡海道，二十四年汀漳海防道，官至湖北荆南道。乞休歸，卒年七十四。著有《石堂集》《春秋解》《名臣奏議鈔》等。

費國暄　字子復，號松崖。江蘇無錫縣人。明萬曆四十年（1612）生。順治六年三甲二百四十八名進士。八年任浙江餘杭知縣，官至兵部主事，歸。順治十七年（1660）卒。

周世昌　河南延津縣人（安丘籍）。順治六年三甲二百四十九名進士。八年任江蘇華亭知縣，官至巡道。

宋文運　字開之。直隸南宮縣人。順治六年三甲二百五十名進士。任山東滋陽知縣在任八年，擢刑部文選司主事，康熙元年丁內艱。升員外郎，八年充雲南鄉試副考官，九年升郎中。十八年任鴻臚寺少卿，十九年授光祿寺卿，改順天府尹。二十年授左副都御史，二十一年調刑部左侍郎。二十三年（1684）以病辭職，加太子少保。七月卒，謚"端愨"。

張弘祚 陝西戶縣人。順治六年三甲二百五十一名進士。任知縣。

韓　豫 字如石。江蘇丹徒縣人。順治六年三甲二百五十二名進士。八年任山東壽張知縣，丁憂。服闋，十五年補山西猗氏知縣，擢吏部文選司主事，晋文選司員外郎。

劉　環 字賜玉。湖北潛江縣人。順治六年三甲二百五十三名進士。任甘肅隴西知縣，補金縣知縣，謫浙江建德縣丞，升安徽涇縣知縣。

胡悉寧 字良龕，號海若。山東臨清州人。順治六年三甲二百五十四名進士。任浙江新昌知縣，升刑部主事，歷戶、禮、刑、工科給事中。順治十八年充會試同考官，丁母憂，服闋，康熙十一年官至陝西甘山道。父憂歸，哀毀卒。

成肇毅 字而卓，號愚中。浙江仁和縣人。順治六年三甲二百五十五名進士。任直隸新河知縣，縶遷禮科給事中，順治十七年充山西鄉試主考官，擢京卿，乞歸。家居十餘年卒。

林忠順 字念衡、遜膚。福建晋江縣人。順治六年三甲二百五十

六名進士。八年任浙江景寧知縣，康熙四年補直隸新城知縣，升順天宛平知縣，母老乞養歸。

李成鑛 直隸龍門縣人。順治六年三甲二百五十七名進士。任湖北房縣知縣，殉難。

趙　曬 陝西周至縣人。順治六年三甲二百五十八名進士。任浙江黃岩知縣。

馬廷贊 字君襄。直隸東光縣人。順治六年三甲二百五十九名進士。八年任湖北宜都知縣，卒於任。著有《禹貢略》行世。

族弟馬之駃，同榜進士。

董士昌 字寧庵。浙江秀水籍，嘉興縣人。順治六年三甲二百六十名進士。任陝西平利知縣，兼署洵陽知縣，以勞瘁卒於任。

呂補袞 字翰公。直隸長垣縣人。順治六年三甲二百六十一名進士。八年任山東日照知縣，官至禮部制儀司員外郎，乞養歸，卒年六十三。

劉源清 山東高密縣人。順治六年三甲二百六十二名進士。任安徽歙縣知縣。

王寵受 直隸正定縣人。順治六年三甲二百六十三名進士。八年任福建德化知縣，十年以憂去。改山東即墨知縣。去官之日箱內唯書數卷。

沈之琑 字來赫，號錫齋。浙江嘉興縣人。順治六年三甲二百六十四名進士。八年任陝西白河知縣，

以勞瘁卒於官。

紀御蛟 山東膠州人。順治六年三甲二百六十五名進士。

魏冒 字重光。山東利津縣人。順治六年三甲二百六十六名進士。任福建甌寧縣知縣，丁憂歸。感目疾不復出。

孫魏都，康熙二十四年進士；魏郊，康熙三十年進士。

吳汝爲（本姓吳，榜名李汝爲，過嗣李姓）字伯寅、康功。山東沾化縣人。順治六年三甲二百六十七名進士。任陝西麟游知縣，補廣東陽春知縣，調安徽廬江縣知縣，未任卒。

于朋舉（1615—1671）字襄于，號念劬。江蘇金壇縣人。順治六年三甲二百六十八名進士。選庶吉士，授檢討。順治十二年充會試同考官，纍遷至福建福寧道，順治十六年授四川按察使，十七年遷山東右布政使，康熙三年丁憂免。六年授湖廣布政使，改湖南布政使，忤巡撫被中傷，十年降調，乞歸養母。卒年五十六。著有《念庵詩集》。

周瓊 字子佩，號玗洞。湖北大冶縣人。順治六年三甲二百六十九名進士。十年任福建海澄知縣，暴病卒。

韓有倬 順天大興縣人。順治六年三甲二百七十名進士。任湖南湘陰知縣，十四年改江蘇句容知縣。

成性 字耐微、我存。安徽和州人。順治六年三甲二百七十一名進士。任中書科中書，十四年考授御史，十六年改兵部主事，以疾歸。康熙七年始出，九年充會試同考官，十年任江西關監督，十一年授工科給事中，十七年以疾乞歸。康熙十八年（1679）年卒於家，年五十八。有《成率庵詩》。

于之挺 順天大興縣人。順治六年三甲二百七十二名進士。九年任湖南湘潭知縣。積勞年餘，與妻同日死，貧無以殮。

顧煜 字銘伯，號雙丸。江蘇無錫縣人。順治六年三甲二百七十三名進士。九年任浙江象山縣知縣，失上官意罷歸。

周一熊 字章巒、小渭。湖北鍾祥縣人。順治六年三甲二百七十四名進士。九年任安徽旌德知縣，以暴疾卒於任。

盧運昌 字駿公。山東陵縣人。順治六年三甲二百七十五名進士。任江西安遠知縣，多有惠政，積勞成疾卒於任，年五十四。

張啓鑰 山東曲阜縣人。順治六年三甲二百七十六名進士。任河南武陟知縣。

朱紹鳳 字儀聖，號蒿庵。江蘇華亭縣人。順治六年三甲二百七十七名進士。九年任山西臨縣知縣，官至戶科給事中。

戴玄（一作戴元，戴鉉）河南河內縣人。順治六年三甲二百七十八名進士。九年任山西清源知縣。

趙映斗 直隸遷安縣人。順治

六年三甲二百七十九名進士。任陝西吳堡知縣，以罣誤降。事白，十五年補山西馬邑知縣，改雲南昆明知縣。

孫灝 順天大興縣人。順治六年三甲二百八十名進士。任河南河內知縣，改吏部主事。

楊宗昌 字大宗，號永庵。直隸趙州人。順治六年三甲二百八十一名進士。九年任福建武平知縣，丁母憂。服闋，十五年補江西信豐知縣，改江蘇來安知縣。

王鏗 字籛壽。江蘇華亭縣人。順治六年三甲二百八十二名進士。任江西雩都知縣，丁母憂。補山東博興知縣，以事罣誤歸，卒年七十四。

白惺涵 字集虛，號山公。直隸河間縣人。順治六年三甲二百八十三名進士。八年任安徽全椒知縣，行取吏部主事，升考工司員外郎，遷稽勳司郎中。官至江西九江關監督，以病歸。卒年七十四。著有《讀書隨錄》《仕學編》《六宜樓集》。

曹期嘉 字賓我。安徽南陵縣人。順治六年三甲二百八十四名進士。任順天府房山知縣，以剛介降陝西鳳翔縣經歷，丁艱歸。

沈閎劼 字鏡湄。浙江嘉興籍，海鹽縣人。順治六年三甲二百八十五名進士。十一年任湖南寧遠知縣，十三年遷常德府同知。以勞卒於任。

蕭維楩 湖北江夏縣人。順治六年三甲二百八十六名進士。任直隸棗強知縣。

雷一龍 字伯復。順天通州人。順治六年三甲二百八十七名進士。任山東汶上知縣，擢御史，升工科給事中，十五年充會試同考官。歷刑科、禮科、官至吏科給事中。

從子雷湛，順治十二年進士。

趙一心 山西陵川縣人。順治六年三甲二百八十八名進士。七年任山東長山知縣。卒於任。著有《北征草》。

范惟粹 字完白。山東泰安州人。順治六年三甲二百八十九名進士。九年任福建政和知縣，十二年調江西新城知縣。年六十以疾卒於官。著有《江上草》《澄觀堂稿》。

洪胤嵩 河南商城縣人。順治六年三甲二百九十名進士。任行人司副，九年改直隸南宮知縣。

郭如儼 陝西涇陽縣人。順治六年三甲二百九十一名進士。八年任江蘇無錫知縣，十二年調湖北竹山知縣，十五年改通山知縣。

孫昭錫 字端伯。山東青城縣人。順治三年舉人，六年三甲二百九十二名進士。九年任安徽盱眙縣知縣，行取戶部主事。

吳之鎮 字穎修。河南安陽縣人。順治六年三甲二百九十三名進士。八年任江蘇丹陽知縣，十二年補直隸南皮知縣，因前令事謫縣丞，告病回籍。後改安徽鳳陽知縣。

童欽承 字在公，號靖庵。浙江會稽縣人。明萬曆三十九年

（1611）生。順治六年三甲二百九十四名進士。十年任湖南祁陽知縣，十八年補江蘇儀徵知縣，遷內閣中書，康熙十一年充江西鄉試副考官，官至兵部職方司主事。康熙十九年（1680）卒，年七十。著有《及水居集》。

楊廷諫　直隸滑縣人。順治六年三甲二百九十五名進士。任河南溫縣知縣。

劉　愷　字令儀。山東鄒平縣人。順治六年三甲二百九十六名進士。八年任湖北麻城知縣，以開重罪犯張學呂等十一人，罷官歸。盡孝養父，湯藥五載，父卒，以哀毀亦卒。

王斗樞　字均五。山東諸城縣人。順治六年三甲二百九十七名進士。授江西崇義知縣，十二年調江西進賢知縣，遷戶部廣東司主事。康熙八年卒於任。

孫王延祺，康熙三十九年進士；次孫王延禮，康熙四十二年進士。

姚延啓　字季迪，號敬存（一作敬臣）。浙江烏程縣人。順治六年三甲二百九十八名進士。授山西稷山知縣，擢御史，歷掌戶、工、吏三科給事中。著有《還竹軒集》《秋蛩吟》。

葉萬善　字元孺。安徽和州直隸州人。順治六年三甲二百九十九名進士。九年任山西趙城知縣。

王伯翔　順天武清縣人。順治六年三甲三百名進士。任山東德平知縣。

胡翼聖　河南河內縣人。順治六年三甲三百零一名進士。任知縣。

湯家相　字泰瞻、賓莪。山西趙城縣人。順治六年三甲三百零二名進士。八年授江蘇常熟知縣，因前任知縣被劾，爲其申白忤巡撫、御史被免職。十三年補湖北南漳知縣。南漳位居大山中，盜寇時出搶掠，後經其設計擒盜首，肅清殘寇，開荒修渠得以安民，邑大治。後以病乞歸。

楊　潔　字廉夫。江蘇興化縣人。順治六年三甲三百零三名進士。選陝西高陵知縣。未任卒。

李長胤　順天大興縣人。順治六年三甲三百零四名進士。七年任湖南醴陵知縣。

杜霈遠　直隸永年縣人。順治六年三甲三百零五名進士。九年任甘肅安化知縣，康熙元年調山東沂水知縣。

張光祖　字大光、咆嶂。河南新鄭縣人。順治六年三甲三百零六名進士。授山東恩縣知縣，纍遷兵部員外郎，順治十七年充四川鄉試主考官，升郎中，康熙元年督四川提學道。

唐夢賚　字濟武，號嵐亭、豹岩。山東淄川縣人。明天啓七年十二月初八日（1628年1月）生。順治六年三甲三百零七名進士。選庶吉士，任檢討。因言事忤權貴，罷歸。康熙三十七年（1698）六月十六日卒，年七十二。著有《濟南府志》五十卷，《淄川縣志》《志壑堂詩文集》《借鴿樓小集》《林皋漫録》《銅鈔疏》《備邊策》《禁糶説》等。

陳一太 （原名陳懿德）河南鄭州人。順治六年三甲三百零八名進士。十三年任福建平和知縣。

宋士俊 字東濤。山東高密縣人。順治六年三甲三百零九名進士。八年任江蘇山陽知縣。

劉順昌 字雲將。湖北漢陽縣人。順治三年舉人，六年三甲三百十名進士。九年任直隸廣宗知縣，因公罣誤降山西按察司知事，轉北直經歷，致仕歸。

杜希旦 陝西長安縣人。順治六年三甲三百十一名進士。十二年任江西南城知縣。

莊朝生 字玉笥。號玉墀。江

蘇武進縣人。順治六年三甲三百十二名進士。選庶吉士，授檢討，纍遷刑部郎中。十七年充順天鄉試主考官，康熙十五年督河南學政，告歸。居蘇州與龍侗、宗實穎諸人爲耆年會，優游林壑二十餘年，卒。

兄莊囧生，順治四年進士。

許士璜 字匪義。浙江海鹽縣人。順治六年三甲三百十三名進士。任湖南武陵縣知縣，改四川武隆知縣。

賣士範 字方海。陝西蒲城縣人。順治六年三甲三百十四名進士。八年任安徽黟縣知縣，以疾去官。

龍納銘 字熙載。湖北漢川縣人。順治六年三甲三百十五名進士。九年任直隸威縣知縣，擢吏部主事，升吏部山西司郎中，官至貴州都匀府知府。以年老告歸。

順治九年（1652）壬辰科

第一甲三名

鄒忠倚 字于度，號海岳。江蘇無錫縣人，明天啓三年（1623）生。順治九年一甲第一名狀元。授修撰。順治十一年（1654）卒，年三十二。工詩文，善書法。著有《雪蕉集》《箕園集》。

孫鄒升恒，康熙五十七年進士；鄒一桂，雍正五年進士，内閣學士。

張永祺 字爾成、爾程。順天大興縣人。順治九年一甲第二名榜眼。授編修。十二年充會試同考官，十五年遷山東萊州府海防道，十七年改江西湖東道，十八年調河南糧儲道，官至大理寺少卿。

沈 荃 字貞蕤，號繹堂，別號充齋，又號位庵。江蘇青浦縣人（一作江蘇華亭）。明天啓四年（1624）九月二十四日生。順治九年一甲第三名探花。授編修。纍遷至侍讀學士，是第一個教康熙書法的人。康熙六年任直隸通薊道，坐事降浙江寧波府同知，遷侍讀、國子監祭酒、少詹事，十六年授詹事府詹事，十九年加禮部侍郎銜，兼翰林院侍讀學士。康熙二十三年（1684）十一月初七日卒，年六十一。謚“文恪”。著有《一研齋詩集》十六卷、《充齋集》《南帆咏》等。

子沈宗敬，康熙二十七年進士。

第二甲七十七名

李 愫 字愫心。江蘇華亭縣人。順治九年二甲第一名進士。任禮部主事，十年督河南提學道，十五年官至湖南江防兵備道，以疾卒於官。

陳 焯 字默公，號越樓。安徽桐城縣人。順治九年二甲第二名進士。任兵部主事，以親老乞歸。後受聘修《安慶府志》，又聘修《江南通志》皆成。年七十四卒。著有《滁岑詩文前後集》，輯成《宋元詩會》《宋元遺集》共一百餘卷。

黄 鈗 字岳生。湖南善化縣人。順治九年二甲第三名進士。任吏部員外郎，順治十四年充河南鄉試主考官，官至吏部郎中。

錢受祺 浙江錢塘縣人。順治九年二甲第四名進士。任工部主事，升員外郎，十三年督山西提學道，遷四川成都知府，十八年官至陝西商雒道。

吳穎 字見未，號長眉。江蘇溧陽縣人。明萬曆二十八年（1600）生。順治九年二甲第五名進士（時年五十三）。授刑部主事，進郎中，十五年官至廣東潮州知府。以疾歸。康熙十七年（1678）二月初六日卒，年七十九。著有《蕁羹堂集》《溧詩選》《溧詩閣史》《潮州志》等。

顧大申 字震雉，號見山、鶴巢。江蘇華亭縣人。順治九年二甲第六名進士。任戶部主事，遷工部郎中，康熙九年江西關監督，十三年官至甘肅洮岷道。卒於任。著有《河渠論》《詩原》《堪齋詩存》《鶴巢樂府》等。善畫山水，筆力蒼勁，用墨淋漓，蹊徑大雅。

郭熙 河南夏邑縣人。順治九年二甲第七名進士。官至戶部福建司郎中。

李來泰 字仲章，號石台、蓮龕。江西臨川縣人。順治九年二甲第八名進士。任工部虞衡司主事，十二年督江南提學道（上江），纍遷至江蘇蘇松糧儲道，康熙五年改蘇松常道，八月裁缺。乞養歸。十八年召試博學鴻詞二等，授翰林院侍

講，遷侍讀，康熙二十三年（1684）卒於京師。著有《蓮龕集》四十餘卷。毀於兵火，雍正中從孫天申掇輯而成十六卷：含賦一卷，詩三卷，文十二卷。

唐虞堯 字載歌、東皓。浙江會稽縣人。順治九年二甲第九名進士。任工部都水司主事，升郎中。順治十四年充山西鄉試副考官，丁憂服闋，以事降光祿寺署正，升禮部精膳司郎中，康熙九年外任安徽寧國府同知，十五年遷山西大同知府，二十一年督山東提學道。因母年近九十失明，告歸。卒年八十八。著有《明論錄》。

王綱 字燕友，號思齡。安徽合肥縣人。明萬曆四十一年（1613）生。順治九年會元，二甲第十名進士。授刑部主事，遷兵部郎中，改御史，官至通政司左參議。康熙八年（1669）九月二十七日卒，年五十七。著有《睨鶴亭文集》《詩集》等。

遲煌 字東生。漢軍正白旗。順治九年二甲第十一名進士。選庶吉士，授編修。官至兵部督捕副理事官。

莊鏻 字玉侯，號起岳、巨觀，浙江嘉興縣人。舉人，任浙江平陽縣教諭。順治九年二甲十二名進士。任工部都水司主事，十五年官至河南汝南道。

汪煉南 字冶夫，號千頃。湖北黃岡縣人。順治九年二甲十三名

進士。選庶吉士，授編修。十二年充會試同考官，升侍講學士，康熙三年督直隸學政，官至侍讀學士。

吳亮中 字寅仲。浙江嘉善縣人。順治九年二甲十四名進士。任戶部河南司主事。

曹爾堪 字子顧，號顧庵。浙江嘉善縣人。順治九年二甲十五名進士。選庶吉士，授編修。十二年充會試同考官，擢侍讀，侍講學士，以事罷歸。工詩，與宋琬、沈荃、王士禎、施閏章、王士祿、汪琬、程可則稱"海內八家"，與山東詞人曹貞吉共稱"南北二曹"。康熙十八年（1679）十一月二十七日卒，年六十三。著有《南溪文略》《詞略》《杜鵑亭稿》等。

唐德亮 字采臣。江蘇無錫縣人。順治九年二甲十六名進士。任戶部主事，官至戶部員外郎。卒於京邸。

楊兆魯 字泗生，號青岩。江蘇無錫縣（一作陽湖）人。順治九年二甲十七名進士。任刑部主事，遷刑部郎中，十二年督江西提學道，官至福建延平道監察司副使。著有《遂初堂文集》九卷。

笪重光 字在辛，號君宣、江上、江山外史，自稱郁崗掃葉道人。江蘇句容縣人。明天啓三年（1623）生。順治九年二甲十八名進士。任刑部主事、員外郎、郎中。十八年考選湖廣道御史，因釋免爲仇家所陷罪犯，忤明珠，罷歸。康熙三十

一年（1692）卒，年七十。著有《書筏》《書筌》《江上詩集》。

許 瑶 字文玉，號蘭陵、竹廣。江蘇常熟縣人。順治九年二甲十九名進士。任工部主事，升都水司郎中，擢直隸廣平知府，十四年遷陝西河西道，官至四川川北道。著有《孝經約注》《竹廠詩集》。

王元曦 字伯馭、陽谷。山東掖縣人。順治九年二甲二十名進士。選庶吉士，十三年改雲南道御史，遷大理寺丞，晉鴻臚寺卿，授山西巡撫。未抵任以疾卒，年三十九。

張 晉 字尚若。河南磁州人。明天啓元年（1621）生。順治九年二甲二十一名進士。選庶吉士，母病告歸。連丁內外艱，家居二十年。康熙十七年（1678）七月初七日卒，年五十八。著有《讀書堂杜詩注解》二十卷、《澹寧集》十卷等。

子張榕端，康熙十五年進士。

林正芳 字茂遠。福建莆田縣人。順治九年二甲二十二名進士。任刑部主事，升員外郎、郎中。以親老乞歸。纂經籍以賦咏自娛。著有《立齋文稿》《東林詩草》。

范承謨 字覲公，號螺山。漢軍鑲黃旗。明天啓四年（1624）生。大學士范文程次子。順治九年二甲二十三名進士。選庶吉士，任翰林院編修。纍遷侍讀學士，順治十八年授國史院學士，康熙五年任內秘書院學士，七年調浙江巡撫，十一年十月遷福建總督。十三年三月被

耿精忠所拘，康熙十五年（1676）遇害，年五十三。十九年追贈兵部尚書，加太子少保，謚"忠貞"。著有《吾廬存稿》《蒙古自序》《百苦吟》及《畫壁遺稿》。

李文煌 字包闇、嶨若。河南潁川衛人。順治九年二甲二十四名進士。選庶吉士，改吏部主事，升吏科給事中，遷廣東嶺北道。十三年任廣東布政司左參議，十七年任湖北下荊南道，改山西冀寧道，罣誤歸。著有《館課奏疏》《破愁十說》《嶺東二刻》等。

蕭家芝 河南河內縣人。順治九年二甲二十五名進士。官至刑部郎中。

耿拱極 河南西平縣人。順治九年二甲二十六名進士。官至湖北荊州府知府。

蘇祖蔭 字芑貽。江蘇常熟縣人。順治九年二甲二十七名進士。任戶部主事，降調。後署山東泰安知州。卒於任。

費達 字于章，號古心。江蘇溧陽縣人。順治九年二甲二十八名進士。授戶部主事，官至戶部郎中。卒親歸。卒年七十三。著有《硯讀堂詩文》。

張居昌 福建龍溪縣人。順治九年二甲二十九名進士。官至吏部郎中。

胡尚衡 字辰玉、階平。安徽涇縣人。順治九年二甲三十名進士。任工部都水司主事，遷郎中，十八年督浙江提學道，補湖南糧驛道。以老請休。

張標 字玉立。江蘇江都縣人。順治九年二甲三十一名進士。授工部主事，十六年任南關監督，升郎中，歸。著有《農丹》《藕香零拾》。

王孫蔚 字茂衍。陝西臨潼縣人。順治九年二甲三十二名進士。任刑部主事，遷郎中，十五年遷山東糧道參政，改青州兵備海防道。十七年授湖廣按察使，十八年遷福建左布政使，康熙元年降調。十四年督湖廣提學道，十九年官至四川川東道。著有《韜香集》。

王廷璽 字昆良。河南祥符縣人。順治九年二甲三十三名進士。任刑部主事，遷禮部郎中。十三年督廣東提學道，康熙六年左遷福建汀州府同知，擢甘肅涼莊道，十八年舉鴻博不遇。任寧紹台道，擢山西副使。著有《珠樹堂文集》《聚遠樓詩集》等。

紀振邊 漢軍鑲紅旗人。順治九年二甲三十四名進士。十四年任江西撫州知府。

張茁 字文葭。浙江嘉善縣人。順治九年二甲三十五名進士。任刑部主事，十一年充河南鄉試副考官，十三年官至安徽安慶府知府。以罣誤歸。

楊西狩 字華覲。江西進賢人。順治九年二甲三十六名進士。任戶部主事，康熙十一年充貴州鄉試副考官，升員外郎，官至兵部郎中，十四年督陝西提學道。卒於任。著有《存笥稿》。

劉廷獻 字晴餘。浙江仁和縣人。順治九年二甲三十七名進士。任戶部陝西司主事，官至吏部郎中。

楊紹先 字繼美，號飈生。湖北安陸縣人。順治九年二甲三十八名進士。選庶吉士，授編修。十五年任江西湖東道，官至四川建昌道。以疾乞歸。

馬雲龍 陝西高陵人。順治九年二甲三十九名進士。官至山西寧武道，改岢嵐道。

李盈公 字惟柱。湖北江陵縣人。順治九年二甲四十名進士。任刑部主事，升郎中。卒於任。

吳愈聖 字用退、梅麓。福建晉江縣人。順治九年二甲四十一名進士。任戶部主事，歷員外郎、戶部郎中，擢禮科給事中，康熙八年充浙江鄉試主考官，以病致仕，年六十五卒。

祖澤闊 漢軍正黃旗。順治九年二甲四十二名進士。十四年任四川達州知州，升郎中，康熙元年官至福建鹽運使。

路遴 江蘇宜興縣人。順治九年二甲四十三名進士。官至直隸永平知府。

呂應鍾 字公俾、浙江餘姚縣人。順治九年二甲四十四名進士。任兵部江南司主事。

俞鐸 字天木，號瞻人。江蘇泰州人。順治九年二甲四十五名進士。選庶吉士，十二年改江南道御史，康熙八年官至直隸口北道。以疾卒於任。

孫養翼 字九萬。河南孟津縣人。順治九年二甲四十六名進士。纍遷刑部郎中，十三年升四川川北道，康熙二年遷湖廣上荊南道，官至按察司僉事。

郭礎 字石公，號橫山。江蘇江都縣人。順治九年二甲四十七名進士。授戶部主事。十六年官至直隸順德府知府。著有《畫法年記》。

周起岐 字文山。江蘇武進縣人。順治九年二甲四十八名進士。纍遷戶部郎中，順治十七年督湖南提學道。

周而淳 字黎同、若公，號古樹。江蘇江寧縣人。順治九年二甲四十九名進士。任戶部主事。

郎廷弼 漢軍鑲黃旗。順治九年二甲五十名進士。官至禮部郎中。

王震生 字去非，號寅東。河南杞縣人。順治九年二甲五十一名進士。授中書舍人，遷戶部主事，升員外郎，官至刑部郎中，康熙八年充福建鄉試主考官。以疾告歸。

解幾貞 字蘭石。陝西韓城縣人。順治九年二甲五十二名進士。任戶部主事、員外郎，康熙十二年充會試同考官，遷戶部郎中。康熙十三年督江南提學道。

祝文震 字稚明。浙江海鹽縣人。順治九年二甲五十三名進士。

任大理寺評事，官至江蘇淮海道，以疾乞歸。

仵　魁　（《陝西通志》作仵劭昕）陝西郃陽縣人。順治九年二甲五十四名進士。任行人司行人。十五年考選浙江道御史。

夏世安　漢軍鑲藍旗。順治九年二甲五十五名進士。九年任山西平定直隸州知州。

藺挺達　字金芝、東岸。河南偃師縣人。順治九年二甲五十六名進士。授行人司行人，官至吏科給事中，順治十六年充會試同考官。著有《存心堂奏疏》。

陳　彩　字叔亮，號美公。廣東順德縣人。順治九年二甲五十七名進士。選庶吉士，授編修。十二年充會試同考官，十三年任江西嶺北道、湖北鹽法道，十八年官至江蘇江陰兵備道。以失察罣議罷歸。著有《鳴笑軒集》。

方開鐸　字生木。福建侯官縣人。順治九年二甲五十八名進士。官至安徽鳳宿兵備道。丁憂歸。卒於家。

錢延宅　（榜名趙延宅）字大士，號咸亭。江蘇常熟縣人。順治九年二甲五十九名進士。授行人，改禮部主事，十五年考選江西道御史，巡視陝西。

李禧熊　字省微。浙江仁和縣人。順治九年二甲六十名進士。任工部主事。

李文熙　字野臣。山東長山縣人。順治九年二甲六十一名進士。授行人司行人，十五年考選四川道御史，歷江西、山西道御史，巡河南鹽課。以疾乞歸。

金　鏡　字陟三。福建閩縣人。順治九年二甲六十二名進士。任主事，升戶部員外郎。康熙三年充會試同考官。官至刑部郎中，康熙五年督浙江提學道。

王　瑞　漢軍鑲黃旗。順治九年二甲六十三名進士。九年任直隸景州知州。

李振鄴　字嵩崔。浙江歸安縣人。順治九年二甲六十四名進士，任大理寺評事，十四年充順天鄉試同考官，因收受給事中陸貽吉、博士蔡元禧、進士項紹芳賄賂被給事中任克溥彈劾，同張我樸等七人被處死。

張我樸　字伯還。浙江嘉善縣人。順治九年二甲六十五名進士。任大理寺評事，十四年充順天鄉試同考官，因收受給事中陸貽吉、博士蔡元禧、進士項紹芳賄賂，被給事中任克溥彈劾，同李振鄴等七人被處死。

湯衍中　字鉉子。湖北孝感縣人。順治九年二甲六十六名進士。任內閣中書舍人。

戎上德　字載立、聿修。浙江鄞縣人。順治九年二甲六十七名進士。遭內外艱，十八年授大理寺評事，升戶部主事、員外郎，康熙八年任山東巡鹽御史，改吏部文選司郎中。十五年充會試同考官，歷鴻臚寺少卿、光祿寺少卿，官至通政使司右參議。因酒後失言歸。

郭濬 字默庵。浙江海寧縣人。順治九年二甲六十八名進士。任行人司行人。

張應桂 字立山、復我。山東膠州人。順治九年二甲六十九名進士。選庶吉士，授編修。順治十二年充會試同考官，遷光祿寺寺丞，以終養歸。

侯于唐 字蓮岳，號廣明。陝西三原縣人。順治九年二甲七十名進士。選庶吉士，未散館，十三年改貴州道御史。

孫期昌 字大受。河南葉縣人。順治九年二甲七十一名進士。纍遷戶部郎中。康熙十四年充江南鄉試主考官，十六年督福建提學道。

蔡元禧 江蘇武進縣人。順治九年二甲七十二名進士。任太常寺博士。

傅世舟 字柱臣。河南嵩縣人。順治九年二甲七十三名進士。任中書科中書，十五年考選福建道御史，康熙六年任兩浙巡鹽御史。

金鉉 字冶公，號赤庵。順天宛平縣人。順治九年二甲七十四名進士。選庶吉士，任編修。十二年充會試同考官，改嶺西道參政，順治十八年授四川按察使遷山西右布政使，康熙五年改江南左布政使，十一年授河南布政使，十六年五月改太常寺卿，十七年遷左副都御史

改督捕侍郎。二十二年三月授福建巡撫，二十五年四月調浙江巡撫。康熙二十八年二月革職。流放奉天。

李鼎玉 河南沈丘縣人。順治九年二甲七十五名進士。任山東濟南府推官，改中書科中書，十五年考選廣東道御史。

邵燈 字無盡，號薪傳。江蘇常熟縣人。順治九年二甲七十六名進士。任內閣中書，升刑部郎中。康熙九年充會試同考官，官至河南河道按察使司僉事。康熙十年（1671）七月十五日卒。著有《河防要略》《天中景行集》《先儒粹記》《中州景行集》《讀書澄懷集》等。

鄭秀 （榜名艾秀，復姓）字信從。江西金溪縣人。順治九年二甲七十七名進士。任刑部主事、刑部郎中，康熙五年充江南鄉試副考官，六年考選福建道御史，遷給事中，九年河南河南道，十一年官至湖南衡永郴桂道。

第三甲三百一十七名

徐越 字山琢，號存庵。江蘇山陽縣人。明萬曆四十八年（1620）生。順治九年三甲第一名進士。授行人，十五年考選浙江道御史，康熙元年任山西巡鹽御史，遷兵部督捕理事官，引疾歸。康熙二十六年（1687）十月卒，年六十八。

張允欽 （一作周允欽，復姓）字宗堯、臣若。江蘇長洲縣人。順

治九年三甲第二名進士。授太常寺博士，遷工部主事，任侍讀，康熙五年充順天鄉試主考官。以罣誤去官。

馮　標　字右文，號蒼心。江蘇金壇縣人。順治九年三甲第三名進士。授行人，改兵部主事，升禮部員外郎，官至戶部郎中，康熙六年督廣東提學道。差滿告歸。卒年六十五。

張瑞徵　字卿旦，號華升。山東萊陽縣人。順治九年三甲第四名進士。選庶吉士，授檢討。遷中允，順治十四年充浙江鄉試主考官，十六年官至河南南汝光道。工書畫，有名。

羅光眾　字天英。江西新建縣人。順治九年三甲第五名進士。任工部主事，大理寺評事，順治十四年充四川鄉試副考官。

徐來清　字頌穆。江蘇江陰縣人。順治九年三甲第六名進士。任主事，上任三月，父、母、兄相繼喪。哀毀卒。

夏安運　字雨瞻。江西德化縣人。順治九年三甲第七名進士。任吏部考工司員外郎，順治十七年充河南鄉試主考官。

劉必顯　字微之，號西永。山東諸城縣人。順治九年三甲第八名進士。任行人，改戶部河南司主事，官至廣西司員外郎。辭歸。

徐上扶　浙江鄞縣人。順治九年三甲第九名進士。工部觀政，任

國子監博士。

吳　閶　江蘇武進縣人。順治九年三甲第十名進士。任行人司行人。

劉大謨　字孔緒。直隸滄州人。順治九年三甲十一名進士。十年任河南光州知州，纍遷吏科給事中（一作工科給事中），順治十七年充福建鄉試副考官。以疾卒。

嚴自泰　字去驕。福建龍溪縣人。順治九年三甲第十二名進士。十一年安徽亳州知州，十二年官至河南汝寧府通判，致仕歸。耿精忠授職不屈。

韓　魏　字又公，號海湄。山東膠州人。順治九年三甲十三名進士。十一年任甘肅寧州知州，十六年任湖南永州府通判，官至桂陽直隸州知州。有《海湄遺詩》。

王　羽　字稚升。浙江海寧縣人。順治九年三甲十四名進士。十年任直隸滄州知州。

魏邦哲　湖北黃岡縣人。順治九年三甲十五名進士。官至禮部員外郎。

師　佐　字靖公。河南永寧人。順治九年三甲十六名進士。十二年任通州知州，康熙二年任福建福寧府同知，遷江蘇蘇州府管糧同知。以病卒於任。

劉澤溥　陝西華州人。順治九年三甲十七名進士。任安徽亳州知州。

黃雲蒸　字大喬。福建惠安縣

人。順治九年三甲十八名進士。任陝西隴州知州，在任十年，擢員外郎。未任卒。

陳子達 字念黎，號仲兼。福建閩縣人。順治九年三甲十九名進士。選庶吉士，授檢討。纍遷至湖北武昌道，改廣東威茂道，康熙三年授陝西按察使，七年改甘肅按察使，康熙八年去職。

張　標 浙江海寧縣人。順治九年三甲二十名進士（明崇禎十六年進士，順治九年補殿試）。十年任河南許州知州。

齊贊宸 字振乾。漢軍正黃旗。順治九年三甲二十一名進士。九年任江西永寧知縣，康熙十八年改江西廣豐知縣。

耿應張 字觀宸。河南襄城縣人。順治九年三甲二十二名進士。授湖北荊州府推官，擢吏部主事，官至廣東道御史。著有《雪堂集》。

張正志 湖北蘄州人。順治八年舉人。九年三甲二十三名進士。任河南衛輝府推官。

周仲球 江蘇宜興縣人。順治九年三甲二十四名進士。九年任浙江寧波府推官。

楊士斌 順天通州人。順治九年三甲二十五名進士。選庶吉士，十一年官至江南道御史。

閭允穀 安徽巢縣人。順治九年三甲二十六名進士。任甘肅慶陽府推官。

張蚩聲 山東濱州人。順治九年三甲二十七名進士。任工部主事。

雷振聲 陝西韓城縣人。順治九年三甲二十八名進士。順治九年任安徽廬州府推官。

史承謨 字文仲。江蘇金壇縣人。順治九年三甲二十九名進士。任浙江紹興府推官。

為順治六年進士史弘謨弟。

方希賢 順天宛平縣人，原籍浙江山陰。明崇禎元年（1628）生。順治九年三甲三十名進士。十一年任浙江杭州府推官。

李　煥 字有章。安徽宣城縣人。順治九年三甲三十一名進士。任浙江湖州府推官。康熙二年因"明史案"文字獄，被處死。

洪　琮 字瑞玉，號穀一。安徽歙縣人。順治九年三甲三十二名進士。任廣東韶州推官，康熙二年充廣東鄉試副考官，纍遷禮部郎中，十二年督陝西提學道。母老歸養，終年六十一。

程　邑 字幼宏、翼倉。江蘇上元縣人。順治九年三甲三十三名進士。選庶吉士，十三年改任蘇州府教授，康熙二年官至國子監助教。纂修國史。

徐　經 江蘇武進縣人。順治九年三甲三十四名進士。任山東濟南府推官。十八年改湖南寧遠知縣，康熙十五年官至甘肅隴右道。

郝惟訓 順天霸州人。順治九年三甲三十五名進士。十年任安徽徽州府推官，擢御史。

王鴳　字晉劉。浙江秀水縣人。順治九年三甲三十六名進士。選庶吉士，授檢討。順治十三年提督河南學政。以勞卒於任。著有《分霞亭集》。

施維翰　字及甫，號研山。江蘇華亭縣人。明天啓二年（1622）生。順治九年三甲三十七名進士。歷任江西臨江推官，改兵部主事，十五年考選山東道御史，康熙六年山西巡鹽御史，遷鴻臚寺少卿。康熙十八年授太僕寺卿改宗人府府丞，遷左副都御史調山東巡撫，二十一年遷浙江總督。二十二年十二月改福建總督未任，二十三年（1684）四月卒，年六十三。謚“清惠”。

高坪　字在衡、握之。山東淄川縣人。順治九年三甲三十八名進士。授直隸廣平府推官，十五年行取貴州道御史，康熙三年山西巡鹽御史，七年掌河南道御史。以病歸，康熙十年（1671）卒。著有《遺言贅語》。

楊于先　字野谷。福建晉江縣人。順治九年三甲三十九名進士。任湖南衡陽推官，十六年改常德府推官。

周龍甲　字霖公，號天飛。江蘇山陽縣人。順治九年三甲四十名進士。十年授安陸府推官，纍遷戶部郎中，康熙五年十二月督山東提學道，任滿晉京卿。卒於途。

許重華　字松牖。漢軍正白旗。順治九年三甲四十一名進士。九年任江蘇山陽知縣，十五年改廣西懷集知縣，遷直隸冀州知州，擢甘肅臨洮知府，康熙九年官至浙江溫處道。

吳琪滋　江蘇武進縣人。順治九年三甲四十二名進士。任福建延平府推官，康熙九年遷湖北光化知縣。

趙曰冕　字章袞。江西新建縣人。順治九年三甲四十三名進士。選庶吉士，任吏、禮二部主事，順治十四年纍遷至福建漳南道，十六年改廣西蒼梧道，轉桂平道。康熙三年授江蘇按察使，七年調湖北按察使，十年罷職。三十三年起任甘肅隴右道。以年老乞歸。

陳適度　山西猗氏縣人。順治九年三甲四十四名進士。任江蘇江寧府推官，改福建邵武府推官，康熙年任山東鄒平縣縣丞。歸後二十餘年布衣素食，不知其爲先生。著有《審錄》八冊。

傅感丁　字雨臣，號約齋。浙江仁和縣人，秀水籍。順治九年三甲四十五名進士。任湖北德安府推官，康熙七年纍遷山西巡鹽御史，遷刑科給事中，二十一年充會試同考官，二十六年授太常寺卿，官至通政使。康熙二十七年母喪歸。

何澄　字涎登。直隸正定縣人。順治九年三甲四十六名進士。任廣東瓊州府推官，卓異升吏、刑、工三科給事中。康熙二年充福建鄉試副考官，官至四川川北道。告歸，卒於家。

周明新　字菊人。浙江象山縣人。順治九年三甲四十七名進士。授甘肅平涼府推官，升刑部主事，遷員外郎，任工科給事中。順治十七年充江西鄉試副考官，內升京堂。以假歸。

張星瑞　字玉符。江蘇武進縣人。順治九年三甲四十八名進士。授金華府推官，行取刑部主事，遷刑部員外郎。歸里後杜門讀書，工詩文。

鄭欽陞　河南息縣人。順治九年三甲四十九名進士。十一年任廣東惠州府推官。

劉毓桂　字秋士、官培。山東壽光縣人。順治九年三甲五十名進士。授江蘇揚州府推官，以罣誤歸。

弟劉胤桂，順治十二年進士。

彭　翂　陝西真寧（今甘肅）人。順治五年舉人，九年三甲五十一名進士。十年任山西平陽府推官。

李上林　河南商丘縣人。順治九年三甲五十二名進士。授江寧府推官。

閻毓偉　字翼望。山西徐溝縣縣人。順治九年三甲五十三名進士。授江西吉安府推官，升吏部主事，文選司員外郎，康熙五年充陝西鄉試副考官，官至刑部四川司郎中。致仕歸。

龔必第　字天階。福建晉江縣人。順治九年三甲五十四名進士。選庶吉士，授檢討。以國書不純，改江西南昌府推官。

王元衡　陝西臨潼縣人。順治九年三甲五十五名進士。十年任福建漳州府推官，改河南新安知縣。

龔廷歷　字玉臣，號震西。江蘇武進縣人。順治九年三甲五十六名進士。任浙江湖州府推官，因與上官不合割喉自盡，未卒，罷歸。著有《稽古訂訛》。

孫仁溶　江蘇無錫縣人。順治九年三甲五十七名進士。十二年任江西南安府推官。

薛　澐　字子大，號弱園。福建侯官縣人。順治九年三甲五十八名進士。選庶吉士，授檢討。順治十四年充湖廣鄉試主考官，纍遷廣西右江道，十八年官至山東登萊青道、布政使參議，兼按察副使。

張迎襖　江蘇無錫縣人。順治九年三甲五十九名進士。任湖北武昌府推官。

徐騰暉　字禹度。江蘇武進縣人。順治九年三甲六十名進士。授江西贛州府推官，改任福建福州府推官。

祖述堯　漢軍正白旗。順治九年三甲六十一名進士。

吳雯清　（初名吳玄石）字方漣，號漁山。浙江仁和縣人。順治九年三甲六十二名進士。任廣西潯州府推官，康熙元年行取江南道御史。降國子監助教，歸。後起升行人司司副，卒。著有《潯吟星槎草》《紀游草》《雪嘯軒集》。

許啓源　江蘇華亭縣人。順治

九年三甲六十三名進士。

張翼舒 直隸河間縣人。順治九年三甲六十四名進士。任推官。

胡文學 字道南，號卜言。浙江鄞縣人。順治九年三甲六十五名進士。任直隸正定府推官，以卓異十五年行取福建道御史，十八年巡視兩淮鹽政，後任河道御史，官至太僕寺少卿。以病乞歸。著有《適可軒文集》《敬義堂文集》。

尹從王 字含美、約齋，號憲甫。山東樂安縣人，原籍直隸棗強。順治九年三甲六十六名進士。授浙江嘉興府推官，十九年補山西芮城知縣，遷雲南彌勒州知州，未任而卒。著有《學圃集》五卷。

吳浤 江蘇無錫縣人。順治九年三甲六十七名進士。十三年任河南汝寧府推官。

沈貞亨 字仲嘉。浙江海寧縣人。順治九年三甲六十八名進士。十三年任山西平陽府推官，補甘肅臨洮知縣，遷四川夔州知州，康熙十年官至山西汾州府知府。以病卒。

呂祖望 字培址。直隸滄州人。順治九年三甲六十九名進士。選庶吉士，十一年改陝西道御史，官至鴻臚寺少卿。

鍾琇 字青岩。湖廣黃安縣人。順治八年舉人，九年三甲七十名進士。十二年任江西袁州府推官，纍遷戶部郎中，康熙五年充江西鄉試主考官，六年官至陝西漢中知府，忤上官歸。著有《心遠堂集》。

蕭震 字長源。福建侯官縣人。順治九年三甲七十一名進士。任直隸順德府推官，十五年行取湖廣道御史，改山西道監察御史，丁父憂回籍。康熙十三年耿精忠反清，蕭震與張瑞午、高天爵等密謀討之，三月事泄遇害。此事四十年後雍正六年方白。追封恩騎尉世職。

方猶 字壯其，號月江。浙江遂安縣籍，四川人。順治九年三甲七十二名進士。選庶吉士，授檢討，遷侍講。順治十四年充江南鄉試主考官。後因鄉試案弊端，同十八名同考官全部被處死。

劉翊聖 山西介休縣人。順治九年三甲七十三名進士。任新安知縣。

張可前 字箸漢。湖北江陵縣人。順治九年三甲七十四名進士。授江西瑞州府推官，擢吏部主事，升吏部郎中。康熙十二年充會試同考官，遷左通政使，康熙二十年授太僕寺卿，二十三年改太常寺卿，遷左副御史，二十四年調刑部侍郎，改兵部侍郎。二十八年葬假歸。

張昑 山西夏縣人。順治九年三甲七十五名進士。任浙江台州府推官，康熙元年改廣東肇慶府推官。

張輔 江蘇嘉定縣人。順治九年三甲七十六名進士。任甘肅鞏昌府推官。

史彪古 字煥章。江西鄱陽縣人。順治九年三甲七十七名進士。

選庶吉士，改刑科給事中，順治十四年充浙江副考官，擢京卿。歸卒。

蘇汝霖 字鶴洲、潤生。安徽石埭縣人。順治九年三甲七十八名進士。十三年任浙江寧波府推官，擢刑部主事、戶部郎中。康熙十二年督廣西提學道，兼蒼梧兵備道，署布政使。卒於任。

孫錫齡 字遵仰。山西絳州人。順治九年三甲七十九名進士。任直隸河間府推官，十五年行取陝西道御史，康熙五年任山東巡鹽御史，掌京畿道御史。升鴻臚寺少卿，改光祿寺少卿，官至通政司參議。以胃病乞休，歸後卒。

蔡爾烷 字邦璧。福建漳浦縣人。順治九年三甲八十名進士。任山東東昌府推官，忤上官，謝病歸卒。

閻天佑 漢軍正藍旗。順治九年三甲八十一名進士。任安徽青陽知縣。

孫魯 字孝若，號沂水。江蘇常熟縣人。順治九年三甲八十二名進士。十三年任浙江衢州府推官，升廣東高州府同知，補紹興府同知，康熙十二年官至山西大同府知府。乞終養歸。母卒，逾年亦卒。

閻玫 直隸正定縣人。順治九年三甲八十三名進士。十四年任廣西梧州府推官，遷戶部主事，官至刑部陝西司郎中。

沈一澄 字雪龕。河南商城縣人。順治九年三甲八十四名進士。

任內閣中書，康熙五年充雲南鄉試副考官，官至行人司行人。

王馨穀 直隸新城縣人。順治九年三甲八十五名進士。任甘肅慶陽府推官，十四年升慶陽府同知，康熙六年改山西汾州府同知。

錢捷 字月三，號陶雲。浙江錢塘籍，象山縣人。順治九年三甲八十六名進士。任湖南岳州府推官，纍遷禮部員外郎，康熙十七年充廣東鄉試正考官，遷刑部郎中。二十年督貴州提學道，官至江蘇糧道。卒年八十六。

沈志彬 字文宜。安徽無爲縣人。順治九年三甲八十七名進士。任江西臨江府推官。以省親卒於家。著有《燕台游草》。

鄭蘊弘 （榜名鄭蘊宏）字雨隨。浙江桐鄉縣人。順治九年三甲八十八名進士。任湖南辰州府推官，十四年改寶慶府推官，遷內閣中書。

王國楨 字鼎九。山東齊河縣人。順治九年三甲八十九名進士。十三年授江蘇鎮江府推官。卒於任。

王仕雲 字望如，號過客。江蘇江寧縣人。順治九年三甲九十名進士。任浙江衢州府推官，改烏程知縣，康熙五年改湖南衡州府推官，康熙十六年任廣東平遠知縣，晉刑部主事，官至廣東潮州府知府。

劉士龍 字宓城。河南睢州人。順治九年三甲九十一名進士。任工部員外郎，康熙十四年充山西鄉試副考官。

陈可畏　字伯闻。顺天大兴县人，原籍浙江诸暨。顺治九年三甲九十二名进士。任广东广信府推官，擢吏部稽勋司主事，考工司员外郎，升郎中。康熙六年考选广东道御史，十年任两淮巡盐御史，掌京畿道御史，卒于京。著有《思补堂集》十卷、《西台疏草》十卷、《三山放言》八卷。

贺　宽　字瞻度，号拓庵、岑居。江苏丹阳县人。顺治九年三甲九十三名进士。十三年任广东潮州府推官，官至大理寺评事，以母老告归。主讲"紫阳书院"。著有《响册斋集》《饮骚》《响册斋词稿》《华岁录》《万姓考》《左国史合钞》。

余国柱　字佺庐（一作两石）。湖北大冶县人。顺治九年三甲九十四名进士。任四川推官、行人司行人、户部主事、户科给事中。康熙二十年授都察院左副都御史改江宁巡抚。二十三年迁左都御史，九月改户部尚书，二十六年二月授武英殿大学士。因与明珠结党营私，有"余秦桧"之称，二十七年二月革职回籍。卒于家中。

汪可准　字悬标，号伟岸。安徽芜湖县人。顺治九年三甲九十五名进士。十六年任湖南永州府推官，改内阁中书。康熙八年卒于任。

宋之儒　字二尹。江苏江都县人。顺治九年三甲九十六名进士。任户部主事，出任河南卫辉府推官，行取户部主事，康熙元年任江西九

江关监督，转云南驿传盐法道。康熙十三年三藩作乱，卒于道署。

束存敬　字心一。河南项城县人。顺治九年三甲九十七名进士。任直隶广平府推官，擢吏部主事。

陈其美　字公彦。湖北当阳县人。顺治九年三甲九十八名进士。十三年任浙江处州府推官，年五十五卒于任。

叶先登　字岸伯、昊庵。福建长泰县人。顺治九年三甲九十九名进士。选庶吉士，授检讨。十六年擢甘肃凉莊道，官至山西冀宁道，康熙元年因故左迁山东青州府通判。解组归。卒年九十。

李延榘　江苏华亭县人。顺治九年三甲一百名进士。任广西南宁府推官，以奏销案降县丞。

习全史　字继迁。汉军镶蓝旗（陕西同官人）。顺治九年三甲一百零一名进士。九年任安徽泾县知县，十八年任四川内江知县，在任七年丁忧归。康熙八年改河南顷城知县，十二年任杭州府同知，以解军饷至衢州。劳瘁卒。

狄宗哲　字鲁修。河南鹿邑县人。顺治九年三甲一百零二名进士。十五年任江西建昌府推官，迁兵部车驾司主事。

张　灏　字巨津、元若。江苏丹阳县人。顺治九年三甲一百零三名进士。任内阁中书，顺治十七年充云南乡试副考官。

叶正蓁　安徽全椒县人。顺治

九年三甲一百零四名進士。任戶部主事,康熙四年官至江西南昌府同知。

郭棻 字芝仙,號快庵、快圃。直隸清苑縣人。順治九年三甲一百零五名進士。選庶吉士,授檢討。升贊善,忤權貴左遷山西按察司僉事,遷大理寺副,復授編修,康熙十一年充河南鄉試正考官,遷侍講學士,康熙二十四年授詹事,二十五年遷內閣學士。二十六年革。以病乞歸。郭棻文詞美贍,書法妙絕,著有《學源堂文集》十九卷、《詩集》十卷、《詩經膚衍講義》等。

孫啟後 直隸永年縣人。順治九年三甲一百零六名進士。

張含輝 字韞嶙,號瀾柱。山東掖縣人。順治九年三甲一百零七名進士。十三年任河南河南府推官,纍遷吏部郎中,康熙八年督四川提學道,十八年舉鴻博未中。工詩詞。著有《東山吟蜀草》。

蘇汝霖 字潤生。江西金溪縣人。順治九年三甲一百零八名進士。任山西潞安府推官,康熙三年擢浙江金華府同知,以執法忤上官,乞歸。耿精忠叛清後被執,遇害。

謝九官 字小相。江西永寧縣人。順治九年三甲一百零九名進士。任江蘇松江府推官。

竇可權 字雲明。河南河內縣人。順治九年三甲一百十名進士。任山西汾州府推官,康熙十年改江蘇溧陽知縣,升禮部主客司主事。

王錫琯 字又典、玉叔。浙江永嘉縣人。順治九年三甲一百十一名進士。任福建漳州府推官,十三年改江蘇鎮江府推官,裁缺改江蘇溧陽知縣,升禮部主客司主事。歸卒。

李其蔚 福建晉江縣人。順治九年三甲一百十二名進士。十五年任山西汾州府推官。

劉執中 湖北襄陽縣人。順治三年舉人。九年三甲一百十三名進士。任浙江紹興府推官。

盧鑄鼎 山東禹城縣人。順治九年三甲一百十四名進士。任山東泰安府推官,十四年改淮安府推官。

劉渾孫 湖北景陵縣人。順治八年舉人。九年三甲一百十五名進士。任直隸永平府推官。

曹同統 字能紹。安徽巢縣人。順治九年三甲一百十六名進士。授河南懷慶府推官,轉廣東瓊州同知,官至山東東昌府同知。

徐元吉 浙江歸安縣人。順治九年三甲一百十七名進士。任廣西南寧府推官,改陝西臨洮府推官。

余恂 字孺子,號岫雲。浙江龍游縣人。順治九年三甲一百十八名進士。選庶吉士,授檢討。改左諭德,順治十四年充福建主考官,事竣歸里,年僅三十三固辭乞歸。家居二十年,五十二卒。著有《敦素堂文集》十卷、《燕吟南蓬詩草》《止庵手鈔》十二卷。

吳晉剡 江蘇宜興縣人。順治

九年三甲一百十九名進士。任廣東廉州府推官。

鄭興曲 字夢星。浙江臨安縣人。順治九年三甲一百二十名進士。任直隸保定府推官，官至吏部員外郎。

劉景榮 漢軍正白旗。順治九年三甲一百二十一名進士。康熙元年纍遷河南汝南道，十三年官至湖北鹽驛道。

許紹芳 江蘇宜興縣人。順治九年三甲一百二十二名進士。任直隸肅寧知縣，官至廣東布政使司參議。

何絋度 字迹潘，號石湖。浙江臨海縣人。順治九年三甲一百二十三名進士。十一年授山西臨晉知縣，以事罷歸，卒年七十七。著有《四書講義》《心齋四逸篇》。

錢開宗 字繩庵，號亢子。浙江仁和縣人。順治九年三甲一百二十四名進士。選庶吉士，授檢討。順治十四年充江南鄉試副考官，歷官至贊善，後因涉賄，十五年被殺，籍没家産。

朱龍光 山東長山縣人。順治九年三甲一百二十五名進士。任安徽涇縣知縣。

張國杞 山東武城縣人。順治九年三甲一百二十六名進士。任直隸肅寧知縣。

張 曖 字筠史。直隸趙州人。順治九年三甲一百二十七名進士。九年任江蘇興化知縣，十四年改江西清江知縣，擢廣西思恩府同知。著有《琢玉紀》《思允錄》。

羅漢章 字公倬。江蘇丹徒縣人。順治九年三甲一百二十八名進士。任浙江淳安知縣。

韓 望 字儼公、儼然。陝西涇陽縣人。順治九年三甲一百二十九名進士。任直隸樂亭知縣，改湖北監利知縣，擢户部福建司主事，康熙九年充會試同考官，官至户部郎中。

錢天心 江西清江縣人。順治九年三甲一百三十名進士。十年任福建大田知縣。

朱之焜 字岱瞻。江蘇高郵州人。順治九年三甲一百三十一名進士。十一年任直隸寧晉知縣，十六年改福建武平知縣。

黃中實 湖北黃岡縣人。順治五年舉人，任湖北應城縣教諭。九年三甲一百三十二名進士。十年任江西吉水知縣，改行人司行人，康熙元年調直隸威縣知縣。

耿 介 （原名耿沖壁）字介石，號憶庵，又作逸庵，齋名敬怒堂。河南登封縣人。明天啓三年（1623）閏十月初三日生。順治九年三甲一百三十三名進士。選庶吉士，授檢討。出爲福建巡海道，康熙元年轉江西湖東道，五年改直隸大順廣道，改侍講學士。二十五年工部尚書湯斌舉薦授少詹事，湯斌被劾，引疾乞休，以道員致仕。曾主講"嵩陽書院"。康熙三十二年

（1693）二月十六日卒，年七十一。著有《理學正義》《性理要旨》《中州道學編》《孝經易知》《敬恕堂存稿》。

邵光胤　字葵三。浙江富陽縣人。順治九年三甲一百三十四名進士。任河南息縣知縣。

楊演　字次義。江蘇興化縣人。順治九年三甲一百三十五名進士。十一年授湖南邵陽知縣，卒於任。

魏墀　陝西蒲城縣人。順治九年三甲一百三十六名進士。十年任浙江昌化知縣。

黃居中　福建龍溪縣人。順治九年三甲一百三十七名進士。九年任甘肅靈臺知縣，十五年重修縣志。

陸光旭　字始旦，號鶴田、屈亭。浙江平湖縣人。順治九年三甲一百三十八名進士。任直隸保定知縣，在任八年進陝西道御史，康熙元年遷山西冀寧道，官至江蘇江安糧儲道。著有《屈亭遺稿》。

詹惟聖　字乃庸，號尼庵。浙江建德縣人。順治九年三甲一百三十九名進士。任山東德平知縣，十七年任湖南江華知縣，遷刑部主事、員外郎，康熙十一年充江南鄉試主考官，官至戶部郎中，康熙十七年督江西提學道。病歸，卒。

子詹嗣錄，康熙四十二年進士。

崔誼之　字子明，號老山。山東平度州人。順治九年三甲一百四十名進士。十一年任河南新野知縣，

康熙十年官至直隸通永道。

張希顏　字又淵。漢軍正藍旗（山東曹縣人）。順治九年三甲一百四十一名進士。十年任直隸雄縣知縣。以病去。

熊儕鶴　字仰庵。江西豐城縣人。順治九年三甲一百四十二名進士。選庶吉士，十一年改湖廣道御史。

劉之驥　山東章丘縣人。順治九年三甲一百四十三名進士。十年任河南商丘知縣，行取刑部陝西司主事。

張基　江蘇上元縣人。順治九年三甲一百四十四名進士。任陝西石泉知縣。

郭瑄第　字丙奏。福建南安縣人。順治九年三甲一百四十五名進士。任河南氾水知縣。

李煊　河南延津縣人。順治九年三甲一百四十六名進士。纍遷戶郎郎中，遷雲南迤西道，康熙十一年官至山東兗沂道。

周季琬　字禹卿，號文夏。江蘇宜興縣人。順治九年三甲一百四十七名進士。選庶吉士，未散館，十三年改福建道御史，補浙江道御史，官至湖廣巡按史。著有《夢墨軒集》《致遠堂文集》。

陸鳴時　字繡文。江蘇上元縣人。順治九年三甲一百四十八名進士。任行人，改內閣中書。

孫如林　直隸灤州人。順治九年三甲一百四十九名進士。九年任

一〇〇

河南祥符知縣。

朱綬 字元玉。湖北孝感縣人。順治八年舉人，九年三甲一百五十名進士。任陝西膚施知縣。

余緒 字仲紳，號浣公。浙江諸暨縣人。明萬曆四十五年（1617）五月初十日生。順治九年三甲一百五十一名進士。十一年任河南封丘知縣，行取山西道御史，改山東巡鹽御史，官至河南道御史。以卜葬假歸。康熙二十八年十一月二十六日（1690年1月）卒，年七十三。著有《大觀堂集》。

孫如周 字次公。山東壽光縣人。順治九年三甲一百五十二名進士。任甘肅會寧知縣。

許侃 字清甫。福建仙游縣人。順治九年三甲一百五十三名進士。十四年任直隸邯鄲知縣。

宋之顯 字蘊生。江蘇江陰縣人。順治九年三甲一百五十四名進士。任山東平原知縣。

蕭綦隆 字崧如。山東嘉祥縣人。順治九年三甲一百五十五名進士。

尚九遷 字非素。山東掖縣人。順治九年三甲一百五十六名進士。由知縣擢兵科給事中。遇事敢言不避權貴。卒於任。

崔之瑛 字仰庵。順天霸州人。順治九年三甲一百五十七名進士。選庶吉士，授檢討。擢陝西漢羌道、口北道參政，順治十七年授雲南按察使，康熙元年遷雲南右布政使，

六年改布政使。十二年三藩亂，降吳三桂。三藩平定後被處死。

王紀 字若朴，號子魯。山西沁水縣人。順治九年三甲一百五十八名進士。選庶吉士，改禮科給事中，十四年任陝西隴西道，改江南蘇松兵備道，十八年任山東濟南道。乞終養歸。卒年五十二。

王建樞 字維辰。山東益都縣人。九年三甲一百五十九名進士。十一年任安徽五河縣知縣。

徐昇 字出谷。湖北孝感縣人。順治九年三甲一百六十名進士。十年任河南長葛知縣。

齊贊樞 字御乾。漢軍正黃旗（直隸高陽）人。順治九年三甲一百六十一名進士。十年任山東陵縣知縣，遷直隸定州知州，十七年任福建漳州知府。

彭聖培 福建莆田縣人。順治九年三甲一百六十二名進士。任陝西中部知縣。

魏開禧 字公錫，號弁蒼。浙江長興縣人。順治九年三甲一百六十三名進士。十年任直隸大名知縣，改直隸魏縣知縣。

張定憲 字居翰。江蘇宜興縣人。順治九年三甲一百六十四名進士。十年任順天府順義知縣。

陳有虞 字嗣韶。陝西富平縣人。順治九年三甲一百六十五名進士。十一年授福建仙游知縣，十二年鄭成功攻城，久攻不下，後潛埋火炮於城下，炮發城毀，陳有虞力

戰陣亡。

毛柄 湖北廣濟縣人。順治三年舉人。九年三甲一百六十六名進士。十三年任浙江龍泉知縣，康熙五年任福建沙縣知縣。

湯斌 字孔伯、荊峴，號潛庵。河南睢陽衛人。明天啓七年十月二十日（1628年1月）生。順治九年三甲一百六十七名進士。選庶吉士，任檢討。纍遷江西嶺北道，以父老乞養歸。康熙十七年召試博學鴻詞一等，授翰林院侍講，二十年任日講官又充經筵講官，任《明史》總裁官，遷左庶子，二十三年超擢內閣學士改江寧巡撫，二十六年（1687）授工部尚書。十月十一日卒。雍正十年十月入祀賢良祠。乾隆元年正月追謚"文正"。道光三年從祀文廟。著有《洛學篇》《睢州志》《湯子遺書》《潛庵語錄》等。

孫湯之旭，康熙四十五年進士，官直隸霸昌道。

岳鐘淑 字華山、天陶。江蘇武進縣人。順治九年三甲一百六十八名進士。授浙江仁和知縣，丁憂。十五年補福建永定知縣，遷吏部員外郎，康熙六年充會試同考官。以病歸。

范顯祖 江西豐城縣人。順治九年三甲一百六十九名進士。任兵部主事。

王坤 字檠叟。江西金溪縣人。順治九年三甲一百七十名進士。十年任直隸元氏知縣，升戶部主事，升員外郎，官至郎中。給假葬親，遂不出。

鄭羽侯 字台畏。福建閩縣人。順治九年三甲一百七十一名進士。十一年任河南項城知縣。

張槽 字蓋世、範濱。山東長山縣人。順治九年三甲一百七十二名進士。十一年任安徽繁昌知縣。

黃樞臣 字君略。江蘇吳縣人。順治九年三甲一百七十三名進士。一作選庶吉士。

蔡嘉禎 字芝生。江蘇金壇縣人。順治九年三甲一百七十四名進士。十年任江西鄱舊知縣，十六年調廣東臨高知縣，官至太常寺博士。

賈曾 字子唯、湛渠。江蘇吳縣人。順治九年三甲一百七十五名進士。十二年任浙江秀水知縣。望誤罷官去。

楊永寧 字地一，號起齋。山西聞喜縣人。順治九年三甲一百七十六名進士。選庶吉士，授檢討。任國子監司業，十五年充會試同考官，歷國子監祭酒、國史院侍讀學士。康熙六年授光祿寺卿，九年改太常寺卿、宗人府丞。十年遷左副都御史，改兵部侍郎。十八年調吏部侍郎。康熙二十一年（1682）四月卒。

陳維國 字大冶。湖南武陵縣人。順治九年三甲一百七十七名進士。任山東陽信縣知縣。解任歸。卒年八十八。

趙雲龍 陝西雒南縣人。順治

九年三甲一百七十八名進士。任知縣。

婁聚玄 河南河內縣人。順治九年三甲一百七十九名進士。任浙江桐鄉知縣。

戴祚昇 字曙海。山東平度州人。順治九年三甲一百八十名進士。任浙江臨安知縣，莅任四載忤上官，降兩淮鹽運司經歷。

丁思孔 字景行，號泰岩。漢軍鑲黃旗。明崇禎七年（1634）八月初六日生。順治九年三甲一百八十一名進士。選庶吉士，授檢討。纍遷河南開封府同知，十八年遷陝西漢羌道，改直隸通薊道，康熙十四年授安徽按察使遷湖北布政使，二十二年遷偏沅巡撫，二十七年九月授湖廣總督，三十三年四月改雲貴總督。同年（1694）八月十五日卒。年六十一。

葛維屏 （本姓諸葛）字子建。江蘇金壇縣人。順治九年三甲一百八十二名進士。任安徽鳳陽府教授，康熙五年升河南儀封知縣。

趙介 字于石，號岸鳧。山西高平縣人。順治九年三甲一百八十三名進士。十年任江蘇金壇知縣。以罣誤去官歸。

譚弘憲 字慎伯。順天大興縣人。順治九年三甲一百八十四名進士。十年任河南新蔡知縣，纍遷戶部郎中，康熙十八年充會試同考官，二十年任湖南衡州知府，官至山東鹽運司運同。

查培繼 字王望，號勉齋。浙江海鹽縣人。順治九年三甲一百八十五名進士。十二年任廣東東莞知縣，擢刑部主事，遷戶、刑科給事中，康熙六年充會試同考官，官至江西饒九南道。致仕歸。

史泰 字扶九。江蘇溧陽縣人。順治九年三甲一百八十六名進士。十年授山西徐溝知縣，謫福建副理問。

陸壽名 字處實，號芝庭。江蘇長洲縣人。順治九年三甲一百八十七名進士。任安徽寧國府教授。丁憂歸，遂不出。著有《鳳鳴集》《詩稿》，輯《太平廣記》八卷。

張晉 字康侯，號戒庵。陝西狄道縣人。順治九年三甲一百八十八名進士。十二年任江蘇丹徒知縣。以罣誤入獄，卒時年三十一。著有《康侯詩草》《琵琶十七變》。

韋一鶴 字習仙，號惕庵。安徽蕪湖縣人。順治九年三甲一百八十九名進士。授浙江麗水知縣，在任五載，以勤勞卒於官。

龔榮遇 字素若，號適交。湖北監利縣人。順治九年三甲一百九十名進士。任陝西府谷知縣，遷行人司行人，纍遷刑部郎中，康熙十年遷甘肅平涼知府，遷西寧僉事，官至甘肅固原副使。

牛君藩 河南林縣人。順治九年三甲一百九十一名進士。十二年任湖北南漳知縣。

戴治盛 字際隆。湖北江夏縣

人。順治九年三甲一百九十二名進士。十年任安徽霍丘知縣，告休歸。

張先基 字開有，號鞠庵。湖北廣濟縣人。順治三年舉人。九年三甲一百九十三名進士。任直隸棗強縣知縣。坐逃人事落職歸。

李奇生 字梅陰。湖北漢陽縣人。順治八年湖北鄉試解元，九年三甲一百九十四名進士。十年任福建南靖知縣。

萬物育 江蘇高郵人。順治九年三甲一百九十五名進士。十一年任江西豐新知縣。

秦樂德 陝西三原縣人。順治九年三甲一百九十六名進士。十年任山西垣曲知縣。

劉祚長 山西清源縣人。順治九年三甲一百九十七名進士。十三年任湖北宜城知縣，行取戶部主事，監察通州倉務，升山東北河道。

呂奏韶 字堯門。陝西三原縣人。順治九年三甲一百九十八名進士。十年任福建將樂知縣。

單國玉 字孝執。江西臨川縣人。順治九年三甲一百九十九名進士。授陝西米脂知縣，擢慶陽同知，父憂未任。十六年補山東萊州府同知，康熙二年官至浙江紹興府知府，以前任逃遁左遷江蘇太倉知州。以疾歸。

于鴻漸 字杜若。直隸安肅縣人。順治九年三甲第二百名進士。十一年任湖南醴陵知縣。

陳永命 漢軍鑲黃旗。順治九年三甲二百零一名進士。選庶吉士，授檢討。官至陝西同州知府、浙江湖州知府。康熙二年因"明史案"文字獄，被處死。

王延閣 陝西三原縣人。順治九年三甲二百零二名進士。十一年任福建順昌知縣。

馮源 山東高密縣人。順治九年三甲二百零三名進士。九年任順天府密雲知縣，改沙河知縣，康熙元年官至行人司行人。

王奪標 字赤誠。山東單縣人。順治九年三甲二百零四名進士。十年任河南鎮平知縣，因囚犯越獄降調，丁母憂歸。補湖北蘄州州判，代理安陸知縣。丁父憂歸，卒於家。長於詩、古文詞。著有《南疑詩文》《染翰堂稿》行世。

張翼 字燕及。浙江鄞縣人。順治九年三甲二百零五名進士。十三年任直隸肥鄉知縣，升刑部主事，官至郎中。丁憂歸。

白乃貞 字廉督、廉叔，號蕊淵。陝西清澗縣人。順治九年三甲二百零六名進士。選庶吉士，授檢討。康熙二年充順天鄉試主考官，因出題有誤（一作受中傷）罷考官職。事白絕意仕進，年六十六卒。著有《憨齋存稿》。

楊素蘊 字筠湄，號退庵、芳臣。陝西宜君縣人。明崇禎三年（1630）生。順治九年三甲二百零七名進士。任直隸知縣，十年調直隸東明知縣，十五年行取四川道御史，十六年遷湖北安襄鄖兵備道，十八年改四川川北道。康熙二十六年二月授順天府尹，六月遷安徽巡撫，二十七年十月改湖北巡撫，康熙二十八年（1689）十月卒，年六十。著有《西台奏議》《京兆奏議》《見山樓詩集》等。

吳龍章 江蘇宜興縣人。順治九年三甲二百零八名進士。十一年任直隸完縣知縣。

趙獻論 福建安溪縣人。順治九年三甲二百零九名進士。任直隸滿城知縣。

徐騰 字青程。浙江桐鄉縣人。順治九年三甲二百十名進士。任直隸高邑知縣。

趙忠枏 字梓卿，號郎公。浙江東陽縣人。順治九年三甲二百十一名進士。十二年任江西安遠知縣，兼署會昌知縣，十七年行取御史，未行而卒。

戴旭華 江西金溪縣人。順治九年三甲二百十二名進士。十一年任浙江餘杭知縣。

王承裘 福建晉江縣人。順治六年任建安縣教諭，九年三甲二百十三名進士。十年任山西文水知縣。

趙崶 字長公，號眉魯。山東萊陽縣人。順治九年三甲二百十四名進士。授江西萬年知縣，以催科不中額罷歸。又以逋欠令賠償，以家田產既盡方獲免。由是抑鬱，疾作不起，康熙十二年（1673）卒。

楊夢鯉 字南叟。福建莆田縣人。順治九年三甲二百十五名進士。十年任安徽青陽知縣。

荊彥 陝西涇陽縣人。順治九年三甲二百十六名進士。十一年任浙江歸安知縣。

邵伯胤 （一作邵伯蔭）字子南，號蓉園。福建閩縣人。順治九年三甲二百十七名進士。授陝西高陵知縣，署渭南、藍田知縣，以呈誤歸，居家三十年。

梁奇 字大奇。江西東鄉縣人。順治九年三甲二百十八名進士。十年任浙江桐廬知縣，改桐鄉知縣。

李暎曇 陝西咸寧縣人。順治九年三甲二百十九名進士。

劉必暢 陝西渭南縣人。順治九年三甲二百二十名進士。任江西新淦知縣。

胡獻瑤 字心蓋。漢軍正黃旗。順治九年三甲二百二十一名進士。九年任山西翼城知縣，順十六年改直隸故城知縣，康熙十二年官至福建漳州府知府。

余明彝 湖北枝江縣人。順治九年三甲二百二十二名進士。任直隸饒陽知縣。

羊琦 河南汝陽縣人。順治九年三甲二百二十三名進士。康熙六年任河南衛輝府教授，官至直隸井陘兵備道。

張芳 字菊人、鹿床、淡翁，號拙羅。江蘇句容縣人。順治九年三甲二百二十四名進士。十一年任湖南常寧知縣（一作廣東長寧知縣），改宜江令。引疾歸閉門不出。著作甚豐，無子多散佚。

何如龍 字二嚴、臥如。安徽歙縣人。順治九年三甲二百二十五名進士。十年任江西清江知縣，十六年調山東寧陽知縣。在任六年因失察罷官。

陳世第 湖北潛江縣人。順治八年舉人。九年三甲二百二十六名進士。任甘肅西和知縣。

邢士標 直隸東光縣人。順治九年三甲二百二十七名進士。十年任河南蘭陽知縣。

何雲扶 （本姓梁）廣東香山縣人。順治九年三甲二百二十八名進士。任吏部主事。

陳 黌 字升書。福建福清縣人。順治九年三甲二百二十九名進士。十一年任浙江象山知縣，在任七年。

商民宗 字和伯。浙江淳安縣人。順治九年三甲二百三十名進士。十一年任河南汲縣知縣，辭歸。杜門讀書十餘年卒。

李士模 字可庵。山東高密縣人。順治九年三甲二百三十一名進士。十年任河南銅柏知縣，十四年改直隸盧龍知縣，官至大理寺評事。清風介節，士林重之，性和雅，博學工詩，好集古書名畫。

蕭 恒 字君常，號月庵。陝西三原縣人。順治九年三甲二百三十二名進士。十五年任湖北黃安知縣，十六年改江西安福知縣，康熙

四年遷四川邛州直隸州知州。

田緒宗 字彷文，號文起、蓼庵。山東德州人。順治九年三甲二百三十三名進士。任浙江麗水知縣。年四十六卒於任。

李上林 字培之。山東安丘縣人。順治二年舉人，九年三甲二百三十四名進士。十二年任廣東翁源知縣，行取刑部主事。

饒宇栻 字型萬。江西進賢縣人。順治九年三甲二百三十五名進士。選庶吉士，改刑科、工科給事中，康熙五年官至湖廣驛鹽道，按察副使。乞歸，尋卒。

堵拱微 字輝山。湖北沔陽州人。九年三甲二百三十六名進士。任福建南靖知縣，官至陝西西安知府。

方師誨 字忠焉。湖北興國州人。順治九年三甲二百三十七名進士。任山西定襄知縣，卒於任。

洪 譽 字麟質，號樸園。安徽繁昌縣人。順治九年三甲二百三十八名進士。十一年任河南新安知縣。丁母憂服闋，赴京卒。

陳治官 字若水。浙江鄞縣人。順治九年三甲二百三十九名進士。十一年任山東棲霞縣知縣。

李昌祚 字文孫，號劍浦、遏盧、耒園，湖北漢陽縣人。明萬曆四十四年（1616）十月十七日生。順治九年三甲二百四十名進士。選庶吉士，授檢討。十六年任杭嘉湖道，遷大理寺少卿，康熙二年授

大理寺卿，三年病休。康熙六年（1667）三月二十四日卒，年五十二。自少善屬文，素有才名，其詩氣充詞沛，著有《真山人集》《後集》。

王毓祥 漢軍鑲藍旗。順治九年三甲二百四十一名進士。九年任山西陽城知縣。

王元士 陝西臨潼縣人。順治九年三甲二百四十二名進士。十年任江蘇宜興知縣。官至廣東瓊州府知府。

常大忠 字二河。山西交城縣人。順治九年三甲二百四十三名進士。任四川梓潼知縣，十六年改安徽潛山知縣，康熙二年升直隸保定府同知。卒於任。

廖元發 字含章。山東東平州人。順治九年三甲二百四十四名進士。任工部主事。

倪祥爌 字炳璇。浙江定海縣人。順治九年三甲二百四十五名進士。任安徽婺源知縣。

王自修 陝西涇陽縣人。順治九年三甲二百四十六名進士。十二年任江西貴溪知縣。

戴應昌 字士全。安徽休寧縣人。順治九年三甲二百四十七名進士。十一年任廣東龍門知縣，蒞任三年，年已八十。

李何煒 字我庵、緩山。湖北沔陽州人。順治九年三甲二百四十八名進士。十一年任浙江黃岩知縣，左遷廣西布政司照磨，署鬱林州知州，丁內艱歸，不復任。著《宙廬易誤》《默耕堂詩文集》。

吳國縉 字玉林，號峙侯。安徽全椒縣人。順治九年三甲二百四十九名進士。任江蘇江寧府教授。年二十四卒。著有《詩韻更定》《世書堂稿》。

高爔 山東沂水縣人。順治九年三甲二百五十名進士。十二年授湖廣興寧知縣，十三年官至湖南郴州知州。

黃中瑄 江蘇武進縣人。順治九年三甲二百五十一名進士。十二年任福建甌寧知縣。

張巳 直隸沙河縣人。順治九年三甲二百五十二名進士。

劉繼祐 陝西涇陽縣人。順治九年三甲二百五十三名進士。十二年任福建大田知縣。

尹惟日 字冬名。湖南茶陵州人。順治九年三甲二百五十四名進士。十二年任廣東和平知縣，官至江西嶺北道。

索景藻 字二因。陝西蒲城縣人。順治九年三甲二百五十五名進士。十年任江西樂平知縣，以勤瘁卒於任。

韓錫祚 （原姓安，榜姓韓）山東章丘縣人。順治九年三甲二百五十六名進士。授山西趙城縣知縣。官至刑部主事。被議歸。

葉矯然 字子肅，號思庵。福建閩縣人。順治九年三甲二百五十七名進士。任工部主事，十五年出任直隸樂亭縣知縣。罷歸。康熙五十年重宴鹿鳴，復還原職。卒年九十六。著有《易史》《龍性堂詩集》《東溟文集》等。

汪宗魯 字子鳧，號竹巖。安徽懷寧縣人。順治九年三甲二百五十八名進士。十一年任浙江縉雲知縣，秩滿升山西沁州知州，晉禮部員外郎。卒於京邸。

酈奕垣 廣東河源縣人。順治九年三甲二百五十九名進士。初任山西聞喜知縣，丁憂歸。康熙元年補江蘇碭山知縣，解組歸。年八十一卒。

胡躍龍 字群吉。湖北麻城縣人。順治八年舉人，九年三甲二百六十名進士。任直隸房山、新城知縣，改湖北鄖陽府教授。

劉名世 漢軍正黃旗。順治九年三甲二百六十一名進士。十年任山東沾化知縣。康熙六年改湖北隨州知州。

張鴻基 直隸永年縣人。順治九年三甲二百六十二名進士。任江蘇上元知縣。

陸之淶 字馭清。浙江平湖縣人。順治九年三甲二百六十三名進士。任福建南安知縣，大理寺評事。

荊之茂 字峨侯。山西猗氏縣人。順治九年三甲二百六十四名進士。任江西新喻知縣。

張好奇 字知天，號平子。陝西朝邑縣人。順治九年三甲二百六十五名進士。十三年任河南鞏縣知縣，遷戶部主事、山東萊州府通判

（駐山東管戶部倉），遷刑部郎中，康熙二年江西關監督，十一年充福建鄉試主考官，十二年督河南提學道。

趙鶚薦 陝西涇陽縣人。順治九年三甲二百六十六名進士。十一年任直隸巨鹿知縣。

徐玨 字二玉。江蘇上元縣人。順治九年三甲二百六十七名進士。任浙江黃岩知縣，十一年任臨海知縣。

吳璞 字括蒼。福建南平縣人。順治九年三甲二百六十八名進士。十一年任河南唐縣知縣。

戴塤 字伯吹，號雲門。山東平度州人。順治九年三甲二百六十九名進士。十二年任廣東饒平知縣，康熙五年改會同知縣，升戶部浙江司主事，官至郎中。工詩文，博通經史。著有《入蜀紀聞》《荊山集》《膠水含英集》等。

張涵 山西陽曲縣人。順治九年三甲二百七十名進士。任安徽歙縣知縣。

劉源澄 字劍津。順天固安縣人。順治九年三甲二百七十一名進士。十年任甘肅合水知縣，升戶部雲南司主事，康熙八年充廣東鄉試副考官，官至戶部郎中。

衛王佐 河南溫縣人。順治九年三甲二百七十二名進士。

鄭明良 字賡颺。山西太平縣人。順治九年三甲二百七十三名進士。十三年任江蘇華亭知縣。

李蔭澄　字平伯。陝西韓城縣人。順治九年三甲二百七十四名進士。順治十一年任山東文登縣知縣，在任十一年有政聲，終因假冒逃人一案被議去職。

周奕封　字茹公。江蘇宜興縣人。順治九年三甲二百七十五名進士。選庶吉士，任江西建昌府推官。

于鵬翀　字聖庵。山東文登縣人。順治九年三甲二百七十六名進士。因父母年高不忍遠任，授靈山衛教授。

余崛起　字岩士。湖北孝感縣人。順治八年舉人。九年三甲二百七十七名進士。十二年任江西都昌知縣。

趙琛　山東平原縣人。順治九年三甲二百七十八名進士。十一年任江西高安知縣。

李元烇　字伊原。浙江歸安縣人。順治九年三甲二百七十九名進士。任福建龍溪知縣。

張佚　字貞一。直隸深州人。順治九年三甲二百八十名進士。十一年任山東莘縣知縣，十五年調山東章丘縣知縣，康熙五年改江西德安知縣，改雲南羅平州知州。

王彥賓　漢軍鑲黃旗。順治九年三甲二百八十一名進士。十三年任廣東連州知州，康熙二十一年改直隸薊縣知縣，二十三年改順天府房山知縣，遷刑部湖廣司主事，纍遷河南懷慶府通判，改安徽安慶府同知，官至福建邵武府知府。

陳朝暉　湖北景陵縣人。九年三甲二百八十二名進士。

劉臨孫　湖北江夏縣人。順治五年舉人，九年三甲二百八十三名進士。任推官，改江西弋陽知縣。

范乃蕃　字震生。山東黃縣人。順治九年三甲二百八十四名進士。十一年授直隸藁城知縣，遷兵部職方司主事，康熙三年充會試同考官，擢戶部貴州司員外郎、江南司郎中。十一年官至湖南永州府知府。

溫如玉　字公喻、德甫。直隸成安縣人。順治九年三甲二百八十五名進士。任河南泌陽知縣，以卓異遷刑部主事，升刑部郎中，康熙三年充會試同考官。四年江西關監督，五年官至安徽池太道，改兵備道。

張文韶　直隸保定新城縣人。順治九年三甲二百八十六名進士。十一年任浙江建德知縣，十二年改河南泌陽知縣，康熙元年調山西清源知縣，纍遷戶部郎中，康熙十二年督福建提學道。

王匯　字彭濱。河南儀封縣人。順治九年三甲二百八十七名進士。授陝西安定知縣，順治十六年任湖北應山知縣，遷工部主事。

陳璸　字元卿，號琪園。浙江臨海縣人。順治九年三甲二百八十八名進士。十六年任山東壽張知縣，以事降。康熙七年任福建寧德縣丞，十三年（1674）卒，年六十七。著有《寓園詩集》《琪園詩話》《旅書》。

張愈大　安徽巢縣人。順治九

年三甲二百八十九名進士。任安徽桐城縣教諭。

李正蔚 字蓁然。安徽盱眙縣人。順治九年三甲二百九十名進士。十三年任江西南城知縣，康熙二年考取中書科中書，卒於任。

閻宗尼 直隸寧晉縣人。順治九年三甲二百九十一名進士。十年任江蘇江浦知縣。丁憂去。

俞遜 福建莆田縣人。順治九年三甲二百九十二名進士。十三年任河南新安知縣。

歐陽璧 湖北黃岡縣人。順治三年舉人。九年三甲二百九十三名進士。

易象兌 字秋濤。江蘇海門縣人。順治九年三甲二百九十四名進士。任浙江崇德知縣，十二年調浙江石門知縣。以疾歸。

馬如龍 字乘六。山西澤州直隸州人。順治九年三甲二百九十五名進士。任陝西略陽知縣，母老乞養歸。著有《貽安堂集》。

鄒白淑 湖北江陵縣人。順治九年三甲二百九十六名進士。任山西聞喜知縣。

吳弘安 字定辭。安徽桐城縣人。順治九年三甲二百九十七名進士。選庶吉士。

徐謂弟（一作徐渭第）字篁友、子遜，號青岳。直隸長垣縣人。順治九年三甲二百九十八名進士。授山東安丘知縣，擢戶部主事，遷戶部郎中，康熙二年充四川鄉試主考官。五年督山西提學道，進參議。歸里卒。

孟嶦 陝西涇陽縣人。順治九年三甲二百九十九名進士。任河南閿鄉知縣，十二年改山西靈石知縣。

黃秉坤 湖北鍾祥縣人。順治八年舉人。九年三甲三百名進士。任江西星子知縣。

李英 漢軍鑲藍旗。順治九年三甲三百零一名進士。十年任河南陳留知縣，十三年遷直隸蔚州知州，纍遷福建興化知府，康熙五十一年官至安徽池州知府。

俞崇修 湖南澧州人。順治九年三甲三百零二名進士。任陝西白水知縣。

周霖 山西陽曲縣人。順治九年三甲三百零三名進士。十二年任安徽懷寧知縣。

張現龍 山東東明縣人。順治九年三甲三百零四名進士。任陝西通謂知縣（清初屬陝西）。

盧高 湖廣興國州人。字遠心，號濟庵。順治九年三甲三百零五名進士。選庶吉士，授檢討。康熙十二年補任浙江驛鹽道，署杭嚴道鹽運司按察司事。十五年（1676）以疾卒，年四十三。

吳之珍 字西潘、貞吉。湖北黃安縣人。順治九年三甲三百零六名進士。任山東諸城知縣。罣誤去職。

韓士望 字有聲。山東淄川縣人。順治九年三甲三百零七名進士。

十三年授福建崇安知縣。

韓庭苣（1619—1689）字燕翼。山東青城縣人。順治九年三甲三百零八名進士。選庶吉士，任工科給事中，出任湖廣荊南道副使，廣東瓊州道，十八年改浙江金衢道，湖廣荊南道，江西督糧道。康熙二十一年官至直隸天津海防道。致仕歸。著有《江漕移山記》。

潘颺言　字虞謨，號葦庵。山東章丘縣人。順治九年三甲三百零九名進士。十三年、十六年授直隸寧晉知縣，內召吏部主事。康熙己未召試鴻博。被議歸。

張志尹　字咸一。陝西臨潼縣人。順治九年三甲三百十名進士。任直隸博野知縣，十八年行取廣西道御史，康熙三年改浙江巡鹽御史。

陸騰鳳　陝西咸寧縣人。順治九年三甲三百十一名進士。任山東益都縣知縣。十七年去。有操守，政多仁恕。去之日千人相送。

章平事　字大修，號無黨，浙江諸暨縣人。順治九年三甲三百十二名進士。十三年任河南永寧知縣。乞養歸。著有《受蓋堂集》《勸戒溺女文》《諸暨縣志》。

張厥修　字樂天、慎生。直隸任丘縣人。順治九年三甲三百十三名進士。十年任浙江嘉興知縣，忤當事歸。著有《四書體要》《經書論要》《經書大全》行世。

劉之宗　河南陳留縣人。順治九年三甲三百十四名進士。任江西鄱陽知縣。

王禔躬　山西臨汾縣人。順治九年三甲三百十五名進士。任國子監學正。

鄭四端　字充甫。河南陳留縣人。順治九年三甲三百十六名進士。十三年任山西夏縣知縣。解組歸。

田起龍　字雲從。河南襄城人。順治九年三甲三百十七名進士。十三年任浙江松陽縣知縣。

順治九年（1652）策試滿洲進士壬辰科

第一甲三名

麻勒吉（改名馬中驥）字謙六。滿洲正黃旗，瓜爾佳氏。順治九年滿洲一甲會元、狀元。任翰林院修撰。纍遷侍講學士。順治十一年授弘文院學士，改武英殿學士。康熙五年遷刑部侍郎，康熙七年十二月授兩江總督，十二年五月降兵部督捕理事官，二十三年授步軍統領。康熙二十八年（1689）三月卒。康熙三十七年追坐赴廣西護諸軍時妄報一事，追奪原官。

折庫納（亦作哲庫納）滿洲鑲藍旗人。（一作鑲白旗；另作鑲黃旗。三甲進士又有折庫納，可能混淆有誤。）順治九年滿洲一甲第二名榜眼。授編修。遷侍講學士，十二年授國史院學士。十八年擢吏部侍郎。康熙三年降調，後任太僕寺卿，康熙七年遷都察院左副都御史，八年降國史院學士、翰林院掌院學士。十年遷督捕侍郎，十四年病休。康熙十五年（1676）卒。

巴海 滿州鑲藍旗。順治九年滿洲一甲第三名探花。授編修。官至侍講學士。

第二甲七名

楊官 鑲白旗人。順治九年滿洲二甲第一名進士。

瑪祜（一作馬祜）滿洲鑲紅旗，哲柏氏。天聰二年（1628）生。順治九年滿洲二甲第二名進士。任王府教習、欽天監監正。康熙八年八月授江寧巡撫。康熙十五年（1676）六月卒，年四十九。謚“清恪”。

阿什坦（一作何錫談）滿洲正黃旗。以通滿漢文授官。順治九年滿洲二甲第三名進士。官至刑科給事中。康熙二十二年（1683）卒。著有《大學中庸講義》，通譯《大學》《中庸》《孝經》《通鑑總論》《太公家教》等書爲滿文。

三都 正紅旗人。順治九年滿洲二甲第四名進士。

邁因達　正黃旗人。順治九年滿洲二甲第五名進士。

何　詫　滿洲鑲白旗。順治九年壬辰科滿洲二甲第六名進士。官至翰林院侍讀學士。

阿薩里　正黃旗人。順治九年滿洲二甲第七名進士。

第三甲四十名

賽　花　正白旗人。順治九年滿洲三甲第一名進士。

蟒　色　正白旗人。順治九年滿洲三甲第二名進士。

賽沖阿　滿州正黃旗（一作正白旗）。順治九年滿洲三甲第三名進士。選庶吉士。

折庫納　鑲藍旗人。《八旗通志》缺收此人。順治九年三甲三百零五名進士。（一甲第二名也是折庫納，可能混淆有誤。）

吳爾戶　（一作吳爾祐）滿洲正藍旗。順治九年滿洲三甲第五名進士。選庶吉士。

朱　三　鑲藍旗人。順治九年滿洲三甲第六名進士。

魏羅洪　（一作魏羅渾）滿洲正黃旗人。順治九年滿洲三甲第七名進士。選庶吉士。

額庫里　滿洲正白旗。順治九年滿洲三甲第八名進士。任侍讀學士，康熙十二年授內閣學士，二十年遷戶部左侍郎，康熙二十二年改正白旗蒙古副都統。四十二年因附

大學士索額圖，被奪官嚴錮。

舒　書　鑲藍旗人。順治九年滿洲三甲第九名進士。

盧　占　正黃旗人。順治九年滿洲三甲第十名進士。

色勒步　正黃旗人。順治九年滿洲三甲十一名進士。

索　濟　正紅旗人。順治九年滿洲三甲十二名進士。

圖克善　正白旗人。順治九年滿洲三甲十三名進士。任戶部郎中，康熙十二年遷山西布政使。十五年擢山西巡撫。十九年以病免。

納冷額　鑲黃旗人。順治九年滿洲三甲十四名進士。

蘇海色　正白旗人。順治九年滿洲三甲十五名進士。

鼐音達　鑲白旗人。順治九年滿洲三甲十六名進士。

達哈塔　滿州正白旗，佟佳氏。天聰七年（1633）生。順治九年滿洲三甲十七名進士。纍遷侍讀學士。康熙十二年授太僕寺卿，十四年改太常寺卿調通政使，遷左副都御史。十六年改督捕侍郎，十八年降調。二十二年以左通政復遷督捕侍郎，二十三年授吏部左侍郎，十二月遷左都御史，二十四年擢吏部尚書。康熙二十六年（1687）八月卒，年五十五。嘗監修《賦役全書》，奏定《錢糧刪忽存錄》。

吉通格　（榜名吉通額）滿洲正白旗人。順治九年滿洲三甲十八名進士。任工科給事中，十六年太常

寺卿改太僕寺卿，十八年遷國史院學士，康熙三年授盛京刑部侍郎，九年病。十三年任工部侍郎，康熙二十年以病免職。

宋祖保 （一作宋蘇保）滿洲鑲紅旗人。順治九年滿洲三甲十九名進士。選庶吉士。

穆成額 正黃旗人。順治九年滿洲三甲二十名進士。

都爾巴 鑲黃旗人。順治九年滿洲三甲二十一名進士。

納布 滿洲鑲藍旗人。順治九年滿洲三甲二十二名進士。任刑部郎中。康熙六年授左副都御史，七年改刑部侍郎，八年調户部侍郎，十一年改兵部侍郎。康熙十四年革職。

雲代 鑲藍旗人。順治九年滿洲三甲二十三名進士。

蟒吉六 鑲藍旗人。順治九年滿洲三甲二十四名進士。

額客青額 正白旗人。順治九年滿洲三甲二十五名進士。

賽音達里 鑲黃旗人。順治九年滿洲三甲二十六名進士。

苦圖克泰 鑲紅旗人。順治九年滿洲三甲二十七名進士。

哈木倫 鑲白旗人。順治九年滿洲三甲二十八名進士。

波勒 正黃旗人。順治九年滿洲三甲二十九名進士。

吳拉代 滿洲鑲紅旗人。順治九年滿洲三甲三十名進士。纍遷侍讀學士，康熙二十五年授内閣學士。二十六年升理藩院右侍郎，二十七年去職。

進州 正紅旗人。順治九年滿洲三甲三十一名進士。

合拉 （一作哈拉）正白旗人。順治九年滿洲三甲三十二名進士。

八達里 （一作巴達里）蒙古正黃旗人。順治九年滿洲三甲三十三名進士。選庶吉士。

賽柱 鑲白旗人。順治九年滿洲三甲三十四名進士。

高里 鑲黃旗人。順治九年滿洲三甲三十五名進士。

拜達兒 鑲白旗人。順治九年滿洲三甲三十六名進士。

郝善 鑲黃旗人。順治九年滿洲三甲三十七名進士。

門都孫 鑲藍旗人。順治九年滿洲三甲三十八名進士。

塔必圖 （一作塔必兔）蒙古正白旗人。順治九年滿洲三甲三十九名進士。選庶吉士。

沙記 鑲紅旗人。順治九年滿洲三甲四十名進士。

順治十二年（1655）乙未科

第一甲三名

史大成 字及超，號立庵。浙江鄞縣人，祖籍江蘇溧陽。明天啓元年（1621）十月十七日生。順治十二年一甲第一名狀元。任修撰。歷侍講學士、侍讀學士。康熙十一年授内閣學士，十二年遷禮部侍郎。十五年病休。康熙二十一年（1682）八月初二日卒，年六十二。著有《八行詩文》。

戴王綸 字彣極，號經碧、一齋。河北滄州人。順治十二年一甲第二名榜眼。授編修。纍遷江西糧儲道，官至江西布使參議。康熙十八年舉鴻博，未入選。工詩、書法，善畫蘭。

弟戴王緒，順治十五年進士。

秦鉽 字克繩，號補念。江蘇長洲縣人，原籍無錫。明天啓元年（1621）生。順治十二年會元，一甲第三名探花。授編修。十五年任會試同考官，纍遷廣東雷州道、陝西延綏鄜道，康熙三年擢江西按察使，六年降調。十五年補長蘆鹽運使，官至湖南糧儲道參政。裁缺歸。康熙二十六年（1687）卒，年六十七。

第二甲七十七名

王益朋 （1610—1670，初名王聘）字莘民，號鶴山、元之、石農。浙江仁和縣人。順治十二年二甲第一名進士。選庶吉士，未散館特授吏科給事中，十四年任江西鄉試主考官。官至太僕寺少卿。卒於任。著有《清貽堂存稿》。

王命岳 號伯諮，號耻古。福建晋江縣人。明萬曆三十七年（1609）生。順治十二年二甲第二名進士。選庶吉士，特授工科給事中，歷户科、兵科、刑科給事中。十五年任會試同考官。因事降。康熙六年（1667）卒，年五十九。著有《耻躬堂文集》《讀易雜卦牅中天》《千秋寶鑒》等。

宋德宜 字右之，號蓼天。江蘇長洲縣人。明天啓六年（1626）

生。順治十二年二甲第三名進士。選庶吉士，任編修。纍遷國子監祭酒、侍讀學士，康熙十年授内閣學士，十二年遷户部侍郎改吏部侍郎。十六年遷都察院左都御史，十七年改刑部、兵部、吏部尚書，二十三年七月授文華殿大學士。二十五年重修《太祖實錄》加太子太傅。康熙二十六年（1687）六月卒，年六十三。謚"文恪"。

子宋大業，康熙二十四年進士，官内閣學士。

嚴沆 字子餐，號灝亭、皋園。浙江餘姚縣人。明萬曆四十五年（1617）生。順治十二年二甲第四名進士。選庶吉士，未散館歷任兵科、吏科、刑科、禮科給事中，十四年充山東鄉試主考官。遷太僕寺少卿、左僉都御史，康熙十二年授宗人府丞遷左副都御史，十三年改倉場侍郎。康熙十七年（1678）四月卒，年六十二。家有藏書萬卷，藏書處曰"清校閣"。著有《古秋堂集》《皋園集》《燕台集》《北行日記》《皋園奏疏》等。

黄鼎 字泫詩。江蘇吳縣人。順治十二年二甲第五名進士。十三年督廣西提學道。

孫光祀 字作庭，號溯玉。山東歷城縣人。順治十二年二甲第六名進士。選庶吉士，任禮科給事中，十四年充湖廣鄉試副考官。遷右通政使，康熙十二年授太常寺卿改通政使，遷兵部侍郎。康熙十八年降

調。著有《澹餘軒集》八卷，收入《四庫全集》。

郭世純 福建晉江縣人。順治十二年二甲第七名進士。纍遷部郎中，康熙三年任安徽池州知府。

朱㫋 字建威。浙江嘉興人。順治十二年二甲第八名進士。任刑部山東司主事，官至知府。

周宸藻（一作周震藻）字端臣，號質庵。浙江嘉善縣人。順治十二年二甲第九名進士。選庶吉士，未散館特授陝西道御史，十四年任兩淮巡鹽御史，官至兩淮鹽運使。罷歸。著有《柿葉齋詩集》。

徐元珙 字輯五，號荊山。江蘇武進縣人。明崇禎二年（1629）生。順治十二年二甲第十名進士。任刑部主事，升員外郎，順治十四年充廣西鄉試主考官。遷郎中，歷福建建寧道、山西冀寧道，康熙十二年改直隸口北道，改光禄寺少卿。二十四年授太常寺卿，二十五年改通政使，遷左副都御史。二十六年十月丁憂。康熙二十六年孝莊太后崩，赴京哀毀，二十七年（1688）三月卒，年六十。

王澤弘（一作王澤宏）字涓來，號昊廬。湖北黄陂縣人，原籍江西鄱陽。明天啓三年（1623）生。順治十二年二甲十一名進士。選庶吉士，任編修。十五年充會試同考官，升侍讀，康熙十五年督直隸學政。纍遷少詹事，康熙二十九年授内閣學士遷禮部侍郎，改吏部侍郎，

三十八年遷左都御史，三十九年六月改禮部尚書。十一月休致。康熙四十四年（1705）卒，享年八十三。著有《鶴嶺山人詩集》《昊廬集》。

子王材任，康熙十八年進士。

丁澎 字飛濤，號藥園。浙江仁和縣人。順治十二年二甲十二名進士。任禮部主事，十四年充河南鄉試副考官，官至禮部郎中。因事被貶，流放塞上五年。與陳子龍、陸圻、柴紹炳、毛先舒、孫治、張丹、吳百朋、沈謙、虞黃昊等被稱爲"西泠十子"。著有《扶荔堂詩文選》《扶荔詞》《詞變》《藥園閒話》《演騷》雜劇、《信美堂侍選》等。

楊志遠 字寧爾。江蘇丹陽縣人。順治十二年二甲十三名進士。任刑部主事，十七年出爲湖廣下江防道，康熙四年官至河南汝南道。裁缺歸。卒年六十五。

劉芳躅 字增美，號鍾山。順天宛平縣人。順治十二年二甲十四名進士。選庶吉士，任編修。遷侍講，侍講學士，十七年充福建鄉試主考官。康熙五年授內秘書院學士，六年充會試副考官，康熙七年正月調山東巡撫。九年四月丁憂。康熙十二年（1673）考察各省督撫，部議才力不及，降二級。尋卒。著有《留雲山房集》。

弟劉芳喆，順治十八年進士。

郭曰燧 字遂人。江西南昌縣人。順治十二年二甲十五名進士。由郎中，十五年官至浙江台州府知府，兩署巡道。以母年高乞養歸。杜門家居三十年。

楊廷錦 江蘇武進縣人。順治十二年二甲十六名進士。十五年遷山西冀寧道。十七年官至直隸天津道。

徐元槃（本姓林）字道力、韋庵。浙江海寧縣人。順治十年任浙江淳安縣教諭。十二年二甲十七名進士。選庶吉士，授編修。

陳戩 字天被。浙江仁和縣人。順治十二年二甲十八名進士。任刑部貴州司主事，升禮部員外郎，順治十四年充陝西鄉試副考官。官至知府。

胡在恪 字念蒿。湖北江陵縣人。順治五年湖北鄉試解元，十二年二甲十九名進士。任刑部主事、員外郎，順治十五年督江南（下江）提學道，升郎中。康熙十二年官至江西驛鹽道。以母老乞歸。

楊森 漢軍正黃旗。順治十二年二甲二十名進士。十五年任安徽寧國知府，官至長蘆鹽運使。

尹源進 字瀾柱、振民。廣東東莞縣人。順治十二年二甲二十一名進士。任吏部主事，十七年充陝西鄉試主考官，擢考工司郎中。乞終養歸。康熙十八年起補驗封司郎中，官至太僕寺少卿。卒於任。

徐旭齡 字元文，號靜庵。浙江錢塘縣人。明崇禎三年（1630）生。順治十二年二甲二十二名進士。歷任刑部主事，禮部郎中，康熙六年考選雲南道御史，改湖廣道御史，九年任兩淮巡鹽御史，升太常寺少卿，遷左僉都御史。二十二年正月授山東巡撫遷工部侍郎，二十三年十二月改任漕運總督。康熙二十六年（1687）三月卒，年五十八。謚"清獻"。

徐致章 字君斐，號月鹿。安徽六安州人。順治十二年二甲二十三名進士。任工部主事，十五年任南關監督，升吏部考工司員外郎，年未五十請假歸不就。

田逢吉 字凝只，號碧庵、沛蒼。山西高平縣人。順治十二年二甲二十四名進士。選庶吉士，任編修。纍遷秘書院侍讀學士。康熙五年授國史院學士，九年遷戶部侍郎，十一年十月調浙江巡撫。十三年十一月因病免職。

李鏞金 字雛九。江蘇丹徒縣人。順治十二年二甲二十五名進士。任戶部主事，升員外郎、郎中，官至直隸真定知府。

孫胤驤（一作孫允驤、孫蔭驤）字清溪。福建南安縣人。順治十二年二甲二十六名進士。纍遷刑部郎中，十八年督湖北提學道，康熙元年改江南提學道。

呂和鐘 字大呂。山西長治縣人。順治十二年二甲二十七名進士。任戶部主事，湖北荊關監督，升郎中，康熙五年督陝西提學道。

王發祥 字長源。江蘇太倉州人。順治十二年二甲二十八名進士。

任刑部廣西司主事，升員外郎，十五年督湖北提學道。十七年，以事牽連解職，還原職回京候補。卒年五十三。

吳來紱 江蘇武進縣人。順治十二年二甲二十九名進士。官至山西按察司僉事。

洪士銘 字日新。漢軍鑲黃旗人，原籍福建南安。大學士洪承疇子。順治十二年二甲三十名進士。任戶部主事，官至太常寺少卿。襲輕車都尉世職。

邱象升（一作丘象升）字曙戒，號南齋。江蘇山陽縣人。明崇禎二年（1629）七月二十二日生。順治十二年二甲三十一名進士。選庶吉士，授編修。十五年充會試同考官。升侍講，十八年改廣東瓊州府通判，官至大理寺左寺副。乞養歸。康熙二十八年（1689）十一月初三日卒。年六十一。著有《南齋詩集》《入燕》《嶺海》《白雲》《草堂》諸集。

任　埈 字松翰，號篁渚。安徽懷寧縣人。順治十二年二甲三十二名進士。授戶部主事，管通州坐糧廳，康熙四年擢河南驛傳鹽法道，丁母憂歸。補廣東肇羅道、南韶道，被誣解職。尋得白，乞歸。卒年七十。著有《勞人草萃集》。

張翰揚 字韋豹、伯鷹。湖北興國州人。順治八年舉人，十二年二甲三十三名進士。任戶部管倉分司主事（駐山東德州），官至戶部四川司郎中，以上疏言事降調。初補山西大同府同知，後補江西南昌府通判，以疾卒，年三十九。

薛奮生 河南孟縣人。順治十二年二甲三十四名進士。順治年間任户部管倉分司（駐山東德州），遷大理寺丞，官至光禄寺少卿。

張有光 字星燦，號揆原。江蘇青浦縣人。順治十二年二甲三十五名進士。任工部主事，湖北荆關監督，官至山東河道。

王日藻 字印周（印園）、鶴書，號却飛。江蘇華亭縣人。明天啓三年（1623）生。順治十二年二甲三十六名進士。康熙元年督江西提學道，十五年遷河南河道，十八年授浙江按察使遷江西布政使，二十一年授河南巡撫。二十五年遷刑部侍郎，改户部侍郎，二十六年遷工部尚書，九月改户部尚書。康熙二十七年十二月省假。著有《秦望山莊集》。

萬蕭 山西陽曲縣人。順治十二年二甲三十七名進士。任户部主事，官至員外郎。

許之漸 字儀吉，號青嶼。江蘇武進縣人。順治十二年二甲三十八名進士。任户部主事，十五年考選江西道御史，降國子監助教。著有《槐崇堂詩鈔》。

虞士燁 字亦大。浙江諸暨縣人。順治十二年二甲三十九名進士。官至廣西左江道，改南潯郁上兵備道。

喻珩 漢軍鑲紅旗人。順治十二年二甲四十名進士。任安徽無爲州知州，升知府。

劉體仁 字公戩，號蒲庵。河南潁川衛人。順治十二年二甲四十一名進士。任吏部主事，官至吏部考工司郎中。請假歸。後從孫奇逢講學。工詩文，善繪畫，能鑒賞。家中藏書二萬卷。著有《七頌堂集》九卷、《七頌堂識小録》《別集空中語》一卷、《文集》四卷、《尺牘》一卷等。

洪若皋 字叔叙，號虞鄰、南沙。浙江臨海縣人。順治十二年二甲四十二名進士。授户部主事，升員外郎、湖廣司郎中。外任福建福寧道，儲糧道。康熙六年丁憂歸不出。著有《南沙文集》《臨海志》《樂府源流》。

馮源濟 字昭仙，號谷園、貽山。順天涿州人。順治十二年二甲四十三名進士。選庶吉士，授編修。升侍讀，十八年充會試同考官，康熙元年改江蘇徐州河務同知，官至國子監祭酒。工畫山水，筆墨深厚。著有《恰宜樓詩》《穀園集》。

翁佶 字懋功。直隸清苑縣人，祖籍浙江仁和。順治十二年二甲四十四名進士。康熙五年官至四川龍安知府。

朱麟祥 漢軍正白旗（遼東杏山衛）人。順治十二年二甲四十五名進士。順治八年任東昌府知府，順治十八年改江蘇通州鹽運判，康熙二年任山東青州府海防同知。

汪琬 字苕文，號鈍庵、鈍翁、又號玉遮山樵，江蘇長洲縣人。明天啓四年（1624）正月十六日生。順治十二年二甲四十六名進士。授戶部主事，升員外郎，刑部郎中，坐事降北城兵馬司指揮，再任戶部主事。康熙九年歸隱。十八年舉鴻博一等，授編修，參修《明史》。翌年乞病歸。康熙二十九年十二月初十（1691年1月）卒，年六十七。著有《鈍翁前後論稿》《堯峰詩文鈔》《車都事略跋》《古今五服考異》《擬明史列傳》《姑蘇楊柳詞》等。

張雲孫 江蘇上海縣人。順治十二年二甲四十七名進士。任工部主事，官至廣西南寧府同知。

劉元徵 字伯誠，號夢闔。直隸大名縣人。順治十二年二甲四十八名進士。選庶吉士，授編修，官至刑部郎中。著有《培園詩集》六卷。

王騭 字辰岳，號相居。山東福山縣人。順治十二年二甲四十九名進士。歷任戶部主事，康熙五年充廣東鄉試副考官，升員外郎，擢刑部郎中。十九年遷四川松茂道、光祿寺少卿、太常寺卿，康熙二十六年授江西巡撫，遷閩浙總督，二十八年五月授戶部尚書。三十三年三月以老病休致。康熙三十四年（1695）五月卒。著有《養素堂文集》《大司農奏疏》，曾主持《山東通志》修纂。

劉昌臣 字又昌，號山襄。湖南武陵縣人。順治十二年二甲五十名進士。任刑部主事、郎中，十七年督山東提學道。康熙十二年官至浙江糧道，署布政使。勞瘁卒於任。著有《思補堂集》。

閔叙 字鶴癯、六正。江蘇江都縣人，原籍浙江烏程。順治十一年任安徽懷寧縣教諭，十二年二甲五十一名進士。康熙二年官至廣西提學道。

陳常 江蘇無錫縣人。順治十二年二甲五十二名進士。任教諭。

杜宸甫 （原名杜皇甫）字道宜、皇甫。直隸長垣縣人。順治十二年二甲五十三名進士。授戶部主事，遷員外郎，擢兵備道，平反甚多降調。後起官至甘肅洮岷道。

黃永 字雲孫，號艾庵。江蘇武進縣人。順治十二年二甲五十四名進士。官至刑部員外郎，以奏銷案罷歸。與陳維崧、董以寧、鄒祇謨共稱古文辭"毗陵四子"。著有《黃雲孫詩選》《溪南詞》。

曹申吉 字澹餘，號逸庵。山東安丘縣人。明崇禎八年（1635）生。順治十二年二甲五十五名進士。選庶吉士，授編修。十五年外任湖北下荆南道，十六年改河南睢陳道，遷左通政使。十七年十月授大理寺卿，康熙六年遷禮部侍郎，改吏部侍郎，十年正月調貴州巡撫。吳三桂叛清，康熙十九年十二月初五被拘至雲南昆明雙塔寺遇害，年四十六。著有《南行日記》《黔行》《黔寄》等。

兄曹貞吉，康熙三年進士。

劉祚遠 字子延，號石水。山東安丘縣人。文華殿大學士劉正宗子。順治十二年二甲五十六名進士。選庶吉士，改吏部主事，十四年充陝西鄉試主考官。升吏科給事中，太常寺少卿，順治十七年四月授大理寺卿，遷直隸巡撫。六月解職。

張惟赤 （原名張恒）字桐孩，號螺浮。浙江海寧縣人，原籍海鹽。順治十二年二甲五十七名進士。任戶部主事，升郎中、刑科給事中，康熙二年充山東鄉試主考官。晋工科掌印給事中，官至荊南道，裁缺歸。以疾卒。著有《螺浮奏議》《思退軒集》。

沈世奕 字韓倬，號青城、竹齋。江蘇吳縣人。順治十二年二甲五十八名進士。選庶吉士，授編修。十五年充會試同考官，官至司經局洗馬。請假歸。杜門讀書。

巢震林 字五一，號兼山。江蘇武進縣人。順治十二年二甲五十九名進士。任禮部郎中，康熙三年充會試同考官。

任暄猷 號美君。漢軍正白旗。順治十二年二甲六十名進士。任順天永平府推官。康熙八年任湖北廣濟知縣，十二年改江西寧州知州，官至江西贛南道。

陳必成 字誠齋，號德予。順天宛平縣人。順治十二年二甲六十一名進士。任戶部主事，遷刑部郎中，康熙八年充湖廣鄉試正考官，九年督雲南學政，官至知府。

華士瞻 字公望。湖北興國州人。順治八年舉人，十二年二甲六十二名進士。任戶部主事，改兵部職方司主事。

陸廷福 字介爾。江蘇常熟縣人。順治十二年二甲六十三名進士。十六年官至浙江溫州府知府。

李震生 字一男、慎庵。湖北江陵縣人。順治八年舉人，十二年二甲六十四名進士。十四年任工部主事，康熙三年充會試同考官，官至郎中。著有《蘇門游草》。

秦琅 陝西三原縣人。明朝舉人，順治十二年二甲六十五名進士。任刑部主事，升員外郎，官至郎中。卒於任。

戴斌 漢軍鑲黃旗。順治十二年二甲六十六名進士。十二年任河南睢州知縣，康熙元年官至安徽鳳陽府知府。

黃雲史 江蘇武進縣人。順治十二年二甲六十七名進士。康熙二年任臨洮府同知，八年改山東青州府海防同知，康熙十四年官至廣東高州知府。

楊名耀 字愻齋、修野。江蘇山陽縣人。順治十二年二甲六十八名進士。任戶部驗封司郎中，康熙十八年充會試同考官，官至太常寺少卿。卒於任。

朱孔照 字雲臺。湖北應山縣

人。順治十一年舉人，十二年二甲六十九名進士。授禮部儀制司主事，升員外郎、郎中，十七年任江蘇蘇州府海防同知。

曹登雲（榜名王登雲）江蘇太倉州人。順治十二年二甲七十名進士。官至刑部郎中。

劉訢 字興堯。山東文登縣人。順治十二年二甲七十一名進士。授兵部主事，升郎中，官至雲南開化府知府。因吳三桂在雲南"擅作威福"，朝廷號令難以通行，弃官歸。

劉輝（一作劉輝）字玉涵。山東文登縣人。順治十二年二甲七十二名進士。任行人，十七年充廣東鄉試副考官，擢禮部祠祭司主事。丁父憂服闋，候補三年未遇缺，卒於京。

王汝柴 字篤侯。浙江松陽縣人。順治十二年二甲七十三名進士。任戶部主事，十七年遷行人司行人，康熙五年充福建鄉試副考官，十年官至福建延建道。

張嘉祚 山東泰安州人。順治十二年二甲七十四名進士。

陳祚昌 字復安、奕大。浙江嘉興籍，仁和縣人。順治十二年二甲七十五名進士。任內閣中書，十七年充貴州鄉試副考官，升刑部郎中，康熙三年官至江蘇揚州府知府。

張登舉 字秀升。漢軍正藍旗。順治十二年二甲七十六名進士。十七年任湖北鄖陽府推官，康熙六年遷湖北黃州府同知，十三年任安徽徽州知府，官至浙江杭嚴道。

胡簡敬 字又弓。江蘇沭陽縣人。順治十二年二甲七十七名進士。選庶吉士，授編修。十五年充會試同考官，升侍讀學士，康熙九年督直隸學政，康熙二十一年授內閣學士。二十三年遷禮部左侍郎，改吏部右侍郎、二十五年降調，改太常寺少卿。二十九年，父子兄弟一門狡惡，因霸占民人妻女田產，誣良爲盜，二十九年發往河西墾荒。胡旭、胡敷世絞監候。（一作其族人與鄰人爭田，簡敬恃勢凌虐，吏議重譴，被旨從寬發往河南墾荒處所安置，遂家汝寧，十年而卒，年六十四。）

第三甲三百一十九名

張松齡 字鶴生，號赤庵。福建莆田縣人。順治十二年三甲第一名進士。選庶吉士，未散館改御史，擢刑科、吏科給事中，官至四川川南道。裁缺歸里。值耿精忠反清，迫以任職不從，被囚數月。康熙十四年（1675）不屈而死，年五十八。

史逸裘 字省齋、雲次。浙江仁和縣人。順治十二年三甲第二名進士。任行人，改兵部職方司主事，康熙三年任南關監督，升員外郎、督捕郎中。康熙七年督河南提學道，十八年任山東兗沂道，丁母憂歸。母喪哀毀卒，年六十二。著有《小隱集》。

蔣龍光　江蘇宜興縣人。順治十二年三甲第三名進士。授中書舍人，康熙三年纍遷直隸通永道，二十一年改江西湖東道，二十四年官至浙江驛傳道。

朱張銘　字西渠。浙江嘉善縣人。順治十二年三甲第四名進士。任行人，康熙二年充雲南鄉試副考官，升戶部主事。

劉宗韓　字重顯。順天固安縣人。順治十二年三甲第五名進士。任中書，升禮部精繕司主事，九年考選御史。

何元英　字葓音。浙江秀水籍，海鹽縣人。順治十二年三甲第六名進士。任行人，十七年充廣西鄉試副考官，遷兵部主事、戶部郎中。康熙七年考選廣東道御史，十二年山西巡鹽御史，遷鴻臚寺少卿，官至通政使司參議。以疾歸。工書法。有《行楷詩金箋大冊》。

李可汧　（榜名李開鄴）字賓侯、元仗，號處厚。江蘇昆山縣人。明萬曆四十四年（1616）生。順治十二年三甲第七名進士。授行人，進刑部主事，升員外郎，遷郎中。改湖廣按察使司僉事，康熙五年督湖廣提學道。丁憂歸，不復出。康熙十四年（1675）二月十六日卒，年六十。

楊繼經　湖北蘄州人。順治五年舉人，十二年三甲第八名進士。任刑部主事，官至員外郎。

綦汝楫　字松友，號膠崖。山東高密縣人。順治十二年三甲第九名進士。選庶吉士，授檢討，十五年充會試同考官。遷侍讀學士，康熙六年授宏文院學士。七年解職。著有《四友堂詩》。

孫象賢　字魯庵、踐猷。山西興縣人。順治十二年三甲第十名進士。任內閣中書，十七年充四川鄉試副考官，十八年江西九江關監督，官至刑部郎中。丁憂歸。尋卒。

裴紹宗　漢軍正黃旗（一作山西大同）人。順治十二年三甲十一名進士。十三年任直隸景州知州，升潞安知府，康熙二年官至貴州思州知府。

顧景錫　江蘇太倉州人。順治十二年三甲十二名進士。十四年任安徽安慶府教授。

袁州佐　字左公，號秋水、蓼庵。山東濟寧州人。明萬曆三十四年（1606）生。順治十二年三甲十三名進士。纍遷陝西乾州知州，內召工部屯田司員外郎，進郎中。復出任陝西甘山道，康熙十年遷直隸口北道。康熙十一年（1672）十一月十四日卒於任。年六十七。著有《孝經注解》《植香齋詩集》等。

年仲隆　漢軍鑲白旗。順治十二年三甲十四名進士。十五年任安徽和州直隸州知州。

張錫嶧　（榜名張錫懌）字越九，號宏軒。江蘇上海縣人。順治十二年三甲十五名進士。官至山東泰安知州。著有《張子近言》《嘯閣餘聲集》《南歸稿》《涉江稿》《漫游稿》。

陸翔華 字季仲，號静涵。浙江嘉善縣人。順治十二年三甲十六名進士。十四年任廣西鬱林州知州，十八年補安徽廣德直隸州知州。

陸求可 字咸一，號密庵、月湄。江蘇山陽縣人。明萬曆四十五年（1617）五月初四日生。順治十二年三甲十七名進士。任河南知縣，擢河南裕州知州，刑部員外郎，郎中。康熙元年督福建提學道，官至候補布政司參議。康熙十八年（1679）七月初三日卒。年六十三。著有《語録》《密庵文集》《詩集》等。

劉胤桂 字雲事，號公振。山東壽光縣人。順治十二年三甲十八名進士。康熙二年任甘肅合水知縣。以憂去。

兄劉毓桂，順治九年進士。

賈廷蘭 字瑤林、文庵。直隸正定縣人。順治十二年三甲十九名進士。纍遷户部郎中，康熙三年充會試同考官，遷江西饒州知府，擢河南汝南道，官至饒南九道，山西儲糧道。

宋國榮 漢軍正白旗。順治十二年三甲二十名進士。十三年任山東東平州知州，官至東昌府知府，改河南歸德知府。

歸泓 字雪采。江蘇常熟縣人。順治十二年三甲二十一名進士。十四年任河南歸德府推官，遷禮部主事。

田種玉 字公琢，號遜庵。順天宛平縣人。順治十二年三甲二十二名進士。選庶吉士，授檢討。十五年充會試同考官，纍遷至侍讀學士，康熙七年任内弘文院學士，九年授禮部右侍郎，十一年降調。十四年任奉天府丞兼學政。後乞歸。四十二年康熙帝南巡，賞復侍郎原銜。五十二年入京祝嘏加工部尚書，太子少保銜。

申絃祚 字維久。江蘇長洲縣人。順治十二年三甲二十三名進士。任推官。

周令樹 字計百。河南延津縣人。順治十二年三甲二十四名進士。任江西贛州府推官，康熙六年遷山西大同府同知，有異政。十年官至山西太原知府。

鄧種麟 字玉書。江蘇江陰縣人。順治十二年三甲二十五名進士。選庶吉士，授檢討。

李燧升 浙江鄞縣人。順治十二年三甲二十六名進士。任推官。

鄭觀吉 福建閩縣人。順治十二年三甲二十七名進士。甘肅慶陽府推官，十五年改江蘇揚州府推官。

傅宸 字彤臣，號蘭生、麗農。山東新城縣人。明萬曆四十二年（1614）生。順治十二年三甲二十八名進士。任直隸河間府推官，十四年行取山西道御史，官至掌江西道監察御史。十八年乞養歸。康熙二十三年（1684）九月二十六日卒，年七十一。爲清初詩詞作家，著有奏疏、詩文集、詞曲、詩話、《瀆槐堂四種》《硯田漫筆》《增訂堯山堂解記》《姓譜增補》《韻府補遺》《新城軼事》等。

王階 字裕清，號晉若。直隸景州人。順治十二年三甲二十九名進士。任浙江台州府推官，升甘肅鞏昌府同知，改安徽廬州府同知，擢知府，官至浙江湖州府知府，署杭嘉湖道。

楊蕃生 河南河內縣人。順治十二年三甲三十名進士。纍遷戶部郎中，官至直隸井陘兵備道。

康殿邦 漢軍正黃旗人。順治十二年三甲三十一名進士。任江西上高知縣，康熙年改山東禹城知縣。

王元晋 直隸寧晉縣人。順治十二年三甲三十二名進士。纍遷戶部山西司郎中，十七年遷安徽鳳陽知府，管鳳陽關監督。

符應琦 直隸饒陽縣人。順治十二年三甲三十三名進士。十五年任河南歸德府推官，康熙五年遷工部主事。

施鳴佩 江蘇武進縣人。順治十二年三甲三十四名進士。任廣東高州府推官。

潘世晋 字晉也。安徽天長縣人，原籍江蘇興化。順治十二年三甲三十五名進士。任吏部郎中，康熙三年充會試同考官，二十一年任廣東按察司僉事，二十三年官至甘肅西寧道。

吳宗虞 （一作胡宗虞）江蘇武進縣人。順治十二年三甲三十六名進士。十五年任江西九江府推官，有善政。康熙七年遷江西臨江府同知，官至貴州安順知府。參與編《九江府志》。

朱霞 字石年。浙江建德縣人。順治十二年三甲三十七名進士。任福建汀州府推官，康熙七年改湖南桂東知縣。

兄朱雯，康熙三年進士。

荊柯 字公近，江蘇丹陽縣人。順治十二年三甲三十八名進士。任陝西延安府推官，康熙八年改湖廣漵浦知縣。解任後道梗不得歸，卒於漵浦。

孫際昌 字名卿、燕克。直隸河間縣人。順治十二年三甲三十九名進士。十三年任河南南陽府推官，纍遷戶科給事中，十六年充會試同考官，康熙四年補浙江道御史，七年官至甘肅臨洮道。告歸。

甯心祖 漢軍正紅旗。順治十二年三甲四十名進士。

徐紹芳 （一作項紹芳）安徽桐城縣人。順治十二年三甲四十一名進士。

董國棟 福建莆田人。順治十二年三甲四十二名進士。任閩縣教諭，授江蘇江寧府推官。

陳敳永 字雛期，號學山。浙江海寧人。順治十二年三甲四十三名進士。選庶吉士，任檢討，升侍讀，康熙二年充江西主考官。遷內秘書院侍讀學士、東閣學士，康熙十年授吏部侍郎，十五年改左都御史，十六年四月任工部尚書。十七年三月休致。康熙二十年（1681）五月卒。謚“文和”。

胡景曾 廣東順德縣人。順治十二年三甲四十四名進士。十七年任湖南長沙府推官，康熙六年遷山西太原府中路同知，官至湖北武昌府知府。

于可託 字阿輔，號龍河。山東文登縣人。順治十二年三甲四十五名進士。十七年授江西撫州府推官，升戶部主事，進工科給事中，康熙十一年遷順天府丞。十二年授太僕寺卿，改宗人府丞，十三年遷左副都御史，改戶部侍郎。十八年革。康熙二十六年（1687）卒，年六十七。

胡啓甲 字岩英。浙江慈溪縣人。順治十二年三甲四十六名進士。授山西大同府推官，陝西西安府推官，任三年鐫一級歸。

鞏維城 順天永清縣人。順治十二年三甲四十七名進士。十五年任江蘇常州府推官。罷去。

尤師錫 字升庵。浙江桐鄉縣人。順治十二年三甲四十八名進士。江寧府推官，十八年改福建建寧府推官。

雷學謙 字六吉。陝西郃陽縣人。順治十二年三甲四十九名進士。任廣西桂林府推官，康熙元年行取廣西道御史，丁憂歸。遂不出。

紀　元 字季愷，號子湘。順天文安縣人。明崇禎七年（1634）生。順治十二年三甲五十名進士。十三年任浙江杭州府推官，康熙六年遷徐州河防同知，十年升湖北漢陽知府，十九年官至甘肅鞏昌府知府。著有《臥游山房稿》。

韋嗣賢 （榜名韋弦佩）安徽蕪湖縣人。順治十二年三甲五十一名進士。十七年授江西撫州府推官，署江西宜黃知縣，晋吏部驗封司主事，升考工司郎中。康熙十二年因與上峰不合，辭歸。

楊　鼐 字靖調。山東臨清州（一作浙江仁和）人。順治十二年三甲五十二名進士。任直隸大名府推官，刑科給事中，十六年充會試同考官，擢鴻臚寺卿，遷左通政，康熙十二年官至通政使。十三年罷。

王　揆 字端士，號芝廛。江蘇太倉州人。明天啓二年（1622）生。順治十二年三甲五十三名進士。歸班候選知縣。以推官用不出，通籍四十年未出仕。所著《芝廛集》被吳偉業選入《太倉十子詩選》。十子爲：黃與堅、周肇、許旭、王撰、王攄、王昊、王揆、王忭、王曜升、顧湄。

爲著名詩畫家王時敏次子。

周景濂 字仍叔。江蘇上元縣人。順治十二年三甲五十四名進士。任貴州石阡府推官。

龔九震 福建晉江縣人。順治十二年三甲五十五名進士。任直隸順德府推官。

稽永福　字爾遐，號漪園。江蘇無錫縣人。順治十二年三甲五十六名進士。十六年授嚴州府推官，左遷山東歷城縣丞，署章丘知縣。康熙十八年試鴻博不遇。以軍功議敘以僉事道用，未補官而卒。著有《漪園遺稿》。

唐彥暉　字閻貫。浙江烏程縣人。順治十二年三甲五十七名進士。任禮部主事。

許宗渾　字岱雲。浙江嘉興縣人。順治十二年三甲五十八名進士。任江蘇松江府推官，執法惠民，罣誤歸。

張見龍　字羽京。河南太康縣人。順治十二年三甲五十九名進士。康熙元年任浙江處州府推官，八年任山東樂安縣知縣，補直隸靜海知縣，遷禮部主事。未幾告歸。

錢黯　字長儒，號書巢、墨樵、潔園。浙江嘉善縣人。順治十二年三甲六十名進士。任安徽池州府推官。以罣誤罷。年僅三十家居事親。卒年九十五。著有《潔園存稿》。

史颺廷　字昌言、虞賡。江蘇溧陽縣人。順治十二年三甲六十一名進士。任湖北鄖陽府、安陸府推官，康熙七年調山東陵縣知縣，升西安同知，官至雲南府知府。卒於任。

秦鑪　江蘇無錫縣人。順治十二年三甲六十二名進士。康熙元年任浙江溫州府推官。

吳貞度　字靜安。江蘇宜興縣人。順治十二年三甲六十三名進士。選庶吉士。十三年降安徽池州府教授。

伍柳　字菊偶。江西安福縣人。順治十二年三甲六十四名進士。十四年任四川順慶府推官，遷江寧府同知，丁父憂歸。補甘肅平涼同知，官至雲南永昌知府。以母老乞歸。年六十四卒。著有《勁草堂詩集》。

杜汝用　江蘇宜興縣人。順治十二年三甲六十五名進士。

何訥　字銘山、公韓。江蘇昆山縣人。順治十二年三甲六十六名進士。任山西太原府推官，補保定知縣，康熙二十三年署順天府固安知縣，擢刑部主事。移疾歸。卒年八十一。

張鼎彝　字清臣，號束岩。直隸束鹿縣人。順治十二年三甲六十七名進士。十六年任河南汝寧府推官，擢行人，遷吏部員外郎，康熙十二年充會試同考官，升郎中。二十三年遷奉天府丞兼學政，官至左通政使。

張注慶　字元長。四川閬中縣人。順治十二年三甲六十八名進士。任廣西平樂府推官，十五年行取陝西道御史，廣東巡按御史，謫河南洛陽縣丞。

沈遠　字漸於。湖北孝感縣人。順治五年舉人，十二年三甲六十九名進士。任浙江溫州府推官，補廣東惠州府推官，康熙六年升給事中。奉議裁。

邵世茂 字羽萬。江蘇常熟縣人。順治十二年三甲七十名進士。十七年任廣東韶州府推官。

顧豹文 字季蔚，號且庵。浙江會稽籍，錢塘縣人。順治十二年三甲七十一名進士。十三年任河南正陽知縣，十五年行取江西道監察御史。康熙十八年薦應鴻博。以老病辭歸。著有《三楚奏議》《六書古韻》《願圃日記》《世美堂集》。

胡 健 字山立。浙江歸安籍，仁和縣人。順治十二年三甲七十二名進士。任江西德化知縣。

常 建 直隸雄縣人。順治十二年三甲七十三名進士。任廣東省博羅知縣，卒於任。

商顯仁 字晦侯。浙江淳安縣人。順治十二年三甲七十四名進士。十四年任江蘇上海知縣。

鄧可權 字仲達。福建沙縣人。順治十二年三甲七十五名進士。授廣西荔浦知縣，未抵任而卒。

符渭英 字非熊。江蘇金壇縣人。順治十二年三甲七十六名進士。十五年任直隸深澤知縣。官至大理寺評事，康熙二年充貴州鄉試主考官。

胡虞潢 湖南武陵縣人。順治十二年三甲七十七名進士。十三年任山西陽曲知縣，秩滿遷行人司行人。

甯國珍 字采黻。浙江蘭溪縣人。順治十二年三甲七十八名進士。

任山東費縣知縣，後任户部管倉分司（主事）（駐山東德州），進户部郎中。三年考選江南道御史，康熙六年任山東巡鹽御史。

黨以讓 字克公，號蓼懷。陝西城固縣人。順治十二年三甲七十九名進士。選庶吉士，授檢討。十五年任會試同考官，官至侍講。

謝敦懿 山西臨晉縣人。順治十二年三甲八十名進士。十六年授江西玉山知縣，康熙年改湖南臨湘知縣，内遷主事。以疾卒。年僅三十二。

韓 張 字傑一。山西沁水縣人。順治十二年三甲八十一名進士。十四年任湖南桃源知縣，以疾告歸。

張 超 字伯年。浙江桐鄉縣人。順治十二年三甲八十二名進士。十四年任江蘇華亭知縣。以罣誤歸。

張恩斌 漢軍正黃旗。順治十二年三甲八十三名進士。十二年任河南延津知縣，康熙四年纍遷廣東瓊州知府，改甘肅鞏昌知府，十九年官至四川龍安府知府。

姚啓盛 本姓葉，字際斯。漢軍鑲紅旗。順治十二年三甲八十四名進士。十三年任福建建陽知縣，任刑科給事中，升江西督糧道，康熙元年任貴州都清兵備道，四年改浙江嘉湖道，改溫處道，十四年官至江西布政使。卒於任。

李曰桂 字丹一。山東成山衛人。順治十二年三甲八十五名進士。十五年任福建沙縣知縣，康熙四年再任。

袁鴻謨　字顯之、蘿叟。河南睢州人。順治十二年三甲八十六名進士。十七年任直隸雞澤知縣，升戶部主事，遷員外郎。康熙八年充湖廣鄉試副考官。事峻歸里。

韓雄胤　字念予，號毅庵。直隸高陽縣人。順治十二年三甲八十七名進士。選庶吉士，改山海衛教授，康熙八年改直隸廣平府教授，擢任工部營繕司主事，二十一年充會試同考官，二十五年遷制儀司員外郎，二十九年官至禮部郎中。卒年六十七。

馮雲驤　字訥生。山西太原府振武衛人。順治十二年三甲八十八名進士。授大同府教授，康熙十八年舉博學鴻詞，轉國子監博士，遷戶部主事、員外郎，康熙二十一年督四川提學道，官至福建督糧道。致仕歸。著有《春秋説約》《約齋文集》《飛霞樓詩》《雲中集》《國雍草》《沱園偶輯》《瞻花稿》《寒山詩餘》。

弟馮雲騋，康熙十五年進士。

劉廷桂　字雲子。河南穎川衛人。順治十二年三甲八十九名進士。任江蘇丹陽知縣。

蔣宣　字子祿。福建侯官縣人。順治十二年三甲九十名進士。授江西樂平知縣，十三年以守城功擢江蘇高郵知州。以母老乞養歸。父兄卒後，授徒養母及嫂。

龔勛　字茗溪。浙江會稽縣人。順治十二年三甲九十一名進士。

十三年任安徽舒城知縣。

林文輝　字水心。福建侯官縣人。順治十二年三甲九十二名進士。十二年任福建龍溪縣教諭，十三年任江蘇溧陽知縣。

馬光遠　山東大嵩衛人。順治八年舉人，十二年三甲九十三名進士。十四年授廣東遂溪縣知縣，康熙十年調山西河津縣知縣。

程天旋　字玉璧。江蘇通州人。順治十二年三甲九十四名進士。十三年任廣東程鄉知縣，改雲南騰越知縣，吳三桂叛清隱雞足山七年，事平授雲南曲靖府同知。卒於官。

萬泰　河南封丘縣人。順治十二年三甲九十五名進士。任刑部主事、郎中。康熙七年考選福建道御史。官至浙江糧道。

朱菠　字江籬。順天大興縣人。順治十二年三甲九十六名進士。十三年任江蘇金壇知縣。

于鵬翰　字六息、山白。山東文登縣人。順治十二年三甲九十七名進士。十三年任江西峽江縣知縣。在任三年清風仁政，特贈光祿大夫。以憂去。

弟于鵬翀，順治九年進士；子于璉，順治十五年進士。

胡韻　字遠存。湖北孝感縣人。順治十二年三甲九十八名進士。授推官，未任卒。

楊雍建　字自西，號以齋。浙江海寧縣人。明崇禎四年（1631）生。順治十二年三甲九十九名進士。

任廣東高要知縣，遷兵科給事中，轉禮科，十六年充會試同考官。纍遷左通政使，康熙十七年授太僕寺卿遷左副都御史，十八年二月改貴州巡撫，二十三年八月調兵部侍郎。二十五年十一月乞養。康熙四十三年（1704）五月卒，年七十四。著有《黃門疏稿》《撫黔奏疏》《政學編》《景蔬樓詩文》《自怡集》等書。

桑開運 字雨嵐。順天玉田縣人。順治十二年三甲一百名進士。任保定府教授，升刑部主事，員外郎，康熙十四年充山東鄉試副考官，遷禮部郎中，十七年督山東提學道，官至廣西布政司參議。著有《恤刑參略》《日省撮要》。

梅光鼎 字象三。山東滋陽縣人。順治十二年三甲一百零一名進士。任福建福清知縣。

熊光裕 字肅行。湖北黃岡縣人。順治十一年舉人。十二年三甲一百零二名進士。十三年授山西榆次知縣，十八年官至浙江杭嚴道，曾署按察使。

曹鍾浩 字持原。江蘇金壇縣人。順治十二年三甲一百零三名進士。十六年任廣東西寧知縣，升刑部主事，謫河南鄭州同知。

陳聖泰 字思庵。福建侯官縣人。順治十二年三甲一百零四名進士。任福建邵武府教授。

董常國 漢軍正白旗。順治十二年三甲一百零五名進士。十七年任廣西賀縣知縣。

叢大爲 字祥子。山東文登縣人。順治十二年三甲一百零六名進士。十三年任江蘇句容知縣。因事罷官。歸里仍好學不輟。著有《攜雪堂詩草》。

龔鯤 字扶萬。湖北鍾祥縣人。順治八年舉人，十二年三甲一百零七名進士。康熙二年官至安徽寧國府知府。告歸。

甯光璽 順天大興縣人。順治十二年三甲一百零八名進士。任浙江桐廬知縣，十八年改江西德興知縣。

洪啓槐 字庭植、棘朋。安徽寧國縣人。順治十二年三甲一百零九名進士。四川南江知縣，擢戶部主事，升郎中，任江西九江關監督，康熙十年督貴州提學道。卒於任。

吳子雲 字霞蒸，號五崖。安徽桐城縣人。順治十二年三甲一百十名進士。歷任安徽廬州府教授，國子監助教，改刑部主事，升禮部員外郎，康熙十五年充會試同考官，遷戶部郎中。十七年督河南提學道，按察司僉事。年五十以親老歸。

張莘 字正甫。直隸蠡縣人。順治十二年三甲一百十一名進士。初授順天府大興教授，升國子監學正，遷戶部主西司主事、萊州府通判（駐山東管戶部倉），康熙五年充貴州鄉試副考官，遷員外郎、郎中，康熙十二年督四川學政。

倪衷復 字來子。安徽合肥縣人。順治十二年三甲一百十二名進士。十七年任江西安遠知縣。

呂鳳梧 山東長山縣人。順治十二年三甲一百十三名進士。任山西崞縣知縣。

馬淑昌 字釋若，號雪峰。湖北蒲圻縣人。順治十二年三甲一百十四名進士。任河南商水知縣，康熙八年改山東東平州判。

李如蘭 字九畹。河南武陟縣人。順治十二年三甲一百十五名進士。任山西聞喜知縣，升主事，官至督捕理事官。

屠尚 字渭綸。江蘇無錫縣（一作陽湖）人。順治十二年三甲一百十六名進士。十六年任江西靖安知縣，在任三年。

梁鋐 字子遠，號仲琳。陝西三原縣人。順治十二年三甲一百十七名進士。選庶吉士，授刑科給事中，十五年充會試同考官。遷右通政副使，康熙九年授太僕寺卿，改太常寺卿、通政使，十一年遷工部侍郎，十七年改倉場侍郎。十八年病休。康熙五十四年（1715）九月卒，年八十。

遲炤（一作遲照）漢軍正白旗。順治十二年三甲一百十八名進士。十七年任浙江蘭溪知縣，康熙元年改河南寧陵知縣，十年任四川茂州知州。

淮清 漢軍鑲白旗（甘肅鞏昌）。順治十二年三甲一百十九名進士。十三年任湖南寧遠知縣。

趙廷佑 陝西南鄭縣人。順治十二年三甲一百二十名進士。任知縣。

吳暹 號鸞田。四川保寧府人。順治十二年三甲一百二十一名進士。十二年任山東魚臺知縣，十三年改山東嘉祥知縣，行取去。

楊通久 山東濟寧州人。順治十二年三甲一百二十二名進士。十六年任直隸獻縣知縣。

秦松齡 字漢石、次椒，號留仙、對岩。江蘇無錫縣人。明崇禎十年（1637）生。順治十二年乙未科三甲一百二十三名進士。選庶吉士，授檢討。因事罷歸。康熙十八年召試博學鴻詞一等復授檢討，二十年充江西鄉試正考官。充日講起居注，遷左贊善，官至詹事府左諭德，二十三年充順天鄉試正考官，磨勘落職。歸後二十餘年，專治毛詩。四十二年帝南巡還原官。後於軍中講學。康熙五十三年（1714）卒，年七十八。著有《毛詩日箋》《蒼峴山人文集》《微雲詞》等。

張鳳翮 字翔伯。河南西華縣人。順治十二年三甲一百二十四名進士。十六年授廣東興寧知縣，晉江蘇鎮江府同知。未赴任卒。

汪觀 字禹若。安徽宣城縣人。順治十二年三甲一百二十五名進士。任湖北麻城知縣，十六年任湖南湘鄉縣知縣。母喪，哀毀卒。

楊端本 字樹滋，號函東。陝西潼關衛人。明崇禎元年（1628）六月二十三日生。順治十二年三甲一百二十六名進士。康熙二年任山東臨淄知縣。康熙三十三年（1694）正月二十三日卒，年六十七。著有《潼水閣集》八卷。

賀王昌 字祥庵、君開。江蘇丹陽縣人。舉人，授五河縣教諭。順治十二年三甲一百二十七名進士。授山東嶧縣知縣，補東昌府高唐州州判，升臨清直隸州知州。以疾歸。著有《祥庵集》。

竹綠猗 陝西涇陽縣人。順治十二年三甲一百二十八名進士。十三年任江西信豐知縣，康熙六年改安徽蒙城知縣，丁內艱去。十三年改直隸任縣知縣，纍遷驛傳道，官至廣東按察司僉事。

盧易 字敬忠、瑞峰。福建惠安縣人。順治十二年三甲一百二十九名進士。十三年任山西太平知縣，擢禮部主事、刑部員外郎、郎中，康熙五年充山西鄉試主考官，康熙六年督廣西提學道。

謝世則 字子言。湖北沔陽州人。順治十一年舉人，十二年三甲一百三十名進士。授江西袁州府教授，升國子監博士，遷工部虞衡司主事，提督淮徐河道。告終養歸，家居三十年。

張有傑 字英應。江西臨川縣人。順治十二年三甲一百三十一名進士。康熙五年任順天永清知縣，纍遷戶部郎中，康熙十六年充河南鄉試主考官，十九年官至浙江溫處道。未幾卒。

楊日升 字東曦，號集虛。江西新城縣人。順治十二年三甲一百三十二名進士。任江西南康府教授，康熙七年擢直隸東明知縣，升中書，未任卒。

張爲仁 （1614—1679）字致堂，號滄粟。山東海豐縣人。順治十二年三甲一百三十三名進士。十六年任河南內黃縣知縣，歷內閣中書，康熙五年充廣西鄉試副考官，遷刑部主事，江南司員外郎，郎中，十三年督廣東提學道。以病乞休，卒於家，年六十六。著有《四書偶說》。

郭士璟 字眉樞。江蘇江都縣人。順治十二年三甲一百三十四名進士。康熙十三年任江蘇常州府教授，遷工部主事，乞歸。官至山東登萊道。著有《雜體詩文》十七卷。

丘時中 字心尼、拙叟。山東濟寧州人。順治十二年三甲一百三十五名進士。十七年任江蘇儀徵知縣，丁母憂。康熙二十年調廣東遂溪知縣，以鹽課缺額罷官。歸後杜門謝客，潛心理學。

程必昇 陝西韓城縣人。順治十二年三甲一百三十六名進士。十三年任山東棲霞縣知縣，康熙十八年召試鴻博。著有《白石堂集》。

賈復元 字臨溪。山西崞縣人。順治十二年三甲一百三十七名進士。順治十六年任山東長山知縣。以罣誤去職。

王明試 字雍侯。江蘇金壇縣人。順治十二年三甲一百三十八名進士。十三年授廣東南海知縣，升兵部職方司主事。

侯抒憤 字爾謨，號古渠。河南襄城縣人。順治十二年三甲一百三十九名進士。任河南河南府教授，康熙四年任山東濰縣知縣，五年擢戶部主事，官至郎中。卒於任。

陳 謨 （榜名朱謨，復姓）字蓋銘。江蘇吳縣（一作無錫）人。順治十二年三甲一百四十名進士。任江寧府教授。

程之明 安徽休寧縣人。順治十二年三甲一百四十一名進士。十五年任安徽安慶府教授。

王震起 字省庵、海屏。山東濰縣人。順治十二年三甲一百四十二名進士。十二年任河南太康知縣，升刑部主事，員外郎，戶部郎中。康熙九年督廣西提學道（《清秘述聞》作福建提學道）。晋布政司參議。

鄭 章 福建閩縣人。順治十二年三甲一百四十三名進士。十七年任山西萬泉知縣，官至直隸正定府同知。

沈 彪 字詹山。浙江歸安縣人。順治十二年三甲一百四十四名進士。康熙元年任四川慶符知縣，六年改廣東文昌知縣。

楊元蕃 字如升。江西南昌縣人。順治十二年三甲一百四十五名進士。康熙元年任廣東龍川知縣。

孫宗元 字柳下、近厚。山東淄川縣人。順治十二年三甲一百四十六名進士。十三年授山西臨晋知縣，康熙二年河南開封府南河同知，十年降補直隸灤州知州，官至廣西思恩府同知。

王 鼎 河南林縣人。順治十二年三甲一百四十七名進士。任直隸滑縣知縣（雍正三年滑縣改隸河南省），十六年改直隸巨鹿知縣，遷工部主事，十八年升太常寺博士。

李贊元 （榜名李立）字望石，號匡侯。山東登州府大嵩衛人。順治十二年三甲一百四十八名進士。選庶吉士，授山東道御史，十七年改兩淮巡鹽御史，康熙八年擢戶科給事中，十一年任兵部督捕理事官，歷右通政使。康熙十二年授大理寺卿，遷左副都御史。十三年改督捕右侍郎。康熙十七年（1678）十月卒於京。著有《巡楚詩稿》《信心齋詩稿》《杜詩解》等。

李彥琤 字愚若。陝西三原縣人。順治十二年三甲一百四十九名進士。十五年任湖北鍾祥知縣。卒於任。

徐州牧 山東濟寧州人。順治十二年三甲一百五十名進士。十六年任直隸慶雲知縣。以鹽課罣誤去官。

宋逢泰 河南臨穎縣人。順治十二年三甲一百五十一名進士。十三年任直隸唐縣知縣，改禮部主事。

許光震 字電青。江蘇泰州人。順治十二年三甲一百五十二名進士。任陝西鳳翔知縣。以親老告歸。

吳景祉 字二來。湖北興國州

人。順治十二年三甲一百五十三名進士。十七年任江西南豐知縣。罷官後貧不能歸。

子吳甫生，康熙三十三年進士。

伊闢 字盧源，號翕庵。山東新城縣人。明天啓三年（1623）五月十七日生。順治十二年三甲一百五十四名進士。選庶吉士，未散館十三年改廣西道御史，升光祿寺少卿，遷右通政使，康熙十八年授太僕寺卿改大理寺卿，十九年遷雲南巡撫。二十年（1681）五月初八日卒，年五十九。著有《按晉奏議》。

余開熙 號嵩山。湖北蒲圻縣人。順治五年舉人，十二年三甲一百五十五名進士。十四年任江西會昌知縣，遷江西司主事，官至吏部郎中。康熙初年乞歸。八年後卒。

于肖龍 字雲賓。河南內鄉縣人。順治十二年三甲一百五十六名進士。十六年任湖南新化知縣，遷戶部主事。

蔣寅 字敬公，號亮天。江蘇丹徒縣人。順治十二年三甲一百五十七名進士。十三年任廣東揭陽知縣，擢刑部主事，升員外郎、郎中。康熙元年外任直隸廣平知府，六年遷福建巡海道，十七年改浙江糧道，康熙二十四年授雲南按察使，二十六年遷貴州布政使，三十一年五月遷太僕寺卿。同年罷。

夏長泰 字季保。浙江嘉善縣人。順治十二年三甲一百五十八名進士。十三年授山西文水知縣，升

刑部主事，員外郎。請假歸。修築堤勞瘁卒。

唐炌 山東益都縣人。順治十二年三甲一百五十九名進士。任陝西洵陽知縣。

萇孕秀 字青蘿。河南封丘縣人。順治十二年三甲一百六十名進士。任行人司司副，康熙八年充江西鄉試副考官。

任琪 字仲玉。山東高密縣人。順治十二年三甲一百六十一名進士。十三年任山東登州府教授，纍遷禮部主事，官至儀制司郎中。卒於官。

溫泮 山東德州人。順治十二年三甲一百六十二名進士。十四年任江西靖安知縣，官廣東按察司知事。

安九埏 字靖九。直隸開州人。順治十二年三甲一百六十三名進士。十四年任浙江德清知縣，丁祖母憂歸。服闋改廣西來賓、北流知縣。後家居，輯州志。

項景襄 字法浮，號眉山。浙江錢塘縣人，秀水籍。明崇禎元年（1627）生。順治十二年三甲一百六十四名進士。選庶吉士，授檢討。十五年充任會試同考官，歷侍講、侍讀學士、少詹事。康熙十五年授詹事，十六年遷內閣學士，十八年授兵部右侍郎。康熙二十年（1681）十月卒，年五十四。

黃維祺 字五先。山東濟寧州人。順治十二年三甲一百六十五名

進士。康熙元年任直隸故城縣知縣。致仕歸里。授業生徒。卒年八十。

喬升德 山西安邑縣人。順治十二年三甲一百六十六名進士。十七年任湖南沅陵知縣。

李　浣 字雪生。直隸元氏縣人。順治十二年三甲一百六十七名進士。初任江蘇華亭知縣，改江蘇婁縣知縣。剛方正直，清風兩袖，有白面包公之頌。

兄李灝，順治十五年進士。

徐　杆 山東蓬萊縣人。順治十二年三甲一百六十八名進士。任直隸寧鄉知縣，改唐山知縣，康熙元年調安徽定遠知縣。

王如辰 字中台，號北野。山東膠州人。順治十二年三甲一百六十九名進士。十六年任山西交城知縣，康熙二年召京任行人，改戶部主事，河南司員外郎、郎中，康熙十九年督廣西提學道。以奉親辭職。卒於里。著有《北野逸詩》。

子王懿，康熙二十七年進士。

呂正音 字五正，號夢軒。浙江新昌縣人。順治十二年三甲一百七十名進士。任山東昌樂知縣，行取戶部主事，康熙五年充廣東鄉試主考官。升員外郎，刑部郎中，十年官至安徽徽寧道歸。卒年七十五。

丁其譽 字蜚公，江蘇如皋縣人。順治十二年三甲一百七十一名進士。十六年任山西石樓知縣，康熙八年擢行人司行人。乞養歸。著有《壽世秘典》。

邵仲陟 字康城。浙江鄞縣人。順治十二年三甲一百七十二名進士。康熙元年任浙江溫州府教授，升兵部司務。

張　蓋 字獻彤，號拙庵。山東東昌府濮州人。順治十二年三甲一百七十三名進士。十五年任河南舞陽縣知縣。

遲　煊 號默生。漢軍正白旗。順治十二年三甲一百七十四名進士。十七年任河南偃師知縣，改大理寺評事，兵部職方司主事，康熙八年充陝西鄉試副考官。遷戶部郎中，十一年督廣東提學道十九年官至江西鹽驛道。

孔文明 山西澤州人。順治十二年三甲一百七十五名進士。十三年任直隸南宮知縣，改任福建長樂知縣。

郝獻明 直隸萬全衛人。順治十二年三甲一百七十六名進士。十五年任山東樂陵知縣，在八年，康熙七年遷山東臨沂州知州，十年官至河南彰德府同知。

堵　嶷 字誕異。湖北漢陽縣人。順治十一年舉人，十二年三甲一百七十七名進士。康熙元年任山東博平知縣，改戶部主事。

劉維禎 字瑞公。江蘇武進縣人。順治十二年三甲一百七十八名進士。任安徽寧國府教授，升山東莘縣知縣，康熙二十二年行取御史，二十八年遷湖南岳常澧道，康熙四十年官至貴州貴西道。

周　珽　字霞屏、廷玉。江蘇溧陽縣人。順治十二年三甲一百七十九名進士。授安徽太平府教授，在任五年，卒於家。

任　雄　江蘇宜興縣人。順治十二年三甲一百八十名進士。

陸鳴珂　字天藻，號曾庵、次山。江蘇上海縣人。順治十二年三甲一百八十一名進士。康熙十六年任江蘇揚州府教授，纍遷至戶部郎中，三十六年督山東提學道。

雷　湛　字雨若。順天通州人。順治十二年三甲一百八十二名進士。任山西和順知縣，十三年行取戶部主事，遷戶部郎中，後任大通橋河西務監督。

叔父雷一龍，順治六年進士。

劉　渡　字卜洲。山東章丘縣人。順治八年舉人，十二年三甲一百八十三名進士。康熙元年任廣東龍門知縣。

張翮飛　字千子。江蘇鹽城縣人。順治十二年三甲一百八十四名進士。康熙元年任浙江龍泉知縣。亢直不阿，歸里。

楊　瀛　直隸永年縣人。順治十二年三甲一百八十五名進士。任陝西麟游知縣。

石　曜　字麗躔。直隸永年縣人。順治十二年三甲一百八十六名進士。十五年任江西龍泉知縣。

黃雲鶴　字鳴仙。安徽宣城縣人。順治十二年三甲一百八十七名進士。十七年任河南鄢陵知縣。

戚　藩　字價人，號蘧庵。江蘇江陰縣人。順治十二年三甲一百八十八名進士。任陝西安定縣知縣。以前任遺累去職。後寓十方庵，無疾卒。

翁士偉　福建晉江縣人。順治十二年三甲一百八十九名進士。任知縣。

范廷鳳　字抑庵。浙江鄞縣人。順治十二年三甲一百九十名進士。康熙元年任江西萬載知縣。

舒　暢　字石城。浙江武康縣人。順治十二年三甲一百九十一名進士。任陝西延長知縣，官至雲南雲州知州。

張易賁　字人文。河南盧氏縣人。順治十二年三甲一百九十二名進士。任禮部員外郎，十七年充廣西鄉試主考官，遷禮部郎中，康熙五年往安南國充冊封國王副使。

沈　棻　字子佩，號藕庵。浙江平湖縣人。順治十二年三甲一百九十三名進士。康熙元年任河南西平縣知縣。卒於任。著有《柏亭稿》《西平縣志》。

孔　邁　字陶種。河南汝陽縣人。順治十二年三甲一百九十四名進士。授直隸望都知縣，行取禮部主事，升郎中，十八年官至浙江金華府知府。罣誤去。

史紀夏　號澄齋。江蘇溧陽縣人。順治十二年三甲一百九十五名進士。任江西安仁知縣。

慕天顏　字拱極，號鶴鳴。甘

肅平涼府静寧州人。明天啓四年（1624）生。順治十二年三甲一百九十六名進士。十四年任浙江錢塘知縣，歷廣西南寧同知，康熙六年遷福建興化知府，擢湖廣上荆南道、福建興泉永道。康熙九年授江蘇布政使，十五年遷兵部尚書銜江寧巡撫，加太子太保。二十年降。二十二年授湖廣巡撫改貴州巡撫，二十六年三月遷漕運總督。二十七年三月因“居官不善，素行乖戾”革。康熙三十五年（1696）卒。享年七十三。著有《撫吳封事》《楚黔封事》《督漕封事》等。

彭　襄　字思贊，號退庵。四川中江縣人。順治十二年三甲一百九十七名進士。十七年任廣東番禺知縣，行取吏部驗封司主事，康熙十一年充廣東鄉試副考官。遷考工司員外郎、郎中，十六年官至河南南汝光道。解組歸病卒。年六十三。

汪有朋　字錫我。安徽歙縣人。順治十二年三甲一百九十八名進士。十四年任山西嵐縣知縣，康熙四年官至四川潼川知州。

周敏政　直隸河間縣人。順治十二年三甲一百九十九名進士。任安徽定遠縣知縣。

朱際明　字述之。湖北孝感縣人。順治三年舉人。十二年三甲二百名進士。任陝西中部知縣。

吳起鳳　山西陽城縣人。順治十二年三甲二百零一名進士。任山東滕縣知縣。

蔣中和　字本達，號眉三、位公。江蘇靖江縣人。順治十二年三甲二百零二名進士。十六年任河南蘭陽知縣，官至直隸滄州管河通判。著有《半農齋集》。

楊文正　江蘇山陽縣人。順治十二年三甲二百零三名進士。十五年任江西贛縣知縣。

李丕則　自號龍岩山人。山西曲沃縣人。順治十二年三甲二百零四名進士。十二年任江西金溪知縣。著有《龍岩子集》。

嚴翼王　湖北武昌縣人。順治十一年舉人，十二年三甲二百零五名進士。十四年任山東滋陽知縣。

雷光業　江西豐城縣人。順治十二年三甲二百零六名進士。十五年任廣東封川知縣。

周沛生　字士霖。浙江山陰縣人。順治十二年三甲二百零七名進士。任湖南平江知縣，十七年改福建建安知縣。

戴錫綸　字絲如，號緘三。浙江餘姚縣人。順治十二年三甲二百零八名進士。任山東臨邑知縣，擢刑部主事，遷刑部郎中，康熙九年充會試同考官，官至廣東羅定道。

惠　疇　字亮采、庶康。江蘇江陰縣人。順治十二年三甲二百零九名進士。十五年任安徽太平府教授。

張吾瑾　字石曲，一作石仙，號鶴州。四川金堂縣人。順治十二年三甲二百十名進士。任山東夏津知縣六年，轉行人司行人，致仕歸。著有《鵲符堂詩文集》《薛濤詩集》。

周成文 江蘇宜興縣人。順治十二年三甲二百十一名進士。

劉子正 字平子、坦公。直隸吳橋縣人。順治十二年三甲二百十二名進士。授山東章丘知縣，升吏部主事、員外郎，康熙二年充陝西鄉試主考官，官至吏部郎中。以疾歸卒。

劉慶藻 字省虛。直隸滄州人。順治十二年三甲二百十三名進士。十五年任安徽虹縣知縣。大軍南征值歲饑，軍糧夫役民無以應。慶藻作曲黏堂壁，辭印而去。大吏錄其詞，奏免賦役。丁憂歸。遂不出。

榮 開 字文啓、鍈子。山東新城縣人。順治十二年三甲二百十四名進士。任青州教授，改國子監助教，擢工部屯田司主事。丁母憂歸，尋卒。

鄭嗣武 字受茲、有休。安徽歙縣人。順治十二年三甲二百十五名進士。任直隸鹽山知縣。

丘 璐 山東淄川縣人。順治十二年三甲二百十六名進士。授山西沁水知縣，康熙六年改順天大興知縣，官至江蘇揚州同知。

郭懷琮 陝西高陵縣人。順治十二年三甲二百十七名進士。十七年任江西瑞金知縣。

吳 翽 字松岩、羽三。浙江烏程縣人。順治十二年三甲二百十八名進士。十三年授廣東澄邁知縣，任五載，丁母憂歸。服闋補江西豐城知縣，改湖北漢川縣知縣。

楊 標 直隸元城縣人，原籍浙江餘姚。順治十二年三甲二百十九名進士。十七年任江蘇興化知縣。

孟 瑞 字征之。山東淄川縣人。順治十二年三甲二百二十名進士。授山東東昌府教授，康熙四年升福建寧德縣知縣。以病告歸。著有《燕翼堂集》。

王士祿 字伯受、子底，號西樵山人。山東新城縣人。明天啓六年（1626）三月二十五日生。順治十二年三甲二百二十一名進士。任山東萊州府教授。遷國子監助教，吏部考工司主事，康熙二年充河南鄉試正考官，磨勘下獄，昭雪後歸。數年後以原官起用超補吏部考工司員外郎，康熙十二年（1673）母喪丁憂歸。哀憤七月二十二日卒，年四十八。著有《表餘堂詩存》《十笏堂詩選》《辛甲集》《上浮集》《炊聞詞》《讀史蒙拾》等。

弟王士祐，康熙九年進士；弟王士禎，順治十五年進士，刑部尚書。

周嗣昌 字顯承。河南新鄉縣人。順治十二年三甲二百二十二名進士。十四年任山東鄒縣知縣。去官歸。

周道新 字鼎鉉。河南鄢城縣人。順治十二年三甲二百二十三名進士。授河南南陽府教授，擢國子監監丞。卒於任。

羅文瑜　字輝山。漢軍正白旗（遼東廣寧）人。順治十二年三甲二百二十四名進士。十二年任山東曹縣知縣，升四川達州知州，福建鹽運司同知，康熙四年擢山東濟南知府，十六年官至兩淮鹽運使。

謝包京　（榜名包國京，復姓謝）字令夏，自號兩雁山人。浙江永嘉人。順治十二年三甲二百二十五名進士。康熙元年任河南陽武知縣。多惠政，後入河南名宦祠。居家事親孝，宗族甚厚。

于　芳　河南新鄉縣人。順治十二年三甲二百二十六名進士。任山東臨淮知縣。

趙奮霄　直隸鹽山縣人。順治十二年三甲二百二十七名進士。十五年任江蘇丹徒知縣。

楊國相　山東高唐州人。順治十二年三甲二百二十八名進士。早卒。

高　標　直隸滿城縣人。順治十二年三甲二百二十九名進士。康熙七年任江蘇宜興知縣。

谷元亨　順天豐潤縣人。順治十二年三甲二百三十名進士。十六年任江蘇山陽知縣。

魏允升　字吉安。直隸宣府人。順治十二年三甲二百三十一名進士。十三年任江蘇常熟知縣。

張完臣　字良哉。順天府宛平縣人，原籍山東平原。順治十二年三甲二百三十二名進士。歸班候選知縣，任山東兗州府教授，康熙四年補威海衛教授，調國子監助教，擢主事未任而卒。著有《周易滴露集》。

蓋　範　山東萊陽縣人。順治十二年三甲二百三十三名進士。任福建建陽縣知縣。

李抒玉　山西太谷縣人。順治十二年三甲二百三十四名進士。十六年任浙江東陽知縣。

紀中興　字華西。山東即墨縣人。順治十二年三甲二百三十五名進士。十五年任河南南召知縣。尋裁。

馬光啓　山西安邑縣人。順治十二年三甲二百三十六名進士。任山西潞安府教授，官至戶部員外郎。

高鳳起　（一作高起鳳）字綿南、羽帕。山西曲沃縣人。順治七年任山西澤州學正，順治十二年三甲二百三十七名進士。十五年任浙江龍游知縣。

弟高鵬起，順治十八年進士。

劉　深　字海若、德炎，號瀛墅。直隸南皮縣人。順治十二年三甲二百三十八名進士。十四年任河南扶溝知縣，行取行人司行人，考選湖廣道御史，官至陝西布政使知事。康熙五年丁憂歸。絕意仕進，卒年七十四。著有《左傳輯要》行世。

章　霖　江蘇華亭人。順治十二年三甲二百三十九名進士。十三年任安徽徽州府教授。

范廷魁　字珠岩，號介五。浙

江鄞縣人。順治十二年三甲二百四十名進士。選庶吉士，授檢討。順治十六年任會試同考官。

伯父范光文、父范光遇、從兄范廷元三人均順治進士，范廷元官廣東布政使。

陳　灯　字虎侯。江蘇丹徒縣人。順治十二年三甲二百四十一名進士。十四年任江蘇淮安府教授，康熙三年改直隸大名知縣，七年遷山東濟寧知州，補雲南昆陽知州。

李毓楠　河南洛陽縣人。順治十二年三甲二百四十二名進士。康熙九年任浙江東陽知縣。

孫胤光　字大先。河南蘭陽縣人。順治十二年三甲二百四十三名進士。任廣東長樂知縣，康熙五年補安徽東流知縣，遷廣西鬱林知州。

張懋德　直隸蠡縣人。順治十二年三甲二百四十四名進士。授教授，康熙三年升安徽霍丘知縣。

張施大　直隸濬縣人（後改河南）。順治十二年三甲二百四十五名進士。十四年授山西山陰知縣，丁母憂，補廣西柳城知縣，康熙十四年改山西平定直隸州知州，官至山東濟南府同知，歸。

趙莫麗　字建先。直隸開州人。順治十二年三甲二百四十六名進士。任河南武陟知縣，擢戶部主事，官至戶部員外郎。以疾卒。

梁　熙　字曰緝，號晢次，河南鄢陵縣人。明天啓二年（1622）生。順治十二年三甲二百四十七名進士。授陝西咸寧知縣，十五年行取陝西道御史，丁憂服闋，補雲南道御史。裁缺歸里。康熙三十一年（1692）卒，年七十一。

王若羲　福建侯官縣人。順治十二年三甲二百四十八名進士。授福建延平府教授，康熙五年改四川梁山知縣。

謝蘭英　字畹蕘。安徽當塗縣人。順治十二年三甲二百四十九名進士。康熙元年任河南濟源知縣，康熙十三年升廣東德慶州知州。卒於任。

劉廣譽　字令聞，號孚遠。漢軍正紅旗（山東魚臺人）。順治十二年三甲二百五十名進士。任江蘇六合知縣，卒於任。

張體元　山西曲沃縣人。順治十二年三甲二百五十一名進士。任山西汾州府教授。

錢　升　字積之、日庵。順天大興縣人。順治十二年三甲二百五十二名進士。順治十三年任廣東始興知縣，行取刑部主事，康熙四年官至江蘇鎮江知府。

張可立　字蔚生。漢軍鑲黃旗（福建福清）人。順治十二年三甲二百五十三名進士。任山東萊陽知縣，十七年擢四川劍州知州，康熙十六年以潼關道左遷江蘇興化知縣，在任八年，多善政。後署泰興縣兼泰州分司。

盧景芳　湖北穀城縣人。順治三年舉人。十二年三甲二百五十四名進士。任江西大庾知縣。

劉朝宗 字肖韓。山東章丘縣人。順治八年舉人，十二年三甲二百五十五名進士。十四年任河南祥符知縣，康熙九年改福建將樂知縣，十二年改廣東電白知縣，調雲南河陽知縣。以病歸里，未幾卒。

鄔汝楫 字孟陽。湖北江夏縣人。順治十二年三甲二百五十六名進士。十五年任安徽桐城知縣。在任七年。

萬錦雯 字雲紱、懷蓼。江蘇宜興縣人。明崇禎三年（1630）生。順治十二年三甲二百五十七名進士。十八年任浙江於潛知縣，以罣誤降職。任山西洪洞縣丞，康熙九年改直隸廣宗知縣。

唐時亨 河南沈丘縣人。順治十二年三甲二百五十八名進士。任山東博平知縣。

馮鏞 字笙如。江西永豐縣人。順治十二年三甲二百五十九名進士。授山西黎城知縣，擢戶部主事，升員外郎、刑部郎中。以勞瘁告歸，卒。

高曦 山西襄陵縣人。順治十二年三甲二百六十名進士。任陝西寶雞知縣。

弟高暐，順治十五年進士。

鄭向 字蓋之。山西洪洞縣人。順治十二年三甲二百六十一名進士。十六年任廣東東莞知縣。

黃虞再 字宇九、泰升。陝西鞏昌府伏羌縣人。順治十二年三甲二百六十二名進士。十七年任江西奉新知縣，遷禮部主事、郎中，康熙十一年督江西提學道，官至江西驛鹽道。丁父憂歸。

梁儒 字宗洙。漢軍鑲白旗。順治十二年三甲二百六十三名進士。河南靈寶知縣，纍遷戶部郎中，康熙四年督江西提學道（《清秘述聞》作江南提學道）。

吳允升 奉天定東衛人。順治十二年三甲二百六十四名進士。任山西蒲州學正，河南臨潁縣知縣。

沈自南 字留侯。江蘇吳江縣人。順治十二年三甲二百六十五名進士。康熙四年任山東蓬萊知縣。被劾去職，尋卒。著有《藝林彙考》《歷代紀事考異》《樂箋題》。

周之旦 陝西高陵縣人。順治十二年三甲二百六十六名進士。任知縣。

章貞 字含可。浙江會稽縣人。順治十二年三甲二百六十七名進士。任山東壽光知縣，以科場罣誤降河南滎陽縣丞，康熙十六年升湖北棗陽知縣。十八年舉鴻博，行抵江寧病歸。著有《東銘解》。

韓遴 （榜名韓遴，復姓陳）福建晉江縣人。順治十二年三甲二百六十八名進士。十七年官至江西饒南九道，改浙江布政參議、金衢道。

李弘敏 字尊生。山西太平縣人。順治十二年三甲二百六十九名進士。任江西臨川知縣，辭歸訓子侄。著有《百錄堂存稿》。

張聯箕 字德生，號即公。山東益都縣人。順治十二年三甲二百七十名進士。任威海衛教授，遷山西鄉寧縣知縣，升江蘇江寧府同知，官至雲南澂江府知府。著有《西征草》《海上吟》《清上閣集》。

劉夔生 安徽宣城縣人。順治十二年三甲二百七十一名進士。

鄒登嵋 字眉雪。江蘇武進縣人。順治十二年三甲二百七十二名進士。

馮皋彊 字中立。山西蒲州人。順治十二年三甲二百七十三名進士。任山東泰安縣縣丞，十五年任江陰知縣，康熙二年任山東平陰縣知縣，六年改廣東清遠知縣，調陝西漢中府同知。吳三桂叛，馮隨大軍進討，被俘不屈。五年後復任漢中原官，以老歸，卒於家。

過松齡 字佺期。江蘇無錫縣人。順治十二年三甲二百七十四名進士。任鎮江府教授。

周建鼎 安徽穎州人。順治十二年三甲二百七十五名進士。任中城兵馬司指揮。

張我鼎 字渭黃。山東清平縣人。順治十二年三甲二百七十六名進士。十四年任四川鹽亭知縣，升戶部主事。卒於任。

李棟朝 山東鄒平縣人。順治十二年三甲二百七十七名進士。十五年任安徽宣城知縣。

耿佐明 河南杞縣人。順治十二年三甲二百七十八名進士。十三年任福建甌寧知縣，卒於任。

張嘉善 直隸雄縣人。順治十二年三甲二百七十九名進士。十六年任廣東揭陽知縣，

鄂翼明 字在公。漢軍正白旗。順治十二年三甲二百八十名進士。任直隸清河知縣，纍遷至禮部郎中，十七年充河南鄉試副考官，十八年外任湖南辰州知府，二十年官至福建汀州府知府。

孫中麟 字振公。安徽桐城縣人。順治十二年三甲二百八十一名進士。惜有志而未竟，年三十二卒。著有《筆花集》《過江草》。

劉毓安 順天玉田縣人。順治十二年三甲二百八十二名進士。十五年任江西餘干知縣。

張登選 字秀升。漢軍正藍旗。順治十二年三甲二百八十三名進士。任福建上杭知縣，改兵部主事，十七年充廣東鄉試主考官。纍遷至江蘇淮揚道，康熙十五年授浙江按察使。十八年罷。

董紹邦 江蘇武進縣人。順治十二年三甲二百八十四名進士。十八年任福建永安知縣。

陸左銘 （奉旨復姓朱）浙江錢塘籍，富陽縣人。順治十二年三甲二百八十五名進士。任浙江寧波府教授。

邵嘉胤 （一作邵佳允、邵佳節）字令如，號全儒。浙江富陽縣人。順治十二年三甲二百八十六名進士。署

浙江嚴州府教授，升助教，十五年改湖北雲夢知縣，升兵馬司指揮，遷兵部主事，康熙十一年充雲南鄉試副考官。遷西安知府，十五年督江南提學道，官至鴻臚寺少卿。

王昌嗣 直隸寧晉縣人。順治十二年三甲二百八十七名進士。十五年任廣東定安知縣。

張若麒 直隸隆平縣人。順治十二年三甲二百八十八名進士。

丁象鼎 字耳黃，號實庵。安徽五河縣人。順治十二年三甲二百八十九名進士。康熙三年任直隸靈壽知縣，以疾告歸。

耿效忠 廣東廣州人。順治十二年三甲二百九十名進士。官至僉都御史。

鄭鼎鎮 字長真。河南息縣人。順治十二年三甲二百九十一名進士。未仕卒。

許　書 字元文、仲尋，號浣月。安徽歙縣人。順治十二年三甲二百九十二名進士。初任直隸淶水知縣，在任九載，調江西南康知縣。以母老告歸。

歐陽光縉 江西分宜縣人。順治十二年三甲二百九十三名進士。十七年任河南虞城知縣，康熙九年遷山東平度州知州。

張鼎新 山西交城縣人。順治十二年三甲二百九十四名進士。任陝西輝州知縣，十五年改河南遂平知縣，十七年官至陝西耀州知州。

張鳳起 字羽王。山西翼城縣人。順治十二年三甲二百九十五名進士。任中書科中書，十五年行取福建道御史，官至山東道御史，康熙八年改浙江巡鹽御史。以疾乞歸卒。

梁御鼎 陝西三原縣人。順治十二年三甲二百九十六名進士。康熙年任直隸邯鄲知縣。

王志鰲 直隸曲周縣人。順治十二年三甲二百九十七名進士。十五年任江西會昌知縣。

范廷華 河南河內縣人。順治十二年三甲二百九十八名進士。任知縣。

李繼白 字夢沙。河南臨漳縣人。順治十二年三甲二百九十九名進士。十四年任山西陽城知縣，遷戶部主事，官至員外郎。著有《望古齋集》。康熙二年因"明史案"文字獄，被處死。

史崇恂 字魯庵。山東陽信縣人。順治十二年三甲三百名進士。任陝西麟游知縣，廣西河池知州。

王震亨 字乾二。山西稷山縣人。順治十二年三甲三百零一名進士。十六年任江蘇宜興知縣。秩滿告歸。

陳國楨 漢軍鑲黃旗。順治十二年三甲三百零二名進士。十三年任福建福安知縣。

張　偉 順天大興縣人。順治十二年三甲三百零三名進士。十四年任湖北雲夢知縣，官至郎中。

張光烈 字芝田。直隸萬全衛人。順治十二年三甲三百零四名進士。十四年任河南夏邑知縣，改任山西知縣，康熙三年官至山西平陽府同知。

許 纘 字毓聰。河南安陽縣人。順治十二年三甲三百零五名進士。初授河南開封府教授，改國子監助教。末任卒。

孟述緒 字繼美。漢軍正白旗（湖北宜都）人。順治十二年三甲三百零六名進士。十三年任安徽績溪知縣，行取刑部主事，遷刑部郎中，康熙元年督雲南提學道，改安徽無爲州知州，康熙六年官至陝西延綏鄜道。

孫 繼 字達卿、曰可，號書台。山東德州人。順治十二年三甲三百零七名進士。十六年任江蘇長洲知縣。以賦不及額去官。

金玉式 漢軍正白旗。順治十二年三甲三百零八名進士。

楊 霞 山東臨淄縣人。順治十二年三甲三百零九名進士。任直隸安肅縣知縣，改青縣知縣。

張懷德 漢軍鑲白旗。順治十二年三甲三百十名進士。十四年任江西分宜知縣，康熙六年遷浙江處州知府，官至福建福州府知府。

陳立禮 福建晉江縣人。順治十二年三甲三百十一名進士。十五年任山東新城知縣。因言語不通忤上官，被劾罷官。

陳年穀 字豐之。漢軍正紅旗。順治八年舉人，十二年三甲三百十二名進士。任刑部主政，刑部郎中，

十七年充陝西鄉試副考官，康熙十年官至江西驛鹽道。

齊洪勛 字鍾銘，號樹駿。漢軍正黃旗。順治十二年三甲三百十三名進士。任山西嶂縣知縣，改順天大興知縣，遷浙江紹興同知，陝西邠州知州，官至直隸正定知府。

張應瑞 字受庵。漢軍正白旗。順治十二年三甲三百十四名進士。授山東郯城知縣，行取禮部主事，擢郎中，康熙二年充山東鄉試副考官，三年任山東萊州府知府，十四年官至兩淮鹽運使。

焦 榮 字荊岩。河南新野縣人。順治十二年三甲三百十五名進士。十七年任福建清流知縣，康熙三年任江西安福知縣，十二年行取山東道御史，官至山西冀寧道。

高 瑜 字質庵。漢軍鑲黃旗。順治十二年三甲三百十六名進士。十七年任山東海豐知縣，升工部主事，康熙七年督湖廣提學道。

祖之麟 漢軍鑲黃旗。順治十二年三甲三百十七名進士。

祖澤潛 字亮淵。漢軍鑲黃旗（奉天寧遠）人。順治十二年三甲三百十八名進士。十六年任廣東長寧知縣，改直隸寧津知縣，康熙九年遷滄州知州，遷禮部員外郎、刑部郎中，康熙十三年督浙江提學道，十八年官至河南糧儲道。

銀文燦 字光甫。漢軍正紅旗。順治十二年三甲三百十九名進士。十三年任安徽涇縣知縣。

順治十二年（1655）策試滿洲進士乙未科

第一甲三名

圖爾宸　字自中。滿洲正白旗人。順治十二年滿洲一甲第一名狀元。任修撰。纍遷兵部郎中，康熙二十五年二月授甘肅布政使，四月遷陝西巡撫，二十六年正月調禮部侍部，二月改盛京工部侍郎，三十年改工部侍郎。康熙三十七年四月休致。

賈　勤　（一作查親）滿洲正紅旗人。順治十二年會元，滿洲一甲第二名榜眼。授編修。

索　泰　滿洲正白旗人。順治十二年滿洲一甲第三名探花。授編修。官至兵科給事中。

第二甲七名

董　色　滿州正紅旗人。順治十二年滿洲二甲第一名進士。選庶吉士。

胡西圖　正黃旗人。順治十二年滿洲二甲第二名進士。《八旗通志》稱官至工部侍郎。

烏大禪　（又名吳大闈）滿州正黃旗人。順治十二年滿洲二甲第三名進士。選庶吉士。

莫樂洪　（一作莫洛洪）滿州鑲紅旗人。順治十二年滿洲二甲第四名進士。選庶吉士。

門德禮　鑲紅旗人。順治十二年滿洲二甲第五名進士。

《八旗通志》書中滿洲榜選庶吉士。

吳把海　正紅旗人。順治十二年滿洲二甲第六名進士。

馬　鼐　正紅旗人。順治十二年滿洲二甲第七名進士。

第三甲四十名

得木圖　鑲藍旗人。順治十二年滿洲三甲第一名進士。

達爾布　滿洲鑲藍旗人。順治十二年滿洲三甲第二名進士。選庶吉士，任檢討。纍遷吏部郎中，康熙七年授山西布政使，八年十月遷

陝西巡撫，十一月改山西巡撫。因
違禁建立生祠，誣陷良民，十五年
九月解職。

阿思哈　鑲藍旗人。順治十二
年滿洲三甲第三名進士。

車克出　鑲藍旗人。順治十二
年滿洲三甲第四名進士。

娃爾答　鑲紅旗人。順治十二
年滿洲三甲第五名進士。

伊桑阿　滿洲正黃旗，伊爾根
覺羅氏。崇德三年（1638）生。順
治十二年滿洲三甲第六名進士。任
禮部主事，遷侍讀學士。康熙十二
年授內閣學士，十四年遷禮部侍郎，
十六年四月授工部尚書改戶部、吏
部、兵部、禮部尚書，二十七年二
月授文華殿大學士。四十一年休致。
康熙四十二年（1703）七月卒，享
年六十六。諡“文端”。乾隆十二年
入祀賢良祠。

薩木哈　滿洲正黃旗，吳雅氏。
順治十二年滿洲三甲第七名進士。
任戶部主事、員外郎，刑部郎中。
康熙十五年二月授太僕寺卿遷內閣
學士，十六年授戶部侍郎，改吏部
侍郎，二十年遷左都御史，十二月
改工部尚書。二十五年因差往淮揚
詢問挑浚海口，回奏失實，六月革。
授步軍翼尉，三十二年復授工部尚
書。四十三年（1704）因侵蝕疏浚
京師河道銀兩革職入獄擬絞刑，五
月卒於獄。

那鼐　正紅旗人。順治十二
年滿洲三甲第八名進士。工科給事

中，康熙十九年任山西布政使。三
十四年革。

恩吉圖　滿洲鑲藍旗人。順治
十二年滿洲三甲第九名進士。官至
戶部員外郎。

達揚阿　正紅旗人。順治十二
年滿洲三甲第十名進士。

能德　滿洲正白旗人。順治
十二年滿洲三甲十一名進士。纍遷
郎中，康熙二十七年授山西按察使，
三十年遷山西布政使。三十一年罷
歸。

葛色特　正黃旗人。順治十二
年滿洲三甲十二名進士。

朱馬禮　滿洲鑲藍旗人。順治
十二年滿洲三甲十三名進士。官至
工部司務。

舒書　鑲白旗人。順治十二
年滿洲三甲十四名進士。纍遷郎中。
康熙三十一年任山西布政使，三十
四年授甘肅巡撫。三十五年免職。

噶爾噶圖　滿州正白旗人，納
喇氏。順治十二年滿洲三甲十五名
進士。任兵部主事，官至戶部員外
郎。

庫察　正紅旗人。順治十二
年滿洲三甲十六名進士。

阿達布　鑲藍旗人。順治十二
年滿洲三甲十七名進士。

葛爾特　正黃旗人。順治十二
年滿洲三甲十八名進士。

那爾代　鑲紅旗人。順治十二
年滿洲三甲十九名進士。官至郎中。

色黑得　鑲紅旗人。順治十二

年滿洲三甲二十名進士。

阿爾達禮（一作阿爾達里）鑲白旗人。順治十二年滿洲三甲二十一名進士。

達　舒　鑲黃旗人。順治十二年滿洲三甲二十二名進士。

拉　色（碑錄作拉自）順治十二年滿洲三甲二十三名進士。官至副都統。

李　柱　滿洲正紅旗人。順治十二年滿洲三甲二十四名進士。

劉　喜　正黃旗人。順治十二年滿洲三甲二十五名進士。

查　漢　滿州正藍旗人。順治十二年滿洲三甲二十六名進士。選庶吉士。

托必泰（又名拖必泰）滿州鑲白旗人。順治十二年滿洲三甲二十七名進士。選庶吉士。

和　尚　鑲紅旗人。順治十二年滿洲三甲二十八名進士。

庫三那　鑲白旗人。順治十二年滿洲三甲二十九名進士。

特者布　鑲白旗人。順治十二年滿洲三甲三十名進士。

八　拜　鑲黃旗人。順治十二年滿洲三甲三十一名進士。

恩克參　鑲紅旗人。順治十二年滿洲三甲三十二名進士。

豈他他　鑲黃旗人。順治十二年滿洲三甲三十三名進士。

色　冷（一作色楞額）字碧山。滿洲正黃旗（一作正紅旗），博爾濟吉特氏。順治十二年滿洲三甲三十四名進士。任刑部左侍郎，順治十四年（1657）卒。

侯　黑　鑲黃旗人。順治十二年滿洲三甲三十五名進士。

阿哈代　鑲黃旗人。順治十二年滿洲三甲三十六名進士。

班　第　鑲藍旗人。順治十二年滿洲三甲三十七名進士。

鄂爾介　鑲藍旗人。順治十二年滿洲三甲三十八名進士。

圖爾坤　鑲白旗人。順治十二年滿洲三甲三十九名進士。

占木蘇　鑲白旗人。順治十二年滿洲三甲四十名進士。

順治十五年（1658）戊戌科

第一甲三名

孫承恩 （原名孫曙）字扶桑。江蘇常熟縣人。順治十五年一甲第一名狀元。授修撰。十六年任會試同考官，十六年（1659）游南海子，賜騎御馬，遇大風揚沙墜馬卒。年僅四十。

孫一致 字唯一，號止瀾。江蘇鹽城縣人。順治十五年一甲第二名榜眼。授編修。十六年充會試同考官，歷侍講，官至侍讀學士。以養親歸。遂不復出。著有《世耕堂詩集》。

吳國對 字玉隨，號默岩。安徽全椒縣人。明萬曆四十四年（1616）生。順治十五年一甲第三名探花。授編修。康熙五年充福建鄉試主考官，升國子監司業，官至翰林院侍讀，十六年督直隸學政。康熙十九年（1680）十一月十一日卒，年六十五。著有《詩乘》數十卷、《賜書樓集》等。

第二甲八十名

王遵訓 字子循，號信初、湜庵。河南開封西華縣人。明崇禎二年（1629）十一月初五日生。順治十五年二甲第一名進士。選庶吉士，十八年充會試同考官，授編修。康熙二年任雲南道御史，遷左僉都御史，康熙二十六年授太常寺卿，遷左副都御史，改戶部侍郎。二十七年三月革。同年（1688）八月初九日卒，年六十。著有《餘清軒詩集》《擊楫草》《疏稿焚餘》《小窗雜著》《初學文資》等。

陸鑑 字青印。江蘇吳縣人。順治十五年二甲第二名進士。十七年任四川巴州知州。

富鴻基 （原名富鴻業）字磐伯，號雲麓。福建晉江縣人。明天啓元年（1621）生。順治十五年二甲第三名進士。選庶吉士，十六年充會試同考官，授編修。修玉牒遷翰林院侍讀學士，康熙十四年授內閣學士，十六年擢禮部右侍郎。二十二年四月病免。康熙三十一年（1692）十一月卒。年七十二。

俞之琰 字以除。浙江桐鄉縣人。順治十五年二甲第四名進士。選庶吉士，改主事，任吏科給事中，康熙二年充湖廣鄉試副考官。官至廣西桂林道。卒於家。

鄔昕 字東暘。江蘇丹徒縣人。順治十五年二甲第五名進士。授廣東惠州府推官。

陸懋廷 字野修。浙江新城縣人。順治十五年二甲第六名進士。選庶吉士，授編修。遷給事中，降安徽池州府推官。

馬晉胤 （榜名馬晉允）字謙箴，號畫初。浙江餘姚縣人。順治十五年二甲第七名進士。選庶吉士，十六年充會試同考官，授編修，官至侍讀。

吳珂鳴 字新方，號耕方、蕊淵。江蘇武進縣人。順治十五年二甲第八名進士。選庶吉士，十六年充會試同考官，授編修。遷侍讀，以奏銷案降國子監助教，復原官。後升右中允，康熙十七年督順天學政。

顧耿臣 字奕聞。浙江嘉善縣人。順治十五年二甲第九名進士。授陝西鄜州知州，升戶部員外郎，康熙八年充貴州鄉試副考官，十一年官至直隸大名府知府。

黃貞麟 字方振，號振候、石步。山東即墨縣人。明崇禎三年（1630）八月初一日生。順治十五年二甲第十名進士。授安徽鳳陽府推官，康熙九年改直隸鹽山知縣，後擢戶部山西司主事，因失察侵盜革職歸里。康熙三十三年（1695）十二月初四卒於家。年六十五。著有《快山堂詩》。

三子黃鴻中，康熙五十七年進士。六子黃敬中，康熙四十八年進士。

屠德隆 江蘇武進縣人。順治十五年二甲十一名進士。十八年任廣西富川知縣，官至廣西永安州知州。

崔爾仰 字子高。山西聞喜縣人。順治十五年二甲十二名進士。十六年任直隸晉州知州，遷吏部員外郎、戶部郎中。康熙八年充四川鄉試主考官，九年督浙江提學道。十年（1671）卒。

龔龍見 福建晉江縣人。順治十五年二甲十三名進士。十七年任湖南衡州府推官，改浙江衢州府推官。

王壎 字子友。山東沂州人。順治十五年二甲十四名進士。任內閣中書，康熙十六年充順天鄉試同考官。以母病歸。

王吉人 字孚白，號樸庵。湖北京山人。順治十四年舉人，十五年二甲十五名進士。選庶吉士，十六年充會試同考官，授編修。

郭諫 字獻舟，號懷盡。山東濟南府齊東縣人。順治十五年二甲十六名進士。選庶吉士，十六年充會試同考官，改工部主事，十八年任南關監督，升工部郎中，康熙八年督廣西提學道。

王曰高 （一名王日高）字監茲，號登儒、北山、槐軒。山東茌平縣人。明崇禎元年（1628）四月初八日生。順治十五年二甲十七名進士。選庶吉士，任主事，十八年任南關監督，改工科給事中，康熙二年充江南鄉試副考官，官至禮科掌印給事中。後以四品京堂待缺回籍。康熙十七年（1678）七月卒，年五十一。著有《槐軒集》。

田　麟 字西藪。直隸永平籍遼東人。順治十五年二甲十八名進士。選庶吉士，十八年任會試同考官，授編修，官至侍讀。

石　鯨 字浪秋，號橫海。湖南武陵縣人。順治十五年二甲十九名進士。十六年官至直隸灤州知州，以剛直去官。著有《鷹來草堂詩》。

王于玉 字襄濮，號右文。江蘇宜興縣人。順治十五年二甲二十名進士。選庶吉士。

俞　灝 字殷書、可庵。浙江仁和縣人。順治十五年二甲二十一名進士。康熙元年任山東惠民知縣，遷山東武定州知州，改安徽廣德州知州，康熙六年官至江蘇揚州府同知。

林雲銘 字道昭，號西仲。福建閩縣人。順治十五年二甲二十二名進士。授安徽徽州府推官，遷通判。在徽九年裁缺歸。著有《莊子因》《西仲文集》《挹奎樓集》《古文析義》《楚辭燈》等。

馮萼舒 字韡卿。浙江長興縣人。順治十五年二甲二十三名進士。授山東青州府推官，補貴州黎平府推官，纍遷江寧府同知。官至安徽太平府知府。謝病歸。

劉望齡 福建同安縣人。順治十五年二甲二十四名進士。任河南開封府推官，左遷雲南雲龍州判。

錢肅凱 字湛水。浙江鄞縣人。順治十五年二甲二十五名進士。任江蘇江寧府推官。

黃如瑾 （初名黃念祖）字劭雲，號聿修、昆贍。江蘇溧陽縣人。明崇禎四年（1631）生。順治十五年二甲二十六名進士。授福州府推官，署直隸肅寧知縣，改廣東廣寧知縣，纍遷刑部郎中，官至浙江金華知府。康熙四十五年（1706）卒。

蕭惟豫 （又名蕭維模）字介石，號韓坡。山東德州人。順治十五年二甲二十七名進士。選庶吉士，授編修。十七年充江西主考官，官至侍讀，康熙三年督直隸學政。年三十三乞養歸。著有《但吟草》。

陸　璿 字緯台。江蘇靖江縣人。順治十五年二甲二十八名進士。授江西臨江府推官，改山東冠縣知縣。以病辭歸。

姚士升 湖北江陵縣人。順治十五年二甲二十九名進士。十七年任廣東瓊州府推官，官至江蘇江寧府管糧同知。

章采嶽　安徽當塗縣人。順治十五年二甲三十名進士。十六年任福建泉州府推官。丁憂服闋，未赴任卒。

沈奇生　字長森。浙江錢塘縣人。順治十五年二甲三十一名進士。戶部觀政。

吕顯祖　字慈園，號翼仍。山東濟寧州人。順治十五年二甲三十二名進士。選庶吉士，授編修。

王銿　字萬生。陝西朝邑縣人。順治十五年二甲三十三名進士。任湖北武昌府推官。竟以清節拂衣歸。

許虬　（復姓顧虬）字竹隱，號敏庵。江蘇長州縣人（昆山籍）。順治十五年二甲三十四名進士。授貴州思州府推官，進思南府同知，管知府事。丁憂服闋，補雲南澂江知府，改浙江紹興知府，康熙十九年官至湖南永州府知府。致仕歸。著有《萬山樓詩集》二十四卷、《萬山樓詩鈔》二卷。

許巖光　字雙峒、源仲。福建惠安人。順治十五年二甲三十五名進士。任安徽太平府推官，改通判。丁憂去。

王士禎　（初名王士禛，因避雍正帝諱改名王士正，卒後改王士禎）字子真，號貽上、阮亭、漁陽山人。山東新城縣人。明崇禎七年（1634）閏八月二十八日生。順治十五年二甲三十六名進士。十七年任揚州府推官，遷戶部郎中，歷侍講、侍讀、國子監祭酒、少詹事。康熙二十九年授左副都御史，改督捕侍郎、戶部侍郎。三十七年遷左都御史，三十八年十一月改刑部尚書。四十三年九月因王五案牽連免職。康熙五十年（1711）五月十一日卒，年七十八。賞復原銜。乾隆三十年四月追謚"文簡"。擅長文學，尤善詩。與其兄王士祿、王士祜并稱"三王"。爲清代藏書家，藏書處曰"池北書庫"。著有《感舊集》《南來志》《北歸志》《十種唐詩選》《唐賢三昧集》《北征日記》《池北偶談》《蜀道驛程記》《漁陽文略》《國朝謚法考》《秦蜀驛程後記》《隴蜀餘聞》《古歡錄》《浯溪考》《居易錄》《唐人萬首絕句選》《分甘餘話》等數十種。

兄王士祿，順治十二年進士；兄王士祜，康熙九年進士，兄弟三人進士。

毛逵　字天翼。江西新昌縣人。順治十五年二甲三十七名進士。十六年任山西平陽府推官，改知縣，遷吏部主事，康熙十一年充廣西鄉試副考官，官至吏部文選司郎中。著有《祥刑遺範》行世。

羅孫燿　號淡峰。廣東順德縣人。順治十五年二甲三十八名進士。任貴州都勻府推官。吳三桂叛清，解組歸。

朱選　字萬青，江蘇江陰縣人。順治十五年二甲三十九名進士。任直隸保定府推官。

戴王繪　字紳黄。直隸倉州人。

順治十五年二甲四十名進士。任江西南昌府推官，康熙五年改江蘇揚州府推官，遷山東德平知縣，擢行人司行人，康熙二十年考選福建道御史。

兄戴王倫，順治十二年進士。

徐之凱 字子强，號若谷。浙江西安縣人。順治十五年二甲四十一名進士。任雲南臨安府推官，改甘肅正寧知縣、安化知縣，康熙七年調湖南桂陽知縣，二十年官至四川茂州直隸州知州。被議落職。著有《初學》《北思》《汶山》《流憩》等集。

陳禋祉 江蘇無錫縣人。順治十五年二甲四十二名進士。任浙江臨安府推官。

趙鑰（原名金鼎）字南金。山東萊陽縣人。順治十五年二甲四十三名進士。授江西南昌府推官，康熙九年改任河南虞城知縣。

呂正儀 字又生。湖北公安縣人。順治十一年舉人，十五年二甲四十四名進士。十七年授河南南陽府推官，調直隸天津府推官，改廣東廣寧知縣，康熙十七年改山西廣靈知縣。

凌鶚遠 江蘇宜興縣人。順治十五年二甲四十五名進士。

高斗階 字中朗。浙江鄞縣人。順治十五年二甲四十六名進士。任福建潮州府推官、福州府推官。

鄭長青 字位東。福建晉江縣人。順治十五年二甲四十七名進士。

縶遷廣西平樂府知府，改思恩府知府。

江殷道 字念鞠、九同。湖北漢陽縣人。順治十五年二甲四十八名進士。任廣東高州推官，康熙七年升蘇州督糧同知，九年遷江西九江知府，十四年官至江西饒州知府，遷饒南九道，未任卒。

凌焜 字既白。浙江烏程縣人。順治十五年二甲四十九名進士。任安徽安慶府推官。在任六載，以勞瘁卒於任。

徐鵬揚 山東歷城縣人。順治十五年二甲五十名進士。任四川夔州推官，康熙三年調江蘇淮安府推官。

徐喈鳳 字鳴岐，號竹逸，晚號荊南墨農。江蘇宜興縣人。順治十五年二甲五十一名進士。任雲南永昌府推官。著有《丹泉海島錄》《荊南墨農全集》。

張一鵠 字友鴻，號忍齋，又號釣灘逸人。江蘇華亭縣人。順治十五年二甲五十二名進士。任雲南府推官。著有《野廬三集》《河存草》《滇黔二客集》。

于璉（一作于漣）字清崎、桐江。山東文登縣人。順治十五年二甲五十三名進士。授雲南楚雄推官，補陝西鳳翔府推官，康熙九年任浙江義烏知縣，擢吏部文選司主事、考工司員外郎、郎中。康熙二十一年充會試同考官。致仕歸。卒年五十四。

父于鵬翰，順治十二年進士；叔于鵬翀，順治九年進士。

官于宣 字仲甫，號雪眉。福建閩縣人。明崇禎十二年（1639）生。順治十五年二甲五十四名進士。任四川龍安府推官，康熙二年改浙江杭州府推官，調山東安丘知縣，十二年官至山西澤州知州，因事牽連去官。著有《雪湄集》。

錢志進 字大士。江蘇丹徒縣人。順治十五年二甲五十五名進士。任山東濟南府推官。康熙二年遷江西九江府同知。

李念慈 字屺瞻，號劬庵。陝西涇陽縣人。順治十五年二甲五十六名進士。康熙元年任直隸河間府推官，七年改山東新城知縣，因催科不力罷歸。後以運餉有功十六年補湖北天門知縣，十八年舉博學鴻儒試不中歸里。著有《谷口山房詩集》三十二卷、《文集》六卷等。

謝玄銓 福建甌寧縣人。順治十五年二甲五十七名進士。任江蘇江寧府推官，改廣西思恩知縣。

張炳 江蘇宜興縣人。順治十五年二甲五十八名進士。康熙六年降福建寧德縣丞。

王松 江蘇無錫縣人。順治十五年二甲五十九名進士。任雲南大理府推官，乾隆二十八年改山東壽光知縣。

徐士吉 字謙六。江蘇上海縣人。順治十五年二甲六十名進士。任甘肅臨洮府推官。

郭昌 字介繁。河南太康縣人。順治十五年二甲六十一名進士。十八年任廣東廉州府推官，升戶部主事，遷郎中，康熙十一年充廣東鄉試主考官，十二年督雲南提學道。

張邦福 字響五。湖北蘄水縣人。順治十四年舉人，十五年二甲六十二名進士。任浙江紹興府推官，升同知，官至兵馬司指揮。

葉芳恒 字嵋初，號學亭、敬然、敬默。江蘇昆山縣人。順治十五年二甲六十三名進士。授貴陽府推官，裁缺改山東萊蕪知縣，升泰安州同知，康熙十七年官至山東濟寧河道。卒於任。著有《山東全河備考》。

曾王孫 （本姓孫，贅於曾氏，遂以為嗣）字道扶。浙江秀水縣人。順治十五年二甲六十四名進士。任陝西漢中府推官，康熙十六年改江西都昌知縣，遷刑部主事，擢刑部郎中，康熙三十三年督四川提學道。著有《清鳳堂詩文集》。

張貞生 字幹臣，號簀山。江西廬陵縣人，原籍廣東曲江。明萬曆四十八年（1620）生。順治十五年二甲六十五名進士。選庶吉士，授編修。十七年充浙江鄉試主考官，纍官國子監司業，遷侍講學士。因事降調。去官後歸里捐家室為"誠意書院"。康熙十一年（1672）以原官起用，卒於京師。年五十三。著有《庸書》《聖門戒律》《玉山遺響集》《唾餘隨錄》等。

莫之杙　福建莆田縣人。順治十五年二甲六十六名進士。任直隸廣平府推官。

楊正中　字爾茂。順天通州人。順治十五年二甲六十七名進士。選庶吉士，十八年充會試同考官，授編修。纍遷侍讀學士，康熙十二年授內閣學士，十三年擢禮部右侍郎，十五年改左侍郎。康熙二十二年（1683）卒。

劉懋夏　字公蕃。湖北監利縣人。順治八年舉人。十五年二甲六十八名進士。授山東青州府推官，康熙六年缺裁。年六十二卒。

子劉鴻誥，康熙十八年進士。

何芳騰　字忠邁。福建晉江縣人。順治十五年二甲六十九名進士。任廣東雷州府推官，以罣誤降寧波府經歷。數月丁憂歸。

高凌雲　字尺木。江蘇江都縣人。順治十五年二甲七十名進士。授浙江嚴州府推官。奉裁歸，閉門課子。

顧岱　字泰瞻、與山、商若，號止庵。江蘇嘉定縣人。順治十五年二甲七十一名進士。任貴州銅仁府推官，升思南府同知，擢雲南武定軍民知府，調山西潞安知府，左遷江西贛州府同知，遷江西袁州知府，官至杭州知府。罷歸。著有《淡雪齋集》。

田薰　陝西高陵縣人。順治十五年二甲七十二名進士。授江寧府推官。

杜臻　（榜名徐臻，復姓）字肇餘，號遇徐。浙江秀水縣人。明崇禎七年（1634）生。順治十五年二甲七十三名進士。選庶吉士，授編修，遷翰林院侍讀學士。康熙十三年授內閣學士遷禮部侍郎，改吏部侍郎，十六年四月解職。二十年授刑部侍郎改吏部侍郎，二十三年遷工部尚書，二十八年授刑部尚書改兵部尚書，三十八年十一月改禮部尚書。三十九年六月以病告歸。康熙四十三年（1704）十一月卒，年七十一。四十四年康熙帝南巡賜御書"眷懷舊德"額，旌其墓門。著有《閩粵巡視紀略》八卷、《海防述略》一卷、《經緯堂集》十六卷等。

楊應標　（一作楊應可）字南城、勝林。浙江嘉興籍，餘姚縣人。明崇禎五年（1632）生。順治十五年二甲七十四名進士。十八年任安徽寧國府推官，丁憂。康熙八年任江蘇溧陽知縣，十年以盜案左謫。十七年任河南鄢陵知縣。官至雲南劍州知州。

伊巇　字允陟，號聽庵。山東新城縣人。順治十五年二甲七十五名進士。任貴州思南府推官，康熙二年改安徽寧國府推官，七年調直隸廣宗縣知縣，二十年調安徽望江縣知縣。後辭職歸里。以文章名世，與伊辟稱"二伊"。

李壯　字螻庵。山東濟寧州人。順治十五年二甲七十六名進士。康熙元年任江蘇蘇州府推官。

蔣曜　江蘇溧陽縣人。順治十年任江蘇邳州學正，十三年再任。十五年二甲七十七名進士。

毛際可　字會侯，號鶴舫。浙江遂安縣人。明崇禎六年（1633）生。順治十五年二甲七十八名進士。康熙元年任河南歸德府、彰德府推官，改陝西城固知縣，十六年調河南祥符縣知縣。以事去官。康熙四十七年（1708）卒，年七十六。工古文，與毛奇齡齊名。著有《春秋五傳考異》《松皋文集》《安序堂文鈔》《松皋詩選》《拾餘詩稿》《浣雪詞鈔》《黔游日記》等。

胡鄂　字卓庵。浙江餘姚縣人。順治十五年二甲七十九名進士。任推官。

金懷玉　字式如。江蘇江都縣人。順治十五年二甲八十名進士。康熙元年授福建泉州府推官，升江西瑞州府同知。

第三甲二百六十名

丁應龍　字聲其，號雲津。山東壽光縣人。順治十五年三甲第一名進士。

彭士俊　字哲人。江蘇溧陽縣人。順治十五年三甲第二名進士。爲文尊先生。生平足迹遍天下，遇山水佳處流連不去，發爲詩文，性耿介豪邁，解囊周急，家無餘資。

錢中諧　字宮聲，號庸亭。順天昌平縣人，祖籍江蘇吳縣。順治十五年三甲第三名進士。歸班候選知縣，授湖南瀘溪知縣。康熙十八年舉鴻博一等，授編修，纂修《明史》。乞假歸。學問淹貫，詩文雄贍。著有《鹿裀集》《湘耘篇》。

高晫　字蒼岩。山西襄陵縣人。順治十五年三甲第四名進士。任雲南曲靖府推官，遷安徽徽州府同知，康熙十三年七月任江蘇蘇州知府。歸後居揚州。

兄高曦，順治十二年進士。

吳淇　字伯其，號冉渠。河南寧陵縣人。明萬曆四十三年（1615）生。順治十五年三甲第五名進士。任廣西潯州府推官，署丹陽縣知縣，官至江蘇鎮江府海防同知，降級歸。康熙十四年（1675）二月二十五日卒，年六十一。著有《雨蕉齋詩集》《律呂正論》《雨蕉齋雜錄》。

子吳學顯，康熙三十三年進士。

杜繼召　順天通州人。順治十五年三甲第六名進士。任漢陽府推官，康熙八年改廣西馬平知縣。

畢忠吉　字致中，號鐵嵐。山東益都縣人。順治十五年三甲第七名進士。歷任江蘇常州府推官，康熙十六年改直隸蠡縣知縣，行取刑部主事、貴州司員外郎，康熙二十一年充會試同考官。遷工部郎中，二十四年督貴州提學道，遷雲南迤西道，官至雲南永昌道，兼糧儲鹽驛道。卒於任。著有《滇南記》。

連應鄭　字不傳。山東樂安縣

人。順治十五年三甲第八名進士。十八年授湖南岳州府推官，康熙九年調順天府永清縣知縣。蒞任四年，以吏議去。

涂景祚 字萬年。江西新城縣人。順治十五年三甲第九名進士。任廣州府推官。在任六載，以裁缺歸。

馮甦 字再來，號蒿庵。浙江臨海縣人。崇禎元年（1628）生。順治十五年三甲第十名進士。十八年任雲南永昌府推官，升澂江知府，調楚雄兼大理知府，曾署雲南按察使，爲吳三桂部下，吳三桂叛清後曾遣其去廣東與尚之信連系。康熙十六年降清後授廣東巡撫，十二月改刑部侍郎。二十年葬假。康熙三十一年（1692）十一月卒，年六十五。著有《粵東奏議》《滇考》《見聞隨筆》《南中集》《蒿庵集》《詔石園》《知還堂稿》《滇省通志》《楚雄府志》等書。爲清初史學家。

王養晦 字翰孺。河南沈丘縣人。順治十五年三甲第十一名進士。任江蘇鎮江府推官，官至湖北武昌府理刑同知。

顧鵬 字翎先。浙江秀水籍，嘉善縣人。順治十五年三甲十二名進士。任江西安福縣知縣，康熙年改雲南永平知縣。卒於任。

吳鑛 字天朗。浙江錢塘縣人。順治十五年三甲十三名進士。任廣西平樂府推官。

儲士 字亦士。江蘇金壇縣

人。順治十五年三甲十四名進士。任貴州平越府推官，左遷山東茌平縣丞，以茌平縣丞署山東高唐州判。

陳珏 福建莆田縣人。順治十五年三甲十五名進士。任山西大同府推官。

鄒度琪 字謙受，號西楨。江西新建縣人。順治十五年三甲十六名進士。選庶吉士，授檢討。順治十七年充湖廣鄉試主考官。生平不樂仕進，急流勇退。

盧經 字淑向。湖北黃安縣人。順治十四年舉人，十五年三甲十七名進士。康熙元年任福建興化府推官。

沈漢 字天河。江蘇鹽城縣人。順治十五年三甲十八名進士。康熙元年任直隸宣化府推官，調貴州遵義府推官。裁缺歸里。著有《聽秋閣集》《杜律校評》《臥園文集》。

顏象龍 字三惕。江西安福縣人。順治十五年三甲十九名進士。康熙元年任湖南寶慶府推官，康熙七年改湖北天門知縣，改補湖北景陵知縣。因農民欠賦，上官督催，遂乞罷歸。

史胤庚 福建晉江縣人。順治十五年三甲二十名進士。任浙江紹興府推官，署四川馬湖府知府。（按：馬湖府雍正七年裁撤。）

王颺昌 字子言。山東高密縣人。順治十五年三甲二十一名進士。選庶吉士，十六年充會試同考官，授檢討。遷侍讀學士、少詹事。康熙十五年授詹事。二十六年遷禮部右侍郎，改左侍郎。康熙三十一年（1692）十月卒。

郭連城 山西繁峙縣人。順治十五年三甲二十二名進士。甘肅鞏昌府推官。

萬邦維 湖北麻城縣人。順治八年舉人，十五年三甲二十三名進士。康熙二年任廣東南雄府推官，八年任山東萊陽知縣，遷主事。

朱京琦 字汝平。浙江仁和人。順治十五年三甲二十四名進士。任禮部觀政。

詹之瑛 江蘇山陽縣人。順治十五年三甲二十五名進士。任湖北德安府推官。

劉魯檜 字孔植。山東沂州人。順治十五年三甲二十六名進士。康熙元年授江西南安府推官。六年裁。

張寅恭 字任高。福建建安縣人。順治十五年三甲二十七名進士。任山西大同府推官，改陝西扶風知縣。

李發魁 字經伯。山東定陶縣人。順治十五年三甲二十八名進士。任江西南昌府推官。辭官歸里。

傅亶初 字上生，號握玉。山東高密縣人。順治十五年三甲二十九名進士。康熙元年授安徽池州府推官。以裁缺歸，養母終生不出。

張俠 直隸清苑縣人。順治十五年三甲三十名進士。任河南歸德府推官，改衛輝府推官，康熙十年官至四川龍安知府。

鄒祗謨 字訏士，號程村。江蘇武進縣人。順治十五年三甲三十一名進士。歸班候選知縣，以奏銷案不仕。天資穎異，過目不忘，上自經籍、子史、以及天文星算、百家之書無不悉記。擅詩古文，與陳維崧、董文友、黃永，稱"毗陵四子"。著有《鄒訏士詩選》《遠志齋集》《麗農詞》。

黃邵士 （復姓邵）字止庵。浙江蕭山縣人。順治十五年三甲三十二名進士。任廣東潮州府推官，官至知州。

黃綬 字復野。山東安丘縣人。順治十五年三甲三十三名進士。十七年任河南河南府推官。

王三薦 字克生。湖北江陵縣人。順治八年舉人。十五年三甲三十四名進士。康熙二年任福建漳州府推官。卒於任。

湯原清 安徽全椒縣人。順治十五年三甲三十五名進士。

余玉成 廣東新會縣人。順治十五年三甲三十六名進士。康熙二年任廣西梧州府推官。

姚祖頊 字濮陽。順天宛平縣人。順治十五年三甲三十七名進士。任大理寺評事，康熙十一年充浙江鄉試副考官，官至兵科給事中。

吳鼎玫 江蘇武進縣人。順治十五年三甲三十八名進士。任四川成都府推官。

毛天騏 字如石。江蘇太倉州人。順治十五年三甲三十九名進士。

授江西安義知縣，補陝西褒城知縣，丁母憂。補直隸魏縣知縣，十一年改直隸大名知縣，升內閣中書，引疾歸。卒年八十一。著有《思補堂文集》。

洪 業 字登明。江西金溪縣人。順治十五年三甲四十名進士。康熙二年任山東青城知縣，以疾辭歸。著有《龍門集》一百十卷。

謝鴻奇 福建鎮海衛人。順治十五年三甲四十一名進士。任河南新鄭知縣。

陸瑤林 字以攻、介庵。浙江平湖縣人。順治十五年三甲四十二名進士。康熙元年任江西金溪知縣，乞養歸。著有《聽松軒詩集》。

沈 珣 字邃芭。浙江嘉善縣人。順治十五年三甲四十三名進士。任推官，改刑部主事。

朱 濟 字薪岸。浙江長興縣人。順治十五年三甲四十四名進士。任四川萬縣知縣，改四川大寧知縣。

張 沐 字仲城，號起庵。河南上蔡縣人。順治十五年三甲四十五名進士。康熙元年授直隸內黃知縣（雍正時改爲河南省），五年坐事免。曾主講登封書院。十八年授四川資陽知縣，爲官潔己愛民，後以老乞休。撰有《周易疏略》。著有《圖書秘典溯流》《史學鈔》《一隅解》《道一錄》等書。

屠粹忠 （一作徐粹忠）字純甫，號芝岩。浙江定海縣人。順治十五年三甲四十六名進士。十八年

任河南封丘知縣，康熙十年升吏科給事中，改兵科、工科給事中，升奉天府丞，遷大理寺少卿。康熙四十一年授兵部侍郎，四十三年遷兵部尚書。康熙四十五年（1706）五月卒。撰有《三才藻異》等。

祁文友 字珊洲，號蘭尚。廣東東莞縣人。順治十五年三甲四十七名進士。十八年任安徽廬江知縣，擢工部主事，康熙八年充江南鄉試副考官。

畢 秀 字華嚴。山東新城縣人。順治十五年三甲四十八名進士。康熙二年授直隸清苑知縣，官至江蘇海州直隸州知州。

何際泰 廣東番禺縣人。順治十五年三甲四十九名進士。康熙二年任山東棲霞縣知縣。

王侯服 河南夏邑縣人。順治十五年三甲五十名進士。十七年任湖南寧遠知縣，康熙五年任順天府順義知縣，官至廣西全州知州。

李同亨 江蘇宜興縣人。順治十五年三甲五十一名進士。十八年任河南祥符知縣，康熙二年任山東蓬萊縣縣丞，九年升湖北黃安知縣。

李丕先 字有開、開登。山東長山縣人。順治十五年三甲五十二名進士。任山西岳陽知縣，康熙元年改山西安澤知縣，升江西建昌府同知。以親老致仕。

羅士毅 字恕齋。江西新建縣人。順治十五年三甲五十三名進士。康熙元年任廣東信宜知縣，升河南

陝州知州。致仕歸。著有《適園詩文集》。

王封溁 字玉書，號慎庵。湖北黃岡縣人。順治十五年三甲五十四名進士。選庶吉士，授檢討。康熙六年充會試同考官，二十七年由少詹事授內閣學士，遷吏部右侍郎，二十八年丁憂歸。三十一年改禮部侍郎。康熙四十二年（1703）六月卒於任。

彭之鳳 字宜生，號橫山。湖南龍陽縣人。順治十五年三甲五十五名進士。選庶吉士，十六年充會試同考官，改主事，升御史、刑科給事中，官至光祿寺少卿。卒於任。

譚篆 字玉章，號灌湘、灌村。湖廣景陵縣人。順治八年舉人，十五年三甲五十六名進士。選庶吉士，授檢討。十七年充江南鄉試主考官，補國子監司業，官至侍講。以母病告歸。

張樹屏 江蘇鹽城縣人。順治十五年三甲五十七名進士。十八年任山西臨縣知縣。

翁世庸 字公用，號東山。浙江錢塘籍，海寧縣人。順治十五年三甲五十八名進士。任廣西思恩知縣，遷陝西隴州知州，調雲南廣南知府，丁憂歸。補臺灣知府，未抵任卒。

嚴士騎 字子馴。湖北孝感縣人。順治八年舉人。十五年三甲五十九名進士。十八年任江蘇華亭知縣。

甯林 陝西郃陽縣人。順治十五年三甲六十名進士。康熙元年任安徽臨淮知縣，六年改廣東新寧知縣。

盧元培 字鯤揚。浙江仁和縣人。順治十五年三甲六十一名進士。康熙元年任直隸慶雲知縣，七年改鄱陽知縣，丁憂服闋，補戶部主事，遷戶部員外郎，康熙十二年充會試同考官，十五年督山西提學道。

李天授（復姓張）。湖北沔陽州人。順治十四年舉人，十五年三甲六十二名進士。任直隸鉅鹿知縣。

何緝 號霧岩。四川梁山縣人。順治十五年三甲六十三名進士。十八年任浙江餘姚知縣，康熙七年任安徽祁門知縣，十九年改江西奉新知縣，在任四年，二十四年任貴州黔西知州。

董良樻 字厲皁。浙江會稽縣人。順治十五年三甲六十四名進士。康熙元年任福建松溪知縣。

扈泓 山東濟寧州人。順治十五年三甲六十五名進士。康熙三年任直隸平山知縣。

李弘 山西澤州直隸州人。順治十五年三甲六十六名進士。任山東高密和縣。

潘嗣德 浙江歸安縣人。順治十五年三甲六十七名進士。康熙元年任江蘇青浦知縣。

馮昌奕 山西河東運司人（一作莆州人）。順治十五年三甲六十八名進士。任四川郫縣知縣，康熙十一年遷陝西華州知州。

陶　諭　字峻言。湖北孝感縣人。順治十一年舉人，十五年三甲六十九名進士。任山西嵐縣知縣，康熙十年改四川屏山知縣。

王鍾靈　字秀卿，號龍州。山西聞喜縣人。順治十五年三甲七十名進士。選庶吉士，授檢討。康熙二年任湖廣主考官，升左、右春坊中允，官至侍讀。參與修《平逆方略》。

游東昇　字日生。江西臨川縣人。順治十五年會元，三甲七十一名進士。母喪哀毀未仕卒。著有《綠映樓文鈔》。

王世顯　字亦世，號仙潛。湖北漢陽縣人。順治十五年三甲七十二名進士。康熙元年任浙江永嘉知縣。母老歸，後卒於杭州。

郭佩璆　字鳴吉。江蘇長洲縣人。順治十五年三甲七十三名進士。十七年任山西榆次知縣。

黃開運　字天文。四川內江縣人。順治十五年三甲七十四名進士。十七年任貴州天柱知縣，改直隸知縣，康熙九年遷定州知州，官至刑部郎中。卒於京。

夏錫金　湖北監利縣人。順治五年舉人。十五年三甲七十五名進士。

陶延中　字棟生，號隨庵。安徽蕪湖縣人。順治十五年三甲七十六名進士。康熙二年任山西興縣知縣，丁憂歸。十一年補清源知縣。

梁文煥　陝西乾州人。順治十五年三甲七十七名進士。任安徽滁州知縣。

梁　舟　字本天。陝西略陽籍，安塞人。順治十五年三甲七十八名進士。任內閣中書，康熙七年改直隸徐水知縣，二十年改江蘇江都知縣。

許延邵　字仲將。浙江武康縣人。順治十五年三甲七十九名進士。任貴州石阡府推官，改龍泉知縣，康熙十四年調江西建昌知縣，改星子知縣，升永康知州，康熙三十年遷甘肅平涼知府，三十三年官至福建泉州知府。致仕歸。

劉作樑　字木生，號虛嚴。江西永新縣人。順治十五年三甲八十名進士。康熙二年任廣東歸善知縣，罣誤歸。八年改浙江新昌知縣，在任四年以勞瘁卒於任。

石之玫　陝西甘泉縣人。順治十五年三甲八十一名進士。十七年任湖南湘鄉知縣，康熙三年改江蘇睢甯知縣，十七年遷江蘇宿桃河務同知，三十一年官至福建福州府知府。

朱　介　字廉齋。浙江嘉興縣人。順治十五年三甲八十二名進士。任湖南安化知縣。

張鵬翔　陝西長安縣人。順治十五年三甲八十三名進士。康熙二年任四川威遠知縣，改雲南浪穹知縣。

江南齡　字度遠。浙江開化縣

人。順治十五年三甲八十四名進士。康熙八年任江西餘干知縣，十二年升山西太原府同知，二十一年官至湖北安陸知府。

沈振嗣　字方岩。浙江餘姚縣人。順治十五年三甲八十五名進士。選庶吉士。

蔡而烜　字邦鄂。福建漳浦縣人。順治十五年三甲八十六名進士。康熙二年任河南桐柏縣知縣。致仕歸。

韓日起　字碧蒼。江蘇江都縣人。順治十五年三甲八十七名進士。康熙十五年任蘇州府教授，二十一年升河南盧氏知縣。有政聲，歸。著有《遺訓文》《同穴志》。

劉宗向　字次更。湖北沔陽州人。順治八年舉人，十五年三甲八十八名進士。康熙五年任浙江昌化知縣。

王　燦　順天薊州人。順治十五年三甲八十九名進士。十八年任河南南召知縣，改汝陽知縣。官至貴州黃平州知州。

孫家棟　字隆吉。山東安丘縣人。順治十五年三甲九十名進士。十七年任浙江義烏知縣，康熙九年升江蘇邳州知州。

毛漪秀　字公衛。山東掖縣人。順治十五年三甲九十一名進士。十七年授江蘇吳江知縣，遷甘肅平凉府同知，擢刑部員外郎，升户部郎中。康熙二十三年充貴州鄉試副考官，同年十二月督雲南提學道。著有詩集《秦游草》。

李含春　字梅穀。順天通州人。順治十五年三甲九十二名進士。任直隸保定府教授、永平府教授，遷吏部主事、員外郎，康熙二十年充湖廣鄉試副考官，升郎中，官至鴻臚寺卿。

嚴欽謨　湖北江陵縣人。順治十四年舉人。十五年三甲九十三名進士。康熙二年任直隸唐縣知縣。

吳美秀　字在中。直隸蠡縣人。順治十五年三甲九十四名進士。十八年任安徽望江知縣，升江蘇淮安府北岸同知，有築堤功，康熙十一年官至四川夔州知府。

弟吳恒秀，康熙十二年進士。

王　濂　字稚廉，號樵嵐。山東章丘縣人。順治十五年三甲九十五名進士。十八年任四川榮昌縣知縣兼大足知縣六載，丁憂歸。補河南河陰知縣。以病歸。未幾卒。

子王大年，康熙三年進士。

陳顯忠　廣東南海縣人。順治十五年三甲九十六名進士。康熙六年任四川犍爲知縣。

劉布春　字嵋陽、青園。山東滋陽縣人。順治十五年三甲九十七名進士。任四川平武知縣。距山東滋陽五千里，思母不能迎養，憂鬱致疾。卒於官。

陳覲聖　號幼以。湖南武陵縣人。順治十五年三甲九十八名進士。康熙二年任山西榮河知縣，官至四川簡州知州。未任歸榮河。

陳　緯　字天襄。山東臨朐縣人。順治十五年三甲九十九名進士。十八年任廣西蒼梧知縣。卒於任。

楊來鳳　字羽伯。山東濟寧州人。順治十五年三甲一百名進士。任甘肅成縣知縣，政簡刑清，以賦稅事罷歸。

許明章　字公斐。安徽舒城縣人。順治十五年三甲一百零一名進士。康熙二年任廣東陵水知縣，遷山東德州管河州判。以病乞歸。年六十三卒於家。

劉迪轂　山西安邑縣人。順治十五年三甲一百零二名進士。任安徽太和知縣，補浙江嵊縣知縣。

黃士貴　字璧仲。廣東南海縣人。順治十五年三甲一百零三名進士。康熙二年任直隸深澤知縣，卒於任。

張　飍　字聞子。江西金溪縣人。順治十五年三甲一百零四名進士。康熙二年任福建邵武知縣。在任六載，丁母憂歸。家居三十年，以詩文自娛。

侯七乘　字仲輅。山西汾西縣人。順治十五年三甲一百零五名進士。任福建閩縣知縣，康熙二年改武平知縣，丁憂歸。後官至江西廣信府同知。以疾歸。著有《孝國堂集》。

程觀頤　字我生。直隸永平山海衛人。順治十五年三甲一百零六名進士。十七年任直隸河間府教授，康熙三年遷山東淄川知縣，五年被劾去職。著有《楞嚴經集注》十卷、《金剛經集注》。

張旺齡　湖北漢陽縣人。順治三年舉人，十五年三甲一百零七名進士。浙江永嘉知縣，康熙二年改浙江孝豐知縣。丁憂去。

仇鳳翀　山西曲沃縣人。順治十五年三甲一百零八名進士。十八年任江蘇鹽城知縣，康熙四年改河南修武知縣，十年調四川西充知縣。

李天馥　字湘北，號容齋。河南永城縣人。崇禎八年（1635）正月二十四日生。順治十五年三甲一百零九名進士。選庶吉士，授檢討。遷國子監司業、詹事府少詹事，康熙十六年授內閣學士，二十年遷戶部侍郎改吏部侍郎。二十七年二月遷工部尚書，改刑部、兵部、吏部尚書，三十一年十月授武英殿大學士。康熙三十八年（1699）十月十五日卒。享年六十五。諡"文定"。著有《容齋集》。

長子李孚青，康熙十八年進士；孫李昉楸，康熙四十八年進士。

蔣起蛟　河南永城縣人。順治十五年三甲一百十名進士。康熙二年任湖南嘉樂知縣。

熊如旭　字升之。江西南昌縣人。順治十五年三甲一百十一名進士。任四川丹稜知縣。

王敬公　字爾成。山東商河縣人。順治十五年三甲一百十二名進士。任四川屏山知縣，改河南商水知縣，擢行人司行人。請假歸。抵家一日父卒，不出。

崔蔚林 字夏章，號玉階、定齋。直隸新安縣人。明崇禎八年（1635）生。順治十五年三甲一百十三名進士。選庶吉士，十六年充會試同考官，授檢討。歷任弘文院侍讀、侍讀學士、經筵講官，但康熙帝認爲他是僞理學，遭到康熙的反對和打擊。官至詹事衙少詹事，以疾歸。康熙二十六年十二月十三日（1688年1月）卒，年五十三。著有《四書講義》《易經講義》及《易解》。

殷觀光 字巡典。順天宛平縣人。順治十五年三甲一百十四名進士。選庶吉士。以國書荒疏除名。

鄒養赤 字幼心。湖北公安縣人。順治十五年三甲一百十五名進士。任山東壽光知縣。以疾歸。

莫與先 字大岸。湖北潛江縣人。順治十五年三甲一百十六名進士。康熙二年任直隸高邑知縣。引疾歸。著有《南陂詩鈔》《讀史樂府》《今是堂集》。

杜鎮 字子靜。直隸南宮縣人。順治十五年三甲一百十七名進士。任山東陽信知縣，調內閣中書，康熙二年充四川鄉試副考官，改刑部湖廣司主事，康熙十九年特授編修，官至侍讀。乞歸。卒年六十八。

方濟奎 字若水。河南光州人。順治十五年三甲一百十八名進士。十八年授廣西貴縣知縣。

張爾翼 直隸武邑縣人。順治十五年三甲一百十九名進士。十六年任河南鞏縣知縣，調任雲南昭通縣附舊定邊知縣，改浙江平陽知縣。

金煜 字雪洲。浙江會稽縣人。順治十五年三甲一百二十名進士。康熙二年任山東郯城縣知縣。三十三年十二月二十一日（1695年1月）卒，年五十一。

邵于道 字岸公。浙江慈溪縣人。順治十五年三甲一百二十一名進士。授直隸衡水知縣，擢工部主事，差督南旺河道，以勞瘁卒於任。

閻若琛 字紫琳、浦仲。山西太原縣人。明崇禎六年（1633）五月二十五日生。順治十五年三甲一百二十二名進士。山西潞安府教授，改兵部主事，康熙七年任大同天鎮衛教授。二十八年官至浙江嘉興府知府。

陳敬 字爾恂，號爾遜。順天通州人。順治十五年三甲一百二十三名進士。選庶吉士，以國書荒疏除名。

張叙（本姓桑）字辰生。河南蘭陽縣人。順治十五年三甲一百二十四名進士。十八年九月任江蘇吳縣知縣。康熙元年以征餉不及額罷去。

魏士蘭 福建晉江縣人。順治十五年三甲一百二十五名進士。任山東濰縣知縣。

翁如麟（榜姓馬）號萊山。廣東澄海縣人。順治十五年三甲一百二十六名進士。康熙二年任湖南新田知縣。在任四載，告歸。病卒。

張熙岳 山東高密縣人。順治十五年三甲一百二十七名進士。十八年任江蘇武進縣知縣。革職去。

史尚轍 字素載。浙江餘姚縣人。順治十五年三甲一百二十八名進士。任甘肅狄道知縣。

韓燦 江蘇江都縣人。順治十五年三甲一百二十九名進士。十八年任湖南瀏陽知縣。

熊宗彥 （復姓鄒）。湖北麻城縣人。順治十五年三甲一百三十名進士。任知縣。

聶當世 號二瞻。湖北彝陵縣人。順治十四年舉人，十五年三甲一百三十一名進士。康熙二年任江西進賢知縣，升工部主事。

洪啓權 字玉衡。安徽寧國縣人。順治十五年三甲一百三十二名進士。任江西安福知縣，忤大吏歸。著有《櫟園集》。

王枚 字卜子，號納如。浙江慈溪縣人。順治十五年三甲一百三十三名進士。康熙元年任江西贛縣知縣，丁母憂。補甘肅文縣知縣。辭歸。

胡大定 甘肅平涼縣人。順治十五年三甲一百三十四名進士。康熙二年任廣東博羅知縣，改雲南大理鄧川州知州，官至員外郎。

張志禧 字淡修。山東昌邑縣人。順治十五年三甲一百三十五名進士。十八年任直隸高陽知縣，擢督捕主事，改吏部主事，官至郎中。

胡樞 （榜名郭樞，原姓胡）字邕蒲。浙江崇德縣人。順治十五年三甲一百三十六名進士。康熙二年任江西萬安知縣。

高子翼 字鯤扶。福建閩縣人。順治十五年三甲一百三十七名進士。康熙三年任廣東開平知縣，二十二年遷湖北蘄州知州。

王保釐 字東郊。湖北蘄水縣人。順治十五年三甲一百三十八名進士。康熙元年任四川通江知縣，十年遷江蘇常州府通判。十一年丁憂歸。

王渫 （原名王明福）字孚升。浙江平湖縣人。順治十五年三甲一百三十九名進士。康熙二年任廣東潮陽知縣。

黃洪輝 字嶽青。浙江鄞縣人。順治十五年三甲一百四十名進士。任山東即墨知縣。

李冲霄 字大翮。湖北枝江縣人。順治十一年舉人，十五年三甲一百四十一名進士。十八年任直隸清苑知縣。移病歸。

趙玄覽 字僧照。四川劍州人。順治十五年三甲一百四十二名進士。任江西廬陵知縣，丁憂服闋，改安徽虹縣知縣。

萬里侯 字介公。江蘇寶應縣人。順治十五年三甲一百四十三名進士。十八年任浙江江山知縣，康熙十一年官至山西大同府同知。

洪圖光 字暉吉。浙江鄞縣人。順治十五年三甲一百四十四名進士。

任廣東知縣。

程　瀚　字北海，號瞻庵。江蘇上元縣人。順治十五年三甲一百四十五名進士。康熙二年任江西安仁知縣。在任十年卒於官。

鄒　弘　字能宏。江西廬陵縣人。順治十五年三甲一百四十六名進士。康熙二年任江蘇上海知縣。罷官歸卒。

金　良　字淡希。浙江鄞縣人。順治十五年三甲一百四十七名進士。十八年任福建長汀知縣。罷官卒。著有《易經解義》《聽松閣文集》。

劉業廣　字爾勤。江西安福縣人。順治十五年三甲一百四十八名進士。家貧外出授徒養家。未仕。

趙　崙　字叔公，號閬仙。山東萊陽縣人。順治十五年三甲一百四十九名進士。康熙二年授廣東瓊山知縣，行取禮部主事，十一年充福建鄉試副考官，升郎中。二十一年督江南提學道，遷福建興泉永道，官至太常寺少卿。二十八年因党附左都御史郭琇革職。流徙奉天。著有《詩經大全注纂》。

牛光斗　陝西中部縣人。順治十五年三甲一百五十名進士。十八年任浙江諸暨知縣。

李培初　字念白。直隸寧晉縣人。順治十五年三甲一百五十一名進士。康熙六年任福建晉江知縣。

黃運啓　字平參，號景升。山東昌邑縣人。順治十五年三甲一百五十二名進士。康熙元年任江西新昌知縣，擢兵科給事中。解組歸。

陳懋芳　字漢生。福建惠安縣人。順治十五年三甲一百五十三名進士。康熙二年任山東嘉祥知縣。以勞卒於任。

林　顯　福建漳浦縣人。順治十五年三甲一百五十四名進士。任江西德化知縣。

汪以淳　字淥水。湖北漢陽縣人。順治八年舉人，十五年三甲一百五十五名進士。康熙二年任廣東定安知縣，官至吏部文選司主事。

徐文烜　字文章、龍山。安徽青陽縣人。順治十五年三甲一百五十六名進士。十八年授山西太原知縣。卒於任。

鄭昆璧　字崙輝，號澹庵。山西文水縣人。順治十五年三甲一百五十七名進士。授陝西富平知縣，行取兵部職方司主事，康熙六年充會試同考官，官至戶部郎中，康熙十二年督湖廣提學道。以疾歸。卒於家。

鄭人琦　湖廣江陵縣人。順治八年舉人。十五年三甲一百五十八名進士。康熙二年任山東蒲台知縣。

宋士琇　字充亦，號越蒼。江西奉新縣人。順治十五年三甲一百五十九名進士。康熙十三年任浙江泰順知縣。

闞　選　字若韓、瞿亭。江蘇嘉定縣人。順治十五年三甲一百六十名進士。未見任職，與修邑志，享年七十四。

劉　桓　直隸大寧都司人。順治十五年三甲一百六十一名進士。十七年任山東泗水知縣。

張天翼　河南陝州人。順治十五年三甲一百六十二名進士。任湖北江陵知縣。

闞碧霞　河南光山縣人。順治十五年三甲一百六十三名進士。康熙二年任江西雩都知縣。

甯世珽　字光野。山西聞喜縣人。順治十五年三甲一百六十四名進士。授山西汾州府教授，康熙三年遷甘肅鎮遠知縣，行取刑部主事，遷員外郎。卒於任。

弟甯世璿，順治十八年進士。

胡公著　字希呂，號綱思。安徽績溪縣人。順治十五年三甲一百六十五名進士。康熙二年任直隸靈壽知縣，改雲南南寧知縣，康熙二十六年任陝西鄜州知州。

丘　泰　字靜庵。山東濟寧州人。順治十五年三甲一百六十六名進士。康熙元年任江西臨川知縣。

于登俊　字繡水。湖南澧州人。順治十五年三甲一百六十七名進士。康熙四年任江蘇清河知縣。

鍾國義　字赤松。浙江山陰縣人。順治十五年三甲一百六十八名進士。任山東萊蕪知縣，擢兵部武選司主事，康熙八年充福建鄉試副考官。

陳美典　字碧涵。江蘇山陽縣人。順治十五年三甲一百六十九名進士。十六年任安徽池州府教授，康熙三年升山東沂水知縣。有惠政。

龔　蕘　字山宗。江西南昌縣人。順治十五年三甲一百七十名進士。康熙初年任甘肅合水知縣。蒞任一載即致仕歸。

王世英　字積中。湖南澧州人。順治十五年三甲一百七十一名進士。任河南澠池知縣。在任三年。

馮　壯　字駿法。直隸清苑縣人。順治十五年三甲一百七十二名進士。十七年任浙江德清知縣，遷廣西全州知州。丁憂歸。

張　涵　山西翼城縣人。順治十五年三甲一百七十三名進士。康熙三年任浙江麗水知縣。

康國祥　字建山。江西龍泉縣人。順治十五年三甲一百七十四名進士。任陝西汧陽知縣，丁憂歸。補江蘇太倉州通判。

戴　璽　字爾玉。直隸玉田縣人。順治十五年三甲一百七十五名進士。十七年任山西繁峙知縣，擢行人司行人，改兵部主事。康熙二十三年充山西鄉試副考官。

張大奇　山西芮城縣人。順治十五年三甲一百七十六名進士。康熙三年任廣東茂名知縣。

虞二球　字天玉，別字龍滄。浙江定海縣人。順治十五年三甲一百七十七名進士。任湖南安化知縣，擢兵部主事，康熙八年充山東鄉試副考官。升員外郎，官至戶部四川司郎中，康熙十二年督江南提學道。罷歸。卒年六十二。著有《四書講義》。

熊賜履　字敬修、愚齋，號青嶽、素九。湖北孝感縣人。崇禎八年（1635）十一月初五日生。順治十五年三甲一百七十八名進士。選庶吉士，授檢討。遷國子監司業、弘文院侍讀、侍讀學士，康熙九年授國史院學士改翰林院掌院學士，充日講官、經筵講官，與湯斌、張玉書、張英、李光地等爲康熙帝奠定了堅定的儒學基礎。十四年超擢武英殿大學士。十五年因票簽錯誤又委過於大學士杜立德，七月革職。僑居江寧。二十七年復起授禮部、吏部尚書，三十八年十一月授東閣大學士。四十二年四月休致。仍留京顧問。康熙四十八年（1709）十月卒。享年七十五。贈太子太保，諡"文端"。爲清代藏書家，藏書處曰"下學堂"。著有《學統》五十三卷、《下學堂札記》三卷、《經義齋集》十八卷、《澡修堂集》十六卷、《閑道堂集》《閑道録》三卷等。

林儀鳳　福建侯官縣人。順治十五年三甲一百七十九名進士。任廣東廣甯知縣。

馮肇楠　字木伯。浙江會稽縣人。順治十五年三甲一百八十名進士。康熙三年任江西永豐知縣。被議免官去。

劉　梅　字訓夫。直隸故城縣人。順治十五年三甲一百八十一名進士。初任廣平府教授，遷國子監助教，擢行人，康熙十一年充湖廣鄉試副考官。遷户部主事，升郎中，

十八年督山西提學道，官至江南常鎮道，署糧儲道歸。著有《四書釋注》行世。

侯　曦　字朝賓。江蘇無錫縣人。順治十五年三甲一百八十二名進士。任刑部主事。

關以華　字祝堅。湖北公安縣人。順治十四年舉人，十五年三甲一百八十三名進士。任直隸寶坻知縣。

劉泰祥　直隸蠡縣人。順治十五年三甲一百八十四名進士。康熙七年任廣西蒼梧知縣。

袁鼎先　湖北江夏縣人。順治十一年舉人，十五年三甲一百八十五名進士。康熙二年任山西趙城知縣，改直隸新河知縣。

劉振基　直隸鹽山縣人。順治十五年三甲一百八十六名進士。十八年任四川資縣知縣，康熙九年遷南城兵馬司指揮。

洪泮洙　字獻統，號垂萬。廣東遂溪縣人。順治十五年三甲一百八十七名進士。康熙三年任安徽休寧知縣。解組歸。

沈延標　字令望。湖北江陵縣人。順治八年舉人。十五年三甲一百八十八名進士。康熙二年任福建莆田知縣。

向大觀　字望湄。湖北潛江縣人。順治十一年舉人，十五年三甲一百八十九名進士。任廣西懷遠知縣，康熙三年改廣西三江知縣。

梁才倜　字廷標。山西介休縣

人。順治十五年三甲一百九十名進士。任福建福靖知縣。致仕歸。

范其鑄 湖北江夏縣人。順治十四年舉人，十五年三甲一百九十一名進士。任山西潞城知縣，康熙十九年改浙江山陰知縣。

錢元修 浙江仙居縣人。順治十五年三甲一百九十二名進士。

陳肇昌 字扶升，號省齋。湖北江夏縣人。順治十五年三甲一百九十三名進士。授陝西寶雞知縣，遷工部主事，康熙九年充會試同考官。進户部郎中，康熙十七年督廣東提學道，纍遷左僉都御史。康熙三十年官至順天府府尹。

王聖時 字南隨。福建南靖縣人。順治十五年三甲一百九十四名進士。任湖北監利知縣。忤上官歸。

陳廷敬 （原名陳敬，因同科有陳敬同名，奉旨改現名）字子端，號銳岩、午亭。山西澤州直隸州人。明崇禎十二年（1639）生。順治十五年三甲一百九十五名進士。選庶吉士，任檢討。康熙八年任國子監司業，遷宏文院侍讀、侍講學士。十四年授詹事，遷內閣學士，改翰林院掌院學士。二十二年遷禮部侍郎、吏部侍郎，授左都御史。二十五年改工部、户部、吏部尚書，三十三年復任户部尚書，三十八年改吏部尚書，四十二年授文淵閣大學士。四十九年病辭。五十一年（1712）召入閣辦事。四月十九日卒。享年七十四。謚"文貞"。曾奉敕編《佩文高齋咏物詩選》六十四册，撰《佩文韻府》四百四十卷。著有《三禮指要》《尊文堂集》《午亭文編》，參與編《康熙字典》。

胡可及 江蘇山陽縣人。順治十五年三甲一百九十六名進士。十七年任河南濟源知縣。

父胡之駿，順治三年進士。

李岱生 字萊峰。山東高密縣人。順治十五年三甲一百九十七名進士。任福建長樂知縣。以事免官。歸里後教授生徒。著有《四書文稿》。

柴偉觀 河南武陟縣人。順治十五年三甲一百九十八名進士。十八年任山東鄒平知縣。

吳本植 字篤生。直隸安平縣人。順治十五年三甲一百九十九名進士。選庶吉士，十六年充會試同考官，授檢討。遷國子監司業、侍講，官至侍讀學士。

尚翌岐 字戴公。山西河東運司（一作虞鄉）人。順治十五年三甲二百名進士。任福建漳浦知縣。值明末，田多荒蕪，翌岐招流亡，剔晰積弊，正供無虧，鎮海、泉州二衛多逋賦，出俸代完，民懷之，競相勸勉。著有詩集。職滿告歸。

婁維岑 直隸晉州人。順治十五年三甲二百零一名進士。十七年任陝西涇陽知縣。

張貞侯 字曾元。浙江桐鄉縣人。順治十五年三甲二百零二名進士。任甘肅安定知縣。以憂去官。

鄭　重　字威如，號山公。福建建安縣人。明天啓五年（1625）生。順治十五年三甲二百零三名進士。康熙二年任江蘇靖江知縣，改江陰縣，十二年升行人司行人，改吏部主事，升郎中，十七年充陝西鄉試主考官。遷右通政，康熙二十五年授通政使，遷左副都御史，二十七年充會試副考官，改刑部侍郎。康熙三十三年十一月十五（1695年1月）卒。年七十。著有《霞園文集》《京草》《秦游草》《越使吟》《文選集注》。

劉思輯　直隸清苑縣人。順治十五年三甲二百零四名進士。十八年任江西金溪知縣。

鄭邦相　字又僑。湖北咸寧縣人。順治八年舉人，十五年三甲二百零五名進士。康熙二年任江西鄱陽知縣，六年擢滁州知州。丁憂歸。不復出。

子鄭之諶，順治十八年進士。

侯周臣　山西襄陵縣人。順治十五年三甲二百零六名進士。康熙二年任廣東石城知縣。

謝元瀛　字定夫。廣東饒平縣人。順治十五年三甲二百零七名進士。康熙二年任浙江石門知縣。罣誤去。

艾厥修　湖北沔陽州人。順治十五年三甲二百零八名進士。康熙二年任直隸巨鹿知縣。告養親歸。

楊景煌　河南新野縣人。順治十五年三甲二百零九名進士。任山東濰縣知縣。

伍亶直　廣西全州人。順治十五年三甲二百十名進士。任四川南江知縣。

程應辰　福建長樂縣人。順治十五年三甲二百十一名進士。任廣西平南知縣。

歐陽焯　字賓霞。湖北沔陽州人。順治十四年舉人，十五年三甲二百十二名進士。康熙三年任江西樂安知縣。乞歸。卒年五十八。

胡宗鼎　字凝九。河南永城縣人。順治十五年三甲二百十三名進士。康熙三年任江蘇宿遷知縣，十九年改福建將樂知縣。

杜　桂　河南盧氏縣人。順治十五年三甲二百十四名進士。康熙二年任浙江壽昌知縣，官至員外郎。

高文鑑　湖北江陵縣人。順治十一年舉人，十五年三甲二百十五名進士。任河南清豐知縣。歸時無長物。

鄧永芳　字仲闇，號龍湖。湖南攸縣人。順治十五年三甲二百十六名進士。康熙三年任陝西蒲城知縣。捐俸修學，修縣志。

焦　澍　陝西韓城縣人。順治十五年三甲二百十七名進士。康熙二年任四川南部知縣。

謝榮昌　字慶臣。浙江定海縣人。順治十五年三甲二百十八名進士。康熙三年任直隸定興知縣，改順天府房山知縣，遷東城兵馬司指揮。丁憂歸。哀毀卒，年四十。

蕭翱材　廣東大埔縣人。順治十五年三甲二百十九名進士。康熙元年任湖南巴陵知縣。

侯體隨　字從甫。河南杞縣人。順治十五年三甲二百二十名進士。康熙三年任浙江景寧知縣。卒於任。

楊引祚　（榜名吳引祚，復姓）字湄崧。湖北枝江縣（一作沔陽）人。順治十五年三甲二百二十一名進士。十八年任四川蒼溪知縣，康熙十年調山東廣寧知州，改戶部主事，升郎中。康熙二十年充山西鄉試副考官，二十一年督浙江提學道，官至山東青州兵備海防道。

王興賢　字衡庵。直隸衡水縣人。順治十五年三甲二百二十二名進士。十八年任四川興文知縣，改甘肅文縣知縣，康熙十一年升階州直隸州知州。

李灝　字漢元。直隸元氏縣人。順治十五年三甲二百二十三名進士。任浙江永康知縣。被彈劾歸。著有《宦稿》《居家寶訓》。

弟李浣，順治十二年進士。

丁泰　字萊公，號洛湄、汲亭。山東日照縣人。順治十五年三甲二百二十四名進士。康熙二年任河南陳留知縣，官至工科、吏科給事中。康熙十六年充浙江鄉試副考官。病假歸里。尋卒。著有《疏稿》。

劉卜　山西盂縣人。順治十五年三甲二百二十五名進士。康熙六年任廣西富川知縣。

黃熙　字維緝。江西南豐縣人。明天啓元年（1621）生。順治十五年三甲二百二十六名進士。歸班候選知縣，任江西臨川縣教諭。以親老乞養歸。康熙二十一年（1682）卒。年六十二。著有《仿園遺稿》等。

王起岱　湖北江陵縣人。順治三年舉人，十五年三甲二百二十七名進士。康熙三年任河南光山知縣。

張柟　字讓伯。陝西朝邑縣人。順治十五年三甲二百二十八名進士。康熙三年任四川巴縣知縣，擢戶部主事。年四十三卒於家。著有《質言》。

常九經　陝西洋縣人。順治十五年三甲二百二十九名進士。康熙三年任四川新津知縣。

陳應乾　字履吉。廣東東莞縣人。順治十五年三甲二百三十名進士。康熙三年任湖南宜章知縣。解組歸。

劉維烈　字惠工。江蘇武進縣人。順治十五年三甲二百三十一名進士。以奏銷案除名。家居二十載開復，官至工部郎中。遭父喪哀毀卒。

楊宏器　號左漢。山西芮城縣人。順治十五年三甲二百三十二名進士。康熙三年任直隸蠡縣知縣。

谷峰　字飛巫，號北野。直隸元城縣人。順治十五年三甲二百三十三名進士。任四川東鄉知縣，內升兵馬指揮。上任行至河南洛陽卒。

韓允嘉　字嫺石。山東淄川縣人。順治三年舉人，十五年三甲二百三十四名進士。授四川順慶府推官，康熙六年補廣東東安縣知縣，改陝西三水縣知縣、山西翼城知縣。卒於官。年五十九。

任遡昉　字聞城。四川閬中縣人。順治十五年三甲二百三十五名進士。十八年任湖北蒲圻知縣。

顧高嘉　（榜名項嘉，復姓）字靜昭、南樓。浙江秀水縣人。順治十五年三甲二百三十六名進士。選庶吉士，任江蘇六合知縣，康熙十四年遷天津河防同知，遷郎中，官至貴州都勻府知府。

魏雙鳳　字雛伯，陽伯。直隸獲鹿縣人。順治十五年三甲二百三十七名進士。十七年任江西新建知縣，康熙十二年行取四川道御史，十三年改兩淮巡鹽御史，升督捕理事官。二十一年擢大理寺少卿，二十七年遷太僕寺卿，二十九年改宗人府府丞。康熙三十一年（1692）卒。著有《南游詩集》。

馮光祚　字還生。山東章丘縣人。順治十五年三甲二百三十八名進士。康熙三年任安徽虹縣知縣。

應純仁　字惕贊。浙江慈溪縣人。順治十五年三甲二百三十九名進士。康熙三年任山東聊城知縣。卒於任。

張正誼　陝西臨潼縣人。順治十五年三甲二百四十名進士。康熙三年任山東棲霞縣知縣。

游名柱　江西臨川縣人。順治十五年三甲二百四十一名進士。康熙六年任廣東合浦知縣。

李馨　字新蕊。福建甌寧縣人。順治十五年三甲二百四十二名進士。康熙二年任江蘇泰興知縣。被議歸。卒年七十九。

郭指南　陝西安塞縣人。順治十五年三甲二百四十三名進士。任主事，康熙三年任廣東電白知縣。

熊賜瑊　字宗玉，號雲峰。湖北孝感縣人。順治十四年舉人，十五年三甲二百四十四名進士。選庶吉士，授檢討。康熙二年充福建鄉試主考官，官至侍讀學士。

兄熊賜履，同榜進士，東閣大學士。

何玉如　字淡嚴、璞公。河南洛陽縣人。順治十五年三甲二百四十五名進士。康熙三年任浙江錢塘知縣，升直隸保定府同知，官至山西太原府知府。未抵任卒。

雒獻圖　字錫文。山東膠州人。順治十五年三甲二百四十六名進士。

李粹白　山東膠州人。順治十五年三甲二百四十七名進士。任兵部觀政，康熙三年任湖北保康縣知縣。

柏肯堂　號水龕。山東臨清州人。順治十五年三甲二百四十八名進士。十八年任安徽建平知縣。

李開早　湖南武陵縣人。順治十五年三甲二百四十九名進士。任廣西荔浦知縣。

沈崇寧　順天大興縣人。順治十五年三甲二百五十名進士。

張　瑛　字石耳。江西永新縣人。順治十五年三甲二百五十一名進士。任雲南浪穹知縣，改廣西荔浦知縣。以病歸。

孫啓烈　山西解州人。順治十五年三甲二百五十二名進士。十八年任安徽蒙城知縣。

杜允中　字仲用。河南閡鄉縣人。順治十五年三甲二百五十三名進士。任安徽知縣，康熙三年調山東海豐縣知縣。

翟于磐　山西澤州直隸州人。順治十五年三甲二百五十四名進士。

成瑞石　字潭水。山東鄒平縣人。順治十五年三甲二百五十五名進士。康熙三年任廣西貴縣知縣。

卒於任。

張　樞　字麂侯。浙江秀水籍，平湖縣人。順治十五年三甲二百五十六名進士。任江西萬安知縣。

梁朝柱　湖北孝感縣人。順治八年舉人，十五年三甲二百五十七名進士。康熙三年任廣東四會知縣，康熙二十二年改浙江新昌知縣。

張奇抱　直隸天津人。順治十五年三甲二百五十八名進士。任陝西成縣知縣。

李枝長　直隸靜海縣人。順治十五年三甲二百五十九名進士。康熙三年任四川宜賓知縣。

馬中驪　直隸東光縣人。順治十五年三甲二百六十名進士。康熙三年任山東昌邑知縣。

順治十六年（1659）己亥科

本科爲加科

第一甲三名

　　徐元文　（榜姓陸，復姓）字公肅，號立齋。江蘇長洲縣人，祖籍江蘇常熟。明崇禎七年（1634）九月十四日生。順治十六年一甲第一名狀元。任修撰。纍遷國子監祭酒，康熙十三年授內閣學士改翰林院掌院學士，十九年擢左都御史，二十二年降調。二十七年復任左都御史，改刑部尚書，十二月調戶部尚書，二十八年五月授文華殿大學士兼掌院學士。二十九年因其侄侵擾鄉里案被劾解職還鄉。康熙三十年（1691）閏七月二十七日卒。年五十八。爲清初著名文史學者，曾任纂修《明史》《三朝國史》《大清一統志》《政治訓典》總裁。家中藏書較富，藏書處曰"含經堂"。著有《含經堂集》《明史稿》等。

　　兄徐乾學，康熙九年進士，官刑部尚書；兄徐秉義，順治十六年進士。

　　華亦祥　（又名鮑亦祥）字纘長，號惕中、鵝湖。江蘇無錫縣人。順治十六年一甲第二名榜眼。授編修。十八年任會試同考官，纍遷至侍讀學士。

　　葉方藹　字子吉，號初庵（一作認庵）。江蘇昆山縣人。順治十六年一甲第三名探花。授編修。遷國子監司業、侍講、侍讀學士。康熙十六年授翰林院掌院學士，兼禮部侍郎，二十年官至刑部右侍郎加尚書銜。康熙二十一年（1682）四月卒。諡"文敏"。著有《太極圖論》《讀書齋偶存稿》《獨賞集》，并撰《尚書講義》。

第二甲九十六名

　　王晽　（初名王世約）字次重，號灌亭。順天大興縣人。明萬曆三十七年（1609）生。順治十六年二甲第一名進士（時年五十一）。選庶吉士，授編修。康熙二年充江南鄉試主考官，康熙十二年（1673）卒。年六十五。曾參與纂修《世祖實錄》。

鄭爲光 字晦中，號次岩。江蘇儀征縣人。順治十六年二甲第二名進士。選庶吉士，改主事，官至廣東道監察御史。卒於任。

周訓臣 （又名周訓成）字方更。山西安邑縣人。順治十六年二甲第三名進士。選庶吉士，十八年充會試同考官，改主事。康熙二十年纍遷江西南瑞道，改廣西右江道，官至江南江安糧道。著有《見山園草》。

張 瑋 （榜名許瑋，復姓）字存岩。浙江德清籍，秀水人。順治十六年二甲第四名進士。選庶吉士，改禮部主事，官至禮科給事中。

蘇宣化 字亮功、亮公。順天大興縣人。順治十六年二甲第五名進士。選庶吉士，十八年任會試同考官，授編修，遷國子監司業，官至少詹事。

彭孫遹 字駿孫，號信弦、羨門。浙江海鹽縣人。明崇禎四年（1631）五月初四日生。順治十六年二甲第六名進士。任內閣中書，候選主事。康熙十八年召試博學鴻詞一等第一名，授編修，纍遷侍講學士，二十七年授內閣學士。三十年十一月遷吏部右侍郎，充經筵講官、《明史》總裁。三十六年葬假。康熙三十九年三月賜御書“松桂堂”額，同年（1700）九月卒。年七十。工詩詞，與王士禎齊名，號“彭王”。著有《松桂堂全集》《南淮集》《延露詞》《金粟詞話》《詞統源流》《詞

藻》等。

李 平 字秩南，號敬園。浙江山陰縣人。順治十六年二甲第七名進士。選庶吉士，授編修。康熙六年充會試同考官。

胡虞胄 字又元，號三山。河南光山縣人。順治十六年二甲第八名進士。任江西吉安府推官。著有《虛白齋集》。

唐寅清 字岳鄰，號文蔚。浙江武康縣人。順治十六年二甲第九名進士。選庶吉士，改主事，官至工部郎中。

吳 輅 字幼興。浙江嘉興縣人。順治十六年二甲第十名進士。任廣西桂林府推官。歸後著書爲事。著有《韓歐文啓》。

吳景運 江蘇宜興縣人。順治十六年二甲十一名進士。

方象璜 字雪岷。浙江遂安縣人。順治十六年二甲十二名進士。任湖北荊州府推官，改枝江知縣，調安徽合肥縣知縣。在任二年以憂去。康熙十八年薦應鴻博。

王追騏 字錦之，號雪州。湖北黃岡縣人。順治十四年舉人，十六年二甲十三名進士。選庶吉士，改主事，升禮科給事中。康熙十八年舉鴻博，以病未試。官至山東武臨道僉事。坐事免職歸。閉戶窮經二十年。著有《雪州詩鈔》。

洪乘軒 字公輅。安徽涇縣人。順治十六年二甲十四名進士。任直隸正定府推官。裁缺歸。

翟世琪 字湛持，號堪博。山東益都縣（一作博山）人。順治十六年二甲十五名進士。選庶吉士，改任貴州黎平府推官，後任陝西韓城知縣。康熙十三年陝西提督王輔臣叛附吳三桂反清，翟世琪遇害卒。

周之麟 字石公，號簡齋、靜齋。浙江蕭山縣人。順治十六年二甲十六名進士。選庶吉士，授編修。升國子監司業、侍讀、少詹事。左遷太僕寺少卿，晉左僉都御史，康熙二十九年授太常寺卿，三十年改通政使。康熙三十九年（1700）病卒（一作三十年卒）。

李敏孫 字井叔，號慕廬、退翁。河南潁川衛人，原籍浙江嘉善。明天啓三年十二月十六日生。順治十六年二甲十七名進士。任福建延平府推官，改河南登封縣知縣，遷西城兵馬司指揮。康熙二十六年升授工部虞衡司主事。己於五月初一先卒，年六十五。著有《嵩陽石刻集記》等。

黃道晉 福建莆田縣人。順治十六年二甲十八名進士。任四川龍安府推官。

劉　佑 字伯啓。河南鄢陵縣人。順治十六年二甲十九名進士。康熙十一年任福建南安知縣，官至同知。

李為霖 （原名李淥）字次楫，號木庵、雨公。江蘇興化縣人。順治十六年二甲二十名進士。選庶吉士，散館改刑部主事，升員外郎，

康熙二年充廣西鄉試正考官，升郎中。外任湖北荊州知府，遷湖北糧道，康熙十八年授雲南按察使。二十二年罷官。

丘元武 字龍標，號慎清。山東諸城縣人。順治十六年二甲二十一名進士。任江西撫州府推官，補貴州施秉縣知縣，擢工部主事。因吳三桂之亂未能赴任，亂定後歸里。卒於家。

常時泰 字交甫。直隸開州人。順治十六年二甲二十二名進士。任貴州思南府推官。裁缺歸。

龔在升 字開園。浙江嘉興縣人。順治十六年二甲二十三名進士。康熙二年任江蘇蘇州府推官，改湖北通山知縣。卒於任。

劉佐臨 字與襄，號澹園。河南潁川縣人。順治十六年二甲二十四名進士。任山東兗州府推官，康熙八年任山東城武知縣、曹縣知縣，升山西汾州府同知。告老歸。著《澹園集》《文亭政略》。

李廉士 字砥瀾。山西曲沃縣人。順治十六年二甲二十五名進士。康熙元年任浙江金華府推官。六年裁。

康廉采 字計庸，號繼驤。山東陵縣人。順治十六年二甲二十六名進士。授福建興化府推官，康熙八年改直隸靈壽知縣。著有《愛寓軒稿》。

姚締虞 字歷升，號岱農。湖北黃陂縣人。順治十六年二甲二十

七名進士。任四川成都府推官，陝西安化知縣，康熙十四年行取御史，進禮科給事中，康熙十七年充江西鄉試正考官。驀遷左僉都御史，康熙二十四年八月授四川巡撫。康熙二十七年（1688）四月卒。

鄭日奎 字次公，號靜庵。江西貴溪縣人。順治十六年二甲二十八名進士。選庶吉士，任工部主事，升員外郎，康熙十一年充四川鄉試副考官，官至禮部郎中。以勞卒於任。著有《靜庵集》。

朱昇 字方庵、子旦。浙江海寧縣人。順治十六年二甲二十九名進士。任山東東昌府推官，改四川峨嵋知縣。引疾歸。著有《蜀中草》。

鍾朗 字玉行，號廣漢。浙江建德縣人（一作秀水）。順治十六年二甲三十名進士。選庶吉士，十八年充會試同考官，改工部主事，遷刑部郎中。改按察司僉事，康熙九年督陝甘學政，升布政司參議。致仕歸。

李士竑 號廣庵。湖北雲夢縣人。順治十一年舉人，十六年二甲三十一名進士。授雲南楚雄府推官，康熙七年改安徽旌德知縣，十二年任江蘇揚州江防同知，署揚州知府。以疾致仕歸。

葉封 字井叔，號慕廬、退翁。湖北黃坡縣人，原籍浙江嘉善。明天啓三年十二月十六日（1624年1月）生。順治十六年二甲三十二名進士。任福建延平府推官，康熙八年改河南登封縣知縣，遷西城兵馬司指揮，康熙二十六年（1687）升授工部虞衡司主事。已先於五月初一卒。年六十五。著有《嵩志》《嵩陽石刻集記》《嵩山詩集》。等。

井在 字存士、方陽。順天文安縣人。順治十六年二甲三十三名進士。康熙二年授山西平陽府推官，七年改廣東永安知縣，丁憂歸。十六年補山西興縣知縣。以伉直不能事上官緣事罷歸。以詩文自娛，家居九年，卒年七十二。著有《天文纂要》《鐵潭詩集》《文集》《簏蟬集》等。

文倬天 陝西三水縣人。順治十六年二甲三十四名進士。康熙二年任湖南衡州府推官。

廖應召 字幼奭。湖南永興縣人。順治十六年二甲三十五名進士。任浙江湖州府推官，康熙十一年任舊海門知縣，十五年改山東臨駒縣知縣。因疾致仕去。

姚文燮 字經三，號羹湖。安徽桐城縣人。明天啓七年（1627）生。順治十六年二甲三十六名進士。康熙二年授福建建寧府推官，六年裁各府推官去職。八年改任直隸雄縣知縣，後擢雲南開化府同知。吳三桂叛清被囚逃，召至京，後乞養歸。康熙三十一年（1692）卒。年六十六。著有《無異堂集》。

閻調鼎 字伯梅。山西絳州人。順治十六年二甲三十七名進士。授江寧府推官。裁缺歸里。

盧士登　江蘇宜興縣人。順治十六年二甲三十八名進士。任湖北武昌府推官。

黃與堅　字庭表，號存庵。江蘇太倉州人。明萬曆四十八年（1620）生。順治十六年二甲三十九名進士。歸班候選知縣，授推官，以奏銷置誤去職。康熙十八年召試鴻博，授編修，二十三年充貴州鄉試主考官，擢贊善。後以葬親乞歸。康熙四十年（1701）卒。爲"婁東十子"之一。所著《忍庵集》入選吳偉業《太倉十子詩選》共九十四首。

羅蒼期　字姬生。安徽歙縣人。順治十六年會元，二甲四十名進士。康熙三年任直隸河間府推官，改景州知州，任直隸河間知縣，康熙九年補薊城知縣，擢內閣中書。著有《聚星堂文集》。

華章志　字遜來，號惟貞。江蘇無錫縣人。順治十六年二甲四十一名進士。任戶部主事，刑部郎中，康熙二十九年督貴州提學道。卒於任。在黔時振興文教，士林悅服。

華振鷺　江蘇無錫縣人。順治十六年二甲四十二名進士。任推官。

陳光龍　湖北黃陂縣人。順治十六年二甲四十三名進士。康熙三年授河南南陽府推官，改廣西平樂知縣，值吳三桂叛清，光龍守平樂四十日，守弁開城降，光龍懷印奔梧州，後任梧州府同知。父疾乞養歸。

甯諴　字龍錫。河南潁川衛人。順治十六年二甲四十四名進士。康熙五年任湖南常德府推官，七年改湖南新化知縣，補黃梅知縣，解任後題補會同知縣。辭不就。

劉果　字毅卿，號木齋。山東諸城縣人。順治十六年二甲四十五名進士。任山西太原推官，改直隸河間知縣，遷刑部主事，參與修《大清律》。擢刑部郎中，康熙十二年任江西九江關監督，十七年督江南提學道。以母卒辭官歸籍。家居二十年，卒年七十三。

弟劉棨，康熙二十四年進士，山西平陽知府。

劉雯曠　字去嬉。直隸滄州人。順治十六年二甲四十六名進士。選庶吉士，授編修。康熙三年以病乞歸卒。

金國用　字嘉賓。江蘇吳縣人。順治十六年二甲四十七名進士。選庶吉士，十八年充會試同考官，授編修。

陳策　河南臨漳縣人。順治十六年二甲四十八名進士。康熙四年任浙江衢州府推官。

洪之傑　字念庵。湖北江陵縣人。順治十六年二甲四十九名進士。授廣東瓊州府推官，丁憂服闋，補直隸井陘知縣，康熙十二年擢御史，十九年任山東巡鹽御史。歷左右通政使、順天府丞、左僉都御史，二十七年四月授江蘇巡撫。二十九年因太常寺少卿胡簡敬一家狡惡，不糾參，事發不審理，革職。

王與襄　字龍師。山東新城縣人。順治十六年二甲五十名進士。授廣寧府推官，改廣東長樂知縣。康熙年尚可喜之亂，不受偽職卒。

朱士達　湖北潛江縣人。順治十一年舉人，十六年二甲五十一名進士。康熙四年任常州府推官。六年奉裁回籍。

王懋官　山西絳州人。順治十六年二甲五十二名進士。任河南歸德府推官。以疾歸。

翟　廉　字靜生，號棘麓。直隸趙州人。順治十六年二甲五十三名進士。康熙三年任河南汝寧府推官，改廣西柳城知縣，擢布政司參議。告養歸，卒於途。著有《宦游偶寄》。

韓宗文　山西太谷縣人。順治十六年二甲五十四名進士。授直隸正定府推官。未任卒。

蕭熙禎　福建永安縣人。順治十六年二甲五十五名進士。十七年任湖南長沙知縣。

朱訓誥　字秀多，號訥庵。山東聊城縣人。本姓姜，幼爲亂兵所擄，揚州人朱多棟撫爲己子。順治十六年二甲五十六名進士。選庶吉士，散館改主事，升吏科給事中，分守湖北道。二十二年官至江西驛鹽道，官至按察司副使。

霍之琯　字玉宮、蒼璧。山西馬邑縣人。順治十六年二甲五十七名進士。任廣西柳州府推官，改山東范縣知縣，擢內閣中書。以病乞歸。閉門讀史。焚香彈琴，樂善好施。

李　伸　直隸高邑縣人。順治十六年二甲五十八名進士。康熙四年任廣東韶州府推官，八年改河南永寧知縣。病卒。

歐陽動生　字兼升。江西安福縣人。順治十六年二甲五十九名進士。任廣西平樂府推官，改直隸寶坻知縣，擢湖北武昌府同知。

張亨升　直隸完縣人。順治十六年二甲六十名進士。康熙四年任江西臨江府推官，八年改湖南安仁知縣。

施　鉉　字鹽和。浙江桐鄉縣人。順治十六年二甲六十一名進士。任江蘇蘇州府推官。

吳　楨　江蘇太倉州人。順治十六年二甲六十二名進士。候選推官。

張含瑾　字荊函。陝西潼關衛人。順治十六年二甲六十三名進士。康熙元年任江西建昌府推官，八年改廣東陽春知縣，丁憂歸。十八年任江蘇宜興知縣，僅兩月以病乞休歸。

馬　驌　（榜名馬繡）字驄御，號宛斯。山東鄒平縣人。明萬曆四十八年（1620）正月十一日生。順治十六年二甲六十四名進士。康熙六年授江蘇淮安府推官，改安徽靈壁知縣。康熙十二年（1673）七月初四日卒於官。年五十四。爲清初經史學家，撰有《繹史》一百六十卷、《左傳事緯》《十三代瑰書》等。

張麟化 字潛初。山西翼城縣人。順治十六年二甲六十五名進士。康熙六年授四川重慶府推官，改補陝西紫陽知縣。吳三桂叛清入山避，事後薦官不赴。

彭瓏 字雲客，號一庵、信好老人。江蘇長洲縣人，祖籍江西臨江。明萬曆四十一年（1613）生。彭定求父。順治十六年二甲六十六名進士。康熙八年任廣東長寧縣知縣。失郡守意，被劾去官。歸後授徒講學。康熙二十八年（1689）正月十一日卒，年七十七。

子彭定求，康熙十五年狀元。

朱錦 字天襄，號岵思。江南上海縣人。順治十六年二甲六十七名進士。選庶吉士，十八年充會試同考官，改戶部主事。著有《藜照堂集》。

潘滋樹 字佑人。安徽盱眙縣人。順治十六年二甲六十八名進士。康熙三年任湖南常德府推官。

吳升東 字巢徽。湖北江夏縣人。順治十四年舉人、十六年二甲六十九名進士。康熙三年任山東登州府推官，改江西瑞昌知縣，行取戶部主事，二十五年考選浙江道御史。著有《玉磬齋瑞生堂集》。

衛運揚 字武源。陝西韓城縣人。順治十六年二甲七十名進士。任直隸靜海知縣，纍遷吏部員外郎。康熙十四年充廣東鄉試副考官。

金光房 字天馸，號桑嚴。安徽全椒縣人。順治十六年會元，二甲七十一名進士。任江西九江府推官，康熙七年任廣東瓊山知縣，纍遷員外郎，官至廣東瓊山知府。卒於任。

汪士奇 字凡子。湖北江夏縣人。順治十四年舉人，十六年二甲七十二名進士。授江西南康府推官，康熙七年改江西東鄉知縣，遷內閣中書、刑部主事，官至刑部郎中。

袁舜蔭 字涵一。山西翼城縣人。順治十六年二甲七十三名進士。授廣西梧州府推官，補甘肅隆德知縣，康熙十八年改河南商城知縣歸。

高龍光 字紫虹（一作紫虯）、世谷。福建長樂縣人。順治十六年二甲七十四名進士。任浙江台州府推官，康熙六年改廣東茂名知縣，行取戶部主事，戶部員外郎，康熙十七年充山東鄉試副考官，升禮部郎中。十九年遷江蘇鎮江府知府，二十三年督山西提學道，三十年補甘肅涼莊道。擢布政使，未任卒。

周燦 字星公，號紺林。陝西臨潼縣人。順治十六年二甲七十五名進士。選庶吉士，改主事，升禮部郎中。康熙二十二年奉使安南，官至江西南康知府，康熙二十五年督四川學政。著有《願學堂集》。

于覺世 字子先，號赤山。山東新城縣人。順治十六年二甲七十六名進士。任河南歸德府推官，改江巢縣知縣，遷刑部主事，員外郎，禮部郎中。康熙二十年充浙江鄉試副考官，康熙二十一年督廣東提學道。以奉母告歸。康熙三十年（1691）卒。著有《嶺南詩集》。

王有年 字硯田。江西金溪縣人。順治十六年二甲七十七名進士。授推官，康熙七年改山東陽信知縣。

王恭先 字孝伯，號一峰。山西臨晉縣人。順治十六年二甲七十八名進士。康熙六年授直隸河間府推官，補江蘇崇明知縣。以事降，遂歸。

管愷 字愚公，號旗山。江西臨川縣人。順治十六年二甲七十九名進士。選庶吉士，康熙六年充會試同考官，授編修。丁父憂歸。著有《四書括大易淺解》。

陸叢桂 字冲默。山東東平州人。順治十六年二甲八十名進士。任江西吉安府推官。以養親歸。

李向芝 河南偃師縣人。順治十六年二甲八十一名進士。康熙七年任浙江宣平知縣。

劉昆 字隱之、西來。江西南昌縣人。順治十六年二甲八十二名進士。授廣西慶遠府推官，康熙七年任直隸束鹿知縣，遷雲南府同知。吳三桂反清不屈被遣戍騰冲，後以原銜補山東登州府同知，康熙二十八年官至湖南常德知府。致仕歸。卒年七十九。

徐孺芳 字蘭皋。浙江仁和縣人。順治十六年二甲八十三名進士。康熙七年任山西平遙知縣，纍遷雲南武定直隸州舊武定府同知，調四川遵義府知府，康熙二十九年督福建提學道。康熙十八年曾召試鴻博。

陳志紀 字雁群。江蘇泰州人。順治十六年二甲八十四名進士。選庶吉士，十八年充會試同考官，授編修。康熙元年京城大旱，劾天下都府貪婪不法。被謫戍寧古塔，不能自存，習醫以自給，後卒於戍所。

陸簏 江蘇青浦縣人。順治十六年二甲八十五名進士。康熙七年任江西定遠知縣。

楊鳳苞 字文九。河南光州人。順治十六年二甲八十六名進士。無疾卒。

周漁 字大西，號恕庵。江蘇興化縣人。順治十六年二甲八十七名進士。選庶吉士，授編修。以病假歸里。閉戶十餘年講學。著有《加年堂講易》。

孫必振 （1619—1699）字孟起，號臥雲。山東諸城縣人。順治十六年二甲八十八名進士。康熙三年任河南懷慶府推官，裁歸。康熙八年補山西陵川知縣，十六年遷河南道御史，掌陝西道御史。以病歸。卒於家。

歐陽鼎 湖北景陵縣人。順治十一年舉人，十六年二甲八十九名進士。康熙七年任山西萬泉知縣。

張杞 字樸公。河南偃師縣人。順治十六年二甲九十名進士。授四川夔州府推官，補湖北鄖縣知縣，康熙十九年以軍功升貴州永寧知州，官至湖南江防兵備道。致仕歸。

王又旦　字幼華，號黃湄。陝西郃陽縣人。順治十六年二甲九十一名進士。任推官，康熙七年授湖北潛江知縣，康熙二十三年進戶科給事中，充廣東鄉試正考官。著有《黃湄集》。

吳志灝　字方程。江西南昌縣人。順治十六年二甲九十二名進士。康熙七年任湖南零陵知縣。吳三桂叛清，抗節不屈，奉母避山中。事平以母喪辭歸。著有《素素山房稿》《立誠集》。

翟延初　字質安，號岱麓。山東益都縣人。順治十六年二甲九十三名進士。選庶吉士，授編修。康熙三年充會試同考官。

盧乾元　字萬質，號恕庵。湖北漢陽縣人。順治三年舉人，十六年二甲九十四名進士。選庶吉士，十八年充會試同考官，任刑部主事，官至工部員外郎。年四十一卒。

于重寅　字二唐。山東青城縣人。順治十六年二甲九十五名進士。官至江南按察使。

段藻　山西澤州直隸州人。順治十六年二甲九十六名進士。授河南開封府推官，改廣東普寧知縣，兼惠來知縣，署三水知縣，官至廣東惠潮道、嶺東道。以疾乞歸，卒於家。

王考祥　字履吉。山東淄川縣人。順治十六年二甲九十七名進士。授順天府推官，康熙七年改山西翼城知縣。卒於官。

第三甲二百七十七名

鄒象雍　字蕤宮，號抑齋。江蘇長洲縣人。順治十六年三甲第一名進士。康熙十七年任河南武陟知縣，官至行人司行人。

王銊　字仲威，號任庵。山東諸城縣人。明天啓二年（1622）三月初二日生。順治十六年三甲第二名進士。康熙八年任廣東西寧知縣。吳三桂占廣西以疾歸。家居三十年。康熙四十一年十二月初四（1703 年 1 月）卒。年八十一。著有《水西記略》《粵游日記》《星餘筆記》《朱子語類纂》《讀書蕞殘》《暑窗臆說》《世德堂集》等。

兄王鍈，順治六年進士；子王沛思，康熙十八年進士。

伍昇　福建晉江縣人。順治十六年三甲第三名進士。

孟宗舜　字亦若。直隸天津人。順治十六年三甲第四名進士。康熙六年任江西萍鄉知縣，康熙十九年官至江蘇常州知府。

姜愃　湖北武昌縣人。順治十六年三甲第五名進士。任甘肅鞏昌府推官，康熙八年改山西長治知縣。

杜斷　河南洛陽縣人。順治十六年三甲第六名進士。康熙六年任直隸束鹿知縣。

吳運新　安徽貴池縣人。順治十六年三甲第七名進士。任山西蒲縣知縣，性介直，被謫去。

耿弘啓　字承哲。山東新城縣人。順治十六年三甲第八名進士。授廣東高州府推官，補雲南廣通知縣。致仕歸。

李居易　山東東阿縣人。順治十六年三甲第九名進士。康熙七年官至河南密縣知縣。

馬麟翔　字次貞。浙江海鹽縣人。順治十六年三甲第十名進士。康熙四年任江蘇揚州府推官。

馬大士　字征庵。直隸浚縣人。順治十六年三甲十一名進士。選庶吉士，任主事，康熙二年四川道監察御史，五年任兩淮巡鹽御史。官至掌京畿道御史。丁憂歸。

彭上騰　湖北景陵縣人。順治十四年舉人，十六年三甲十二名進士。任廣西興安知縣。

胡循綸　字掌絲。山東新城縣人。順治十六年三甲十三名進士。授陝西漢中府推官，裁撤後康熙十年補河南盧氏知縣，卒於任。

張維鼎　山西臨晉縣人。順治十六年三甲十四名進士。任陝西岐山知縣。

袁肇繼　山東即墨縣人。以舉人任山東長清縣教諭。順治十六年三甲十五名進士。授雲南河陽知縣，改雲南鎮南州知州。著有《雪航近草》。

項一經　字韋庵。湖北漢陽縣人。順治十四年舉人，十六年三甲十六名進士。任安徽知縣，康熙八年改浙江建德知縣，擢吏部主事，遷郎中，康熙十七年充浙江鄉試正考官。十九年遷河南汝南道，康熙二十九年官至貴州按察使。三十年去職。

房廷禎　字興公。陝西三原縣人。順治十六年三甲十七名進士。任江西豐城知縣，擢兵部主事，康熙十二年充會試同考官。升刑部郎中，二十年考選湖廣道御史，改山東巡鹽御史，升通政司參議。

饒軫中　湖北廣濟縣人。順治十四年舉人，十六年三甲十八名進士。任推官。

喬　楠　字仲楩。山西陽城縣人。順治十六年三甲十九名進士。康熙六年任四川隆武縣知縣。

曹玉珂　字禹疏，號陸海、緩齋。陝西鎮安縣（一作富平）人。明萬曆四十五年（1617）生。順治十六年三甲二十名進士。康熙六年任山東壽張知縣，遷中書科中書。康熙十六年（1677）三月二十六日卒於任。年六十一。著有《大河志》《緩齋集》。

丁克揚　字抑之。浙江蕭山縣人。順治十六年三甲二十一名進士。任福建晉江知縣，康熙十年改湖北通城知縣。

張瑾光　字子待，號陸浦。湖北蒲圻縣人。順治十六年三甲二十二名進士。任推官。

吳　涵　字澹庵。浙江錢塘縣人。順治十六年三甲二十三名進士。任知縣。

程飛雲　字培風。湖北景陵縣人。順治十一年舉人，十六年三甲二十四名進士。授推官，康熙七年改直隸獲鹿知縣，擢行人司行人。告歸。

子程士夏，康熙十八年進士。

郭　鞏　山西洪洞縣人。順治十六年三甲二十五名進士。任福建連江知縣。耿精忠叛清後，憂憤成疾卒。

曹鼎望　字冠五，號澹齋。直隸豐潤縣人。順治十六年三甲二十六名進士。選庶吉士，任刑部主事、刑部郎中，康熙五年任湖廣鄉試副考官。遷安徽徽州府知府、江西廣信知府，二十三年官至陝西鳳翔知府。年老乞休歸。卒年七十六。著有《楚游》《新安》。

張鳳羽　山東招遠縣人。順治十六年三甲二十七名進士。不樂仕進。邑舊無志，慨然修輯。

李　模　字洪范，號闕範。河南郟縣人。順治十四年河南鄉試解元，十六年三甲二十八名進士。任直隸武強知縣，遷按察司僉事、廣西提學道。

趙　旭　山東章丘縣人。順治十四年舉人，十六年三甲二十九名進士。康熙九年官至四川眉州知州。

楊　煇　字振西。湖北漢陽縣人。順治八年舉人，十六年三甲三十名進士。康熙二年任廣東龍門知縣。

夏起載　字公乘。湖北監利縣人。順治十六年三甲三十一名進士。康熙三年任直隸河間知縣，遷江蘇邳州知州。罣誤歸。著有《大易講義》《觀瀾齋集》。

湯　濩　字昭聖。江蘇清河縣人。順治十六年三甲三十二名進士。康熙九年官至直隸晉州知州，十四年改安州知州。

父湯調鼎，順治四年進士。

鄭州璽　山東臨清縣人。順治十六年三甲三十三名進士。康熙七年任江西都昌知縣。

姜興周　河南寧陵縣人。順治十六年三甲三十四名進士。

高種之　字德稗。山東膠州人。順治十六年三甲三十五名進士。康熙三年任江蘇金壇縣知縣。

趙之符　字爾合，號怡齋。順天武清縣人。明天啓五年（1625）生。順治十六年三甲三十六名進士。選庶吉士，十八年充會試同考官。任戶部主事，遷戶科給事中，纍遷至鴻臚寺卿，官至都察院左僉都御史。康熙二十五年（1686）六月十一日卒，年六十二。著有《怡齋文集》。

馬絳張　山西介休縣人。順治十六年三甲三十七名進士。任甘肅禮縣知縣，康熙元年改河南祥符知縣。

吳士恒　湖北沔陽州人。順治十一年舉人，十六年三甲三十八名進士。任江西鉛山知縣，康熙三年任廣東乳源知縣。

黃玉鉉　字振公、漢涯。陝西鞏昌府漳縣人。順治十六年三甲三十九名進士。康熙四年任湖北廣濟縣知縣。母喪歸里。吳三桂之亂曾授其四川學道，避之。

張尊賢　字賓臣，號松濤。直隸唐山縣人。順治十六年三甲四十名進士。康熙三年任湖南醴陵知縣。

何圭如　河南洛陽縣人。順治十六年三甲四十一名進士。康熙三年任福建惠安知縣，官至雲南雲龍州知州。

陳所抱　山西絳縣人。順治十六年三甲四十二名進士。任陝西長武知縣，擢江蘇淮安府同知。

胡一蛟　河南寧陵縣人。順治十六年三甲四十三名進士。康熙五年任直隸慶雲知縣。

李成棟　字雲浦。湖北蘄水縣人。順治十四年舉人，十六年三甲四十四名進士。授廣東樂昌知縣，康熙十年官至四川雅州直隸州知州。

湯其升　字日峰。江西南豐縣人。順治十六年三甲四十五名進士。康熙五年任浙江海鹽知縣。

王秉銓　字如符。山東城武縣人。順治十六年三甲四十六名進士。任四川南江知縣。南江兵火後，所剩居民不足三十家，秉銓招徠撫綏，數年已至三百家。

杜蘅　湖北黃岡縣人。順治十四年舉人，十六年三甲四十七名進士。任直隸平山知縣。

姚自弘　字冰壺。江西南昌縣人。順治十六年三甲四十八名進士。十七年任安徽南陵知縣。

胡必選　字簡士。湖北孝感縣人。順治十一年舉人，十六年三甲四十九名進士。康熙六年任安徽桐城知縣。在任七年，興利除弊，修堤築城，纂輯邑志，設立鄉塾，清理社倉。桐人稱良吏，解組歸。

邵士梅　字嶧暉。山東濟寧州人。順治十六年三甲五十名進士。康熙七年正月任江蘇吳江知縣。

黃蘇　字奎臨。湖廣雲夢縣人。順治十一年舉人，十六年三甲五十一名進士。康熙三年任山東掖縣知縣，署海防同知。

謝開寵　字晉侯。安徽壽州人。順治十六年三甲五十二名進士。康熙十五年任四川宜賓知縣。親卒遂不仕。以詩賦自娛。

劉祖向　河南沈丘縣人。順治十六年三甲五十三名進士。康熙六年任福建光澤知縣。忤逆藩罹重譴，子劉璐歷艱辛，家業蕩盡，始得奉父歸，卒於家。

鄭夢坤　字蒼輿。浙江餘姚縣人。順治十六年三甲五十四名進士。康熙八年任湖南藍山知縣。

張允中　山西嶧縣人。順治十六年三甲五十五名進士。康熙七年任河南襄城知縣，擢吏部主事。

湯洞存　山東鄆城縣人。順治十六年三甲五十六名進士。康熙七年授湖北光化縣知縣。充鄉試同考官，以病卒於闈中。

劉壯國　字幼功。河南潁川衛人。順治十六年三甲五十七名進士。授山西夏縣知縣。罷職歸里。著有《東皋集》《東皋詩餘》。

蔣弘道　（一作蔣宏道）字扶之，號裕庵。順天大興縣人，原籍山西臨汾。明崇禎二年（1629）七月初二日生。順治十六年三甲五十八名進士。選庶吉士，任檢討。纍遷少詹事，康熙二十三年授內閣學士，遷禮部侍郎改戶部侍郎，三十三年七月遷左都御史。三十五年六月以病免職。康熙四十二年（1703）四月初八日卒，年七十五。

馬　芝　字紫崖。湖北公安縣人。順治十六年三甲五十九名進士。任陝西周至知縣。致仕歸。著有《紫崖詩集》。

朱之佐　字佐人。順天大興縣人。順治十六年三甲六十名進士。選庶吉士，授檢討。康熙六年充會試同考官，官至翰林院侍讀學士。

兄朱之弼，順治三年進士，工部尚書。

袁恢先　湖北沔陽州人。順治十六年三甲六十一名進士。

楊維喬　字岱貞，號午台。山東寧海州人。順治十六年三甲六十二名進士。選庶吉士，任主事，康熙六年考選廣西道御史，改浙江道御史。十九年外任直隸口北道，改山西布政司參議。忤權貴歸。著有《閑閑吟》。

張湛逢　字清源。安徽宣城縣

人。順治十六年三甲六十三名進士。任江西高安知縣，丁父憂歸。康熙八年補山西臨晉知縣。十二年致仕歸。卒年六十八。

董時升　字臬巒。湖北麻城縣人。順治八年舉人，十六年三甲六十四名進士。康熙六年任山東夏津知縣。

李長慶　字善有。山東鄆城縣人。順治十六年三甲六十五名進士。任山東新興知縣，十年改廣東開平知縣，升陝西鳳翔府通判、延安府同知，署神木道。丁父憂歸。數年卒於家。

王元士　字九山、大周。湖北麻城縣人。順治八年舉人、十六年三甲六十六名進士。任雲南尋甸州知州，康熙六年改浙江鎮海知縣，十一年升瓊州府同知，十七年遷廣東瓊州府知府。

司世教　直隸寧晉縣人。順治十六年三甲六十七名進士。任湖北巴東知縣。

蔣　繪　字辰生。江蘇吳縣人。順治十六年三甲六十八名進士。選庶吉士。

沈仲寅　字西崖。浙江餘杭縣人。順治十六年三甲六十九名進士。任直隸寧津知縣，調江蘇桃源知縣，官至江蘇淮安省務同知。告歸。

趙　增　字無損。山東汶上縣人。順治十六年三甲七十名進士。康熙五年任山西安邑知縣，補福建閩縣知縣，官至兵部督捕主事。引疾歸。課子弟，卒年八十六。

姜宗呂　字瑯瑪。山西保德州人。順治十六年三甲七十一名進士。授山東濰縣知縣。未涖任卒。

路望重　直隸南宮人。順治十六年三甲七十二名進士。康熙年間任江蘇丹陽知縣。

范　儆　山西蒲州人。順治十六年三甲七十三名進士。

李如淓　字仲淵，號澹庵。直隸高陽縣人。順治十六年三甲七十四名進士。十八年任江西萬安知縣，以罣誤去。康熙五年改湖南零陵知縣，丁憂服闋，十二年改四川酆都知縣。吳三桂叛清不受僞職，後復職。著有《行素堂詩集》。

吳　琯　字舜玉，號西濤。山東長山縣人。順治十六年三甲七十五名進士。任山西平順知縣，補直隸內邱知縣，擢內閣中書。以病乞歸。卒於家。

王紹祖　陝西周至縣人。順治十六年三甲七十六名進士。任知縣。

高首標　字呂梁。山西永寧州人。順治十六年三甲七十七名進士。康熙五年任江西廣昌知縣，丁憂去。十五服闋仍任廣昌知縣在任七年，康熙十年補廣東陵水和知縣，行取吏部主事。赴任卒於途。

盧　俠　字鴻仕。湖北景陵縣人。順治三年舉人，十六年三甲七十八名進士。任陝西商南知縣。商南巨猾引吳三桂黨人入犯，城陷被害。贈陝西按察司僉事。

梁鍾豫　山西介休縣人。順治十六年三甲七十九名進士。康熙八年任福建長泰知縣。卒於任。

父梁才俣，順治十五年進士。

陳聖俞　字起庵。河南滋州人。順治十六年三甲八十名進士。康熙六年任浙江永嘉知縣。內艱歸，未幾卒。著有《寓甌雜咏歸田詩》。

田可大　直隸開州人。順治十六年三甲八十一名進士。任安徽來安知縣。

熊世謨　湖北江陵縣人。順治五年舉人，十六年三甲八十二名進士。任廣西宜山知縣。

陳　垂　字次和。福建漳浦縣人。順治十六年三甲八十三名進士。康熙六年任廣東臨高知縣，官至瓊州同知。

王公任　順天大城縣人。順治十六年三甲八十四名進士。十七年任浙江開化知縣。

祝應晉　字蕃錫。山東恩縣人。順治十六年三甲八十五名進士。康熙六年任湖廣鄖西知縣。卒於任。

鮑　濟　字作舟。安徽歙縣人。順治十六年三甲八十六名進士。康熙六年任廣西貴縣知縣。

衡虞衡　字汝諧。山東汶上縣人。舉人時任冠縣教諭。順治十六年三甲八十七名進士。康熙八年任河南固始知縣。以不事上官罷歸。開館授徒邑中。

張鳳鳴　河南汝州人。順治十六年三甲八十八名進士。康熙六年任浙江景寧知縣。不一年致仕。候代以病卒。

楊大鯤　字陶雲，號天池、秋屏。江蘇武進縣人。順治十六年三甲八十九名進士。選庶吉士，康熙七年左遷江西新建縣縣丞，署縣事，擢九江府同知，遷江西九江知府，十七年升湖廣下江防道，二十年改貴州貴西道，二十二年擢山東按察使。二十三年去職。

孫楊士徽，康熙五十一年進士。

孟憲孔　直隸保安州人。順治十六年三甲九十名進士。康熙二年任四川射洪知縣，官至江蘇松江府通判。

吳于繽　字寅生。江西南昌縣人。順治十六年三甲九十一名進士。康熙九年任山東費縣知縣，官至湖南武岡知州。

彭玄齡　（碑作彭齡）字又房。湖北潛江縣人。順治十六年三甲九十二名進士。康熙六年任廣東龍川知縣，補山東博平知縣。致仕歸。卒年七十二。

姬之簋　字象方。河南偃師縣人。順治十六年三甲九十三名進士。康熙六年任安徽霍丘知縣，改江西信豐知縣，升戶部主事。著有《芙蓉山極政紀略》《蓼國實政錄》。

盧天樞　湖北應城縣人。順治八年舉人，十六年三甲九十四名進士。康熙六年任四川開縣知縣。

侯執纁　河南河內縣人。順治十六年三甲九十五名進士。康熙六

年任安徽五河知縣，十七年改福建大田知縣。

陳之蘊　順天大興縣人，原籍浙江會稽。順治十六年三甲九十六名進士。十七年任河間府教授，康熙四年遷江西吉水知縣。

李裕杰　字六超。山東鄆城縣人。順治十六年三甲九十七名進士。康熙六年授浙江龍泉知縣。

高　崗　直隸灤州人。順治十六年三甲九十八名進士。康熙六年任山東蓬萊知縣。

楊胤麟　（一作楊允麟）。陝西高陵縣人。順治十六年三甲九十九名進士。康熙六年任安徽太和知縣。

李瑇文　山西沁水縣人。順治十六年三甲一百名進士。康熙五年任順天府大城知縣。

王國相　字枚七。安徽歙縣人。順治十六年三甲一百零一名進士。

王大作　字邃子。山西曲沃縣人。順治十六年三甲一百零二名進士。十九年任河南洧川知縣，在任十年，遷行人司行人。以老病乞歸。署有《藥言鐸書》。

俞宣琅　字雍來。浙江海鹽縣人。順治十六年三甲一百零三名進士。康熙四年任四川大竹知縣。以病卒於任。貧不能返櫬，邑民釀金送之，柩始得歸。

趙燦垣　山西解州人。順治十六年三甲一百零四名進士。康熙八年任浙江里安知縣。

李徵泰　字晦修。山東長山縣

人。順治十六年三甲一百零五名進士。康熙六年任江西永豐知縣。在任四年以廉惠著名。以病卒於任。

陳景仁 字靜公，號子安。浙江山陰縣人。順治十六年三甲一百零六名進士。選庶吉士，改吏部驗封司主事，升禮部郎中，康熙六年充廣東鄉試主考官，九年官至甘肅臨洮知府。卒於任。

王履昌 字鏡宮，號安禮。江蘇常熟縣人。順治十六年三甲一百零七名進士。任湖北南漳知縣。

劉遇奇 江西廬陵縣人。順治十六年三甲一百零八名進士。康熙六年任河南息縣知縣。

趙人鑑 直隸滑縣人。順治十六年三甲一百零九名進士。任陝西藍田知縣。

王 雅 字思繩。浙江慈溪縣人。順治十六年三甲一百十名進士。授福建南靖知縣，丁憂服闋，康熙九年補江西吉水知縣，升刑部主事，吏部員外郎，康熙十七年充湖廣正考官，官至吏部驗封司郎中。卒於任。

陸履敬 江西豐城縣人。順治十六年三甲一百十一名進士。授知縣。自以體弱不勝任未赴，著有《豐邑志》《藥餘草》《小雲閑集》等。

杜多珽 陝西涇陽縣人。順治十六年三甲一百十二名進士。康熙六年任河南扶溝知縣，七年改江蘇鹽城知縣。

張大垣 字紫宸。陝西三原縣

人。順治十六年三甲一百十三名進士。康熙六年任江蘇高淳知縣，十四年安徽徽州清軍鹽捕同知，二十二年任福建興化府同知。卒於任。

熊士偉 字卓然。山東濟寧州人。順治十六年三甲一百十四名進士。未仕卒。

施秉文 安徽青陽縣人。順治十六年三甲一百十五名進士。康熙元年任浙江泰順知縣。

倪 适 字石麓。安徽懷寧縣人。順治十六年三甲一百十六名進士。康熙元年任浙江平湖知縣。性剛方耿介，解組歸。

章尚忠 直隸寧晉縣人。順治十六年三甲一百十七名進士。康熙七年任福建崇安知縣。

谷資生 字效坤，號雪塘、念園。山東陵縣人。順治十六年三甲一百十八名進士。十七年任四川太平縣知縣，改河南滎陽知縣，升江蘇淮安府同知。未履任卒於滎陽。

馬 璣 順天大城縣人。順治十六年三甲一百十九名進士。十八年任四川灌縣知縣，康熙八年遷安徽泗州直隸州知州。

趙 沂 字閬仙。福建閩縣人。順治十六年三甲一百二十名進士。康熙五年任山東新城知縣，履任十八日以病乞歸。著有《燕游草》《歸來堂集》。

楊柱朝 字石林，號秋堂。湖南巴陵縣人（一作臨湘）。順治十六年三甲一百二十一名進士。康熙六年任四川平武縣知縣。

陶作楫 字夢剡。浙江會稽縣人。順治十六年三甲一百二十二名進士。十七年任浙江杭州府教授，纍遷禮部祠祭司郎中，升廣東督糧道，丁憂服闋，補四川松茂道，官至江南鹽道。著有《魯齋文選》二十卷、《南華經注》八卷、《花隱居詩稿》十二卷、《太平廣記節要》十卷。

曾孫陶以忠，乾隆十年進士。

尚　聰 陝西武功縣人。順治十六年三甲一百二十三名進士。任山東陽穀知縣。

趙憲鼎 字則九。山西聞喜縣人。順治十六年三甲一百二十四名進士。康熙六年任安徽懷遠知縣。解組歸。

項時亨 字廣之。安徽歙縣人。順治十六年三甲一百二十五名進士。十七年任浙江常山知縣。

吳　琠 字伯美，號銅川。山西沁州直隸州人。順治十六年三甲一百二十六名進士。康熙六年任河南確山知縣，遷吏部主事、郎中、鴻臚寺少卿、光祿寺少卿、右通政。康熙二十一年授太僕寺卿遷都察院左副都御史，二十二年丁憂免職。二十八年四月授兵部侍郎，十月調湖廣巡撫，三十一年丁母憂。三十三年四月授湖廣總督，三十五年遷都察院左都御史，改刑部尚書，三十七年七月遷保和殿大學士。康熙四十四年（1705）閏四月卒。謚“文

端”。雍正十年十月入祀賢良祠。

田七善 山西陽城縣人。順治十六年三甲一百二十七名進士。康熙七年任四川合江知縣，遷吏部主事，官至吏部員外郎。

甯爾講 字元箸。直隸永年縣人。順治十六年三甲一百二十八名進士。選庶吉士，任主事，康熙二年任山西道監察御史，六年任兩淮巡鹽御史。

石譽生 字緩亭。山東長山縣人。順治十四年舉人，十六年三甲一百二十九名進士。縣志無傳。

張聯芳 河南武安縣人。順治十六年三甲一百三十名進士。康熙元年任山東平原知縣。

王章粲 山西介休縣人。順治十六年三甲一百三十一名進士。康熙六年任江蘇桃源知縣。

王我庸 字虞服。山東淄川縣人。順治十六年三甲一百三十二名進士。康熙六年授湖南益陽知縣。抵任臥病半載卒於官。

趙濟美 字鐘秀。山東蒲台縣人。順治十六年三甲一百三十三名進士。選庶吉士，十八年充會試同考官，改戶部主事，調光祿寺署正，擢郎中。康熙二十年出任甘肅平涼知府，官至河南河北道。

王宜亨 字伯貞。陝西華陰縣人。順治十六年三甲一百三十四名進士。任知縣，康熙九年遷江蘇通州知州。

王復興 字鎮宗。山東堂邑縣

人。順治二年舉人，十六年三甲一百三十五名進士。康熙六年任廣東新會知縣。

吳國用 字公輔。河南温縣人。順治十六年三甲一百三十六名進士。任河南衛輝府教授，康熙七年遷江西廣豐知縣，改安徽霍丘知縣。

張迎芳 字畹伯。湖北應城縣人。順治三年舉人，十六年三甲一百三十七名進士。任雲南大姚知縣，乞養歸。服闋補直隸玉田知縣，康熙十八年改山東博平知縣，二十一年任山東泰安知州。卒於官。

吳豈黃 字美在。湖北興國州人。順治十一年舉人，十六年三甲一百三十八名進士。康熙六年任直隸濬縣知縣（雍正中期改爲河南濬縣），官至河南汝寧知府。未赴任卒。

王法 河南杞縣人。順治十六年三甲一百三十九名進士。未授職卒。

劉昌言 字禹度。江蘇山陽縣人。順治十六年三甲一百四十名進士。任廣西岑溪知縣，署蒼梧知縣，康熙七年遷順天宛平縣知縣。未赴任卒。

侯夢卜 直隸濬縣人。順治十六年三甲一百四十一名進士。康熙年間任湖北監利知縣。

康霖生 字澤遠，號巔庵。直隸磁州人。順治十六年三甲一百四十二名進士。康熙六年任廣東連山知縣，丁憂歸。補山東即墨縣知縣。康熙十一年（1672）未竟其用而卒。

鄭端 字司直，號德信。直隸棗强縣人。明崇禎十二年（1639）生。順治十六年三甲一百四十三名進士。選庶吉士，改工部主事、戶部郎中，康熙八年充江西鄉試正考官，督貴州提學道，丁父憂。補陝西神木道，丁母憂。二十二年浙江台海道，改寧紹台道，二十四年改甘肅凉莊道。二十六年授湖南按察使遷安徽布政使，二十八年授偏沅巡撫，二十九年六月改江蘇巡撫。康熙三十一年（1692）五月卒。年五十四。著有《政學錄》五卷、《朱子學歸》二十三卷、《孫子彙征》四卷、《日知堂文集》六卷等。

賈光烈 河南河内縣人。順治十六年三甲一百四十四名進士。康熙五年任廣東英德知縣。

李生之 字德生。山東長山縣人。順治十六年三甲一百四十五名進士。未仕卒。

高世豪 山東淄川縣人。順治十六年三甲一百四十六名進士。授陝西南鄭知縣。卒於官。

周良翰 字定安。陝西藍田縣人。順治十六年三甲一百四十七名進士。任山東高密知縣，改内閣中書，丁繼母憂歸。居鄉二十餘年爲諸生授課。

戈英 字育仲。直隸獻縣人。順治十六年三甲一百四十八名進士。選庶吉士，任主事，康熙三年升山東道御史，十四年任兩淮巡鹽御史，盡罷一切陋規，被誣落職。卒年七

十二。著有《居易軒詩文稿》《奏疏等。》

楊州彥 字倩雲、宣樓。湖北當陽縣人。順治八年舉人、十六年三甲一百四十九名進士。康熙六年任直隸任丘知縣。忤上官罷官歸，卒年八十。著有《澹園詩文集》。

張應科 字顯之。順天固安縣人。順治十六年三甲一百五十名進士。十八年任廣東合浦知縣。解組歸。

陳 元 字長公，號端坪。山西澤州直隸州人。順治十六年三甲一百五十一名進士。選庶吉士。

劉元勳 字漢臣，號介庵。陝西咸寧縣人。順治十六年三甲一百五十二名進士。選庶吉士，散館改戶部主事，遷戶部郎中，康熙十七年充福建鄉試主考官。二十年遷徐州河務兵備道，二十六年改山西冀寧道、河東道，二十九年授廣東按察使。康熙三十四年革職。

張爾儲 河南登封縣人。順治十六年三甲一百五十三名進士。康熙六年任直隸河間知縣，遷河州知州。

王景賢 山西聞喜縣人。順治十六年三甲一百五十四名進士。任知縣。

樊司鐸 字雪筠、天木。直隸清苑縣人。順治十六年三甲一百五十五名進士。康熙六年任湖廣應城知縣。

楊輝斗 湖北荊門州人。順治十四年舉人，十六年三甲一百五十六名進士。任直隸內黃知縣（內黃縣，雍正年間改隸河南省），改任內閣中書。

魏慶雲 字飛公。直隸滑縣人。順治十六年三甲一百五十七名進士。康熙七年任福建政和知縣。積勞卒於任。

袁 綽 字裕如。山東淄川縣人。順治十六年三甲一百五十八名進士。授山西黎城知縣，康熙十三年補安徽臨淮知縣。卒於官。

柴大伸 山西河津縣人。順治十六年三甲一百五十九名進士。任陝西吳堡知縣，改宜川知縣，康熙十九年遷四川眉州直隸州知州。

樊維域 字念庵。湖北黃岡縣人。順治十一年舉人，十六年三甲一百六十名進士。十七年授湖北德安府教授，遷直隸平鄉知縣，以母老告歸。

高 寅 字唐又、用之。直隸後衛（一作大寧衛）人。順治十六年三甲一百六十一名進士。十七年任安徽建德知縣。卒於任。

陳 瑾 陝西戶縣人。順治十六年三甲一百六十二名進士。任內閣中書，康熙六年改江西安義知縣。

王崇曾 字宗魯。直隸開州人。順治十六年三甲一百六十三名進士。任安徽太湖知縣。卒於太湖。

史甲先 湖南沅陵縣人。順治十六年三甲一百六十四名進士。康熙六年任福建將樂知縣。

吴克敬　陝西蒲城縣人。順治十六年三甲一百六十五名進士。康熙七年任廣東海康知縣。

焦桐　字蔡音。陝西户縣人。順治十六年三甲一百六十六名進士。康熙八年任浙江昌化知縣，改江蘇泰興知縣，降江蘇青甫縣丞。卒於任。著有《同易參補》《春秋翼注》。

馬豸　字憲侯。直隸隆平縣人。順治十六年三甲一百六十七名進士。康熙六年任浙江遂昌知縣。以老乞歸。

孫纘　（一作孫瓚）山東朝城縣人。順治十六年三甲一百六十八名進士。任直隸唐山知縣，官至禮科給事中。

周京　山西翼城縣人。順治十六年三甲一百六十九名進士。任山西太原府教授，康熙元年改浙江常山知縣。在任僅二百天。

張文旦　字旦復，號理庵。河南儀封縣人。順治十六年三甲一百七十名進士。任江西高安知縣。

汪士鵬　字雲逸。浙江仁和縣人。順治十六年三甲一百七十一名進士。任山西泌源知縣。

上官鉉　字玉鉉。山西翼城縣人。順治十六年三甲一百七十二名進士。授太原府教授，改任湖廣巡按御史，纍遷大理寺少卿，康熙九年授太常寺卿，十年改宗人府丞，遷左副都御史，康熙十一年降太常寺少卿。康熙二十二年（1683）卒。與兄上官鉉（明崇禎三年進士）、上官鑑（順治三年進士）兄弟三人并著文名，時人稱"三鳳"。

趙希賢　河南睢州人。順治十六年三甲一百七十三名進士。康熙九年任福建武平知縣。

王運開　字興公。直隸長垣縣人。順治十六年三甲一百七十四名進士。康熙六年任河南舞陽知縣。

高登先　號於岸。湖北鍾祥縣人。順治十一年舉人，十六年三甲一百七十五名進士。授浙江山陰知縣，改江蘇常熟知縣，官至直隸涿州知州。

王廷瑞　陝西寧羌衛人。順治十六年三甲一百七十六名進士。任知縣。

王贊　字懶仙。河南杞縣人。順治十六年三甲一百七十七名進士。康熙六年任湖南安仁知縣。不遂其志卒。

郭茂泰　字魯瞻。陝西涇陽縣人。順治十六年三甲一百七十八名進士。任禮部主事，遷郎中，康熙二十三年充四川鄉試正考官，官至湖北荆州知府。

陳龍驤　字震生，號嶓海。山東陽信縣人。順治十六年三甲一百七十九名進士。康熙六年任浙江東陽知縣。卒於任。

黄易　字子參，號蒼潭。廣東海豐縣人。順治十六年三甲一百八十名進士。康熙六年任福建歸化知縣。十三年耿精忠叛，弃官奔廣東，復遭粵變，再奔江西乞援，以病卒。後閩定，贈按察司僉事。

毛九瑞 字介祉。河南鄭州人。順治十六年三甲一百八十一名進士。任陝西米脂知縣，補江西德興知縣，耿精忠反清，其黨張存陰以書招降九瑞傳其使，可進主事。九瑞拒之，後以勞積瘁成痼，補鄱陽令未任而卒。

孫毛汝銑，康熙五十二年進士。

屈振奇 字鷺容。陝西洋縣人。順治十六年三甲一百八十二名進士。康熙八年任湖北麻城知縣，官至中書科中書。

徐袞字 字魯榮。江蘇山陽縣人。順治十六年三甲一百八十三名進士。康熙六年任直隸大名知縣，十二年改順天懷柔知縣。在任四年，心力交盡，卒於任。

董謙吉 字去競。河南澠池縣人。順治十六年三甲一百八十四名進士。任江西新淦知縣。

楊毓貞 湖北枝江縣人。順治十一年舉人，十六年三甲一百八十五名進士。任知縣。

傅廷俊 字越千。直隸滄州人。順治十六年三甲一百八十六名進士。康熙六年任山東金鄉知縣，十六年行取陝西道御史，十七年任山西巡鹽御史。

胡鼎生 字還竹。湖北景陵縣人。順治十四年舉人，十六年三甲一百八十七名進士。康熙十三年任江西進賢知縣。

馬驑 陝西城固縣人。順治

十六年三甲一百八十八名進士。康熙六年任廣東乳源知縣。

蕭以逢 廣東順德縣人。順治十六年三甲一百八十九名進士。

董元俊 陝西華陰縣人。順治十六年三甲一百九十名進士。十八年任江蘇句容知縣，康熙六年改湖北黃岡知縣。

劉如漢 字倬章，號雙山、卓如。四川巴縣人。順治十六年三甲一百九十一名進士。選庶吉士，任吏科給事中，左僉都御史。康熙十九年授太常寺卿改大理寺卿，二十年遷左副都御史，四月授江西巡撫。五月丁憂。康熙二十一年（1682）六月卒。

杜震遠 直隸永年縣人。順治十六年三甲一百九十二名進士。

范昌期 山西嵐縣人。順治十六年三甲一百九十三名進士。任陝西鄠縣知縣。

高去侈 直隸寧晉縣人。順治十六年三甲一百九十四名進士。康熙七年任廣東番禺知縣。著有《忠恕軒文集》。

趙光耀 字闇公，號雲麓、安塞子。河南郟縣人。順治十六年三甲一百九十五名進士。康熙六年任湖南湘潭縣知縣。

劉士泓 直隸青縣人。順治十六年三甲一百九十六名進士。任四川新寧知縣，康熙四年改山西嵐縣知縣。

趙文炳 河南儀封縣人。順治

十六年三甲一百九十七名進士。任奉天海城知縣。

徐同倫　湖北京山縣人。順治十一年舉人，十六年三甲一百九十八名進士。康熙六年任浙江永康知縣，十七年升河南禹州知州。

葉蘅（一作潘葉蘅）字鄰蓀。浙江歸安縣人。順治十六年三甲一百九十九名進士。十七年任浙江嘉興府教授，遷國子監學正，終養乞歸。著有《東西銘注》。

朱正錫　字帝賚。山東齊東縣人。順治十六年三甲二百名進士。授湖南瀏陽知縣。未任病故。

高達　山西寧鄉縣人。順治十六年三甲二百零一名進士。任山西蒲州學正。

董奕光　山西介休縣人。順治十六年三甲二百零二名進士。授山西平陽府教授，遷國子監學正。

李焕然　字大章。直隸濬縣人。順治十六年三甲二百零三名進士。任甘肅平凉縣知縣。

李際昌　山西猗氏縣人。順治十六年三甲二百零四名進士。任國子監博士。

劉興漢　字幹帷。山西汾陽縣人。順治十六年三甲二百零五名進士。康熙六年任山東寧陽知縣，官至行人。

徐既同　山東滋陽人。順治十六年三甲二百零六名進士。任山西河曲知縣。

王炳　山東榮河縣人。順治

十六年三甲二百零七名進士。任江西瑞昌知縣，調四川仁懷知縣。

崔迪吉　字山公。山東茌平縣人。順治十六年三甲二百零八名進士。任陝西白水知縣。十一年解職歸。卒於家。

何廣　字環珠。山東汶上縣人。順治十六年三甲二百零九名進士。康熙六年任江蘇豐縣知縣。

楊綸　字王言。山西聞喜縣人。順治十六年三甲二百十名進士。任河南武安知縣。

郭堯都　字雲瞻。陝西高陵縣人。順治十六年三甲二百十一名進士。任兵部主事，康熙十五年充會試同考官，官至給事中。

劉慎　山東長山縣人。順治十六年三甲二百十二名進士。康熙六年任浙江泰順知縣。

王澄　字若水。山東東平州人。順治八年舉人，十六年三甲二百十三名進士。

董煜　字孔昭。直隸高陽人。順治十六年三甲二百十四名進士。十八年任四川金堂知縣。卒於任。

馬光　字幼實。山東鄒縣人。順治十六年二甲二百十五名進士。任雲南羅次知縣，丁憂歸。補調安徽寧國知縣。行取雲南道御史，改河南道御史。康熙十六年因趙高鹿馬之謠言，黨附左都御史郭琇革職。謫戍奉天。復起授河南正陽知縣，二十五年任浙江巡鹽御史。

蔡弘璧　直隸雄縣人。順治十

六年三甲二百十六名進士。任順天府薊州學正。改安徽虹縣知縣。

劉思專 河南鄭州人。順治十六年三甲二百十七名進士。康熙七年任廣東樂會知縣。

高顯 河南杞縣人。順治十六年三甲二百十八名進士。康熙初年任直隸邢臺知縣。

曹振邦 字憲章。山東歷城縣人。順治十六年三甲二百十九名進士。康熙十七年降安徽當塗縣丞，升雲南定遠知縣，改貴州施秉知縣，調河南靈寶知縣，安徽黟縣知縣。

申錫 字瀸月。河南河內縣人。順治十六年三甲二百二十名進士。任福建福清知縣。以疾卒於任。

許琯 字嚴思。陝西城固縣人。順治十六年三甲二百二十一名進士。康熙六年任廣東揭陽知縣，十年改浙江龍游知縣。十三年受傷，告疾去。

張于廷 山西陽城縣人。順治十六年三甲二百二十二名進士。康熙年任貴州甕安知縣，十一年改貴州永從縣知縣。

劉搢 字子方。河南潁川衛人。順治十六年三甲二百二十三名進士。康熙六年任山西洪洞知縣。在任六年忤上官，罷歸。

李鼎生 山西洪洞縣人。順治十六年三甲二百二十四名進士。任教授，遷國子監助教。以疾乞歸。

陳洪諫 字憲宸，號覺庵。山東德州人。順治五年舉人，十六年

三甲二百二十五名進士。任四川峽江知縣，調雲南麗江府推官，康熙七年改江蘇興化知縣，升江西撫州同知，升撫州知府，改袁州知府，二十一年官至陝西神木道。致仕歸。

田烝髦 直隸藁城縣人。順治十六年三甲二百二十六名進士。康熙七年任湖北房縣知縣，官至戶部郎中。

趙弘化 字亮弼。山西壽陽縣人。順治十六年三甲二百二十七名進士。康熙六年任順天府密雲知縣，十九年任江蘇如皋知縣。卒於任。

李遙 字襄水，河南睢州人。順治十六年三甲二百二十八名進士。授江西彭澤知縣，因罣誤去職。調湖北當陽知縣。告病歸。著有《學庸說注》《易經注流》《春秋三傳鈔》。

詹養沉 字無機，號心淵。安徽婺源縣人。順治十六年三甲二百二十九名進士。選庶吉士，授檢討。康熙二年充順天鄉試副考官。因事落職歸。

沈可選 字梓賢。湖南武陵縣人。順治十六年三甲二百三十名進士。任陝西保安知縣，補廣東封川知縣，官至山西代州直隸州知州。

軒轅胤 山東東平州人。順治十六年二甲二百三十一名進士。康熙六年任江蘇江都知縣，八年再任。

姚景瑄 直隸青縣人。順治十六年三甲二百三十二名進士。任直隸正定府教授。

王鍾玫 山東淄川縣人。順治

十六年三甲二百三十三名進士。康熙七年授福建海澄知縣。在任二年無疾而卒。

李時亨 直隸棗強縣人。順治十六年三甲二百三十四名進士。十八年任四川鄰水知縣。

姜焰 字楚白。山東萊陽縣人。順治十六年三甲二百三十五名進士。康熙七年任直隸雞澤縣知縣，行取內閣中書。

陳沖漢 字雲思。陝西城固縣人。順治十六年三甲二百三十六名進士。康熙六年十二月任江蘇吳縣知縣。八年被劾罷去。

汪淑問 字清公，號邁陶。直隸灤州人。順治十六年三甲二百三十七名進士。任四川犍爲知縣。以罣誤解組歸。

子汪與恒，康熙三十九年進士。

王玄琚 河南洛陽縣人。順治十六年三甲二百三十八名進士。

崔崒 字蓮生，號西獄。直隸平山人。明崇禎五年（1632）九月二十日生。順治十六年三甲二百三十九名進士。康熙六年授浙江開化知縣，十九年擢揚州知府，二十三年署兩淮鹽運使，三十一年遷甘肅莊凉道。未行。康熙三十二年（1693）六月十四日卒於揚州運署。年六十二。

吳英先 直隸蠡縣人。順治十六年三甲二百四十名進士。任四川安縣知縣，遷行人司行人。

羅繼謨 字岩旭、允嘉，號昌

裔。河南杞縣人。順治十六年三甲二百四十一名進士。選庶吉士，任刑部主事、員外郎，官至郎中。坐事謫。

劉澤厚 字敉安。直隸吳橋縣人。順治十六年三甲二百四十二名進士。康熙三年任四川江安縣知縣。土賊作亂攻城，防守力竭，城潰卒。贈按察司僉事銜。

張拱辰 山西陽城縣人。順治十六年三甲二百四十三名進士。十八年任安徽靈璧知縣。

王玄冲 直隸長垣縣人。順治十六年三甲二百四十四名進士。任湖南衡陽知縣。

李允登 字徽齋。四川南部縣人。順治十六年三甲二百四十五名進士。康熙六年任直隸曲周知縣。康熙二十二年（1683）卒。

屈超乘 河南閿鄉縣人。順治十六年三甲二百四十六名進士。任湖北松滋縣知縣。修《松滋縣志》。

鄭先民 字質生，號青門。湖北潛江縣人。順治八年舉人，十六年三甲二百四十七名進士。康熙六年任山東館陶知縣，升任行人。乞假歸。

湯裔振 字繩奕、其武。直隸南皮縣人。順治十六年三甲二百四十八名進士。十七年任四川南充知縣，丁內艱歸。補廣東信宜知縣，官至甘肅平凉府同知。卒於任。著有《春秋潛注》。

王凝命 直隸衡水縣人。順治

十六年三甲二百四十九名進士。康熙七年任江西會昌知縣。

李門人　河南鄭州人。順治十六年三甲二百五十名進士。康熙七年任湖南益陽知縣。

楊　貞　字克正、栗岑。江西南昌縣人。順治十六年三甲二百五十一名進士。任江西星子縣教諭，康熙七年改福建安溪知縣。

蘇　鑛　直隸交河縣人。順治十六年三甲二百五十二名進士。任內閣中書，轉刑部主事、福建清軍糧驛道，官至湖北糧驛道。

劉源清　直隸沙河縣人。順治十六年三甲二百五十三名進士。康熙十一年任廣東瓊山知縣。解組歸。清風兩袖。

王　政　字心仁。山東陽信縣人。順治十六年三甲二百五十四名進士。康熙六年任直隸唐縣知縣。

張志卓　陝西扶風縣人。順治十六年三甲二百五十五名進士。康熙六年任順天固安知縣。

奚祿詒　字蘇嶺。湖北黃岡人。順治十四年舉人，十六年二百五十六名進士。康熙七年任順天府三河知縣，十一年遷江陰海防同知。十三年降。著有《四書養正錄》。

侯　樸　河南祥符縣人。順治十六年三甲二百五十七名進士。康熙七年任湖南瀏陽知縣。

張若梧　字梧鳳。山東東平州人。順治十六年三甲二百五十八名進士。康熙七年任浙江泰順知縣。卒於任。

高恒懋　直隸靜海縣人。順治十六年三甲二百五十九名進士。任奉天府教授。

張衷玢　（一作張玠）陝西韓城縣人。順治十六年三甲二百六十名進士。任知縣。

鄒　玗　字石玉。河南河內縣人。順治十六年三甲二百六十一名進士。任甘肅臨洮郡丞，六年改直隸定興知縣，八年升河州知州，康熙九年任山東東昌府知府。

邊大乂　字伯康，號桂叢。直隸任丘人。順治十六年三甲二百六十二名進士。十七年授山西徐溝知縣，官至廣西永康知州。

耿念劭　河南杞縣人。順治十六年三甲二百六十三名進士。康熙七年任湖南興寧知縣。

趙士璠　山西聞喜縣人。順治十六年三甲二百六十四名進士。

衛胤嘉　陝西韓城縣人。順治十六年三甲二百六十五名進士。任知縣。

張　抱　河南鄭州人。順治十六年三甲二百六十六名進士。康熙三年任陝西安塞知縣。

許　沺　直隸正定縣人。順治十六年三甲二百六十七名進士。任陝西鎮安知縣。

靳闇然　直隸安平縣人。順治十六年三甲二百六十八名進士。十七年任江西石城知縣。

孫　馥　字仙英。河南沈丘縣

人。順治十六年三甲二百六十九名進士。授刑部觀政，未仕而卒。

尹嚴維 山東德州人。順治十六年三甲二百七十名進士。康熙元年任四川彭水縣知縣。

蒲　瑞 山東淄川縣人。順治十六年三甲二百七十一名進士。授浙江湯溪知縣。

侶鶯舉 直隸清豐縣人。順治十六年三甲二百七十二名進士。任四川知縣。

李見龍 字德中。山東蒙陰縣人。順治十六年三甲二百七十三名進士。康熙七年任浙江秀水知縣。行取御史，遷給事中，升四繹館少卿。改名李紹聞。官至太常寺卿。

廖聯翼 字雲升、楷予。湖南衡陽縣人。順治十六年三甲二百七十四名進士。康熙八年任河南孟津知縣，官至内閣中書。

師國楨 字祥衷，號東莊。陝西清澗縣人。順治十六年三甲二百七十五名進士。康熙元年任河南尉氏知縣。二年分校鄉試，因別房磨勘，波及國楨，被放歸卒。

何柏如 河南洛陽縣人。順治十六年三甲二百七十六名進士。未仕。

羅　博 河南鄭州人。順治十六年三甲二百七十七名進士。任中書舍人，康熙六年改山西浮山知縣，十一年調山東福山縣知縣。

順治十八年（1661）辛丑科

第一甲三名

馬世俊　字章民，號甸臣、匡庵、漢仙。江蘇溧陽縣人，回族。順治十八年一甲第一名狀元。授修撰。進侍讀，康熙三年任會試同考官。康熙五年（1666）年卒。工詩文，繪畫，精書法。著有《匡庵集》《匡庵詩集》《華陽游志》《李杜詩匯注》《馬章民稿》《十三經彙解》，雜劇《古其風留人眼》等。

李仙根　字子敬、字南津，號予盤。四川遂寧縣人。明天啓元年（1621）生。順治十八年一甲第二名榜眼。授編修。康熙三年充會試同考官，七年出使安南，歸後遷侍讀學士，十八年由鴻臚寺卿遷左副都御史，二十年改户部右侍郎。二十一年被劾去官。二十三年降光禄寺少卿。康熙二十九年（1690）三月初二日卒。年七十。著有《安南使事紀》《游野浮生集》。

吳光　字迪前，號長庚。浙江歸安縣人。順治十八年一甲第三名探花。授編修。康熙三年充會試同考官，奉命諭祭安南國王黎維祺正史。著有《南山草堂集》《使交集》。

第二甲七十七名

孫鈵　字古喤，號徵庵。浙江嘉善縣人。順治十八年二甲第一名進士。任推官，康熙十一年改福建南靖知縣，官至廣東潮州府通判。丁憂歸。著有《廉静堂集》

董含　字閬石，號榕庵。江蘇華亭縣人。順治十八年二甲第二名進士。歸班候選知縣。著有《藝葵集》《安蔬堂集》。

唐子瞻　江蘇青浦縣人。順治十八年二甲第三名進士。授推官。歸後閉門課子，以詩書自娛。

王庭龍　福建晉江縣人。順治十八年二甲第四名進士。康熙八年任湖北黃梅知縣。

俞璘　（榜名俞嶙）浙江餘姚縣人。順治十八年二甲第五名進士。

康熙十一年任廣東從化知縣。

米漢雯 字紫來，號秀岩。順天大興縣人。順治十八年二甲第六名進士。任江西贛州推官，康熙七年改江西建昌知縣，丁憂歸。十一年補河南長葛知縣，行取主事。康熙十八年召試博學鴻詞二等第五名，授編修，二十年充雲南鄉試主考官，二十六年遷侍講，充江南鄉試主考官，後病卒。工詩畫，著有《漫園詩集》《始存集》。

邵延齡 字大年、靜山。浙江平湖縣人。順治十八年二甲第七名進士。任內閣中書，官至刑部郎中，康熙二十六年督江西提學道。著有《耐軒稿》。

周慶曾 字燕孫，號屺瞻。江蘇常熟縣人。順治十五年會試，念父母年老試畢即歸。十八年殿試二甲第八名進士。仍乞假歸。康熙十一年補內閣中書，候補主事，十八年召試博學鴻詞二等，授編修。二十三年（1684）充浙江鄉試主考官，八月初未入闈卒。著有《硯山遺稿》。

趙其星 字仲啓。山東德州人。順治十八年二甲第九名進士。授湖北黃州府推官，康熙七年改山西汾陽知縣。罷歸。

王政資 福建莆田縣人。順治十八年二甲第十名進士。康熙年間任湖北羅田知縣。

趙 昕 字雪嵊。浙江餘杭縣人。順治十八年二甲十一名進士。任江蘇嘉定知縣。

張玉書 字素存，號潤浦。江蘇丹徒縣人。明崇禎十五年（1642）生。順治十八年二甲十二名進士。選庶吉士，充日講官，任翰林院編修。纍遷侍講學士，任經筵講官，康熙二十年授內閣學士、翰林院掌院學士，二十二年十二月遷禮部侍郎。二十六年授刑部尚書改兵部、禮部尚書，二十九年六月授文華殿大學士。三十七年丁母憂歸。四十年復授文華殿大學士。康熙五十年五月隨扈卒於熱河，享年七十。贈太子太保。諡"文貞"。雍正十年十月入祀賢良祠。曾奉詔編纂《康熙字典》《佩文韻府》，著有《力行齋集》。

父張九徵，順治四年進士；兄張玉裁，康熙六年榜眼。

劉芳喆 字宣人，號拙翁。順天宛平縣人。順治十八年二甲十三名進士。選庶吉士，授編修。康熙三年充會試同考官，遷國子監司業。二十四年考試詹翰各官，因未到，降三級，乞休歸。四十二年康熙帝南巡迎鑾賞復原銜，同年（1703）卒。著有《拙翁集》《庸語》等。

兄劉芳躅，順治十二年進士，官山東巡撫。

嚴胤肇 字修人，號石樵。浙江歸安縣人。順治十八年二甲十四名進士。任山東壽光縣知縣。著有《石樵詩稿》《宜雅堂集》。

邵昆嶽 字子峻。浙江餘姚縣人。順治十八年二甲十五名進士。

康熙八年任山東商河知縣。

杜繼美 字載浦，號美公。安徽盱眙縣人。順治十八年二甲十六名進士。任候選推官。

申 稝 字遜庵、菽斾。江蘇吳縣人（長洲籍）。順治十八年二甲十七名進士。任內閣中書、禮部郎中，康熙二十四年督廣西提學道。

陳以恂 字長恭。江蘇興化縣人。順治十八年二甲十八名進士。康熙十一年授山西平遥知縣，以疾告歸。著有《周易心學篇》《春秋三傳合注》《宋元明三朝史鈔》等。

吳源起 字准庵。浙江秀水縣人。順治十八年二甲十九名進士。康熙八年任河南洛陽知縣，官至禮科給事中。告養歸。著有《五嶽游記》。

莫大勛 字魯岩。江蘇宜興縣人。順治十八年二甲二十名進士。康熙八年任浙江嘉善知縣，纍遷刑科給事中，康熙二十一年充會試同考官。

朱前詔 安徽無爲州人。順治十八年二甲二十一名進士。

岳宏譽 字藹亭。江蘇武進縣人。順治十八年二甲二十二名進士。康熙十七年任山西靈丘知縣，二十七年改直隸獲鹿知縣，官至刑部郎中，三十三年督湖廣學政。

許全臨 字靜庵。浙江海寧縣人。順治十八年二甲二十三名進士。任直隸高邑知縣，康熙八年任山東昌邑知縣。

鄭開極 字肇修，號幾亭。福建侯官縣人。順治十八年二甲二十四名進士。選庶吉士，授編修。康熙八年任雲南鄉試主考官，官到諭德。二十九年督浙江學政。假歸。家居四十年，年八十重宴鹿鳴，卒。

陳 潛 字飛翔，號麓霞。浙江長興縣人。順治十八年二甲二十五名進士。刑部觀政，任江西崇仁知縣。

沈日章 浙江鄞縣人。順治十八年二甲二十六名進士。任江西崇仁知縣。

潘見龍 字雲從。浙江秀水縣人。順治十八年二甲二十七名進士。康熙十一年任河南葉縣知縣，丁母憂服闋，補四川閬中知縣，擢浙江寧海知州，遷刑部員外郎，升郎中，官至雲南曲靖府知府。歸尋卒。

李永庚 字上章。湖北江陵縣人。順治十四年舉人，十八年二甲二十八名進士。任河南新鄭知縣，官至御史。

龍可旌 字鶴皋。湖北黃岡縣人。順治十四年舉人，十八年二甲二十九名進士。任山東濟陽知縣，康熙十八年任河南杞縣知縣。

盛民譽 字來初，號仲來。浙江嘉興縣人。順治十八年二甲三十名進士。任湖南推官，康熙九年官至湖南桂陽縣知縣。

高之騊 字冀良。山東淄川縣人。順治十一年舉人，十八年二甲三十一名進士。授貴州平越知縣。

劉元慧　字子睿。直隸正定縣人。順治十八年二甲三十二名進士。任山東鄒平知縣，改吏部主事，升員外郎、郎中。康熙二十年充河南鄉試副考官，纍遷至左僉都御史，三十年授順天府尹。三十四年改宗人府丞，三十六年官至左副都御史。三十七年病免。

李時謙　字吉爻，號蘇庵。順天大興縣人，原籍江蘇山陽。順治十八年二甲三十三名進士。任山西潞安府推官，康熙七年調山東樂陵知縣，改山西黎城知縣，行取河南道御史。九年改湖廣道御史，二十四年任山西巡鹽御史。官至陝西糧道。卒於任。

方　舟　（復姓王）字泳思。安徽合肥縣人。順治十八年二甲三十四名進士。任四川太平知縣。政績卓著，遭難歸。

龔錫瑗　福建晉江縣人。順治十八年二甲三十五名進士。康熙八年任湖南寧遠知縣。

沈　鱒　字木門。浙江嘉善縣人。順治十八年二甲三十六名進士。康熙八年任福建建安知縣，遷山西應州知州。

武之亨　字子貞、雙峰，號貞庵。湖北孝感縣人。順治五年舉人，十八年二甲三十七名進士。康熙六年任河南汝寧府推官，改陝西鳳翔知縣，擢甘肅慶陽府同知，康熙二十七年任安徽太平府同知，擢浙江嚴州知府，三十三年督陝西提學道。

朱世熙　字克咸，號瑤岑。順天宛平縣人。順治十八年二甲三十八名進士。選庶吉士，授編修。官至右諭德。

張嘉璪　字撎葵、文須。浙江桐鄉縣人。順治十八年二甲三十九名進士。候選推官。在京師寄其弟書云：“志向不可不高，鋒芒不可太露，識見不可不曠，名心不可太逐，學問不可不廣，馳騖不可太雜，骨幹不可不樹，才氣不可太使。”時以爲名言。

程夢簡　字蒼符。江蘇丹徒縣人。順治十八年二甲四十名進士。任河南考城知縣，補正平知縣。

郭懋勛　字有大。山東益都縣人。順治十八年二甲四十一名進士。任湖南善化縣知縣。

孫　蕙　字樹百，號泰岩、笠山。山東淄川縣人。明崇禎五年（1632）二月十六日生。順治十八年二甲四十二名進士。康熙八年任江蘇寶應知縣，十五年官至戶科掌印給事中，二十年充福建鄉試主考官。辭職歸里。著有《笠山詩選》五卷、《安宜治略》，編《歷代循良錄》一卷等。

常鋐禧　河南鄢陵縣人。順治十八年二甲四十三名進士。任福建寧祥知縣。

楊　栻　字孟宣。四川和州（原籍江蘇上元）人。順治十八年二甲四十四名進士。授推官，康熙七年改浙江松陽知縣，十八年改山西汾陽知縣。致仕歸。

楊燠 字紫虹。江蘇保應縣人。順治十八年二甲四十五名進士。康熙八年任山東恩縣知縣。官至甘肅平涼府同知。

衛徵 山西翼城縣人。順治十八年二甲四十六名進士。

張爾奎 字錫公。順天大興縣（一作山東鄒平）人。順治十八年二甲四十七名進士。任廣東廣寧縣知縣。卒於任。

孫汝楫 安徽全椒縣人。順治十八年二甲四十八名進士。任河南固始知縣。

曹林韻 字飛雛。浙江海寧縣人。順治十八年二甲四十九名進士。任廣西恭城知縣。

徐斌 字爾雅。江蘇昆山縣人。順治十八年二甲五十名進士。

王祚振 字子超。浙江長興縣人。順治十八年二甲五十一名進士。戶部觀政。

劉馥 字紫脫。安徽鳳陽縣人。順治十八年二甲五十二名進士。任河南河內知縣，改山西定襄知縣，擢陝西隴州知州。丁憂歸。遂不起。

李質素 字丹麓、文筆。山西翼城縣人。順治十八年二甲五十三名進士。河南河內知縣，行取兵部主事，升刑部郎中，康熙二十二年督廣西提學道。

武應新 字繩武。河南固始縣人。順治十八年二甲五十四名進士。授四川峨嵋知縣，未任。

顧啓祥 直隸安州人。順治十八年二甲五十五名進士。康熙九年任河南涉縣知縣，二十四年改江西貴溪知縣。

魏裔訥 字辨若。直隸柏鄉縣人。順治十八年二甲五十六名進士。康熙七年任江蘇桃源縣知縣。

兄魏裔介，順治三年進士，大學士。

張方起 字賡言。浙江桐鄉縣人。順治十八年二甲五十七名進士。任雲南江川知縣。

甯世旋 山西聞喜縣人。順治十八年二甲五十八名進士。授河南遂平知縣，補直隸武邑知縣，遷內閣中書，以同知任。卒於家。

兄甯世延，順治十五年進士。

周根郜 直隸南宮縣人。順治十八年二甲五十九名進士。任江西上猶知縣，丁憂歸。康熙六年補山東青城知縣，以事罷歸。後起官至兵科給事中。

劉欽鄰 字江屏、鄰臣。江蘇儀征縣人。順治十八年二甲六十名進士。康熙七年任廣西富川知縣。十三年廣西將軍孫延齡叛應吳三桂。遣將圍富川，守五十日，同城把總楊虎引敵入城，被拘至桂林，授官不屈遇害。贈太僕寺少卿。康熙四十二年十二月追謚"忠節"。

江皋 字左湄、眉瞻，號磊齋，安徽桐城縣人。明崇禎八年（1635）生。順治十八年二甲六十一名進士。授江西瑞昌知縣，遷九江府同知，康熙十八年擢甘肅鞏昌知府，二十一年調廣西柳州知府，二十三年督四川提學道。丁母憂服闋，補陝西平慶道副使，三十四年遷福建興泉道。因事左遷。康熙四十九年復官後不出，五十三年重赴鹿鳴宴。康熙五十四年（1715）卒於家，年八十一。著《古文》三十卷、《詩》四十一卷。

蘇嵋 字依岩、峨月。河南汲縣人。順治十八年二甲六十二名進士。康熙八年任廣東三水知縣，十一年改福建南屏知縣，遷湖北荊州府同知，官至雲南武定知府。以憂歸。著有《圯上吟》。

趙景福 江蘇江都縣人。順治十八年二甲六十三名進士。康熙九年任貴州銅仁知縣。

徐淑嘉 字爾會，號誠齋。湖北蒲圻縣人。順治十一年舉人。十八年二甲六十四名進士。由推官改授安徽績溪知縣，丁憂服闋，改任廣西羅城知縣，調廣西上林知縣。歸。卒年八十四。

陳震先 字而閎。浙江錢塘縣人。順治十八年二甲六十五名進士。康熙八年任安徽英山知縣。

張其善 安徽含山縣人。順治十八年二甲六十六名進士。康熙十一年任廣東東安知縣，遷高州通判。未任卒。

鄧士傑 字萬子。江蘇上元縣人。順治十八年二甲六十七名進士。任江西鄱陽知縣。康熙十六年遷江西南安府同知。

張林綸 直隸滄州人，祖籍浙江仁和。順治十八年二甲六十八名進士。任山西夏縣知縣，改河南商城知縣。

于嗣昌 字九扶。江蘇金壇縣人。順治十八年二甲六十九名進士。任山西襄垣知縣。以瘁卒於任。

謝相 福建甌寧縣人。順治十八年二甲七十名進士。康熙九年任四川屏山知縣。

蔣德埈 字公遜。江蘇長洲縣人。順治十八年二甲七十一名進士。性至孝，康熙十四年大饑，傾家賑濟全活數千人。臨卒以百三十畝田爲義田以贍族；以百二十畝助育嬰堂。著有《易經纂注》《讀春秋記疑》。

唐世徵 字魏子。湖南湘潭縣人。順治十八年二甲七十二名進士。初授推官，康熙八年改江西玉山知縣。三蕃作亂弃官。後卒於揚州。

李式 安徽定遠縣人。順治十八年二甲七十三名進士。任浙江昌化知縣。

潘之彪 字建侯、文山。江蘇丹徒縣人。順治十八年二甲七十四名進士。康熙六年授溫州府推官，七年改任四川蓬溪知縣。歸後以琴書自娛。

蔡時光 字木軒。福建晉江縣人。順治十八年二甲七十五名進士。康熙八年八月任江蘇長洲知縣。九年十二月被劾去。

王維坤　字卿輿，號鵝知。直隷長垣縣人。順治十八年二甲七十六名進士。康熙八年署四川梓桐知縣。滇黔變起潛伏山谷歸里。著有《漸細齋詩文集》。

閻洞　字鶴龕、錦濤。山西陽曲縣人，原籍江蘇山陽。順治十八年二甲七十七名進士。康熙十年任福建安溪知縣，十二年改安徽旌德知縣，二十二年改廣東長寧知縣。

第三甲二百零三名

張鵬　字搏萬，號南溟。江蘇丹徒縣人。明天啟七年（1627）生。順治十八年三甲第一名進士。任內閣中書、刑部主事、吏科給事中、光禄寺少卿、順天府丞、右通政使。康熙二十三年五月遷左副都御史，九月改山東巡撫。二十五年調刑部侍郎改戶部、吏部侍郎。二十七年二月葬假，康熙二十八年（1689）六月初六日卒，年六十三。

羅人琮　字宗玉，號紫蘿。湖南桃源縣人。順治十八年三甲第二名進士。康熙六年任浙江寧波府推官，改陝西朝邑知縣，十七年行取陝西道御史，改四川道御史。告歸。年九十卒。

王瞻祖　山東商河縣人。順治十八年三甲第三名進士。任湖北遠安知縣。

滕達　字蜇之。浙江山陰縣人。順治十八年三甲第四名進士。

康熙年任山東歷城知縣。

姚齡　字茵穉。江蘇吳縣人。順治十八年三甲第五名進士。任浙江長興知縣。卒於任。

程甲化　字季白、碧洲。福建莆田縣人。順治十八年三甲第六名進士。康熙八年任山東諸城知縣，丁憂歸。值耿精忠反清，不受僞職，事平，十八年任安徽旌德知縣，行取吏部主事，升員外郎、郎中，遷太僕寺少卿，二十九年充四川鄉試正考官，官至大理寺少卿。

張焞　字伯靖。福建惠安縣人。順治十八年三甲第七名進士。康熙八年任直隷曲周知縣。丁憂歸。絶意仕進，著書自娛。

李作楫　字濟巨。廣東東莞縣人。順治十八年三甲第八名進士。授推官，康熙八年改江蘇溧水知縣。十二年遷山西汾州府同知，補江西九江府同知，官至雲南鶴慶知府，改大理知府。告歸。著有《藏公堂集》《中山治略》。

孫奏　字廣伯，號玆庵。江蘇高淳縣人。順治十八年三甲第九名進士。任湖北歸州知州、四川巴東知縣、廣東潮州、平遠知縣。升山西汾州府同知，康熙二十二年遷貴州平越知府，官至浙江台州府知府。卒於任。著有《二懷堂稿》《紀游草》。

任玥　字少玉，號希庵。山東高密縣人。順治十八年三甲第十名進士。康熙八年任山西石樓知縣，十五年遷浙江道御史，二十四年改山東巡鹽御史，官至掌京畿道御史。以病卒。著有《敬事初稿》。

兄任琪，順治十二年進士。

張其行 河南安陽縣人。順治十八年三甲十一名進士。康熙十一年任湖北枝江知縣。

田喜霽 字子眉，號注山、望西。山西馬邑縣人。順治十八年三甲十二名進士。選庶吉士，授檢討。康熙六年充會試同考官，纍遷至少詹事，二十九年授內閣學士。康熙三十年丁憂免。

屈逸乘 河南閿鄉縣人。順治十八年三甲十三名進士。任山東蒙陰知縣。

張士驅 字均公，號六庵。江西新建縣人。順治十八年三甲十四名進士。康熙八年任河南尉氏知縣，二十二年升湖北蘄州知州。

龍榜 字爐先，號雲階。江西吉水縣人。順治十八年三甲十五名進士。任直隸廣平府推官，改直隸遵化知縣。卒於任。

胡光瑗 字竹灘。廣東順德縣人。順治十八年三甲十六名進士。康熙八年任江蘇丹陽知縣。

吳軫 字星子。廣西容縣人。順治十八年三甲十七名進士。任山西太平知縣，康熙五年擢山東德州知州。八年改江蘇安東知縣。

熊僎 江西清江縣人。順治十八年三甲十八名進士。十八年任山西曲沃知縣，改壽陽知縣，康熙八年調江蘇江都知縣。

周斯盛 字屺公，號鐵耕。浙江鄞縣人。順治十八年三甲十九名進士。康熙八年任山東即墨縣知縣。以罣誤去官。

汪時泰 字敉庵。湖北漢川縣人。順治八年舉人，十八年三甲二十名進士。任推官，康熙七年改江蘇儀征知縣。在任三年，丁憂歸。

王公楷 字木重，號潁濤。安徽潁州人。順治十八年三甲二十一名進士。康熙八年授直隸成安知縣。母喪歸。

丘允通 字大復。福建連江縣人。順治十八年三甲二十二名進士。

張如騫 字天槎。安徽當塗縣人。順治十八年三甲二十三名進士。任直隸豐潤知縣。以憂去。

錢雨 字既零。安徽當塗人。順治十八年三甲二十四名進士。康熙八年任廣東新會知縣，補直隸武強知縣。卒於任。

王念祖 山西解州人。順治十八年三甲二十五名進士。任貴州龍泉知縣。

俞復亨 字冠五。浙江餘姚縣人。順治十八年三甲二十六名進士。兵部觀政。

涂夢花 字季凝。福建漳浦縣人。順治十八年三甲二十七名進士。康熙八年任山西翼城知縣。

陳堯言 奉天寧遠州人。順治十八年三甲二十八名進士。任江蘇揚州府推官。

王士麟 字幼扶。浙江嘉興縣人。順治十八年三甲二十九名進士。康熙八年任江蘇青浦知縣。

何儒顯 福建順昌縣人。順治十八年三甲三十名進士。任內閣中書，改兵部職方司主事，吏部稽勳司主事。

單務嘉 字嘉客，號繡陵。山東高密縣人。順治十八年三甲三十一名進士。康熙七年授直隸蠡縣知縣，升江寧府同知，十三年遷江蘇常州知府，擢蘇松常道。因母喪悲憤過度卒。

衛執蒲 字禹濤。陝西韓城縣人。順治十八年三甲三十二名進士。康熙八年任直隸新樂知縣，行取戶部主事。十六年考選雲南道御史，改浙江巡鹽御史，遷左僉都御史。康熙二十六年授順天府尹，二十七年改通政使遷左副都御史。二十八年革。

李道泰 字子交。福建德化縣人。順治十八年三甲三十三名進士。康熙八年任江西建昌知縣，遷南康府同知，十四年擢江西南康知府，改雲南開化府知府。卒於任。

劉宗熹 江蘇無錫縣人。順治十八年三甲三十四名進士。任陝西寶雞知縣。

湯淳 字潤生，號似庵。直隸南皮縣人。順治十八年三甲三十五名進士。隱居不仕，以著書爲業。

侯元棐 字友召。河南杞縣人。順治十八年三甲三十六名進士。康熙八年任浙江德清知縣，官至中書科中書。父喪徒步上千里歸。嘔血，踰年卒於家。

李熊（本姓徐，名徐李熊）。浙江嘉興縣人。順治十八年三甲三十七名進士。任知縣。

莫之偉 福建上杭縣人。順治十八年三甲三十八名進士。任湖北咸寧知縣。

倪懋賞 江蘇江都縣人。順治十八年三甲三十九名進士。

張日星 廣東樂昌縣人。順治十八年三甲四十名進士。任貴州湄潭知縣。

方秉楨 直隸寧晉縣人。順治十八年三甲四十一名進士。

牛樞 字伯衡、雙溪。直隸元氏人。順治十八年三甲四十二名進士。康熙八年任湖北宜城知縣，丁憂服闋，康熙十四年改河南鹿邑知縣，行取中書，復出任甘肅鞏昌府洮州同知，二十年遷江蘇常州府海防同知，改雲南永昌府同知，官至浙江嘉興府知府。卒於任。著有《燕台新藝》《秋月堂記》《滇游草》行世。

王克鞏 江蘇山陽縣人。順治十八年三甲四十三名進士。

任孔昭 字潛夫。山東濟寧州人。順治十八年三甲四十四名進士。授四川太平知縣。未任卒。

范紹淳 字延雒。江蘇丹徒縣人。順治十八年三甲四十五名進士。

黃道弘 字觀能、邁庵。浙江

鄞縣人。順治十八年三甲四十六名進士。工部觀政，改直隸威縣知縣。

周　式　江蘇太倉州人。順治十八年三甲四十七名進士。任山西孝義知縣。

申涵盼　字隨叔，號聽山、定舫、鷗盟。直隸永年縣人。明崇禎十一年（1638）生。順治十八年三甲四十八名進士。選庶吉士，授檢討。康熙六年任會試同考官。與修兩朝實錄，十一年實錄成引疾歸。康熙二十一年（1682）正月三十日卒，年四十五。著有《忠裕堂文集》《西齋詩集》《通鑑評語》《甲定舫詩》等。

黃楫汝　（《廣東通志》作蘇楫汝）字延孫。廣東新會縣人。順治十八年三甲四十九名進士。康熙八年任河南太康知縣，擢中書舍人。告終養歸。著有《梅岡集》。

程起張　湖廣江夏縣人。順治十一年舉人。十八年三甲五十名進士。康熙五年任山東武城知縣。

張　衡　字南溟、友石、晴峰。直隸景州人。順治三年舉人，十八年三甲五十一名進士。任內閣中書，康熙十一年充山西鄉試副考官。遷戶部主事、工部郎中，康熙二十一年督浙江提學道，官至陝西輸林道。年七十乞休。卒年七十四。

許來音　字廷聞。福建龍溪縣人。順治十八年三甲五十二名進士。康熙八年任直隸深澤知縣，擢內閣中書。

鄭泰樞　福建莆田縣人。順治十八年三甲五十三名進士。康熙十八年任福建延平府教授。

徐　鎮　字文定。江西南昌縣人。順治十八年三甲五十四名進士。康熙七年任山東魚臺知縣，補四川綿竹知縣。乞養歸。卒年八十二。

曹官淳　直隸正定縣人。順治十八年三甲五十五名進士。任知縣。

尹　任　直隸棗強縣人。順治十八年三甲五十六名進士。康熙七年任山東肥城知縣，十年改四川綿竹知縣。

劉鳳岐　字東美。山東壽光縣人。順治三年舉人，十八年三甲五十七名進士。

成其範　字洪叙，號愚昆。山東樂安縣人。順治十八年三甲五十八名進士。康熙八年任直隸保定知縣，十七年行取陝西道御史，十九年改浙江巡鹽御史，遷通政使司左參議，康熙二十五年授太常寺卿，二十六年遷兵部右侍郎。二十七年任會試副考官。降調。

胡永泰　字茹侯。安徽當塗縣人。順治十八年三甲五十九名進士。任直隸棗強知縣。

沈懋聲　字韻石。浙江德清縣人。順治十八年三甲六十名進士。任河南陳留知縣，升知州。

田顯吉　（原名田毓蕙）字樹臣。江蘇泰州人。順治十八年三甲六十一名進士。康熙八年任山東嶧縣知縣。年六十三以疾卒。

連佳胤　字克昌。直隸南宮縣人。順治十八年三甲六十二名進士。任内閣中書。著有《損庵詩草》。

宋慶遠　字源餘，號原裕。江蘇華亭縣人。順治十八年三甲六十三名進士。任大理寺評事，以奏銷案去職，康熙四十九年復原官。

馬澄　字原思。山東安丘縣人。順治十八年三甲六十四名進士。承家學，折節讀書，肆力於詩詞。

党直　陝西城固縣人。順治十八年三甲六十五名進士。康熙八年任四川德陽知縣，遷知州。

張圻隆　字禹服。河南西華縣人。順治十八年三甲六十六名進士。康熙八年任湖北蒲圻知縣。未幾去官。

高棻　直隸清苑縣人。順治十八年三甲六十七名進士。康熙七年任湖南瀘溪知縣。

林堯英　字蜚伯，號澹亭。福建莆田縣人。順治十八年三甲六十八名進士。任直隸饒陽知縣，改戶部主事，員外郎。康熙十八年召試鴻博，遷刑部郎中，二十年充山東鄉試副考官，二十一年督河南提學道。卒於任。著有《克復講章》《澹亭文略》等。

黃叔鉉　字彥冲。江西豐城縣人。順治十八年三甲六十九名進士。任廣西雒容知縣。以染煙瘴卒於任。

姚文燕　字翼侯，號小山。安徽桐城縣人。順治十八年三甲七十名進士。康熙八年任江西德安知縣，

行取主事。卒年四十六。

馮錫祺　直隸寧晋縣人。順治十八年三甲七十一名進士。

邵沖　字翁源，號昆星。直隸鹽山縣人。順治十八年三甲七十二名進士。授陝西武功知縣，父喪歸。補河南溫縣知縣，遷河南陝州直隸州知州。因不合上官罷歸。著有《讀易偶記》。

葉映榴　字炳霞，號蒼岩、絳岩。江蘇上海縣人。明崇禎十一年（1638）生。順治十八年三甲七十三名進士。選庶吉士，康熙三年任國子監博士，遷户部主事、員外郎，康熙十一年充陝西鄉試副考官。遷禮部郎中，十三年任江西關監督，十八年督陝西學政，二十四年任湖廣糧儲道署布政使。康熙二十七年（1688）五月二十六日被兵變首領夏逢龍所殺，年五十一。贈工部右侍郎，追謚“忠節”。著有《葉忠節公遺稿》。

潘邵珪　字儼恩。浙江仁和籍，蕭山人。順治十八年三甲七十四名進士。任山東福山知縣。

楊夢枝　福建長泰縣人。順治十八年三甲七十五名進士。未任歸里事母。卒年五十七。

陸長卿　字效如。浙江龍游縣人。順治十八年三甲七十六名進士。康熙八年任湖南江華知縣。值吳三桂反清授官，矢志不從，并投水自盡。家人急救已折傷左足，後憂憤卒。

詹允捷　福建晉江縣人。順治十八年三甲七十七名進士。

陳心澡　字秋沇。山東濟寧州人。順治十八年三甲七十八名進士。康熙八年任浙江太平知縣。以勞卒於任。

李世錫　字帝侯、霞裳，號溪南。山東膠州人。順治十八年三甲七十九名進士。康熙七年授湖北嘉魚知縣。十一年曾上疏彈劾湖廣巡撫林天擎索賄。後以疾辭官歸。卒年七十七。著有《綺存集》四卷。

胥琬　字麓庵。山東濰縣人。順治十八年三甲八十名進士。授直隸任邱知縣。康熙十四年任安徽宣城知縣，十五年遷兵部督捕主事，官至貴州石阡府知府，康熙二十九年督山西提學道。

李之棟　字隆吉。山東平陰縣人。順治十八年三甲八十一名進士。康熙九年任直隸威縣知縣。有廉潔名，多惠政。

岳峰秀　字鎮九，號克亭。山東汶上縣人。順治十八年三甲八十二名進士。康熙八年任河南封邱知縣，纍遷禮科給事中，康熙二十一年充會試同考官。以遷葬引疾不出。

洪濟　安徽巢縣人。順治十八年三甲八十三名進士。康熙八年任福建泰寧知縣，官至山西大名府同知。

楊季昌　陝西武功縣人。順治十八年三甲八十四名進士。康熙八年任浙江松陽知縣。

王維翰　河南洛陽縣人。順治十八年三甲八十五名進士。康熙十一年任江西廣昌知縣，二十二年任江蘇江都知縣。

惲驌　江蘇武進縣人。順治十八年三甲八十六名進士。康熙二十二年任河南通許知縣，二十五年官至直隸景州知州。

徐芳昇　字東旭。江西南昌縣人。順治十八年三甲八十七名進士。任雲南知縣。

王復旦　號霜崖。江蘇儀徵縣人。順治十八年三甲八十八名進士。康熙九年任四川石泉知縣。十三年吳三桂叛，隱深山不受偽職。後歸里閉戶以詩文自娛。

金式玉　字益珂。浙江平湖縣人。舉人，任浙江壽昌縣教諭，順治十八年三甲八十九名進士。兵部觀政，任浙江嘉興知縣。未幾卒。

程淶　字濰東。江蘇山陽縣人。順治十八年三甲九十名進士。康熙二十五年任順天府平谷知縣。

趙煒晃　字潛夫。江蘇武進縣（一作吳縣）人。順治十八年三甲九十一名進士。康熙四年任安徽徽州府教授，十五年改鳳陽府教授。官至禮部郎中。

呂兆麟　字敬芝，號叔玉。河南新安縣人。順治十八年三甲九十二名進士。任陝西西鄉知縣，康熙十六年官至福建道御史。

子呂履恒，康熙三十三年進士，戶部侍郎；子呂謙恒，康熙四十八年進士，光祿寺卿。

許攀桂 陝西郃陽縣人。順治十八年三甲九十三名進士。工部觀政，康熙六年（1667）卒。

姚運昌 陝西咸陽縣人。順治十八年三甲九十四名進士。

蔣　扶 字王大。江蘇金壇縣人。順治十八年三甲九十五名進士。任內閣中書。

熊維祺 字仲介。湖北孝感縣人。順治八年舉人，十八年三甲九十六名進士。康熙七年任廣東仁化知縣。卒於任。

楊　蘊 字公含。山東諸城縣人。順治十八年三甲九十七名進士。康熙八年任陝西安定知縣，官至內閣中書。丁母憂歸。後卒於家，年六十。

謝　鈺 江蘇高郵州人。順治十八年三甲九十八名進士。任河南靈寶知縣。

丁斗柄 陝西寧夏右衛人。順治十八年三甲九十九名進士。康熙九年任廣東澄邁知縣。解組歸。

黃梁室 山西襄垣縣人。順治十八年三甲一百名進士。康熙四年任山東沂水知縣。

薛蘊芝 陝西吳堡縣人。順治十八年三甲一百零一名進士。康熙年間任貴州龍里知縣。

李芳華 河南濟源縣人。順治十八年三甲一百零二名進士。任雲南保山知縣，康熙八年調順天府文安知縣。

楊　蕃 字公碩。山東諸城縣人。順治十八年三甲一百零三名進士。康熙八年任江蘇清河知縣，改直隸清河縣知縣。以罣誤降調。卒於京師，年五十五。

傅大業 字用滋。江西南豐縣人。順治十八年三甲一百零四名進士。康熙八年任安徽太平知縣。忤上司去官。

謝宸荃 字亮工，號郎屏。直隸安肅縣人。順治十八年三甲一百零五名進士。康熙十一年任福建安溪知縣。

紀　星 字爾庚。順天文安縣人。順治十八年三甲一百零六名進士。康熙七年任四川納溪縣知縣。

朱大乾 字健儲，號象連。安徽全椒縣人。順治十八年三甲一百零七名進士。康熙九年任山東章丘縣知縣，十七年改順天府武清知縣。

越繩祖 陝西武功縣人。順治十八年三甲一百零八名進士。

江　源 字岷自。湖北江夏縣人。順治十一年舉人，十八年三甲一百零九名進士。康熙初年任直隸新河知縣。以事去官。

胡大成 字子展，號貽雪。江西奉新縣人。順治十八年三甲一百十名進士。都察院觀政。

畢盛贊 山東淄川縣人。順治十八年三甲一百十一名進士。授山西芮城知縣。以病致仕歸里卒。

陳民懷 字四在。湖北應城縣人。順治八年舉人，十八年三甲一百十二名進士。康熙八年任四川大昌知縣，九年裁并改巫山知縣，十年任安徽蒙城知縣。以鄰縣事牽罷歸。

楊士元　字屆先。江蘇江寧縣人。順治十八年三甲一百十三名進士。康熙二年任山東東阿知縣，調河南洧川知縣。十九年擢湖北沔陽知州。

葉蕊奉　江西德化縣人。順治十八年三甲一百十四名進士。康熙九年任湖南平江知縣。

劉毅志　字朱霞。山東樂安縣人。順治十八年三甲一百十五名進士。任廣東大埔知縣。卒於官。

蕭法何　字子狂，號獅潭。江西吉水縣人。順治十八年三甲一百十六名進士。康熙八年任山東滋陽知縣。罷去，後復職，不及赴卒。

戚延錫　山東黃縣人。順治十八年三甲一百十七名進士。康熙九年任河南羅山知縣，升戶部主事。

陸費錫　號梧岡。浙江桐鄉縣人。順治十八年三甲一百十八名進士。任山東平原縣知縣。

徐與喬　字揚貢。江蘇昆山縣人。順治十八年三甲一百十九名進士。將授官以奏銷案罣誤歸。杜門著述。卒年七十二。有《初學辨體》一書。

曹　烈　陝西臨潼縣人。順治十八年三甲一百二十名進士。

王臨元　字介初、六初。山東東昌府清平縣人。順治十八年三甲一百二十一名進士。康熙九年任江西浮梁縣知縣。十三年福建耿精忠叛。王臨元被俘後不降，自盡。後贈按察使僉事。

鄭　僑　直隸祁州人。順治十八年三甲一百二十二名進士。康熙初年任浙江上虞知縣。

朱元祜　（榜姓殷，復姓）字護仙。江蘇常熟縣人。順治十八年三甲一百二十三名進士。任山西蒲縣知縣，行取刑部。告歸卒。

朱射斗　字頓濱。浙江歸安縣人。順治十八年三甲一百二十四名進士。任內閣中書，康熙十七年充江西鄉試副考官，二十二年任揚州府江防同知，官至貴州思州府知府。

侯殿邦　字晉錫。河南儀封縣人。順治十八年三甲一百二十五名進士。康熙八年任直隸正定知縣。致任歸。

林長存　字尚孩。福建羅源縣人。順治十八年三甲一百二十六名進士。康熙九年任廣東靈山知縣，官至廣東廉州府同知。

崔鳴鷟　字文繡，號卉庵。直隸內丘縣人。順治十八年三甲一百二十七名進士。康熙八年任山西河津知縣，丁憂歸。康熙十二年補河南儀封知縣，改偃師知縣，升浙江處州府同知，擢江西廣信府知府，二十八年任湖南衡州知府。

鄭燿然　字柏園。浙江西安縣人。順治十八年三甲一百二十八名進士。任陝西知縣。

王　尹　字業衡。安徽懷寧縣人。順治十八年三甲一百二十九名進士。康熙八年任廣東順德知縣。在任三年，卒於任。

薛佩玉　山西芮城縣人。順治十八年三甲一百三十名進士。任貴州都勻知縣。吳三桂反，駐防兵士謀應吳三桂，勸阻不聽，自縊死。

史毓光　字麗明。山東青城縣人。順治十八年三甲一百三十一名進士。任浙江烏程知縣。

沈兆奎　（原名胤浤）字崍源。浙江桐鄉縣人。順治十八年三甲一百三十二名進士。康熙八年任江西德興知縣。

鄭二成　湖北江夏縣人。順治十七年舉人。十八年三甲一百三十三名進士。任知縣。

王文龍　山東黃縣人。順治八年舉人，十八年三甲一百三十四名進士。任雲南新平縣知縣，改河西知縣，遷馬龍州知州。

莫夢呂　廣東東莞縣人。順治十八年三甲一百三十五名進士。詞壇推爲"老宿"。

殷維藩　字價人。浙江烏程縣人。順治十八年三甲一百三十六名進士。任四川峨嵋知縣。

陳常夏　字長賓，號鐵山。福建南靖縣人。順治十八年會元，三甲一百三十七名進士。授陝西米脂縣知縣。辭不赴。歸後與故人歌詩講學，從游者如雲。著有《江園集》十五卷行世。

丘園卜　（一作邱園卜）字枚先。江蘇睢寧縣人。順治十八年三甲一百三十八名進士。任山西萬泉知縣，康熙二十年任山東費縣知縣，二十六年改貴州畢節知縣，二十七年貴州平遠知州，改工部主事，遷工部郎中，康熙二十九年八月充河南鄉試副考官，十二月督湖廣學政。

李　翔　字天羽，號漢鳳。陝西城固縣人。順治十八年三甲一百三十九名進士。康熙八年任浙江遂昌知縣。

蘇　嵋　字峨月。順天宛平縣人。順治十八年三甲一百四十名進士。康熙十二年任徐州府河務同知。

李　芳　山東濟寧州人。順治十八年三甲一百四十一名進士。任湖北當陽知縣。

張都甫　（榜名都甫，幼喪父，出繼都姓）河南祥符縣人。順治十八年三甲一百四十二名進士。康熙八年任山西陽城知縣，康熙二十二年行取湖廣道御史，補貴州道御史，官至通政司參議。

陳應遴　河南河內縣人。順治十八年三甲一百四十三名進士。

方元啓　字運開，字竹交。浙江開化人。順治十八年三甲一百四十四名進士。任直隸南樂知縣，擢戶部福建司主事，康熙十七年充河南鄉試副考官。

萬　彦　江蘇武進縣人。順治十八年三甲一百四十五名進士。

柴勝任　山西河津縣人。順治

十八年三甲一百四十六名進士。任陝西洛川知縣，康熙十五年改河南涉縣，擢貴州普安知州，卒於任。

康孟侯 福建龍溪縣人。順治十八年三甲一百四十七名進士。任雲南羅平州知州，康熙十二年任河南伊陽知縣。

余配元 江西豐城縣人。順治十八年三甲一百四十八名進士。康熙八年任湖北襄陽知縣。

劉源潔 河南新鄉縣人。順治十八年三甲一百四十九名進士。任浙江富陽知縣。

陳　宏（復姓顧）字子長。順天大興縣人。順治十八年三甲一百五十名進士。任戶部主事，官至員外郎。康熙十八年召試鴻博。

李　鎧 字公凱，號惺庵、艮庵。江蘇山陽縣人。順治十八年三甲一百五十一名進士。任奉天蓋平知縣，改鐵嶺知縣，丁母憂歸。康熙九年補貴州綏陽知縣，十八年召試博學鴻詞二等，授編修。修明史，三十八年授太常寺卿，四十年改通政使，四十三年遷內閣學士，十月病休。歸後卒於家。著有《讀書雜述》《史斷》《艮齋詩文集》《惺庵集》《恪素堂集》等。

劉宗亮 字去靡。直隸滄州人。順治十八年三甲一百五十二名進士。康熙九年任浙江臨海知縣。書法學柳誠，懸筆力遒健，卓然成家。

郝　年 河南河內縣人。順治十八年三甲一百五十三名進士。任知縣。

喬甲觀 字升庵。山西翼城縣人。順治十八年三甲一百五十四名進士。九年任福建漳浦知縣。

張翼飛 福建閩縣人。順治十八年三甲一百五十五名進士。康熙七年任安徽潁上知縣。

周大訓 山東臨清縣人。順治十八年三甲一百五十六名進士。

賀基昌 河南光州人。順治十八年三甲一百五十七名進士。康熙八年任山東昌樂知縣。

侯維翰 山西蒲縣人。順治十八年三甲一百五十八名進士。

劉　滋 字霖蒼。直隸任縣人。順治十八年三甲一百五十九名進士。康熙五年任安徽績溪知縣，二十二年改江蘇吳縣知縣，二十四年升刑部雲南司主事，二十九年充雲南鄉試副考官，遷員外郎，升禮部主客司郎中，三十三年督山西提學道。卒年六十五。著有《四書解疑》。

湛　繾 廣東連平縣人。順治十八年三甲一百六十名進士。康熙十年任湖南辰溪知縣。

王又沔 字少西。江蘇華亭縣人。順治十八年三甲一百六十一名進士。康熙十八年任福建平和知縣，二十一年遷順天府薊州知州，三十四年官至湖北德安府知府。

趙家駿 山西忻州人。順治十八年三甲一百六十二名進士。康熙九年任四川南溪知縣。吳三桂叛清，其前鋒入蜀，自縊官署。

聶士貞　字元次。湖北監利縣人。順治十四年舉人，十八年三甲一百六十三名進士。授安徽定遠知縣，母憂歸。服闋，康熙十二年補浙江鎮海知縣，以卓異召爲內閣中書。不赴。

方　晟　字仲發。浙江開化縣人。順治十八年三甲一百六十四名進士。吏部觀政。

賈蕃男　山東黃縣人。順治十八年三甲一百六十五名進士。任戶部主事。

王九鼎　陝西三原縣人。順治十八年三甲一百六十六名進士。任直隸東光知縣，纍遷吏部員外郎，康熙十七年充河南鄉試主考官，官至吏部郎中。

陳胤甲　福建莆田縣人。順治十八年三甲一百六十七名進士。任浙江青田知縣。

張召南　字仲文。陝西朝邑縣人。順治十八年三甲一百六十八名進士。康熙十年任江西安福知縣。卒於任。

朱約淳　字博成。浙江餘姚縣人。順治十八年三甲一百六十九名進士。任山東泰安縣知縣。

袁承煒　河南睢州人。順治十八年三甲一百七十名進士。康熙十一年任湖南衡陽知縣。

張士任　字尹公。江西金溪縣人。順治十八年三甲一百七十一名進士。任直隸棗強知縣。在任十月，解組歸。

陳輔世　江蘇江都縣人。順治十八年三甲一百七十二名進士。任刑部觀政。

吳　洪　字聲來。浙江安吉州人。順治十八年三甲一百七十三名進士。任河南新安知縣。

宗　琮　字侶璜。陝西涇陽縣人。順治十八年三甲一百七十四名進士。康熙九年任直隸長垣知縣，丁母憂。十六年仍補長垣縣，康熙二十年官至湖南沅州知府。

王豫嘉　字九青，號建侯。陝西扶風縣人。順治十八年三甲一百七十五名進士。選庶吉士，授檢討。康熙三年充會試同考官，官至侍講。性孝，思母告歸。

任先覺　字伊水。山西忻州人。順治十八年三甲一百七十六名進士。康熙九年任直隸吳橋知縣，十三年署景州知州，入中書舍人。

申弘謨　山西長治縣人。順治十八年三甲一百七十七名進士。任江西建昌知縣。

李　錦　字紫庭。河南祥符縣人。順治十八年三甲一百七十八名進士。康熙九年任浙江金華知縣，十四年行取福建道御史。

父李光座，順治六年進士，江西按察使。

王　吉　字枚臣。江西安福縣人。順治十八年三甲一百七十九名進士。康熙九年任福建光澤知縣。以疾辭。

李　桓　四川彭水縣人。順治

十八年三甲一百八十名進士。任江西新昌知縣。著有《懶園集》行世。

韓雯煥　字天章。山東益都縣人。順治十八年三甲一百八十一名進士。康熙九年任浙江雲和知縣。

高鵬起　字摶九。山西曲沃縣人。順治十八年三甲一百八十二名進士。署山西馬邑縣教諭，康熙九年改江西萬載知縣。歸後著有《應世篇》《晴園文集》。

兄高鳳起，順治十二年進士。

陳之佐　直隸故城縣人。順治十八年三甲一百八十三名進士。康熙十一年任江蘇上海知縣。

廖觀　字出潛。廣東龍門縣人。順治十八年三甲一百八十四名進士。未仕。深究心性之學，闡發陳獻章宗旨。事親以孝聞，尤樂行善事。

湯聘　字祖之，號止庵。江蘇江寧縣人，原籍上元。順治十八年三甲一百八十五名進士。康熙八年任直隸平山縣知縣。

鮑一復　字來吉。江西浮梁縣人。順治十八年三甲一百八十六名進士。任石門知縣。

佘象斗　廣東順德縣人。順治十八年三甲一百八十七名進士。

俞廷瑞　字雪岩。浙江奉化縣人。順治十八年三甲一百八十八名進士。任江蘇贛榆知縣，罣誤去職。後任湖北當陽知縣，擬升知府。以疾告歸。

楊佐國　字荊湖。湖北荊門州人。順治十八年三甲一百八十九名進士。授陝西咸寧知縣，遷陝西商州知州，擢刑部員外郎，轉禮部郎中，康熙二十年充廣西鄉試副考官。二十三年調廣東鹽驛道，署南韶道，遷鴻臚寺少卿，官至太僕寺少卿。

王錫九　直隸柏鄉縣人。順治十八年三甲一百九十名進士。任廣西武宣知縣，康熙十六年改江西石城知縣，康熙二十年遷福建漳州海防同知。

臧振榮　字君仁，號岱青。山東諸城縣人。順治十八年三甲一百九十一名進士。康熙十二年任廣西昭平知縣，二十六年官至江西寧州知州。在任七年，丁憂去。

賈爟　順天永清縣人。順治十八年三甲一百九十二名進士。任都察院觀政。

嚴勛　字戾臣。浙江秀水縣人。順治十八年三甲一百九十三名進士。任知縣。

崔夢吉　廣東南海縣人。順治十八年會元，三甲一百九十四名進士。

李鐘盛　河南安陽縣人。順治十八年三甲一百九十五名進士。康熙十二年任山西介休知縣。

井嶽　字伯興，號素庵。順天文安縣人。順治十八年三甲一百九十六名進士。康熙七年任江西長寧知縣。

駱寧楨　字恬庵。浙江義烏縣人。順治十八年三甲一百九十七名進士。户部觀政。

郭景汾　山西聞喜縣人。順治十八年三甲一百九十八名進士。順治初姜瓖反，聞喜縣人章淳作亂殺死景汾祖父及父親，時景汾年僅三歲，被其僕人救得免。景汾成進士後，章淳降清遇赦并授官。景汾圖報仇，時知縣邵伯麟爲解仇令章淳謁拜景汾祖父、父墓，但景汾將章淳殺死革首祭祖而入獄。知縣知景汾孝義，上報章淳謀反被景汾所殺。經上官復查章淳并無謀反，乃景汾仇殺，知縣與景汾皆入獄死罪。後遇赦戍福建，適耿精忠反清并授景汾官職，後逮京處斬。景汾僕人自聞喜入京收斂，時章淳之子告發不應收罪人尸，至刑部僕人言：我救三歲主於萬死中，景汾雖被罪死，仍爲我主，主死僕人不爲之收尸是無義。後康熙帝寬恕之。

陳石麟　字及陵。江西崇仁縣人。順治十八年三甲一百九十九名進士。任直隸河間、獻縣知縣，補陝西西安、澄城知縣，調浙江鄞縣知縣，行取户部山西司主事，遷吏部考工司郎中。

高景之　字德跂，號星岩。山東膠州人。順治十八年三甲二百名進士。任江西崇義知縣，康熙九年改湖北崇陽知縣。以憂去。

李芳辰　河南汲縣人。順治十八年三甲二百零一名進士。任江西奉新知縣。

周世澤　順天大興縣人，原籍浙江山陰。順治十八年三甲二百零二名進士。康熙七年任四川鄰水知縣。

吳胤蕃　福建莆田縣人。順治十八年三甲二百零三名進士。康熙九年任江西新建知縣。

韓烺　山東臨清縣人。順治十八年三甲二百零四名進士。未仕卒。

張應勝　字鴻冥。江西臨川縣人。順治十八年三甲二百零五名進士。康熙九年任廣西北流知縣，康熙十三年孫延齡據廣西叛。應勝出城督戰卒，一家五人皆戰死。。

汪沅　湖北黃岡縣人。順治十一年舉人。十八年三甲二百零六名進士。任河南滎澤知縣。

唐之賓　陝西渭南縣人。順治十八年三甲二百零七名進士。任湖北監利知縣。

余鴻升　廣東順德縣人。順治十八年三甲二百零八名進士。

劉朝宗　山東高密縣人。順治十八年三甲二百零九名進士。任廣東電白縣知縣。

余有斐　字硯蒼。浙江永康縣人。順治十八年三甲二百十名進士。任知縣。

徐士傑　河南河内縣人。順治十八年三甲二百十一名進士。康熙九年任福建浦城知縣。

韓淑文　河南項城縣人。順治十八年三甲二百十二名進士。康熙九年任順天府順義知縣，二十四年改廣東長寧知縣，官至安徽無爲州知州。

鄒衍泗 山東黃縣人。順治十八年三甲二百十三名進士。康熙九年任湖南慈利知縣，十三年改廣東高要知縣。

劉爭光 字子容，號躍南。直隸阜城縣人。順治十八年三甲二百十四名進士。任户部觀政，侍祖母終身不願遠離，未仕，終養歸。

喬振翼 山西蒲縣人。順治十八年三甲二百十五名進士。康熙九年任四川夾江知縣。

莊名弼 江蘇武進縣人。順治十八年三甲二百十六名進士。康熙四年任安徽安慶府教授，官至禮部郎中。

丁騰海 直隸易州人。順治十八年三甲二百十七名進士。任甘肅合水知縣。

溫應奇 陝西南鄭縣人。順治十八年三甲二百十八名進士。康熙二十二年任順天府香河知縣。

鄭愫 號蒼岩。福建龍岩縣人。順治十八年三甲二百十九名進士。康熙十年任浙江奉化知縣。

趙述 陝西富平縣人。順治十八年三甲二百二十名進士。康熙九年任山東蒲台知縣，十二年改浙江麗水知縣。在任九年。

黃日煥 字愧峨。福建永定縣人。順治十八年三甲二百二十一名進士。康熙八年任廣西興業知縣，十九年改江蘇甘泉知縣，二十二年擢邳州知州，以築堤治河功遷淮安省務同知。

孫光旭 字堯瞻。浙江長興縣人。順治十八年三甲二百二十二名進士。任知縣。

馬象麟 字青藜。陝西三水縣人。順治十八年三甲二百二十三名進士。康熙九年任浙江桐廬知縣。十三年調去。

鄭之諶 字野謀，號謀初。湖北咸寧縣人。順治十七年舉人，十八年三甲二百二十四名進士。選庶吉士，授檢討。康熙五年充陝西正考官，升贊善，官至侍講。

父鄭邦相，順治十五年進士。

張鍾英 山西忻州人。順治十八年三甲二百二十五名進士。康熙初年任湖南臨武、武陵知縣。時逆寇猖獗，遂掛冠而歸，優游林下教授生徒。

陳雋蕙 廣東新安縣人。順治十八年三甲二百二十六名進士。康熙九年任河南汲縣知縣。

李接第 河南祥符縣人。順治十八年三甲二百二十七名進士。康熙七年任陝西甘泉知縣。

徐致敬 （一作張致敬，復姓）浙江餘姚縣人。順治十八年三甲二百二十八名進士。

范孚嘉 山西萬泉縣人。順治十八年三甲二百二十九名進士。康熙九年任江蘇海門知縣。

王裕昌 （本姓程，復姓）山西文水縣人，原籍福建福清。順治十八年三甲二百三十名進士。任直隸寧河知縣，康熙十三年改寧津知縣、中書舍人。

王文煌 字自昭。山東高密縣人。順治十八年三甲二百三十一名進士。康熙九年任浙江景寧知縣。以病乞歸。

俎如蕙 字拙公。山東武定州人。順治十八年三甲二百三十二名進士。康熙九年任江西贛縣知縣。以疾歸。著有《清遠齋詩集》。

子俎可嘗，康熙四十五年進士。

張于德 山西大同縣人。順治十八年三甲二百三十三名進士。任山西威遠衛教授，遷國子監助教，官至兵部主事。告歸卒。

王萃 山西曲沃縣人。順治十八年三甲二百三十四名進士。康熙九年任湖南龍陽知縣。

陳孚辰 （一作陳孚宸）陝西涇陽縣人。順治十八年三甲二百三十五名進士。康熙九年任浙江平湖知縣。

畢盛青 山東淄川縣人。順治十八年三甲二百三十六名進士。任內閣中書，康熙二十四年任江西贛州府同知。抵任三月卒，年四十八。

龐守謙 字膚公。河南武安縣人。順治十八年三甲二百三十七名進士。康熙九年任甘肅寧遠知縣，召爲吏部主事。未行，匪亂被執卒。

劉舉士 山東濱州人。順治十八年三甲二百三十八名進士。康熙九年任四川東鄉知縣。

魏宗衡 學平仲，號台佐。江西廣昌縣人。順治十八年三甲二百三十九名進士。康熙九年任安徽臨淮知縣。

屈就起 湖北石首縣人。順治十四年舉人，十八年三甲二百四十名進士。

孫驚濤 （復姓劉）河南祥符縣人。順治十八年三甲二百四十一名進士。康熙十年任福建上杭知縣。

黃金襄 湖北宜都縣人。順治十四年舉人，十八年三甲二百四十二名進士。

楊鳳藻 四川閬中縣人。順治十八年三甲二百四十三名進士。康熙七年任江西信豐知縣。

趙培基 直隸平鄉縣人。順治十八年三甲二百四十四名進士。康熙十六年任廣東陵水知縣。

喬夢蛟 字爲霖。江蘇上海縣人。順治十八年三甲二百四十五名進士。

劉嗣煦 四川閬中縣人。順治十八年三甲二百四十六名進士。康熙七年任湖北襄陽知縣。

趙之珩 河南遂平縣人。順治十八年三甲二百四十七名進士。康熙九年任浙江於潛知縣。

張鴻猷 字匡鼎。順天通州人。順治十八年三甲二百四十八名進士。任內閣中書，康熙十六年充河南鄉試副考官，擢兵部武選司郎中，康熙二十八年督廣西學政。

盧醇 陝西部陽縣人。順治

十八年三甲二百四十九名進士。康熙十一年任湖北宜都知縣。

馮可參　字兼三。福建邵武縣人。順治十八年三甲二百五十名進士。康熙七年任山東郯城知縣。以催科錢糧拖欠去職。居郯五年始歸。卒於家。

謝御詔　河南固始縣人。順治十八年三甲二百五十一名進士。康熙九年任山西介休知縣。

程良器　江西湖口縣人。順治十八年三甲二百五十二名進士。康熙九年任順天府良鄉知縣。

區簡臣　字葡徵。廣東高明縣人。順治十八年三甲二百五十三名進士。康熙七年任湖南江華知縣。辭職歸。

俞　珏　（一作俞珏）字望齋。浙江餘杭縣人。順治十八年三甲二百五十四名進士。任湖南長沙知縣。

劉宗濂　河南永城縣人。順治十八年三甲二百五十五名進士。未仕。

崔天寵　字錫之。直隸南宮縣人。順治十八年三甲二百五十六名進士。康熙五年任浙江平陽知縣。歸。

劉宗沛　號豐門。陝西蒲城縣人。順治十八年三甲二百五十七名進士。康熙三年任湖南安仁知縣，調浙江景寧知縣，遷四川合州知州。

馬　騤　河南儀封縣人。順治十八年三甲二百五十八名進士。康熙九年任浙江象山知縣。十四年耿精忠叛清，副將叛降，逼馬騤取印不從。後大軍到，騤被逮，士民訟冤，始知騤有不屈之節，釋之歸里。

張鳳儀　河南虞城縣人。順治十八年三甲二百五十九名進士。康熙九年任浙江海寧知縣。

李履祥　直隸棗強縣人。順治十八年三甲二百六十名進士。康熙年間任貴州普安知縣，改定番州知州。

李　塏　字士調，號君山。河南湯陰縣人。順治十八年三甲二百六十一名進士。康熙九年授福建龍溪知縣。十三年（1674）三藩之亂遇難卒。入祀福州西湖九忠祠。贈按察司僉事。

張羅俁　字子延。陝西朝邑縣人。順治十八年三甲二百六十二名進士。未仕。

袁　璘　字澄六。江蘇上海縣人。順治十八年三甲二百六十三名進士。任直隸寶坻知縣。

史伯言　山西蔚州人。順治十八年三甲二百六十四名進士。

彭翼宸　字襄五。河南蘭陽縣人。順治十八年三甲二百六十五名進士。康熙九年任福建惠安知縣，丁父憂歸。十五年補安徽虹縣知縣。卒於任。

莊永齡　山東莒州人。順治十八年三甲二百六十六名進士。任兵部觀正。

吳曰爌　字又遠。江西南昌縣人。順治十八年三甲二百六十七名進士。康熙十二年任廣東饒平知縣。以勞致疾卒。

江同海 字觀卿。安徽懷寧縣人。順治十八年三甲二百六十八名進士。授湖北襄陽知縣。以病不能赴任。

弟江同淇，康熙九年進士。

陳于達 湖南臨湘縣人。順治十八年三甲二百六十九名進士。康熙九年任福建建寧知縣，以憂去。改直隸任丘知縣，十七年任山東泰安州知州。

謝遴 字秉衡，號泗湄。山東魚臺縣人。順治十八年三甲二百七十名進士。康熙七年任河南上蔡知縣，在任八載。十四年召入京，十六年（1677）以疾卒於任。

許三禮 字典三，號酉山。河南安陽縣人。明天啟五年（1625）正月二十五日生。順治十八年三甲二百七十一名進士。任浙江海寧知縣，八年行取福建道御史，遷太常寺少卿、大理寺少卿。康熙二十七年授順天府尹，二十八年遷左副都御史，二十九年改兵部督捕侍郎。康熙三十年（1691）正月初九日卒於京，年六十七。著有《讀禮偶見》。

張斗 字箕仲。江蘇江都縣人。順治十八年三甲二百七十二名進士。康熙九年任廣東英德知縣。

任璣 字公義。陝西涇陽縣人。順治十八年三甲二百七十三名進士。康熙十一年任山東滕縣知縣，纍遷直隸守道，二十二年任直隸長蘆鹽運使。以疾歸。卒於家。

李文緗 字昭素。浙江鄞縣人。順治十八年三甲二百七十四名進士。通政史司觀政。

宋叡 湖北廣濟縣人。順治八年舉人，十八年三甲二百七十五名進士。任湖南桃源縣教諭，官至大理寺評事。

衛秦龍 （一作衛秦翰）陝西韓城縣人。順治十八年三甲二百七十六名進士。康熙九年授直隸靈壽知縣，升內閣中書，擢禮部主事，升郎中，康熙三十一年官至四川龍安知府。在任九載，以年老致仕歸。

李自郁 字文叔。湖北松滋縣人。順治十四年舉人，十八年三甲二百七十七名進士。任吏部主事。早卒。

鄧性 字天渭、仲彝，號陟庵。江西南昌縣人。順治十八年三甲二百七十八名進士。授山東臨淄縣知縣，康熙十五年任安徽宣城知縣，丁憂去。改大埔知縣，官至郎中。

趙鳴玉 廣東順德縣人。順治十八年三甲二百七十九名進士。康熙十一年任湖北南漳知縣。

楊純臣 陝西漳縣人。順治十八年三甲二百八十名進士。康熙五年任山東青城知縣。

張琎 山東濟寧州人。順治十八年三甲二百八十一名進士。康熙九年任湖北通山知縣。

吳材 福建龍岩縣人。順治

十八年三甲二百八十二名進士。康熙七年任順天府大城知縣。

葛鼎元 山東濮州人。順治十八年三甲二百八十三名進士。康熙九年任江蘇桃源知縣。因河決口，夫役苦困各項科派無已，鼎元爲民請命不獲，抑鬱而卒。

蒲玠 字佩玠。陝西秦州人。順治十八年三甲二百八十四名進士。康熙十年任廣西藤縣知縣。見吳三桂即叛清，遂引退。

徐之璧 字天樞。山東益都縣人。順治十八年三甲二百八十五名進士。纍遷工部郎中，康熙二十四年督廣東提學道。

裴憲度 字二華。陝西高陵縣人。順治十八年三甲二百八十六名進士。康熙九年任河南鄢陵知縣，纍遷工部郎中，康熙二十三年督廣東提學道。

索著 河南武安縣人。順治十八年三甲二百八十七名進士。湖北監利知縣。

李士璞 廣東揭陽縣人。順治十八年三甲二百八十八名進士。任內閣中書。

張軒儒 山西太原縣人。順治十八年三甲二百八十九名進士。直隸井陘知縣，康熙七年改四川井研知縣。在任十年。

趙廷錫 （一作趙錫胤）陝西膚施縣人。順治十八年三甲二百九十名進士。康熙十年任浙江天臺知縣，丁憂去。康熙十八年召試鴻博。三

十五年任順天良鄉縣知縣，遷中書科中書，升戶部湖廣司主事。

宋必達 字其在。湖北黃岡縣人。順治十一年舉人，十八年三甲二百九十一名進士。康熙八年任江西寧都知縣。耿精忠攻寧都，率兵固守。後因銷鹽不及額罷歸，途中被賊人所俘，後被寧都百姓救，送至南昌，歸後不復出。

子宋敏求，康熙十八年進士。

韓蓋光 字篤臣。直隸高陽縣人。順治十八年三甲二百九十二名進士。康熙九年任河南中牟知縣，二十三年改四川榮縣知縣，官至刑部主事。病卒。

韓敬所 字公蕭、敬齋。山東鄒平縣人。順治十八年三甲二百九十三名進士。康熙九年四月任江蘇吳縣知縣。未久而歸。

閻必卓 字仲立。山西長治縣人。順治十八年三甲二百九十四名進士。任山東泰安縣縣丞，康熙九年改山東平陰縣知縣。卒於官。著有《秋谷詩文集》。

顧瀛秀 字玉書。江蘇昆山縣人。順治十八年三甲二百九十五名進士。

徐誥武 字孟樞，號簡庵。江蘇金壇縣人。順治十八年三甲二百九十六名進士。選庶吉士，散館康熙四年改河南道御史，十六年任山西巡鹽御史，升光祿寺少卿、大理寺少卿、左僉都御史。康熙二十六年授順天府尹，遷左副都御史，二

十七年改户部右侍郎。康熙三十一年（1692）八月卒。

潘志標　山東濰縣人。順治十八年三甲二百九十七名進士。任山東高唐州學正、江南興化縣知縣。

李時震　字雷中，號恂庵。江蘇山陽人。順治十八年三甲二百九十八名進士。康熙十二年始補內閣中書。二年後乞終養歸。二十五年入都補官不得，南還。作《青駝寺》詩，遂不再起。

黎翼之　廣東新會人。順治十八年三甲二百九十九名進士。不仕。

傅　鍠　字駿公。湖北孝感縣人。順治三年舉人，十八年三甲三百名進士。康熙七年任廣東海陽知縣。

朱　彝（原名莊洪彝）字聲始。浙江桐鄉縣人。順治十八年三甲三百零一名進士。任安徽靈璧知縣，康熙九年改山西廣靈知縣。左遷去。著有《白衣山人集》。

劉允生　山西曲沃縣人。順治十八年三甲三百零二名進士。任湖北鄖西知縣。

宋文鏡　直隸南宮縣人。順治十八年三甲三百零三名進士。任河南淅川知縣。

康熙三年（1664）甲辰科

第一甲三名

嚴我斯 字啓斯（一作就思），號存庵。浙江歸安縣人。明崇禎二年（1629）生。康熙三年一甲第一名狀元。授修撰。康熙八年任山東鄉試主考官，纍遷侍讀學士、少詹事，康熙二十三年授禮部右侍郎，改左侍郎。二十六年乞假歸。工詩文。康熙三十七年（1698）六月卒。年七十。著有《尺五堂詩删初刻》《中朝詩人征略》《國朝詩別裁集》等百餘卷。

子嚴民法，雍正元年進士；孫嚴源燾，雍正二年進士。祖孫三代進士。

李元振 字貞孟，號愓園。河南柘城縣人。明崇禎十年（1637）生。康熙三年一甲第二名榜眼。授翰林院編修。歷右贊善、國子監祭酒、右通政副使，康熙二十九年授太僕寺卿，三十年遷左副都御史，三十一年改工部侍郎，三十六年省假。四十一年復任工部侍郎。四十六年致仕歸籍。康熙五十八年（1719）九月十九日卒。年八十三。著有《愓園文集》。

周 宏（原名秦弘）字子重，號緘齋。江蘇無錫縣人。康熙三年一甲第三名探花。授編修。八年充山西主考官，官至侍講學士。康熙四十四年（1705）六月二十七日卒。年六十九。

第二甲四十名

沈 珩 字昭子，號耿岩、稼村。浙江海寧縣人。明萬曆四十七年（1619）二月十三日生。康熙三年會元，二甲第一名進士。候選中書，十八年召試鴻博，授編修。二十一年以疾乞歸。康熙三十四年（1695）七月二十一日卒。年七十七。著有《耿岩文鈔》《詩集》等。

李芳廣 河南柘城縣人。康熙三年二甲第二名進士。任山東壽光知縣，遷內閣中書。康熙己未召試鴻博。

李鴻霆　字厚餘，號季霖。山東新城縣人。康熙三年二甲第三名進士。任内閣中書，康熙十七年充浙江鄉試副考官，官至雲南元江直隸州知府。以疾卒於官。年五十八。

田　雯　字綸霞、紫綸，號漪亭、晚號蒙齋。山東德州人。明崇禎八年（1635）五月二十三日生。康熙三年二甲第四名進士。任内閣中書、户部主事、員外郎、工部郎中，十九年督江南提學道。二十二年任湖北督糧道，遷鴻臚寺卿。康熙二十六年四月授江蘇巡撫，二十七年三月改貴州巡撫。三十年八月丁憂。三十二年十二月授刑部侍郎，三十八年改户部侍郎。四十一年正月以病免職。康熙四十三年（1704）二月二十三日卒。年七十。著有《山姜詩選》《古歡堂集》《黔書》《長河志藉考》《苗俗記》等。

龐見龍　山東聊城縣人。康熙三年二甲第五名進士。

金作鼎　字抑之，號立山。安徽全椒縣人。康熙三年會元，二甲第六名進士。五年赴九江，爲暑雨侵病卒。

父金光房，順治十六年進士。

陸　舜　字元升，號吳州。江蘇泰州人。康熙三年二甲第七名進士。任刑部主事、刑部郎中，康熙十二年督浙江提學道。以疾乞休。康熙十八年薦舉博學鴻詞未赴。著有《雙虹堂集》。

夏以鋒　字柳公。江西新建縣人。康熙三年二甲第八名進士。任主事、中書舍人。以詩、古文、詞知名。精醫術，曾奉詔診視後宫。丁憂歸里。

李本泓　山西臨汾縣人。康熙三年二甲第九名進士。任内閣中書。

李伯臣　字柱星。山東曹縣人。康熙三年二甲第十名進士。任推官。乞歸事繼母。年三十二，卒於里。

梁聯馨　甘肅平涼縣人。康熙三年二甲十一名進士。官至員外郎。

王履同　字苐來。安徽無爲縣人。康熙三年二甲十二名進士。授推官。未仕卒。著有《秋潭集》。

嚴曾榘　字方貽、矱庵，號柱峰。浙江餘杭縣人。明崇禎十二年（1639）生。康熙三年二甲十三名進士。選庶吉士，遷廣西道御史，二十五年改山東巡鹽御史，遷至左通政副使，三十年授太僕寺卿，三十一年改通政使，遷左副都御史，三十六年官至兵部右侍郎。康熙三十九年（1700）七月，年六十二卒。著有《德聚堂詩文集》。

父嚴沆，順治十二年進士，官倉場侍郎。

劉梁嵩　字玉少。江蘇江都縣人。康熙三年二甲十四名進士。授江西崇義知縣。以勞瘁卒於任。

高宗礦　四川梁山縣人。康熙三年二甲十五名進士。任陝西盩屋知縣。

熊飛渭　字漁濱。江西南昌縣人。康熙三年二甲十六名進士。任廣西融縣知縣。值吳三桂叛清，融城被圍不支，弃城奔山中。事平後以城陷罷官。後主桂林書院，丁憂歸。主講白鹿書院，年七十卒。

翁與之 字曰可。江蘇常熟縣人。康熙三年二甲十七名進士。任廣東澄海縣知縣。

費之圻 浙江歸安縣人。康熙三年二甲十八名進士。

吳元龍 字長江，號卧山。江蘇婁縣人。康熙三年二甲十九名進士。選庶吉士，任工部主事、員外郎，十一年充貴州主考官，進工部郎中。十八年舉鴻博二等，授侍講。著有《問月堂集》《樂閑館文集》《史論》《補水經注》等。

段維袞 河南濟源縣人。康熙三年二甲二十名進士。十一年任四川南充知縣。

白彥良 字祇常、淳庵。江蘇武進縣人。康熙三年二甲二十一名進士。十三年任浙江雲和知縣，丁憂歸。補河南儀封知縣，十七年任福建仙游知縣，十九年補湖北雲夢知縣，在任七年遷陝西乾州知州，未任，卒於雲夢。

宗書 字義六。江蘇興化縣人。康熙三年二甲二十二名進士。授四川巫山知縣，值吳三桂叛未抵任逃。十六年入都，丁母憂，補平涼知縣，十九年任甘肅鎮遠知縣。著有《蜀道吟》《覆瓿集》。

王仁 陝西蒲城縣人。康熙三年二甲二十三名進士。十二年任山東泗水知縣。

王連瑛 字戒頑，號廉夫。河南永城縣人。康熙三年二甲二十四名進士。康熙十四年任直隸徐水（原稱安肅）知縣，官至禮科掌印給事中。著有《遺安堂集》。善書法及畫。

丁啓相 河南永城縣人。康熙三年二甲二十五名進士。任陝西沔縣知縣。

吳復一 浙江山陰縣人。康熙三年二甲二十六名進士。

譚忠義 湖北黃陂縣人。順治十四年舉人，康熙三年二甲二十七名進士。任推官，十二年改江西萬安知縣。

方殿元 字蒙章，號九穀。廣東番禺縣人。康熙三年二甲二十八名進士。丁憂歸。二十二年授山東郯城知縣，改江蘇江寧知縣。以老致仕。後携子方還、次子方朝僑居蘇州。父子三人與陳恭尹、梁佩蘭、程可則、王邦畿，稱爲"嶺南七子"。著有《九穀集》等。

陳之儀 浙江秀水縣人。康熙三年二甲二十九名進士。任陝西知縣，官至吏部員外郎。

朱雯 字喬山，號復思。浙江石門縣人。康熙三年二甲三十名進士。任內閣中書，改湖北孝感知縣，遷江蘇江寧府同知，署江蘇句容、溧水、溧陽知縣，遷江蘇松江知府。二十六年督山西學政，二十九年十二月改山東學政，三十八年官至山東濟東道。

兄朱霞，順治十二年進士。

王之旦 字元夫。山西曲沃縣人。康熙三年二甲三十一名進士。任江蘇贛榆知縣。卒於任。

程良惺 字常存。湖北孝感縣人。康熙三年二甲三十二名進士。任廣西武緣知縣。

李迥 字奉倩。山東壽光縣人。康熙三年二甲三十三名進士。任內閣中書，改禮部主事，遷刑科給事中，纍遷至左僉都御史。二十七年授順天府尹，改通政使，二十八年遷左副都御史，三十年改刑部右侍郎。三十二年葬假歸。康熙三十四年（1695）卒，年七十六。

汪肇衍 （原名汪肇璉）字念宏、念弘，號子四。浙江錢塘縣人。康熙三年二甲三十四名進士。選庶吉士，改刑部主事，以纂修《實錄》特授編修。十一年任陝西鄉試主考官。

吳自肅 字我堂，號在公、克庵。山東海豐縣人。康熙三年二甲三十五名進士。十二年任江西萬載知縣，擢內閣中書、戶部主事、員外郎、刑部郎中，二十六年督雲南提學道。後任雲南按察使僉事，三十六年官至山西河東道。以老告歸。卒年八十四。著有《萬行草》《我堂存稿》等。

王士驪 字隴西，號杜珍。山東新城縣人。康熙三年二甲三十六名進士。授內閣中書。母老乞休。十九年（1680）卒。著有《聽雪堂詩集》。

張士壎 字心友。浙江鄞縣人。康熙三年二甲三十七名進士。任推官，改行人司行人。年僅三十七卒於京。

諸定遠 字西侯，號白洲。江蘇昆山縣人。康熙三年二甲三十八名進士。選庶吉士，任刑部主事、刑部員外郎，十二年充會試同考官。二十三年纍遷至浙江溫處道，康熙三十六年官至四川川東道。

李世熹 山西臨晉縣人。康熙三年二甲三十九名進士。十二年任河南泌陽知縣，十九年改浙江安吉知縣，著有《鄰園集》。

孫元亨 字貞子。山東萊陽縣人。康熙三年二甲四十名進士。十三年任直隸肅寧知縣。罷歸疾卒。

第三甲一百五十七名

李胤楓 （一作李楓）陝西韓城縣人。康熙三年三甲第一名進士。任雲南河陽知縣，十三年改河南淇縣知縣，十九年改江西會昌知縣。因為民申請減免欠賦稅去官。

楊鍾岳 字大山。廣東揭陽縣人。康熙三年三甲第二名進士。選庶吉士，改戶部主事，九年充會試同考官。遷戶部郎中，改按察使司僉事。十八年督福建提學道，四十二年遷湖北荊宜施道。歸後卒於家。

周振瑗 浙江嘉善縣人。康熙三年三甲第三名進士。十八年任山西安邑知縣。

柯願　字又鄒。福建龍溪縣人。康熙三年三甲第四名進士。十三年任直隸藁城知縣，二十六年改順天東安知縣，二十七年改順天府永清知縣，被議歸。起補湖南東安知縣，任禮部主事，以主事督理蕪湖鈔關。著有《蟂磯山志》。

屠溶　湖北孝感縣人。順治十一年舉人，康熙三年三甲第五名進士。任福建古田知縣。

徐懋昭　字晉公。浙江鄞縣人。康熙三年三甲第六名進士。康熙十年任江蘇豐縣知縣，十二年改江蘇沛縣知縣，十八年召試鴻博，官至河南開封府同知。

尹巽　字庚三。浙江嵊縣人。康熙三年三甲第七名進士。分吏部主事。

黃彥博　字公路，號泰征。浙江仁和縣人。文華殿大學士黃機子。康熙三年三甲第八名進士。選庶吉士，未散館卒。

父黃機，順治四年進士，官文華殿大學士。

秦敬傳　字公麟。順天大興縣人。康熙三年三甲第九名進士。任內閣中書，官至內閣侍讀。

茹鉉　浙江山陰縣人。康熙三年三甲第十名進士。任知縣。

劉瑋　山東沂水縣人。康熙三年三甲十一名進士。未仕而卒。著有《龍麓詩稿》。

王俞昌　山東高密縣人。康熙三年三甲十二名進士。九年任四川墊江知縣。

吳三錫　浙江嘉興縣人。康熙三年三甲十三名進士。任直隸棗強知縣。

程萬鍾　字帝錫。浙江常山縣人。康熙三年三甲十四名進士。康熙十二年任山西介休知縣。

吳黃龍　字大螴。福建南安縣人。康熙三年三甲十五名進士。十三年任江西南康知縣，擢知府。歸後年八十二卒。

蔣弘緒　（一作蔣宏緒）字懶庵。山西臨汾縣人。康熙三年三甲十六名進士。任禮部郎中，康熙二十九年督廣東提學道。

鄒嶧　字桐崖。江蘇山陽縣人。康熙三年三甲十七名進士。以內閣中書隨安親王南征耿精忠，授江西建昌府知府，康熙二十一年督雲南提學道，二十五年遷山西冀寧道。卒於任。

馬文璧　江蘇山陽縣人。康熙三年三甲十八名進士。任內閣中書。

胡士著　（一作胡上著）字絅文，號璞岩。江蘇江寧縣人。康熙三年三甲十九名進士。選庶吉士，授檢討。十二年充會試同考官，官至左庶子。

李振宗　字欲仙。浙江嘉善縣人。康熙三年三甲二十名進士。授陝西禮縣知縣，十八年補湖北蘄水知縣，升郎中，轉甘肅平涼府同知。卒於任。

鄭　宣　字巨展。浙江海鹽縣人。康熙三年三甲二十一名進士。授內閣中書，十七年任江蘇淮安海河務同知。著有《滄江集》。

邵宗周　順天大興縣人。康熙三年三甲二十二名進士。任知縣。

何際美　河南扶溝縣人。康熙三年三甲二十三名進士。任福建德化知縣。

曹有光　字子夜、西畸、暉吉。安徽績溪縣人。康熙三年三甲二十四名進士。十二年任山西壺關知縣。內擢，未赴卒於任。曾居杭州西湖。書畫皆有名，其作品入《名人書畫扇集》，嘗在五柳閣作畫。

單務孜　字予思。山東高密縣人。康熙三年三甲二十五名進士。授內閣中書，遷督捕員外郎，升禮部郎中。二十五年官至江蘇淮安知府。父喪歸里，杜門教子。

范　煒　浙江鄞縣人。康熙三年三甲二十六名進士。康熙十二年任直隸南和知縣，二十年改湖北通城知縣。

吳樹聲　字周旃。江蘇江寧縣人。康熙三年三甲二十七名進士。任陝西略陽知縣。以勞瘁成疾卒於任。

閻必崇　字隆委。山西長治縣人。康熙三年三甲二十八名進士。十二年任江蘇華亭知縣。

孫閻宗衍，康熙四十八年進士。

郭爲瑛　福建福安縣人。康熙三年三甲二十九名進士。康熙十二年任直隸鹽山知縣。

王元鑛　字玉咸。直隸成安縣人。康熙三年三甲三十名進士。任內閣中書。

高　宮　福建閩縣人。康熙三年三甲三十一名進士。十二年任河南修武知縣，改湖南武陵知縣。卒於任。

秦鉅倫　江蘇無錫縣人。康熙三年三甲三十二名進士。任陝西宜君知縣、江蘇揚州府教授。

楊　燝　字葵齋。浙江平湖縣人。康熙三年三甲三十三名進士。任直隸清豐知縣，康熙二十四年行取山西道御史。以母老乞歸。

王　鉉　字詹石。江蘇江寧縣人。康熙三年三甲三十四名進士。十四年任山西徐溝知縣，擢內閣中書。解組歸。

劉弘襄　山西曲沃縣人。康熙三年三甲三十五名進士。十二年任湖南平江知縣。

熊一瀟　字漢若，號蔚懷。江西南昌縣人。明崇禎十一年（1638）生。康熙三年三甲三十六名進士。選庶吉士，任浙江道御史，九年任山西道御史，遷太僕寺少卿，十七年充江南鄉試主考官。改通政使，康熙二十年授順天府尹，遷刑部侍郎，改督捕侍郎、吏部侍郎，二十六年十月遷工部尚書。二十七年二月革。三十四年授太常寺卿改大理寺卿，遷左副都御史，改工部侍郎，三十七年復授工部尚書。三十八年以病免職。康熙四十五年（1706）十一月十五日卒，年六十九。著有《浦文堂詩文集》。

魏　煥　福建福清縣人。康熙三年三甲三十七名進士。

岑　鶴　字羽長，號懺庵。安徽建平縣人。康熙三年三甲三十八名進士。十二年任河南西華知縣，丁憂歸。補河南河陰縣，擢雲南鎮南州知州，遷禮部郎中。以病歸。

鍾聲之　順天通州人，原籍浙江上虞。康熙三年三甲三十九名進士。任知縣。

邵遠平　（原名吳遠）字呂璜，號戒三，又作戒山、戒庵。浙江仁和縣人。康熙三年三甲四十名進士。選庶吉士，任户部主事，十一年充順天鄉試同考官。升郎中，十四年督江西提學道，遷光禄少卿。十八年詔試鴻博二等，授侍讀，遷庶子、侍讀學士，官至少詹事。致仕歸。著有《史學辨誤》《戒三文存》《戒庵詩集》《元史類編》《河工見聞録》等書。

陳之樫　浙江仁和縣人。康熙三年三甲四十一名進士。十二年任河南固始知縣，十九年官至河南陝州知州。

胡開生　字寅瞻、天中。安徽涇縣人。康熙三年三甲四十二名進士。

王子京　字天都。陝西長安縣人。康熙三年三甲四十三名進士。康熙十一年任江蘇丹徒知縣。

張　翕　山東茌平縣人。康熙三年三甲四十四名進士。

吳克生　字文卿。江西高安縣人。康熙三年三甲四十五名進士。扶病南歸，卒於舟。

李孔嘉　字仲叔、董園，號容庵。直隸景州人。康熙三年三甲四十六名進士。任內閣中書，改户部主事，二十三年充山東鄉試副考官，升江西司員外郎，遷禮部精繕司郎中，官至雲南永昌知府。以疾歸。卒年六十四。

程文彝　字銘仲，號拌園。江蘇婁縣人。康熙三年三甲四十七名進士。選庶吉士，改刑部主事，十五年考選福建道御史。遷大理寺少卿，左僉都御史，四十三年遷工部右侍郎。康熙四十四年（1705）六月卒。

孫若群　山東淄川人。康熙三年三甲四十八名進士。十二年任山西交城知縣，多異政。遷雲南晉寧州知州。卒於官。

勞之辨　字書升，號介庵、介岩。浙江石門縣人。明崇禎十二年（1639）三月二十五日生。康熙三年三甲四十九名進士。選庶吉士，授户部主事，遷刑部郎中，十五年督山東提學道，十九年調貴州糧驛道，兵部督理事官。三十九年遷太僕寺卿，四十二年改太常寺卿，四十三年改大理寺卿，四十四年降調。四十七年授左副都御史，十二月奏請復立允礽爲皇太子，康熙帝不懌，罷官。鞭笞四十逐回原籍。五十二年赴京祝壽復原秩。康熙五十三年（1714）九月十三日卒，年七十六。著有《静觀堂詩集》三十卷。

李有倫 順天豐潤縣人。康熙三年三甲五十名進士。任中書科典籍。

師若琪 字左珣，號補齋。直隸安肅縣人。康熙三年三甲五十一名進士。任内閣中書，改禮部儀制司主事，二十六年任北關監督，二十九年官至湖北襄陽府知府。

王懿 直隸趙州人。康熙三年三甲五十二名進士。任湖南新田知縣。

馮賁徵 直隸河間縣人。康熙三年三甲五十三名進士。十五年任山東沂水知縣。

林象祖 字愧蓼、羽堯。福建晋江縣人。康熙三年三甲五十四名進士。十二年任江蘇常熟知縣，在任七年特擢給事中。

胡鑛 直隸易州人，原籍浙江山陰。康熙三年三甲五十五名進士。任陝西府谷知縣。

劉謙吉 字六皆，號紉庵。江蘇山陽縣人。康熙三年三甲五十六名進士。任内閣中書，補刑部主事，二十七年纍遷貴州思南知府，三十二年督山東提學道。任滿以老乞歸。卒年八十七。

劉子直 直隸吳橋縣人。康熙三年三甲五十七名進士。任中書舍人。

袁繼梓 字勝之。江西宜春縣人。康熙三年三甲五十八名進士。謁選卒於京師。

衛建藩 字翰周。山西河津縣人。康熙三年三甲五十九名進士。十五年任順天府文安知縣。坐失察逃人，罷歸。

劉深 字源長，號惄蓼。山東淄川縣人。康熙三年三甲六十名進士。十四年授順天香河知縣，在任三年，擢行人，二十九年充廣東鄉試副考官。三十一年考選湖廣道御史，三十三年任福建布政使司參議，三十四年官至福建糧道。告老辭職。年七十八卒於里。

姚原馮 浙江嘉興縣人。康熙三年三甲六十一名進士。十二年任直隸任丘知縣。

王大年 號天木。山東章丘縣人。康熙三年三甲六十二名進士。十六年授江蘇昆山知縣。

父王謙，順治十五年進士。

李應甲 字鳳山。廣東潮陽縣人。康熙三年三甲六十三名進士。十二年任山東利津知縣，擢内閣中書。

錢瑢 （本姓沈）字大珩。浙江仁和縣人。康熙三年三甲六十四名進士。初署寧波府教授，丁憂服闋，十七年補金華府教授，後升雲南呈貢知縣。

張象翀 字六飛。四川安岳縣人。康熙三年三甲六十五名進士。任直隸饒陽知縣，二十三年改江蘇高淳知縣，二十五年任山東膠州知州，升兵部職方司主事。致仕歸。

陳諭 字謝浮，號丙齋。浙

江海寧縣人。吏部尚書陳之遴從子。康熙三年三甲六十六名進士。選庶吉士，授檢討。六年充會試同考官，升侍讀學士，三十八年充河南鄉試主考官。遷少詹事，康熙四十二年授左副都御史，旋改刑部右侍郎。四十三年降調。

吳　嵩　字仲山。四川內江縣人。康熙三年三甲六十七名進士。康熙十九年任湖南瀘溪知縣。

洪承龍　福建晉江縣人。康熙三年三甲六十八名進士。任江蘇江浦知縣，二十二年遷湖南桂陽直隸州知州，擢戶部員外郎，遷工部郎中，三十一年出爲甘肅肅州道參議。年已七十請疾歸。後以河工召，卒於直隸樂城。

李　基　字子厚。江西豐城縣人。康熙三年三甲六十九名進士。授思州府推官，母老辭。十七年任河南嵩縣知縣。以疾告歸。

任紹爌　字仲暄，號思庵。山西河津縣人。康熙三年三甲七十名進士。任湖南長沙知縣，吳三桂攻陷醴陵，署長沙知府，收復醴陵授長沙知府。後被議。三十二年降四川綿竹知縣，以疾卒。

張時英　字莘公。安徽宣城縣人。康熙三年三甲七十一名進士。十六年任廣東興寧知縣。

王　筠　浙江海寧縣人。康熙三年三甲七十二名進士。任西河知縣。

高昌明　湖北黃陂縣人。康熙二年舉人，三年三甲七十三名進士。七年任廣東海康知縣。

孫　郁　號雪崖。直隸元城縣人。康熙三年三甲七十四名進士。任浙江桐鄉知縣。著有《孫雪崖詩》及《繡幃燈》《雙魚佩》《天寶曲史》三種傳奇。

黎　曜　字馭遠。江蘇興化縣人。康熙三年三甲七十五名進士。未仕卒。

鄭應侯　福建福清縣人。康熙三年三甲七十六名進士。十三年任湖南湘潭知縣。

喬士增　字益其。山西猗氏縣人。康熙三年三甲七十七名進士。十二年任湖南安仁知縣，改直隸交河知縣，仵上降級歸。家居十年卒。

王錫韓　字季侯，號雲岩。山西太平縣人。康熙三年三甲七十八名進士。十三年任順天府固安知縣。卒於任。著有《菊園剩草》《松石齋集》。

于　濿　山東寧海州人。字秋一，號阜台。康熙三年三甲七十九名進士。授四川納溪知縣。赴任抵四川保寧，值吳三桂叛清，被執不屈，後逃。六年後亂平，稱疾歸。著有《溯回吟》。

張國城　字宗子，號懷五。安徽舒城縣人。康熙三年三甲八十名進士。任廣東高明縣知縣。引疾歸。

霍　勛　字立卣。直隸清苑縣人。康熙三年三甲八十一名進士。十四年授江蘇吳江知縣。丁憂歸。

十八年（1679）卒於邑。

卜　鏡　字水心，號蓬友。山東東平州人。康熙三年三甲八十二名進士。任知縣。乞請終養歸。

曹貞吉　字迪清，號升六、實庵。山東安丘縣人。明崇禎七年（1634）正月二十二日生。康熙三年三甲八十三名進士。任禮部主事，户部員外郎，官至禮部郎中，三十五年充廣西鄉試副考官。（原授湖廣提學道，以病罷職。）性情耿介孤特，仕途受挫。康熙三十七年（1698）十一月初四日卒。年六十五。酷愛詩詞，與嘉善詩人曹爾堪并稱爲"南北二曹"。作品繁富，但散佚較多。著有《朝天集》《鴻爪集》《黃山紀游詩》《咏物十詞》等。其孫收集所遺編刻爲《實庵詩略》《珂雪集》。

車萬育　字興三，一作與三，號鶴田、雲崖。湖南邵陽縣人。康熙三年三甲八十四名進士。選庶吉士，授户科給事中，康熙十五年充會試同考官，丁憂服闋，官至兵科掌印給事中。以敢言著稱，因事罷官居南京。康熙四十四年（1705）卒。著有《集杜詩》《集李詩》《歷代君臣交儆録》等。

曹　禾　字頌嘉，號峨嵋，一號未庵。江蘇江陰縣人。康熙三年三甲八十五名進士。任內閣中書。以養母告歸。康熙十八年召試博學鴻詞二等授編修，二十年充山東鄉試正考官，官至國子監祭酒。因事去官。在京師與田雯、宋犖、汪懋麟、顏光敏、王又旦、謝重輝、曹貞吉、丁澎、葉封等稱"詩中十子"。著有《未庵初集》一百卷、《二集》一百四十卷、《峨嵋集》等。

王鼎基　字羹露。直隸河間縣人。康熙三年三甲八十六名進士。任山西沁源知縣。

楊允禎　湖北黃岡縣人。康熙三年三甲八十七名進士。任四川遂寧知縣。

曹連擢　陝西三原縣人。康熙三年三甲八十八名進士。十二年任山東商河知縣。

諶紹洪　字範九。江西南昌縣人。康熙三年三甲八十九名進士。十三年任浙江遂昌知縣。

吕　振　字仞千。河南永城縣人。康熙三年三甲九十名進士。任安徽巢縣知縣，二十一年改山東朝城知縣，纍遷户科給事中。三十五年充江南鄉試副考官。

陳　淳　字義人。直隸冀州人。康熙三年三甲九十一名進士。任山東高密知縣，遷雲南禄勸州知州，擢户部員外郎。以憂歸。卒於家。

陳　恪　字蕭揆。山東臨朐縣人。康熙三年三甲九十二名進士。任兵部主事。因疾卒，未竟其用。

謝檉齡　山西運司人。康熙三年三甲九十三名進士。授直隸雄縣知縣，補內閣中書，丁父憂。補思南府同知。

鄭　俊　山西高平縣人。康熙三年三甲九十四名進士。二十五年授廣東海康知縣，擢吏部主事、員外郎，考工司郎中。乞養歸。以孝聞。

范　固　順天大興縣人。康熙三年三甲九十五名進士。任直隸定州學正。

康姬秀　陝西合陽縣人。康熙三年三甲九十六名進士。

董允忭　浙江鄞縣人。康熙三年三甲九十七名進士。

李　棠　字召林。廣西臨桂縣人。康熙三年三甲九十八名進士。選庶吉士，六年考選福建道御史，七年改山東巡鹽御史，十二年降廣東信宜知縣，十四年遷廣東雷州知府，官至四譯官少卿。

陳儁卿　浙江上虞縣人。康熙三年三甲九十九名進士。任甘肅華亭知縣。

陳所知　字宣夏。浙江象山縣人。康熙三年三甲一百名進士。未任卒。

楊周憲　（榜名周憲文）字覺山。順天大興縣人。康熙三年三甲一百零一名進士。任廣西興安知縣，改江西新建知縣，擢吏科給事中，二十三年充江南鄉試副考官，官至掌印給事中。以病乞休僑居揚州。

王　梅　順天大興縣人。康熙三年三甲一百零二名進士。十四年任江西泰和知縣。

姜　燦　（本姓王）字子美。浙江會稽縣人。康熙三年三甲一百零三名進士。十三年任陝西甘泉知縣，

官至延安府靖邊同知。歸後兩年卒。

周道昌　河南考城縣人。康熙三年三甲一百零四名進士。未仕卒。

王者都　陝西韓城縣人。康熙三年三甲一百零五名進士。任山東單縣知縣。

陸鍾呂　河南商丘縣人。康熙三年三甲一百零六名進士。官至廣西平樂知府。

王時泰　河南新鄉縣人。康熙三年三甲一百零七名進士。康熙十八年任福建寧祥知縣，二十七年任湖南麻陽知縣，升中書舍人。

朱大章　河南溫縣人。康熙三年三甲一百零八名進士。十三年任浙江東陽知縣。

謝上舉　字季直。江西永寧縣人。康熙三年三甲一百零九名進士。授山東萊蕪知縣，未赴歸講學、著述。再授陝西安定知縣。未任卒。

劉　恂　字讓子。湖南辰溪縣人。康熙三年三甲一百十名進士。歸班候選知縣。

傅廷錫　山東高密縣人。康熙三年三甲一百十一名進士。任陝西洋縣知縣。

孫閎達　字天士、孫庵。江蘇通州人。康熙三年三甲一百十二名進士。十三年任山西太原知縣。以病歸。

徐　勃　字漢幟、道勇。浙江鄞縣人。康熙三年三甲一百十三名進士。任陝西三原知縣，二十九年改廣東順德知縣，三十四年行取山

西道御史。

鍾儀傑 字華峰、德萬。陝西洵陽縣人。康熙三年三甲一百十四名進士。十九年任河南息縣知縣，行取吏部主事，遷郎中，四十四年官至廣東廣州府知府。卒於任。

常翼聖 （榜名常翼胤）字伯子。河南鄢陵縣人。康熙三年三甲一百十五名進士。十八年任安徽潁上知縣，署霍丘縣，纍遷工部郎中。考選福建道御史，二十六年任浙江巡鹽御史，升鴻臚寺卿，改左僉都御史。三十六年授順天府尹，三十九年官至大理寺卿。四十年休致。

楊之旭 湖北江陵縣人。康熙三年三甲一百十六名進士。雍正元年官至直隸霸昌道。

周邦鼎 字璧侯。江蘇吳縣人。康熙三年三甲一百十七名進士。十七年任山東郯城知縣。

江蕃 字宣子。江蘇江寧縣人，原籍安徽婺源。康熙三年三甲一百十八名進士。家居。著有《鷥旆詩文》。

周爰訪 字裕齋，號求卓。江蘇吳江縣人。康熙三年三甲一百十九名進士。十五年任直隸寧晉知縣，遷雲南昆陽知州、南安知州，纍遷禮部郎中，三十六年督江西學政。

徐昶 字詹山。浙江海寧縣人。康熙三年三甲一百二十名進士。十一年任陝西山陽知縣。

景隆吉 山西安邑縣人。康熙三年三甲一百二十一名進士。任浙江景寧知縣，改江西玉山知縣。

屠天佑 字木梅、春茲。湖北江夏縣人。順治十一年舉人，康熙三年三甲一百二十二名進士。任湖南岳陽知縣，十三年改山西安澤知縣。

曾光龍 字飛瞻。廣東順德縣人。康熙三年三甲一百二十三名進士。任安徽合肥知縣，十六年改鉛山知縣。以憂歸。

牟國須 山東棲霞縣人。康熙三年三甲一百二十四名進士。任河南澠池知縣。

朱爌南 直隸鹽山縣人。康熙三年三甲一百二十五名進士。康熙十九年任廣東博羅知縣。

李元直 字敬公。山東濮州人。康熙三年三甲一百二十六名進士。十二年任安徽太和知縣。

李培茂 字天棣。河南商丘縣人。康熙三年三甲一百二十七名進士。任雲南陸良州知州，十四年改山東莘縣知縣，二十二年升江蘇高郵知州，二十九年改廣東化州知州，官至廣東嘉應直隸州知州。

喬啓祐 河南孟津縣人。康熙三年三甲一百二十八名進士。十一年任江蘇蕭縣知縣。

秦璟 直隸曲周縣人。康熙三年三甲一百二十九名進士。

戴朱紘 廣西馬平人。康熙三年三甲一百三十名進士。八年任山東武城知縣。

段文彩 陝西華陰縣人。康熙

三年三甲一百三十一名進士。十三年任江蘇豐縣知縣。

王承露 字湛生，號毅庵。山東益都縣人。康熙三年三甲一百三十二名進士。十三年授廣東廣寧知縣，調河南洧川知縣，丁憂歸。二十三年補山西臨汾知縣，行取禮部主事。遷戶部郎中，二十九年督廣西提學道。

陳邃如 陝西華州人。康熙三年三甲一百三十三名進士。十二年任廣東海豐知縣。

衛既齊 字爾錫，號伯儼。山西猗氏縣人。順治二年（1645）生。康熙三年三甲一百三十四名進士。選庶吉士，任檢討。九年充會試同考官，十八年起歷任直隸固安、永清、平谷知縣，二十年升直隸霸州州判。康熙二十七年超擢山東布政使，改順天府尹，三十年七月遷左副都御史，九月改任貴州巡撫。因謊報苗民拒捕派兵進剿之事，三十一年十二月革，謫黑龍江。康熙四十年（1701）九月十七日卒於江蘇淮安南河工次。年五十七。著有《四書心悟》《小學蒙訓》《道德經解》《南華經刪注》《韻通》等書。

父衛紹芳，順治三年進士。

郭命新 號懷恒。山西盂縣人。康熙三年三甲一百三十五名進士。十六年任江西廣豐知縣。

張泌 字紹鄴。山東郯城縣人。康熙三年三甲一百三十六名進士。未出仕，以病卒。

王振先 浙江鄞縣人。康熙三年三甲一百三十七名進士。康熙十二年任江蘇宿遷知縣。

楊才瑰 字賦臣。江蘇山陽縣人。康熙三年三甲一百三十八名進士。任江蘇松江府教授，升國子監助教，擢兵部主事，以疾乞歸，年七十七卒。

丁序琪 字石公。江西豐城縣人。康熙三年三甲一百三十九名進士。任陝西西安知縣。謝病歸。

郭鼎鉉 山西文水縣人。康熙三年三甲一百四十名進士。任江西南豐知縣。

賈還朴 河南洧川縣人。康熙三年三甲一百四十一名進士。十四年任江西會昌知縣，二十三年改山西河津知縣。

雷竟振 山西蒲州人。康熙三年三甲一百四十二名進士。十九年任四川雅州直隸知州。

賈待聘 山西夏縣人。康熙三年三甲一百四十三名進士。任湖北竹山知縣。

孫蒨 山東樂安縣人。康熙三年三甲一百四十四名進士。

盛符升 字珍示。江蘇昆山縣人。康熙三年三甲一百四十五名進士。任內閣中書，遷禮部主事，二十七年任江西關監督，二十八年考選廣西道御史，罷歸。曾參修《大清會典》，著有《誠齋詩集》《昆山志》。

韓維基 山東淄川縣人。康熙

三年三甲一百四十六名進士。任山西聞喜知縣，二十年調直隸博野知縣。

黃德焻 字中孚，號素庵。直隸南皮縣人。康熙三年三甲一百四十七名進士。十六年四月任山東鄒縣知縣，歷滕縣、滋陽縣，遷廣東化州知州。

李觀光 字崧陽、賓王。山東堂邑縣人。順治十四年順天舉人，康熙三年三甲一百四十八名進士。任內閣中書、禮部祭祀司主事，制儀司員外郎、刑部浙江司郎中，二十七年督山西學政。

張朝紳 字偉行。廣東東莞縣人。康熙三年三甲一百四十九名進士。十三年任山東高密知縣。解組歸。卒年八十四。著有《醉古洞詩文集》。

陳熔 字元熙。河南新安縣人。康熙三年三甲一百五十名進士。十三年任山西馬邑縣知縣。告歸後主講"嵩陽書院"。後以疾卒於家。著有《四書認注說》《性理》《近思錄續》等。

裴襃 字九章，號蘆院。河南新安縣人。康熙三年三甲一百五十一名進士。任廣西貴縣知縣，十六年調江蘇溧陽知縣，行取兵部武選司主事，二十九年充江南鄉試副考官，官至兵部員外郎。

吳李芳 湖南邵陽縣人。康熙三年三甲一百五十二名進士。行取內閣中書，出爲湖北建始知縣，十年調四川巫山知縣，十三年改江西新喻知縣。官至甘肅固原州知州。

王劼 字愍獻。山東鄆城人。康熙三年三甲一百五十三名進士。不仕。

趙士麟 字麟伯，號玉峰。雲南河陽縣縣人。明崇禎二年（1629）四月初八日生。康熙三年甲辰科三甲一百五十四名進士。任貴州平遠府推官，八年改直隸容城知縣，行取主事，遷光祿寺少卿、鴻臚寺卿、右通政使。康熙二十二年授左副都御史，二十三年改浙江巡撫，二十五年四月調江寧巡撫（二十五年起改稱江蘇巡撫）。二十六年四月調督捕侍郎，二十九年改吏部侍郎。康熙三十八年（1699）五月初八日卒，年七十一。著有《彩衣集》《敬一錄》《讀書堂法帖》。

周慎 直隸吳橋人。康熙三年三甲一百五十五名進士。任河南滎澤知縣，十五年任河南武安知縣。

袁景星 廣西平樂縣人。康熙三年三甲一百五十六名進士。任左通政使。（查《清代職官年表》書中并無此人任通政使，但《廣西通志》和《平樂府志》二書選舉志中，袁景星均任左通政。）

介孝璹 山西解州人。康熙三年三甲一百五十七名進士。任兵部武庫司主事。

康熙六年（1667）丁未科

第一甲三名

繆　肜　字歌起，號念齋。江蘇吳縣人。明天啓七年（1627）生。康熙六年一甲第一名狀元（時年四十一）。授秘書院修撰。遷侍講，九年任會試同考官。丁憂辭官歸。主辦三畏書院并主講。康熙三十六年（1697）卒。年七十一。著有《雙泉堂文集》四十二卷。

張玉裁　字禮存，號退庵。江蘇丹徒縣人。明崇禎十年（1637）生。康熙六年一甲第二名榜眼。授編修。九年充會試同考官。康熙十年（1671）七月十四日卒。年三十五。

順治四年進士張九徵長子；弟張玉書，順治十八年進士，文華殿大學士。

董　訥　字茲重，號俟翁、默庵。山東平原縣人。康熙六年一甲第三名探花。任編修。纍遷翰林院侍讀學士，康熙二十三年授禮部侍郎改户部、吏部侍郎。二十五年九月遷左都御史，二十六年三月調兩

江總督。二十七年三月降五級，後百姓爲其立生祠，康熙帝南巡時爲其跪求復官。後任侍讀學士遷內閣學士，調兵部侍郎，二十八年三月遷漕運總督，三十一年復任左都御史。三十三年革職。康熙四十年（1701）十一月卒。

第二甲四十名

夏　沅　字鄰湘。江蘇丹徒縣人。康熙六年二甲第一名進士。選庶吉士，授編修。九年充會試同考官。早卒，未竟其才，人皆惜之。

魏麟徵　字蒼石。江蘇溧陽縣人。明崇禎十七年（1644）生。康熙六年二甲第二名進士。任內閣中書，康熙二十二年任山東登州府同知，丁憂歸。二十八年升浙江杭州知府，歷雲南曲靖知府，康熙四十一年官至福建邵武知府。致仕歸。著有《四書精義》《石屋詩鈔》。

宋師祁　字仲郎。直隸棗强縣人。康熙六年二甲第三名進士。十

三年任河南修武知縣，署武陟縣，遷雲南開化府同知，署臨安知府。未幾卒。

張英 字敦復，號夢微、樂圃。安徽桐城縣人。明崇禎十年十二月十六日（1638年1月）生。康熙六年二甲第四名進士。選庶吉士，授編修。十二年充會試同考官，纍遷侍讀學士，充日講官、經筵講官，二十五年授翰林院掌院學士，十二月遷兵部侍郎改禮部侍郎兼詹事。二十八年授工部尚書，改禮部尚書仍兼詹事，二十九年革禮部尚書仍管詹事，三十一年復授禮部尚書仍兼掌院學士、詹事職，三十六年卸兼職。充會試副考官，三十八年十一月授文華殿大學士。四十年致仕。康熙四十七年（1708）九月十七日卒。年七十二。諡"文端"。六十一年追贈太子太傅。雍正八年七月入祀賢良祠。雍正十年加贈太傅。曾奉敕編著《淵鑒類函》，著有《聽訓齋語》《書經衷論》《篤素堂文集》《易書總論》等。

次子張廷玉，康熙三十九年進士，保和殿大學士；孫張若靄，雍正十一年進士，內閣學士，祖孫三代進士。

史鶴齡 字子修，號菊裳。江蘇溧陽縣人。康熙六年二甲第五名進士。選庶吉士，授編修。九年充會試同考官。十四年母疾假歸。十五年（1676）十一月卒。

姚文熊 字望侯，號非庵。安徽桐城縣人。康熙六年二甲第六名進士。任浙江江山知縣，十五年任浙江蕭山知縣，遷陝西階州知州。去職。

沈胤範（一作沈允範）浙江山陰縣人。康熙六年二甲第七名進士。官至郎中。

任塾 字克家，號鶴峰。安徽懷寧縣人。康熙六年二甲第八名進士。十三年任直隸三河知縣，在任八年，三十年遷直隸磁州知州，召爲戶部員外郎，遷禮部郎中。二十六年十二月督山東提學道，以年高勇退。著有《遂初堂詩文集》。

兄任埈，順治十二年進士。子任奕鼇，康熙三十年進士。

儲方慶 字廣期，號遁庵。江蘇宜興縣人。明崇禎六年（1633）三月初五日生。康熙六年二甲第九名進士。十四年任山西清源縣知縣。康熙二十二年（1683）三月二十九日卒。年五十一。著有《五松清響文集》《遁庵集》。

萬任 字亦尹，號靜園。江西進賢縣人。康熙六年二甲第十名進士。任山西清源知縣，十四年改直隸昌黎知縣，十六年改直隸寧晉知縣。十八年修縣志，不樂仕進，歷官不久即歸。

汪懋麟 字季角，號蛟門、覺堂。江蘇江都縣人。明崇禎十三年（1640）生。康熙六年二甲十一名進士。授內閣中書，丁憂。改刑部江西司主事。入國史館充纂修官，修

《明史》。康熙二十七年（1688）四月十八日卒。年四十九。工詩，受業王士禛學詩。著有《百尺梧桐閣集》《錦瑟詞》等。

張溶　河南祥符縣人。康熙六年二甲十二名進士。十三年任江蘇泰興知縣，二十二年改廣東西寧知縣，官至刑部員外郎。

顏光敏　字遜甫、修來，號樂圃。山東曲阜縣人。顏子六十七世孫。明崇禎十三年（1640）正月生。康熙六年二甲十三名進士。任內閣中書，吏部主事，官至考功司郎中。康熙二十五年（1686）九月三十日卒。年四十七。著有《未信編》《舊雨堂集》《樂圃集》《慎貽堂訓蒙日纂》等。

兄顏光猷，康熙十二年進士；弟顏光敩，康熙二十七年進士。

陸葇　（原名陸進枋）字次友、義山，號雅坪。浙江平湖縣人。明崇禎三年（1630）十一月初二日生。康熙六年二甲十四名進士。任內閣中書、典籍，康熙十八年召試博學鴻詞一等授編修，纂《明史》，歷詹事府左春坊左贊善，三十三年遷內閣學士。三十四年以病免職。康熙三十八年（1699）四月初一日卒。年七十八，著有《雅坪文稿》《雅坪詩稿》《雅坪詞譜》《歷朝賦格》等。

紀愈　字孟起，號魯齋。順天文安縣人。康熙六年二甲十五名進士。任內閣中書，遷兵部職方司主事，十四年充河南鄉試主考官，

擢戶科給事中，官至工科掌印給事中。康熙三十一年（1692）與人對弈，溘然而逝。

盧琦　字景韓，號西寧。浙江仁和縣人。康熙六年二甲十六名進士。選庶吉士，授編修。十五年任會試同考官，二十六年由少詹事遷內閣學士。二十七年因薦人不當革職。康熙四十二年正月康熙帝南巡，二月賞復內閣學士原銜。

鄭僑生　字惠庵。江蘇邳州人。康熙六年二甲十七名進士。二十二年纍遷直隸河間府海防同知，二十五年官至山西太原知府，二十六年督湖廣學政。

劉長發　字存永（一作永存）。江蘇江都縣人。康熙六年二甲十八名進士。授內閣中書，遷工部虞衡司主事。二十三年充廣東鄉試副考官。

謝兆昌　字瞻在。浙江定海縣人。康熙六年二甲十九名進士。選庶吉士，散館八年授廣東道御史，十年任山東巡鹽御史，掌山西、河南道御史。二十三年以病乞休，杜門不出與侄緒彥賦詩論文。康熙五十五年（1716）卒。年七十七。著有《閒居集》。

蔡泰升　福建晉江縣人。康熙六年二甲二十名進士。

吳之頤　江蘇太倉州人。康熙六年二甲二十一名進士。任河南滎陽知縣。

汪溥勛　字廣淵。安徽歙縣人。康熙六年二甲二十二名進士。授內

閣中書。充修玉牒五載，以勞致疾卒於任。

喬萊 字子静，號石林、石柯。江蘇寶應縣人。明崇禎十五年（1642）二月初四日生。康熙六年二甲二十三名進士。任內閣中書，乞養歸。十八年舉鴻博一等，授編修，擢中允、侍講、侍讀。二十六年因淮運河事，中蜚語罷歸。康熙三十三年（1694）七月二十一日卒。年五十三。著有《易俟》《應制》《直廬》《使粵》《歸田》諸集。

何覲 字天思，號岱興。山東曹州人。康熙六年二甲二十四名進士。任內閣中書。充順天鄉試同考官。父母喪，以哀毀卒。

姚淳燾 字子瞻，號陟山。浙江烏程縣人。明崇禎五年（1632）生。康熙六年二甲二十五名進士。任內閣中書，遷刑部郎中，二十二年督湖廣提學道，三十六年官至湖南岳常澧道。康熙四十二年（1703）卒。年七十二。

父姚延著，順治六年進士，河南右布政使。

單父麟 山東高密縣人。康熙六年二甲二十六名進士。任苏州府推官。

井洛如 字丹文。山東東平縣人。康熙六年二甲二十七名進士。十三年任河南洛陽知縣。

儲善慶 江蘇宜興縣人。康熙六年二甲二十八名進士。十四年任直隷井陘知縣，升四川達州知州。

高琭 字石君，號振東。山東淄川縣人。康熙六年二甲二十九名進士。隱居不仕，置義田，建義學，教授生徒。康熙二十三年（1684）卒，年六十四。

丁峚 字及庵、憶慈。山東日照縣人。康熙六年二甲三十名進士。授內閣中書。辭官歸。修邑乘。晚年築萬松別墅，二三知己唱酬其間。著有《半奎樓集》。

劉澤溥 字茗水。河南林縣人。康熙六年二甲三十一名進士。選庶吉士，授編修。

嚴曾所 浙江歸安縣人。康熙六年二甲三十二名進士。十五年任直隷巡視長蘆鹽政。

賈鳴璽 字荆生。山西曲沃縣人。康熙六年二甲三十三名進士。任內閣中書。歸後曾修《平陽府志》，著有《存悔堂詩古文集》。

何天寵 號素園。順天宛平縣人，原籍浙江山陰。康熙六年二甲三十四名進士。任户部主事，吏部員外郎，官至文選司郎中。著有《紫末閣集。》

朱敦厚 順天大興縣人。康熙六年二甲三十五名進士。十三年任江蘇靖江知縣，二十三年改山東濰縣知縣，升內閣中書，官至吏部主事。因任濰縣時加派貪贓四萬餘兩，曾請刑部尚書致書山東巡撫錢珏將其銷案，後革職，縣丞譚明命叩閽。勘審得實，三十四年（1695）處絞。

方象瑛 字渭仁，號霞莊。浙

江遂安縣人。康熙六年二甲三十六名進士。候選中行評博。十八年舉鴻博二等，授編修。參修《明史》，康熙二十年充四川鄉試主考官，遷侍講。以病告歸。著有《健松齋集》《封長白山記》《松窗筆乘》。

戚令畹 字郎園。浙江海鹽縣人。康熙六年二甲三十七名進士。任內閣中書。歸里卒。

唐朝彝 字偕藻。福建平和縣人。康熙六年二甲三十八名進士。選庶吉士，十三年授廣西道御史。纍遷大理寺少卿，三十年授太僕寺卿，改太常卿，三十一任宗人府丞。康熙三十四年告歸。

黃初緒 字成伯，號繼武、晴筠。江蘇崇明縣人。康熙六年會元，二甲三十九名進士。任內閣中書。

賽玉紘 字冠夫。山東靖海衛人。康熙六年二甲四十名進士。授推官改知縣，不樂仕進，未任。

第三甲一百一十二名

趙隨 字雷聞。浙江嘉興縣人。康熙六年三甲第一名進士。任內閣中書，纍遷禮部郎中，二十三年督福建提學道。

吳道來 字子綏。福建侯官縣人。康熙六年三甲第二名進士。任雲南定遠知縣，改內閣中書。卒於官。著有《鄞城百咏》。

孫百蕃 浙江慈溪縣人。康熙六年三甲第三名進士。任內閣中書，官至郎中。

龍光 字二爲。安徽望江縣人。康熙六年三甲第四名進士。考授中書，二十二年出任山西太原府同知，遷福建邵武府同知，三十六年官至臺灣海防同知。

陳睿思 字子將。福建同安縣人。康熙六年三甲第五名進士。任中書科中書，轉行人，改戶部主事。

邵岳斗 浙江鄞縣人。康熙六年三甲第六名進士。任江蘇沭陽知縣。

孫宣化 浙江山陰縣人。康熙六年三甲第七名進士。十六年任直隸曲陽知縣。

謝文運 字質夫。江蘇溧水縣人。康熙六年三甲第八名進士。任四川資陽知縣。解組歸。

朱翰春 字鷹上，號雪崖。福建莆田縣人。康熙六年三甲第九名進士。任山東高苑知縣，纍遷刑部郎中，官至雲南臨安府知府。

洪玕 字琅友。安徽歙縣人。康熙六年三甲第十名進士。任內閣中書，改刑部雲南司主事，吏部文選司主事。卒於任。

陳玉璡 字廥明，號椒峰。江蘇武進縣人。康熙六年三甲十一名進士。任內閣中書。少有大志，凡天文、地理、禮樂、河渠、詩賦等都究心研討，但貪多不專。詩文筆下千言。著有《史論》《學文堂集》等。

丁啓豫 字肇春。山東陽信縣人。康熙六年三甲十二名進士。任湖南城步知縣。湖廣初平盜賊充斥，城陷遇害。

王易 山西蒲州人。康熙六年三甲十三名進士。任江西高安知縣。

趙炳 字明遠。江蘇長洲縣人。康熙六年三甲十四名進士。因年老未仕，卒。

趙時可 字考叔。安徽涇縣人。康熙六年三甲十五名進士。任山西岳陽知縣，十四年改安澤知縣，二十四年升山西應州知州。乞歸。著有《草堂集》《仕國吟》。

侯璋 字璞庵。山西陽曲縣人。康熙六年三甲十六名進士。任內閣中書，十七年充湖廣鄉試副考官。張榜日卒。

馬班 陝西武功縣人。康熙六年三甲十七名進士。任吏部主事。二十年改江蘇沭陽知縣。

來垣 浙江蕭山縣人。康熙六年三甲十八名進士。康熙十九年任山東萊州府同知，改東昌府同知。

吳一蜚 字翼生，號恕庵。江蘇長洲縣人。明崇禎十二年（1639）九月二十日生。康熙六年三甲十九名進士。十四年任山西山陰知縣，補四川洪雅知縣，升工部主事，康熙八年考選江南道御史。降行人，遷鴻臚寺少卿、奉天府丞、大理寺少卿。康熙四十九年授光祿寺卿，五十年遷戶部侍郎改吏部侍郎，同年十一月授刑部尚書，五十一年四月改吏部尚書。康熙五十二年（1713）五月卒。年七十五。

鍾儀奇 字太璞。陝西洵陽縣人。康熙六年三甲二十名進士。十三年任山西河津知縣。有善政，以終養歸。

弟鍾儀傑，康熙三年進士。

彭期 字彥遠。江西南豐縣人。康熙六年三甲二十一名進士。任中書。以母病告歸。家居數十年，閉戶嗜學。

裴天錫 字長齡。江蘇江陰縣（一作武進）人。康熙六年三甲二十二名進士。任內閣中書，擢貴州平越知府，調湖北武昌知府，三十七年罣誤降山西太原府管糧通判，遷湖南郴州知府。未任卒於京。

丁蕙 字澹園，號次蘭。江西豐城縣人。明崇禎十年（1637）生。康熙六年三甲二十三名進士。選庶吉士，授戶部雲南司主事，九年充會試同考官，二十一年督福建提學道，二十六年官至山東登萊道。致仕歸。康熙三十八年（1699）卒。年六十三。著有《理學源流》《問心堂禮記》《事城文獻》《五花閣詩集》。

潘翹生 字楚馱、起代。江西南城縣人。康熙五年江西鄉試解元，六年三甲二十四名進士。選庶吉士，授刑科給事中。九年充會試同考官。未幾卒。

崔九嶷 河南睢州人。康熙六年三甲二十五名進士。十三年任山西懷仁知縣。

李素 字袞淳，號雪岩。山東泰安州人。康熙六年三甲二十六名進士。十四年任廣東仁化知縣，升戶部員外郎。未赴任卒。

朱魁鰲 浙江上虞縣人。康熙六年三甲二十七名進士。十四年任直隸唐山知縣。

楊仙技 字簡人。山西寧山衛人。康熙六年三甲二十八名進士。選庶吉士，授檢討。十一年充山東鄉試主考官。丁憂歸。服闋未補官。

劉啓和 字石洲。湖北江陵縣人。康熙六年三甲二十九名進士。十四年任江蘇宜興知縣，二十五年改廣東長寧知縣；三十年官至四川雅州直隸州知州。

熊綸 字子布、允穀。河南光山縣人。康熙六年三甲三十名進士。任直隸邯鄲知縣，二十年官至湖北沔陽知州。

王作舟 直隸開州人。康熙六年三甲三十一名進士。十七年任安徽全椒知縣，二十八年官至四川眉州直隸州知州。

童肇新 浙江遂安縣人。康熙六年三甲三十二名進士。

鄒度鏞 字奎庵。江西新建縣人。康熙六年三甲三十三名進士。

蘇堯松 福建南安縣人。康熙六年三甲三十四名進士。任安徽歙縣知縣，十四年改江蘇婁縣知縣。

李嗣真 字願中。山東新城縣人。康熙六年三甲三十五名進士。未仕卒。著有《文集》二十卷。

吳景恂 陝西長安縣人。康熙六年三甲三十六名進士。康熙十九年任湖北黃梅知縣。

王家棟 字雲牖、賓于。江蘇金壇縣人。康熙六年三甲三十七名進士。任內閣中書，改甘肅鞏昌府同知，二十六年升四川保寧知府。遷雲南迤西道、永昌道，四十六年授廣西按察使，四十八年官至河南布政使。五十一年致仕歸。

張凝簶 福建建安縣人。康熙六年三甲三十八名進士。

李彥瑁 字輯五。陝西三原縣人。康熙六年三甲三十九名進士。任內閣中書，四十三年官至湖北黃州府知府。

許曰琮 浙江錢塘縣人。康熙六年三甲四十名進士。任戶部主事，二十八年考選浙江道御史。

黃士瑛 字秩玉。湖北江陵縣人。康熙二年湖北鄉試解元，六年三甲四十一名進士。十四年任河南新鄭知縣，官至同知。

許國璠 字秀生。江蘇山陽縣人。康熙六年三甲四十二名進士。十九年任湖南平江知縣，二十八年改直隸故城知縣。

鄭載颺 字元闓。浙江縉雲縣人。康熙六年三甲四十三名進士。任內閣中書，二十年遷安徽寧國府同知，署太平府同知。卒於任。

張覲光 福建閩縣人。康熙六年三甲四十四名進士。

尚大發 山東平度州人。康熙六年三甲四十五名進士。任直隸豐潤知縣，升蔚州知州。

張楷 字芳傳，號阜樵。江

蘇江都縣人。康熙六年三甲四十六名進士。任內閣中書，二十九年官至福建延平府知府。

楊日升　福建侯官縣人。康熙六年三甲四十七名進士。

唐翼鳳　（本姓呂）浙江烏程縣人。康熙六年三甲四十八名進士。十六年任江西金溪知縣。

梅　銅　字爾熾，號銅崖。安徽宣城縣人。康熙六年三甲四十九名進士。任四川太平知縣，改山西大寧知縣，二十一年行取浙江道御史，改大理寺少卿。康熙三十六年授大理寺卿，改太常寺卿，三十七年調宗人府丞，遷左副都御史。三十九年十月授福建巡撫，四十三年任兵部侍郎，四十五年四月遷左都御史。四十六年正月革職。

吳甫及　字維申。浙江海鹽縣人。康熙六年三甲五十名進士。任戶部主事，官至郎中。著有《青山草堂集》。

汪毓珍　字若玕。陝西漢陰縣人。康熙六年三甲五十一名進士。淡於仕宦，與同邑鄭聖時倘佯山水、唱和詩文，未仕。

陳國祝　字如南。湖北江夏縣人。康熙二年舉人，六年三甲五十二名進士。任兵馬司指揮，十四年改江蘇青浦知縣，二十一年調順天府固安知縣，二十四年改順天永清知縣。未幾乞歸。卒年八十八。

儲　振　字玉依。江蘇宜興縣人。康熙六年三甲五十三名進士。

選庶吉士，授檢討。九年充會試同考官，歷官至右庶子。

崔兆儒　山東益都縣人。順治十一年以舉人，任山東郯城縣教諭，歷城縣教諭。康熙六年三甲五十四名進士。

楊臣鄰　字欽四，號樂胥。安徽桐城縣人。康熙六年三甲五十五名進士。任直隸邯鄲知縣，母喪去官，十八年補河南光山知縣。解任歸。

袁時中　字向若，號來庵。浙江鄞縣人。康熙六年三甲五十六名進士。官中書舍人，修《世祖實錄》，從征吳三桂，遷禮部儀制司主事，七年班師遷員外郎、郎中，二十二年出爲貴州學政。病卒。

喬士容　字德元。山西猗氏縣人。康熙六年三甲五十七名進士。任內閣中書，升工部主事、員外郎，遷禮部郎中，三十九年督江西提學道。

子喬雲名，康熙三十六年進士。

張報魁　順天霸州人。康熙六年三甲五十八名進士。

王鳴球　河南鄢陵縣人。康熙六年三甲五十九名進士。任內閣中書。

高向台　字泰階。山西翼城縣人。康熙六年三甲六十名進士。任內閣中書，十八年召試鴻博，十九年任浙江嚴州府同知，官至江蘇江寧府知府。母喪哀毀卒。

任　楓　字夢道、季用，號木

庵、覺堂、河南汝州人。康熙六年三甲六十一名進士。十三年任山西靈石知縣，官中書舍人。

申　旭　陝西臨潼縣人。康熙六年三甲六十二名進士。

鄭　雍　字簡侯，號穆庵。直隸南宮人。康熙六年三甲六十三名進士。十七年任山東臨邑知縣。以疾卒於官，年六十六。

王紀昭　字憲一。河南祥符縣人。康熙六年三甲六十四名進士。不樂仕進。著有《敬遺堂詩稿》。

楊　淮　字維揚。山東金鄉縣人。康熙六年三甲六十五名進士。任內閣中書。以養親告歸，卒於家。著有《從戎集》。

張光第　字孟及。江蘇江陰縣人。康熙六年三甲六十六名進士。任內閣中書。

胡懋宣　順天大興縣人。康熙六年三甲六十七名進士。

虞文彪　字子雲。浙江海寧縣人。康熙六年三甲六十八名進士。候選知縣。

謝敦臨　山西臨晉縣人。康熙六年三甲六十九名進士。十八年任湖南武陵知縣。

王　駒　陝西潼關衛人。康熙六年三甲七十名進士。十九年任廣東河源知縣。

王毅振　浙江會稽縣人。康熙六年三甲七十一名進士。官至直隸廣平府同知。

趙之鼎　（榜姓黃）字訥庵。直隸元城縣人。康熙六年三甲七十二名進士。任浙江淳安知縣，十二年行取江南道御史，遷左僉都御史。二十三年授太常寺卿，二十四年遷左副都御史，二十五年改刑部侍郎。二十六年五月病免。

夏　疇　字青田。山東高密縣人。康熙六年三甲七十三名進士。官至工部員外郎。

張泗源　陝西長安縣人。康熙六年三甲七十四名進士。十四年任山西高平知縣。

張文治　山西介休縣人。康熙六年三甲七十五名進士。任廣東廣寧知縣。

王嘉禄　字紹廉。江西安福縣人。康熙六年三甲七十六名進士。十五年任山東滕縣知縣。

尤子麟　順天大興縣人。康熙六年三甲七十七名進士。十三年任山西嵐縣知縣。

張齊仲　字砥輯。山西陽城縣人。康熙六年三甲七十八名進士。十五年任江西浮梁知縣，卒於任。

呂維橒　字松岩，仲英。山東益都縣人。康熙二年舉人，六年三甲七十九名進士。十四年任山西趙城知縣。在任五年有政聲。被人中傷，後弃官歸。

兄呂維枟，順治三年進士。

田弘祖　字湛岩。山西陽城縣人。康熙六年三甲八十名進士。十四年任安徽盱眙知縣。

唐文黼　福建晉江縣人。康熙

六年三甲八十一名進士。

任辰旦　（初名韓燦，榜名韓辰旦）字千里，號待庵。浙江蕭山縣人。明天啓三年（1623）五月二十日生。康熙六年三甲八十二名進士。授上海知縣，二十二年遷工科給事中，改兵科給事中，官至大理寺丞。康熙三十一年（1692）十月初一日卒。年七十。著有《介和堂詩文集》《言近録》。

王　謙　字六吉，號偶齋。直隸永年縣人。康熙六年三甲八十三名進士。康熙十五任湖南城步知縣，擢刑部主事，升郎中。三十一年督江西提學道，遷江蘇淮揚道，三十九年改甘肅甘山道。

鄭　肅　直隸滄州人。康熙六年三甲八十四名進士。十年任浙江奉化知縣。

王　斌　山西安邑縣人。康熙六年三甲八十五名進士。任中書舍人。

陳魁宇　字學薦。福建福清縣人。康熙六年三甲八十六名進士。值耿精忠叛清，逃匿山中，事平後未及授職卒。

王曰温　字子厚，號綠野。河南鄢陵縣人。順治二年（1645）六月十一日生。康熙六年三甲八十七名進士。選庶吉士，散館改兵部給事中，九年任會試同考官，歷官至太常寺少卿。康熙二十五年（1686）閏四月十七日回籍省親，卒於臨清舟次。年四十二。

衛士适　陝西韓城縣人。康熙六年三甲八十八名進士。

高名圖　山東沂水縣人。康熙六年三甲八十九名進士。十四年任山西石樓知縣。以老病辭官歸。

温毓泰　字虞南。直隸邯鄲縣人。康熙六年三甲九十名進士。授江西吉水知縣，丁憂服闋，補浙江嵊縣知縣。後因吉水罣誤歸。

張顧行　字篤一，號蓮峰、耐庵。陝西韓城縣人。明天啓六年十二月十五日（1627年1月）生。康熙六年三甲九十一名進士。任安徽英山知縣，十五年改建平知縣，升刑部主事、禮部郎中，二十六年督貴州學政，官至江蘇江安糧道。康熙三十二年（1693）八月二十八日卒，年六十八。

子張廷樞，康熙二十一年進士，刑部尚書。

吳雲卿　字虞雯。河南固始縣人。康熙六年三甲九十二名進士。十四年任山東嘉祥知縣，擢禮部主事。

張潤民　字膏之。山西夏縣人。康熙六年三甲九十三名進士。任內閣中書，遷户部主事、員外郎、郎中，三十年督河南提學道。卒於家。

閻　蘧　山東壽張縣人。康熙六年三甲九十四名進士。

潘融春　四川達州人。康熙六年三甲九十五名進士。

張鴻儀　字企麓。直隸元城縣人。康熙六年三甲九十六名進士。

十四年任山西永和知縣。

臧眉錫　字介祉，號喟亭。浙江長興縣人。康熙六年三甲九十七名進士。河南魯山知縣，康熙十八年七月調補山東曹縣知縣，遷內閣中書，三十一年考選福建道御史。

邵懷棠　字侍庵。浙江會稽縣人。康熙六年三甲九十八名進士。十三年任江蘇吳縣知縣。十四年降調。

宋嗣京　字禹玉，號定山。浙江仁和縣人。康熙六年三甲九十九名進士。官至江西饒州府知府。

羅映台　浙江鄞縣人。康熙六年三甲一百名進士。十三年任山西洪洞知縣，改任行人司行人，二十五年考選雲南道御史。

劉　迪　字梅潭。四川閬中縣人。康熙六年三甲一百零一名進士。任陝西保安知縣，遷吏部郎中。二十六年充浙江鄉試副考官。

林春芳　福建莆田縣人。康熙六年三甲一百零二名進士。

王祚興　字遇午。山西永寧縣人。康熙六年三甲一百零三名進士。任廣東知縣，調陝西三水知縣、雲南雲州知州，十八年召試鴻博。纍遷戶部郎中，督湖廣提學道。

駱　雲　浙江海鹽縣人。康熙六年三甲一百零四名進士。任內閣中書，十三年改江蘇江都知縣。

曾榮科　字文開。廣東興寧縣人。康熙六年三甲一百零五名進士。十四年任江蘇昆山知縣。

范鄗鼎　字彪西，號婁山。山西洪洞縣人。康熙六年三甲一百零六名進士。歸班候選知縣。以養母不仕，閉門讀書。立“希賢書院”置學田贍學者。康熙四十二年康熙帝西巡迎駕進所輯理學書籍，賜御書“山林雲鶴”。後卒於家。著有《理學備考》《五經堂文集》《語錄》《三晉詩選》《續垂棘編》《續垂棘編二集》等。

胡毓英　河南鄢陵縣人。康熙六年三甲一百零七名進士。未仕。

昂紹善　字元長。安徽合肥縣人。康熙六年三甲一百零八名進士。

曹雲路　廣西全州人。康熙六年三甲一百零九名進士。

姜佐周　字麟坡。河南臨漳縣人。康熙六年三甲一百十名進士。以母老不能就職。

高　運　山東章丘縣人。康熙六年三甲一百十一名進士。

梁欽搆　字翊宸。山西介休縣人。康熙六年三甲一百十二名進士。授河南長垣知縣，丁憂。十九年補河南固始知縣，纍遷吏部郎中。假歸。

康熙九年（1670）庚戌科

第一甲三名

蔡啓僔 字碩公，號昆暘。浙江德清縣人。明萬曆四十七年（1619）生。康熙九年一甲第一名狀元（時年五十二）。授修撰。十一年任順天鄉試主考官，纍官至詹事府右春坊右贊善。康熙二十二年（1683）四月二十日卒。年六十五。著有《游燕草》《存園集》。

孫在豐 字屺瞻。浙江德清縣人。順治元年（1644）生。康熙九年一甲第二名榜眼。授編修。纍遷至侍讀學士，二十二年授內閣學士，改翰林院掌院學士，二十五年擢工部侍郎，二十六年赴淮揚修建海口，與河道總督靳輔意見不一，相互攻訐，二十七年革職降五級。二十八年（1689）五月授內閣學士。八月卒，年四十六。

徐乾學 字原一，號健庵、澹園。江蘇長洲縣人。明崇禎四年（1631）十一月初二日生。康熙九年一甲第三名探花。任編修。遷左贊善、侍講學士，康熙二十三年授詹事遷內閣學士。二十五年授禮部侍郎，二十六年遷左都御史，二十七年二月改刑部尚書。五月以病免。三十年四月曾爲原山東濰縣知縣朱敦厚貪贓銷案致書山東巡撫錢珏，革職。康熙三十三年（1694）七月十七日卒。年六十四。爲清代藏書家，藏書處曰"傳是樓"。有《傳是樓宋元書目》一卷。著有《讀禮通考》《教習堂條約》《虞浦集》《詞館集》《碧山集》《瞻園集》。奉敕編注《鑒古輯覽》《古文淵鑒》《資治通鑑後編》等。

弟徐元文，順治十六年狀元，文華殿大學士。

第二甲五十七名

何金蘭 字相如。江蘇丹徒縣人。順治八年以舉人授推官，改浙江永嘉知縣。康熙九年二甲第一名進士。任內閣中書，康熙二十年改浙江桐鄉知縣，遷工科給事中，二十六年充山西鄉試正考官，官至戶科掌印給事中。工詩古文，有集。

李光地 字晉卿，號厚庵、榕村。福建安溪縣人。明崇禎十五年（1642）九月初六日生。康熙九年二甲第二名進士。選庶吉士，任編修。遷侍讀學士，十九年授內閣學士，二十五年授翰林院掌院學士，任起居注官兼經筵講官。二十八年改通政使，遷兵部侍郎，改工部侍郎。三十七年授直隸巡撫，四十二年遷吏部尚書仍管直隸巡撫，四十四年授文淵閣大學士。康熙五十七年（1718）五月二十八日卒。享年七十七。謚"文貞"。雍正元年追贈太子太傅。雍正十年十月入祀賢良祠。奉敕共撰《朱子全書》《性理精義》，著有《周易通論》《尚書解義》《大學古本說》《中庸章段》《中庸餘論》《論語孟子記》《離騷經注》《參同契注》《握奇經注》《陰符經注》《曆象本要》《二程遺書》《朱子語類四纂》《韓子粹言》《古文精藻》《榕村全集》等。

王俟 字陶仲、陟庵。山東長山縣人。康熙九年二甲第三名進士。任興國知州，升雲南曲靖府同知，遷廣西思恩知府，官至四川重慶府知府。卒於任。

耿願魯 字公望（一作公堂），號又樸。山東館陶縣人。順治四年（1647）生。康熙九年二甲第四名進士。選庶吉士，授編修。十二年充會試同考官。康熙二十一年（1682）六月初九日卒，年三十六。著有《韋齋集》。

俞陳琛 （又名陳琛，本姓俞）字夢符。浙江錢塘縣人。康熙九年二甲第五名進士。選庶吉士，授刑部主事，十七年任陝西鄉試副考官，二十一年任陝甘提學道。

趙申喬 字慎旃，號松伍。江蘇武進縣人。順治元年（1664）六月十八日生。康熙九年二甲第六名進士。二十年任河南商丘知縣，遷刑部主事、員外郎。引疾歸居里七年。經李光地薦舉，康熙四十年超擢浙江布政使，四十一年遷浙江巡撫，改偏沅巡撫，四十九年遷左都御史。五十年十月劾編修戴名士所著《南山集子遺錄》有大逆語，戴被處斬。此文字獄牽連上百人。五十二年十月官至戶部尚書。康熙五十九年（1720）四月以病休致，十月二十二日卒。年七十七。謚"恭毅"。雍正元年追贈太子太保。雍正八年八月入祀賢良祠。著有《趙恭毅剩稿》。

陸隴其 （初名陸龍其）字稼書。浙江平湖縣人。明崇禎三年（1630）十月十八日生。康熙九年二甲第七名進士。十四年授江蘇嘉定知縣，二十二年改直隸靈壽知縣，二十九年進四川道御史。辭官歸。與陸世儀并稱"二陸"。康熙三十一年十二月二十七日（1693年1月）卒。年六十三。雍正二年從祀文廟。乾隆元年追謚"清獻"，追贈內閣學士，兼禮部侍郎。爲清代文學家。著有《四書大全》《困勉續録》《松陽講義》《古文尚書考》《讀書志疑》《讀禮志疑》《禮經會元注》《戰國策去毒》《呻吟語質疑》《衛濱日鈔》《問學録》《學術辨》《讀朱隨筆》《松陽鈔存》《靈壽縣志》《三魚堂文集》等。

李録予 字山公，號恒麓。順天大興縣人。康熙九年二甲第八名進士。選庶吉士，授編修。歷任侍講學士、少詹事，三十二年充江南鄉試主考官。三十六年授內閣學士，三十八年遷禮部右侍郎，四十一年丁憂。四十三年改吏部左侍郎。四十五年充會試主考官。因録取進士有差旋解職。

王寬 字敷五。山西安邑縣人。康熙九年二甲第九名進士。選庶吉士，授編修。康熙十二年任會試同考官。

王士祜 字虞山、叔子、子側，號東亭。山東新城縣人。明崇禎五年十二月初八（1633年1月）生。康熙九年二甲第十名進士。候選中行評博，未仕。康熙二十年（1681）九月初二日卒。年五十。專詩賦，與兄王士禄、弟王士禎有"三王"之稱。著有《古鉢山人遺集》，爲其弟刑部尚書王士禎搜其詩文輯刻。

兄王士禄，順治十二年進士；弟王士禎，順治十五年進士，官刑部尚書。

王揆 字藻儒，號穎庵。江蘇太倉州人。順治二年（1645）生。康熙九年二甲十一名進士。任編修。遷左贊善，督浙江學政，遷侍講學士。康熙三十年授內閣學士，遷戶部侍郎，改吏部侍郎。四十三年十月遷刑部尚書，四十七年改工部、兵部、禮部尚書，五十一年四月授文淵閣大學士兼禮部尚書。六十年因建儲事，以其子王奕清代其赴烏里雅蘇台軍前効力。雍正元年正月休致。雍正六年（1728）卒。享年八十四。曾奉敕編著《淵鑒類函》，著有《西田詩》。

爲清初著名畫師王時敏第八子。

郭天錦 字於絅。福建晉江縣人。康熙九年二甲十二名進士。十九年任河南商水知縣。以勞瘁卒於任。

王轂韋 字鄂叔，號雲舟。浙江會稽縣人。康熙九年二甲十三名進士。任內閣中書、戶部主事，升員外郎、刑部郎中，二十九年官至江蘇淮安知府。

屠又良（一作張又良，本姓屠）字尹和。浙江仁和縣人。康熙九年二甲十四名進士。任山東長青知縣，十四年改河南扶溝知縣。

盧綎 湖北黃安人。順治十四年舉人，康熙九年二甲十五名進士。任直隸永年知縣，康熙二十年改江蘇如皋知縣。

黃斐 字雲襄，號菉園。浙江鄞縣人。康熙九年二甲十六名進士。選庶吉士，十四年授山東道御史，十九年山西巡鹽御史，二十六年升太常寺少卿，改左通政使，二十八年授順天府尹，改通政使，三十年擢左副都御史。康熙三十五年（1696）十一月卒。

汪虹 字雲聲。安徽繁昌縣人。康熙九年二甲十七名進士。十四年任江西峽江知縣，二十三年改湖南桃源知縣，晋部主事。未赴任卒。

葛惠保 浙江海寧縣人。康熙九年二甲十八名進士。十四年任江西上猶知縣。

倪長犀 字六通，號鬱州。江蘇贛榆縣人。康熙九年二甲十九名進士。十四年任河南儀封知縣，十八年改江西定南知縣，調湖北穀城知縣。

王原祁 字茂京，號麓台。江蘇太倉州人。明崇禎十五年（1642）八月十八日生。康熙九年二甲二十名進士。任直隸任縣知縣，纍遷刑科給事中、禮科給事中、中允、少詹事。四十八年授詹事，遷翰林院掌院學士，五十一年授戶部左侍郎。康熙五十四年（1716）十月十二日卒於官。年七十四。爲清初著名畫師，與王時敏（祖父）、王翬（族兄）、王鑒（族兄）、吳歷、惲格（惲壽平）被譽爲清初六大畫家。擅畫山水，喜用乾筆焦墨。著有《雨窗漫筆》。父王揆，順治十二年進士。

葉燮 字星期，號己畦。浙江嘉善縣人（《蘇州府志》作吳江人）。明天啓七年（1627）九月二十九日生。康熙九年二甲二十一名進士。十四年授江蘇寶應知縣。以不善事上官，亢直忤巡撫慕天顔罷歸。遍游四方名山，晚年定居吳縣。康熙四十二年（1703）卒。年七十七。著有《原詩》《己畦詩文集》《詩集》等。

錢霞 字起庵、赤誠。浙江嘉善縣人。康熙九年二甲二十二名進士。十四年任山東冠縣知縣，調奉天承德知縣，兼署治中、通判，升戶部主事。

張霖 字仲澍。山東金鄉縣人。康熙九年二甲二十三名進士。十九年授浙江石門知縣，擢吏部主事，官至文選司員外郎。致仕歸。卒於家。

冷然 字善也。四川嘉定直隸州人。康熙九年二甲二十四名進士。

張曾祚 浙江海寧縣人。康熙九年二甲二十五名進士。任吏部主事。

李爲觀 福建晋江縣人。康熙九年二甲二十六名進士。十九年任湖南武陵知縣。

孟亮揆 字繹來，號端士。江南長洲縣人。康熙九年二甲二十七名進士。選庶吉士，授編修。十二年充會試同考官，官至侍讀學士。

駱仁埏 浙江武康縣人。康熙九年二甲二十八名進士。任刑部主事，官至郎中。

陳秉謙　字牧吉。浙江昌化縣人。康熙九年二甲二十九名進士。

陳夢雷　字則震，號省齋，晚號松鶴老人。福建侯官縣人。康熙九年二甲三十名進士。選庶吉士，授編修。假歸。值耿精忠叛清，被誣授僞官，謫尚陽堡。三十七年康熙帝東巡獻詩，命爲詞臣，授皇三子允祉讀書。雍正初因允祉獲罪，再流放東北，卒於戍所。著有《周易淺述》《松鶴山房集》《天一道人集》等書。曾主持編纂《古今圖書集成》共一萬卷。

陸榮登　字廣鳴，號揆哉。浙江嘉善縣人。康熙九年二甲三十一名進士。任雲南雲州知州，三十六年督四川提學道。

張　烈　字武承，號莊持。順天大興縣人，原籍浙江東陽。明天啓二年（1622）生。康熙九年二甲三十二名進士。授内閣中書，康熙十八年召試博學鴻詞一等。任編修。纍遷右春坊右贊善。康熙二十四年（1685）十一月卒，年六十四。精理學，篤守朱熹之説，以衛道爲己任，著有《王學質疑》《讀易日鈔》《孜堂文集》等。

黎日升　字雲章。廣東電白縣人。康熙九年二甲三十三名進士。初任雲南知縣，丁憂歸。三十一年補安徽建德知縣，行取吏部文選司主事，遷考工司郎中。三十七年告歸。

顧需枚　字虞功。江蘇昆山縣人。康熙九年二甲三十四名進士。未仕卒。

崔徵璧　字文宿、杞功，號方崖。直隸長垣縣人。康熙九年二甲三十五名進士。任中書舍人，二十八年任山東登州府同知，升河南懷慶知府，四十二年河南開歸驛鹽道。遷左僉都御史，五十一年授太常寺卿，改通政使。五十二年遷左副都御史，改工部右侍郎。五十三年罷。卒年七十六。著有《西清初學編》《東海金台懷州游梁諸集》。

俞雲來　字鈞聲、漢乘。浙江海鹽縣人。康熙九年二甲三十六名進士。九年授江西安仁知縣，未抵任調湖口知縣，擢兵馬司指揮。

陳彝輝　字聿皇。福建福清縣人。康熙九年二甲三十七名進士。

趙廷珪　字禹雲，號正修。江蘇常熟縣人。康熙九年二甲三十八名進士。二十年任河南林縣知縣，遷河南道御史。以艱歸卒。

祝弘坊　浙江山陰縣人。康熙九年二甲三十九年進士。陝西會寧縣知縣。

閻如珆　字錫侯。山西絳州人。康熙九年二甲四十名進士。康熙十九年任廣東徐聞知縣，官至邠州知州。

莊　揩　字書果。江蘇武進縣人。康熙九年二甲四十一名進士。十四年授山西臨縣知縣，署汾陽知縣，擢雲南騰越知州，遷刑部員外郎。外任陝西榆林道，三十七年調湖北武昌道，擢通政使參議。未至京卒。

林鐘 江蘇無錫縣人。康熙九年二甲四十二名進士。

趙文㷆 字鐵源，號玉藻。山東膠州人。康熙九年二甲四十三名進士。選庶吉士，授編修。十四年任廣東主考官，官至侍讀。著有《粵游草》。

丁宣 字聖音。安徽宣城縣人。康熙九年二甲四十四名進士。

徐灝 浙江錢塘縣人。康熙九年二甲四十五名進士。任工部員外郎。

陳國綱 江西新建縣人。康熙九年二甲四十六名進士。任山西太谷知縣。

黃任 字志端。直隸元城縣人。康熙九年二甲四十七名進士。十六年任江蘇六合知縣。

金相玉 字水蒼。江蘇高郵州人。康熙九年二甲四十八名進士。授直隸新安知縣。卒於任。著有《地官》《策略全書》《尚書說》《禮記春秋纂》《秋齋詩文集》。

高璜 字渭師。漢軍鑲黃旗。康熙九年二甲四十九名進士。選庶吉士，改禮部主事，官至侍讀，二十一年任江西提學道。

萬謙 江西豐城縣人。康熙九年二甲五十名進士。十七年任江蘇桃源知縣。

王維珍 字珺穀。漢軍鑲藍旗。明崇禎九年（1636）正月初四日生。

康熙九年二甲第五十一名進士。選庶吉士，任編修。纍遷大理寺少卿，康熙二十七年授太僕寺卿遷左副都御史，改兵部侍郎，三十三年十月調浙江巡撫。康熙三十四年十二月卒（1696年1月），年六十。謚"敏慤"。

李予之 字又何。山東長山縣人。康熙九年二甲五十二名進士。任內閣中書，戶部山西司主事、員外郎，官至貴州鎮遠府知府。以疾卒於京。

吳天璧 字璿玉，號潭石。江西臨川縣人。康熙九年二甲五十三名進士。十五年任順天府房山知縣。卒於任。

吳曾芳 福建同安縣人。康熙九年二甲五十四名進士。末仕卒於京。

張錄 浙江德清縣人。康熙九年二甲五十五名進士。

許孫荃 字蓀友，號星州，又作生洲。安徽合肥縣人。明崇禎十三年（1640）九月二十五日生。康熙九年二甲五十六名進士。選庶吉士，改刑部主事，升員外郎、戶部郎中。官至翰林院侍讀學士，二十四年督陝西提學道。康熙二十七年（1688）九月二十日卒，年四十九。著有《慎墨堂詩集》。

張爲煥 字允文。江蘇崑山縣人。康熙九年二甲五十七名進士。二十一年任四川渠縣知縣，後由雲南知縣三十二年改補江西崇義知縣。

以老乞歸。

第三甲二百三十九名

沈尚仁 順天大興縣人，原籍浙江山陰。康熙九年三甲第一名進士。任上海崇明知縣。

祖文謨 字顯之，號效庵。順天大興縣人。康熙九年三甲第二名進士。選庶吉士，授檢討。十五年任會試同考官，官至侍讀學士。

李 誼 陝西高陵縣人。康熙九年三甲第三名進士。十三年任河南上蔡知縣。

顧天挺 字杭來。浙江平湖縣人。康熙九年三甲第四名進士。任河南滎陽知縣，升內閣中書。乞養歸。

韓 裴 字慕唐、晉度，號萊園。浙江烏程縣人。康熙九年三甲第五名進士。十四年任山東東明知縣。十五年卒於任。

李文遠 字伯含。山東新城縣人。康熙八年舉人，九年三甲第六名進士。授內閣中書，晉工部郎中，外任貴州都勻知府，官至貴州貴西道。

劉 機 字岸先。河南信陽縣人。康熙九年三甲第七名進士。十五年任直隸廣宗知縣，二十二年升河州知州。

谷元調 字士和。順天豐潤縣人。順治三年舉人，康熙九年三甲第八名進士。任河南寶豐知縣。

卒，貧無以斂，父老出資其樞乃歸。著有《四書易疏義》。

周之麟 湖北江夏縣人。康熙五年舉人，九年三甲第九名進士。二十五年任順天府平谷知縣。

邵嗣堯 字子昆，號九緘。山西猗氏縣人。康熙九年三甲第十名進士。授山東臨淄知縣，丁憂免。十九年服闋補直隸柏鄉知縣，因事奪職。後補清苑知縣，二十九年、尚書王騭薦嗣堯清廉，擢江南道御史，三十年任直隸守道，三十三年以參議督江南學政。因積勞疾，康熙三十三年（1694）十月卒。著有《周易定本》《四書講義》《勸民續言》等。

李 阜 （本姓朱）字即山。浙江山陰縣人。康熙九年三甲十一名進士。選庶吉士，授檢討。遷洗馬，康熙二十五年督順天學政，官至少詹事。

朱 典 字天叙。江蘇吳縣人。康熙九年三甲十二名進士。選庶吉士，授檢討。官至侍讀學士，十五年任會試同考官。

劉維祺 字介公。江蘇武進縣人。康熙九年三甲十三名進士。任山東范縣知縣，二十一年升莒州知州。

管三覺 浙江鄞縣人。康熙九年三甲十四名進士。

車文龍 雲南昆明縣人。康熙九年三甲十五名進士。

郭 昂 字野鶴、子抑。江蘇

寶應縣人。康熙九年三甲十六名進士。十四年任山西孟縣知縣，十七年改山東齊河知縣，升廣東連州知州。以疾致仕歸。著有《倦還堂詩鈔》。

陳見智 字體元，號力庵。山東曲阜縣人。康熙九年三甲十七名進士。十四年任山西萬泉知縣，二十三年改河南陳留知縣，纍遷刑部郎中，官至浙江金華府知府。因開礦事忤上意解職歸。

齊祖望 字望子，號勉庵。直隸雞澤縣人。康熙九年三甲十八名進士。十八年任湖北巴東知縣，升兵部督捕主事，升武選司員外郎，遷刑部郎中，三十五年出任甘肅鞏昌知府。坐事罷歸。後事白復職，卒。著有《讀易辯疑》《素心堂集》《增補洗冤錄》等。

葛觀昌 江西上饒縣人。康熙九年三甲十九名進士。

李振裕 字維饒，號醒齋。江西吉水縣人。康熙九年三甲第二十名進士。選庶吉士，任檢討。遷侍講，二十四年督江南提學道。二十六年授內閣學士，遷吏部侍郎。三十年十一月授工部尚書，三十七年改刑部尚書，三十八年十一月調戶部尚書，四十三年改任禮部尚書。因"但知唯唯諾諾，臨大事竟無用"，康熙四十八年正月休致。著有《白石山房集》二十八卷。

張琦 字佩玉。安徽潁州人。康熙九年三甲二十一名進士。授山

西陵川知縣，改雲南大理鄧川州知州，纍擢戶部郎中，二十九年官至福建建寧府知府。以病歸。

陳義暉 字裕庵。浙江烏程縣人。康熙九年三甲二十二名進士。二十一年任山西徐溝知縣，纍遷刑部郎中，三十三年督河南提學道。

葉淑衍 字椒生，號茹庵。浙江西安縣人。康熙九年三甲二十三名進士。十六年任江西德興知縣，二十一年調湖北枝江知縣。

毛延芳 字石墨。浙江秀水縣人。康熙九年三甲二十四名進士。任江西新淦知縣。有惠政。歸里後恬淡自得，寄情詩酒以終。

曾華蓋 字文垣。廣東揭陽縣人。康熙九年三甲二十五名進士。二十一年任浙江壽昌知縣，擢吏部考工司，轉稽勳司員外郎，二十九年充湖廣鄉試副考官。以同官罣議降歸，年七十卒。

程化龍 字禹門。江蘇青浦縣人。康熙九年三甲二十六名進士。任中書、刑部主事。著有《游粵草》。

汪錞 字鍾如。湖北江夏縣人。康熙二年舉人，九年三甲二十七名進士。授戶部主事，升吏部員外郎，二十三年充陝西鄉試副考官，官至吏部驗封司郎中，丁憂服闋，補稽勳司郎中。以病歸。

子汪瀓，康熙三十三年進士，江西巡撫。

高爾公 字嵩侶。江蘇武進縣人。康熙九年三甲二十八名進士。

任河南祥符知縣，升戶部主事，遷郎中，三十年督陝西提學道。

王愈擴 字若先。江西泰和縣人。康熙九年三甲二十九名進士。未仕，避兵客死。兄弟并撰《瑞竹亭合編》。

郭恒 陝西蒲城縣人。康熙九年三甲三十名進士。任貴州黎平府推官，改山東虞城知縣，官至江蘇江寧知府。

吳本立 字意輔，號菽原。江蘇武進縣人。康熙九年三甲三十一名進士。選庶吉士，改兵部督捕主事，二十一年任會試同考官。升員外郎，二十二年江西關監督。三十八年遷廣西百色同知，官至浙江台州知府，後降廣西思恩府同知。歸。

康如璉 字修庵。山西安邑縣人。康熙九年三甲三十二名進士。二十七年任浙江餘姚知縣，官至直隸晋州知州。

錢光晉 （本姓祁）廣東永安縣人。康熙九年三甲三十三名進士。任河南寶豐知縣，改陝西咸陽知縣。

于棟如 字隆九。江蘇金壇縣人。康熙三年三甲三十四名進士。授山西襄垣知縣，調浙江淳安知縣、分水知縣，三十一年改湖南黔陽知縣，同年行取浙江道御史。才華精敏，致事練達。卒於任。

侯殿禎 廣東海陽縣人。康熙九年三甲三十五名進士。任中書舍人。

李振世 字章六，號臥衡。直隸長垣縣人。康熙九年三甲三十六名進士。十三年任河南獲嘉知縣，丁父憂歸。補江西廣豐知縣，升戶部河南司員外郎，二十六年充江西鄉試副考官。遷刑部江西司郎中，擢湖廣鹽驛道，官至陝西涼莊道、布政使司參政。以病歸。著有《退食稿》。

黎敦簡 湖廣鍾祥縣人。順治十四年舉人，康熙九年三甲三十七名進士。

李文炳 字虎臣。直隸安肅縣人。康熙九年三甲三十八名進士。十七年任河南遂平知縣。

高以位 字素其。江蘇江都縣人。康熙九年三甲三十九名進士。任中書科中書。

曾逢年 江西南城縣人。康熙九年三甲四十名進士。

方來 字脫庵。湖北潛江縣人。康熙二年舉人，九年三甲四十一名進士。任內閣中書。著有《華梧堂集》。

黃雲企 字丹鍾，號予望。江蘇婁縣人。康熙九年三甲四十二名進士。任禮部主事，升郎中，二十七年督廣東提學道。

沈寧 浙江石門縣人。康熙九年三甲四十三名進士。任山西汾西知縣，行取主事，升郎中，四十二年官至山西汾州府知府。

王綜 字孝齋。陝西蒲城縣人。康熙九年三甲四十四名進士。十六年任山東益都知縣，二十九年任四川簡州直隸州知州，遷户部郎中，三十三年督江西提學道。

吳維駿 字再甫，號磊齋。安徽涇縣人。康熙九年三甲四十五名進士未仕卒。著有《四書解説》。

鄭惟飆 浙江縉雲縣人。康熙九年三甲四十六名進士。十六年任河南長葛知縣，丁憂服闋，補廣東海康知縣。以勞瘁卒於任。

陳　正 字端伯。直隸清苑縣人。康熙九年三甲四十七名進士。任內閣中書，升户部主事、員外郎，三十二年督貴州鄉試副考官。官至禮部主客司郎中，三十八年充貴州提學道。

劉敬宗 陝西渭南縣人。康熙九年三甲四十八名進士。十四年任廣東永安知縣。

汪浩然 字我常。安徽歙縣人。康熙九年三甲四十九名進士。任户部主事，督中南倉場。潔己奉公。著有《籬隱園詩集》《楚游草》。

陶虞颺 字廣臣。安徽全椒縣人。康熙九年三甲五十名進士。十四年任直隸井陘知縣，二十一年升四川達州知州，三十年改湖北沔陽知州。

賽　璋 字德公，號青崖。山東靖海衛人。康熙九年三甲五十一名進士。授直隸廣昌知縣，二十六年調山西臨汾知縣，補禮部主事，三十年充會試同考官，遷户部郎中，三十六年督山西提學道。

涂　銓 字遜士，號湘崖。湖北潛江縣人。康熙八年舉人，九年三甲五十二名進士。十五年任浙江昌化知縣，行取兵部主事，升職方司員外郎、浙江司郎中。遷山東僉事，三十六年官至福建糧儲道。

子涂擴，乾隆二年進士。

曹燕懷 字石闇，號二社。浙江海鹽縣人。康熙九年三甲五十三名進士。任內閣中書，十四年改行人。爲人明健，論事不肯少屈，以此人忌嫉之，罷官歸，以詩酒自娛。著有《天爵堂集》《粵江紀游詩》。

李讓中 字遜卿。山東諸城縣人。康熙九年三甲五十四名進士。未仕卒。

周道泰 字通也。江蘇江寧縣人。康熙九年三甲五十五名進士。任直隸元氏知縣。

閻　夔 字作梅。山東沾化縣人。康熙九年三甲五十六名進士。康熙十六年任安徽懷遠知縣。卒於任。

陳宗彝 字子常。直隸冀州人。康熙九年三甲五十七名進士。十八年任安徽臨淮知縣，卓異調順天宛平知縣，升刑部主事，兵部職方司郎中。告歸。卒年八十四。

朱大任 字淑庵。湖北大冶縣人。順治十一年舉人，康熙九年三甲五十八名進士。二十一年授四川井研知縣，二十四年署榮縣知縣，二十五年升山西霍州知州，行取禮部員外郎，轉兵部郎中，三十三年督廣西提學道。

歐企修 河南閿鄉縣人。康熙九年三甲五十九名進士。

張烈 字武承，號莊持。山西澤州直隸州人。康熙九年三甲六十名進士。任內閣中書。十八年召試博學鴻詞一等授編修。升左贊善，二十一年充會試同考官。著有《易經日鈔》《王學質疑》等。

劉振儒 字起仲。河南河內縣人。康熙九年三甲六十一名進士。十七年任江西上猶知縣，二十五年改安徽靈璧知縣。

萬嵩 字維岳。順天大興縣人。康熙九年三甲六十二名進士。未仕。

劉超凡 字浚澄、異生。直隸永年縣人。康熙九年三甲六十三名進士。任奉天開原知縣，二十二年行取廣西道御史，歷通政司參議，順天府丞，三十一年轉僉都御史。著有《開原縣志》。

梁心恒 字其道。山東嘉祥縣人。康熙九年三甲六十四名進士。以親老不忍遠離。十七年親卒後就職江蘇碭山知縣。

王錫輔 山東濱州人。康熙九年三甲六十五名進士。任甘肅伏羌知縣。

錢世熹 字紹文，號康侯。安徽五河縣人。康熙九年三甲六十六名進士。未仕而卒。著有《錢紹文集》。

劉徵 字麟居。江西南昌縣人。康熙九年三甲六十七名進士。任山西平順知縣，改潞城知縣。

溫應崇 字智先。江西寧都縣人。康熙九年三甲六十八名進士。著有《怡園詩文集》。

別楫 湖廣景陵縣人。康熙八年舉人，九年三甲六十九名進士。二十年任順天寶坻知縣，歸養。二十三年任四川德陽知縣。

戴名振 字奇珍，號蜀岩。山東汶上縣人。康熙九年三甲七十名進士。任湖南知縣，行取戶部主事。

趙珙 河南沈丘縣人。康熙九年三甲七十一名進士。任雲南浪穹知縣，二十年改四川綿竹知縣。

邵秉忠 字憲思。順天文安縣人。康熙九年三甲七十二名進士。康熙十六年任山東樂安知縣，卓異升濱州知州。

王烈 字公濯。山東掖縣人。康熙九年三甲七十三名進士。

楊爍 字仲昭。雲南雲南縣人。康熙九年三甲七十四名進士。二十四年任廣西貴縣知縣，升潯州府同知。解組歸。

樂師夔 號典庵。江西東鄉縣人。康熙九年三甲七十五名進士。十七年任福建建安知縣，忤當道歸。三十五年補四川金堂知縣。卒年七十八。

王無忝 字夙夜。河南孟津縣人。康熙九年三甲七十六名進士。任行人司行人。官至浙江金華知府。卒於任。善畫山水。

朱鴛鷺　字造子，號近光。江蘇泰興縣人。康熙九年三甲七十七名進士。任行人司行人，十六年任順天鄉試同考官。後出差廣東，事竣歸卒於途。著有《燕台游草》。

侯弘基　號鄰清。陝西三原縣人。康熙九年三甲七十八名進士。任江西安仁知縣。以憂勞成疾卒。

胡鳴皋　字雲翥。湖北江夏縣人。康熙九年三甲七十九名進士。十六年授直隸青縣知縣，以逃案罷官。二十五年薦補四川汶川知縣，三十年任山西代州知州，官至山東臨清直隸州知州。卒於任。

白夢鼐　字仲調，號受茲、孟新，又號蝶庵。江蘇江寧縣人。康熙九年三甲八十名進士。官至大理寺評事。著有《天山堂稿》。

張曉　字平陽。山東沾化縣人。康熙八年舉人，九年三甲八十一名進士。十五年任四川丹稜知縣，十九年改四川蒲江知縣，行取戶部主事。未任卒於家。

張之溢　湖北沔陽州人。康熙五年舉人，九年三甲八十二名進士。任內閣中書。

李起　字如蒼。順天文安縣人。康熙九年三甲八十三名進士。十四年任江蘇江都知縣。

張結綠　直隸魏縣人。康熙九年三甲八十四名進士。十九年任廣東樂會知縣。

任啓泰　直隸滑縣人。康熙九年三甲八十五名進士。官至詹事。

楊昶　字光生，號澹音。浙江龍游縣人。康熙九年三甲八十六名進士。十九年任廣東合浦知縣，在任三年以疾乞歸，士民乞留又三年歸。丁父憂。二十五年行取吏部主事，康熙三十四年任江西關監督，四十二年官至四川叙州府知府。著有《自訂文稿》。

梁楠　山西永寧州人。康熙九年三甲八十七名進士。任內閣中書。

張經　廣東惠來縣人。康熙九年三甲八十八名進士。未仕卒。祀鄉賢。

張奕曾　山西澤州直隸州人。康熙九年三甲八十九名進士。任內閣中書。

廖必强　廣西全州人。康熙九年三甲九十名進士。

賈其音　字葉六，號澹庵。江蘇高郵州人。康熙九年三甲九十一名進士。陝西咸寧知縣，二十六年調浙江麗水縣知縣。著有《雨香亭》《百四樓》詩集。

李鶴鳴　字子和。江西吉水縣人。康熙九年三甲九十二名進士。十七年任山西盂縣知縣。著有《復禮堂詩文集》十卷、《明理學正氣錄》二十卷、《四書易精義錄》二十卷、《皇極經世大乙合曆》五卷。

楊士炌　順天通州人。康熙九年三甲九十三名進士。十四年任山東沂水知縣。

李南英　字道南，號零峰。山

東沾化縣人。康熙九年三甲九十四名進士。

張恂　字完樸。直隸景州人。康熙九年三甲九十五名進士。十五年任江蘇泰興知縣。以事免。著有《二一山房稿》。

張泰來　字扶長。江西新建縣人。康熙九年三甲九十六名進士。十七年任山東金鄉知縣，行取吏部主事，官至廣東兵備道。年老乞休歸。

黃承箕　廣東海陽縣人。康熙九年三甲九十七名進士。

劉恒祥　字麟河。直隸蠡縣人。康熙九年三甲九十八名進士。選庶吉士，改戶部廣東司主事，官至員外郎。

從弟劉豫祥，同榜進士。

楊諤言　山東青城縣人。康熙九年三甲九十九名進士。任知縣。

羅大初　陝西蒲城縣人。康熙九年三甲一百名進士。十六年任安徽五河知縣。

盧道悅　（1640—1726）字喜臣，號夢山。山東德州左衛人。康熙九年三甲一百零一名進士。授陝西隴西知縣，以事罷歸。三十四年改河南偃師知縣，官至兩淮鹽運使。致仕歸。卒年八十七。著有《公餘漫草》《清福堂遺稿》。

子盧見曾，康熙六十年進士；曾孫盧蔭溥，乾隆四十六年進士，體仁閣大學士；曾孫盧蔭文，乾隆五十四年進士。

王焯　字青岩。陝西三原縣人。康熙九年三甲一百零二名進士。十六年任山西孟縣知縣，二十一年改直隸阜城知縣，纍遷吏科給事中，二十九年充廣西鄉試主考官，擢左僉都卿史，三十七年官至太常寺卿。

閻文煥　河南河內縣人。康熙九年三甲一百零三名進士。十六年任山東齊東知縣。心術忠厚，品行端正。以被劾去官，士民冤之。

倪懋祜　字長生。浙江金華縣人。康熙九年三甲一百零四名進士。十九年任四川犍爲知縣。尋罷歸。

王鄰　字欽四。直隸曲周縣人。康熙九年三甲一百零五名進士。十六年任山西太平知縣，遷山西隰州知州。告歸卒。著有《問津園詩草》。

弟王郎，同榜進士。

汪懋勛　字次華。江西南昌縣人。康熙九年三甲一百零六名進士。

王郎　字文益。直隸曲周縣人。康熙九年三甲一百零七名進士。任中書舍人，三十八年官至廣東雷州府知府。告歸。

兄王鄰，同榜進士；孫王今遠，乾隆元年進士。

孫起綸　字茂先，號遜庵。山東安丘縣人。康熙九年三甲一百零八名進士。授江蘇江寧知縣，丁憂補山西壽陽知縣，行取戶部主事，遷郎中，三十年督雲南提學道。卒於任。

劉始恢　字價人，號誠庵。江蘇山陽縣人。康熙九年三甲一百零九名進士。授大理寺評事，進吏部考工司郎中，罷歸。復起任文選司郎中。致仕歸。卒年七十三。

父劉昌言，順治十六年進士。

劉在銓 貴州新貴縣人。順治十七年舉人，康熙九年三甲一百十名進士。二十四年任廣東高要知縣。

萬世緯 字襄文。四川富順縣人。康熙八年舉人，九年三甲一百十一名進士。官至貴州獨山知州。

李次蓮 字幼清。江西吉水縣人。康熙九年三甲一百十二名進士。任內閣中書，以母老歸。母喪哀毀卒。

余配乾 字得一。江西豐城縣人。康熙九年三甲一百十三名進士。任山東巨野知縣。

高去怠 直隸寧晉縣人。康熙九年三甲一百十四名進士。任安徽霍丘知縣。

王廷詔 （一作王庭詔，題名碑作楊廷詔）字宣子，號遜庵、支岸。四川夾江縣人。康熙九年三甲一百十五名進士。任湖南江華知縣。

陳其彥 （榜名傅其彥）江西金溪縣人。康熙九年三甲一百十六名進士。任內閣中書。

丘 彝 （題名碑作邱彝）福建將樂縣人。康熙九年三甲一百十七名進士。

王 錞 河南柘城縣人。康熙九年三甲一百十八名進士。任內閣中書。

孫祚昌 順天大興縣人。康熙九年三甲一百十九名進士。任山東諸城知縣，官至刑部員外部。

江允汭 字石鄰。江蘇通州人。康熙九年三甲一百二十名進士。分直隸即用知縣，任河南武安知縣。

勞溫良 廣東順德縣人。康熙九年三甲一百二十一名進士。十九年任四川鄰水知縣。卒於任。

張鵬翮 字運青，號寬宇。四川遂寧縣人，原籍湖北麻城。順治六年（1649）十一月十七日生。康熙九年三甲一百二十二名進士。選庶吉士，歷任刑部主事、禮部郎中、江蘇蘇州府知府、兵部督捕理事官、大理寺少卿。康熙二十八年授浙江巡撫，三十三年調兵部侍郎，三十六年遷都察院左都御史改刑部尚書，三十七年十一月調兩江總督，三十九年改總河督。四十三年加太子太保，四十六年削。四十七年十月復任刑部尚書改戶部尚書，五十二年調吏部尚書，六十一年加太子太傅。雍正元年二月遷文華殿大學士。雍正三年（1725）二月卒。享年七十七。贈少保。謚"文端"。雍正十年十月入祀賢良祠。著有《聖謨全書》《忠武志》《敦行錄》《信陽子卓錄》。《使俄羅斯行程錄》《河防志》等。

李竑鄴 四川渠縣人。康熙九年三甲一百二十三名進士。任順天府良鄉知縣，官至貴州黃平知州。

郭琇 字華野，號瑞甫。山東即墨縣人。明崇禎十一年（1638）六月十八日生。康熙九年三甲一百二十四名進士。十八年任江蘇吳縣知縣，二十五年行取江南道御史，歷僉都御史。康熙二十七年授太常寺卿遷內閣學士。二十八年授吏部侍郎，五月遷左都御史。十月因指使御史張星法參劾山東巡撫錢珏，降五級調用。休致。三十八年康熙帝南巡迎駕還京都授湖廣總督。後因苗民搶掠，地方官不究不報，四十二年革。康熙五十四年（1715）三月初七日卒。年七十八。著有《華野疏稿》。

江同淇 字瞻斐，號柳庵。安徽懷寧縣人。康熙九年三甲一百二十五名進士。十七年任直隸新城知縣。以盜案降。旋開復，絕意歸。

兄江同海，順治十八年進士。

夏晉 字志翰。福建福清縣人。康熙九年三甲一百二十六名進士。值耿精忠叛清，事平後年已七十，授山東諸城知縣。未赴任卒。

陳孚 字蔚若。直隸元城縣人。康熙九年三甲一百二十七名進士。病卒未仕。

孔興釪 字紹先，號霽庵。山東曲阜縣人。康熙九年三甲一百二十八名進士。選庶吉士，十三年改江南道御史，官至陝西潼商道。

蔣馥 浙江長興縣人。康熙九年三甲一百二十九名進士。十七年任山東棲霞知縣。

繆士元 江西崇仁縣人。康熙九年三甲一百三十名進士。任內閣中書。

陳貳酉 字秦逸。江蘇長洲縣人。康熙九年三甲一百三十一名進士。

張爾介 直隸趙州人。康熙九年三甲一百三十二名進士。任甘肅安定知縣。

孟長安 河南洛陽縣人。康熙九年三甲一百三十三名進士。任中書舍人。

德格勒 滿洲鑲藍旗人。康熙九年三甲一百三十四名進士。選庶吉士，改主事，升侍讀學士。充日講起居注官。二十六年被聖祖召試，以文字劣降級。又因事罷官下獄。遇赦釋歸本旗。

白玠 字介玉。陝西清澗縣人。康熙九年三甲一百三十五名進士。十八年任福建龍溪知縣，丁憂，二十二年補廣東石城知縣，擢雲南晉寧知州。

周文郁 字星哉。安徽壽州人。康熙九年三甲一百三十六名進士。未仕。家居授徒，卒年三十八。著有《風山文集》。

崔瀛 山西襄陵縣人。康熙九年三甲一百三十七名進士。二十二年任福建南安知縣。

劉址 字沈亭。河南新蔡縣人。康熙九年三甲一百三十八名進士。任福建侯官知縣，十七年改直隸南皮知縣。

劉豫祥 字順勤、竹岩。直隸蠡縣人。康熙九年三甲一百三十九名進士。十七年任江蘇太平知縣，十八年改江蘇江都知縣。

從兄劉恒祥，同榜進士。

梁猶龍 廣東海陽縣人。康熙九年三甲一百四十名進士。

張倬 字靜軒、雲漢。直隸安平縣人。康熙九年三甲一百四十一名進士。十九年任福建南靖知縣，行取刑部浙江司主事，遷考工司員外郎，三十年官至山西冀寧道，三十三年雲南學政。

袁定遠 字靜公。浙江秀水縣人。康熙九年三甲一百四十二名進士。十七年授河南新野知縣，二十五年任山東平度州知州，遷吏部文選司郎中，四十四年官至四川順慶府知府。著有《歷代銓選志》一卷。

尹維旃 四川閬中縣人。康熙九年三甲一百四十三名進士。任廣西蒼梧知縣，改湖北黃州荔坡知縣，官至湖南澧州知州。

劉麟趾 字公振。河南商丘縣人。康熙九年三甲一百四十四名進士。十九年任福建永安知縣，擢戶部主事，遷禮部郎中，外任廣西桂林府知府，調慶遠知府。以璽誤降秩歸。

柴煌 浙江仁和縣人。康熙九年三甲一百四十五名進士。二十年任江西會昌知縣。

鄒應泗 陝西鳳翔縣人。康熙九年三甲一百四十六名進士。十九年任四川雲陽知縣。

謝玉成 安徽祁門縣人。康熙九年三甲一百四十七名進士。十七年任河南鹿邑知縣。

張禄徵 字曰總，號西野。山東新城縣人。康熙九年三甲一百四十八名進士。任山西鄉寧知縣。

蘇萬楚 （本姓廖）廣東順德縣人。康熙九年三甲一百四十九名進士。二十年任四川隆昌知縣。

周之美 湖北江夏縣人。順治十四年舉人，康熙九年三甲一百五十名進士。十七年任福建浦城知縣，二十八年任四川廣元知縣。

王元臣 字聖乘。江蘇青甫縣人。康熙九年三甲一百五十一名進士。十九年任浙江會稽知縣，四十三年任湖南祁陽知縣。

朱奕臯 浙江烏程縣人。康熙九年三甲一百五十二名進士。

葛言颺 湖北漢川縣人。順治十七年舉人，康熙九年三甲一百五十三名進士。任內閣中書。

劉日晞 江西南城縣人。康熙九年三甲一百五十四名進士。十七年任江西上高知縣，三十二年改直隸南和知縣。

李彬 （1633—1722）字伊麗，號厚齋。廣西貴縣人。康熙九年三甲一百五十五名進士。任內閣中書。淡於仕進，終年九十。著有《愚石居野錄》。

莫之翰 湖北潛江縣人。康熙八年舉人，九年三甲一百五十六名進士。十七年任江西上高知縣，二十三年任安徽泗州知州，官至貴州貴西道。

楊振藻　字起文。直隸永平府人。康熙九年三甲一百五十七名進士。十七年任山西祁縣知縣，二十四年調補江蘇常熟知縣，三十一年改雲南廣通知縣，擢工部員外郎。卒於任。

鹿廷瑄　字玉相，號東儒。山東福山縣人。康熙九年三甲一百五十八名進士。十七年授直隸吳橋知縣，二十五年改湖南平江知縣，調奉天承德知縣。卒於任，年五十七。

兄鹿廷瑛，同榜進士。

管父才　字麟公。江蘇崇明縣人。康熙九年三甲一百五十九名進士以親老不仕，克盡子職。邃於理學，與同年陸隴其講論。

秦恪　字欽亮。直隸曲周縣人。康熙九年三甲一百六十名進士。十八年任福建同安縣知縣。謝病歸。授生徒。

洪煒　字豹生。江西樂平人。康熙九年三甲一百六十一名進士。二十年任江蘇六合知縣。

尚登岸　字未山。湖北京山縣人。順治八年舉人，康熙九年三甲一百六十二名進士。十七年授江蘇宿遷知縣，遷同知，官至甘肅蘭州知州。

胡權　字義公，號霞城。直隸任丘縣人。康熙九年二甲一百六十三名進士。任河南寶豐知縣，二十六年任河南祥符縣知縣。以疾瘁卒。年六十二。

宋祖墀　字爾御。福建永春縣人。康熙九年三甲一百六十四名進士。選教職，未赴卒。

隋振業　字允大。山東壽光縣人。康熙九年三甲一百六十五名進士。任雲南富民知縣。

鹿廷瑛　字生色，號芝陽。山東福山縣人。康熙九年三甲一百六十六名進士。任湖南宜章知縣，改承德知縣，二十五年行取四川道御史，歷河南、山東道御史，康熙二十八年因党附左都御史郭琇革職。流徙奉天。

弟鹿廷瑄，同榜進士。

鄭昱　字方南。湖北黃岡縣人。康熙五年舉人，九年三甲一百六十七名進士。十七年任福建建陽知縣，二十二年改直隸唐縣知縣，擢工科給事中，外任江西糧道，四十年授廣西按察使，四十三遷四川布政使，改安徽布政使。以老告歸。

于沛霖　字宏仁。山東昌邑縣人。康熙九年三甲一百六十八名進士。任內閣中書，工部員外郎。

陸士炳　字胥仲。江蘇常熟縣（一作昭文）人。康熙九年三甲一百六十九名進士。任四川通江知縣，擢吏部文選司主事，稽勛司員外郎。

王先吉　浙江蕭山縣人。康熙九年三甲一百七十名進士。任內閣中書。

紀澐　字澤九。直隸晉州人。康熙九年三甲一百七十一名進士。任內閣中書。兼司經局正字。淡於仕進。著有《漪園集》。

廖弘偉 字偉人，號崧庵。江西奉新縣人。康熙九年三甲一百七十二名進士。十七年任山東臨朐知縣。在任六年，以老致仕。

魏康孫 字紹聞。安徽繁昌縣人。康熙九年三甲一百七十三名進士。任內閣中書，二十二年改浙江宣平知縣。卒於家。著有《二愚堂文稿》《知性録》行世。

羅冠 江西南城縣人。康熙九年三甲一百七十四名進士。任內閣中書。

施廷槐 直隸東光縣人。康熙九年三甲一百七十五名進士。任江西長寧知縣。

孔遷 字晉永。河南汝陽縣人。康熙九年三甲一百七十六名進士。任廣西宣化知縣，升戶部雲南司主事，官至員外郎。

史遵古 山西陽曲縣人。康熙九年三甲一百七十七名進士。

張益亨 字行偕。山東陽信縣人。康熙九年三甲一百七十八名進士。官至戶部郎中。

張祖籙 江蘇武進縣人。康熙九年三甲一百七十九名進士。任直隸獻縣知縣，二十四年調山西交城知縣。

王承祥 字少參。貴州新貴縣人，祖籍浙江錢塘。康熙九年三甲一百八十名進士。任戶部主事，二十八年官至福建興泉道。

魯鑣 字以馭。湖北雲夢縣人。順治十七年舉人，康熙九年三甲一百八十一名進士。十八年任江西東鄉知縣，升兵馬司指揮。

張雄 字受夫，號耻庵。福建南靖縣人。康熙九年三甲一百八十二名進士。任工部都水司主事，升員外郎、刑部郎中。以父老乞養歸。卒年八十五。

瞿懋甲 湖北鍾祥縣人。康熙九年三甲一百八十三名進士。

林麟焻 字石來，號紫峰、玉岩。福建莆田縣人。康熙九年三甲一百八十四名進士。授內閣中書，二十一年任副使冊封琉球國世子尚貞爲中山王。改戶部主事，升員外郎。二十六年充四川鄉試副考官，升禮部郎中，三十三年督貴州提學道。告歸。著有《竹香詞》《列朝外紀》《莆田縣志》《玉岩詩集》等。

葉有挺 字貞夫。福建壽寧縣人。康熙九年三甲一百八十五名進士。徒步南歸。逢耿精忠反清，凡在籍縉紳均迫以僞職，葉有挺避入南昌，後歸省母，被縣令偵知，潛走山中自經而卒。平叛後，因無以上聞者，故未見褒贈。

吳瑾 字璞懷。湖北廣濟縣人。順治八年舉人，康熙九年三甲一百八十六名進士。任湖南武陵縣教諭，十八年任山東萊陽知縣。擢滄州知州，改山西蒲州知州，升刑部員外郎。以疾歸。

楊春星 河南睢州人。康熙九年三甲一百八十七名進士。十九年任湖北公安知縣，官至吏部稽勛司員外郎。

章元科 號退庵。江西崇仁縣人。康熙九年三甲一百八十八名進士。任四川綏陽知縣，署涪陵縣，在任五年告歸。年八十七卒。著有《萊香園集》《詩經纂要》。

左 峴 字襄南、我庵。浙江鄞縣人。康熙九年三甲一百八十九名進士。任福建龍岩知縣，二十三年遷四川威州知州，改河南陳州府同知，三十二年內擢戶部江南司員外郎，進工部都水司郎中，三十九年督廣東學政。後歸里。著有《蜀道吟》。

徐美大 字亦人，號石峰。湖北蒲圻縣人。康熙八年舉人，九年三甲一百九十名進士。康熙十六年入都考中書。未任而卒。

劉登樞 山東復州衛人。康熙九年三甲一百九十一名進士。十八年任江蘇睢寧知縣。

張發辰 字庚千。河南杞縣人。康熙九年三甲一百九十二名進士。任陝西臨潼知縣，擢吏部文選司主事，官至考工司郎中。

程軒犖 山西聞喜縣人。康熙九年三甲一百九十三名進士。十八年任直隸任縣知縣。

李 瑞 河南永城縣人。康熙九年三甲一百九十四名進士。未仕。

王永清 字敷五、定一。湖北安陸縣人。康熙五年解元，九年三甲一百九十五名進士。十八年任浙

江雲和知縣，升江蘇徐州府同知。二十七年官至江蘇徐州知府。

童 煒 直隸祁州人，原籍浙江會稽。康熙九年三甲一百九十六名進士。任浙江海鹽知縣，二十年改浙江桐廬知縣。

徐春溶 江西臨川縣人。康熙九年三甲一百九十七名進士。

牛 鈕 字樞臣。滿洲正藍旗，赫舍里氏。康熙九年三甲一百九十八名進士。選庶吉士，授檢討。纍遷侍讀學士，二十一年授詹事，遷翰林院掌院學士，官至內閣學士。因劾明珠當道，二十四年被罷官。康熙二十五年（1686）六月卒，年三十九。曾奉敕撰《日講易經解義》。

張銘旟 河南睢州人。康熙九年三甲一百九十九名進士。未仕卒。

石潤廣 直隸交河縣人。康熙九年三甲二百名進士。十八年任山東武城縣知縣。

賀世封 字桐意。江西廬陵縣人。康熙九年三甲二百零一名進士。十八年任直隸深澤知縣。

魏殿元 雲南臨安衛人。康熙九年三甲二百零二名進士。

佘雲祚 廣東順德縣人。康熙九年三甲二百零三名進士。十九年任湖南藍山知縣。

李 玠 字周錫。漢軍正白旗。康熙九年三甲二百零四名進士。選庶吉士，改刑部主事，升員外郎，十五年充會試同考官，十九年官至直隸天津道。

周陳儌　字義扶、平園。江蘇嘉定縣人。康熙九年三甲二百零五名進士。未仕。

博極（一作博際，改博濟）滿洲正藍旗人。康熙九年三甲二百零六名進士。選庶吉士，改主事，纍遷侍講學士，二十八年授內閣學士，三十年遷戶部右侍郎，改左侍郎，三十一年改兵部督捕侍郎。康熙三十二年降調。

劉佐世　字佑君。山西曲沃縣人。康熙九年三甲二百零七名進士。十九年安徽霍丘知縣。以疾歸。

錢正振　字侯起。江西星子縣人。康熙九年三甲二百零八名進士。著有《四書決疑》行世。

張嚴　字敬孚，號肅山。山東萊蕪縣人。康熙九年三甲二百零九名進士。任山東萊陽縣、鄆城縣教諭，候選中書。精研經史理學。

劉元福　字慧生。直隸大名縣人。康熙九年三甲二百十名進士。任山東魚臺知縣。

李皞鳳　陝西三原縣人。康熙九年三甲二百十一名進士。

胡永亨　字肇美。安徽舒城縣人。康熙九年三甲二百十二名進士。任行人司行人，二十三年充江西鄉試副考官，遷戶部郎中，官至廣東肇羅道。

周釗　順天涿州人。康熙九年三甲二百十三名進士。

陳天達　字可行。福建漳平縣人。康熙九年三甲二百十四名進士

（時年五十九）。十年耿精忠反清，携家入山，十六年總督姚啓聖薦任職，以老病辭。後爲親友子弟講學，卒年九十二。

鄒琬　湖北麻城縣人。順治十七年舉人，康熙九年三甲二百十五名進士。十九年任順天府順義知縣，二十三年改江蘇宿遷知縣。

陳坦　直隸清苑縣人。康熙九年三甲二百十六名進士。

耿德曙　直隸冀州人。康熙九年三甲二百十七名進士。任福建古田知縣。

唐封　湖北麻城縣人。順治十一年舉人，康熙九年三甲二百十八名進士。

張三畏　河南安陽縣人。康熙九年三甲二百十九名進士。十九年任浙江武義知縣。

張秉鉉　江西德化縣人。康熙九年三甲二百二十名進士。任直隸永年知縣。

曾應星　江西臨川縣人。康熙九年三甲二百二十一名進士。任內閣中書。

趙曜　河南滎陽縣人。康熙九年三甲二百二十二名進士。未仕。

强兆統　陝西寶雞縣人。康熙九年三甲二百二十三名進士。十九年任廣東電白知縣，官至員外郎。

張輔辰　字漢亭。陝西伏羌縣人。康熙九年三甲二百二十四名進士。十六年任江西信豐知縣。歸。

許自俊　字子位。江蘇嘉定縣

人。康熙九年三甲二百二十五名進士。任山西聞喜知縣。乞休歸。著有《左氏提綱》《歷游山水記》《三通要録》《司升全集》《了公宗旨》《潛壺》《韞齋》等集。

辛樂舜　順天固安縣人。康熙九年三甲二百二十六名進士。十九年任江西南康知縣。二十年卒於任。

李焕斗　字次箕。江西新淦縣人。康熙九年三甲二百二十七名進士。十八年任山西廣靈知縣，代理蔚州知州，擢工部主事，三十年纍遷陝西寧夏道。卒於任。

趙作霖　字龍圖。山東壽光縣人。康熙九年三甲二百二十八名進士。以母年老不仕，教子及邑人讀書。母喪後悲痛成疾卒。

陳邦祥　字常吉。江西泰和縣人。康熙九年三甲二百二十九名進士。善古文，著有《松庵集》。

李夢庚　字仙庵。漢軍鑲白旗。康熙九年三甲二百三十名進士。選庶吉士，改主事，十年任山東巡鹽御史，二十一年官至山東東兗道。

張禄圖　字次赤，號星峒。江西新昌縣人。康熙九年三甲二百三十一名進士。省親歸里，訂刻家譜，未竟其用而卒。

沈獨立　字國望，號殿公。正黃旗漢軍。康熙九年三甲二百三十二名進士，選庶吉士，改主事，歷官至宗人府理事。

王長年　字平侯。陝西渭南縣人。康熙九年三甲二百三十三名進士。授十九年任直隸曲周知縣，丁祖母憂歸。二十七年補河南內鄉知縣，行取戶部主事。解組歸。

厲士貞　字烈士。江蘇儀徵縣人。康熙九年三甲二百三十四名進士。歸班候選知縣。少時家貧而力學不倦，常讀書棲霞山寺靈隱韜光禪室，挑燈達旦。九上公車成進士。不肯輕就一官。著有《舟南録》。

張　暉　（縣志作柳暉）直隸邯鄲縣人。康熙九年三甲二百三十五名進士。任陝西武功知縣。

陳　瑄　四川大竹縣人。康熙二年舉人，九年三甲二百三十六名進士。選庶吉士。康熙二十五年改廣西興業知縣。

張省躬　河南鹿邑縣人。康熙九年三甲二百三十七名進士。十九年任山西石樓知縣。

胡　澄　字公徹。江西進賢縣人。康熙九年三甲二百三十八名進士。任陝西富平知縣。

江德新　字懋昭。安徽歙縣人。康熙九年三甲二百三十九名進士。任內閣中書。著有《尚德堂詩文集》。

康熙十二年（1673）癸丑科

第一甲三名

韓菼 字元少，號葭人、慕廬。江蘇長洲縣人。明崇禎十年（1637）生。康熙十二年一甲第一名狀元。任修撰。歷任贊善、侍講、侍讀學士，康熙二十四年授内閣學士，丁憂。以疾家居八年。三十三年復召任一統志總裁。三十六年授禮部侍郎兼翰林院掌院學士，改吏部侍郎。三十九年十一月遷禮部尚書，仍兼掌院學士。康熙四十三年（1704）八月卒。年六十八。乾隆十七年追諡"文懿"。曾奉敕撰《孝經衍義》一百卷。著有《懷堂詩文稿》。

王鴻緒（原名王度心）字季友，號儼齋。江蘇婁縣人。順治二年（1645）八月初三日生。康熙十二年一甲第二名榜眼。任編修。歷翰林院侍講、侍讀、《明史》總裁、左庶子。康熙二十二年授内閣學士，遷户部侍郎，二十六年遷左都御史，丁父憂歸。三十八年授工部尚書，四十七年五月改户部尚書，因"但知唯唯諾諾，臨大事竟無用"，四十八年正月休致。五十四年復召京修書，充《省方盛典》總裁官。雍正元年（1723）八月十五日卒。年七十九。通醫學，有《王鴻緒外科》，另有《賜金園集》《橫雲山人詩稿》等。

孫王興吾，雍正五年進士，吏部左侍郎。

徐秉義 字彦如，一作彦和，號果亭。江蘇昆山縣人。文華殿大學士徐元文弟。康熙十二年一甲第三名探花。授編修。十四年充浙江鄉試主考官，歷任侍讀、庶子、少詹事、詹事。三十九年授禮部侍郎，改吏部侍郎兼管詹事府，因事革侍郎仍留詹事。四十二年遷内閣學士，四十三年乞休。康熙五十年（1711）四月卒。年七十九。爲清初文史學家，與兄徐乾學、次兄徐元文，號稱"昆山三徐"。爲清藏書家，藏書處曰"培林堂"。曾奉敕編著《淵鑒類函》，著有《培林堂集》《明末忠烈紀實》等。

第二甲四十名

顧汧 字伊在，號芝岩、復庵。順天大興縣人，原籍江蘇吳縣。順治三年（1646）生。康熙十二年二甲第一名進士。選庶吉士，授編修。十五年充會試同考官，歷左中允、左右諭德、右庶子、侍讀學士，康熙二十八年授內閣學士，十二月遷禮部侍郎，二十九年三月丁憂。三十一年十二月授河南巡撫，以才力不及三十四年降調。後任大理寺少卿，四十六年遷宗人府丞，致仕歸。康熙五十年（1711）卒。年六十六。著有《鳳池園詩集》《鳳池園文集》等。

黃士塤 字伯和，號瀛山。浙江石門縣（一作安徽休寧）人。康熙十二年二甲第二名進士。選庶吉士，授編修。十五年充會試同考官，假歸。居家八年，二十四年還京，分纂《一統志》書未成，康熙二十六年（1687）卒。著有《宏雅堂集》。

陸祚蕃 （榜名陸胤蕃）字子振，號武園。浙江平湖縣人。康熙十二年二甲第三名進士。選庶吉士，授編修。十四年改雲南道御史，十九年擢山東登萊青道，二十六年督廣西提學道，三十年官至貴州貴東道。著有《粵西偶記》《淳意齋詩草》。

蔣仲達 （榜名林仲達，復姓）字姬士。福建長樂縣人。康熙十二年二甲第四名進士。選庶吉士。

宮夢仁 字宗袞，號定山、定庵。直隸靜海縣人，原籍江蘇泰州。康熙九年會元，十二年二甲第五名進士。選庶吉士，授編修。擢貴州道御史，外任河南督糧道，補湖北驛鹽道，二十四年督山東學政。進左僉都御史，康熙三十一年授通政使，三十六年四月遷福建巡撫，三十七年十一月解職。撰有《讀書紀數略》五十四卷等。

弟宮鴻歷，康熙四十五年進士。

蔣伊 字渭公，號莘田。江蘇常熟縣人。明崇禎四年（1631）二月初二日生。文淵閣大學士蔣廷錫爲其長子，雲貴總督蔣陳錫爲其次子。康熙十二年二甲第六名進士。選庶吉士，改陝西道御史，二十一年遷廣東糧儲道，二十三年督河南提學道。曾繪製民間疾苦十二圖，受康熙帝嘉獎。康熙二十六年（1687）二月初一日卒。年五十一。著有《蔣氏家訓》《莘田詩文集》《臣鑒錄》。

李百齡 字蒼岑。直隸高陽縣人。康熙十二年二甲第七名進士。十二年任廣西西林知縣。

傅予潤 字汝湄。山東聊城縣人。康熙十二年二甲第八名進士。

丁廷楗 字駿公。山西安邑縣人。康熙十二年二甲第九名進士。選庶吉士，授編修。十五年充會試同考官，二十八年纍遷安徽鳳陽知府，三十三年官至徽州知府。著有《紀游草》。

許聖朝 字虞廷、慎餘。山東聊城縣人。康熙二年舉人，十二年二甲第十名進士。任內閣中書，遷禮部主事、員外郎，二十六年充福建鄉試副考官。升戶部郎中，三十六年出任陝西臨洮知府，署鹽驛道。以保舉屬員失察罷歸。卒年七十九。

陳瑄 字仲宣，號修六，又號範庵。江蘇高郵州人。康熙十二年二甲十一名進士。授遵義知縣，丁憂。三十一年補浙江昌化知縣，行取刑部主事，官至戶部郎中。在任二十年，卒於官。著有《範庵詩集》《居官要覽》《蜀道紀游》等。

高曰聰 字作謀。山東膠州人。康熙十二年二甲十二名進士。任內閣中書，充廣東鄉試副考官，擢刑部員外郎、戶部郎中。二十七年督福建提學道。丁憂歸。康熙四十年（1701）卒。

黃志璲 字曾韞。福建晉江縣人。康熙十二年二甲十三名進士。授中書舍人，推升典籍，假歸不復出。著有《留耕堂詩文集》。

蔣扶暉 江蘇宜興縣人。康熙十二年二甲十四名進士。二十三年任直隸浚縣知縣（雍正中年改隸河南），三十二年改直隸懷安知縣。

陸經正 字復古。浙江鄞縣人。康熙十二年二甲十五名進士。十九年任山東利津知縣，升內閣中書，晉蘭州知州。告歸。

顏光猷 字秩宗，號澹園。山東曲阜縣人。康熙十二年二甲十六名進士。選庶吉士，改刑部主事，十五年充會試同考官。遷郎中，外任貴州安順知府，康熙三十五年官至山西河東道鹽運使。有才學，與兄顏光敶、顏光敏號稱“曲阜三顏”。著有《易經説義》《水明樓詩集》。

弟顏光敏，康熙六年進士；顏光敶，康熙二十七年進士。

王瑄 字錫湘。直隸交河縣人。康熙十二年二甲十七名進士。任陝西保安知縣，擢吏部驗封司主事，丁憂歸。升員外郎，遷雲南永昌道，三十六年督湖廣提學道（《清秘述聞》作二十七年）。官至四川按察副使。解組歸。

徐上 字平山。廣東潮陽縣人。康熙十二年二甲十八名進士。任四川峨嵋知縣。

呂廷雲 字湄瞻。浙江山陰縣人。康熙十二年二甲十九名進士。任知縣。

栗芳林 直隸清豐縣人。康熙十二年二甲二十名進士。

謝于道 字敏公，號存義。浙江鄞縣人。康熙十二年二甲二十一名進士。選庶吉士，改戶部主事，升員外郎、廣西司郎中。康熙二十五年督雲南提學道。

程大呂 字文載。湖北孝感縣人。康熙五年舉人，十二年二甲二十二名進士。歸班候選知縣，不求仕進，十七年召試鴻博，未試卒。著有《天台子集》十餘卷。

許翼權 （復姓祝翼權）字端

宸，號斗岩。浙江仁和縣人。康熙十二年二甲二十三名進士。任福建晉江知縣，遷工部員外郎，康熙二十四年官至吏部郎中。

陳芳胄（題名碑作程芳胄）字子中。廣東海豐人。康熙十二年二甲二十四名進士。任中書舍人。辭歸。

李欽式　字肖岩。江蘇金壇縣人。康熙十二年二甲二十五名進士。任山東萊蕪知縣。

張祖榮（復姓顧祖榮）字山容，號復齋、培園。順天宛平縣人，原籍浙江仁和。康熙十二年二甲二十六名進士。選庶吉士，授編修。十五年任會試同考官，歷任侍講學士、少詹事，三十六年授詹事，三十八年遷內閣學士。三十九年丁憂免。康熙四十二年（1703）五月卒。

周　昌　字文望。漢軍鑲藍旗。康熙十二年二甲二十七名進士。選庶吉士，改主事，十六年外任福建漳州知府，十八年擢福建汀漳龍道。二十二年官至臺廈道。

徐振采（復姓耿）安徽和州人。康熙十二年二甲二十八名進士。二十五年任順天府東安知縣。

馬鳴鑾　字殿聞，號思仞。江蘇昆山縣人。康熙十二年二甲二十九名進士。選庶吉士，授編修。康熙十五年充會試同考官。引疾歸。

劉淑因　字子端，號繼素。山東曹州人。康熙八年舉人，十二年二甲三十名進士。任行人司行人，

官至吏部考工司郎中。請假歸里。

徐　倬　字方虎，號蘋村。浙江德清縣人。明天啓三年（1623）生。康熙十二年二甲三十一名進士（時年五十一）。選庶吉士，授編修。十五年充會試同考官，升侍讀，三十二年任順天主考官。乞養歸。四十四年聖祖南巡，進呈《全唐詩錄》百卷，賞加禮部侍郎銜，并賜"壽祺雅正"額。康熙五十一年（1712）卒。年九十。著有《道貴堂類稿》《修吉堂集》《蘋村集》。

王曰曾　字偉度，號省齋。江蘇溧陽縣人。康熙十二年二甲三十二名進士。授內閣中書，二十六年纍遷直隸大順廣道，歷四川上川南道、江西督糧道。升湖南布政使。未任，命下已卒。著有《省齋詩文集》。

王齡昌　字敬延。浙江建德縣人。康熙十二年二甲三十三名進士。任內閣中書，官至司經局洗馬。卒於任。

郝惟謨　順天霸州人。康熙十二年二甲三十四名進士。任內閣中書。

丁　松（復姓倪丁松）福建晉江縣人。康熙十二年二甲三十五名進士。

李尚隆　順天大興縣人，原籍浙江山陰。康熙十二年二甲三十六名進士。任僉事。

韓　竹　字一韓、飛雲，號珠崖。安徽天長縣（一作浙江餘姚）

人。順治六年（1649）生。康熙十二年二甲三十七名進士。選庶吉士，授編修。十五年充會試同考官。康熙二十九年（1690）三月初二日卒。年四十二。

羅秉倫 字振彝，號繼峰。江蘇江寧縣人。康熙十二年二甲三十八名進士。選庶吉士，授編修。擢江西道御史，遷右通政副使，三十年授光祿寺卿，改通政使。康熙三十九年（1700）病休，尋卒。

馮遵祖 字孝行，號青士。浙江歸安縣人。康熙十二年二甲三十九名進士。授內閣中書，改山西平陸縣知縣。歸後杜門著書。

惲啓巽 江蘇武進縣人。康熙十二年二甲四十名進士。任內閣中書。

第三甲一百二十三名

繆錦宣 字鈞聞。江蘇吳縣人。康熙十二年三甲第一名進士。選庶吉士，授檢討。

父繆惠遠，順治四年進士。

張鳳翀 陝西中部縣人。康熙十二年三甲第二名進士。任四川鄪都知縣。

秘巫笈（一作秘丕笈）（1636—1702）字仲負，號德藺。直隸故城縣人。康熙十二年三甲第三名進士。授中書舍人，改禮部主客司主事，遷儀制司員外郎、工部都水司郎中，遷徽寧兵備道，病歸。後補光祿寺少卿，三十九年督陝西提學道。卒於三原。

林 模 字靖若，號國木。福建德化縣人。康熙十二年三甲第四名進士。二十四年任廣東興寧知縣，改普寧知縣。以疾卒於任。著有《四書講義》《書詩易解義》。

錢紹隆 字仲扶，號澹居散人。浙江嘉興縣人。康熙十二年三甲第五名進士。十九年任四川富順知縣，纍遷刑科給事中，二十九年充陝西鄉試副考官。

兄錢之燾，同榜進士。

錢之燾 字幼日，號魯山。浙江海寧縣人。康熙十二年三甲第六名進士。任內閣中書。

弟錢紹隆，同榜進士。

沈胤城（《浙江歸縣志》作沈上鏞，《詞林輯略》作原名沈印城）字宗子，號維庵。浙江秀水縣人（一作歸安）。康熙十二年三甲第七名進士。選庶吉士，授檢討。十六年充江南鄉試主考官，官至翰林院侍讀學士。

張 琴 字桐峰，號耐軒。江蘇泰州人。康熙十二年三甲第八名進士。授內閣中書。精研理學。

馬天選 字磊齋。浙江建德縣人。康熙十二年三甲第九名進士。任內閣中書，遷雲南楚雄府同知，升湖北武昌府知府。未任卒。著有《耐寒堂集》。

王允琳 字岈谷，號鐘齋。漢軍鑲藍旗。康熙十二年三甲第十名進士。選庶吉士。

李基和 字協萬，號梅崖。漢軍鑲紅旗。康熙十二年三甲十一名進士。選庶吉士，散館改禮部主事，十六年充順天鄉試同考官，三十五年纍遷山西雁平道。三十七年授山東按察使改貴州按察使，遷湖北布政使，四十三年二月授江西巡撫。康熙四十四年四月以"南巡不迎駕，詢問地方事一無所知，侍候南巡不力"革職。爲著名八旗詩人，著有《梅崖詩集》。

高以永 字子修。浙江嘉興縣人。康熙十二年三甲十二名進士。十九年任河南內鄉知縣，二十七年升直隸安州知州，擢戶部員外郎。卒於任。

子高孝本，康熙三十年進士。

黃裳吉 廣西臨桂縣人。康熙十二年三甲十三名進士。十三年任廣西梧州府教授。

畢拱垣 河南羅山縣人。康熙十二年三甲十四名進士。二十五年任廣東瓊山知縣。

徐潮 字青來，號雪崖、浩軒。浙江錢塘縣人。順治四年（1647）生。康熙十二年三甲十五名進士。選庶吉士，授檢討。纍遷少詹事，康熙三十年授通政使遷左副都御史，改工部侍郎，三十四年丁憂。三十七年授刑部侍郎，三十九年調河南巡撫，四十三年遷戶部尚書，四十五年兼翰林院掌院學士，四十七年四月調吏部尚書，仍兼掌院學士。四十九年以病乞休，以原官致仕。康熙五十四年（1715）正月二十七日卒。享年六十九。雍正十年十月入祀賢良祠。乾隆元年追謚"文敬"。

子徐本，康熙五十七年進士，東閣大學士；徐杞，康熙五十一年進士。

柴廷望 字岱雲、駿虔，號月峰。直隸南皮縣人。康熙十二年三甲十六名進士。二十六年任湖南新寧知縣，行取吏部文選司主事，遷吏部郎中，四十年督貴州提學道。著有《尚書解付》。

王燮 字子和。浙江嘉興縣人。康熙十二年三甲十七名進士。十五年任直隸阜城知縣，十九年署景州知州，擢吏部主事。

周士皇 字偉臣，號靜庵。湖北武昌縣人。康熙十一年舉人，十二年三甲十八名進士。二十一年任河南扶溝知縣，擢戶部主事，遷員外郎，二十八年考選江南道御史，三十四年改直隸巡視長蘆鹽政，官至通政司參議。卒年六十四。

楊敬儒 字恒南。山西忻州人。康熙十二年三甲十九名進士。任湖南臨湘知縣，二十八年行取廣西道御史，雲南道御史。著有《三柏堂集》。

胡喬年 字天木。河南光州人。康熙十二年三甲二十名進士。任福建羅源知縣。卒於任。

韓庚寅 湖北黃安縣人。康熙八年舉人，十二年三甲二十一名進士。任兵部主事，二十五年任河南宜陽知縣，三十二年改直隸唐縣知縣。

汪鶴孫 字雯遠，號梅坡。浙江錢塘縣人。康熙十二年三甲二十二名進士。選庶吉士。

宋　鴻 奉天金州衛人。康熙十二年三甲二十三名進士。因其曾事靖南王耿精忠，耿精忠謀反後，康熙二十四年降，宋鴻爲浙江都司右衛經歷，二十五年署浙江里安知縣，三十九年任山西澤州府同知。

張念仲 字耐軒。浙江慈溪縣人。康熙十二年三甲二十四名進士。

張　英 字仲張。浙江海寧縣人。康熙十二年三甲二十五名進士。官至禮部郎中。著有《一經堂集》。

喬明樟 河南永城縣人。康熙十二年三甲二十六名進士。未仕卒。

束啓宗 直隸唐山縣人。康熙十二年三甲二十七名進士。

司　鉉 字鼎臣。直隸寧晋縣人。康熙十二年三甲二十八名進士。二十四年任山西翼城知縣，兼曲沃知縣，遷吏部主事，官至考工司郎中。

謝簡捷 廣東揭陽縣人。康熙十二年三甲二十九名進士。任中書舍人。

施大晃 字觀宏。福建福清縣人。康熙十二年三甲三十名進士。十三年耿精忠反清，藏於金芝山招募壯士助大兵進討，被執後嘔血數升卒。

朱　綵 字來孺。山東高唐州人。康熙十二年三甲三十一名進士。

任内閣中書，遷刑部主事，員外郎。三十七年由郎中出任湖北鄖陽知府。年七十三卒於任。

董　閭 字方南，號如齋。江蘇吳江縣人。康熙十二年三甲三十二名進士。選庶吉士，授檢討。二十一年充會試同考官，在翰林十餘年，纂修會典，注禮經。官至國子監司業。丁憂歸。哀毀卒。

林　誠 福建莆田縣人。康熙十二年三甲三十三名進士。

王承烈 （本姓趙）貴州平遠府人。康熙十二年三甲三十四名進士。二十四年任安徽石埭知縣，行取吏部文選司主事。著有《齊名紀數》。

范士瑾 字聞西。山東青城縣人。康熙十二年三甲三十五名進士。任廣東陽江知縣。

黃　伸 直隸元城縣人。康熙十二年三甲三十六名進士。康熙二十四年任湖南安化知縣。

張朝宷 字宷臣，號敬齋。山東新城縣人。康熙十二年三甲三十七名進士。二十四年授河南偃師知縣。積勞卒於任。

文景藩 四川涪州人。康熙十二年三甲三十八名進士。

陳永祚 四川嘉定州人。康熙十二年三甲三十九名進士。

顏正色 字于庭，號信庵。浙江吉安州人。康熙十二年三甲四十名進士。二十二年任湖北廣濟知縣，二十八年補廣西北流知縣。在任十年。

高重光　字煥宸。山東館陶縣人。康熙十二年三甲四十一名進士。任內閣中書。不樂仕進，歸里奉親。卒於家。

祝　期　字可園。河南固始縣人。康熙十二年三甲四十二名進士。以病卒，未仕。

徐元夢　字善長，號蝶園。滿洲正白旗，舒穆祿氏。順治十二年（1655）生。康熙十二年三甲四十三名進士。任戶部主事，歷任中允、侍講、員外郎、侍讀學士。康熙五十二年擢內閣學士，五十三年授浙江巡撫，五十六年遷左都御史，改工部尚書兼翰林院掌院學士。雍正元年署理大學士事務，充明史館總裁，十月改戶部尚書。四年八月因翻譯錯誤革。十三年復授內閣學士遷刑部侍郎，改禮部侍郎。乾隆元年休致，加尚書銜在內廷行走，四年加太子少保。乾隆六年（1741）十一月卒，享年八十七。贈太傅。入祀賢良祠。謚"文定"。曾同鄂爾泰、福敏輯《八旗滿洲氏族通譜》。

靳文謨　字淇園。直隸開州人。康熙十二年三甲四十四名進士。二十六年廣東新安知縣，三十五年行取福建道御史，四十一年官至福建巡鹽御史。以疾卒。

陸應瑄　廣東饒平縣人。康熙十二年三甲四十五名進士。

韓士修　字紫山，號琢庵。四川瀘州人。明崇禎十五年（1642）生。康熙十二年三甲四十六名進士。

選庶吉士，授檢討。康熙十六年（1677）四月二十六日卒，年三十六。

馬孔懷　字士雅。直隸東光縣人。康熙十二年三甲四十七名進士。工詩善書，著有《樂士軒集》《羼提子集》。年六十四卒。

鄧文修　字觀城。福建沙縣人。康熙十二年三甲四十八名進士。以親老乞養二十年。親喪不樂仕進。卒年八十四。

王貫三　河南考城縣人。康熙十二年三甲四十九名進士。任戶部主事，官至禮部郎中。

齊以治　字逸長，號滄鷗。湖北應城縣人。康熙十一年舉人，十二年三甲五十名進士。二十九年任山西臨晉知縣。卒於官。

王篤祜　陝西富平縣人。康熙十二年三甲五十一名進士。二十四年任福建泰寧知縣。

葛　符　河南虞城縣人。康熙十二年三甲五十二名進士。

屠允誠　（《嘉興府志》云："改姓譚"）字孚上。浙江烏程縣人。康熙十二年三甲五十三名進士。任內閣中書，官至江蘇鎮江府知府。

萬　肅　雲南石屏州人。康熙十二年三甲五十四名進士。因吳三桂叛清，隱居不仕。

趙　衍　字心遠，號香沙。浙江東陽縣人。康熙十二年三甲五十五名進士。二十四年任安徽貴池知縣。被中傷落職。著有《詩經訂謬》《理學正宗》《續香沙史論》《百世室文集》《七訓輯略》等。

田成玉 字荊岩。順天大興縣人，原籍山西介休。康熙十二年三甲五十六名進士。選庶吉士，授檢討。

殷 章 廣東番禺縣人。康熙十二年三甲五十七名進士。任內閣中書。

張毓秀 河南封丘縣人。康熙十二年三甲五十八名進士。

劉其錫 河南羅山縣人。康熙十二年三甲五十九名進士。

韓維翰 山東淄川縣人。康熙十二年三甲六十名進士。授奉天蓋平知縣，三十二年補湖北蒲圻知縣，以居官廉行取吏部主事。未任卒。

王鼎冕 字甲先，號洛鄰。山東濱州人。康熙十一年山東鄉試解元，十二年三甲六十一名進士。選庶吉士，授檢討。請假送親歸里卒，年三十。

闞福兆 雲南通海縣人。康熙十二年三甲六十二名進士。

王尹方 字鶴汀。山西安邑縣人。康熙十二年三甲六十三名進士。選庶吉士，授檢討。十六年充浙江鄉試主考官，纍遷侍讀學士。二十九年充江南鄉試主考官，三十年遷內閣學士。三十二年乞養歸。康熙三十三年（1694）三月卒。

任振世 字德長。安徽舒城縣人。康熙十二年三甲六十四名進士。二十五年任直隸曲周知縣。

劉逵選 河南孟縣人。康熙十

二年三甲六十五名進士。十三年任安徽蒙城知縣。

曾 寅 （初名曾憲祖）字以仁，號章山。江西清江縣人。解元，康熙十二年三甲六十六名進士。選庶吉士，十四年改山西道御史，十八年山西河東鹽政，二十一年官至山西冀寧道，陝西甘肅道。乞歸卒。

丁爾俊 字堯明。浙江長興縣人。康熙十二年三甲六十七名進士。官行人司行人。

李 柟 （原名李葉）字倚江，號木庵。江蘇昆山縣人，原籍興化。康熙十二年三甲六十八名進士。選庶吉士，任檢討。十八年充會試同考官，纍遷翰林院侍講學士。康熙三十年授內閣學士遷工部侍郎，改戶部侍郎，三十六年丁憂。三十九年會試副考官，六月授左都御史。四十三年（1704）十月以病免職。同年十一月二十四日卒。著有《大遠堂集》《藥圃詩集》七卷。

王 注 陝西蒲城縣人。康熙十二年三甲六十九名進士。任知縣。

張汝賢 廣西天河縣人。康熙十二年三甲七十名進士。任直隸遷安知縣，二十三年改山東日照知縣。在任十八年，丁憂歸。

盧前驥 字希乘。湖北京山縣人。康熙二年舉人，十二年三甲七十一名進士。二十五年授浙江寧海知縣，以卓異升甘肅蘭州知州。以母老乞養歸。

董粵固 字班若，號蛟門。江

蘇溧陽縣人。康熙十二年三甲七十二名進士。二十四年任四川永川知縣，兼署璧山縣。以勞瘁卒於任。

王郇 字子仙。陝西鄠縣人。康熙十二年三甲七十三名進士。二十二年任山東文登知縣，行取戶部主事，擢禮部郎中，遷廣東按察司僉事，三十三年督廣東提學道。葬父歸。卒於家。

龔章 字含五，號惕持。廣東歸善縣人。順治十七年廣東鄉試解元，康熙十二年三甲七十四名進士。選庶吉士，授檢討。二十六年充江南鄉試副考官。著有《晦齋集》《荊納鑒捷錄》。

荊洪揚 江蘇丹陽縣人。康熙十二年三甲七十五名進士。

岳崶 字秀瞻。直隸曲周縣人。康熙十二年三甲七十六名進士。二十四年任江西雩都縣知縣。以剛直去官。

沈復昆 字巨源。江蘇丹徒縣人。康熙十二年三甲七十七名進士。二十五年任江西金溪知縣。

吳瞻 字繡弁。江蘇長洲縣人。康熙十二年三甲七十八名進士。

蕭瑋 河南延津縣人。康熙十二年三甲七十九名進士。

陳翰 福建閩縣人。康熙十二年三甲八十名進士。

花尚 滿洲鑲藍旗人。康熙十二年三甲八十一名進士。任工部司務。

葛鳴鷪 順天大興縣人。康熙十二年三甲八十二名進士。

李進 字敏齋。山東德州人。康熙二年舉人，十二年三甲八十三名進士。

陳三省 字抑庵。浙江富陽縣人。康熙十二年三甲八十四名進士。任知縣。

楊鼎 字莘薦。浙江德清縣人。康熙十二年三甲八十五名進士。任貴州平越知縣，官至貴州平越州知州。

張志棟 字青樵，號敬修。山東昌邑縣人。康熙十二年三甲八十六名進士。選庶吉士，授檢討。任陝西道御史，二十二年任兩淮巡鹽御史，二十九年遷山西冀寧道。三十年授福建按察使，遷江蘇布政使。三十七年十一月授福建巡撫，三十九年十月改浙江巡撫，四十一年調江西巡撫，以兩江總督阿山參劾其"舉劾不公"四十三年二月革職。四十四年復起授大理寺卿，五十一年遷刑部侍郎。康熙五十二年正月革職。罰修永通河，以憂卒。

馬翀 字倬園。浙江富陽縣人。康熙十二年三甲八十七名進士。二十五年任山東諸城知縣。行取去。

井睦 字方思。順天文安縣人。康熙十二年三甲八十八名進士。任內閣中書，二十二年任浙江衢州府同知，曾署金華、嘉興知府，官至河南河南府知府。積勞病作，卒年五十三。

蘇瑋 字韋玉。貴州大定府

人。康熙十二年三甲八十九名進士。任內閣中書，吏部文選司主事。

歐陽旭 字漢曦。江蘇丹徒縣人。康熙十二年三甲九十名進士。二十四年任湖北黃梅知縣，行取工部主事，遷郎中，三十六年督雲南提學道。

吳震 福建邵武縣人。康熙十二年三甲九十一名進士。

張鼎新 直隸大名人。康熙十二年三甲九十二名進士。二十四年任安徽青陽知縣，二十七年改陝西安定知縣。

郭允屏 陝西高陵縣人。康熙十二年三甲九十三名進士。二十五年任江蘇睢寧知縣。

戴縰 字鶴浦、大紳。湖北江陵縣人。康熙十一年舉人，十二年三甲九十四名進士。二十五年任四川南部知縣，遷戶部主事。著有《雲齊樓詩稿》。

孫星 陝西三原縣人。康熙十二年三甲九十五名進士。任直隸豐潤知縣。

任清漣 字秋浦。廣東南海縣人。康熙十二年三甲九十六名進士。二十四年任江蘇清河知縣。以終養歸。年四十八卒。

李六成 河南寧陵縣人。康熙十二年三甲九十七名進士。二十五年任福建建陽知縣，改湖北荊州府通判，官至同知。

余應霖 順天大興縣人，原籍浙江山陰。康熙十二年三甲九十八名進士。

張正書 陝西郃陽縣人。康熙十二年三甲九十九名進士。

張際鵬 字蘭岑。浙江蕭山縣人。康熙十二年三甲一百名進士。

慎宗燿 字鐵臣。浙江烏程縣人。康熙十二年三甲一百零一名進士。

沈攀 字雲步。江蘇吳江縣人。康熙十二年三甲一百零二名進士。任甘肅靈台知縣。

夏熙采 江西新建縣人。康熙十二年三甲一百零三名進士。任內閣中書。

周維秬 湖北麻城縣人。順治十七年舉人，康熙十二年三甲一百零四名進士。任河南沈丘知縣。

劉巏 陝西涇陽縣人。康熙十二年三甲一百零五名進士。任知縣。

余達乾 字躋庵。雲南楚雄縣人。康熙十二年三甲一百零六名進士。任山東高苑知縣，行取吏科掌印給事中。罷歸。

金門楫 字晉侯。湖南安鄉縣人。康熙十二年三甲一百零七名進士。家居不仕。

常仲讓 河南盧氏縣人。康熙十二年三甲一百零八名進士。任知縣。

甯天瑞 字聚五。山東章丘縣人。康熙十二年三甲一百零九名進士。二十五年任順天府武清知縣。二十七降調罷歸，專力於文詞。

王胤芳　直隸大名縣人。康熙十二年三甲一百第十名進士。

何江如　河南洛陽縣人。康熙十二年三甲一百十一名進士。未仕。

梁鳳翔　字德輝、梧齋。陝西咸寧縣人。康熙十二年三甲一百十二名進士。二十五年任湖北孝感知縣，三十四年兼署應城知縣，四十一年七月調江蘇吳縣知縣，升廣西上思州知州，官至山西潞安知府。以足疾歸。

吳恒秀　直隸蠡縣人。康熙十二年三甲一百十三名進士。康熙二十四年任山西陽曲知縣，三十年調江西南城知縣。

兄吳美秀，順治十五年進士；弟吳升秀，康熙十五年進士。

馬希爵　河南輝縣人。康熙十二年三甲一百十四名進士。任直隸邢臺知縣，三十二年行取雲南道御史，四十四年升奉天府丞兼學政，官至左僉都御史。

潘璋　字玉京。浙江天臺縣人。康熙十二年三甲一百十五名進士。任吏部觀政，候選知縣。未任卒。

張鳳翀　陝西中部縣人。康熙十二年三甲一百十六名進士。十九年任四川大竹知縣，潭宏之變被執誓死不屈，四十九年任四川酆都知縣。

程奇略　山西祁縣人。康熙十二年三甲一百十七名進士。任陝西盩厔知縣。

白小子　滿洲鑲紅旗。康熙十二年三甲一百十八名進士。工部右侍郎。

唐四表　字峻甫。河南睢州人。康熙十二年三甲一百十九名進士。選庶吉士。

殷鼎　江蘇高郵州人。康熙十二年三甲一百二十名進士。

王錫命　陝西郃陽縣人。康熙十二年三甲一百二十一名進士。二十五年任江蘇蕭縣知縣。

吳世基　字念祖。安徽無爲州人。康熙十二年三甲一百二十二名進士。授內閣中書。年四十卒。工書法，行楷絕妙，著有《一新集》。

張冲光　山西交城縣人。康熙十二年三甲一百二十三名進士。任陝西府谷知縣。

康熙十五年（1676）丙辰科

第一甲三名

彭定求 字勤止、南畇，號訪謙、止庵。學者稱"南畇先生"。江蘇長洲縣人，原籍江西臨江。順治二年（1645）五月初九日生。康熙十五年一甲第一名狀元。授修撰。纂修兩朝聖訓。遷國子監司業，官至翰林院侍講，進起居注官。後乞假歸，父喪不復出。康熙五十八年（1719）四月初九日卒。年七十五。曾參與校刊《全唐詩》，共收錄唐詩四萬九千四百多首，并附兩千八百多名作者小傳。著有《學易纂錄》《儒門法語》《南畇詩文集》《密證錄》《姚江釋毀錄》《周忠介遺事》等。

父彭瓏，順治十六年進士；孫彭啓豐，雍正五年狀元，兵部侍郎；從弟彭寧求，康熙二十一年探花。

胡會恩 字孟綸，號苕山、南苕。浙江德清縣人。康熙十五年一甲第二名榜眼。任編修。遷詹事府中允，纍遷大理寺少卿，康熙三十七年授內閣學士遷兵部侍郎。四十三年改禮部侍郎，五十年調吏部侍郎，五十一年四月授刑部尚書。五十二年葬假。康熙五十四年（1715）九月卒。著有《清芬堂集》。

翁叔元 字寶林、静卿，號鐵庵。直隸永平籍人，原籍江蘇常熟。明崇禎六年（1633）三月初二日生。康熙十五年一甲第三名探花。任編修。十七年充山東鄉試主考官，歷任贊善、侍讀、國子監祭酒、少詹事。康熙二十六年授內閣學士遷吏部侍郎，二十七年授工部尚書，三十一年八月改刑部尚書。三十六年以病免職。康熙四十年（1701）十一月十九日卒。年六十九。爲人重道義，性和平寬厚。自訂《鐵庵年譜》。著有《鐵庵文稿》《梵園詩集》。

第二甲五十名

魏希徵 字子相。山東鄆城縣人。康熙十五年山東鄉試解元，十五年二甲第一名進士。選庶吉士，授編修。二十七年充會試同考官，二十九年任順天副考官，遷侍講。充日講官。

沈三曾 字允斌，號懷庭。浙江烏程縣人，歸安籍。康熙十五年二甲第二名進士。選庶吉士，授編修。分纂《大清會典》。十八年充會試同考官，官至贊善。丁憂歸。四十四年帝南巡，命在揚州參與校定《全唐詩》。著有《十梅書屋詩文集》。

弟沈涵，同榜進士。

沈涵 字度汪，號心齋。浙江歸安縣人。順治八年（1651）八月二十五日生。康熙十五年二甲第三名進士。選庶吉士，授編修。遷侍講、右庶子，四十一年督福建提學道。擢少詹事，五十一年授內閣學士，五十二年充會試副考官。五十三年帝曰："部院衙門不曉事人甚多，若不革退則有才能人安得升轉"，將其革職。康熙五十八年（1719）正月初六日卒。年六十九。著有《賜硯齋詩存》《左傳注疏纂鈔》等。

兄沈三曾，康熙十五年同榜進士。

顧藻 字懿璞，號觀廬。江蘇崇明縣人。順治三年（1646）生。康熙十五年二甲第四名進士。選庶吉士，授編修。二十一年充會試同考官，歷侍讀、侍講，二十九年充江西鄉試主考官。十二月督順天學政，三十二年授內閣學士，三十七年遷工部侍郎。康熙四十年（1701）七月十四日卒，年五十六。

彭會淇 字四如，號菉洲、録圃。江蘇溧陽縣人。康熙十五年二甲第五名進士。選庶吉士，授編修。十八年充會試同考官，擢國子監司業。纍遷少詹事，四十四年擢內閣學士，十二月遷工部右侍郎。康熙四十五年充會試副考官。三月病休。

熊賜瓚 字遜修，號恕齋。湖北孝感縣人。康熙十五年二甲第六名進士。選庶吉士，授編修。十八年任會試同考官，二十六年充浙江鄉試主考官，官至兵部督捕理事官。

弟熊賜履，順治十五年進士，東閣大學士。

性德（原名成德）字容若，滿洲正黃旗，那拉氏。大學士明珠子。順治十二年十二月十二日（1656年1月）生。康熙十五年二甲第七名進士。授三等侍衛，隨康熙帝巡幸關外及山東諸省，纍進至頭等侍衛。康熙二十四年（1685）五月卒，年三十一。藏書較富，藏書處曰"珊瑚閣"。著有《通志堂詩集》《渌水亭雜識》《納蘭詞》《飲水詩集》《飲水詞集》等。

王頊齡 字顒士，號冒瑚、松喬老人。江蘇華亭縣人。崇禎十五年（1642）正月初七日生。康熙十五年二甲第八名進士。任太常寺博士，十八年召試博學鴻詞一等授編修。纂修《明史》，遷侍講、侍講學士、少詹事，康熙三十九年授宗人府府丞。四十二年遷禮部侍郎，五十一年改吏部侍郎遷工部尚書，五十七年九月授武英殿大學士。雍正元年赴鹿鳴宴加太子太傅。雍正三年（1725）八月卒。享年八十四。贈太傅，謚"文恭"。著有《世恩堂集》。

弟王九齡，康熙二十一年進士；子王圖炳，康熙五十一年進士，禮部左侍郎。

沈旭初 字寅清，號瞿庵。江蘇昆山縣人。康熙十五年二甲第九名進士。選庶吉士，授編修。康熙二十年充貴州鄉試主考官。

父沈世奕，順治十二年進士。

王吉武 字憲尹、冰庵。江蘇太倉州人。康熙十五年二甲第十名進士。任內閣中書，遷國子監博士，改工部主事、員外郎，戶部郎中。三十一年外任浙江紹興府知府。忤大吏歸。年已五十退居鄉里，終不復出。著有《冰庵詩鈔》。

李應廌 字諫臣、柱三，號愚齋。山東日照縣人。明崇禎十二年（1639）生。康熙十五年二甲十一名進士。選庶吉士，授編修。十八年充會試同考官，二十三年以中允督直隸提學道，遷太常寺少卿，三十一年授內閣學士。三十三年革職。後賞復原銜。康熙四十三年（1704）七月卒，年六十六。

楊瑄 字玉符，號楷庵。江南婁縣人。康熙十五年二甲十二名進士。選庶吉士，授編修。纍遷少詹事，四十五年授內閣學士兼詹事。康熙四十八年正月解職。

次子楊錫恒，康熙四十八年進士。

汪霦 字朝采，號東川。浙江錢塘縣人。康熙十五年二甲十三名進士。任行人，十八年舉鴻博。授編修。纍遷至少詹事，四十三年授詹事遷內閣學士，四十四年授戶部侍郎。充順天鄉試主考官。被劾"取士不公"，四十五年正月革職。著有《西泠唱和集》。

高聯 字愷陽。順天大興縣人。康熙十五年二甲十四名進士。選庶吉士，改主事。

李輔世 山東聊城縣人。康熙十五年二甲十五名進士。任陝西鄠縣知縣。

顧洪善 字達夫。江蘇昆山縣人。康熙十五年二甲十六名進士。任內閣中書。

任弘嘉 （一作任宏嘉）字葵尊，號丹菽。江蘇宜興縣人。康熙十五年二甲十七名進士。任行人，十八年考選江南道御史，三十三年遷奉天府丞兼學政，改通政使司參議，署通政使。以病卒於家。

張仕可 字惕存。江蘇丹徒縣人。康熙十五年二甲十八名進士。任行人，改禮部主事，升吏部郎中，三十六年督河南學政，丁憂服闋補湖南衡永郴道，署辰沅靖道、湖南布政使。以疾卒於任。年五十七。著有《紅洲集》。

父張九徵，順治四年進士。

王雲鳳 字成博。江蘇昆山縣人。康熙十五年二甲十九名進士。任內閣中書。

高層雲　字二鮑，號稷苑，晚號菰村。江蘇華亭縣人。明崇禎七年（1634）生。康熙十五年二甲二十名進士。任大理寺評事，遷吏科給事中、通政司右參議，官至太常寺少卿。康熙二十九年（1690）四月二十日卒。年五十七。著有《改蟲齋集》。

高裔　字素侯。順天宛平縣人。順治十年（1653）六月二十五日生。康熙十五年二甲二十一名進士。選庶吉士，授編修。十八年會試同考官，擢侍講，二十六年充陝西鄉試主考官，二十七年提督江南學政。遷侍讀學士、大理寺少卿，三十六年授光禄寺卿改太常寺卿，三十八年官至大理寺卿。三十九年（1700）正月丁憂免，二月二十三日卒，年四十八。

何喬雲　字令名，號曾園，浙江錢塘縣人。康熙十五年二甲二十二名進士。授內閣中書，二十五年改湖南桂東知縣，升吏部主事。歸。

楊之奇　湖北江夏縣人。康熙十一年舉人，十五年二甲二十三名進士。任陝西西鄉知縣。

馮雲驤　字懿生。山西振武衛人。康熙十五年二甲二十四名進士。選庶吉士，授編修。二十年充江南鄉試主考官，升禮科給事中，官至侍讀學士。著有《翠滴樓詩集》。

兄馮雲驤，順治十二年進士。

劉初吉　字曦園。浙江慈溪縣人。康熙十五年二甲二十五名進士。

唐子鏘　字依在。江蘇華亭人。康熙十五年二甲二十六名進士。任內閣中書，以父老乞歸。

張集　字殿英，號曼園。江蘇青浦縣人。明崇禎十七（1644）年生。康熙十五年二甲二十七名進士。任行人司行人，二十年考選山西道御史，擢左僉都御史，二十五年授倉場侍郎，二十七年改吏部侍郎，三十三年改兵部侍郎。四十一年去職。康熙四十二年（1703）九月卒，年六十。

李錦　字畫公。江蘇江都縣人。康熙十五年二甲二十八名進士。官至刑科給事中。

父李宗孔，順治四年進士。

吳晟　安徽全椒人。康熙十五年二甲二十九名進士。二十五年任福建寧化縣知縣。

劉凡　字元嘆，號卓崖。安徽潁州人。康熙十五年二甲三十名進士。二十八年授河南孟縣知縣，改河陽知縣，擢戶部主事，升禮部郎中，三十八年充廣東鄉試副考官，四十二年督陝甘提學道。解組歸。著有《清芬閣詩集》四卷。

許承宣　字力臣，號筠庵，江蘇江都縣人，原籍安徽歙縣。康熙十五年二甲三十一名進士。選庶吉士，授主事，遷工科給事中，二十年充陝西鄉試正考官。假歸卒於家。曾上《揚州水利》《賦役》二疏。著有《詩文全集》《奏議》《青岑文集》。

姪許迎年，康熙三十九年進士。

王啓沃 字心乃。山東新城縣人。康熙十五年二甲三十二名進士。任內閣中書。以假歸。

潘沐 字敬韋，號新彈。浙江仁和縣人。康熙十五年二甲三十三名進士。選庶吉士，授編修。

沈毅 字子玉。浙江餘杭縣人。康熙十五年二甲三十四名進士。任知縣。

朱雲 字采章。江蘇吳縣人。康熙十五年二甲三十五名進士。官至吏科給事中。

李濤 字紫瀾，號述齋、述修。山東德州人。順治二年（1645）生。康熙十五年二甲三十六名進士。選庶吉士，授編修。十八年充會試同考官，二十八年遷江西臨江知府，在任九年，升浙江鹽運使，四十年授廣西布政使，四十一年乞養歸。四十五年復任廣西布政使，四十八年召京任太常寺少卿、左通政使，五十年改光祿寺卿，調奉天府尹改宗人府丞，五十二年遷左副都御史，改刑部右侍郎。康熙五十四年葬假歸，五十六年（1717）六月十一日卒。年七十三。

子李勳，康熙二十四年進士。

張榕端 字子大，號樸園，別號蘭樵。河南磁州人。明崇禎十二年（1639）生。康熙十五年二甲三十七名進士。選庶吉士，授編修。二十一年充會試同考官。三十一年升侍讀，三十三年遷國子監祭酒。三十四年擢內閣學士兼禮部侍郎。

三十六年督江南提學道。四十二年以病去職，康熙五十三年（1714）卒，年七十六。著有《海岱日記》《寶嗇堂詩稿》《河上草》《蘭樵歸田稿》等。

父張潛，順治九年進士；子張丙厚，康熙三十三年進士。

陳齊永 字大年，號勿齋。浙江海寧縣人。康熙十五年二甲三十八名進士。二十五年任山東臨邑知縣，三十二年行取四川道御史，三十八年改山東巡鹽御史，遷太常寺少卿，官至右通政使。

陳錫嘏 字介眉，號怡庭。浙江定海縣人。明崇禎七年（1634）十月初二日生。康熙十五年二甲三十九名進士。選庶吉士，授編修。修《皇輿表》《鑒古輯覽》二書。十八年充會試同考官。以父老告歸。康熙二十六年（1687）三月二十一日卒，年五十四。著有《兼山堂集》。

王化鶴 字六翰。河南武陟縣人。康熙十五年二甲四十名進士。選庶吉士，授編修。二十三年充雲南主考官，官至詹事府諭德。

史珥 字彤右。山西武鄉縣人。康熙十四年山西鄉試解元，十五年二甲四十一名進士。選庶吉士。未散館卒。

孟續祖 漢軍鑲紅旗人。康熙十五年二甲四十二名進士。

費之逵 字九鴻，號鳳山。浙江歸安縣人。明崇禎十一年（1638）

生。康熙十五年二甲四十三名進士。選庶吉士，授編修。十八年任會試同考官。二十四年歸，杜門課耕爲樂。康熙五十四年（1715）二月二十日卒，年七十八。

顧曾頤 （復姓沈）字曰期。江蘇吳縣人。康熙十五年二甲四十四名進士。官至户部員外郎。

楊作楨 字翰臣、端齋，號新庵。山西絳州人。康熙十一年山西鄉試解元，十五年二甲四十五名進士。選庶吉士，授編修。康熙十八年充會試同考官，官至詹事府右贊善。

趙瑰 山東章丘縣人。康熙十五年丙戌科二甲四十六名進士。任内閣中書。

董爾弘 浙江慈溪縣人。康熙十五年二甲四十七名進士。二十五年任江蘇金壇知縣。

李用楫 字仁航。直隸容城縣人。康熙十五年二甲四十八名進士。任内閣中書，三十八年遷安徽安慶府同知。以疾卒於任。

鍾璜 字佩遠。浙江石門縣人。康熙十五年二甲四十九名進士。任内閣中書，升刑部主事，擢禮部郎中。以勞瘁卒。

葉舒崇 字元禮，號宗山。浙江平湖縣人。康熙十五年二甲五十名進士。官内閣中書。舉鴻博，未及試卒於京邸。年三十九。著有《宗山集》《謝齋詩詞》。

第三甲一百五十六名

錢三錫 字宸安，號葭湄。江蘇太倉州人。康熙十五年三甲第一名進士。任廣西羅城知縣，二十五年行取江西道御史，遷大理寺少卿，三十五年授光禄寺卿，改太常寺卿、宗人府府丞，三十六年遷左副都御史，三十八年改户部侍郎。被奸吏污陷自縊。

鄭亮 浙江海鹽縣人。康熙十五年三甲第二名進士。

高聯璧 字東斗。山西清源縣人。康熙十五年三甲第三名進士。授中書舍人，改禮部祠祭司主事，三十六年充會試同考官，三十八年升刑部郎中，三十九年督廣西提學道。

劉嗣季 字環溪。江蘇泰興縣人。康熙十五年三甲第四名進士。任陝西洋縣知縣。著有《四書彙解》《環溪詩文集》。

王瑞 字魯生、天門。江蘇上元縣人。康熙十五年三甲第五名進士。選庶吉士，授檢討。康熙十八年充會試同考官。以疾卒於京。

鄭際泰 字德道，號珠江。廣東番禺縣人。康熙十五年三甲第六名進士。選庶吉士，授檢討。三十三年充會試同考官，官至吏科給事中。以病告歸。著有《理學真僞論》。

楊九有 順天武清縣人。康熙十五年三甲第七名進士。任内閣中書。

范 勰 江蘇婁縣人。康熙十五年三甲第八名進士。任江蘇鎮江府教授。

閻世繩 字寶詔，號丹岩、樸齋。山東昌樂縣人。工部尚書閻循琦曾祖父。康熙十五年三甲第九名進士。選庶吉士，授檢討。十八年充會試同考官，官至左諭德。中年告歸杜門家居，課子孫爲事。卒年七十四。

李開第 河南沈丘縣人。康熙十五年三甲第十名進士。任知縣，行取吏部主事。

丘時成 字秩西。安徽六安州人。康熙十五年三甲十一名進士。任四川郫縣知縣，內召刑部主事，遷浙江司員外郎，三十八年充河南鄉試副考官。未行卒。

陳堯典 河南安陽縣人。康熙十五年三甲十二名進士。任內閣中書。

蘇 俊 字用章、茂章。山東武城縣人。康熙十五年三甲十三名進士。授內閣中書，考選兵科給事中。爲人剛直，不避權貴。致仕歸里，閉門不與戶外事。卒於家。

楊虞宮 山東蓬萊縣人。康熙十五年三甲十四名進士。任四川營山知縣。

彭開祐 字孝緒，號椒岩。江蘇婁縣人。康熙十五年三甲十五名進士。三十五年任湖南武岡知州。著有《彭椒岩侍稿》。

石如璉 號高彝。河南陳留縣人。康熙十五年三甲十六名進士。二十五年任湖北崇陽知縣，親老告歸。服闋，補湖南平江知縣。

翁 暠 字母音。浙江海寧縣人。康熙十五年三甲十七名進士。任內閣中書。

王請試 山東靈山衛人。康熙十五年三甲十八名進士。

劉 謙 字益侯，號思庵。直隸武強縣人。康熙十五年三甲十九名進士。任內閣中書，遷禮部主事、祠祭司員外郎，三十年充四川鄉試副考官，三十九年遷制儀司郎中，四十一年督四川學政。遷鴻臚寺少卿、左通政使，康熙四十八年授光祿寺卿改太常寺卿，任通政使，五十年遷工部侍郎，五十二年十月授左都御史。因小事令家人登門毀罵巡視南城御史任奕鑒，又親與其子劉自潔及家人至任家將其擊傷，康熙五十四年十月革職。著有《四書朱傳綱目》《周禮瀹義》《廉平堂文集》。

楊襲蕎 字友茝。山東益都縣人。康熙十五年三甲二十名進士。任湖北穀城知縣。

陳 勛 字允升，號梅溪。浙江臨安縣人。康熙十五年三甲二十一名進士。二十五年任河南輝縣知縣，歷陝西綏德州、階州知州，遷刑部郎中，四十四年考選浙江道御史，官至掌京畿道御史。善畫山水。

滑操德 直隸內丘縣人。康熙十五年三甲二十二名進士。三十年任四川奉節知縣，官至刑部郎中。

魏　勰　直隸柏鄉縣人。康熙十五年三甲二十三名進士。任内閣中書、廣西潯州府同知，官至知府。

卞永寧　字芝亭。漢軍正白旗。康熙十五年三甲二十四名進士。選庶吉士，改主事，三十二年纍遷西安知府，三十四年官至山西河東道。

黄圖昌　字淑岱。直隸長垣縣人。康熙十五年三甲二十五名進士。任山西静樂知縣，二十五年調江西萬安知縣。

景貞吉　山西安邑縣人。康熙十五年三甲二十六名進士。

張麟文　山東武定州人。康熙十五年三甲二十七名進士。任安徽虹縣知縣。

張元徵　字長人。山東新城縣人。康熙十五年三甲二十八名進士。授山西靈邱知縣，卓異，行取禮科給事中，丁憂歸，以疾卒。

徐必遴　字僧廬。貴州新貴縣人，原籍江蘇江寧。康熙十五年三甲二十九名進士。選庶吉士，散館改主事。

兄徐必遠，順治六年進士。

童　楷　字緘庵。浙江義烏縣人。康熙十五年三甲三十名進士。任内閣中書。

沈支柄　字惕若。直隸天津縣人。康熙十五年三甲三十一名進士。任教授。母喪哀毁卒。工詩古文，善書法，好游，足迹半天下。

王含真　字樸齋。山西猗氏縣人。康熙十五年三甲三十二名進士。歸班知縣，十八年曾召試鴻博。父老未仕，父喪入都謁選，遽卒。

顧　焯　字闇公。江蘇嘉定縣人。康熙十五年三甲三十三名進士。康熙三十九年官至福建福州府知府、雲南、廣西直隸州知府。

程　濬　字詢遠。江蘇儀征縣人。康熙十五年三甲三十四名進士。任户部員外郎，遷禮部郎中，四十三年官至直隸大名知府。

許克猷　字壯其。山西襄陵縣人。康熙十五年三甲三十五名進士。授内閣中書，遷刑部主事，改吏部主事。歿之日囊蕭然，不能歸。

趙昌齡　直隸雞澤縣人。康熙十五年三甲三十六名進士。未仕卒。

王緝植　字建伯。江蘇昆山縣人。康熙十五年三甲三十七名進士。任内閣中書。中蜚語不自辯歸，奉母。與同里盛符升、從弟王喆生吊古賦詩。卒年七十六。

劉體元　字德先。山東壽光縣人。康熙十五年三甲三十八名進士。二十五年授江西萬載知縣，選授主事。纍遷刑部郎中，三十六年督廣西提學道。

郭偉峨　字千尋。山西曲沃縣人。康熙十五年三甲三十九名進士。未任而卒。

侯玉輅　山西滎河縣人。康熙十五年三甲四十名進士。二十五年任四川成都知縣。

陸　賓　字南池。山東歷城縣

人。康熙十五年三甲四十一名進士。二十五年任直隸柏鄉知縣，改內閣中書。

馬鳴鑾 河南項城縣人。康熙十五年三甲四十二名進士。任山西河津知縣。

邢開雍 安徽當塗縣人。康熙十五年三甲四十三名進士。考選內閣中書。未任卒。

解九疇 字克齋。山東沾化縣人。康熙十五年三甲四十四名進士。

張晨 字東谷。湖北應城縣人。康熙八年舉人，十五年三甲四十五名進士。授貴州綏陽知縣，擢吏部主事，纍遷江西鹽驛道，四十九年改河南開歸驛鹽道。

湯彭年 江蘇江都縣人。康熙十五年三甲四十六名進士。任內閣中書。

談九乾 字厚齋。浙江德清縣人。康熙十五年三甲四十七名進士。四十五年任直隸沙河知縣。

劉彥 順天宛平縣人。康熙十五年三甲四十八名進士。

鄭麒光 江蘇無錫縣人。康熙十五年三甲四十九名進士。任福建閩縣知縣，二十三年調臺灣嘉義知縣。輯有《臺灣府志》。

張瑾 山西安邑縣人。康熙十五年三甲五十名進士。任雲南昆明知縣，遷禮部主事、員外郎，三十六年任江西關監督。

沈一揆 字子方，號存田（一作在田）。奉天寧遠州人，原籍浙江烏程。康熙十五年三甲五十一名進士。選庶吉士，任刑部主事、員外郎，二十八年考選雲南道史，官至通政司參議。

張嵩齡 字繡武。江蘇吳縣人。康熙十五年三甲五十二名進士。未仕卒。

史長昆 字子裕，號覺庵。山東樂陵縣人。康熙十五年三甲五十三名進士。二十五年任直隸贊皇知縣。致仕歸，卒於鄉。

李肇豐 字譽少。山東膠州人。康熙十五年三甲五十四名進士。任江西永豐縣知縣，改興安知縣，三十八年調湖南永興知縣。

雷池昆 滿洲鑲黃旗人。康熙十五年三甲五十五名進士。任滿洲長保佐領。

文超靈 字捷叔，號誠齋。廣東東莞縣人。康熙十五年三甲五十六名進士。康熙二十七年任江蘇宜興知縣。乞休歸。纂有《東莞縣志》。

劉介 字維藩。山東濰縣人。康熙十五年三甲五十七名進士。任廣西西林知縣。因染瘴氣卒於任。

胡忠正 順天宛平縣人。康熙十五年三甲五十八名進士。

戴璠 字奐若。奉天金州衛人（一作山東寧海人）。康熙十五年三甲五十九名進士。授太常寺博士，遷兵科給事中，三十五年充河南鄉試副考官。掌工科給事中，遷奉天府丞兼學政，四十八年授太僕寺卿。四十九年告歸。康熙五十八年（1719）卒，年八十。

劉蔭樞　（碑錄作劉應樞）字相斗，號橋南。陝西韓城縣人。明崇禎十年（1637）二月十六日生。康熙十五年三甲六十名進士。任河南知縣，纍遷江西贛南道。康熙四十三年授雲南按察使，遷廣東布政使，改雲南布政使，四十七年十二月授貴州巡撫。准噶爾叛，康熙召其領兵進剿，劉上疏駁諫，帝怒斥之。五十六年九月解職。居戍地三年效歸。五十九年賞復原銜。雍正元年（1723）九月二十三日卒，享年八十七。

牛美　山西澤州直隸州人。康熙十五年三甲六十一名進士。

應大用　河南鄖城縣人。康熙十五年三甲六十二名進士。二十六年任山東汶上知縣。

楊爾淑　字湛予，號敬庵。直隸新安縣人。康熙十五年三甲六十三名進士。選庶吉士，授檢討。擢吏科給事中，纍遷至左通政副使。三十一年遷太僕寺卿，三十五年調太常寺卿，官至通政使。康熙三十七年（1698）四月卒。

朱袞　字秩公。浙江秀水縣人。康熙十五年三甲六十四名進士。任內閣中書，二十年任江西樂平知縣，三十四年改山西大同知縣。

黃立　江蘇太倉州人。康熙十五年三甲六十五名進士。

楊任楓　湖北雲夢縣人。順治十四年舉人，康熙十五年三甲六十六名進士。

郇瑜　山東益都縣人。康熙十五年三甲六十七名進士。任內閣中書。

石祿　滿洲正紅旗人。康熙十五年三甲六十八名進士。任滿洲孫布祿佐領。

徐士訥　字恂若，一字敏庵。浙江淳安縣人。康熙十五年三甲六十九名進士。二十五年任河南嵩縣知縣，有政績，人稱海內第一廉吏。三十五年擢山東濟寧直隸州知州。著有《亦種堂詩集》。

黃蘭森　字宛九，號靜致。山東滕縣人。康熙十五年三甲七十名進士。未仕卒。著有《詩景堂時文》。

黃本訥　字漢型。河南內黃縣人。康熙十五年三甲七十一名進士。二十五授山西太原知縣。忤上官意，告歸。

令狐永觀　山西猗氏縣人。康熙十五年三甲七十二名進士。父病歸。父喪又遭母喪，家居未仕。

陳啓貞　字右周。江蘇儀征縣人。康熙十五年三甲七十三名進士。未仕。爲人謙和謹厚，對經史子集無不研究。文辭贍麗，著作極富。

竇重光　直隸肅寧縣人。康熙十五年三甲七十四名進士。任江蘇丹陽知縣。

胡世藻　字友澄，號潔庵。山東章丘縣人。康熙十五年三甲七十五名進士。二十六年授福建寧德知縣，擢四川正安州知州，遷戶部員外郎，三十六年會試同考官，升兵部郎中，三十七年督河南學政。四十五年官至湖廣岳常道，官主湖南布政使司參議。

石文桂 漢軍正白旗人。康熙十五年三甲七十六名進士。任中書科中書，纍遷侍讀學士，二十六年授內閣學士，二十七年遷倉場侍郎。丁憂歸。三十年復任倉場侍郎，四十九年改戶部右侍郎，五十年改正白旗漢軍副都統。

劉鑣 字今修。江蘇丹徒縣人。康熙十五年三甲七十七名進士。二十五年任直隸撫寧知縣。

張啓祚 字令修。江蘇上海縣人。康熙十五年三甲七十八名進士。授山東安丘知縣，未任卒。

牛以撰 河南陳州人。康熙十五年三甲七十九名進士。二十六年任江西定南知縣。

臧大受 字君可。山東壽張縣人。康熙十三年舉人，十五年三甲八十名進士。任直隸高邑知縣，升刑部主事，遷郎中，三十八年督廣東提學道，官至江蘇蘇松道。

張璲 字照千。直隸滿城人。康熙十五年三甲八十一名進士。授陝西清澗知縣，補刑部主事，升稽勛司員外郎，丁母憂。授山西河東道。不赴，卒年八十七。

劉芳世 江蘇江都縣人。康熙十五年三甲八十二名進士。官至吏部員外郎。

胡詔虞 河南永城縣人。康熙

十五年三甲八十三名進士。高尚不仕。

劉炳 山東文登縣人。康熙十五年三甲八十四名進士。授陝西臨潼知縣。未赴任。

于渶 山東文登縣人。康熙十五年三甲八十五名進士。授內閣中書。

羅衍嗣 字慶餘。奉天金州衛人。康熙十五年三甲八十六名進士。任戶部主事，三十一年纍遷廣東南雄知府，改雲南廣西直隸州知府（見康熙十五年三甲三十三名進士顧焯注）、雲南府知府，四十七年官至福建鹽運使。

丁琭 （本姓顧）字湘佩。江蘇長洲縣人。康熙十五年三甲八十七名進士。任江西弋陽知縣。

刁克崇 直隸故城縣人。康熙十五年三甲八十八名進士。任內閣中書。

張茂枝 字因元。江蘇泰興縣人。康熙十五年三甲八十九名進士。任內閣中書。以疾歸。年七十四卒。著有《五茸游草》《九子秋吟》《浣花居稿》。

張繼善 山西蒲州人。康熙十五年三甲九十名進士。任河南靈寶知縣。

錢文玠 字綺園。浙江烏程縣人。康熙十五年三甲九十一名進士。二十五年任湖北廣濟知縣。

高珣 字西白、王旂，號舜符。漢軍鑲黃旗。康熙十五年三甲九十二名進士。選庶吉士，改戶部主事，二十年任雲南副考官，官至吏部郎中。

陸德元 字益孫。江蘇長洲縣人。康熙十五年三甲九十三名進士。任安徽池州府教授，升戶部主事、郎中，三十六年督陝西提學道。

荆元實 字肇菉。江蘇丹陽縣人。康熙十五年三甲九十四名進士。二十六年任四川蒲江知縣，三十三年行取雲南道御史，改山西道御史。以病卒。

黄升 字子允。江蘇興化縣人。康熙十五年三甲九十五名進士。授直隸大城知縣，以病歸。著有《綠綺堂集》。

張崟 字宗岳、湛謀。山東濱州人。康熙十五年三甲九十六名進士。二十七年任江蘇吳縣知縣。在任六年罷。去官。

索柱 字擎石。滿洲鑲藍旗人。康熙十五年三甲九十七名進士。纍遷詹事府贊善，三十七年官至江西關監督。

趙旭 河南修武縣人。康熙十五年三甲九十八名進士。二十六年任直隸蠡縣知縣，三十一年行取廣西道御史。

郭文炳 字鬱甫，改字中孚。直隸蠡縣人。康熙十五年三甲九十九名進士。二十六年任廣東東莞知縣，官至戶部廣東司主事。致仕歸卒。

馬鳴珂 （《明清進士題名碑錄索引》作孟鳴珂）陝西朝邑縣人，康熙十五年三甲一百名進士。

曲震 字泰升。滿洲鑲藍旗人。康熙十五年三甲一百零一名進士。十九年任安徽定遠知縣。在任七年。

潘好讓 字允恭，號仔庵。山東濟寧州人。康熙十五年三甲一百零二名進士。二十六年任廣東龍川知縣。在任五載以病歸。授徒三十年。

牛克長 河南夏邑縣人。康熙十五年三甲一百零三名進士。二十六年任江西東鄉知縣，行取主事。

貢琛 江蘇上元縣人。康熙十五年三甲一百零四名進士。任國子監助教。

李雲會 （原名李雲龍）字望越。江西豐城縣人。康熙十五年三甲一百零五名進士。選庶吉士，改吏部主事，升員外郎，二十三年任雲南鄉試副考官，官至吏部郎中。

劉鼎 河南汲縣人。康熙十五年三甲一百零六名進士。任內閣中書。

陳時夏 字襄九。山東益都縣人。康熙十五年三甲一百零七名進士。任湖南瀏陽知縣，改福建莆田知縣。

班達禮 滿洲正白旗人。康熙十五年三甲一百零八名進士。

孔興壇 河南儀封縣人。康熙十五年三甲一百零九名進士。任江西上饒知縣。

謝公洪　字擴如。直隸保定縣人。康熙十五年三甲一百十名進士。任內閣中書，升安徽寧國府同知，遷戶部員外郎，晉郎中，外任甘肅臨洮知府，改四川馬湖知府，官至浙江湖州知府。

姚克欽　山西夏縣人。康熙十五年三甲一百十一名進士。二十六年任湖南衡陽知縣。

李嘉猷　字元功。順天大興縣人。康熙十五年三甲一百十二名進士。授內閣中書，未任。

王可大　字易從。河南武安人。康熙十五年三甲一百十三名進士。授中書舍人，纍遷戶部郎中，三十三年充江西鄉試副考官。

黃亮可　江蘇太倉州人。康熙十五年三甲一百十四名進士。二十八年任四川梁山知縣，三十九年改河南修武知縣，五十九年官至直隸順德知府。

高明峻　直隸深州人。康熙十五年三甲一百十五名進士。任河南滎陽知縣。

方　韓　字若韓，號佐平。浙江遂安縣人。康熙十五年丙辰科三甲一百十六名進士。選庶吉士，授檢討。二十一年充會試同考官，官至左中允。

陶式玉　字尚白。浙江會稽縣人。康熙十五年三甲一百十七名進士。任直隸蠡縣知縣，二十五年行取廣西道御史，二十六年任兩淮巡鹽御史。未幾罷歸。著有《澄淮錄》《文告》《參同契注》《悟真篇注》等。

徐　邁　字爾新。浙江海鹽縣人。康熙十五年三甲一百十八名進士。

王奐曾　字元亮，別字思顯，號誠軒。山西太平縣人。康熙十五年三甲一百十九名進士。三十二年以行人司行人，充廣東鄉試副考官，纍遷吏部郎中，四十四年考選湖廣道御史。歸後栽培後進。著有《旭華堂文集》行世。

彭崇洪　湖北沔陽州人。康熙八年舉人，十五年三甲一百二十名進士。

郭之祚　直隸保安直隸州人。康熙十五年三甲一百二十一名進士。二十六年任湖南興寧知縣。

萬　憬　字兆文。直隸南樂縣人。康熙十五年三甲一百二十二名進士。二十六年任廣西藤縣知縣，三十一年遷河南鄧州知州，升戶部主事、戶部員外郎，充貴州鄉試副考官，遷郎中，三十八年督四川提學道。

楊念祖　山西安邑縣人。康熙十五年三甲一百二十三名進士。任山東昌樂知縣，三十一年行取雲南道御史。

裘充美　字大文。順天昌平縣人，原籍浙江仁和。康熙十五年三甲一百二十四名進士。任內閣中書，二十年考選廣西道御史，二十一年改兩淮巡鹽御史。

張　洽　字仲和。山東膠州人。

康熙十五年三甲一百二十五名進士。授江西永寧知縣，二十一年任兩淮巡鹽御史，三十三年官至山西道寧史。著有《諫垣草吏》《隱堂稿》。

司百職 字元亮。河南通許縣人。康熙十五年三甲一百二十六名進士。授四川江津知縣，擢刑部主事，遷戶部郎中，三十九年督福建提學道。

党聲震 陝西華州人。康熙十五年三甲一百二十七名進士。二十七年任直隸成安知縣，官至給事中。

宋繹 漢軍鑲藍旗人。康熙十五年三甲一百二十八名進士。二十六年任直隸撫寧知縣。

楊瓊枝 山西五台縣人。康熙十五年三甲一百二十九名進士。二十六年任江蘇華亭知縣。

沈永裕 字仲舒。浙江德清縣人。康熙十五年三甲一百三十名進士。二十六年任江蘇碭山知縣。

王沔水 河南陳留縣人。康熙十五年三甲一百三十一名進士。任四川巴縣知縣。

田肇埏 順天大興縣人。康熙十五年三甲一百三十二名進士。任內閣中書。

樊咸修 字子章。陝西三原縣人。康熙十五年三甲一百三十三名進士。二十七年任浙江嘉興知縣，擢給事中，官至大理寺少卿。丁憂歸卒。

史秉直 江蘇高淳縣人。康熙十五年三甲一百三十四名進士。二十六年任山東滕縣知縣。

王吉相 字天如，號古烈。陝西邠州人。康熙十一年陝西鄉試解元，十五年三甲一百三十五名進士。選庶吉士，授檢討。以疾卒。著有《四書心解偶思錄》。

額滕 滿洲正白旗人。康熙十五年三甲一百三十六名進士。

吳升秀 直隸蠡縣人。康熙十五年三甲一百三十七名進士。

兄吳恒秀，康熙十二年進士。

馬振古 直隸永年縣人。康熙十五年三甲一百三十八名進士。

保民 滿洲正藍旗人。康熙十五年三甲一百三十九名進士。任滿洲拉克大佐領。

趙之隨 字和千，號瀧源。山東長山縣人。康熙十五年三甲一百四十名進士。二十四年任四川石泉知縣，改北川知縣，署江岫知縣，遷戶部主事，遷湖廣司員外郎、郎中，三十七年督雲南提學道，官至候補道。辭歸。康熙五十年（1711）卒。

舒瑜 直隸任丘縣人。康熙十五年三甲一百四十一名進士。任內閣中書。

單變 山東高密縣人。康熙十五年三甲一百四十二名進士。

高遐昌 字振聲，號菉園。河南淇縣人。康熙十五年三甲一百四十三名進士。二十七年任湖南龍陽知縣，三十七年調廣東東莞、茂名、信宜知縣，曾護高州知府。改刑部主事，遷户部郎中，四十六年授户科給事中。後被九門提督托合齊報復誣陷入獄。釋後歸，未幾卒。著有《掖垣奏議》《菉園文集》。

李聘　字莘起，號伊庵。直隸長垣縣人。康熙十五年三甲一百四十四名進士。任江西寧都知縣，三十四年任廣東陵水知縣。四十四年告歸。卒年七十六。著有《伊庵詩集》。

朱觀我　字來徵。山東堂邑縣人。康熙十五年三甲一百四十五名進士。任陝西狄道知縣（後屬甘肅）。

閻足興　直隸新樂縣人。康熙十五年三甲一百四十六名進士。

李瑞徵　字中峰。直隸容城縣人。康熙十五年三甲一百四十七名進士。歸班知縣，十八年召試鴻博未選。任貴州荔坡知縣，改廣西荔浦知縣，二十七年改廣西容縣知縣，署北流知縣，行取户部主事。著有《簏餘草》。

蕭鵬程　字騰九。山東堂邑縣人。康熙十五年三甲一百四十八名進士。

王斗機　字石雲。陝西華陰縣人。康熙十五年三甲一百四十九名進士。任廣西蒼梧、懷遠知縣、三江知縣，改廣西藤縣知縣。告歸。

荆王采　字筠渠。山東高密縣人。康熙十五年三甲一百五十名進士。

蕭雲起　江蘇江都縣人。康熙十五年三甲一百五十一名進士。任江西盧陵知縣。

齊體物　漢軍正黃旗人。康熙十五年三甲一百五十二名進士。十九年任山東招遠知縣，二十八年升福建漳州府海防同知，三十年改臺灣海防同知。

李華之　字秀實，號沃苣。山東諸城縣人。康熙八年舉人，十五年三甲一百五十三名進士。授內閣中書，二十六年充順天鄉試同考官，三十四年纍遷廣東肇高羅道副使，四十年授湖北按察使，四十二年丁母憂歸。四十五年改貴州按察使，四十七年遷雲南布政使，五十二年授太僕寺卿改宗人府丞，五十三年遷左副都御史，五十四年授刑部侍郎。五十九年休致。卒年七十八。

子李璿，康熙四十五年進士。

李文燦　山西翼城縣人。康熙十五年三甲一百五十四名進士。任山西潞安府教授。

李作哲　直隸清苑縣人。康熙十五年三甲一百五十五名進士。

甄承嗣　直隸唐縣人。康熙十五年三甲一百五十六名進士。二十八年任四川開縣知縣。

康熙十八年（1679）己未科

第一甲三名

歸允肅 字孝儀，號惺崖。江蘇常熟縣人。明崇禎十五年（1642）生。康熙十八年一甲第一名狀元。授修撰。二十年充順天鄉試主考官，歷任中允、侍讀、侍講學士，官至少詹事。以疾告歸。康熙二十八年（1689）卒，年四十八。著有《歸宮詹集》《筆銓》等。

孫卓 字予立，號襄子。安徽宣城縣人。康熙十八年一甲第二名榜眼。授編修。纍遷太常寺丞。雍正元年遷太常寺卿，四年改通政使，仍兼太常寺卿，五年遷禮部右侍郎，七年降太常寺卿。十年，罷職。

茆薦馨 字楚畹，號一峰。浙江長興縣人。明崇禎二年（1629）十一月十一日生。康熙十八年一甲第三名探花（時年五十一）。授編修。康熙二十年（1681）五月十一日卒於京，年五十三。著有《畫溪草堂遺稿》。

第二甲四十名

吳震方 字右紹，號右超、青壇。浙江仁和籍石門縣人。康熙十八年二甲第一名進士。選庶吉士，授編修。遷陝西道監察御史，官至給事中。康熙帝曾賜白居易詩。著有《讀書正音》《晚樹樓詩稿》《嶺南雜記》《朱子論定文鈔》。

張廷瓚 字卣臣，號隨齋。安徽桐城縣人。康熙十八年二甲第二名進士。選庶吉士，授編修。纍遷至侍讀學士，三十八年任山東鄉試主考官，官至少詹事。康熙四十一年（1702）先於其父張英卒。著有《傳恭堂詩集》。

父張英，康熙六年進士，文華殿大學士，廷瓚爲其長子。

秦宗游 字慎齋、逸少。浙江山陰縣人。康熙十八年二甲第三名進士。選庶吉士，授編修。二十九年充河南鄉試主考官、國子監司業，官至侍講。

田需 字雨來、子益，號鹿

關。山東德州人。康熙十八年二甲第四名進士。選庶吉士，授編修。二十三年任河南鄉試主考官。以疾辭職，卒於里。著有《水東草堂詩》《側蟄錄》《潞河集》《涉江集》。

兄田雯，康熙三年進士。

陳捷 字穎侯，號鶴皋，浙江新昌縣人。康熙十八年二甲第五名進士。選庶吉士，授編修。二十六年充河南鄉試主考官。降歸。著有《止軒餘集》。

趙執信 字伸符，號秋谷，晚號飴山老人。山東益都縣人。康熙元年（1662）十月二十一日生。十八年二甲第六名進士（時年十八）。選庶吉士，授編修。二十三年任山西鄉試主考官，官至右春坊右贊善。任《明史》纂修官。康熙二十八年以國喪期間燕飲觀《長生殿》違制革職，年僅二十八。後未復起，常縱情詩酒發其抑鬱不平。趙執信為清代康乾年間著名詩人，乾隆九年（1744）十一月二十四日卒。年八十三。著有《固園集》《飴山堂文集》《聲調譜》《談龍錄》《禮俗權衡》。

曹鑑倫 字彝士，號蓼懷。浙江嘉善縣人。順治六年（1649）三月十九日生。康熙十八年二甲第七名進士。選庶吉士，授編修。二十三年充山東鄉試主考官，升侍講學士，三十五年充順天鄉試主考官。升少詹事，三十九年授內閣學士，四十三年遷兵部右侍郎，四十八年改吏部左侍郎。康熙五十年（1711）三月初一日卒，年六十三。

子曹源郊，康熙五十七年進士。

馬教思 字臨公，一字嚴中，號檀石。安徽桐城縣人。康熙十八年會元，二甲第八名進士。選庶吉士，授編修。二十一年充壬戌科會試同考官。後因性情耿直被罷官。工詩文，著有《古學類解》《群書麻粹》《匯齋雜俎》《等韻輯要》《左傳記事本末》《皖桐幽貞錄》等。

劉果實 字師退，號提因。直隸滄州人。康熙十八年二甲第九名進士。選庶吉士，授編修。以疾卒。著有《提因太史遺稿》。

沈朝初 字洪生，號東田。江蘇吳縣人。順治六年（1649）五月生。康熙十八年二甲第十名進士。選庶吉士，授編修。二十四年充乙丑科會試同考官，官至侍讀學士。曾分纂《大清會典》《大清一統志》《明史》等。著有《不遮山閣稿》。

父沈世奕，順治十二年進士；兄沈旭初，康熙十五年進士。

閻中寬 字公度，號易庵。直隸蠡縣人。康熙十八年二甲十一名進士。授行人司行人，晉戶部郎中。四十五年充會試同考官。被劾去職歸。卒年七十二。

錢金甫（又名金甫，復姓）字越江。江蘇上海縣人。康熙十八年二甲十二名進士。候選知縣，同年舉鴻博二等授檢討。二十五年充江西鄉試主考官，官至侍讀學士。著有《葆素堂集》。

錢登峰　字鷥山。浙江仁和縣人。康熙十八年二甲十三名進士。任內閣中書。

蔡維寅　字典三，號廣庵。浙江德清人。康熙十八年二甲十四名進士。任內閣中書，改雲南豐禄知縣，四十年遷直隷永平知府，四十五年改四川保寧知府。

祖父蔡弈琛，明進士，明文淵閣大學士。

沈篔　字開平，號晴岩。浙江仁和縣人。康熙十八年二甲十五名進士。以庶吉士詔試鴻博二等。授編修。二十六年（1687）卒。著有《斗虹集》。

靳讓　字伯遜，號益庵。河南尉氏縣人。崇禎十六年（1643）八月十六日生。康熙十八年二甲十六名進士。授浙江宣平知縣，丁父憂服闋，補山西汾西知縣，擢山西道監察御史，四十年任直隷通州知州，四十二年督廣西學政，四十三年改浙江學政。後以母老乞養歸。康熙帝南巡賜御書“萱庭春永”額，以榮其母。康熙四十九年（1710）九月十三日卒，年六十八。

王材任　字子重，號西澗。湖北黄岡縣人。康熙十四年舉人，十八年二甲十七名進士。因父在京不肯留京歸。久之始補官，任內閣中書，纍遷至僉都御史，尋告歸。居江蘇常熟。撰有《尊道堂詩選》《别集》等。

父王澤弘，順治十二年進士，禮部尚書。

虞兆清　字鑒斯。浙江嘉興籍，海鹽縣人。康熙十八年二甲十八名進士。二十七年任四川綦江知縣，署忠州知州，三十三年行取湖廣道御史。著有《素必堂文集》。

吕爔　字蓼懷。浙江新昌縣人。康熙十八年二甲十九名進士。任直隷灤縣知縣，升吏科給事中，改兵科給事中。年七十五卒於家。

楊大鶴　字九皋，號芝田。江蘇武進縣人。康熙十八年二甲二十名進士。選庶吉士，授編修。遷詹事府左春坊左諭德，三十三年督順天學政。著有《春秋屬辭比事》《史漢注辨誤》《野雲軒詩稿》《賜硯齋詩集》《稻香樓詞》《二十一史姓氏考》《芝田詩文稿》等。

兄楊大鵾，順治十六年進士；子楊祖輯，康熙五十一年進士。

陸祖修　字孝武，號敬峰、愚山。江蘇青浦縣人。康熙十八年二甲二十一名進士。選庶吉士，授編修。二十五年改山東道御史，官至吏科給事中。

李承綏　河南封丘縣人。康熙十八年二甲二十二名進士。任內閣中書。

方伸　字佐平，號石潮。安徽南陵縣人。康熙十八年二甲二十三名進士。選庶吉士，改户部浙江司主事，升郎中，康熙三十年外任山東登州知府，四十二年官至福建汀州府知府。歸。

郁世焜 （復姓吳）字朝若。江蘇吳江縣人。康熙十八年二甲二十四名進士。二十二年任廣東澄邁知縣，三十四年改直隸武邑知縣。

劉楷 字于端，號蓮庵。安徽南陵縣人。康熙十八年二甲二十五名進士。任內閣中書，二十三年充福建鄉試副考官，擢刑科給事中，掌戶科給事中，歷通政使參議、鴻臚寺卿、右通政使，三十年官至光祿寺卿。致仕歸。卒年七十二。

陸史 江蘇江寧縣人。康熙十八年二甲二十六名進士。二十八年任山西徐溝知縣。

郝士鐸 字恩皇，號子希。順天霸州人。康熙十八年二甲二十七名進士。授直隸順德府教授，改山西盂縣知縣，行取兵部督捕主事，改戶部陝西司主事，遷山西司員外郎，晋禮部制儀司郎中。四十四年授湖北漢陽知府，升按察司副使，五十三年督雲南學政。積勞以病告假歸。行至漢陽舊屬父老請暫留，卒於漢陽，年六十五。

史陸輿 （又名陸輿，復姓）字亦右，號舫齋。江蘇宜興縣人。康熙十八年二甲二十八名進士。任主事，三十三年督福建提學道。著有《舫齋詩集》。

傅京初 字慎庵。山東高密縣人。康熙十八年二甲二十九名進士。

劉曾 陝西臨潼縣人。康熙十八年二甲三十名進士。二十八年任湖南漵浦知縣，纍遷貴州貴陽知府，擢雲南驛鹽道，五十二年官至雲南按察使。五十六年去職。

李孚青 字丹壑。安徽合肥縣人，原籍河南永城。康熙三年（1664）生。康熙十八年二甲三十一名進士（時年十六）。選庶吉士。授編修。充《玉牒》、明史館纂修官。三十八年父喪歸。父喪後遷居原籍河南永城。尋卒。著有《野香亭集》十三卷、《盤隱山樵集》八卷、《道旁山人集》五卷。

父李天馥，順治十五年進士，武英殿大學士；子李昉槑，康熙四十八年進士。

法標 字興贍，號書山。山東靈山衛人。康熙十八年二甲三十二名進士。任大理寺評事，二十九年充山西鄉試副考官。待遷主事以積勞告終養，家居三十年。著有《書山草堂詩稿》等。

李宗培 河南沈丘縣人。康熙十八年二甲三十三名進士。二十七年任廣東會同知縣。

曹志周 字微之。浙江平湖縣人。康熙十八年二甲三十四名進士。二十八年任四川南江知縣，官至工部主事。

郭藩 字希庵。山東聊城縣人。康熙十八年二甲三十五名進士。

張睿 字涵白，號劬齋。江蘇山陽縣人。明崇禎十二年（1639）生。康熙十八年二甲三十六名進士。授司經局洗馬，纍遷戶科給事中，太僕寺少卿，四十年九月授光祿寺卿，四十一年改大理寺卿，六月遷左副都御史，充陝西鄉試主考官，四十三年十月改刑部右侍郎。康熙四十九年（1710）正月卒於任，年七十二。

王旦 字子復。河南蘭陽縣人。康熙十八年二甲三十七名進士。二十七年任江西石城知縣，以憂去。後補江蘇贛榆知縣。

王師旦 字曰明。江蘇青浦縣人，原籍浙江海鹽。康熙十八年二甲三十八名進士。康熙年間任湖北穀城知縣（湖北襄陽府志），康熙六十一年改廣東興寧知縣，雍正三年任廣東新安知縣，雍正八年遷廣東儋州知州，乾隆五年任江蘇通州知州。罷歸。

佘志貞（原名佘艷雪）字湄洲。廣東澄海縣人。康熙十八年二甲三十九名進士。選庶吉士，授編修。二十九年充山東鄉試主考官，官至侍讀學士。

王沛思 字汝敬，號儼若、何思。山東諸城籍，廣東人。康熙十六年山東鄉試解元，十八年二甲四十名進士。選庶吉士，授編修。二十三年充順天副考官，官至左中允。以親老告歸，教授子弟。

第三甲一百零八名

丁暐 字桐雲，號雁水。山東沾化縣人。康熙十八年三甲第一名進士。選庶吉士，授檢討。歷官

到江西吉南贛寧道。卒年四十八。

莊延裕 字素思。福建閩縣人。康熙十八年三甲第二名進士。選庶吉士，授檢討。纂修十六國史，假歸。

房嵩 字申公。山東東阿縣人。康熙十八年三甲第三名進士。任內閣中書，三十二年充河南鄉試副考官。卒於開封。

孫子昶 號主一。山西聞喜人。康熙十八年三甲第四名進士。二十七年任直隸長垣知縣，四十一年改河南通許知縣。著有《太極集注》。

張重啓 字元公，號岱瞻。山東萊陽縣人。康熙十八年三甲第五名進士。授直隸雄縣知縣，補刑部浙江司主事，官至郎中。

王澄（《蘇州府志》作"本姓華"）。字何思。江蘇吳縣人。康熙十八年三甲第六名進士。任四川廣安知縣，改浙江麗水知縣。

焦毓棟 字立庵，號吉雲。山東章丘縣人。康熙十八年三甲第七名進士。任行人司行人，擢吏部考功司主事、驗封司員外郎，官至考工司郎中。致仕歸。以讀書課子侄為樂。

汪晉徵 字元尹，號涵齋。安徽休寧縣人，明崇禎十二年（1639）生。康熙十八年三甲第八名進士。任戶科給事中，二十六年充湖廣鄉試主考官，遷大理寺少卿，四十二年授光祿寺卿，改順天府尹。四十四年擢左副都御史，四十六年改戶

部左侍郎，督理錢法局。康熙四十八年（1709）十二月卒。年七十一。著有《宋元明正學録》《雙溪草堂詩集》《游西山詩》。

成康保 字安若、自莽、商衡。江蘇寶應縣人。康熙十八年三甲第九名進士。由内閣中書，三十二年充山西鄉試副考官，出爲台州府同知，三十八年兼署浙江太平知縣，三十九年兼仙居縣，署紹興知府，兼麗水知縣。卒於任。著有《周易闡微》《春秋要旨》《左傳解讀》《讀史辯誤》《制藝詩鈔》等。

鄭維孜 字修來。直隸南宫縣人。康熙十八年三甲第十名進士。任行人司行人，三十一年考選山西道御史，補江南道御史。四十八年告歸。

熊開楚 字文友。湖北石首縣人。康熙二年舉人，十八年三甲十一名進士。二十六年任江蘇江都知縣，署高郵、儀徵知縣，改直隸新安知縣。卒於任。

卞士弘 字宜重。江蘇丹徒縣人。康熙十八年三甲十二名進士。任廣西融縣知縣，二十九年充順天鄉試同考官，三十二年升山西代州直隸州知州。

王承祐 字雪園。貴州新貴縣人。康熙十八年三甲十三名進士。選庶吉士，二十三年任御史，二十七年改直隸巡視長蘆鹽政，官至順天府丞兼學政。卒於任。

張玉履 字履上。江蘇泰興縣人。康熙十八年三甲十四名進士。任山西長子知縣，補直隸行唐知縣。歸後杜門著書。著有《易經裒旨》《三鳳堂集》。

丁　翊 字羽玉，號覺民。浙江長興縣人。明天啓三年（1623）生。康熙十八年三甲十五名進士（時年五十七）。康熙二十二年（1683）卒。著有《聞知録》及詩文集。

宋敏求 字勉齋，號谷懷。湖廣黄梅籍，黄岡人。康熙十七年湖廣鄉試解元，十八年三甲十六名進士。選庶吉士，授檢討。三十二年充四川鄉試主考官。

父宋必達，順治十八年進士。

崔　靖 字小衛。山西聞喜縣人。康熙十八年三甲十七名進士。二十七年任江蘇山陽知縣，改陝西定邊知縣，調署雲南楚雄知縣。卒於任。

潘應賓 字鑾容，號雪石、東嶺。山東濟寧州人。順治十年（1653）二月十二日生。康熙十八年三甲十八名進士。選庶吉士，授檢討。二十四年任乙丑科會試同考官，遷詹事府贊善、右庶子，官至侍講學士。參與修《明史》。

王穎士 字慧先，號石居、撲庵。山東臨淄縣人。康熙十八年三甲十九名進士。二十八年任直隸内黄知縣（雍正年間改隸河南省），行取部主事，以疾卒。

子王克寬，康熙三十年進士。

吴　標 江蘇崇明縣人。康熙

十八年舉人。任江蘇靖江縣教諭。同年三甲二十名進士。康熙二十八年任湖南攸縣知縣。

顧鐔 字詩成，號票岩。浙江石門縣人。順治三年（1646）九月初三日生。康熙十八年三甲二十一名進士。選庶吉士，十九年遷山東道御史，改京畿道御史，二十九年改直隸巡視長蘆鹽政。調大理寺寺丞，官至太僕寺少卿。雍正二年（1724）八月初三日卒，年七十九。

顧琛 （復姓錢）字獻侯。江蘇嘉定縣人。康熙十八年三甲二十二名進士。任湖北黃岡知縣。

喬文錦 直隸深州人。康熙十八年三甲二十三名進士。二十六年任湖北武昌知縣。

侯麟勛 字備大。江蘇無錫縣人。康熙十八年三甲二十四名進士。任吏部主事。

郭治 山東平山衛人。康熙十八年三甲二十五名進士。二十八年任河南淅川知縣，四十一年纍遷直隸正定知府，四十二年調永定河分司南岸兼北岸同知，五十一年官至四川保寧知府。

劉鴻誥 湖南巴陵縣人。康熙十一年舉人，十八年三甲二十六名進士。二十六年任山東博平知縣，三十一年改福建建陽知縣，三十五年官至貴州永寧知州。移病歸卒。

父劉懋夏，順治十五年進士。

盛鍾賢 字右子，號岬庵。浙江於潛縣人。康熙十八年三甲二十

七名進士。任江西高安知縣。在任七年，卒於任。

馬汝基 字岐肇，號南台。山東陽信縣人。康熙十八年三甲二十八名進士。二十七年任福建連城知縣。忤上官被劾歸。著有《四書講義》《五經講義》等。

侯寶三 字康侯。河南汲縣人。康熙十八年三甲二十九名進士。未仕，歸里。

林琛 福建南靖縣人。康熙十八年三甲三十名進士。任中書科中書。

龔宜生 順天涿州人，祖籍浙江錢塘。康熙十八年三甲三十一名進士。任教授。

梁弓 字原山、檀子。江西泰和縣人。康熙十八年三甲三十二名進士。選庶吉士，改兵部主事，爲富新倉監督。乞歸，杜門著述。

荆孝錫 字龍媒。江蘇丹陽縣人。康熙十八年三甲三十三名進士。以父年老，不願就任。

吳琇 字越石。江蘇溧陽縣人。康熙十八年三甲三十四名進士。任福建閩縣知縣。

王令樹 字樹人、桐孫。江蘇泰興縣人。康熙十八年三甲三十五名進士。任四川富順知縣，行取禮部主事，升員外郎、刑部郎中，四十四年考選山西道御史。乞歸奉母。著有《映日堂集》。

耿惇 河南虞城縣人。康熙十八年三甲三十六名進士。三十一

年任廣東平遠知縣，四十年改廣東龍川知縣，官至太常寺少卿。

夏雲來　字天宜。江蘇吳縣人。康熙十八年三甲三十七名進士。未任卒。

陳紫芝　字非園。浙江鄞縣人。康熙十八年三甲三十八名進士。選庶吉士，授檢討。二十五年改陝西道御史，遷奉天府丞兼學政，官至大理寺少卿。因其正直敢言，所劾多人皆奪官，受同朝人側目。對明珠專權屢上疏，傳被明珠以荼毒死，年六十一。

劉士聰　河南祥符縣人。康熙十八年三甲三十九名進士。任内閣中書，官至兵科給事中、工科掌印給事中。

唐　勛　字萬有，號乾齋。安徽潁州人。康熙十八年三甲四十名進士。二十八年授江西廬陵知縣，丁憂服闋，三十五年補山西臨縣知縣。著有《易經充語》《尚書參評》《詩經詁》《論語類編》《楚游草》。

陸　炯　字石年。浙江平湖縣人。康熙十八年三甲四十一名進士（時年六十）。任山西太谷知縣，三十一年行取湖廣道御史。

張克嶷　字偉公，號拗齋。山西聞喜縣人。順治三年（1646）生。康熙十八年三甲四十二名進士。選庶吉士，改刑部主事，升郎中，外任廣西平樂知府，四十三年官至廣東潮州知府。丁父憂歸里，遂不出。康熙六十年（1721）六月卒於家，

年七十六。

李峴壽　字小高。山西解州人。康熙十八年三甲四十三名進士。任直隸淶水知縣。病卒。

吳應庚　湖北黃安縣人。康熙十七年舉人，十八年三甲四十四名進士。二十七年任四川隆昌知縣。

于紹舜　字克承，號湑山。山東長清縣人。康熙十八年三甲四十五名進士。任内閣中書。告養歸。著有《湑山文集》。

吳維城　字徹閎。浙江餘杭縣人。康熙十八年三甲四十六名進士。三十四年官至安徽寧國府同知。

耿克仁　字錫祉，號岱岩。山東新城縣人。康熙十八年三甲四十七名進士。二十六年授山西嵐縣知縣。有循良聲，告終養歸。

俞　寅　字介庵。浙江餘杭縣人。康熙十八年三甲四十八名進士。三十四年任山東棲霞知縣。在任五年告歸。以病卒於家。

張振鳳　字元聲。江蘇崇明縣人。康熙十八年三甲四十九名進士。任河南唐縣知縣，丁憂，補直隸邯鄲知縣，升昌平知州。以乞養歸，卒年七十四。

李　檁　字九一。順天固安縣人。康熙十八年三甲五十名進士。任福建南安知縣，罷誤捐補天長知縣。未任卒。

黃　亮　字繼侯。湖北羅田縣人。康熙十七年舉人，十八年三甲五十一名進士。三十年任直隸安平

知縣。卒於任。

張光豸　字影繡，號抑庵。直隸南宮縣人。康熙十七年順天鄉試解元，十八年三甲五十二名進士。選庶吉士，任禮部主事，二十七年督陝甘提學道，官至福建糧道，三十三年福建鹽驛道、福建按察副使。

張　宣　字儀陸、毅軒。山東濱州人。康熙十八年三甲五十三名進士。三十一年任安徽鳳陽知縣，丁憂。三十九年補河南淅川知縣。數月卒於任。著有《評選兩朝文》。

王澤長　字説霖。直隸曲周縣人。康熙十八年三甲五十四名進士。二十七年任河南偃師知縣，三十五年行取廣西道御史。卒於任。

周新邦　字景昌。山東濟陽縣人。康熙十八年三甲五十五名進士。任甘肅鎮原縣知縣。

王　言　字慎夫。江西新淦縣人。康熙十八年三甲五十六名進士。任廣西馬平知縣，升永康知州，左遷直隸永清知縣，二十六年任順天府東安知縣，改宛平知縣。辭歸。

程皋績　字何功。山西武鄉縣人。康熙十八年三甲五十七名進士。任山東蓬萊知縣，代理登州府同知。致仕歸。

趙其昌　京世五。山東淄川縣（一作博山）人。康熙十八年三甲五十八名進士。歸班候選知縣。

盧帝臣　河南睢州人。康熙十八年三甲五十九名進士。任江蘇江寧知縣，二十七年任湖北江陵知縣，三十八年任四川丹稜知縣。

吳道煥　字允公。山西絳州人。康熙十八年三甲六十名進士。任貴州貴築知縣，官至戶部員外郎。

李先固　湖北京山縣人。康熙十一年舉人，十八年三甲六十一名進士。

錢二白　字天逸，號東皋。江蘇武進縣人。康熙十八年三甲六十二名進士。二十八年任福建福安知縣，丁父憂歸。三十四年補河南伊陽知縣。歸後工書及詩，卒年七十四。

鮑　薦　號釜源。安徽繁昌縣人。康熙十八年三甲六十三名進士。三十八年任廣東開平知縣。以病歸。卒於家。

朱延獻　江蘇上海縣人。康熙十八年三甲六十四名進士。二十八年任河南新鄭知縣。

秦　禰　字伯遜。河南杞縣人。康熙十八年三甲六十五名進士。未仕。

劉世煟　字叔子。河南上蔡縣人。康熙十八年三甲六十六名進士。任浙江東陽知縣，二十七年任安徽當塗知縣，降調。丁憂補雲南呈貢知縣，晉寧州知州，升戶部主事。

趙玉振　直隸高邑縣人。康熙十八年三甲六十七名進士。任山東觀城知縣，改陵縣知縣。罷歸教授生徒。

唐　泓　江蘇太倉州人。康熙十八年三甲六十八名進士。任行人司行人。

王風采 字汝載。湖北黃岡縣人。康熙八年舉人，十八年三甲六十九名進士。二十八年任浙江會稽知縣。在任十四年。

朱振 字千仞。浙江嘉興縣人。康熙十八年三甲七十名進士。任安徽舒城知縣，署六安知縣。以病卒於任。著有《龍舒治略》。

陳汝弼（1646—1707）字槐輔、禹庵。山東福山縣人。康熙十八年三甲七十一名進士。二十九年任河南光山知縣，行取刑部山西司主事、河南司員外郎、江南司郎中，官至吏部文選司郎中，四十一年充江南鄉試主考官。著有《懷荆堂詩文集》。

程大夏（一作任大夏，誤）字禹奏。湖北應城縣人。康熙十一年舉人，十八年三甲七十二名進士。授山西黎城知縣，擢戶部主事，升禮部郎中，監督倉坊。以疾卒。

父程飛雲，順治十六年進士。

蔣遠發 字貽孫，號岩齋。湖北江陵縣人。康熙十七年舉人，十八年三甲七十三名進士。二十七年任浙江孝豐知縣，改山東曹州知縣、菏澤知縣，升東平州知州，官至兗沂曹兵備道。

馬體仁 字瑤庵。陝西高陵縣人。康熙十八年三甲七十四名進士。以知縣用，因父病歸侍奉，父喪任直隸定興知縣，調新城縣，擢刑部主事。以疾卒。

韓宣 字旬公。山西曲沃縣人。康熙十八年三甲七十五名進士。

劉拯 字雨若。直隸棗強縣人。康熙十八年三甲七十六名進士。雍正元年任山東齊東知縣，三十五年擢廣西道御史。以老病歸。著有《左傳疏義》《南華會宗》。

邵元度 字雅公。浙江餘姚縣人。康熙十八年三甲七十七名進士。任知縣。

暢泰兆 字子交。河南新鄉縣人。康熙十八年三甲七十八名進士。任安徽祁門知縣，三十五年改山西稷山知縣，官至工科給事中。以病乞歸。卒於家。

丁宗閔 字再騫，號青麓。安徽當塗縣人。康熙十八年三甲七十九名進士。任雲南祿豐知縣，署安寧知州。丁憂歸卒。著有《讀書草堂文集》行世。

盧熙 字誠齋。陝西鳳翔縣人。康熙十八年三甲八十名進士。選庶吉士，授檢討。二十六年充雲南鄉試主考官。

郁裴 字肇名。江蘇長洲縣人。康熙十八年三甲八十一名進士。

郭允升 山東濱州人。康熙十八年三甲八十二名進士。任山東賓州學正。

李大振 字容安。山東蒲台縣人。康熙十八年三甲八十三名進士。

郭遇熙 字駿臣。河南新鄉縣人。康熙十八年三甲八十四名進士。二十八年授廣東從化知縣，三十年署東莞知縣，擢刑部主事。卒於任。

任觀瀛　字子登，一作紫澄，安徽蕭縣人。康十八年三甲八十五名進士。任浙江德清知縣，二十七年改浙江長興知縣，三十三年行取江西道御史，官至陝西潼商道。著有《夢鼎堂文集》《若溪集》。

薛兆麒　山西襄陵縣人。康熙十八年三甲八十六名進士。二十九年任安徽靈璧知縣。

秦廣之　江蘇無錫縣人。康熙十八年三甲八十七名進士。

丁　易　字學田。河南永城縣人。康熙十八年三甲八十八名進士。任中書舍人，纍遷江蘇江寧府江防同知，署知府，入爲工部郎中，轉廣東道御史，丁憂歸。康熙四十六年官至廣東肇高羅道。

孟漢儒　山西介休縣人。康熙十八年三甲八十九名進士。任山西大同府教授。

宋　謙　山西汾陽縣人。康熙十八年三甲九十名進士。二十八年任湖南會同知縣。

任　璿　字政七，號興茨。河南新鄉縣人。康熙十八年三甲九十一名進士。選庶吉士，改户部主事，升刑部郎中，三十一年官至山東登州知府。

父任文燁，順治四年進士。

褚有聲　字遹駿。河南祥符縣人。康熙十八年三甲九十二名進士。二十八年任福建順昌知縣。

卜景超　字其旋、型遠，號介庵。順天固安縣人。康熙十八年三甲九十三名進士。二十三年任四川安縣知縣，在任八年行取主事，遷郎中，三十六年督貴州學政，遷雲南迤西道，官至雲南永昌道。

趙作舟　字浮山，號乘如。山東東平州人。明天啓三年（1623）生。康熙十八年三甲九十四名進士（時年五十七）。選庶吉士，改刑部主事，升户部員外郎，二十六年充貴州副考官，二十八年官至湖南辰沅靖道。康熙三十四年（1695）卒。年七十三。

王鼎臣　字玉爾，號石橋。江蘇高郵州人。康熙十八年三甲九十五名進士。二十八年任河南祥符知縣。在任二年有政聲，以卓異薦於朝，因病卒於任。

鄭西錫　河南祥符縣人。康熙十八年三甲九十六名進士。二十九年任四川樂至知縣。在任五年，卒於任。

畢友宜　字凌峰。湖北蘄水縣人。康熙十七年舉人，十八年三甲九十七名進士。二十八年任福建建寧知縣。

華　黄　號中湄。江蘇無錫縣人。康熙十八年三甲九十八名進士。任安徽池州府教授，四十二年官至直隸永平知府。以老乞休歸。

楊　雍　字西涇，號又夫。順天寶坻縣人。康熙十一年順天鄉試解元，十八年三甲九十九名進士。選庶吉士，授檢討。因勞瘁卒。

吕尚傅　湖北蘄水縣人。康熙

十七年舉人，十八年三甲一百名進士。任知縣。

趙濬 字念堂。陝西涇陽縣人。康熙十八年三甲一百零一名進士。二十八年任江蘇常熟知縣。

胡考生 字均軒。浙江烏程縣人。康熙十八年三甲一百零二名進士。二十八年任江西都昌知縣。

李毓英 山東臨淄縣人。康熙五年舉人，十八年三甲一百零三名進士。二十八年任四川渠縣知縣。

陳惪敏 字訥生。山西猗氏縣人。康熙十八年三甲一百零四名進士。二十八年授江西浮梁知縣，三十六年補河南考城知縣。

李煜 山西陽城縣人。康熙十八年三甲一百零五名進士。任雲南宜良知縣。

田象三 字大尚。直隸內丘縣人。明崇禎十三年（1656）生。康熙十八年三甲一百零六名進士。三十一年任浙江海寧知縣。

劉廣聰 字穎士，號靜庵。山東鄒平縣人。康熙八年舉人，十八年三甲一百零七名進士。二十七年任廣東程鄉知縣，四十四年補南海知縣。

武篕 字運帷。陝西伏羌縣人。康熙十八年三甲一百零八名進士。二十九年任廣東番禺知縣。任二年卒於任。

康熙二十一年（1682）壬戌科

第一甲三名

蔡升元 字徵元，號方麓。浙江德清縣人。順治九年（1652）生。康熙二十一年一甲第一名狀元。任修撰。遷中允，少詹事，康熙四十三年五月授詹事。遷內閣學士，五十六年授左都御史，五十八年十二月改禮部尚書。六十年葬假。康熙六十一年（1722）十月卒，年七十一。著有《紀恩詩鈔》《使秦草》。

吳涵 字容大，號匪庵。浙江石門縣人。康熙二十一年一甲第二名榜眼。任編修。纍遷右通政使，康熙三十六年授太僕寺卿，三十七年遷左副都御史，歷工部、刑部、吏部侍郎，兼翰林院掌院學士。四十三年十月遷左都御史，仍兼掌院學士。四十五年三月以病免職。康熙四十八年（1709）九月卒。

子吳關傑，康熙四十五年進士，官湖南辰沅兵備道。

彭寧求 字文洽，號瞻庭、約齋。江蘇長洲縣人。順治六年（1649）七月十六日生。康熙二十一年一甲第三名探花。授編修。二十四年充會試同考官，歷侍講，後詔補侍讀。康熙三十九年（1700）三月初五日以勞卒於任。年五十二。著有《歷代山澤徵稅記》。

從兄彭定求，康熙十五年狀元。

第二甲四十名

史夔 字胄司，號耕岩。江蘇溧陽縣人。康熙二十一年二甲第一名進士。選庶吉士，授編修。纍遷侍讀學士，三十八年充浙江鄉試主考官，擢少詹事，五十年授詹事。康熙五十二年（1713）閏五月病卒。著有《扈蹕》《奉台》《觀濤》《樟亭》《東祀》《扶胥》諸集。

爲康熙六年進士史鶴齡長子；子史貽直，康熙三十九年進士，文淵閣大學士。

王九齡 字子武，號薛澥。江蘇婁縣人。康熙二十一年二甲第二名進士。選庶吉士，授編修。歷侍講學士、少詹事、左僉都御史，康熙三十九年授內閣學士。四十三年遷禮部侍郎改兵部、吏部侍郎，四十六年十二月授左都御史。康熙四十八年（1709）十二月卒。著有《艾納山房集》《松溪詞》。

兄王頊齡，康熙十五年進士，官武英殿大學士。

吳一斐 字漢章，號騰南。福建長泰縣人。康熙二十一年二甲第三名進士。選庶吉士，授編修。二十四年充乙丑科會試同考官。康熙三十一年（1692）卒，年五十一。

郝 林 字仲美，號筠亭、中雲。直隸定州人。順治十一年十二月（1655）生。康熙二十一年二甲第四名進士。任中書科中書，纍遷吏部考工司員外郎，四十二年充會試同考官，升文選司郎中。改禮科給事中，四十七年充廣西鄉試主考官，遷左通政使，五十二年授太僕寺卿，遷奉天府尹、宗人府府丞，五十四年授左副都御史，改工部左侍郎，雍正四年調禮部左侍郎。十一月加尚書銜致仕。雍正十年（1732）二月二十二日卒，年六十五。

父郝浴，順治六年進士，廣西巡撫。

徐 炯 字章仲。江蘇昆山縣人。康熙二十一年二甲第五名進士。任行人，二十九年充福建鄉試副考官，擢工部主事，升郎中，三十九年督山東學政。五十年遷直隸通永道，五十一年改直隸口北道。卒於任。與兄徐樹穀同撰《李義山文集箋注》。

爲康熙九年進士刑部尚書徐乾學次子；弟徐駿，康熙五十二年進士。

王喆生 字醇叔，號素岩。江蘇青浦縣人。康熙二十一年二甲第六名進士。選庶吉士，授編修。康熙二十四年充會試同考官。乞養歸。養母二十年母喪，絕意仕進，以著書爲業。著有《懿言日錄》《懿言二錄》《懿言續錄》《禮闈分校日記》《七規》《素岩文稿》等。

孫岳頒 （榜名李岳頒，復姓）字雲韶，號樹峰。江蘇吳縣人。明崇禎十二年（1639）生。康熙二十一年二甲第七名進士。選庶吉士，授編修。充《佩文齋書畫譜》總裁官，善書法，康熙帝曾賜御書"筆端垂露"額。歷任右贊善、侍講、侍讀、左庶子。官至禮部侍郎銜國子監祭酒。奉旨校勘二十一史，四十七年（1708）十月卒於任。年七十。

趙 珣 字仲琳，號繹亭。順天武清縣人。順治十一年（1654）生。康熙二十一年二甲第八名進士。授內閣中書，遷吏部驗封司主事，升員外郎、郎中，四十八年充會試同考官，四十九年督河南學政。任滿歸。過濬縣，愛其風土，僑居。康熙五十四年（1715）卒。年六十二。

父趙之符，順治十六年進士。

顧用霖　江蘇長洲縣人。康熙二十一年二甲第九名進士。二十八年任四川西充知縣，行取主事，五十年官至湖南岳州知府。

吳　晟　字西李，號鶴皋。江蘇山陽縣人。康熙二十一年二甲第十名進士。選庶吉士，授編修。二十七年任會試同考官，歷官至左中允。以父老乞養歸。不出。

曹國維　字四張。江蘇青浦縣人。康熙二十一年二甲十一名進士。任內閣中書。早殁。

陸經遠　（復姓徐）字舒成。順天宛平縣人，原籍江蘇昆山。康熙二十一年二甲十二名進士。二十四年任河南息縣知縣，二十八年行取雲南道御史，纍遷大理寺少卿，五十六年授太僕寺卿，五十七年改通政使。雍正元年六月休致。卒於家。

蔣德昌　字海門。浙江海寧縣人。康熙二十一年二甲十三名進士。授內閣中書，改工部主事，官至刑部郎中，四十六年督湖廣提學道。年七十卒。

馮廷櫆　字大木。山東德州人。順治六年（1649）生。康熙二十一年二甲十四名進士。任內閣中書，二十六年充湖廣鄉試副考官，遷通政使司參議。康熙三十九年（1700）九月十七日卒。年五十二。（王士禛謂其煤炭中毒而亡）。因性情孤傲，不隨流俗，困於仕途，傾心文墨，興於詩賦，其詩尤超逸。著有《京集》《晴川集》《雪林集》《曹村集》等。《馮舍人遺詩》是其孫馮德培搜集尚存五百篇成，其它均散佚。

汪兆瑝　字辰旂，號璜霞。浙江錢塘縣人。康熙二十一年二甲十五名進士。任內閣中書。

張禹玉　字伯績。山東萊陽縣人。康熙二十一年二甲十六名進士。選庶吉士，散館除名。著有《歷代建元錄》。

孫纘功　字鞠思。順天昌平縣人。康熙二十一年二甲十七名進士。纍遷刑部郎中，四十一年督雲南學政，五十年遷山西雁平道，官至雲南按察使僉事。

吳元臣　江蘇宜興縣人。康熙二十一年二甲十八名進士。二十七年任順天府順義知縣，官至雲南臨安知府。

沈愷曾　字虞士，號樂存。浙江歸安縣人。順治十八年（1661）四月二十八日生。康熙二十一年二甲十九名進士。選庶吉士，授山東道御史，歷掌山西、江南、浙江、河南道事，曾巡視兩淮鹽政。後以廣東道使牽連坐罷官。康熙四十八年（1709）八月二十七日卒，年四十九。著有《東南水利議》《西古奏疏》《來雨吟稿》《四書議名》《蘋州偶存》等。

兄沈爾燝，同榜進士。

許汝霖　（原名許汝龍）字且然，號時庵。浙江海寧縣人。明崇禎十三年（1640）生。康熙二十一年二甲二十名進士。選庶吉士，授編修。二十六年充四川鄉試正考官，升贊善，遷翰林院侍讀學士，三十年督江南學政。四十年授工部侍郎，歷禮部、戶部侍郎，四十八年二月遷禮部尚書。四十九年十一月休致。康熙五十九年（1720）八月卒。享年八十一。著有《德星堂家訓》《德星堂詩文集》《河工集》等。

孫許焞，雍正元年進士。

余泰來 字素堂、子閬。浙江山陰縣人。康熙二十一年二甲二十一名進士。選庶吉士，二十五年任廣西道御史，三十二年改直隸巡視長蘆鹽政，升大理寺丞，三十八年官至奉天府丞兼學政。告養歸。三十八年（1699）三月至無錫迎駕遽卒。

徐汝嶧 字泗瞻，號桐岡。浙江烏程縣人。康熙二十一年二甲二十二名進士。二十八年三月任山東夏津知縣，三十三年補戶部主事，晉郎中，四十三年督河南提學道。著有《一枝軒詩集》。

翁 煌 字樵仙。福建侯官縣人。康熙二十一年二甲二十三名進士。二十八年任湖南辰溪知縣，擢吏部主事。以目疾未補官，家居二十年，卒年七十七。

周金然 （榜名金然，本姓周）字廣居，號廣庵、礦岩。浙江山陰縣（一作江蘇上海）人。明崇禎四年（1631）生。康熙二十一年二甲二十四名進士（時年五十二）。選庶吉士，授編修。歷官至司經局洗馬，三十八年充山西鄉試主考官。後告

歸。康熙四十三年（1704）卒，年七十四。著有《廣庵全集》。

慕 琛 陝西靜寧州人。康熙二十一年二甲二十五名進士。官至禮科給事中。

尤 珍 字慧珠、謹庸，號滄湄。江蘇長洲縣人。順治四年（1647）十月初四日生。康熙二十一年二甲二十六名進士。選庶吉士，授編修。二十七年任會試同考官，充《大清會典》《明史》《三朝國史》纂修官，官至贊善。以養親歸。康熙六十年（1721）九月十七日卒。年七十五。著有《滄湄札記》《滄湄類稿》四十五卷、《晬示錄》二十卷等。

尤侗子。

劉國黻 字禹美，號後齋、橫浦。江蘇寶應縣人。順治十年（1653）生。康熙二十一年二甲二十七名進士。選庶吉士，遷戶科給事中，二十六年充廣西鄉試主考官。歷任通政使司參議、督捕理事官，官至鴻臚寺卿。康熙三十九年（1700）卒，年四十八。

子劉師恕，康熙三十九年進士，官內閣學士。

黃暉烈 字籹公。江蘇武進縣人。康熙二十一年二甲二十八名進士。二十九年任湖廣竹溪知縣，以卓異三十三年擢廣西鬱林州知州，兼博白知縣。著有《戶曉集》。

張廷樞 字景峰，號息園。陝西韓城縣人。順治十一年（1654）

生。康熙二十一年二甲二十九名進士。選庶吉士，授編修。歷侍讀、侍讀學士，康熙四十四年授內閣學士，督江南學政，遷吏部侍郎，四十八年二月授刑部尚書。四十九年因"諸事偏執，素性好勝，有忝大臣之任"，六月革。五十一年授工部尚書，五十二年五月復任刑部尚書。雍正元年降五級回籍。七年陝西巡撫西琳劾其受贓銀六千抗追不納，命拿問入京，卒於途中，年七十六。乾隆時復其官，追謚"文端"。

鹿　賓　字鳴嘉。直隸定興縣人。康熙二十一年二甲三十名進士。二十八年任湖南桂陽知縣，三十八年行取陝西道御史，掌浙江道御史。以事罷歸。復官卒於任。

孫朝慶　江蘇宜興縣人。康熙二十一年二甲三十一名進士。

林可梁　字勝木。福建惠安縣人。康熙二十一年二甲三十二名進士。丁外艱歸，居喪過哀遂病，服除閉門奉母，卒年四十八。

王宜章　陝西華陰縣人。康熙二十一年二甲三十三名進士。

阮爾詢　（一作阮爾恂）字子岳、獻若，號澄江。安徽宣城縣人。康熙二十一年二甲三十四名進士。選庶吉士，任廣東道御史，纍遷左僉都御史，四十二年改順天府丞。四十五年授太常寺卿改宗人府丞，四十六年遷左副都御史，改工部左侍郎。康熙五十五年（1716）正月卒於任。著有《南紀堂詩集》《問庚樓集》。

秦　炯　字尚之，號文湖、行一。浙江慈溪縣人。康熙二十一年二甲三十五名進士。二十八年任福建詔安知縣。

姜之琦　字幼韓，號梅川。浙江會稽縣人。康熙二十一年二甲三十六名進士。任山東高密知縣。

朱　珊　字玉樹，號鏡湖。江西高安縣人。康熙二十一年二甲三十七名進士。選庶吉士，改兵部主事，三十一年官至河南歸德知府。解組歸。閉戶讀書，卒年七十七。

儲　掄　江蘇宜興縣人。康熙二十一年二甲三十八名進士。二十九年任江西臨川知縣。

蘇翔鳳　字苞九。江蘇常熟縣人。康熙二十一年二甲三十九名進士。二十八年（1689）任山東沂水知縣。半月遽卒。

莊際盛　字茂倫，號果庵。浙江桐鄉縣人。康熙二十一年二甲四十名進士。任直隸唐山知縣，升吏部主事，官至考工司郎中。歸。

第三甲一百三十六名

金德嘉　字會公，號豫齋。湖北廣濟縣人。順治十七年舉人，十八年任湖北安陸府教授。康熙二十一年會元，三甲第一名進士。選庶吉士，授檢討。參修《明史》，分撰《一統志》。二十六年充貴州鄉試主考官。尋致仕歸。閉門著書。著有

《朱陸異同考》《居業齋文集》《別集》《元明臣言行錄》等。

宋志梁 江蘇婁縣人。康熙二十一年三甲第二名進士。任内閣中書，升刑部主事，官至刑部郎中。

金大成 字允展。江蘇吳縣人。康熙二十一年三甲第三名進士。二十九年任山東定陶知縣。

吳苑 字楞香，號鱗潭，晚號北黟山人。安徽歙縣人。明崇禎十一年（1638）生。康熙二十一年三甲第四名進士。選庶吉士，授檢討。充日講起居注官，遷右中允、侍講，官至國子監祭酒。以母老乞歸。康熙三十九年（1700）五月卒，年六十三。著有《北黟山人集》《大好山水錄》。

高克藩 字大垣。浙江嵊縣人。康熙二十一年三甲第五名進士。二十八年任江西靖安知縣，丁憂歸。三十八年改福建永福知縣，五十四年任湖南湘鄉知縣。

卜峻超 字仲升。順天固安縣人。康熙二十一年三甲第六名進士。任内閣中書，升戶部主事、員外郎，三十八年考選江西道御史，四十年任福建巡鹽御史。

王上選 江西盧陵縣人。康熙二十一年三甲第七名進士。任内閣中書。

沈爾燝 字冀昭，號鳳宇。浙江烏程人。康熙二十一年三甲第八名進士。二十八年任湖北公安知縣。著有《月團詞》。

弟沈愷曾，同榜進士。

孫有倫 （本姓鄭）廣東海陽縣人。康熙二十一年三甲第九名進士。未任卒。

周蒲璧 字四峰。陝西商州人。康熙八年陝西鄉試解元，二十一年三甲第十名進士。選庶吉士，授檢討。

孫洤 （1640—1700）字靜紫，號擔峰。河南輝縣人。康熙二十一年三甲十一名進士。任内閣中書，旋謝歸。歸後抄錄祖父遺書以行世。性好游歷大江南北，所至有詩。著有《擔峰詩》及《諸游記訂》《徽言秘旨》《擔峰文集》《醒書選》《唐詩通》《擔峰真面目》《擔峰友聲》等。

魏學誠 字無偽、齋禮，號一齋。山西蔚州人（雍正六年改屬直隸省）。順治十四年（1657）九月二十六日生。康熙二十一年三甲十二名進士。授内閣中書，四十二年特授檢討。纍官至詹事府右諭德，四十五年督江南提學道，官至翰林院侍讀。康熙六十年（1721）二月二十日卒。年六十五。著有《一齋新舊詩》《魏敏果公年譜》。

父魏象樞，順治三年進士，官刑部尚書。

張象升 字五階。湖北應山縣人。康熙十一年舉人，二十一年三甲十三名進士。任廣西遷江知縣，二十七年調山東臨邑知縣，升工部主事。

袁橋 字天石。順天大興縣

人。康熙二十一年三甲十四名進士。二十八年任浙江龍泉知縣，纍遷户部郎中，四十四年考選浙江道御史。

于漢翔 字章雲。江蘇金壇縣人。康熙二十一年三甲十五名進士。任内閣中書，遷禮部主事，升員外郎、郎中，三十七年督山西學政。忤巡撫噶禮歸。卒年八十六。著有《南樓集》《紫薇集》《容臺集》等。

謝緒彦 字又文。浙江定海縣人。康熙二十一年三甲十六名進士。任内閣中書。淡於仕進。與其叔謝兆昌賦詩論文。

吴玤 江蘇宜興縣人。康熙二十一年三甲十七名進士。二十九年任福建古田知縣。

曾炳 字旭園。福建漳平縣人。康熙十七年福建鄉試解元，二十一年三甲十八名進士。選庶吉士，散館改主事。

方瑞合 字錫公。浙江淳安縣人。康熙二十一年三甲十九名進士。二十八年授貴州畢節知縣。積勞致疾卒於任。

錢士鋐 字貢南、愚谷。江蘇吳江縣人。康熙二十一年三甲二十名進士。任浙江昌化知縣，改山東惠民知縣，三十一年升山東武定州知州。未幾歸。

陳悦旦 字升如，號義馭。江蘇高淳縣人。康熙二十一年三甲二十一名進士。任内閣中書，官至杭州府同知，四十三年署海鹽知縣，署衢州知府。著有《樂在堂文集》《樂在堂詩集》。

鹿祐 字有上，號蘭皋。安徽潁州人。康熙二十一年三甲二十二名進士。二十八年任浙江西安知縣，行取禮部主事，升員外郎。三十八年考選江南道御史。乞養歸。服闋，補掌山東道御史，升大理寺少卿，康熙四十五年三月授太僕寺卿，十二月改太常寺卿，四十七年遷兵部侍郎，四十八年九月改河南巡撫。五十三年十二月以病免職。康熙五十七年（1718）十一月卒。

萬廷詔 （一作范廷詔，誤）江蘇宜興縣人。康熙二十一年三甲二十三名進士。

薛采 山西翼城縣人。康熙二十一年三甲二十四名進士。任雲南永平知縣。

路元升 字庭彦。直隸曲周縣人。康熙二十一年三甲二十五名進士。選庶吉士，授檢討。父喪，哀毁卒。

劉愈 字文起。江蘇山陽縣人。康熙二十一年三甲二十六名進士。任工部屯田司主事，三十三年以行人充山東鄉試副考官。丁憂歸卒。

父劉昌言，順治十六年進士。

洗國幹 廣東南海縣人。康熙二十一年三甲二十七名進士。任直隸武强知縣，四十八年官至浙江湖州知府。告老去。

蔡致遠 福建漳浦縣人。康熙二十一年三甲二十八名進士。任福建福寧府教授。二十八年任直隸井陘知縣，纍遷吏部郎中。

李旭升 字東升，號晴崖。山西蔚州（雍正六年改屬直隸省）人。順治六年（1649）生。康熙二十一年三甲二十九名進士。任內閣中書，遷工科、戶科給事中，遷太僕寺少卿、左通政使。四十三年授光禄寺卿，四十五年遷左副都御史，四十六年改工部侍郎，五十年調刑部侍郎，改吏部侍郎。在任十二年，爲政清廉。雍正元年休致（加尚書銜）。雍正六年（1728）九月卒，年八十。

子李周望，康熙三十六年進士，禮部尚書；子李暄亨，康熙三十三年進士。

劉鼎文 字坦齋。湖北雲夢縣人。康熙十七年舉人，二十一年三甲三十名進士。二十八年任山西寧鄉知縣。卒於任。

潘麒生 字一韓。江蘇溧陽縣人。康熙十六年江南鄉試解元，二十一年三甲三十一名進士。選庶吉士，授檢討。二十九年充山西鄉試正考官，升右春坊右贊善，官至浙江湖州府知府。

殷國尊 陝西乾州人。康熙二十一年三甲三十二名進士。

韓日焜 直隸深州人。康熙二十一年三甲三十三名進士。四十六年官至湖南永州知府。

張蓮 字思浦。直隸正定縣人。康熙二十一年三甲三十四名進士。任內閣中書，康熙三十二年充廣西鄉試副考官，遷禮部主事、吏部考工司員外郎、郎中，四十四年考選江南道御史。卒於任。

子張淑郿，康熙四十八年進士。

徐人風 江蘇武進縣人。康熙二十一年三甲三十五名進士。官至禮部郎中。

朱而錡 字信旃。江蘇昆山縣人。康熙二十一年三甲三十六名進士。任山東臨淄縣知縣，擢兵部職方司主事，丁母憂服闋，補刑部主事。以疾卒。

蔣遠 字令三。浙江諸暨縣人。康熙二十一年三甲三十七名進士。二十八年任湖北宜都知縣，四十一年補江西鉛山知縣，官至戶部郎中。

鄭昆璜 字黃玉。山西文水縣人。康熙二十一年三甲三十八名進士。二十八年任直隸南宮知縣，擢戶部主事、員外郎，禮部祠祭司郎中，官至湖南常德知府。引疾歸。

袁拱 字金城，號録園、紫宸。河南洛陽縣人。康熙二十一年三甲三十九名進士。選庶吉士，改兵部主事，官至廣西右江道。丁內艱歸。卒於家。

趙蒼璧 字晋襄，號園庵。浙江錢塘縣人。康熙二十一年三甲四十名進士。二十六年任湖北麻城知縣，有善政。二十九年行取山西道御史。著有《性理解》。

羅俊（本姓彭）字西叔。湖北江夏縣人。康熙十一年舉人，二十一年三甲四十一名進士。任廣西陽朔、博白、宣化知縣，康熙三十四年改廣東感恩知縣，四十三年任廣東長寧知縣。失上官意拂衣歸。俊本姓彭，少出繼於羅姓，嗣母卒後服闋，復本姓。

李　禎　字端公，號彤墀。山東濟寧州人。康熙二十一年三甲四十二名進士。任直隸玉田知縣，升刑部主事，遷員外郎，進郎中。歸後教授鄉里。

楊含素　直隸南宮縣人。康熙二十一年三甲四十三名進士。候選知縣。

周聖化（榜名楊聖化，本姓周）字西鐸。河南延津縣人。康熙二十一年三甲四十四名進士。二十九年任浙江定海知縣，在任三年，以卓異升陝西秦州知州。卒於秦。

吳　轍　福建莆田縣人。康熙二十一年三甲四十五名進士。二十八年任河南通許知縣。

崔甲默　直隸安平縣人。康熙二十一年三甲四十六名進士。任內閣中書。

沈曾琦　字玉樵。江蘇吳縣人。康熙二十一年三甲四十七名進士。未任卒。

張泰交　字公孚，號泊谷。山西陽城縣人。順治八年（1651）四月十二日生。康熙二十一年三甲四十八名進士。任雲南太和知縣，三十四年行取廣西道御史，三十七年改直隸巡視長蘆鹽政，升太僕寺少卿，三十九年督江南學政。四十年授大理寺卿遷左副都御史，改刑部侍郎，四十一年十二月授浙江巡撫。康熙四十五年（1706）正月二十六日卒，年五十六。

馮佩實　字時庵、持庵。浙江慈溪縣人。康熙二十一年三甲四十九名進士。任禮部主事，四十二年充山東鄉試副考官，四十七年以戶部郎中督雲南學政。

李復泌　字則葉。山西大寧縣人。康熙二十一年三甲五十名進士。選庶吉士，授檢討。官至行人司行人。著有《九經考》。

章世德　字天彝。安徽貴池縣人。康熙二十一年三甲五十一名進士。二十八年任福建南平知縣。卒於任。

孫玉澤　山東莘縣人。康熙二十一年三甲五十二名進士。任直隸靜海知縣。

劉　勃　字幼安。福建龍溪縣人。康熙二十一年三甲五十三名進士。任河南遂平知縣，擢戶部主事，改吏部主事。卒於任。

黃宮柱　字擎庵。福建南平縣人。康熙二十一年三甲五十四名進士。二十九年任浙江鎮海知縣，升吏部主事，官至吏部郎中。

呂　琨　字星石。山東文登縣人。康熙二十一年三甲五十五名進士。授雲南南寧知縣，三十五年行取山東御史，改河南道御史，官至通政司左通政。

王思軾　字眉長，號小坡。江西興國縣人。康熙二十一年三甲五十六名進士。選庶吉士，授檢討。二十六年充順天鄉試副考官，遷詹事府庶子，三十九年任山東鄉試主考官。升侍讀學士。四十一年授通政使。四十八年遷內閣學士。五十一年擢禮部左侍郎。雍正元年病休。

陳朝君　字象山。陝西韓城縣人。康熙二十一年三甲五十七名進士。任山東蒙陰知縣，纍遷刑部郎中，三十九督河南提學道。

王作舟　字宏度，號質庵。直隸高陽縣人。康熙二十一年三甲五十八名進士。任內閣中書，改禮部儀制司員外郎，官至禮部祠祭司郎中。

康起梅　字雪偶。直隸滿城縣人。康熙二十一年三甲五十九名進士。二十九年任河南商水知縣，三十五年改福建順昌知縣。丁內艱歸。

范嘉業　字叔有，號卓庵。浙江上虞縣人。康熙二十一年三甲六十名進士。任內閣中書。

周宜振　字靜齋。江蘇無錫縣人。康熙二十一年三甲六十一名進士。二十九年任浙江錢塘知縣，三十年改太平知縣。

劉洛中　江蘇山陽縣人。康熙二十一年三甲六十二名進士。二十九年任廣東英德知縣。

梁敷鮮　山西介休縣人。康熙二十一年三甲六十三名進士。二十九年任山東諸城知縣。丁憂歸。

馬壽穀　字儉其。浙江嘉興縣人。康熙二十一年三甲六十四名進士。二十九年任湖北武昌知縣。

張　愫　字子丹，號月崖。陝西富平縣人。康熙二十一年三甲六十五名進士。二十九年任江西崇仁知縣，纍遷戶部郎中，四十七年督廣西提學道。

汪士楚　江蘇儀徵縣人。康熙二十一年三甲六十六名進士。任內閣中書。

張雲槎　字漢游，號倬庵。浙江長興縣人。康熙二十一年三甲六十七名進士。二十九年任福建連江知縣，任吏部主事。

胡作梅　字修予，號抑齋。湖北荊門州人。康熙十七年舉人，二十一年三甲六十八名進士。選庶吉士，授檢討。纍遷國子監祭酒、少詹事，五十年正月授內閣學士，充浙江鄉試主考官，八月授禮部右侍郎，五十二年任江西鄉試主考官。康熙五十七年（1718）十月病卒。

魯德升　字經侯。浙江會稽縣人。康熙二十一年三甲六十九名進士。選庶吉士，授檢討。告歸，居家三十年卒。

萬丹詔　江蘇宜興縣人。康熙二十一年三甲七十名進士。二十七年任江西石城知縣。

董佩笈　字持瀛、岵嶦。江蘇武進縣人。康熙二十一年三甲七十一名進士。二十九年授浙江海鹽知縣，三十年改天台知縣，擢工部主事，遷吏部郎中，四十九年督江西提學道，五十一年官至四川川東道。乞休歸。

父董巽祥，順治六年進士。

周天位 字匡民。福建平和縣人。康熙二十一年三甲七十二名進士。任廣西灌陽知縣。

鄒球 江西安福縣人。康熙二十一名三甲七十三名進士。纍遷至郎中，五十三年任山西大同知府。

傅正揆 字華瞻。山東聊城縣人。康熙二十一年三甲七十四名進士。三十三年授山西山陰知縣，丁憂歸。補陝西醴泉縣知縣。以母喪歸葬。閉門課諸孫。卒年八十七。

曹樸 河南祥符縣人。康熙二十一年三甲七十五名進士。三十年任廣西岑溪知縣，三十四年署廣西鬱林知州。

王懋才 湖北武昌縣人。康熙十七年舉人，二十一年三甲七十六名進士。二十九年任江西新建知縣。

兄王懋德，同榜進士。

武維寧 字石城。陝西華州人。康熙二十一年三甲七十七名進士。選庶吉士，任工部主事。

方曰璉 福建建安縣人。康熙二十一年三甲七十八名進士。二十九年任江蘇沛縣知縣。

翟鴻儀 字鶴林。山西聞喜縣人。康熙二十一年三甲七十九名進士。二十二年授廣西賀縣知縣，三十四年補湖北麻城知縣。卒於任。

王國彥 字次聖。安徽涇縣人。

康熙二十一年三甲八十名進士。

許嗣隆 字山濤。江蘇如皋縣人。康熙二十一年三甲八十一名進士。選庶吉士，授檢討。三十二年充雲南鄉試主考官，升右中允，官至侍講。以疾歸。著有《奉使滇南集》《孟晉堂詩集》。

何星煜 字天章。山西稷山縣人。康熙二十一年三甲八十二名進士。三十一年任山東樂安知縣，官至兵科給事中。未任卒。

常紳 直隸雄縣人。康熙二十一年三甲八十三名進士。二十八年任四川豐都知縣，三十五年改山東滕縣知縣，遷禮部主事，官至給事中。

朱廷鉉 字玉汝。江蘇江陰縣人。康熙二十一年三甲八十四名進士。任工部員外郎，三十六年考選湖廣道御史，官至大理寺少卿。

趙天潤 江蘇江陰縣人。康熙二十一年三甲八十五名進士。任刑部主事，改陝西保安知縣。

吳貫 字佳一，號魯齋。浙江淳安縣人。康熙二十一年三甲八十六名進士。二十九年任湖北通城知縣，三十一年擢陝西乾州直隸州知州，升戶部主事，官至戶部郎中。

王紳 字公垂，號愚軒、矩齋。河南睢州人。康熙二十一年三甲八十七名進士。選庶吉士。改戶科給事中，纍遷左僉都御史，三十八年授大理寺卿，遷左副都御史，改戶部左侍郎。四十四年革職。

楊之琦　河南原武縣人。康熙二十一年三甲八十八名進士。二十九年任山東濟陽知縣。

劉祖舜　字述庵。山西保德州人。康熙二十一年三甲八十九名進士。任廣西懷遠知縣，二十九年任廣西三江知縣。

姚文光　字樞章，號映垣。直隸宣化前衛人。康熙二十一年三甲九十名進士。選庶吉士，改主事，累遷廣西思恩知府，官至雲南鹽驛道副使。著有《建昌府志》。

李蔚　陝西富平縣人。康熙二十一年三甲九十一名進士。

黃軒　字犀馭，號怡齋、慎庵。順天大興人。康熙二十一年三甲九十二名進士。選庶吉士，改禮部主事，官至禮部郎中，二十九年任江西鄉試主考官。

高瑩　山東禹城縣人。康熙二十一年三甲九十三名進士。任直隸獻縣知縣。

鄭昆璽　字殿堯。山西文水縣人。康熙二十一年三甲九十四名進士。二十九年任順天府三河知縣，三十一年補廣東普寧知縣，改貴州安化縣，擢吏部驗封司主事、稽勛司員外郎、文選司郎中，官至戶科給事中。

史流芳　陝西華州人。康熙二十一年三甲九十五名進士。三十年任廣東臨高知縣。

姜其垓　字萊西。山東黃縣人。康熙二十一年三甲九十六名進士。

任雲南易門知縣。乞歸里。著有《周易古本集注》《春秋集傳折衷錄》《滇游雜咏》等。

余一耀　（一作余一燿）字毅昭，號如齋。浙江諸暨縣人。康熙二十一年三甲九十七名進士。三十二年補內閣中書。以目疾歸。

爲順治九年進士余縉侄。

王璲　字公佩。山東臨淄縣人。康熙二十一年三甲九十八名進士。不仕隱居，教授子弟以終。

王之瑚　字仲玉。江蘇丹徒縣人。康熙二十一年三甲九十九名進士。三十年授湖南臨武知縣，行取禮部主事，升禮部員外郎，四十四年考選福建道御史。

李弘建　湖北雲夢縣人。康熙五年舉人，二十一年三甲一百名進士。

潘鵬雲　字健六，號靜庵。山東樂陵縣人。康熙二十一年三甲一百零一名進士。二十八年任山西臨晉知縣，擢工部主事、刑部郎中，四十三年出任直隸順德知府。以疾告歸。卒年七十九。

孫皋　字鳴九。湖北漢陽縣人。康熙二十一年三甲一百零二名進士。任內閣中書。

陸遐昌　字介繁。江蘇泰興縣人。康熙二十一年三甲一百零三名進士。任山西長治知縣，行取禮部主事，三十年充會試同考官，升戶部員外郎、工部郎中，官至江西南康知府。著有《棣華閣詩集》。

兄陸肇昌，同榜進士。

張一恒 字北岳。山東蓬萊縣人。康熙二十一年三甲一百零四名進士。任江蘇沭陽知縣。卒於任。

任光業 河南洛陽縣人。康熙二十一年三甲一百零五名進士。三十一年任廣東增城知縣。

喬弘德 山西安邑縣人。康熙二十一年三甲一百零六名進士。二十九年任江蘇安東知縣。

黃　儀 字吉羽。直隸元城縣（今河北大名）人。康熙二十一年三甲一百零七名進士。任貴州安化知縣。著有《灌園處近草》。

余光全 安徽潛山縣人。康熙二十一年三甲一百零八名進士。任貴州安南知縣，升戶部主事。解組歸。

牟國玠 山東棲霞縣人。康熙十三年任長山縣教諭。二十一年三甲一百零九名進士。

陸　虬 （復姓陳）字汝翼。江蘇吳縣人。康熙二十一年三甲一百十名進士。任浙江新昌知縣，擢主事，升郎中，官至浙江溫州知府。年七十致仕歸。

趙士驤 字秀良、瞿庵。河南永城縣人。康熙二十一年三甲一百十一名進士。三十一年任安徽臨淮知縣，纍遷郎中，官至江西吉安知府。

王　琮 陝西涇陽縣人。康熙二十一年三甲一百十二名進士。三十年任四川汶川知縣。

周寅暘 湖北鄖西縣人。康熙十一年舉人，二十一年三甲一百十三名進士。任陝西臨潼知縣，以事降福建閩縣縣丞。丁父憂歸。

夏迪忱 字籲俊，號若齋。安徽廣德直隸州人。康熙二十一年三甲一百十四名進士。未仕。

王宣猷 山西翼城縣人。康熙二十一年三甲一百十五名進士。任廣西靈川知縣。

衛建勛 山西臨汾縣人。康熙二十一年三甲一百十六名進士。任知縣。

謝士檟 （復姓彭）廣東普寧人。康熙二十一年三甲一百十七名進士。任知縣。

樊超凡 直隸曲陽縣人。康熙二十一年三甲一百十八名進士。

王懋德 字一士。湖北武昌縣人。康熙二十年舉人，二十一年三甲一百十九名進士。三十年任山西廣靈知縣，三十八年調江西寧都知縣，改德化知縣。

弟王懋才，同榜進士。

紀之健 字秉乾、野亭。山東利津縣人。康熙二十一年三甲一百二十名進士。二十八年任河南南陽知縣，改江西德化知縣，纍遷戶部郎中，四十四年考選廣東道御史。終養歸。

李　霄 字漢章，號升庵。直隸廣宗縣人。康熙二十一年三甲一百二十一名進士。二十三年任福建漳浦知縣。在任半載而卒。年四十三。

歐陽充鋏　字孟長。江西泰和縣人。康熙二十一年三甲一百二十二名進士。淡情仕宦，家居以經史自娛。

周　統　字新伯。湖北應山縣人。康熙二年舉人，二十一年三甲一百二十三名進士。二十八年任山東淄川知縣，三十二年升吏部主事。

馮　銘　直隸束鹿縣人。康熙二十一年三甲一百二十四名進士。三十年任湖南湘潭知縣，升吏部主事。未赴任卒。

陸肇昌　字展初。江蘇泰興人。康熙二十一年三甲一百二十五名進士。任陝西雒南知縣，三十年調廣西桂平知縣，官至廣西桂林知府。

弟陸遐昌，同榜進士。

辛禹昆　字祇傳。直隸新安縣人。康熙二十一年三甲一百二十六名進士。二十八年任浙江寧海知縣，康熙四十二年調湖北通城知縣，升吏部主事，官至吏部郎中。

劉　驪　江西安福縣人。康熙二十一年三甲一百二十七名進士。任湖北穀城知縣，官至雲南澂江知府。

陳鼎元　江蘇通州人。康熙二十一年三甲一百二十八名進士。

江清徵　字畏知。安徽婺源縣人。康熙二十一年三甲一百二十九名進士（時年六十）。家居搜取祖父所著《近思錄》編《遵行錄》《大易全書》參訂行世。

張雲魁　山西翼城縣人。康熙二十一年三甲一百三十名進士。三十年任廣東始興知縣。

耿文傑　山東章丘縣人。康熙二十一年三甲一百三十一名進士。三十年任江西都昌縣知縣。

謝　恩　字得日。福建閩清縣人。康熙二十一年三甲一百三十二名進士。三十年任廣西容縣知縣，四十年改天河知縣。

李　晉　字思行。山東沾化縣人。康熙二十一年三甲一百三十三名進士。二十五年任河南武陟知縣。辭歸。著有《彙蓼莪庵小草》。

王　雍　字默公。陝西富平縣人。康熙二十一年三甲一百三十四名進士。雍正年任河南魯山知縣，纍遷兵科給事中。以疾告歸。

安方升　山西聞喜縣人。以舉人任山西蔚州學正。康熙二十一年三甲一百三十五名進士。三十年任山東滕縣知縣。卒於任。

杜　珣　陝西長安縣人。康熙二十一年三甲一百三十六名進士。三十年任廣東東莞知縣。

康熙二十四年（1685）乙丑科

第一甲三名

陸肯堂 字邃生，號澹成。江蘇長洲縣人。順治七年（1650）生。少補博士弟子員，進學國子監。康熙二十四年會元，一甲第一名狀元，授修撰。二十六年充江西鄉試主考官，進日講起居注官，任右春坊右中允轉左中允，官至侍讀。康熙三十五年（1696）八月二十六日卒，年四十七。著有《三禮辨真》《陸氏人物考》《懷鷗舫詩存》等。

陳元龍 字廣陵，號乾齋。浙江海寧縣人。順治九年（1652）十月二十九日生。康熙二十四年一甲第二名榜眼。任編修。遷詹事府右庶子、少詹事。康熙四十二年授詹事，四十九年遷翰林院掌院學士。五十年授吏部侍郎，改廣西巡撫，五十七年九月遷工部尚書，改禮部、兵部尚書。雍正元年命守景陵，七年正月授額外大學士，改文淵閣大學士。十一年七月以老乞休，加太子太傅致仕。乾隆元年（1736）八月卒。享年八十五。謚"文簡"。著有《愛日堂集》《格致鏡原》一百卷，奉敕編《歷代賦彙》一百四十卷等。

侄陳邦彥，康熙二十四年進士，官禮部右侍郎。

黃夢鱗 字硯芝，號匏齋。江蘇溧陽縣人。康熙二十四年一甲第三名探花。授編修。二十七年充會試同考官，官至詹事府左中允。以假歸不復出。著有《尚書古文考》《春秋四傳考》《道學源流考》《匏齋集》。

第二甲四十名

張希良 字石虹。湖北黃安縣人。康熙八年舉人，任湖北江夏教諭。二十四年二甲第一名進士。選庶吉士，授翰林編修。二十七年充會試同考官，二十九年浙江主考官，歷左右春坊贊善、侍講，三十五年充順天鄉試副考官，升鴻臚寺少卿，三十六年督浙江學政。致仕歸卒。年八十二。曾參與纂修《三朝國史》

《一統志》《明史》《春秋講義類函》。著有《春秋大義》《宋史删》《文章宿海》《格物內外編》《寶宸堂集》。

蔣陳錫　（一作陳錫）字文孫，號雨亭。江蘇常熟縣人。順治九年（1652）十月三十日生。康熙二十四年二甲第二名進士。歷任陝西富平知縣，禮部主事、員外郎，四十一年遷山東運河道，調直隸天津道，四十四年任江南河庫道，四十五年授河南按察使遷山東布政使。四十七年十二月授山東巡撫，五十五年九月遷雲貴總督。五十九年因籌濟軍糧不力誤軍機，九月革職，仍管理入藏糧運。康熙六十年（1721）八月二十三日卒於西藏雪山行次。年七十。著有《耒青居詩稿》。

甯世簪　字筆公、單公，號觀齋。安徽潁州人。康熙二十四年二甲第三名進士。選庶吉士，授編修。三十二年充貴州鄉試主考官。乞終養歸。

顧永年　字九恒，號桐村。浙江仁和縣人。康熙二十四年二甲第四名進士。任甘肅華亭知縣，以事遣戍奉天。著有《梅東草堂詩》。

魏壽期　字靜齋、朋三。安徽繁昌縣人。康熙二十四年二甲第五名進士。任陝西南鄭知縣，四十二年行取貴州道御史。卒於任。

許承家　字師六，號來庵。江蘇江都縣人，原籍安徽歙縣。康熙二十四年二甲第六名進士。選庶吉士，授編修（年已六十餘）。三十年充辛未科會試同考官。請假歸。著有《獵微閣詩集》。

兄許承宣，康熙十五年進士。孫許迎年，康熙三十九年進士。

沈辰垣　字紫翰，號芷岸。浙江嘉善縣人。康熙二十四年二甲第七名進士。選庶吉士，授編修。三十三年任會試同考官，官至侍讀學士。乞歸卒。

仇兆鰲　字滄注，號知幾，自號章溪老叟。浙江鄞縣人。明崇禎十二年（1639）生。康熙二十四年二甲第八名進士（時年四十七）。選庶吉士，授編修。二十七年充會試同考官，歷春坊、侍講、侍讀學士，四十七年授內閣學士，四十九年擢吏部右侍郎。五十二年以病去職。康熙五十七年（1718）四月卒。年八十。著有《杜詩詳注》二十五卷、《兩徑要義》《通鑒論斷》《四書説約》等。

宋大業　字念功，一作彥功，號藥洲。江蘇長洲縣人。康熙二十四年二甲第九名進士。選庶吉士，授編修。三十二年充江西鄉試主考官，纍遷至侍讀學士，四十五年二月授詹事，五月遷內閣學士。四十七年十二月革職。

父宋德宜，順治十二年進士，官文華殿大學士。

俞兆曾　字天文（一作大文）。浙江海鹽縣人。康熙二十四年二甲第十名進士。任直隸元城知縣，三十五年改直隸大名知縣。

汪　煜　字禹昭，號平齋。浙江黄岩縣人。二十四年二甲十一名進士。任貴州鎮遠知縣，三十七年官至吏科給事中。著有《同岑草》《願學堂集》《南歸北征録》《平齋偶存》等。

李殿邦　字左厓，號在晋。湖廣孝感縣人。康熙十一年舉人，二十四年二甲十二名進士。選庶吉士，授編修。二十七年充戊辰科會試同考官。乞假歸里，未一載卒。

徐樹穀　字藝初。江蘇昆山縣人。康熙二十四年二甲十三名進士。任中書科中書，二十八年考選山東道監察御史。俸滿外調卒。與弟徐炯同撰《李義山文集箋注》。

父徐乾學，康熙九年進士，刑部尚書；弟徐炯，康熙二十一年進士；徐駿，康熙五十二年進士。

徐元正　字子貞，號静園。浙江德清縣人。康熙二十四年二甲十四名進士。選庶吉士，授編修。三十年充會試同考官，纍遷翰林院侍讀學士，康熙四十七年授内閣學士，充山東鄉試主考官，遷吏部侍郎，四十九年正月授左都御史，十一月改任工部尚書。五十年乞養。康熙五十九年（1720）十一月卒。著有《清嘯樓草》《鷺坡存草》。

父徐倬，康熙十二年進士；孫徐以升，雍正元年進士，廣東按察使。

汪　灝　字文漪，號天泉、畏庵。山東臨清州人。康熙二十四年二甲十五名進士。選庶吉士，授翰林院編修。纍遷侍讀學士，四十三年授内閣學士，四十一年督山西學政，四十四年十一月遷河南巡撫。以督修河工積勞成疾，四十八年九月以病去職。著有《倚雲閣詩集》。

謝陳常　字雪樓，號文洽、久洽。山西臨晋縣人。康熙二十四年二甲十六名進士。選庶吉士，授編修。充《明史》纂修官，三十二年充廣東鄉試主考官。告歸。卒於家。

宋　衡　字嵩南，號伊平。安徽廬江人。康熙十六年江南鄉試解元，二十四年二甲十七名進士。選庶吉士，授編修。三十五年充雲南鄉試主考官，四十四年督四川學政，官至侍讀學士。

張孟球　字夔石，號筠庭。江蘇長洲縣人。順治十八年（1661）生。康熙二十四年二甲十八名進士。任山東昌樂知縣，升工部主事、禮部郎中，三十八年督雲南學政，四十五年遷福建鹽驛道、河南糧儲道，五十年授河南按察使。六十年休致。乾隆五年十一月十四日（1741年1月）卒。年八十。其子三人爲進士，二人爲舉人，人稱“五子登科”。

謝　錫　字景貢。浙江會稽縣人。康熙二十四年二甲十九名進士。任主事，三十年任四川雲陽知縣。

劉　棨　字青岑、韜子。山東諸城縣人。順治十四年（1657）生。康熙二十四年二甲二十名進士。三十四年授湖南長沙知縣，擢陝西寧羌知州，四十一年調甘肅寧夏中路同知未任，丁母憂。服闋補長沙府同知，入覲，四十三年擢山西平陽知府，四十八年被舉廉吏。四十九年遷直隸天津道，五十一年授江西按察使，五十二年十二月遷四川布政使。以廉明著稱，九卿共推爲當朝清介大臣四人之一。康熙五十七年（1718）五月卒於任。年六十二。

父劉必顯，順治九年進士；子劉統勛，雍正二年進士，大學士；孫劉墉，乾隆十六年進士，大學士；曾孫劉環之，乾隆五十四年進士，吏部尚書。

高　曜　字東野，號遠修。江蘇婁縣人。康熙二十四年二甲二十一名進士。選庶吉士，授編修。三十二年充河南鄉試主考官。

王際康　字五清。安徽南陵縣人。康熙二十四年二甲二十二名進士。授中書，以侍父不赴，父喪服闋，選雲南祿豐知縣，赴任卒於途。

鄒　溶　字宮書。江蘇吳縣人。康熙二十四年二甲二十三名進士。任陝西洋縣知縣。

陸　筠　字覲文。浙江錢塘籍，平湖人。康熙二十四年二甲二十四名進士。三十年任直隸隆平知縣，四十二改江西上猶知縣。

沈　藻　江蘇華亭縣人。康熙二十四年二甲二十五名進士。授浙江永康知縣，以逋欠罣誤，卒於永康。

馮　瑞　字繁文、宵燕。江蘇婁縣人。康熙二十四年二甲二十六名進士。選庶吉士，授編修。改福建道御史，官至湖北督糧道。著有《棣華堂詩餘》。

戎　澄　字孟揚。浙江鄞縣人。康熙二十四年二甲二十七名進士。三十六年任四川德陽知縣。

祖父戎上德，順治九年進士。

汪　薇　字知白（一作思白），號棣園。安徽歙縣人。康熙二十四年二甲二十八名進士。選庶吉士，改戶部主事，官至戶部郎中，三十六年督福建學政。告歸。購昆山徐氏所刻《宋元經解》循覽十七年，著《經概》五卷、《詩論》二卷。

張如錦　字漢孫。江蘇長洲縣人。康熙二十四年二甲二十九名進士。三十年任山東商河知縣。

許賀來　字燕公，號秀山。雲南石屏州人。康熙二十四年二甲三十名進士。選庶吉士，授編修（許賀來爲清代雲南入翰林院第一人）。二十七年充會試同考官，擢春坊、贊善，官至翰林院侍講。母老歸。雍正初年卒於家。工書法，詩文。著有《賜硯堂集》十卷。

張　祚　字良蔭。江蘇如皋人。康熙二十四年二甲三十一名進士。任山東朝城知縣、吏部主事。

陸　霜　字文端。浙江秀水縣人。康熙二十四年二甲三十二名進士。三十一年任四川榮昌知縣，兼大足知縣，三十二年改綦江知縣。

鄭昆瑛　字萬鑒，號彥卿、英

玉。山西文水縣人。康熙二十四年二甲三十三名進士。選庶吉士，授編修。三十年任辛未科會試同考官。以疾歸。

兄鄭昆璜，康熙二十一年進士。

陳遷鶴 字聲士，號介石。福建龍岩縣人。明崇禎九年（1636）生。康熙二十四年二甲三十四名進士。選庶吉士，授編修。入值南書房，官至左春坊左庶子。年七十致仕歸。康熙五十三年（1714）卒。年七十六。通經學，治易、治詩、治春秋。著有《易說》《尚書私記》《毛詩國風繹》《春秋紀疑》《閒居悶聞》《小學疏意大全》《上峰堂詩集》《春秋堂文集》等書。

三子陳萬策，康熙五十七年進士，因陳遷鶴與李光地相處極密，李屢主春闈，例回避，萬策遲二十餘年始成進士。

李懋 字大木，號勉齋。山東壽光縣人。康熙二十四年二甲三十五名進士。選庶吉士，授編修。三十二年任廣西主考官。以疾歸。

吳之瑜 字孚尹。陝西隴州人。康熙二十四年二甲三十六名進士。選庶吉士，授編修。

侯封公 字介藩。山東陽信縣人。康熙二十四年二甲三十七名進士。授江西興安知縣，遷陝西鞏昌府通判（一作知府）。因呈誤，卒於任。

沈五桌 字嘉軒。浙江山陰縣人。康熙二十四年二甲三十八名進士。任知縣。

魏男 字虞洲。直隸柏鄉縣人。康熙二十四年二甲三十九名進士。選庶吉士，改刑部主事，升郎中，三十年任甲戌科會試同考官，三十一年遷廣東高州知府，官至浙江金華府知府。

吳啓宗 字百屏。浙江歸安縣人。康熙二十四年二甲四十名進士。

第三甲一百二十一名

諸來晟 字訂山。浙江山陰縣人。康熙二十四年三甲第一名進士。康熙三十年任山西襄陵知縣。

張璽 字寶庵。山東鄒平縣人。中舉人後任山東堂邑縣教諭。康熙二十四年三甲第二名進士。三十三年任河南新野知縣。居官六載，召京待簡，途經山東抵家探望，卒於家。

胡瑄 字愚溪。山東即墨縣人。康熙二十四年三甲第三名進士。

李淯仁 字方崖。江蘇江都縣人。康熙二十四年三甲第四名進士。三十年任山東齊河知縣，後行取戶部主事，官至戶部郎中。

俞長城 字寧世、硯園，號桐川。浙江桐鄉縣人。康熙二十四年三甲第五名進士。選庶吉士，授檢討。三十九年任庚辰科會試同考官，官至吏科給事中。著有《可儀堂集》。

父俞之琰，順治十五年進士。兄俞長策，康熙四十五年進士。

張道源 江蘇長洲縣人。康熙

二十四年三甲第六名進士。任廣西永福知縣，官至雲南曲靖知府、開化知府。

王允持 字簡在。江蘇無錫縣人。康熙二十四年三甲第七名進士。當授知縣以母老歸。篤於孝行未仕。工詩詞，未幾卒。

陳星奎 福建建陽縣人。康熙二十四年三甲第八名進士。三十六年任湖南沅陵知縣。

許肇起 字敬臨。江蘇淮安府人。康熙二十四年三甲第九名進士。三十年任浙江嘉興知縣。著有《朱陸異同辯》《性理集注》。

安簨 字雪簨，號雪園。山東壽光縣人。康熙二十四年三甲第十名進士。選庶吉士，任户部主事。

樊澤達 字昆來。四川宜賓縣人。康熙二十年四川鄉試解元，二十四年三甲十一名進士。選庶吉士，授檢討。三十五年充廣東鄉試主考官，四十五年督廣東學政，遷詹事府贊善，官至翰林院侍讀。

金居敬 字毅似。江蘇長洲縣人。康熙二十四年三甲十二名進士。與孫致彌同修《幸魯盛典》。書成，二十七年授山西靈丘知縣。年已暮，未幾卒於官。

王之樞 字恒麓，號雪岩、雲麓。直隸定州人。康熙二十四年三甲十三名進士。選庶吉士，授檢討。二十七年充會試同考官，升中允，四十一年督雲南學政，遷侍講學士，四十四年充江南鄉試主考官。升少

詹事，同年十二月授內閣學士，四十七年三月丁憂歸。五十一年復任內閣學士，五十六年十一月改任偏沅巡撫，雍正元年正月調吏部侍郎。派往布隆吉爾，卒年五十六。曾奉敕撰《歷代紀事年表》一百卷。

吳垣 字雲岩，號雲巇。河南寶豐縣人。康熙二十四年三甲十四名進士。選庶吉士，授檢討。升贊善、侍講，四十八年督浙江學政，五十三年以侍講學士充浙江鄉試主考官，官至侍讀學士。

丁策 字嘉猷。浙江嘉善縣人。康熙二十四年三甲十五名進士。三十年任直隸昌黎知縣。

蔡其聰 字九二。福建閩縣人。康熙二十四年三甲十六名進士。

彭耘 字元東，號恪庵。山東平山衛人。康熙十一年舉人，二十四年三甲十七名進士。任雲南羅次知縣。以事罷官歸。

王治 安徽天長縣人。康熙二十四年三甲十八名進士。任江西瀘溪知縣。

王德祚 字梅岡。浙江會稽縣人。康熙二十四年三甲十九名進士。三十六年任江西安遠知縣，改江蘇清河知縣，五十四年任山安省務同知，改揚州府管糧同知，官至淮安府同知。

父王毅振，順治十二年進士。

甯堯采 山西聞喜縣人。康熙二十四年三甲二十名進士。三十一年任廣東廣寧知縣，蒞任五年，四

十年調江西清江知縣。

王企靖 字芯遠。直隸雄縣人。康熙二十四年三甲二十一名進士。任內閣中書、禮部主事，四十三年考選廣西道御史，升大理寺少卿，康熙五十年授光祿寺卿改太常寺卿，五十一年三月調宗人府府丞，五月遷左副都御史改刑部侍郎，五十二年革。五十七年授戶部侍郎，五十九年七月調江西巡撫。雍正元年正月召京。曾輯《四家詩鈔》，四家者：郭棻、楊思聖、龐塏、紀靈也。

李永紹 字繩其，號省庵。山東寧海州人。康熙二十四年三甲二十二名進士。三十一年任浙江烏程知縣，四十三年行取江南道御史，四十七年充順天鄉試副考官。遷左僉都御史，康熙五十七年授太常寺卿，改宗人府丞，遷戶部侍郎，六十一年改盛京工部侍郎（滿缺），雍正二年七月授工部尚書（漢缺）。雍正五年七月降三級休致。著有《約山亭集》。書法蒼勁。

魯璦 字逮玉，號白峰。江西新城縣人。康熙二十四年三甲二十三名進士。選庶吉士，授檢討。三十二年充山西主考官，升侍講、太常寺少卿，官至左通政使。致仕。主講"豫章書院"，學者稱"西村先生"。

詹宇 字在周。安徽宣城縣人。康熙二十四年三甲二十四名進士。未仕，鍵戶課子。著有《珠樹軒集》。

單立 山東高密縣人。康熙二十四年三甲二十五名進士。

楊綠綬 字公垂，號易軒。直隸長垣縣人。康熙二十四年三甲二十六名進士。三十一年任山東定陶知縣，三十八年遷刑部山西司主事，升員外郎，改戶部雲南司郎中，四十七年遷湖北安陸知府，署荊西道，進按察司副使。告歸卒。著有《玩易軒詩集》。

陳時泰 江蘇溧陽縣人。康熙二十四年三甲二十七名進士。三十三年任河南舞陽知縣。

仲以嘉 字爾績。江蘇寶應縣人。康熙二十四年三甲二十八名進士。三十一年任浙江餘杭知縣。

宋如辰 字斗凝、雪書，號魯齋、震懷。湖廣黃安縣人。康熙二十三年湖北鄉試解元，二十四年三甲二十九名進士。選庶吉士，授檢討。三十三年充甲戌科會試同考官，官至詹事府左中允。

李登瀛 字賓王。江蘇華亭縣人。康熙二十四年三甲三十名進士。三十一年任河南新鄉知縣，三十八年行取湖廣道御史。歸里後蕭然如寒素。

沈士本 字壹皆。浙江蕭山縣人。康熙二十四年三甲三十一名進士。三十一年任四川屏山知縣，三十七年改蘆山知縣，遷吏部主事，官至郎中。遭繼母喪成疾卒。

李朝鼎 字立勛，號彝侶。廣東東安縣人。康熙二十四年三甲三十二名進士。選庶吉士，授檢討。三十二年任山東鄉試主考官。

馬體乾 字行健。河南杞縣人。康熙二十四年三甲三十三名進士。父馬其昌順治三年進士，任長沙知縣卒於任，體乾以小舟載柩歸。至洞庭遇風舟幾覆，抱舟號泣，浪靜。

楊國楨 直隸冀州人。康熙二十四年三甲三十四名進士。任貴州印江知縣。

鄧咸齊 字載庵。廣西全州人。康熙二十四年三甲三十五名進士。選庶吉士，授檢討。二十七年充戊辰科會試同考官。

魏曰郁 字子質。江蘇興化縣人。康熙二十四年三甲三十六名進士。三十一年任福建漳平知縣。在任五年中風卒。

兄魏曰祁，同榜進士。

李月白 山東寧海州人。康熙二十四年三甲三十七名進士。

蔣堉 字曠生。江蘇吳縣人。康熙二十四年三甲三十八名進士。三十年任浙江樂清知縣。著有《樂清紀略》《風雅政事》。

暢雲松 山西祁縣人。康熙二十四年三甲三十九名進士。任湖北黃梅知縣。

劉坤 字資生。河南睢州人。康熙二十四年三甲四十名進士。選庶吉士，授檢討。

解易 山東巨野縣人。康熙二十四年三甲四十一名進士。

張燾 順天大興縣人。康熙二十四年三甲四十二名進士。三十四年任廣東海康知縣。

牛兆捷 字殿洋。山西高平縣人。康熙二十四年三甲四十三名進士。任廣西灌陽知縣。著有《陶史草》十卷。

姜橚 字昆麓、仲端。山西保德州人。康熙二十四年三甲四十四名進士。三十六年授湖北麻城知縣，纍遷戶科給事中，進鴻臚寺少卿，三十八年督浙江學政。遷左僉都御史，四十二年授左副都御史，四十三年（1704）改工部侍郎，十月調吏部左侍郎，尋卒。年五十八。

父姜宗呂，順治十六年進士。

吳世杰 字子萬。江蘇高郵州人。康熙二十四年三甲四十五名進士。任候補中書。精通經史。著有《甓湖草堂詩文》。

吳鶚 字羽騫，號翼亭。安徽黟縣人。康熙二十四年三甲四十六名進士。任山東歷城知縣。解組歸。

梅之珩 字月川，號左白。江西南城縣人。康熙二十年江西鄉試解元，二十四年三甲四十七名進士。選庶吉士，授檢討。二十七年充會試同考官，升侍讀，四十四年督順天學政（《清秘述聞》一書中載：升諭德，三十九年督直隸學政）。官至少詹事。五十二年充河南鄉試主考官，五十三年充江南鄉試主考官。

魏都 字美齊。山東利津縣人。康熙二十四年三甲四十八名進士。任廣東東安知縣。丁憂歸。

王人隆 字卓人。山西翼城縣人。康熙二十四年三甲四十九名進士。三十一年任江西長寧知縣。

昂天翮 字存齋。安徽合肥縣人。康熙二十四年三甲五十名進士。三十一年任山東平原知縣。

趙 灝 字素園。直隸滿城縣人。康熙二十四年三甲五十一名進士。任江西弋陽知縣。以老辭歸。卒年七十三。著有《永署堂詩文集》。

王之鵬 字文淵。湖北蒲圻縣人。康熙二十年舉人，二十四年三甲五十二名進士。任廣西博白知縣，官至戶科給事中。

章廷表 安徽全椒縣人。康熙二十四年三甲五十三名進士。三十一年任福建順昌知縣。

劉喬齡 山西安邑縣人。康熙二十四年三甲五十四名進士。三十一年任江蘇江陰知縣，丁憂。補武進知縣。

宋景琇 （本姓陳）字斗溪、爾星。江蘇長洲縣人。康熙二十四年三甲五十五名進士。三十一年任山東德平知縣。受誣去職。

任士瑞 字廠宜。山東博平縣人。康熙二十三年舉人，二十四年三甲五十六名進士。任貴州甕安知縣。

孫式恂 字元魯。山東萊陽縣人。康熙十七年舉人，二十四年三甲五十七名進士。任陝西伏羌知縣，改陝西山陽知縣。

王度昭 字帶河，號玉其。山東諸城縣人。順治八年（1651）生。康熙二十四年三甲五十八名進士。任雲南浪穹知縣，三十六年擢河南道御史，改浙江道御史，四十二年調湖北鄖襄道，歷光祿寺少卿，四十五年任順天府丞，改大理寺少卿，四十七年充河南鄉試主考官。改左僉都御史，康熙四十八年授太常寺卿改通政使，遷左副都御史，十二月改戶部侍郎，四十九年九月授浙江巡撫，五十三年十二月調工部侍郎。五十五年十月丁憂。五十八年十二月授兵部侍郎。雍正元年七月以病免。雍正二年（1724）卒，年七十四。

父王勱，順治四年進士；孫王輅，雍正元年進士。

葛長裿 字燕翼，號蒼岩。江蘇高淳縣人。康熙二十四年三甲五十九名進士。三十一年任浙江新城知縣，升戶部主事。卒於任。

章振萼 字范山。浙江遂安縣人。康熙二十四年三甲六十名進士。三十一年任江西上猶知縣，行取刑部主事，官至禮科給事中。以疾歸。

張明先 字雪書。湖南安鄉縣人。康熙二十四年三甲六十一名進士。選庶吉士，授檢討。三十五年任江南鄉試主考官，官至詹事府中允，四十九年督廣東學政。著有《後樂堂宦稿》《洞庭文集》。

江鼎金 字紫九。湖北荊門州人。康熙二十年舉人，二十四年三甲六十二名進士。任廣東高要、博羅知縣，擢刑部主事，五十四年官至直隸口北道。以老致仕歸。

趙泰甡 字鹿友。山東膠州人。康熙二十四年三甲六十三名進士。三十一年任浙江金華知縣，擢浙江湖州府同知，三十九年改江蘇山安省務同知。丁憂歸。哀毀，年未五十而卒。

傅光遇 字介庵。浙江仁和縣人。康熙二十四年三甲六十四名進士。任安徽望江知縣。

張召華 字實君。湖南華容縣人。康熙二十四年三甲六十五名進士。三十一年任福建晋江知縣，母老乞終養歸。侍養二十年服闋，五十六年起用任江西金溪知縣。

景應熊 山西安邑縣人。康熙二十四年三甲六十六名進士。任浙江東陽知縣。在任不久致仕歸。著有《憶椿錄》《讀禮撮要》《續儒宗旨》。

高壽名 順天大興縣人。康熙二十四年三甲六十七名進士。任山西芮城知縣，升兵部主事。

侯溥 直隸清豐縣人。康熙二十四年三甲六十八名進士。三十一年任湖北武昌知縣，行取禮部主事。

徐涵 直隸長垣縣人。康熙二十四年三甲六十九名進士。三十一年任河南永城知縣。

關琇 河南新安縣人。康熙二十四年二甲七十名進士。任陝西蒲城知縣。

錢選 字枚一，號鶴亭。安徽懷寧縣人。康熙二十四年三甲七十一名進士。三十一年任廣東茂名知縣。乞休歸。著有《理學心源》《家禮纂要》《朱子綱目》等。

王斯年 江西清江縣人。康熙二十四年三甲七十二名進士。任知縣。

武令謨 山西盂縣人。康熙二十四年三甲七十三名進士。四十年任湖北建始知縣，四十七年調直隸撫寧知縣，官至直隸欒州知州。

李霖雨 字默齋。山東安丘縣人。康熙二十四年三甲七十四名進士。三十一年任安徽盱眙知縣。

魏曰祁 字子傳。江蘇興化縣人。康熙二十四年三甲七十五名進士。任四川珙縣知縣，三十年改四川高縣知縣。卒於任。

弟魏曰郁，同榜進士。

成霈 直隸長垣縣人。康熙二十四年三甲七十六名進士。任湖北大冶知縣。

紀人龍 直隸東明縣人。康熙二十四年三甲七十七名進士。任貴州鎮遠知縣，升陝西隴州知州。

江朝宗 字彙川，號公達。江蘇上元縣人。康熙二十四年三甲七十八名進士。任雲南楚雄知縣，五十二年官至陝西漢中知府。

劉涵 字海觀、宗一。陝西涇陽縣人。康熙二十四年三甲七十九名進士。選庶吉士，授檢討。三十年任辛未科會試同考官，遷江蘇揚州知府，改江西南康、江蘇江寧知府，三十八年擢江蘇淮揚道，官至福建鹽運使。

弟劉灝，康熙二十七年進士。

張伯行 字孝先，號恕齋、敬庵。河南儀封縣人。順治八年十二月初五日（1652年1月）生。康熙二十四年三甲八十名進士。任內閣中書，纍遷山東濟寧道，四十五年授江蘇按察使，四十六年遷福建巡撫，四十八年改江蘇巡撫。因尚書張鵬翮參其"捏造無影之事，屢以海中有賊誑奏"，五十四年革。十二月授倉場侍郎，改戶部侍郎，雍正元年九月遷禮部尚書。雍正帝賜"禮樂名臣"榜。雍正三年（1725）二月十六日卒，享年七十五。贈太子太保，謚"清恪"。光緒四年從祀文廟。伯行學問淹貫，爲宋學大師，其學以程朱爲主。輯有《道學源流》《道統錄》《伊洛淵源錄》《小學衍義》《小學集解》《養正類編》《訓蒙詩選》《讀近思錄》《廣近思錄》《家規類編》《閨中寶鑒》等書。又輯《濂洛關閩集解》以配《四書》，名曰《後四書》。著有《朱子語類輯略》《剡川詩鈔》《困學錄集粹》《正誼堂文集》等。

吳琪 順天大興縣人。康熙二十四年三甲八十一名進士。三十二年任福建永定知縣。

袁同賢 （復姓鮑）湖北蘄水縣人。康熙二十三年舉人，二十四年三甲八十二名進士。任知縣。

劉偉 字遠公、介庵。直隸灤州人。康熙二十四年順天鄉試解元，二十四年三甲八十三名進士。選庶吉士，二十七年改江南道御史。巡視東城，卒於官。

張豹 江蘇安東縣人。康熙二十四年二甲八十四名進士。任河南夏邑知縣，二十七年行取御史。

鄭恂 字肖蘭。直隸豐潤縣人。康熙二十四年三甲八十五名進士。三十一年任四川閬中知縣，改山西隰州知州，行取工部員外郎，遷御史。

李勷 （1657—1740）（榜名孫勷）字子未，號莪山、誠齋。山東德州人。康熙二十四年三甲八十六名進士。選庶吉士，授檢討。四十八年督貴州學政，纍遷至大理寺少卿，官至通政司參議。雍正四年告歸。卒年八十四。著有《鶴侶齋集》二卷、《詩》一卷。

父李濤，康熙十五年進士，刑部侍郎。

沈崑 字玉山，號禾畇，自號味菜翁。浙江烏程籍，平湖人。康熙二十四年三甲八十七名進士。雍正四年任山西徐溝知縣，擢戶部員外郎。著有《味菜山房詞》《禾畇詩餘》等。

李和雨 字念雲。山東安丘縣人。康熙二十四年三甲八十八名進士。三十一年任福建建安知縣。

張麟生 直隸天津人。康熙二十四年三甲八十九名進士。任湖南新化知縣。

韓鼎盛 字公燮。山東聊城縣人。康熙二年舉人，二十四年三甲九十名進士。

趙臺憲 字子章。山西盂縣人。康熙二十四年三甲九十一名進士。三十一年任安徽南陵知縣。引疾歸，卒。

魏溥 陝西咸陽縣人。康熙二十四年三甲九十二名進士。四十三年任福建歸化知縣。

何朝宗 河南息縣人。康熙二十四年三甲九十三名進士。三十一年任山西浮山知縣。

楊篤生 字介庵。河南洧川縣人。康熙二十四年三甲九十四名進士。三十四年任湖南湘潭知縣，纍遷戶部郎中，四十四年考選陝西道御史，四十五年督福建學政，官至右通政使。

王培生 河南寶豐縣人。康熙二十四年三甲九十五名進士。三十二年任湖南瀏陽知縣。

田得名 直隸定興縣人。康熙二十四年三甲九十六名進士。任陝西鳳縣知縣。

潘大璘 字貞子。江西新城縣人。康熙二十四年三甲九十七名進士。未授官乞歸。闢澹園居，閉門謝客。

曹覺 湖北通城縣人。康熙二十年舉人，二十四年三甲九十八名進士。

江廣譽 字繡聞。安徽桐城縣人。康熙二十四年三甲九十九名進士。任山東臨邑知縣。年五十九卒於任。

喬士适 山西猗氏縣人。康熙二十四年三甲一百名進士。任江西高安知縣，三十一年改廣東高要知縣。

楊爾皓 直隸高陽縣人。康熙二十四年三甲一百零一名進士。任江蘇碭山知縣。

傅克生 字肇成。江西清江縣人。康熙二十四年三甲一百零二名進士。三十一年任湖南瀘溪知縣，四十一年任浙江武康知縣，擢戶部山東司主事，改禮部制儀司。致仕歸。卒年七十六。

李子昌 直隸豐潤縣人。康熙二十四年三甲一百零三名進士。三十一年任浙江壽昌知縣，四十一年改湖南巴陵知縣。

王永春 山西臨縣人。康熙二十四年三甲一百零四名進士。任雲南西林知縣，三十三年任廣東陽江知縣。

傅宸楹 字文友。山東高密縣人。康熙二十四年三甲一百零五名進士。三十四年任福建長樂知縣。積勞卒於任。

劉隆卿 直隸獻縣人。康熙二十四年三甲一百零六名進士。

蕭宸翰 福建歸化縣人。康熙二十四年三甲一百零七名進士。三十二年任安徽涇縣知縣。

朱繡 陝西鳳翔縣人。康熙

二十四年三甲一百零八名進士。任雲南嵩峨知縣，改昆明知縣，宣威州知州，三十一年任福建仙游知縣，三十四年改鳳山知縣。

張羽颺　字仞上。浙江淳安縣人。康熙二十四年三甲一百零九名進士。任陝西蒲城知縣。卒於任。

張　璟　直隸元城縣人。康熙二十四年三甲一百十名進士。三十三年任廣東英德知縣。

袁乃湎　字鏡池。山西翼城縣人。康熙二十四年三甲一百十一名進士。任雲南定遠知縣，官至刑部郎中，康熙四十七年督湖廣提學道。

魚鸞翔　字仙驥。陝西高陵縣人。康熙二十四年三甲一百十二名進士。三十三年任山西石樓知縣，遷吏部主事，升郎中，五十三年督江西學政。

父魚飛漢，順治六年進士。

王　仚　直隸棗強縣人。康熙二十四三甲一百十三名進士。

吳　楫　（本姓葉）浙江歸安人。康熙二十四年三甲一百十四名進士。三十二年任順天府文安知縣。

戰殿邦　山東膠州人。康熙二十四年三甲一百十五名進士。

徐先第　四川大竹縣人。康熙二十四年三甲一百十六名進士。

黃鼎楫　字巨公，號闊如。直隸宣府前衛人。康熙二十四年三甲一百十七名進士。任陝西漢陰知縣，行取戶部主事，擢吏科給事中，曾與給事中湯右曾、許志進、宗駿業、王原等合疏劾吏部尚書直隸巡撫李光地寧津縣匿災不報。四十七年罷官歸。卒年七十。

鄭之琮　直隸南和縣人。康熙二十四年三甲一百十八名進士。三十三年任廣東永安知縣。

鄧文蔚　（碑作鄧文祁，誤）廣東新安縣人。康熙二十四年三甲一百十九名進士。任知縣。

王　琛　（《進士題名碑》作王廷，誤）河南祥符縣人。康熙二十四年三甲一百二十名進士。任新貴知縣。裁缺歸，絕意仕進。

董一薰　字薰文。直隸高陽縣人。康熙二十四年三甲一百二十一名進士。三十一年任陝西安定知縣。

康熙二十七年（1688）戊辰科

第一甲三名

沈廷文 字原衡，號原洲。浙江秀水縣人。康熙十七年舉人，二十七年一甲第一名狀元。授修撰。三十三年任會試同考官。著有《廣事同纂》《廣居文鈔》《北征南歸集》。

查嗣韓 字荆州，號墨亭。浙江錢塘縣人。康熙二十七年一甲第二名榜眼。授編修。三十年充會試同考官。

張豫章 字寄亭，號南帆、九峰散人。江蘇青浦縣人。康熙二十七年一甲第三名探花。授編修。四十一年督貴州學政，官至司經局洗馬。著有《寄亭集》《南帆集》《四朝詩》。

第二甲四十名

范光陽 字國雯，號筆山、北山。浙江鄞縣人。康熙二十七年二甲第一名進士。選庶吉士，任户部主事，遷兵部郎中，三十四年官至福建延平知府。以病告歸。著有《雙文堂詩文稿》。

孫范從律，雍正十一年進士。

查　昇 （榜名丘昇，復姓）字仲韋，號漢中、聲山。浙江錢塘縣（一作海寧）人。順治七年（1650）生。康熙二十七年二甲第二名進士。選庶吉士，授編修。三十八年充江西鄉試主考官，歷任諭德、庶子，官至詹事府少詹事。入直南書房。工書法，精小楷，得董其昌神韻。深得康熙帝稱贊。康熙四十六年（1707）積勞成疾卒於官。年五十八。富於藏書，所藏有宋元舊本。著有《澹遠堂集》。"澹遠"二字爲康熙帝題。

族叔查慎行，康熙四十二年進士；查嗣瑮，康熙三十九年進士。

吳世燾 字幼日。江蘇高郵州人。康熙二十七年二甲第三名進士。選庶吉士，授編修。三十三年充甲戌科會試同考官，四十四年以親老終養歸。四十五年入京遷詹事府左中允兼編修。曾奉敕編著《淵鑒類復函》。後致仕歸。

沈宗敬 字南季、屬庭，又作恪庭，號獅峰，又號臥虛山人。江蘇婁縣人。康熙八年（1669）生。康熙二十七年二甲第四名進士。選庶吉士，授編修。雍正元年任貴州鄉試主考官，遷四譯館少卿，官至太僕寺卿。善畫山水。

父沈荃，順治九年進士。

湯右曾 字西涯。浙江仁和縣人。順治十三年（1656）正月生。康熙二十七年二甲第五名進士。選庶吉土，授編修。三十五年充貴州鄉試正考官，遷刑科給事中，戶部掌印給事中，四十五年督河南學政。遷奉天府丞，四十九年授光祿寺卿改太常寺卿，任通政使，五十二年遷吏部侍郎，兼翰林院掌院學士。銳意文案，糾剔是非。六十年遭忌被彈劾解侍郎職，專掌翰林院學士。康熙六十一年（1722）正月二十六日卒，年六十七。著有《懷清堂集》二十卷等。

項亦鑾 字鳴先。江蘇吳縣人。康熙二十七年二甲第六名進士。任陝西知縣。

徐賓 字虞門。江蘇華亭縣人。康熙二十七年二甲第七名進士。授直隸臨城知縣，升戶部主事，遷給事中。以病乞歸卒。

楊崙 字昆濤、星源。江蘇太倉州人。康熙二十七年二甲第八名進士。授陝西洵陽知縣，升戶部主事，四十一年考選河南道御史。

卒於任。

王原 初名原深，字仲深，一字令詒。上海青浦縣人。康熙二十七年二甲第九名進士。三十五年任廣東茂名知縣，有惠政，調貴州銅仁知縣，邑大治。官至工科給事中。四十四年因劾文選司郎中陳汝弼受贓不實奪官。著有《學庵詩類》《學庸正爲》《論孟釋義》《春秋咫聞》《西亭文鈔》等書幾十餘種。

陶元淳 字紫司，號子師。江蘇常熟縣人。順治三年（1646）十一月十二日生。康熙二十七年二甲第十名進士。三十三年授廣東昌化知縣，署崖州知州。康熙三十七年（1698）九月十三日以勞卒於任。年五十三。著有《廣東志》《明吏傳》《南崖集》。

姚士藟 字綏仲，號華曾。安徽桐城縣人。康熙二十七年二甲十一名進士。選庶吉士，授編修。三十五年充湖廣鄉試主考官，歷官至贊善，四十四年任順天鄉試副考官。與主考官戶部侍郎汪霦同以“取士不公”革職永不敘用。康熙四十七年（1708）卒。著有《革餘齋詩集》《泳園文集》。

吳暻（一作吳璟）字元朗、西齋。江蘇太倉州人。康熙元年（1662）生。康熙二十七年二甲十二名進士。任戶部主事，進兵科給事中，以事去職。後進武英殿，充《書畫譜》纂修官。丁母憂歸，卒年四十六。著有《左司筆札》《西齋集》。

劉灝 字若千，號波千、雨縠（一作西縠）。陝西涇陽縣人。康熙元年（1662）生。康熙二十七年二甲十三名進士。選庶吉士，授編修。三十二年充湖廣鄉試主考官，四十二年考選陝西道御史，改山東巡鹽御史，官至掌河南道御史。以罣誤罷。奉命參與修《廣群芳譜》《康熙字典》。康熙五十一年（1712）卒。年五十一。

兄劉涵，康熙二十四年進士。

翁嵩年 （1647—1728）字康飴，號蘿軒。浙江仁和縣人。康熙二十七年二甲十四名進士。任戶部主事，遷刑部郎中，四十二年提督廣東學政。著有《天香書屋稿》《白雲山房集》《友石居集》。

錢天定 字天山。江蘇常熟縣人。康熙二十七年二甲十五名進士。任直隸平山知縣。

張尚瑗 字宏蘧，號損持。江蘇吳江縣人。康熙二十七年二甲十六名進士。選庶吉士，改知縣，四十三年任江西興國知縣。後主豫章書院。講《春秋》之學，年七十六卒。著有《三傳折諸》。另有《讀戰國策隨筆》《石里雜識》，修《贛州府志》，撰《瀲文水志》。

王懿 字文子，號巨峰。山東膠州人。康熙二十七年二甲十七名進士。選庶吉士，授編修。歷任侍讀學士、大理寺少卿。五十二年授順天府尹，五十五年改大理寺卿，五十六年遷工部右侍郎，五十七年充戊戌科會試副考官。雍正元年（1723）病卒。

張恕可 字韋存。江蘇丹徒縣人。康熙二十七年二甲十八名進士。授內閣中書，升戶部郎中，官至浙江杭州知府。康熙五十二年以疾乞歸。

繆繼讓 字虞良。江蘇昆山縣人。康熙二十七年二甲十九名進士。任浙江龍游知縣。

王傑 字士先，號蓮洲。江蘇高淳縣人。康熙二十七年二甲二十名進士。三十三年任山西平遙知縣，行取工部屯田司主事，丁憂服闋，改禮部主事，擢戶科給事中，四十二年充會試同考官，官至禮科給事中。卒於任。著有《易經注解》《經書文稿》。

張復 字來庵。直隸保定縣人。康熙二十七年二甲二十一名進士。選庶吉士，授編修。官至侍讀學士。

史申義 （榜名作史伸）字叔時，號蕉隱。江蘇江都縣人。順治十八年（1661）生。康熙二十七年二甲二十二名進士。選庶吉士，授編修。三十八年任雲南鄉試主考官，遷御史，官至禮科給事中。康熙五十一年（1712）卒。以詩稱著。聖祖以詩人問大學士陳廷敬，答以周起謂、史申義二人并稱，因有"翰苑兩詩人"之目。曾參予編著《淵鑒類函》，著有《蕉城》《使滇》《過江》等集。

趙鳳詔　江蘇武進縣人。康熙二十七年二甲二十三名進士。任山西沁水知縣，四十年改山西臨汾知縣，四十一年官至山西太原知府。

馮壅　字敬南。山西振武衛人。康熙二十七年二甲二十四名進士。授中書舍人，外任廣西梧州府同知，改南寧府同知。

彭殿元　字止虎（一作上虎）。江西廬陵縣人。康熙二十七年二甲二十五名進士。選庶吉士，授編修。三十二年任順天鄉試副考官，官至吏科給事中。歸，讀書教子。卒年五十八。著有《蕗谷稿》。

呂澄　字公瀏。浙江仁和縣人。康熙二十七年二甲二十六名進士。三十四年任山東臨朐知縣。卒於任。

介孝瑞　山西解州人。康熙二十七年二甲二十七名進士。候選知縣，官至太僕寺少卿。

宋元徵　字式虞，號鶴岑。安徽廬江縣人。康熙二十七年二甲二十八名進士。三十三年五月任山東夏津知縣，三十八年行取戶部主事，官至刑部郎中。尋卒。年六十三。著有《蘊真草》行世。

湯傳榘　字子方。江蘇長洲縣人。康熙二十七年二甲二十九名進士。三十三年任福建清流知縣。以母老乞養歸。編《明儒學四書大全》與前所纂《四書》合并《春秋講義》。卒年八十。

郝士鈞　字子權。順天霸州人。

康熙二十七年二甲三十名進士。選庶吉士，授編修。三十五年充江西鄉試主考官。

李本涵　字海若。山東大嵩衛人。康熙二十七年二甲三十一名進士。選庶吉士。

父李立，順治十二年進士，官督捕右侍郎。

孫致彌　字愷似，號松坪。江蘇嘉定縣人。明崇禎十五年（1642）生。康熙十七年詔試稱旨，以太學生賜二品服充朝鮮采詩使。二十七年二甲三十二名進士（時年四十七）。選庶吉士，授編修。四十年選庶吉士一年任山西鄉試副考官，官至侍讀學士。康熙四十八年（1709）卒。年六十八。自幼工書詩，詩稿多散佚。張鵬翮選有《枌左堂正讀集》九卷、《詞》等。

陳綷　字煥翰，號煥繡。山西猗氏縣人。康熙二十七年二甲三十三名進士。選庶吉士，改浙江嘉善知縣，三十五年調秀水知縣。丁憂歸。

陸寅　字冠周。浙江錢塘縣人。康熙二十七年二甲三十四名進士。歸班候選知縣。因其父陸圻於康熙六年五十六歲弃家出走遠游各地，後陸寅往來萬里尋父不得，悒悒而卒。

戴振河　字開亭。浙江德清縣人。康熙二十七年二甲三十五名進士。三十三年任江西永寧知縣，丁憂補湖北松滋知縣，擢禮部郎中，五十四年官至福建邵武知府。卒於任。

錢　施　字萩毖。安徽桐城縣人。康熙二十七年二甲三十六名進士。三十四年任四川蒼溪知縣。在任五年卒於任。

梁佩蘭　字芝五，號藥亭。廣東南海縣人。明崇禎二年（1629）生。順治十四年舉人，屢試不第。康熙二十七年二甲三十七名進士（時年六十）。選庶吉士，歸班候選知縣。次年告假歸里，後以詩酒自娱，居家十五載與陳恭尹、屈大均同稱"嶺南三家"，又與方殿元等結爲"蘭湖社"，稱"嶺南七子"。四十二年被召回翰林院，因不識滿文罷。康熙四十四年（1705）三月三十日卒，年七十七。著有《六瑩堂詩集》《六瑩堂二集》。

胡　纘　山西文水縣人。康熙二十七年二甲三十八名進士。三十三年任廣東開平知縣。三十七年行取。

余毓澄　字若山，號退庵。浙江諸暨縣人。康熙二十七年二甲三十九名進士。三十五年任湖南龍陽知縣。引疾歸。著有《心遠堂集》。

父余縉，順治九年進士。

凌紹雯　字子文，號北堂。浙江仁和縣人。康熙二十七年二甲四十名進士。選庶吉士，授編修。三十八年充四川鄉試主考官，遷詹事府中允，四十四年任陝西鄉試主考官。後以病休。

第三甲一百零三名

陳于豫　安徽天長縣人。康熙二十七年三甲第一名進士。三十三年任山東兖州知府。

錢以塏　字闇行，號蔗山。浙江嘉善縣人。康熙元年（1662）生。康熙二十七年三甲第二名進士。三十六年任廣東茂名知縣，三十九年改東莞知縣，遷山西隰州知州，升員外郎，纍遷少詹事。六十年遷順天府丞，雍正五年授左副都御史，改禮部侍郎，八年六月遷禮部尚書。九年九月以老辭職，加太子少保。雍正十年（1732）十月卒，年七十一。謚"恭恪"。著有《羅浮外史》《嶺海見聞》。

惠　潤　字沛蒼。江蘇江陰縣人。康熙二十七年三甲第三名進士。三十三年任山東費縣知縣，擢户部浙江司主事，遷刑部郎中。告歸。

何　炯　字倬雲。江蘇長洲縣人。康熙二十七年三甲第四名進士。任廣西蒼梧知縣，官至雲南僉事。

父何棅，順治四年進士，何炯爲其長子。

馬文煜　（《進士題名碑》作馬文熤）江蘇宜興縣人。康熙二十七年三甲第五名進士。三十三年任順天府順義知縣，調懷柔知縣。

竇克勤　字敏修，號艮齋，又號遁齋，以静庵之號行世。河南柘城縣人。順治十年（1653）十一月初六日生。康熙二十七年三甲第六名進士。選庶吉士，授檢討。三十九年任庚辰科會試同考官。以父老乞歸回里，任沁陽縣教諭，創立柘城朱陽書院并主講，宣導正學。康熙四十七年（1708）閏三月二十五日卒。年五十六。著有《孝經闡義》《理學正宗》《泌陽家條規》《泌陽學條規》《朱陽學院志》《禮闈分校詩》《録樂堂目録》《四書闡義》《事親庸言》等。

陳大章 字仲夔，號雨山。湖北江夏縣人。康熙二十六年舉人，二十七年三甲第七名進士。選庶吉士，未散館以母老乞休。閉門讀書著述。工詩，古文，深於《毛詩》。所著《詩傳名物集覽》《玉照亭詩》《抱節軒類記》《北山文鈔》等。

彭始摶 字直上，號芳洲。河南鄧州人。康熙二十七年三甲第八名進士。選庶吉士，授檢討。四十二年考選廣西道御史，回任檢討，升侍講、諭德，四十五年督浙江學政，升侍講學士，遷少詹事，四十九年授内閣學士，并任教庶子。康熙五十五年假歸。

李紳文 字陟屺。安徽潁州人。康熙二十七年三甲第九名進士。三十三年任四川蒲江知縣，四十三年行取山東道御史，四十六年官至保定知府。卒於任。著有《實山堂集》。

潘錦 字絅章、就亭。福建崇安縣人。康熙二十七年三甲第十名進士。三十三年任山西曲沃知縣，遷户部主事，改吏部主事，四十七年充廣西鄉試副考官，升吏部員外郎，遷給事中，官至左通政使。

丁棠發 字燕公、卓峰。浙江嘉善縣人。康熙二十七年三甲十一名進士。三十三年任廣東新安知縣，三十七年署東莞知縣，四十三年行取山東道御史。歸。

謝乃果 （1661—1733）字松麓，號春函。山東福山縣人。康熙二十七年三甲十二名進士。三十一年任河南宜陽知縣，三十五年改鹿邑知縣，在任八年。行取吏部文選司主事。以母病告歸。晚年以詩文自娛。卒年七十三。著有《四書德解》《玉森堂集》。

兄謝乃實，同榜進士。

陳元 浙江餘姚縣人。康熙二十七年三甲十三名進士。三十四年任湖南平江知縣，改雲南鎮南州知州，四十四年改江西吉安府同知，五十四年官至貴州思州知府、銅仁知府。

沈佳 字昭嗣，號復齋，浙江仁和縣人。康熙二十七年三甲十四名進士。三十四年任湖北監利知縣，母老乞養。後補貴州安化知縣。卒於官。著有《明儒言行録》《禮樂全書》《復齋遺集》《易大象玩易解》《春秋學大全粹語》《明代人物考》《樂府中聲蒼野集》等。

石爲崧 字五中。江蘇如皋縣人。康熙二十七年三甲十五名進士。三十年任山西靈丘知縣，四十三年調江西樂平，五十年改四川南部知縣，擢户部主事，官至户部員外郎。

陸　毅　字匪莪、士迪。江蘇太倉州人。康熙二十七年三甲十六名進士。三十四年授江西新建知縣，擢户部主事，四十一年考選陝西道御史。移疾歸。卒年七十三。

劉以貴　字滄嵐，號藜乘。山東濰縣人。康熙二十七年三甲十七名進士。三十五年任廣西蒼梧知縣，以廣西武緣知縣。年四十告歸。閉門著述。卒年六十五。著有《古本周易》十六卷、《析疑》二十卷、《藜乘集》《初學正鵠》《正命録》《萊州名賢志》《滄嵐辨真文》等。

萬世馨　山東平度州人。康熙二十七年三甲十八名進士。康熙三十三年任江西德化知縣。

唐鴻舉　字磐庵、鴻扶。安徽歙縣人。康熙二十七年三甲十九名進士。三十四年任浙江鎮海知縣，行取户部主事，擢兵科給事中。

唐孫華　字實君，號東江，晚號息廬老人。江蘇太倉州人。明崇禎七年（1634）生。康熙二十七年三甲二十名進士（時年五十五）。任陝西朝邑知縣，詔試詩賦，遷禮部主事，調吏部主事，三十五年充浙江鄉試副考官。後以事去職歸里。雍正元年（1723）卒。年九十。著有《東江詩鈔》。

舒　寬　字敷公。江西進賢縣人。康熙二十七年三甲二十一名進士。三十六年（1697）任福建歸化知縣。蒞任半年卒。

蔡秉公　字去私、雨田、雲石。江西南昌縣人。康熙二十七年三甲二十二名進士。三十四年任河南遂平知縣，擢吏部主事，升員外郎、郎中，四十七年充貴州鄉試主考官，四十八年外任浙江台州知府。以疾致仕歸。卒年七十一。

王　奭　字后張，號瀛谷。江蘇華亭縣人。康熙二十七年三甲二十三名進士。登第時年逾六十，未任。

施震銓　字長六。江蘇吳縣人。康熙十四年江南鄉試解元。二十七年三甲二十四名進士。選庶吉士，改户部主事，官至員外郎。

王　濬　山西猗氏縣人。康熙二十七年三甲二十五名進士。侍母病積勞成疾卒。

李斯義　字質君，號静庵。山東長山縣人。康熙二十七年三甲二十六名進士。任浙江道、京畿道、掌河南道御史。遷大理寺少卿，康熙四十一年授大理寺卿，四十三年遷左副都御史，十月改福建巡撫。康熙四十六年（1707）四月卒於任。

王　俊　字用章。山東齊河縣人。康熙二十七年三甲二十七名進士。三十四年任廣東博羅知縣，行取禮部精膳司主事、員外郎，户部郎中，四十四年督四川學政（《清代職官年表》作四十九年督廣東學政），補直隸口北道。辭歸不出。卒年八十七。

陳　書　四川鹽亭縣人。康熙

二十七三甲二十八名進士。任吏部主事，官至郎中。

李柟 字讓木。山東蒲台人。康熙二十七年三甲二十九名進士。授安徽霍山知縣，行取兵部主事，遷郎中，五十一年考選陝西道御史。

錢廷銓 江蘇太倉州人。康熙二十七年三甲三十名進士。

陶士銑 浙江會稽縣人。康熙二十七年三甲三十一名進士。任知縣。

顏光斅 字學山，號懷軒。山東曲阜縣人。順治十六年（1659）生。康熙二十七年三甲三十二名進士。選庶吉士，授檢討。三十二年任浙江鄉試主考官，三十三年督浙江學政，因辦事剛正，不講情面被劾降調去職。康熙三十七年（1698）三月二十二日卒。年四十。有才學，與兄顏光敏（康熙六年進士）、顏光猷（康熙十二年進士）號稱“曲阜三顏”。

吳煒（復姓王）字宗玉。江蘇武進縣人。康熙二十七年三甲三十三名進士。任工部主事，四十一年考選浙江道御史，官至廣西蒼梧道。

史逸堂 江蘇金壇縣人。康熙二十七年三甲三十四名進士。未仕卒。

秦擴 直隸曲周縣人。康熙二十七年三甲三十五名進士。三十九年任山西馬邑知縣。

何牧（復姓施）字虞贊。上海崇明縣人。康熙二十七年三甲三十六名進士。官至吏部稽勳司員外郎。著有《一山詩抄》《明詩雲浮》《韻雅》等。

李樸大 字爾雅。湖南永興縣人。康熙二十七年三甲三十七名進士。以母老不仕，家居授徒。

于灃 山東寧海州人。康熙二十七年三甲三十八名進士。任廣西柳城知縣，纍遷戶部郎中。

鄒士璁 字石瞻。湖北麻城縣人。康熙二十三年舉人，二十七年三甲三十九名進士。選庶吉士，授檢討。三十五年充山東鄉試主考官，升侍讀學士，四十五年督山西學政，遷左僉都御史，五十年授內閣學士。五十四年十二月病休。

張曾裕 字昆詒、蓉軒。浙江海寧縣人。康熙二十七年三甲四十名進士。三十四年任山東臨朐知縣，丁憂服闋，四十年改直隸新樂知縣，擢吏部文選司主事，康熙五十年考選陝西道御史。卒於任。

林文英 字碧山。福建侯官縣人。康熙二十七年三甲四十一名進士。選庶吉士，改禮部主事，遷郎中，外任河南河南府知府，四十四年改直隸保定知府，以憂歸。服闋五十四年補廣東瓊州府知府。卒於任。著有《碧山雜錄》。

王左待 字公石。河南固始縣人。康熙二十七年三甲四十二名進士。

趙恵吉 字慎齋。直隸新河縣人。康熙二十七年三甲四十三名進士。任江西安義知縣，行取刑部主事，四十年考選山西道御史。罷歸。閉門謝客。

王式穀　字誨存。河南太康縣人。康熙二十七年三甲四十四名進士。初授內閣中書，改禮部主事，三十三年會試同考官，擢員外郎，升兵部車駕司郎中，三十七年督江西學政，四十四年擢福建延建邵道。

張子發　字魯生。直隸南宮縣人。康熙二十七年三甲四十五名進士。三十五年任廣東高明知縣。歸。

何　遠　字澹庵。山西安邑縣人。康熙二十七年三甲四十六名進士。三十四年任河南獲嘉知縣，遷禮部主事、員外郎，四十四年充福建鄉試副考官。

冀靖遠　字揆文。直隸曲周縣人。康熙二十七年三甲四十七名進士。三十五年任江西峽江知縣，四十八年遷山西朔州知州，五十二年任福建泉州府通判。引疾歸。卒年八十八。

盧　炳　字子陽。雲南石屏州人。康熙二十七年三甲四十八名進士。三十三年授江西南昌知縣，行取吏部主事，三十九年充會試同考官，晉郎中，擢兵科給事中，康熙五十二年任山東鄉試主考官。

孫盧淳，乾隆二十六年進士。

房蘭若　江蘇高郵州人。康熙二十七年三甲四十九名進士。三十五年任四川萬縣知縣。

王　升　字南征，號方山。四川南充縣人。康熙二十七年三甲五十名進士。任山西壽陽知縣，升吏部主事，官至吏部文選司掌印郎中，致仕歸。

徐廣淵　字伯志。湖北蘄水縣人。康熙二十六年舉人，二十七年三甲五十一名進士。三十三年任直隸廣宗知縣。

葉　淳　字淵發。江蘇昆山縣人。刑部侍郎葉方藹子。康熙二十七年三甲五十二名進士。選庶吉士，授檢討。

杜繼美　直隸棗強縣人。康熙二十七年三甲五十三名進士。三十年任浙江淳安知縣。

馮文蔚　直隸故城縣人。康熙二十七年三甲五十四名進士。

劉扶曦　字起之、若木。山東滕縣人。康熙二十七年三甲五十五名進士。歸里卒。

鄭　梁　字子夏、孔觀、松生，後字禹梅，別字孟游、孫隱，號香眉、寒村、安康、半人等。浙江慈溪縣人。康熙二十七年三甲五十六名進士。選庶吉士，任戶部主事，員外郎，遷刑部山西司郎中，三十三年任會試同考官，三十四年官至廣東高州知府。母老乞休歸。晚年以左手作書畫。著有《寒村詩文選》《寒村集》《五丁集》《拋八草》等。

陶自悅　字心兒，號艾圃。江蘇武進縣人。康熙二十七年三甲五十七名進士。三十四年授山西猗氏知縣，四十一年擢山西澤州知州。以老病乞歸。著有《亦樂堂詩鈔》。

陳　銳　浙江歸安縣人。康熙二十七年三甲五十八名進士。未仕。

王　璋　字千峰。山西陽城縣人。康熙二十七年三甲五十九名進士。三十四年任河南儀封知縣，遷戶部主事，四十一年充四川鄉試副考官。

徐履端　字北陽。山東鄒縣人。康熙二十七年三甲六十名進士。事繼母恪盡孝道，撫訓諸弟恪敦友愛。未仕。康熙三十一年（1692）卒。

馬殷輅　河南商丘縣人。康熙二十七年三甲六十一名進士。三十四年任浙江開化知縣。在官十五日。

潘宗洛　字書原，號巢雲、根谷。順天大興縣人，原籍江蘇宜興。順治十四年（1657）生。康熙二十七年三甲六十二名進士。選庶吉士，授檢討。三十五年任陝西鄉試主考官，四十二年督湖廣學政，四十七年充順天鄉試主考官。纍遷少詹事，四十八年授內閣學士，五十年正月授偏沅巡撫。五十二年九月革職。康熙五十五年十二月（1717 年 1 月）卒。年六十。著有《潘中丞集》。

王簡之　字在公。順天通州人。康熙二十七年三甲六十三名進士。任江西武寧知縣。在任十年以老乞休。

方永澄　字衍泗。河南封丘縣人。康熙二十七年三甲六十四名進士。三十四年任山東滋陽知縣，三十九年行取雲南道御史。

金皋謝　字應召。浙江嘉善縣人。康熙二十七年三甲六十五名進士。三十四年任福建莆田知縣。乞終養歸。

宋朝楠　字于蕃，號敬齋。陝西隴西縣人。康熙二十七年三甲六十六名進士。選庶吉士，授檢討。三十三年任甲戌科會試同考官，四十二年考選江西道御史，官至左僉都御史。康熙四十八年（1709）十二月卒。

王允澤　字惠侯。順天文安縣人。康熙二十七年三甲六十七名進士。未仕卒。

趙　俞　字文饒，號蒙泉。江蘇嘉定縣人。康熙二十七年三甲六十八名進士。三十七年任山東定陶知縣。著有《紺寒亭詩》。

謝乃實　字體函，號華峰、岭壚山人。山東福山縣人。康熙二十七年三甲六十九名進士。三十一年任湖南興寧知縣，三十四年改江南睢寧知縣，受中傷革職歸里奉母。卒年六十四。工詩詞，著有《岭壚山人詩文集》。

弟謝乃果，同榜進士。子謝光紀，康熙五十七年進士。

杜淇英　浙江上虞縣人。康熙二十七年三甲七十名進士。任內閣中書，乞養歸。卒年四十八。

王　翰　字振羽。雲南宜良縣人。康熙二十七年三甲七十一名進士。選庶吉士。

白　畿　山西陽城縣人。康熙二十七年三甲七十二名進士。任貴州新貴知縣。抵任三月告歸養母，三十年服闋，卒。著有《邇園詩稿》。

聶淵耳　山西榮河縣人。康熙二十七年三甲七十三名進士。任廣東陽山知縣。

程　珣　字潔文。安徽休寧縣人。康熙二十七年三甲七十四名進士。任內閣中書，六十一年任浙江諸暨知縣。

李　晥　直隸雞澤縣人。康熙二十七年三甲七十五名進士。未任卒。

趙世鐸　字聖傳。江蘇常熟縣人。康熙二十七年三甲七十六名進士。未仕卒。

侯　明　河南商丘縣人。康熙二十七年三甲七十七名進士。三十四年任四川資縣知縣。

董思凝　（1663—1723）字石帆，號養齋。山東平原縣人。康熙二十三年舉人，二十七年三甲七十八名進士。任刑部主事、吏部員外郎，三十五年充雲南鄉試副考官，升吏部文選司郎中，康熙四十八年督湖廣學政，六十一年官至直隸口北道。

父董訥，康熙六年探花，官左都御史。

楊思冕　福建海澄縣人。康熙二十七年三甲七十九名進士。

徐日晅　字潤友，號敬齋。江西高安縣人。康熙二十六年江西鄉試解元，二十七年三甲八十名進士。選庶吉士，授檢討。三十五年任山西鄉試主考官，纍遷國子監祭酒，五十三年充順天鄉試主考官，晋少詹事，升侍讀學士。

田　昀　字信山。直隸藁城縣人。康熙二十七年三甲八十一名進士。三十七年任福建政和知縣。歸。卒年七十。

田多眷　山西高平縣人。康熙二十七年三甲八十二名進士。

于　瓚　山東巨野縣人。康熙十四年舉人，二十七年三甲八十三名進士。

范光宗　字士職、淡一。陝西合陽縣人。康熙二十年陝西鄉試解元，二十七年三甲八十四名進士。選庶吉士，授檢討。三十六年任丁丑科會試同考官，官至詹事府左贊善，四十八年督福建學政。改侍講。

李期遠　山西崞縣人。康熙二十七年三甲八十五名進士。任寧夏隆德知縣，官至吏部郎中。

田從典　字克五，號曉山。山西陽城縣人。順治八年（1651）生。康熙二十七年三甲八十六名進士。三十四年任廣東英德縣知縣，行取雲南道御史，升通政使司參議，康熙五十一年授光祿寺卿遷都察院左副都御史，仍管光祿寺。五十二年改兵部侍郎，五十七年遷都察院左都御史，五十九年改戶部尚書調吏部尚書，雍正二年協理大學士事，三年四月授文華殿大學士。雍正六年（1728）三月休致，加太子太師衔。四月十六日回籍，卒於良鄉行館，享年七十八。謚“文端”。雍正十二年十月入祀賢良祠。著有《曉山詩文集》。

張福衍　字岷谷。福建南靖縣

人。康熙二十七年三甲八十七名進士。補行人司行人。擢刑部主事，遷吏部驗封司、文選司、考工司員外郎，官至郎中。積勞疾卒。

父張雄，康熙九年進士。

高人龍 字惕庵。四川梁山縣人。康熙二十七年三甲八十八名進士。選庶吉士，改吏部主事，歷官至驗封司員外郎，三十三年任會試同考官。

王甲士 陝西長安縣人。康熙二十七年三甲八十九名進士。三十四年任湖南綏寧知縣，四十五年升湖南道州知州。

張弘圖 湖北江陵縣人。康熙二十六年舉人，二十七年三甲九十名進士。任陝西興平知縣。

戴超 江蘇山陰縣人。康熙二十七年三甲九十一名進士。任山東臨邑知縣。

邢芳奕 字慈徵。山西盂縣人。康熙二十七年三甲九十二名進士。任湖北大冶知縣，三十四年調浙江臨海知縣。丁憂去。

裴大夏 字禹聲。直隸邯鄲縣人。康熙二十七年三甲九十三名進士。授中書舍人，補內閣典籍，遷兵部職方司主事。卒於任。

周鏞（榜姓周，復姓錢）浙江海寧縣人。康熙二十七年三甲九十四名進士。任知縣。

吳震生 江蘇武進縣人。康熙二十七年三甲九十五名進士。三十四年任河南祥符知縣。

徐晉 順天宛平縣人。康熙二十七年三甲九十六名進士。

盧錫晉 字子弓、晉侯。山東單縣人。康熙二十七年三甲九十七名進士。三十五年任山西懷仁知縣，纍遷至禮部主客司郎中，五十六年出任直隸正定知府。著有《尚志館文述》《尚志堂集》。

張翼 直隸滄州人。康熙二十七年三甲九十八名進士。官至戶部員外郎。

楊之徐 字沛若。廣東大埔縣人。康熙十四年舉人，二十七年三甲九十九名進士。三十四年任河南光山知縣。乞歸。杜門課子，卒年七十三。著有《企有軒詩文集》。

子楊纘緒，康熙六十年進士；楊黼時，乾隆元年進士；楊演時，乾隆十年進士。

張士錦 陝西涇陽縣人。康熙二十七年三甲一百名進士。任主事。

劉廷理 直隸宣府衛人。康熙二十七年三甲一百零一名進士。三十五年任安徽靈璧知縣，四十五年改四川夾江知縣。

郭徽祚 字彥卿。直隸武強縣人。康熙二十七年三甲一百零二名進士。三十五年授湖北監利知縣，在任十年行取禮部主事，遷刑科給事中，五十年充山西鄉試主考官，遷鴻臚寺卿，官至大理寺少卿。

袁格 河南柘城縣人。康熙二十七年三甲一百零三名進士。三十五年任福建寧化知縣。

康熙三十年（1691）辛未科

第一甲三名

戴有祺 字丙章，號瓏岩。江蘇金山縣人，祖籍安徽休寧。康熙三十年一甲第一名狀元。授修撰。四十七年大考詹翰三等，降候補知縣。辭官歸里。個性太强，一生不得志。工詩文。著有《尋樂齋詩集》《慵齋野老傳》等。

吴昺 字永年，號頵山。安徽全椒縣人。康熙三十年一甲第二名榜眼。授編修。三十五年充廣西鄉試主考官，四十五年以中允任丙戌科會試同考官。歷官至侍講，四十五年督湖廣學政。康熙四十九年（1710）卒。年四十八。著有《卓望山房集》《玉堂應奉集》等。

黄叔琳 字宏猶，號昆圃。順天大興縣（本安徽歙縣程氏子，以父爲大興黄氏後故爲大興）人。康熙十一年（1672）九月生。康熙三十年一甲第三名探花。授編修。進侍讀，四十七年督山東學政，纍遷左僉都御史。康熙五十八年授太常寺卿，六十一年遷内閣學士，十二月授刑部侍郎改吏部侍郎，雍正二年二月授浙江巡撫。因徇庇尚書陳詵之子陳世侃，將肉鋪賀懋芳杖斃於公堂，八月解職。乾隆二年授山東按察使遷山東布政使，四年丁憂。七年五月授吏部侍郎銜詹事府詹事，十二月革。乾隆二十一年（1756）正月卒，年八十五。爲清代藏書家，藏書處曰“萬卷樓”。撰有《文心雕龍輯注》《硯北雜録》《硯北易鈔》《詩經統説》《夏小正傳注》《史通訓故補注》《顔氏家訓節録》等書。

第二甲四十名

楊中訥 字嵩木，號晚研、耻庵。浙江海鹽縣人，原籍海寧。順治六年（1649）五月生。貴州巡撫楊雍建子。康熙三十年二甲第一名進士。選庶吉士，授編修。官至詹事府右春坊右中允，四十八年督江南學政。康熙五十八年（1719）八月卒。年七十一。著有《叢桂集》。

張昶　字長史，號嗇夫。江蘇金山縣人。康熙三十年二甲第二名進士。選庶吉士，授編修（一作未散館卒）。著有《西銘閣論》《中庸精義》《安溪皆録》。

姚弘緒　字起陶，號聽岩。江蘇婁縣人。康熙三十年二甲第三名進士。選庶吉士，授編修。著有《松風餘韻》五十一卷、《招隱廬詩》等。

陳汝咸　字莘學、悔廬，號心齋。浙江鄞縣人。順治十五年（1658）八月初五生。康熙三十年二甲第四名進士。選庶吉士，散館授福建漳浦知縣，任凡十八年，有政聲，頗得民心。四十七年調南靖縣。四十八年内遷刑部主事，擢廣西道御史，歷通政使參議、鴻臚寺少卿，官至大理寺少卿。康熙五十三年（1714）赴甘肅賑荒染病，卒於甘肅固原之海喇都。年五十七。著有《兼山堂遺稿》《漳浦紀略》等。

父陳錫嘏，康熙十五年進士。

張瑗　字蓮若、静齋，號松岩。安徽祁門縣人。康熙三十年辛未科會元，二甲第五名進士。選庶吉士，授編修。三十五年任四川鄉試主考官，四十二年遷湖廣道御史，督河南學政。五十三年官至廣東潮州府同知。卒於任。

姜遴　字漫惺。江蘇華亭縣人。康熙三十年二甲第六名進士。選庶吉士，授編修。

惠周惕　（原名惠恕）字元龍，號硯溪。江蘇吳縣人。康熙三十年二甲第七名進士。選庶吉士，任直隸密雲知縣。有善政。康熙三十四年（1695）卒於官。清二百多年談漢儒之學者以東吳惠氏爲首，惠氏三世傳經。惠周惕爲創始者。著有《易傳》《詩説》《三禮問》《春秋問》《硯溪詩文集》等。

子惠士奇，康熙四十八年進士。

王奕清　字幼芬，號拙園。江蘇太倉州人。康熙四年（1665）生。康熙三十年二甲第八名進士。選庶吉士，授編修。四十八年督四川學政，薦遷侍讀學士、少詹事，五十三年授詹事府詹事。康熙六十年以建儲事代父赴烏里雅蘇臺軍前効力。雍正三年世宗責其父王掞"藉事沽名"，再遣奕清代父赴西邊忒斯、阿達拖羅海軍前効力，後赴阿勒泰坐臺十年。至乾隆元年始召還，仍授詹事。乾隆二年（1737）卒，年七十三。

父王掞，康熙九年進士，文淵閣大學士。

狄億　字立人，號向濤。江蘇溧陽縣人。康熙三十年二甲第九名進士。改庶吉士，歸班候選知縣。乞病歸。著有《洮河魚子集》《寶善堂詞》。

子狄貽孫，康熙五十一年進士。

潘從律　字雲岫、夏聲。江蘇溧陽縣人。康熙三十年二甲第十名進士。選庶吉士，授編修。三十六年任會試同考官，五十一年督陝甘學政，歷官至侍讀。

莊廷偉　字軼群。江蘇武進縣

人。康熙三十年二甲十一名進士。四十三年纍遷河南衛輝知府，五十六年官至陝西甘山道副使。

王廷獻 字幼拔。浙江海寧縣人。康熙三十年二甲十二名進士。任四川酆都知縣，行取戶部主事，官至刑部郎中。卒於任。

陳鵬年 字北溟，號滄州。湖南湘潭縣人。康熙二年十二月十三日（1664年1月10日）生。康熙三十年二甲十三名進士。歷任浙江西安、江蘇山陽知縣，擢海州知州，四十三年遷江寧知府，改蘇州知府，署直隸霸昌道，康熙六十年十一月署河道總督，六十一年實授。鵬年治河積勞成疾，雍正元年（1723）正月初五日卒於任，年六十一。雍正帝聞其家有八旬老母，室如懸磬，曰：此真鞠躬盡瘁，死而後已之臣。謚“恪勤”。著有《道榮堂文集》八卷、《喝月詞》《歷仕政略》《河工條約》各一卷，另有《詩集》五十四卷。

陶爾毅 字穎儒。江蘇青浦縣人。康熙三十年二甲十四名進士。任浙江上虞知縣，四十年官至陝西葭州知州。以病乞歸。著有《遵渚集》《息廬詩》《丙寅集》。

劉作梅 字和少。福建惠安縣人。康熙三十年二甲十五名進士。任江蘇山陽知縣。卒於任。

任坪 字坦公、雨若。山東高密縣人。康熙三十年二甲十六名進士。授行人司行人，遷刑部郎中，五十二年考選山西道御史，轉掌陝西道御史。康熙六十年與陶彝等十三御史合疏陳請建儲，被遣往西邊軍前効力贖罪，駐忒斯河，大漠荒寒。雍正四年釋還，以原職休致。歸後閉門讀書，終老於家。

周近梁 字皋懷。浙江慈溪縣人。康熙三十年二甲十七名進士，三十五年授河南陳留知縣，行取禮部主事，擢刑科給事中，掌印給事中。以疾乞歸。

任奕曔 字衡皋。安徽懷寧縣人。康熙三十年二甲十八名進士。纍遷戶部員外郎，五十二年考選福建道御史，五十八年升奉天府丞兼學政，官至大理寺少卿。

父任塾，康熙六年進士。

陳于荊 安徽天長縣人。康熙三十年二甲十九名進士。任廣西永福知縣。

陳祺昌 浙江仁和縣人。康熙三十年二甲二十名進士。任直隸大名知縣。

張弘儆 順天宛平縣人。康熙三十年二甲二十一名進士。

蘇偉 山東武城縣人。康熙三十年二甲二十二名進士。任中書科中書。官至掌印中書。

張孝時 字嘉錫、瀹齊，號樂城。江蘇吳縣人。康熙三十年二甲二十三名進士。選庶吉士，四十年改樂城知縣，升陝西慶陽知州，官至甘肅寧州知州。以疾乞休，卒。

姚弘仁 浙江山陰縣人。康熙三十年二甲二十四名進士。

李　楚　山西交城縣人。康熙三十年二甲二十五名進士。任江西德安知縣，內升户部主事。

高孝本　字大立，號青華。浙江嘉興縣人。康熙三十年二甲二十六名進士。三十五年任安徽涇縣知縣，四十年補績溪知縣。罷官後雲游江湖山水間。著有《固哉叟詩鈔》《雜賦》《愚夫論》《游記》《家傳》。

父高以永，康熙十二年進士。

張　瑀　字石公。直隸無極縣人。康熙三十年二甲二十七名進士。三十六年任江蘇江都知縣，在任五年丁憂去。四十八年改河南河內知縣。

錢肇修　字石臣。奉天鐵嶺縣人，原籍浙江錢塘。康熙三十年二甲二十八名進士。三十五年任河南洛陽知縣，四十二年行取福建道御史。

董之燧　安徽天長縣人。康熙三十年二甲二十九名進士。授山西平陽知縣，三十五年改河南武陟知縣，行取工部主事，升員外郎，五十四年考選雲南道御史，五十七年官至福建興泉道。

胡　潤　字河九，號京蒙。湖北通山縣人。康熙二十六年舉人，三十年二甲三十名進士。選庶吉士，授編修。三十八年充廣東鄉試主考官，升國子監司業，詹事府左庶子，五十一年督江南學政。著有《懷蘇堂文集》《艮園詩集》行世。

戴　紱　字繡臣，號道園、耕煙。浙江烏程縣人。康熙三十年二甲三十一名進士。選庶吉士，授編修。三十六年任丁丑科會試同考官，官至侍講，四十八年督順天學政。卒於任。

俞化鵬　字扶九，號青岳。安徽壽州縣人。康熙三十年二甲三十二名進士。三十五年任浙江寧海知縣，四十三年行取貴州道御史、京畿道御史，五十一年遷奉天府丞兼學政，調大理寺少卿，五十三年充貴州鄉試主考官，遷左僉都御史，五十六年授順天府尹。六十一年解職歸。

金　潮　字海門。福建侯官縣人。康熙三十年二甲三十三名進士。選庶吉士，三十五年改江蘇昆山縣知縣。以罣誤解職，授徒自給，年八十歸里卒。著有《海翁集》。

蔣　勛　（本姓汪）字景陶。江蘇長洲縣人。康熙三十年二甲三十四名進士。

葉弘綏　字惠叔。江蘇昆山縣人。康熙三十年二甲三十五名進士。三十七年任四川安縣知縣，四十四年改山西猗氏知縣，五十五年官至四川叙州知府。

鄒汝魯　字鈍齋。湖北麻城縣人。康熙二十六年舉人，三十年二甲三十六名進士。授河南清豐知縣，四十三年改獲嘉知縣，遷刑部主事，四十九年考選陝西道御史，轉大理寺丞升僉都御史，六十一年授奉天府尹兼學政，雍正三年改太常寺卿。五年（1727）卒。

江　球　字宜笏。江西金溪縣人。康熙三十年二甲三十七名進士。

選庶吉士，授檢討。改山西道御史，三十六年遷順天府丞，歷左僉都御史，四十八年授太常寺卿，改宗人府丞，五十年充順天鄉試副考官，五十六年遷左副都御史。雍正三年五月假歸。著有《詩文存略》。

江雯 字砥岩、廷啟。福建長樂縣人。康熙三十年二甲三十八名進士。三十五年任河南鎮平知縣，丁憂服闋，補甘肅鎮原知縣。母喪歸。哀毀卒。

許志進 字念中，號謹齋。江蘇山陽縣人。康熙三十年二甲三十九名進士。授奉天鐵嶺知縣，詔進戶部主事，升禮科掌印給事中。四十年因劾李光地被罷官，歸里以詩自娛。著有《謹齋詩稿》二十卷、《虛搓集》《遼海集》《掖垣集》《京華集》。

陳春明 （本姓錢）字寶宮。江蘇常熟縣人。康熙三十年二甲四十名進士。三十五年任直隸南樂知縣，三十八年充順天鄉試同考官。以事牽罷官。

第三甲一百一十四名

賈汝楫 直隸平鄉縣人。康熙三十年三甲第一名進士。任江西興安知縣。著有《岑陽初政梅花詩三十首》。

祝翼模 字安濤。浙江海寧縣人。康熙三十年三甲第二名進士。

田軒來 號東軒。浙江山陰縣人。康熙三十年三甲第三名進士。三十五年授四川成都知縣，在任五

年遷戶部主事，升員外郎，五十二年考選河南道御史，五十三年充順天鄉試副考官。年老告歸卒。

何居廣 河南武陟縣人。康熙三十年三甲第四名進士。任直隸保定知縣，行取御史。

徐樹庸 字去矜。江蘇昆山縣人。康熙三十年三甲第五名進士。三十五年授河南西華知縣，擢廣西永康知州，遷刑部員外郎，升郎中，考選湖廣道御史，掌山東、河南道御史，升四品京堂。假歸營葬事竣入都，為人所劾，罷歸。

周正 字公端，號方山。山東萊陽縣人。康熙三十年三甲第六名進士。三十五年任福建浦城知縣，六十一年任湖南通道知縣，雍正七年官至湖南靖州直隸州知州。著有《取此居文稿》。

楊名時 字賓時，號凝齋。江蘇江陰縣人。順治十七年（1660）生。康熙三十年三甲第七名進士。選庶吉士，授檢討。升侍讀，三十六年督順天學政，遷直隸巡道。康熙五十八年授貴州布政使，五十九年遷雲南巡撫。雍正三年遷雲貴總督仍管巡撫事，四年七月改吏部尚書（未任），仍管巡撫事。在議年羹堯罪時獨祈保全，違雍正帝意，五年閏三月解任，後留雲南待命。高宗繼位賜禮部尚書銜兼國子監祭酒。乾隆元年（1736）九月初一日卒，年七十七。贈太子太傅，入祀賢良祠。諡"文定"。著有《易義隨筆》《詩

義記講》《四書札記》《大學講義》等。

程文正 字笏山。江蘇江都縣人。康熙三十年三甲第八名進士。任工部都水司主事。以疾歸。卒年四十四。

子程夢星，康熙五十一年進士。

牟國瓏 字作霖。山東棲霞縣人。康熙三十年三甲第九名進士。三十五年任直隸南宮知縣。歸後，杜門課子。

王傳 字紹薪，號約齋。江西鄱陽縣人。康熙三十年三甲第十名進士。選庶吉士，授檢討。三十六年充會試同考官，五十三年督山東學政，遷至侍講，雍正元年充山東鄉試主考官，官至國子監祭酒。二年充甲辰科會試同考官。卒年六十五。

王孫延 號縣齋。山東城武縣人。康熙三十年三甲十一名進士。三十六年任直隸唐縣知縣。

瞿孝春 字青雷。江蘇常熟縣人。康熙三十年三甲十二名進士。三十六年任江西餘干知縣，四十六年改山西寧鄉縣，署山西介休知縣。卒於任。

冉覲祖 字永先，一作永光，號蟬庵。河南中牟縣人。明崇禎十年（1637）閏四月十二日生。康熙二年河南鄉試解元，三十年三甲十三名進士（時年五十五）。選庶吉士，授檢討。三十六年任會試同考官。康熙帝稱其"氣度老誠"，不久告歸。主講嵩陽書院。曾精研《四書集注》二十年。康熙五十七年（1718）十一月卒，年八十二。著有《五經四書詳說》《正蒙補訓》《寄願堂詩集》及詩文雜著等二十餘種。

李廷樞 字朝璵。江蘇無錫縣人。康熙三十年三甲十四名進士。三十五年授江西東鄉知縣，四十一年改廣東信宜知縣。卒於任。

孫謀 江蘇武進縣人。康熙三十年三甲三甲十五名進士。官至禮部郎中。

衛瑤 字煥魯。直隸滄州人。康熙三十年三甲十六名進士。三十六年授江蘇華亭知縣，擢禮部員外郎，四十九年官至陝西神木道（延綏郿道）。卒於任，年五十五。著有《蓬萍詩集》行世。

孫維祺 號起山。安徽廬江縣人。康熙三十年三甲十七名進士。任直隸河間知縣，改淶水知縣。解組歸，閉戶著書。

曹延懿 字九咸。江蘇太倉州人。康熙三十年三甲十八名進士。三十年授廣東程鄉知縣。丁母憂歸。四年後卒。

王者臣 字元燮，號岱麓。山東沂州人。康熙三十年三甲十九名進士。選庶吉士，授檢討。三十五年充福建鄉試副考官。後父歿哀毀成疾卒。

祖父王勛，順治十五年進士。

孫道盛 山東即墨縣人。康熙三十年三甲二十名進士。三十六年任安徽臨淮知縣。

李允秀 字俊卿，號實庵。直

隸長垣縣人。康熙三十年三甲二十一名進士。三十六年任安徽桐城知縣，緣事左遷浙江衢州府經歷，年六十九卒。著有《納涼集》《春秋左傳論文》。

和氏璽 字荊石。直隸永年縣人。康熙三十年三甲二十二名進士。三十六年任福建閩縣知縣，四十九年任福建同安知縣。卒於任，年五十七。

璩廷祐 河南濟源縣人。康熙三十年三甲二十三名進士。三十六年任浙江建德知縣，四十三年行取福建道御史，官至光祿寺少卿。

魏郊 字祁宋。山東利津縣人。康熙三十年三甲二十四名進士。三十五年任安徽祁門知縣。

冷宗昱 湖北黃陂縣人。康熙二十六年舉人，三十年三甲二十五名進士。三十八年任四川德陽知縣，四十一年任貴州平遠知州，晉部郎中，官至鴻臚寺卿。

溫爲 順天通州人。康熙三十年三甲二十六名進士。任陝西臨潼知縣，改清澗知縣，四十三年行取四川道御史。

胡一麟 （本姓劉）廣東新會縣人。康熙三十年三甲二十七名進士。未仕卒。

李燕生 字聲池，號華宸。山西崞縣人。康熙三十年三甲二十八名進士。選庶吉士。不樂仕進，引疾告歸。工六經，精易經。著有《易集》及《詩文集》。

柯榮庚 字亮卿。山西陽曲縣

人。康熙三十年三甲二十九名進士。四十年任江蘇泰州知州。

夏紀 字叔振。直隸永年縣人。康熙三十年三甲三十名進士。三十五年任四川榮昌知縣，兼大足知縣，卒於任。著有《制義稿》《經義稿》。

趙炯 字子藏，號鶴齋。直隸鹽山縣人。康熙三十年三甲三十一名進士。任廣西來賓知縣。三年歸。著有《香魚山房集》。卒年八十五。

閆錫爵 字荊州，號戒過。河南固始縣人。康熙三十年三甲三十二名進士。選庶吉士，授檢討。四十五年督廣西學政，遷詹事府庶子。官至侍讀學士。

林洪烈 字孫肯、念亭。福建晉江縣人。康熙三十年三甲三十三名進士。任陝西沔縣知縣，秩滿行取吏部文選司主事，升員外郎，降大理寺評事，遷鴻臚寺少卿，改太常寺少卿，康熙五十六年充湖廣鄉試副考官。歸後卒。

楊艮 字兼峰，號止庵。江蘇溧陽縣人。康熙三十年三甲三十四名進士。任廣東陽春知縣。抵家一月卒。著有《止庵詩文集》。

邵觀 順天大興縣人，原籍江蘇長洲。康熙三十年三甲三十五名進士。三十七年任山東青城知縣，四十三年行取湖廣道御史，遷左僉都御史，康熙五十四年授奉天府尹。尋革。

景日昣 字東暘，號嵩崖。河

南登封縣人。康熙三十年三甲三十六名進士。三十六年任廣東高要知縣，四十三年行取陝西道御史，補鴻廬寺少卿，五十六年授太僕寺卿。改宗人府府丞，五十七年遷倉場侍郎，改禮部侍郎。雍正三年休致。著有《説嵩》《嵩岳廟史》《嵩陽學》《嵩崖尊生書》。

蔡　醕　字翰臣。浙江仁和縣人。康熙三十年三甲三十七名進士。任雲南河西知縣。行取未擢而卒。

兄蔡維寅，康熙十八年進士。

張起宗　字亢友、萼山。浙江奉化縣人。康熙三十年三甲三十八名進士。三十六年授河南河內知縣。在三年引疾歸。善畫山水。

阿　金　字雲舉。滿洲鑲白旗，郭絡羅氏。康熙三十年三甲三十九名進士。選庶吉士，授檢討。三十八年充福建鄉試主考官。官至庶子。著有《培風堂集》。

韓宗綱　字公範。順天宛平縣人。康熙三十年三甲四十名進士。任浙江宣平知縣。在任七年待民如子，視邑如家，丁憂無資歸。竟卒於宣平。

張嘉麟　字魯斅。江蘇長洲縣人。康熙三十年三甲四十一名進士。康熙三十一年任江西上猶知縣，四十八年改湖南通道知縣，任户部主事。

張壽崑　字廣州，號鶴峰。甘肅平涼縣人。康熙三十年三甲四十二名進士。選庶吉士，歸班候選知縣。康熙三十七年任湖南衡山知縣，四十一年改福建政和知縣，四十七年任江蘇吳江縣知縣。五十六年官至湖北荊州府同知。

姜承燝　字禹九，號慎庵。浙江山陰縣人。康熙三十年三甲四十三名進士。選庶吉士，授檢討。三十八年任廣西鄉試主考官。

鞏皇圖　直隸易州人。康熙三十年三甲四十四名進士。任四川郿陽知縣。

張愈奇　直隸深州人。康熙三十年三甲四十五名進士。官至吏部員外郎。

蔣兆龍　字御六。浙江鄞縣人。康熙三十年三甲四十六名進士。任雲南浪穹知縣，遷直隸保安知州，進刑部員外郎，五十七年官至甘肅平涼知府。

顧鳴陽　浙江海鹽縣人。康熙三十年三甲四十七名進士。任陝西山陽知縣。

鄒　琯　字晉公，號芑園。江西南豐縣人。康熙三十年三甲四十八名進士。三十六年任山東即墨知縣，在任八年，行取禮部主事，五十二年充廣東鄉試副考官。著有《敬事齋記》。

王克昌　字燕及，號澹園。山東臨淄縣人。康熙三十年三甲四十九名進士。三十八年授貴州貴定知縣，調永從縣知縣，四十四年升山西保德州知州，遷刑部江西司員外郎，官至工部虞衡司郎中。著有《澹園文稿》。

張曾慶 字崖湖、雁湖，號昆詔。陝西華州人。康熙三十年三甲五十名進士。選庶吉士，授檢討。三十六年任丁丑科會試同考官。

毛鶚 字紫庵。河南孟縣人。康熙二十三年河南鄉試解元，三十年三甲五十一名進士。選庶吉士，三十六年改江西靖安縣知縣。

李象元 字伯猶。廣東澄海縣人。康熙三十年三甲五十二名進士。選庶吉士，授檢討。三十八年任山東鄉試副考官。乞歸。

張聯元 字捷三、覺庵。湖北鍾祥縣人。康熙十七年舉人，三十年三甲五十三名進士。任直隸新城知縣，四十一年改直隸曲陽知縣，五十一年官至浙江台州知府。著有《天台山全志》十六卷。

徐元灝 字武恭。江蘇吳江縣人。康熙三十年三甲五十四名進士。任陝西澄城知縣。

李良模 字子型。山東曹州人。康熙三十年三甲五十五名進士。任江西鄱陽知縣，丁母憂歸。補遂平知縣，丁父憂補宜君知縣，五十七年行取禮部制儀司主事。引疾歸。

宋徵烈 奉天遼陽縣人。康熙三十年三甲五十六名進士。三十六年任河南南陽知縣，四十九年遷四川茂州直隸州知州，五十八年官至廣東韶州知府。

蔣敔 字念洙，號遜齋。直隸蠡縣人。康熙三十年三甲五十七名進士。任湖北嘉魚知縣，四十一

年調雲南雲州知州，遷戶部郎中，五十年官至浙江寧波知府。

蕭道弘 江西廬陵縣人。康熙三十年三甲五十八名進士。三十六年任廣東保昌知縣。

高于嵋 字抑公。河南寧陵縣人。康熙三十年三甲五十九名進士。三十年任湖北沔陽知州。

胡麟徵 字蘭渚。漢軍鑲紅旗。康熙三十年三甲六十名進士。選庶吉士，改雲南南寧知縣，歷官至知府。

張爲經 字公緯、涵六。山東濟寧州人。康熙三十年三甲六十一名進士。三十六年任湖南桂東知縣。行取吏部主事，四十一年督福建提學道，升吏部員外郎，四十七年充順天鄉試同考官，五十年遷郎中，充廣東鄉試正考官。著有《漚水學吟》《粵行草》《公餘偶興》。

子張延慶，康熙五十一年進士；孫張淑渠，乾隆十三年進士。

蘇成俊 （《廣東通志》作蘇成進）廣東高要縣人。康熙三十年三甲六十二名進士。任中書。

朱嵩 字雲屏。江西進賢縣人。康熙三十年三甲六十三名進士。

惠霔嗣 陝西富平縣人。康熙三十年三甲六十四名進士。任雲南通海知縣。

張翔鳳 字召山、鳴岡，號南野。四川富順縣人。康熙三十年三甲六十五名進士。選庶吉士，三十九年改河南新野知縣，遷吏部主事，

四十一年充廣東鄉試副考官，升考工司郎中，五十一年官至福建建寧府知府。

李　密　陝西潼關縣人。康熙三十年二甲六十六名進士。任國子監助教，改雲南江川知縣，四十九年改山東掖縣知縣，行取吏部主事。

焦毓鼎　字象九，號訒庵。山東章丘縣人。康熙三十年三甲六十七名進士。三十八年任湖廣鍾祥知縣。

葛匡世　（復姓趙）字貞侯。江蘇昆山縣人。康熙三十年三甲六十八名進士。三十三年授湖南零陵知縣。多有惠政。移疾歸，卒。

王　裒　字石倉。安徽合肥縣人。康熙三十年三甲六十九名進士。三十八年任山東商河知縣。以終養歸事母。著有《水翠堂》行世。

陳開泰　河南鄖城縣人。康熙三十年三甲七十名進士。三十七年任湖南嘉樂知縣。

趙嗣晉　字焕望，號桐崖。安徽廣德直隸州人。康熙三十年三甲七十一名進士。三十七年任山東城武知縣，升山西汾州府同知，四十三年行取山西道御史。著有《易經彙解》《四書易經文稿》。

仇匡國　四川納溪縣人。康熙三十年三甲七十二名進士。三十年任山西平陸知縣，行取御史。

張拱極　陝西醴泉縣人。康熙三十年三甲七十三名進士。三十七年任廣東翁源知縣。

張　洛　河南太康縣人。康熙

三十年三甲七十四名進士。

佘松生　字甫生。漢軍正藍旗。康熙三十年三甲七十五名進士。三十七年任山西大同知縣，四十七年官至四川巴州知州。調充同考官，卒於省。

朱文卿　直隸保安衛人。康熙三十年三甲七十六名進士。官至禮部制儀司郎中。

喀爾喀　字警聲。滿洲正白旗。康熙三十年三甲七十七名進士。選庶吉士，授檢討。三十八年任河南鄉試副考官。

李其昌　字寧侯，號澹庵。山東長山縣人。康熙三十年三甲七十八名進士。任內閣中書、禮部主事，四十七年充順天鄉試同考官，遷員外郎、戶部郎中，五十年督雲南學政。康熙五十一年卒於任。

石曰琮　字宗玉，號璞公。山東長山縣人。康熙三十年三甲七十九名進士。三十七年任河南新鄭、新鄉知縣，四十一年擢甘肅寧羌州知州。四十三年升平涼知府，丁憂。四十七年補福州知府。康熙四十九年（1710）卒於任。著有《四書詩經稿》。

劉肇崐　字元啓。順天文安縣人。康熙三十年三甲八十名進士。三十七年任廣東河源知縣。

盧大圻　山東蓬萊縣人。康熙三十年三甲八十一名進士。二十七年任四川墊江知縣。

文志鯨　字石濤，號元瀾。湖

南桃源縣人。康熙三十年三甲八十二名進士。選庶吉士，授檢討。三十八年充山西副考官，四十二年督浙江學政，歷任侍讀、侍講學士、鴻臚寺少卿，五十二年充廣西鄉試主考官，遷奉天府丞，五十八年授奉天府尹。并充《子史精華》館總裁。康熙六十年（1721）病休，旋卒。

潘樹枏 字孟扶。浙江仁和縣人。康熙三十年三甲八十三名進士。三十八年任山東商河知縣，四十四年改福建福清知縣，五十四年任貴州婺川知縣。告養歸。

葉元錫 浙江蘭溪縣人。康熙三十年三甲八十四名進士。三十八年任湖北應城知縣，四十三年調河南陽武知縣。

巴 海 滿洲鑲白旗人。康熙三十年三甲八十五名進士。任滿洲能格佐領。

劉 琰 字公畹，號介庵。山東陽穀縣人。康熙二十六年山東鄉試解元，三十年辛未科三甲八十六名進士。選庶吉士，授檢討。三十九年任庚辰科會試同考官，四十年以江南江寧府知府督江西學政。

李廷璧 （本姓段）字完趙。山西文水縣人。康熙三十年三甲八十七名進士。任陝西鳳翔知縣，四十一年任浙江黃岩知縣。

惲東生 字岱存。江蘇武進縣人。康熙三十年三甲八十八名進士。三十七年任山西襄陵知縣，遷戶部主事。

王克寬 字德涵。山東臨淄縣人。康熙三十年三甲八十九名進士。授浙江於潛知縣。任職一年乞養祖母歸。

高 玢 字荊襄，號雲軒。河南柘城縣人。康熙三年（1664）生。康熙三十年三甲九十名進士。任知縣，後以禮部郎中考選廣東道御史。康熙六十年，與陶彝等十三名御史合疏陳請建儲，被遣往西邊軍前効力贖罪。謫戍忒斯河軍營，運糧西藏，居塞外六年，著有《出塞集》，備言屯戍之苦。雍正間釋歸，後主文正書院。乾隆九年（1744）卒，年八十一。著有《三素堂文集》《讀史管見》行世，及《聯捷稿》《課子文》等。

趙羽清 字雪村。四川永川縣人。康熙三十年三甲九十一名進士。三十七年任直隸井陘知縣，四十四年改江蘇六合知縣。

王 侃 陝西臨潼縣人。康熙三十年三甲九十二名進士。三十三年遷湖北荊州府同知，官至江蘇鎮江知府。

趙光緒 字襄孫。浙江平湖縣人。康熙三十年三甲九十三名進士。任甘肅寶雞知縣。行取。

許岳生 直隸正定縣人。康熙三十年三甲九十四名進士。三十七年任山西陽城知縣。

李 鑛 號西亭。湖北漢陽縣人。康熙二十年舉人，三十年三甲九十五名進士。任貴州龍里知縣，三十七年任江西清江知縣、浙江景寧知縣。丁憂去。

袁生桂 河南安陽縣人。康熙三十年三甲九十六名進士。任直隸寧晉知縣。

沈弘勛 浙江平湖縣人。康熙三十年三甲九十七名進士。任陝西山陽知縣。

王從諫 順天大興縣人。康熙三十年三甲九十八名進士。任知縣。

李和吉 河南商丘縣人。康熙三十年三甲九十九名進士。任安徽懷遠知縣，改貴州清鎮知縣，官至貴州平遠知州。

詹琪芬 江西樂安縣人。康熙三十年三甲一百名進士。任雲南宜良知縣，官至趙州直隸州知州。不赴解組歸。

賈之彥 河南洛陽縣人。康熙三十年三甲一百零一名進士。任甘肅會寧知縣。

李振璣 字正樞。山東金鄉縣人。康熙三十年三甲一百零二名進士。里居候選十年。後授直隸新河知縣，康熙四十一年調江西贛縣，改安徽五河知縣。歸里後卒。

樊紹祚 字茂先。直隸文安縣人。康熙三十年三甲一百零三名進士。三十七年任山東汶上知縣，四十三年行取江西道御史，官至太常寺少卿。

王賜召 山西介休縣人。康熙三十年三甲一百零四名進士。任山東萊陽知縣。

張步瀛 河南新安縣人。康熙三十年三甲一百零五名進士。任安徽潛山知縣。

嚴調鼎 山西文水縣人。康熙三十年三甲一百零六名進士。任陝西涇陽知縣。

高胆 山東萊陽縣人。康熙三十年三甲一百零七名進士。三十七年任江西安遠知縣，五十一年遷直隸順德知府，官至禮部員外郎。

梁貽燾 廣東新會縣人。康熙三十年三甲一百零八名進士。授中書舍人。

李熙雍 陝西韓城縣人。康熙三十年三甲一百零九名進士，三十七年任福建政和知縣。

熊維祝 河南儀封縣人。康熙三十年三甲一百十名進士。任陝西長武知縣，以病卒於任。

任倫備 字金壇。河南河內縣人。康熙三十年三甲一百十一名進士。任江西永寧知縣，遷吏部主事，考工司員外郎，官至郎中。

房于泗 山東沾化縣人。康熙三十年三甲一百十二名進士。康熙三十九年任湖南湘陰知縣。

王介 直隸南樂縣人。康熙三十年三甲一百十三名進士。任河南光山知縣，改陝西清澗知縣。

何龍文 字信周，號鳳庵。福建晉江縣人。康熙八年福建鄉試解元，任福建長泰縣教諭，三十年三甲一百十四名進士。選庶吉士，歸班候選知縣，改福建汀州府教授。卒年五十。著有《春星草堂集》，參修《汀州府志》。

康熙三十三年（1694）甲戌科

第一甲三名

胡任輿 字孟行，號芝山。江蘇上元縣人。康熙二十年江南鄉試解元，三十三年一甲第一名狀元。授修撰。充日講起居注官，克盡職守，三十六年任丁丑科會試同考官。官至侍講。康熙四十三年（1704）九月卒。著有《雙樹庵稿》。

顧圖河 字書宣、花田，號花翁、硯穎。江蘇江都縣人。順治十二年（1655）生。康熙三十三年一甲第二名榜眼。授編修。乞假歸里，家居十年還京，修《大清一統志》。四十四年督湖廣學政，四十五年充會試同考官。未幾卒。年五十二。著有《雄稚齋集》等。

顧悅履 字丹宸，號秋崖、培園。浙江海寧縣人。康熙三十三年一甲第三名探花。授編修。三十六年充會試同考官，四十二年督山東學政，四十七年以庶子任陝西鄉試主考官。遷侍讀學士，四十八年授內閣學士。并任教庶子。康熙五十

六年（1717）五月卒。

子顧五達，康熙四十八年進士。

第二甲四十名

汪倓 字安公，號愚公。江蘇吳縣人。康熙三十三年二甲第一名進士。選庶吉士，授編修。四十一年任廣東鄉試主考官。早卒。

兄汪份，康熙四十二年進士。

汪漋 字岵懷，號荇洲。湖北江夏縣人，原籍安徽休寧。康熙三十三年二甲第二名進士。選庶吉士，授編修。三十九年充會試同考官，五十一年以侍讀學士督浙江學政，五十二年充浙江鄉試主考官，纍遷左僉都御史。雍正二年授太常寺卿遷內閣學士，三年十月授廣西巡撫，四年五月改江西巡撫。十月降調。六年八月授光祿寺卿復任內閣學士，十月遷工部侍郎改戶部侍郎，八年六月革職。十年七月授大理寺卿。乾隆七年（1742）致仕。同年八月卒。著有《得石軒集》《治

河方略》。

父汪鏐，康熙九年進士。

李暄亨 字麗生，號澄園。山西蔚縣人。康熙三十三年二甲第三名進士。選庶吉士，歸班候選知縣，改內閣中書，歸。著有《澄園詩鈔》《趨庭日記》《槐省雜記》《齊家格言》。

父李旭升，康熙二十一年進士；兄李周望，康熙三十六年進士，禮部尚書。

裴之仙 字又航，號致庵。江蘇丹徒縣人。康熙三十三年會元，二甲第四名進士。選庶吉士，授編修。假歸僑居揚州，每日以詩文相切。卒年七十六。

龔鐸 字于路。順天大興縣人。康熙三十三年二甲第五名進士。選庶吉士，授編修。四十八年充會試同考官，五十一年督廣西學政，遷侍讀學士，官至少詹事，後罷官。

王楨 字薇士。江蘇華亭縣人。康熙三十三年二甲第六名進士。選庶吉士，授編修。以母老假歸不復出。

熊葦 字澄山，號敏思。順天涿鹿衛人。康熙三十三年二甲第七名進士。選庶吉士，授編修。三十九年任會試同考官，官至侍讀學士，五十三年任江西鄉試主考官。

陳成永 字元期，號儀山。浙江錢塘縣人。康熙三十三年二甲第八名進士。選庶吉士，未散館。善刻印，著作較多有《攸好堂集》。

兄陳敱永，順治十二年進士，工部尚書。

陳璋 字臨湘，號鐘庭。江蘇長洲縣人。康熙三十三年二甲第九名進士。選庶吉士，授編修。充日講起居江官，五十一年以侍講學士督順天學政，官至侍讀學士，坐事罷職。歸卒。著有《東冶集》。

張逸少 字天門。江蘇丹徒縣人。康熙三十三年二甲第十名進士。選庶吉士，四十一年改任山西壺關知縣，擢甘肅秦州知州，特授編修。四十五年任會試同考官，五十四年以侍讀學士督直隸學政。五十五年十一月革。

父張玉書，順治十八年進士，文華殿大學士。

周道新 字郁叔，號澹庵。順天大興縣人。康熙三十三年二甲十一名進士。選庶吉士，授編修。三十九年充會試同考官，纍遷太常寺少卿，五十年充江西鄉試主考官，五十一年授太僕寺卿，五十二年改通政使。五十五年擢左副都御史，五十七年改刑部右侍郎。六十一年去職。

陳豫朋 字堯愷，號濂村。山西澤州直隸州人。康熙三十三年二甲十二名進士。選庶吉士，歸班候選知縣，三十八年任四川筠連知縣，四十四年纍遷陝西耀州知州、鞏昌府同知，遷刑部郎中，乾隆二年考選廣東道御史，改禮部郎中，乾隆十一年督湖南學政，旋免。官至福建糧儲道、鹽驛道。

父陳廷敬，順治十五年進士，

文淵閣大學士。

吳　鍾　福建鎮海衛人。康熙三十三年二甲十三名進士。

叢　澍　字汝霖。江蘇江寧縣人。康熙三十三年二甲十四名進士。選庶吉士，授編修。三十九年任庚辰科會試同考官，五十三年督廣西學院。五十七年革職。

田　沆　山西陽城縣人。康熙三十三年二甲十五名進士。任中書舍人。

父田六善，順治三年進士，官戶部侍郎。

張大有　字書登，號慕華。陝西郃陽縣人。康熙三十三年二甲十六名進士。選庶吉士，授編修。三十九年充會試同考官，歷任禮科給事中、順天府丞、奉天府丞、左僉都御史，康熙五十七年授太常寺卿，改大理寺卿。六十年遷左副都御史改兵部侍郎，六十一年五月調漕運總督，雍正七年改工部侍郎、刑部侍郎，雍正八年遷工部尚書，十年四月調禮部尚書。十年（1732）十二月卒。謚"文敬"。著有《綠槐堂集》。

袁鍾麟　字蕉亭。河南睢州人。康熙三十三年二甲十七名進士。選庶吉士，授編修。

張時雍　字問樵。浙江嘉興縣人。康熙三十三年二甲十八名進士。任湖北漢陽知縣，四十七年遷陝西興安知州。

紀遴宜　字毅亭，號公選。順天文安縣人。康熙三十三年二甲十九名進士。三十八年任江蘇蕭縣知縣，三十九年改豐縣知縣，五十年調山東陽信知縣，五十四年行取主事，官至吏科給事中。

李天祐　江蘇江都縣人。康熙三十三年二甲二十名進士。官至江西南昌知府。

黃龍眉　字公翔，號海門。浙江海寧縣人。康熙三十三年二甲二十一名進士。選庶吉士，授編修。四十一年任雲南鄉試副考官。官至侍讀學士。

楊　顯　（因避仁宗顒琰諱，改名楊容）字英山、孚若、念亭。陝西華州人。康熙三十三年二甲二十二名進士。選庶吉士，授編修。四十五年考選四川道御史，四十六年督江西學政。

錢安世　江蘇武進縣人。康熙三十三年二甲二十三名進士。三十七年任直隸懷來知縣，四十五年改直隸南和知縣。

陳　恂　字相宜，號緘庵。浙江錢塘縣人。康熙三十三年二甲二十四名進士。選庶吉士，授編修。四十八年任會試同考官，五十一年以右春坊右中允督山東學政，官至侍讀學士。

徐鴻逵　字天翔。河南鄧州人。康熙三十三年二甲二十五名進士。授直隸任縣知縣。著有《四書銓釋直解》。

張丙厚　字爾載，號腹庵。河南磁州縣人。康熙三十三年二甲二十六名進士。四十一年授山西交城知縣，升主事，官至刑部郎中。致仕歸。卒年五十九。

祖父張晉，順治九年進士；父張榕端，康熙十五年進士；子張坦，康熙五十一年進士，一門四代進士。

于采 字眉俞。江蘇金壇縣人。康熙三十三年二甲二十七名進士。授直隸香河知縣，改安平知縣。丁父憂歸。課子孫，卒年八十一。

李成輅 浙江仁和縣人。康熙三十三年二甲二十八名進士。任貴州龍里知縣，官至兵部主事。

呂履恒 字元素，號坦庵、月岩。河南新安縣人。康熙三十三年二甲二十九名進士。三十八年授山西寧鄉知縣，四十三年行取廣西道御史，遷左僉都御史，五十二年授宗人府府丞，十月遷左副都御史，五十三年改倉場侍郎，五十四年調戶部右侍郎。五十六年降調。著有《洛神廟》《冶古堂文集》《夢月岩詩集》。

父呂兆麟，順治十八年進士；弟呂謙恒，康熙四十八年進士，官光祿寺卿。

成永健 字乾人，號毅齋。江蘇鹽城縣人。康熙三十三年二甲三十名進士。三十七年授直隸贊皇知縣，四十五年改福建南安知縣，丁憂歸。服闋五十一年調山東日照、改壽光知縣，雍正元年署益都知縣，四年擢山東寧海知州。卒於任。著有《毅齋詩稿》。

陳夢球 字二受，號游龍。漢軍正白旗，原籍福建同安。康熙三十三年二甲三十一名進士。選庶吉士，授編修。三十八年任湖廣鄉試主考官，升侍講，差督山西學政。未任卒。

兄陳夢雷，康熙九年進士。

李璠 字魯玉，號輝岩。直隸長垣縣人。康熙三十三年二甲三十二名進士。三十七年任山東諸城知縣，丁母憂。四十三年補山西清源知縣，調馬邑知縣。

鄭晃 字子偉，號二瞻。福建浦城縣人。康熙三十三年二甲三十三名進士。三十七年任湖北鄖縣知縣，署鄖西知縣，升刑部主事、員外郎，擢禮部郎中，五十三年督廣東學政。事竣歸。卒年七十二。

王全臣 字仲山，號青渠。湖北鍾祥縣人。康熙二十六年舉人，三十三年二甲三十四名進士。三十九年授河南汲縣知縣，四十年改河南輝縣知縣，四十一年遷甘肅和州知州，擢寧夏同知，五十五年遷平涼知府，官至安西兵備道。以疾解任。卒於蘭州。

屠沂 字艾山，號文亭。湖北孝感縣人。康熙三十三年二甲三十五名進士。三十七年任直隸蔚縣知縣、擢陝西隴州知州，纍遷吏科給事中，左僉都御史。康熙四十九年授順天府尹，五十五年調奉天府尹，五十七年遷左副都御史，五十九年十一月授浙江巡撫。六十一年六月以病去職。雍正三年（1725）卒。

弟屠泃，康熙五十二年進士；

子屠用謙，康熙六十年進士。

范長發　字廷舒。浙江秀水縣人。康熙三十三年二甲三十六名進士。三十八年授江西南城知縣，行取禮部主事，五十四年考選廣西道御史，轉掌浙江道御史。康熙六十年與陶彝等十三御史合疏陳請建儲獲罪，被遣往西邊軍前効力贖罪，隨都統赴征西將軍營。後命赴察漢新台，歸後以原職休致。

阿錫台　字蒼霖。滿州鑲白旗。康熙三十三年二甲三十七名進士。選庶吉士，授編修。

吳學顥　字子淳。河南睢州人。康熙三十三年二甲三十八名進士。任內閣中書。

父吳淇，順治十五年進士。

吳廷琪　字喻友。福建福寧府人。康熙三十三年二甲三十九名進士。三十八年任廣東靈山知縣。以卓異薦升，方報遷而卒。

方　邁　字子向、日斯。福建閩縣人。康熙三十三年二甲四十名進士。授浙江蕭山知縣，三十八年調蘭溪知縣。因不善事縣官虧帑罷歸。著有《經義考異》《四書講義》《五燈摘謬》《九經衍義》《春秋補傳》《古今通韻輯要》《考證資治通鑒前編》《古今通韻輯要》等。

第三甲一百二十五名

張其相　直隸內黃縣人。康熙三十三年三甲第一名進士。

戴　昐　福建龍溪縣人。康熙三十三年三甲第二名進士。任直隸長垣知縣。

吳琦起　江蘇武進縣人。康熙三十三年三甲第三名進士。三十八年任山西太谷知縣。

岳　度　字文江。四川南江縣人。康熙三十三年三甲第四名進士。選庶吉士，授檢討。四十一年任山西鄉試主考官。

林豫吉　字不飛，號林址。福建福安縣人。康熙三十三年三甲第五名進士。登第後居里，因事被株連，被逮入都，奉詔賜歸，閉門謝客。著有《文集》《四子書諦解》《詩經諦解》《周禮》《松址集》等。

孟之珪　寧夏靈州直隸州人。康熙三十三年三甲第六名進士。天資穎異，品行瑞方，文章書法兼有名，未見任職。

周鴻憲　字翰卿，號葵園。浙江慈溪縣人。康熙三十三年三甲第七名進士。任河南固始知縣，調署光山知縣。以疾乞歸，閉門謝客。

陳霆萬　字紫馭。浙江平湖縣人。康熙三十三年三甲第八名進士。三十八年任山東臨朐知縣，行取部主事。未任而卒。年五十三。

朱輝珏　字合璧，號雪原。山東聊城縣人。康熙三十三年三甲第九名進士。選庶吉士。父喪歸，不復出。卒年七十一。

陳允恭　字六觀，號天逸、南麓。廣西平樂縣人。康熙三十三年三甲第十名進士。選庶吉士，授檢討。升禮科給事中，五十二年任山西鄉試主考官，官至左僉都御史。雍正二年（1724）二月初八日卒，年六十二。

張夢熊 山西永寧州人。康熙三十三年三甲十一名進士。三十八年任安徽懷遠知縣。

傅森 字商森。滿洲鑲白旗。康熙三十三年三甲十二名進士。選庶吉士，授檢討。四十一年任河南鄉試副考官。

張德桂 字梅麓，號兼蘭、雲從。廣東從化縣人。康熙三十三年三甲十三名進士。選庶吉士，授檢討。四十四年授國子監司業，改侍讀，四十八年遷奉天府丞兼學政，擢大理寺少卿，五十年充湖南鄉試主考官，官至左僉都御史。以親老歸。著有《天文管見》六十卷、《玉堂文集》三十卷、《介節堂草》二十卷。

朱錫鬯 江西萬安縣人。康熙三十三年三甲十四名進士。任貴州仁懷知縣，遷禮部主事。告歸。

康行僴 字鍔霜。山西安邑縣人。康熙三十三年三甲十五名進士。授陝西韓城知縣，擢戶部主事。告歸。著有《運司鹽政便覽》《雲齋清籟》。

李瀛 浙江山陰縣人。康熙三十三年三甲十六名進士。任陝西三原知縣。

曹彥栻 浙江秀水縣人。康熙三十三年三甲十七名進士。任直隸大興知縣，三十八年改定興知縣。

四十一年回任。

廖長齡 字維庚，西廬。福建將樂縣人。康熙三十三年三甲十八名進士。任內閣中書，纍遷兵科掌印給事中，外任四川建昌道，五十一年改上川南道，六十年調廣東糧驛道，署南韶道。解組歸。

程湄 江蘇江都縣人。康熙三十三年三甲十九名進士。三十八年任福建崇安知縣。

兄程湜，同榜進士。

拉都立 字卓人，號雲庵。滿州鑲黃旗。康熙三十三年三甲二十名進士。選庶吉士，任刑部主事，升內務府郎中，四十二年任癸未科會試同考官，官至侍讀學士。

林可煜 福建晉江縣人。康熙三十三年三甲二十一名進士。

程湜 字瀾止。江蘇儀征縣人。康熙三十三年三甲二十二名進士。三十八年任山東黃縣知縣。行取赴京。

弟程湄，同榜進士。

周振舉 河南祥符縣人。康熙三十三年三甲二十三名進士。任安徽盱眙知縣，調舒城知縣。卒於任。

高怡 字仲友，號鶴洲。浙江武康縣人。康熙三十三年三甲二十四名進士。任江蘇長洲知縣，遷陝西鄜州知州，進工部主事、禮部郎中，考選山西道御史。六十年三月與陶彝等十三御史合疏陳請建儲，被遣往西邊軍前効力贖罪，時年逾六十，雍正四年釋還以原職休致。

黄中理　字文在，號碧村。湖南善化縣人。康熙三十三年三甲二十五名進士。選庶吉士，以父老乞歸。二十餘年於觀家樓讀書著述。著有《觀家樓文集》《陸舫詩集》等。

楊芳裔　字谷蘭。山東壽光縣人。康熙三十三年三甲二十六名進士。三十八年任順天府順義知縣。

張友程　字純公。山西翼城縣人。康熙三十三年三甲二十七名進士。三十九年授廣東南海知縣，丁母憂。四十三年補廣東定安知縣，行取戶部主事，遷員外郎，官至郎中。引疾歸。

周起渭　字漁璜，號桐野。貴州新陽縣人。康熙四年（1665）生。康熙二十六年舉人，三十三年三甲二十八名進士。選庶吉士，授檢討。四十四年充浙江鄉試主考官，遷侍讀，四十九年督順天學政，五十二年授詹事。五十三年（1714）卒。年五十。爲清代貴州著名詩人，詩才雋逸。所作《萬佛寺大鐘歌》，時推傑作。另著有《桐野詩集》等。

陳廷桂　字賚予，號丹亭。江西臨川縣人。康熙三十三年三甲二十九名進士。四十年任湖南新寧知縣，遷吏部主事。抵京數月卒。著有《萍草詩集》《世鏡五倫類編》。

謝藩　廣東海陽縣人。康熙三十三年三甲三十名進士。官至吏部郎中。

陳璸　字文煥，號眉川，一號苦行頭陀。廣東海康縣人。順治十三年（1656）生。康熙三十三年三甲三十一名進士。三十九年任福建古田知縣，四十一年調臺灣知縣，內升刑部主事、員外郎、郎中，四十三年督四川提學道，遷臺灣道。五十三年十二月超擢偏沅巡撫，五十四年十二月改福建巡撫。康熙五十七年（1718）十月卒。年六十三。贈禮部尚書。爲官清廉，布衣素食。嘗言"貧取一錢，即與百千金無異"。深得康熙帝贊賞，稱其爲"苦行老僧"。謚"清端"。雍正八年八月入祠賢良祠。著有《清端集》。

吳隆元　字炳儀，號易齋。浙江仁和縣人。康熙三十三年三甲三十二名進士。選庶吉士，改直隸知縣，四十九年任山東齊河知縣，纍遷侍讀學士，雍正元年、二年兩充會試同考官，二年充江南鄉試主考官，官至太常寺少卿。著有《讀易管窺》《孝經三本管窺》。

冀霖　字雨亭。山東臨清州人，原籍直隸永年。康熙三十三年三甲三十三名進士。任四川峨嵋知縣，擢戶部主事、員外郎，四十七年充順天鄉試同考官，升戶部郎中，四十九年督江西學政。歸後主講誠正書院。著有《蜀道吟》《峨山三十景》。

趙錫仁　字靖侯。江蘇江陰縣人。康熙三十三年三甲三十四名進士。任山東淄川知縣。卒於任。

楊棠　字召貽。四川萬縣人。康熙三十三年三甲三十五名進士。三十九年任順天順義知縣，四十二年調豐潤知縣，五十五年八月調江蘇吳縣知縣。去官後不能歸，久滯吳縣卒。

唐曾述 浙江會稽縣人。康熙三十三年三甲三十六名進士。任直隸廣平知縣。

曹辰容 字石苓，號杍亭。浙江海鹽縣人。康熙三十三年三甲三十七名進士（時年五十二）。三十九年任湖南寧鄉知縣。年七十九歸。

王日昇 字柘村。山東臨朐縣人。康熙三十三年三甲三十八名進士。未仕卒。

劉鍎 號屏山。四川江津縣人。康熙三十三年三甲三十九名進士。三十七年任浙江桐鄉知縣，四十一年署浙江海鹽知縣，改石門知縣、德清知縣。

海鳳翥 字石亭。湖南衡陽縣人。康熙三十三年三甲四十名進士。三十八年任廣東龍門知縣，父喪歸。四十八年服闋補浙江錢塘知縣。以勞疾卒於任。

袁宸黼 河南睢州人。康熙三十三年三甲四十一名進士。任山東蒙陰知縣，遷禮部主事，官至郎中。

劉珙徵 江西清江縣人。康熙三十三年三甲四十二名進士。三十八年任江蘇豐縣知縣，四十六年改湖北建始知縣，官至郎中。

趙瑞晋 字康侯。山東齊河縣人。康熙三十三年三甲四十三名進士。任廣西羅城知縣。行取進京，卒於途。

謝肇昌 山西長治縣人。康熙三十三年三甲四十四名進士。三十七年任四川宜賓知縣。

滿保 字鳬山，號九如。滿洲正黃旗，覺羅氏。康熙十二年（1673）生。康熙三十三年三甲四十五名進士。選庶吉士，授檢討。纍遷國子監祭酒，康熙四十八年授內閣學士，五十年調福建巡撫，五十四年十一月任閩浙總督。六十年加兵部尚書銜。雍正三年（1725）九月初六日卒。年五十三。著有《檢心堂集》。

黃觀光 福建晉江縣人。康熙三十三年三甲四十六名進士。

郭嶵之 山西介休縣人。康熙三十三年三甲四十七名進士。任浙江富陽知縣，三十九年改安徽太平知縣。

劉廷瑛 字定岩。直隸永年縣人。康熙三十三年三甲四十八名進士。三十四年任江西安福知縣，三十九年改江西廬陵知縣。

方文瑞 字河書，號體庵。湖北江夏縣人。康熙二十六年舉人，三十三年三甲四十九名進士。四十一年任河南考城知縣，行取工部屯田司主事，官至禮科掌印給事中。母喪歸卒。

徐鳳池 字梧岡。浙江秀水縣人。康熙三十三年三甲五十名進士。任廣西雒容知縣，改永淳知縣，升戶部主事，遷刑部郎中，四十八年考選浙江道御史。落職歸。

蘇滋忭 浙江餘姚縣人。康熙

三十三年三甲五十一名進士。任四川丹稜知縣。

五哥（一作五格）字參五，號瑞庵。滿洲鑲黃旗。康熙三十三年三甲五十二名進士。選庶吉士。

蔡日光福建平和縣人。康熙三十三年三甲五十三名進士。三十九年任四川綦江知縣。

李雍河南唐縣人。康熙三十三年三甲五十四名進士。

蘇琪字蒼玉。直隸交河縣人。康熙三十三年三甲五十五名進士。三十九年任安徽休寧知縣，丁憂歸。四十二年補寧國知縣，升吏部主事，考工司郎中，官至貴州思南知府。卒於任。

海寶字天植。滿洲鑲白旗人。康熙三十三年三甲五十六名進士。選庶吉士，授檢討。三十八年任陝西鄉試副考官，五十二年提督雲南學院，五十六年充河南鄉試主考官。

嚴德泳字蒼任，號汲亭。浙江烏程縣人。康熙三十三年三甲五十七名進士。四十六年任福建邵武知縣，五十三年改福安知縣。

黃彥標字樹之，號朴亭。福建惠安縣人。康熙三十三年三甲五十八名進士。善畫山水。

楊琛（《湖北通志》中稱復姓胡，《進士題名碑》錄中無）字搢讓。湖北孝感縣人。康熙二十三年舉人，三十三年三甲五十九名進士。

曹世璞河南唐縣人。康熙三十三年三甲六十名進士。四十二年任湖北黃梅知縣。

高天挺字木天。直隸昌黎縣人。康熙三十三年三甲六十一名進士。三十九年任安徽臨淮知縣，丁憂服闋，四十九年改四川隆昌知縣。年六十五卒於任。

陳守創字業侯，號木齋。江西高安縣人。康熙五年（1666）生。康熙三十三年三甲六十二名進士。選庶吉士，三十六年任直隸高陽知縣，在任十三年，改大興知縣，丁憂補江蘇常熟知縣，行取倉監督，遷工科給事中，六十一年授順天府尹，雍正元年改倉場侍郎，仍兼順天府尹，四年革職。後又起，乾隆元年復授順天府尹，五年遷左副都御史。六年七月休致。乾隆十二年（1747）卒。年八十二。

劉儼字慎庵。山東安丘縣人。康熙三十三年三甲六十三名進士（年已五十餘）。三十九年任直隸贊皇知縣，擢工部主事，五十年充福建鄉試副考官。因失察受賄革職。

楊希魯江西清江縣人。康熙三十三年三甲六十四名進士。四十九年署直隸景州知州，官至郎中。

袁良山東禹城縣人。康熙二十九年舉人，三十三年三甲六十五名進士。三十九年任廣東長寧知縣，調河南襄城知縣，四十二年改山西襄垣、垣曲知縣。

李文高廣東東莞縣人。康熙三十三年三甲六十六名進士。

田慕芳貴州新貴人。康熙二

十七年舉人，三十三年三甲六十七名進士。任知縣。

張有光 字善充，號雙洲。四川南充縣人。康熙三十三年三甲六十八名進士。任直隸任縣知縣，丁憂。四十七年補江西新建知縣，纍遷吏部郎中。以母老乞終養歸。年七十三卒。

張瓚 字霍南、禹服。山西襄陵縣人。康熙三十三年三甲六十九名進士。授內閣中書，改禮部祠祭司主事，四十四年充廣西鄉試副考官。

管灝 字若梁。雲南新興州人。康熙三十三年三甲七十名進士。選庶吉士，授檢討。四十二年充會試同考官，官至吏科給事中。歸。

黃輿 字孔驥。福建侯官縣人。康熙三十三年三甲七十一名進士。任山西長武知縣。

祝文彬 字仍野，號忞庵。江西德興縣人。康熙三十三年三甲七十二名進士。任陝西中部知縣，署鄜州知州、宜君知縣，以拙摧科去。後從軍西征凱旋，應補選，謝歸。著有《易經纂要》等。

李長祚 字夫僕。江西南豐縣人。康熙三十三年三甲七十三名進士。三十九年任湖南衡山知縣，四十三年改浦知縣。有政績。告歸卒於途。

吳嶽 字元五。湖北江夏縣人。康熙十六年舉人，三十三年三甲七十四名進士。

毛殿颺 字石亭。廣東博羅縣人。康熙三十三年三甲七十五名進士。四十年任福建詔安知縣，四十四年調臺灣諸羅、嘉義知縣。以勞卒於任。

牟恒 字聖基。山東棲霞縣人。康熙三十三年三甲七十六名進士。任內閣中書，遷戶部郎中改禮部郎中，官至廣西道監察御史。致仕歸。課子侄。雍正四年（1726）卒，年六十九。

趙守易 直隸完縣人。康熙三十三年二甲七十七名進士。任禮部主事，三十九年改奉天蓋平知縣。

趙爾孫 字子予，號耳仙。直隸鹽山縣人。康熙三十三年三甲七十八名進士。選庶吉士，授檢討。著有《石琴館文稿》

黃利通 字曉夫。湖北黃梅縣人。康熙二十年舉人，三十三年三甲七十九名進士。四十年授廣西賀縣知縣，擢吏部主事，丁憂服闋，補工部主事。逾年告歸。著有《石亭集》《懷亭集》。

吳甫生 字宣臣，號敬亭。湖北興國州人。康熙十一年湖北鄉試解元，三十三年三甲八十名進士。選庶吉士，三十八年改廣東道御史，四十一年任陝西鄉試副考官。

父吳景祉，順治十二年進士。

譚尚箴 字克非、丹麓。湖南衡山縣人。康熙三十三年三甲八十一名進士。三十九年任直隸雞澤知縣，內擢吏部文選司主事，升員外郎，四十四年充浙江鄉試副考官，官至吏部郎中。

吳時謙 字益臣。山西沁州直隸州人。保和殿大學士吳碘子。康熙三十三年三甲八十二名進士。父喪淡於仕進，未謁選，未仕。

張盤基 山東武定州人。康熙三十三年三甲八十三名進士。四十二年任福建閩縣知縣。

李燕俊 直隸易州人。康熙三十三年三甲八十四名進士。四十年任四川萬縣知縣。有政績。

唐之材 字盛周。山東高唐州人。康熙三十三年三甲八十五名進士。未仕。侍養父二十餘年不離左右。

張琮 字伯玉。山東巨野縣人。康熙三十三年三甲八十六名進士。四十年任廣東電白知縣，五十三年改江蘇吳江知縣。

劉士驤 河南汝陽縣人。康熙三十三年三甲八十七名進士。

李先立 字卓庵，號筆峰。四川遵義人，原籍四川江津。康熙三十三年三甲八十八名進士。任直隸新安知縣，調署曲陽縣，行取吏部文選司主事。假歸。卒年六十二。著有《北山詩文集》等。

高其倬 字章之，號芙沼、鐘筠。漢軍鑲黃旗人。康熙十五年（1676）九月初九日生。康熙三十三年三甲八十九名進士。選庶吉士，授檢討。遷中允、侍講、侍讀學士，五十六年授內閣學士，五十九年調廣西巡撫，六十一年遷雲貴總督。雍正三年加太子少傅改閩浙總督，五年調福建總督，七年加太子太保，八年調兩江總督，九年封三等男。九月署雲廣總督，十一年仍回兩江總督，九月以總督銜任江蘇巡撫。乾隆元年署湖北巡撫改湖南巡撫，三年（1738）遷工部尚書，七月改戶部尚書。十月以入京供職卒於江蘇寶應舟次，年六十三。謚"文良"。著有《奏疏》及《味和堂詩集》。

朱軾 字若瞻，號可亭。江西高安縣人。康熙四年（1665）八月十一日生。康熙三十三年三甲九十名進士。選庶吉士，歷任湖北潛江縣知縣、刑部主事、郎中、光祿寺少卿。康熙五十四年四月授奉天府尹改通政使，五十六年調浙江巡撫，五十九年十一月遷都察院左都御史。雍正元年加太子太保，三年九月授文華殿大學士。乾隆元年（1736）充《世宗實錄》總裁，九月十八日卒。享年七十二。贈太傅。入祀賢良祠。謚"文端"。著有《易春秋詳解》《禮記纂言》《周禮注解》《易禮節略》《訂正大戴記》《呂氏四禮翼》《溫公家範》《顏氏家訓注》《歷代名臣名儒循吏傳》《廣惠編》《史傳三編》《周易傳義》《朱文端公集》等。

酈祖仁 浙江諸暨縣人。康熙三十三年三甲九十一名進士。任湖北應山知縣。

楊名遠 字修實。河南洛陽縣人。康熙三十三年三甲九十二名進士。四十年任四川長壽知縣。乞歸。

隋銓 字子衡。山東壽光縣

人。康熙三十三年三甲九十三名進士。隱居不仕，以齊家訓俗爲務。

屈穎藻 字龍章。陝西蒲城縣人。康熙三十三年三甲九十四名進士。任主事，四十年改四川蒼溪知縣，兼攝梓潼知縣。

于振宗 山東章丘縣人。康熙三十三年九十五名進士。四十一年任直隷正定知縣，改獲鹿知縣，升户部清吏司主事。

袁有龍 字笥峰。江西永寧縣人。康熙三十三年三甲九十六名進士。三十九年任山東諸城知縣，行取吏部主事。卒於官。

劉凌雲 雲南安寧州人。康熙三十三年三甲九十七名進士。康熙四十一年任直隷平山知縣。

江潢 山西潞城縣人。康熙三十三年三甲九十八名進士。

胡俊 字升士。直隷雞澤縣人。康熙三十三年三甲九十九名進士。四十年任湖北崇陽知縣，署蒲圻、潛江知縣，多惠政。改工部主事。

吳玥 漢軍鑲紅旗人。康熙三十三年三甲一百名進士。任河南湯陰知縣，四十年改江蘇長洲知縣，四十四年十月升雲南騰越知州。

雒倫 字彝庵。河南武陟縣人。康熙三十三年三甲一百零一名進士。四十年任山西繁峙知縣。與大吏不合辭歸。

米調元 字和梅，號白峰。湖北崇陽縣人。康熙二十六年舉人，三十三年三甲一百零二名進士。四十年任浙江分水知縣，擢禮部精繕司主事。丁憂服闋卒。

鄒世任 字太冲，號宗山。湖南鄮縣人。康熙三十三年三甲一百零三名進士。授甘肅正寧知縣，遷吏部文選司員外郎，升稽勛司郎中。雍正二年乞歸，尋卒，年七十一。著有《貽嶽堂集》。

趙起蛟 廣東南海縣人。康熙三十三年三甲一百零四名進士。

高崧 字南毓。浙江臨安縣人。康熙三十三年三甲一百零五名進士。四十年任山東沾化知縣，丁母憂。四十四年補河南通許知縣，署尉氏、大康知縣，丁父憂。補四川灌縣知縣，行取禮部主事。

王家驌 浙江錢塘縣人。康熙三十三年三甲一百零六名進士。四十年任直隷阜城知縣。以虧空免職。

法海 字淵若，號陶庵、悔翁。滿洲鑲黃旗，佟佳氏。康熙十年（1671）生。康熙三十三年三甲一百零七名進士。選庶吉士，授檢討。擢翰林院侍讀學士，康熙五十五年授廣東巡撫，五十七年革。雍正元年差江南學政，二年改浙江巡撫，三年召京八月署兵部尚書，十二月改左都御史，四年二月復改兵部尚書。五年因"居心奸險，罪惡顯然"八月革。後任副都統銜協理咸安宮事務。乾隆二年（1737）五月卒。享年六十七。著有《悔翁集》。

賈之屛 河南商丘縣人。康熙三十三年三甲一百零八名進士。四十年任廣東遂溪知縣，改江蘇江浦知縣。

徐振　直隸長垣縣人。康熙三十三年三甲一百零九名進士。四十三年任湖南新田知縣。

李廷璧　字完趙。河南永城縣人。康熙三十三年三甲一百十名進士。四十一年任浙江黃岩知縣，四十二年兼署仙居知縣。

李訓　順天固安縣人。康熙二十八年以舉人任順天府國安教諭。三十三年三甲一百十一名進士。

王耿言　字純如。河南項城縣人。康熙三十三年三甲一百十二名進士。未任卒。

陳荀會　字星占。山東樂安縣人。康熙三十三年三甲一百十三名進士。因雙親已垂暮，不思遠離，絕意仕進，終養於家。著有《石琴秋風》

何通　湖北黃安縣人。康熙二十三年舉人，三十三年三甲一百十四名進士。任知縣。

任謙　直隸故城縣人。康熙三十三年三甲一百十五名進士。四十年任福建閩縣知縣。

段丕承　河南裕州人。康熙三十三年三甲一百十六名進士。任浙江鄞縣知縣。

陳珣　號特庵。貴州施秉縣人。康熙三十三年三甲一百十七名進士。四十年任山東冠縣知縣，改廣西雒容、天河知縣。遷禮部主事，五十二年升御史，官至太常寺少卿、大理寺少卿。著有《百尺樓家稿》。

高斗光　字麗天，號根心。浙江長興縣人。康熙三十三年三甲一百十八名進士。四十年選陝西鳳縣知縣，解組歸。

戴大集　福建長泰縣人。康熙三十三年三甲一百十九名進士。未任卒。

楊萬春　字松年。山東淄川縣人。康熙三十三年三甲一百二十名進士。四十年任河南舞陽知縣，遷吏部驗封司主事，擢郎中，五十四年充會試同考官，六十一年督河南提學道。

劉五孚　山西吉州人。康熙三十三年三甲一百二十一名進士。

郭沆　河南鄖城縣人。康熙三十三年三甲一百二十二名進士。四十一年任四川西充知縣。

殷元福　字夢五，號永城。河南新鄉縣人。康熙三十三年三甲一百二十三名進士。選庶吉士，改山東聊城知縣，補江蘇武進知縣，五十一年署江蘇金匱知縣，調廣西柳城知縣。告歸後晚年主講杭州敷文書院。人稱書院為"小白鹿洞"。精研《周易》。年六十四卒。著有《寓理集》《候鳴集》《知非草》《讀易草》等。

金肇楨　字觀濤。浙江嘉興縣人。康熙三十三年一百二十四名進士。任陝西華亭知縣，改直隸真定知縣。

易乘　江西廣昌縣人。康熙三十三年三甲一百二十五名進士。任浙江新昌知縣。

康熙三十六年（1697）丁丑科

第一甲三名

李 蟠 字根大，號仙李。江蘇徐州人。康熙三十六年一甲第一名狀元。授修撰。三十八年充順天鄉試主考官，因舞弊被御史鹿佑所劾，遣戍關外。著有《偶然集》。

張虞惇（本姓嚴）字寶成，號思庵。江蘇華亭縣人。順治七年（1650）五月初二日生。康熙三十六年一甲第二名榜眼。授編修。三十八年因科場事降，閒居數年。康熙帝南巡迎駕，起用補國子監監承，轉大理寺副，升鴻臚寺少卿、通政使司參議、太僕寺少卿，五十二年（1713）充湖北鄉試正考官，試畢卒於武昌行館，年六十四。著有《讀書質疑》《嚴太僕集》。

姜宸英 字西溟，號湛園。浙江慈溪縣人。明崇禎元年（1628）生。自幼讀書刻苦，青年時他就以古文詞聞名江東，康熙初已和朱彝尊、嚴繩孫齊名，合稱"江南三布衣"。他多次參加鄉試但一直未中舉，後又受明珠、翁叔元等人意旨，以各種藉口不予錄取。康熙三十五年明珠、翁叔元失勢纔中舉。康熙三十六年一甲第三名探花（時年七十）。授編修。三十八年順天鄉試任副考官，因主考官李蟠被劾，姜宸英連坐入獄。事未白，十二月憂憤卒於獄中。年七十二。曾以布衣參與修《明史》。爲清書法家，名列何焯後，著有《湛園札記》《葦間集》《姜先生全集》等。

第二甲四十名

汪士鋐 字文升，號退谷、秋泉。江蘇吳縣人。順治十五年（1658）生。康熙三十六年會元，二甲第一名進士。授編修。官至左中允。雍正元年（1723）卒。年六十六。工詩、古文，尤善書法，行楷秀逸，獨步一時。著有《全秦藝文志》《三秦紀聞》《玉堂掌故》《瘞鶴銘考》《華嶽志》《元和郡縣志補闕》《近光集》《四六金桴》《賦體麗則》《秋泉居士集》等。

兄汪份，康熙四十二年進士。

徐樹本 字道積，號忍庵。江蘇昆山縣人。文華殿大學士徐元文子。康熙三十六年二甲第二名進士。選庶吉士，授編修。充《一統志》纂修官，遷刑部郎中，五十年考選湖廣道御史。乞歸養母，讀書著述。

父徐元文，順治十六年狀元，文華殿大學士。

車鼎晉 字麗上，號平嶽。湖南邵陽縣人。康熙三十六年二甲第三名進士。選庶吉士，授編修。時揚州開書局，選詞臣參與校輯《全唐詩》。四十一年充廣西鄉試主考官，五十三年督福建學政，五十七年革職，卒年六十六。著有《四書辨體》《審音考屏》《天竹山房詩集》及雜著諸書。

父車萬玉，康熙三年進士。

朱良佐 浙江錢塘縣人。康熙三十六年二甲第四名進士。五十一年任直隸南宮知縣。

陳裒 字玉文。江蘇吳江人。康熙三十六年二甲第五名進士。四十年任浙江桐廬知縣。在任六年政聲遠聞，丁外艱歸。年五十卒。

莊清度 字信安、省堂。江蘇武進縣人。康熙三十六年二甲第六名進士。四十八年授江西奉新知縣，康五十四年任湖南鳳凰廳通判，調山西朔州知州，擢禮部郎中，雍正元年充湖南鄉試正考官。年七十謝歸。

朱宸 字勷儒、界陶。江蘇寶應縣人。康熙三十六年二甲第七名進士。四十年授浙江諸暨知縣，在任四年，興水利遭劾罷歸，乾隆八年改安徽懷寧知縣，卒於家。著有《匏葉山慶詩稿》。

陳壯履 字禮叔，號幼安、潛安。山西澤州直隸州人。康熙三十六年二甲第八名進士。選庶吉士，授編修。官至侍讀學士。著有《潛齋詩集》。

龔汝寬 浙江會稽縣人。康熙三十六年二甲第九名進士。任貴州餘慶知縣。

李發枝 字鹿友、培園。浙江山陰縣人。康熙三十六年二甲第十名進士。四十一年任江蘇上海知縣，遷直隸深州知州，左遷浙江臨海教諭。謝病歸。年八十卒。

王誥 字楚士。江蘇江都縣人。康熙三十六年二甲十一名進士。選庶吉士，授編修。四十八年充會試同考官，官至司經局洗馬，五十一年督四川學政。

桑格 滿洲鑲黃旗人。康熙三十六年二甲十二名進士。選庶吉士，授編修。

李繼修 河南柘城縣人。康熙三十六年二甲十三名進士。任河南陳留縣教諭。

王嗣衍 字芷園。貴州修文縣人。康熙三十六年二甲十四名進士。任陝西白河知縣，行取吏部考工司主事，升驗封司員外郎、稽勛司郎中，五十三年外任直隸廣平知府，調江蘇常州知府。丁憂歸。年七十二卒於家。

程本節（一作程作棟）安徽合肥縣人。康熙三十六年二甲十五名進士。四十年任河南虞城知縣，官至禮部郎中。

徐　容　浙江海鹽縣人。康熙三十六年二甲十六名進士。四十一年任山西趙城知縣，四十六年升陝西邠州直隸州知州，官至陝西西安知府。五十七卒。

李鳳翥　字雲麓、紫庭，號荷山、雲湖。江西建昌縣人。康熙三十六年二甲十七名進士。選庶吉士，授編修。四十二年充會試同考官，遷侍講，洗馬，五十一年督順天學政，遷鴻臚寺卿。雍正元年擢內閣學士，充浙江鄉試主考官，二年升工部右侍郎。三年降調，雍正四年以通政右參議督浙江學政改安徽學政，乾隆元年以鴻臚寺少卿充浙江鄉試主考官，升國子監祭酒，乾隆四年復任內閣學士。七年致仕。

何斌臨　廣東番禺縣人。康熙三十六年二甲十八名進士。四十五年任安徽休寧知縣。

周　彝　字策銘，號寒溪。江蘇婁縣人。康熙三十六年二甲十九名進士。選庶吉士，授編修。五十二年任雲南鄉試主考官。著有《華鄂堂集》。

田雲翼　字健翎。山東定陶縣人。康熙三十六年二甲二十名進士。

任湖南華容知縣，四十四年調麻城知縣，補廣東普寧知縣，改河南鄢陵知縣。

陳至言　字山堂，號青崖。浙江蕭山縣人。康熙三十六年二甲二十一名進士。選庶吉士，授編修。四十二、四十五年兩任會試同考官，四十八年督河南學政。著有《苑青集》。

喬雲名　字紀黃、純黃。山西猗氏縣人。康熙三十六年二甲二十二名進士。四十二年任四川太平知縣，纍遷戶部郎中，五十二年充江南鄉試副考官，升戶科給事中，雍正元年任奉天府丞兼學政。

父喬士容，康熙六年進士。

沈曾純　字天維。江蘇吳縣人。康熙三十六年二甲二十三名進士。四十年任浙江義烏知縣，四十六年調湖南永興知縣，四十八年改湖南沅陵知縣。

王一導　字子引、愚庵。湖北武昌縣人。康熙二十九年舉人，三十六年二甲二十四名進士。四十年任福建德化知縣，丁憂歸服闋，補山西屯留知縣，擢吏部主事，遷郎中，雍正二年充浙江鄉試副考官，四年官至浙江寧紹台道。

余正健　字乾行，號惕齋。福建古田縣人。康熙三十五年福建鄉試解元，三十六年二甲二十五名進士。選庶吉士，授編修。四十七年充河南鄉試副考官，遷中允、侍讀學士，五十三年督江南學政，五十五年詔順天府尹，十月遷左副都御史。五十六年解職。以祭酒銜在修書處行走，後奉命督學雲南，疾作歸。卒於山東臨清。

徐 發（復姓陳）字袞侯。江蘇長洲縣人。康熙三十六年二甲二十六名進士。四十年任廣西容縣知縣，四十二年署北流知縣。

段 曦 字晴川、羅青。雲南安寧州人。康熙三十六年二甲二十七名進士。四十一年任廣東靈山知縣，遷吏部主事、員外郎，四十七年充陝西鄉試副考官，升郎中，四十八年考選福建道御史，雍正四年充河南鄉試主考官。致仕歸。著有《浴日樓詩集。》

弟段昕，康熙三十九年進士。

查 賚 滿洲鑲藍旗（一作鑲黃旗）人。康熙三十六年二甲二十八名進士。選庶吉士，授編修。

趙申季 字行瞻，號蔚什。江蘇武進縣人。康熙三十六年二甲二十九名進士。授廣西遷江知縣，以才學被薦為編修。四十五年督山東學政。以勞疾卒於任。

為戶部尚書趙申喬弟。

翁大中 字林一、靜庵。江蘇常熟縣人。康熙三十六年二甲三十名進士。四十一年授福建上杭知縣。多善政。卒於任。

父翁長庸，順治四年進士。

朱 謨 字宏臣。福建閩縣人。康熙三十六年二甲三十一名進士。四十二年任山東德平知縣，擢禮部精繕司主事，官至刑部郎中。以病歸。

何 芬 字蘭室。湖北鍾祥縣人。康熙十七年舉人，三十六年二甲三十二名進士。四十一年任直隸西寧知縣。著有《五遠堂集》《讀詩易》行世。

宋聚業 字嘉升，號南園。江蘇吳縣人。康熙三十六年二甲三十三名進士。官至吏部郎中。被劾罷官。著有《南園詩稿》。

徐 旭 字公升。江西高安縣人。康熙三十六年二甲三十四名進士。任貴州鎮遠知縣，遷吏部主事。

許 琳 字一公。山西曲沃縣人。康熙二十年山西鄉試解元，三十六年二甲三十五名進士。選庶吉士，任江蘇豐縣知縣。以親老告歸。

單疇書 字惟訪，號礦峰。山東高密縣人。康熙三十六年二甲三十六名進士。任江蘇靖江、陝西延川、江蘇贛榆知縣。以知縣行取御史，擢甘肅寧夏道、洮岷道，進鴻臚寺少卿，雍正三年授太僕寺卿改大理寺卿。五年遷刑部右侍郎，六年改戶部右侍郎。七年（1729）卒。有書法作品傳世。

趙宸黼 字紫台，號敬齋。雲南河陽縣人。康熙三十六年二甲三十七名進士。選庶吉士，卒。

父趙士麟，康熙三年進士，江蘇巡撫。

鄭 駟 字漢崔。江蘇長洲縣人。康熙三十六年二甲三十八名進士。

彭兆逵　字人淑，號陟瞻。江西寧都人。康熙三十六年二甲三十九名進士。四十二年任山西太平知縣，丁外艱。補雲南富民知縣。以病卒於任。

陳冕　字宜韋、首人。江西鄱陽縣人。康熙三十六年二甲四十名進士。四十年任山東館陶知縣，在任四載。以母老乞歸。

第三甲一百零七名

朱啓昆　字我裕，號敬齋。湖北漢陽縣人。康熙二十年舉人，三十六年三甲第一名進士。選庶吉士，授編修。四十四年任雲南鄉試主考官。官至翰林院侍讀學士。

吳宗豐　（原名宗懋）字尹垣、揆俞。湖北漢陽縣人。康熙十六年舉人，三十六年三甲第二名進士。選庶吉士，歸班候選知縣，四十三年任山西大同知縣，升知州。罣吏議未任歸。卒年八十二。

父吳正治，順治六年進士，武英殿大學士。

易永元　湖北應城縣人。康熙二十六年舉人，三十六年三甲第三名進士。四十一年任福建長泰知縣，四十三年改安溪知縣。以母憂去。

鄒圖雲　字偉南、挹青，號挽波。江西南城縣人。康熙三十六年三甲第四名進士。任四川大竹縣知縣，在任八年，遷禮部主事，五十四年考選河南道御史，轉掌山東道御史，六十年二月與陶彝等十三御史合疏陳請建儲，被遣往西邊軍前効力贖罪。卒於塞外。

康五瑞　字毓宣，號芬洲。江西安福縣人。康熙三十六年三甲第五名進士。四十二年任安徽南陵知縣，行取吏部主事，遷工科給事中，官至侍讀學士。

張元臣　字志伊、懋齋，號豆村。貴州銅仁縣人。康熙三十六年三甲第六名進士。選庶吉士，授檢討。四十五年充會試同考官，官至左諭德，五十年督江南學政。丁憂歸。未幾卒。著有《豆村詩鈔》。

左有言　字次立。江西鄱陽縣人。康熙三十六年三甲第七名進士。四十一年任河南汲縣知縣。記名擢用，以疾卒。

蕭名俊　順天大興縣人。康熙三十六年三甲第八名進士。四十一年任安徽蒙城知縣。

查克建　字民用、求雯。浙江錢塘縣人。康熙三十六年三甲第九名進士。四十一年任直隸束鹿知縣，擢戶部主事，遷陝西鳳翔知府。未任卒。

吳文炎　字麟章，號勤庵。順天大興縣人。康熙三十六年三甲第十名進士。選庶吉士，授檢討。四十二年改福建福安知縣，四十七年改湖北監利知縣，升刑部郎中，五十四年任會試同考官，官至雲南開化府知府。年六十四卒於任。著有《經學辯疑》《勤庵就正錄》。

阿爾賽　字弼臣，號雲谷、雲容。滿洲鑲藍旗人。康熙三十六年三甲十一名進士。選庶吉士，授檢討。四十一年任浙江鄉試副考官，升侍讀學士，六十年督福建學政，雍正六年遷光祿寺卿。雍正七年病休。

王世興　江蘇句容縣人。康熙三十六年三甲第十二名進士。四十三年任河南鞏縣知縣。

屠程珠　浙江烏程縣人。康熙三十六年三甲十三名進士。任知縣。

孔尚先　字念庵。山東寧海州人。康熙三十六年三甲十四名進士。選庶吉士，授檢討。四十四年任廣西鄉試主考官，五十一年提督山西學院。以親老致仕。

周祚顯　字有聲，號星岩。山東鰲山衛人。康熙三十六年三甲十五名進士。四十一年任廣西富川知縣，改天河知縣，擢戶部主事，遷刑部郎中，五十二年授陝西道御史，調福建興泉道。致仕歸。著有《奏疏》《清遺堂稿》。

張庚曜　順天大興縣人。康熙三十六年三甲十六名進士。四十年任廣西岑溪知縣。

李　林　字韶石。廣東翁源縣人。康熙三十六年三甲十七名進士。選庶吉士，授檢討。四十五年充丙戌科會試同考官。

劉　堂　字衢義。江西彭澤縣人。康熙三十六年三甲十八名進士。四十一年任四川鹽亭知縣，丁憂。補河南汝陽知縣，五十三年改河南

南召知縣，行取吏部主事，纍遷給事中。兼理錢局。曾往西塞軍中三年，歸卒。年八十四。

孫　振　江蘇武進縣人。康熙三十六年三甲十九名進士。四十一年任福建浦城知縣。

謝　儼　雲南河陽縣人。康熙三十六年三甲二十名進士。任浙江仁和知縣。

甄　昭　字子布。山西平定州人。康熙三十六年三甲二十一名進士。選庶吉士，改江西玉山縣知縣。遽卒於任。

杜　李　字仲白、希古。山西武鄉縣人。康熙三十六年三甲二十二名進士。任廣西遷江知縣，擢中書舍人，轉吏部考工司員外郎，五十四年充會試同考官，遷吏部稽勳司郎中。以疾歸。卒年七十四。

李廷勳　字冕臣。江西弋陽縣人。康熙三十六年三甲二十三名進士。

張王典　字堯若。浙江嘉善縣人。康熙三十六年三甲二十四名進士。授山西平順知縣，改潞城知縣，升吏部主事，擢吏科給事中。卒於任。

王　檉　字文重、震來。貴州黃平州人。康熙三十六年三甲二十五名進士。任江蘇嘉定知縣，四十七年改江西上高知縣、雲南南寧知縣。歸後主講會城貴山書院。著有《四書管見》《敖署新編》《蒲水居詩賦稿》。

孫王楚士,乾隆七年進士。

萬爲恪 字敬如。湖北黃岡縣人。康熙二十九年舉人,三十六年三甲二十六名進士。四十一年任浙江遂安知縣。

曹家甲 字爲質,號安峰。江西新建縣人。康熙三十六年三甲二十七名進士。四十一年任福建龍溪知縣。以不能事上官罷職。潛心經史,足迹半天下名勝。著有《地理原本》。卒年七十九。

王嶼孫 江西安福縣人。康熙三十六年三甲二十八名進士。

張仕渾 字近愚。湖北蘄州人。康熙二十三年舉人,三十六年三甲二十九名進士。初授保定知縣,改甘肅清水知縣,兼攝秦安知縣。

周景峸 字魯祈。江蘇吳江縣人。康熙三十六年三甲三十名進士。

何貴蕃 (《進士題名碑》作何桂蕃)字松友。順天文安縣人。康熙三十六年三甲三十一名進士。未仕卒。

馬龍騋 湖北公安縣人。康熙二十九年舉人,三十六年三甲三十二名進士。任知縣。

蔡珽 字若璞,號玉躬、禹功、無功。漢軍正白旗。爲雲貴總督蔡毓榮之子。康熙三十六年三甲三十三名進士。選庶吉士,授檢討。纍遷少詹事,康熙六十一年授翰林院掌院學士調四川巡撫,雍正二年因叱辱謾罵重慶知府蔣興仁至其憤激自盡,蔡珽以其病故題報;且蔡與川陝總督年羹堯不和,革職擬斬。三年正月進京覲見雍正帝,陳年羹堯貪暴罪,獲免,并特授左都御史兼正白旗漢軍都統,七月改兵部尚書署直隸總督,九月改吏部尚書,四年七月復任兵部尚書。十月因署直督時庇護下屬,奪官降奉天府尹,五年因任四川巡撫時曾有受賄等,罪應斬立決改斬監候,高宗繼位赦免。乾隆八年(1743)卒。著有《守素堂集》。

裘君弼 字宸臣。江西新建縣人。康熙三十六年三甲三十四名進士。四十一年任安徽建德知縣,以卓異擢刑科給事中。

孫裘曰修,乾隆四年進士。

李恭 字我謙。陝西宜川縣人。康熙三十六年三甲三十五名進士。四十一年(1702)任浙江景寧知縣。僅一月卒。

馮千英 字序皇。浙江海鹽縣人。康熙三十六年三甲三十六名進士。任廣西荔浦知縣,丁憂。五十一年補河南太康知縣。卒於任。

李周望 字渭湄,號南屏。山西蔚州人。康熙六年(1667)生。三十六年三甲三十七名進士。選庶吉士,授檢討。五十一年充會試同考官,升侍講,五十三年督湖廣學政,遷國子監祭酒。康熙五十八年授詹事,五十九年充江西鄉試正考官,遷內閣學士,六十一年十二月授戶部侍郎,雍正三年二月擢禮部尚書。六年丁憂。雍正八年(1730)

六月卒。年六十四。與謝履中同著
《國學禮樂乘》。

父李旭生，康熙二十一年進士，
吏部侍郎；弟李暄亨，康熙三十三
年進士。

田光復 字幼乾。山西高平縣
人。康熙三十六年三甲三十八名進
士（時年五十）。四十一年任山東鄒
縣知縣，四十六年丁母憂。五十一
年服闋補四川蒲江知縣。以疾卒於
任。

陳堯仁 浙江仁和縣人。康熙
三十六年三甲三十九名進士。四十
三年任福建順昌知縣。

劉岱年 湖北大冶縣人。康熙
二十六年舉人，三十六年三甲四十
名進士。任順天良鄉知縣。

陸　韜 字弢銳。湖北江夏縣
人。康熙十六年舉人，三十六年三
甲四十一名進士。四十二年任安徽
鳳陽知縣。

周國覜 字我嘉。湖北江夏縣
人。康熙二十三年舉人，三十六年
三甲四十二名進士。任山西岳陽知
縣，四十二年任山西安澤知縣。

常　格（又名常哥）滿洲正白
旗人。康熙三十六年三甲四十三名
進士。選庶吉士，授檢討。

梁學源 字克祖，號壺洲。廣
東清遠縣人。康熙三十六年三甲四
十四名進士。任江西安福知縣，改
署安徽太和知縣。謝病歸。主講粵
秀書院。

陳文燦 字含輝。湖北公安縣

人。康熙二十六年舉人，三十六年
三甲四十五名進士。四十一年任河
南西華知縣。年七十卒。

馬象觀 字顯若。河南杞縣人。
康熙三十六年三甲四十六名進士。
任江西廣豐知縣，四十七年升山西
渾源知州。以憂歸。

潘明祚 字超庵。山東齊河縣
人。康熙三十五年舉人，三十六年
三甲四十七名進士。四十一年任廣
西藤縣知縣。在藤五年卒於任。

陳一蜚 廣東新會縣人。康熙
三十六年三甲四十八名進士。

劉雲漢 廣東順德縣人。康熙
三十六年三甲四十九名進士。

劉時通 江西贛縣人。康熙三
十六年三甲五十名進士。任甘肅合
水知縣。

陳又良 字北學。河南安陽縣
人。康熙三十六年三甲五十一名進
士。四十二年授江蘇婁縣知縣。在
任八載，坐漕務解職。年七十六卒。

張允浣 山西翼城縣人。康熙
三十六年三甲五十二名進士。任直
隸故城知縣。

安于仁 直隸祁州人。康熙三
十六年三甲五十三名進士。四十二
年任山西壺關知縣。

鐵範金 字儀齋，號式之。奉
天承德縣人。康熙三十六年三甲五
十四名進士。選庶吉士，授檢討。

郭于蕃 字蕙庵、偉仲。四川
富順縣人。康熙二十六年舉人，三
十六年三甲五十五名進士。選庶吉

士，歸班候選知縣，四十三年任廣東饒平知縣。因事罷職。著有《敦厚堂詩集》。

李而侗 直隸束鹿縣人。康熙三十六年三甲五十六名進士。四十二年任河南鄢陵知縣。

李 栻 陝西富平縣人。康熙三十六年三甲五十七名進士。四十二年任直隸故城知縣，四十六年改福建永定知縣。

胡舜裔 河南虞城縣人。康熙三十六年三甲五十八名進士。四十二年任浙江西安知縣。

李牲麟 字丹書，號畏齋，晚號怡山老人。山東武定州人。康熙三十六年三甲五十九名進士。選庶吉士。以足疾請假不歸。回鄉後開設義塾，廣儲書籍，收輯前人文獻，增補志乘。卒年七十七。

李紹周 字次公，號韶石。河南濟源縣人。康熙三十六年三甲六十名進士。選庶吉士，授檢討。四十五年考選山東道御史。

薛祖順 江蘇武進縣人。康熙三十六年三甲六十一名進士。四十四年任直隸徐水知縣（原稱安肅），改雲南嵋峨知縣，官至廣東道御史。

劉三異 陝西鳳翔縣人。康熙三十六年三甲六十二名進士。四十二年任山東郯城知縣，行取吏部主事，官至員外郎。

任爾瓊 字報以。四川南充縣人。康熙三十六年三甲六十三名進士。任山東茌平知縣。

胡 銓 字鑒亭。江西新城縣人。康熙三十六年三甲六十四名進士。任河南范縣知縣。卒於任。

喬於溱 字聖瑞。山西猗氏縣人。康熙三十六年三甲六十五名進士。四十三年任江西萬年知縣。在任五年卒於官。

楊瑛森 陝西三原縣人。康熙三十六年三甲六十六名進士。四十三年任山西河曲知縣，雍正十二年調湖北竹溪知縣，官至郎中。

孫 躍 直隸豐潤縣人。康熙三十六年三甲六十七名進士。任江西安仁知縣，官至郎中。

姚 瓏 河南孟縣人。康熙三十六年三甲六十八名進士。任貴州貴築知縣。

曹 鼐 直隸保定左衛人。康熙三十六年三甲六十九名進士。任工部主事，四十八年考選山西道御史。

高尚瑛 漢軍正白旗。康熙三十六年三甲七十名進士。四十一年任江西崇義知縣，四十八年改湖南桃源知縣。

謝士峰 （本姓錢）廣東饒平縣人。康熙三十六年三甲七十一名進士。任安徽來安知縣。

阿進泰 字雲谷。滿洲鑲黃旗人。康熙三十六年三甲七十二名進士。選庶吉士，授檢討。

福 敏 （一作傅敏）字龍翰，號湘鄰。滿洲鑲白旗，富察氏。康熙十二年（1673）生。康熙三十六年三甲七十三名進士。選庶吉士，歸班知縣，任侍讀，康熙六十一年授內閣學士，雍正三年遷吏部侍郎，四年授左都御史改吏部尚書。六年革職。八年協理兵部侍郎兼戶部侍郎，九年復任左都御史，十年協理大學士事，十一年署刑部尚書，十三年任左都御史兼翰林院掌院學士，乾隆三年正月授武英殿大學士。四年加太保，十年十二月解任晉太傅。乾隆二十一年（1756）十月卒。享年八十四。入祀賢良祠，諡"文端"。乾隆六十年二月追贈太師。

薛 堪 山東濱州人。康熙三十六年三甲七十四名進士。四十三年任河南新鄉知縣。

董 哲 直隸棗強縣人。康熙三十六年三甲七十五名進士。官至吏部文選司郎中。

汪培祖 湖北漢川縣人。康熙二十九年舉人，三十六年三甲七十六名進士。四十二年任福建南靖知縣，四十七年改漳浦知縣。

李紹芳 陝西涇陽縣人。康熙三十六年三甲七十七名進士。

趙 佟 直隸滑縣人。康熙三十六年三甲七十八名進士。四十三年任浙江諸暨知縣。

蘇 銘 山東定陶縣人。康熙三十六年三甲七十九名進士。

魏重輪 字叔照。直隸高陽縣人。康熙三十六年三甲八十名進士。三十六年任河南淅川知縣，五十年改山西應州知州。

尹 烈 字允揚。直隸南皮縣人。康熙三十六年三甲八十一名進士。四十三年任河南輝縣知縣，告歸不出。

王 焯 山西臨晉縣人。康熙三十六年三甲八十二名進士。任江西湖口知縣。卒於任。

樂玉聲 字振三。河南滋州人。康熙三十六年三甲八十三名進士。任廣東瓊山知縣。著有《退閑堂稿》。

王如岳 河南洛陽縣人。康熙三十六年三甲八十四名進士。四十三年任福建龍岩知縣。

施雲翔 字介臣，號漢冀。奉天鐵嶺縣人。康熙三十六年三甲八十五名進士。初任江西德興知縣，纍遷戶部郎中，五十一年考選貴州道御史，以老乞休。

張起鶴 河南洛陽縣人。康熙三十六年三甲八十六名進士。任直隸廣平知縣。

薛善士 河南陽武縣人。康熙三十六年三甲八十七名進士。任內閣中書。因母老乞終養歸。

張省括 字叔張，號南梁。陝西合陽縣人、康熙三十六年三甲八十八名進士。

張懋德 直隸易州人。康熙三十六年三甲八十九名進士。任江蘇長洲知縣。

宗孔範 直隸保安州人。康熙三十六年三甲九十名進士。任甘肅漳縣知縣。

宗孔授 直隸保安州人。康熙

三十六年三甲九十一名進士。任浙江平陽縣知縣。

成文運 字在翁，號白鄰。四川忠州人。康熙三十六年三甲九十二名進士。四十三年任安徽當塗知縣，遷户部江西司主事、浙江司員外郎、兵部武庫司郎中，五十一年考選山東道御史，掌京畿道御史，升太僕寺少卿，官至大理寺少卿。著有《白鄰堂文集》《史鑒》等。

李　㷒 字履素，號紫嵐。河南武安縣人。康熙三十六年三甲九十三名進士。未仕而卒。著有《竹間嘯詩集》。

趙昌祚 江蘇句容縣人。康熙三十六年三甲九十四名進士。四十三年任湖北蒲圻知縣。

李國鳳 字兆五。四川忠州人。康熙三十六年三甲九十五名進士。

趙　暄 字寅賓。山東昌樂縣人。康熙三十六年三甲九十六名進士。四十三年任直隸井陘知縣，行取吏部稽勳司主事。

歐陽齊 字紉亭、東一。江西廬陵縣人。康熙三十六年三甲九十七名進士。選庶吉士，歸班候選知縣。乞假歸。遂不復仕。

李性悌 陝西三原縣人。康熙三十六年三甲九十八名進士。

張樹侯 字次公。山西芮城縣

人。康熙三十六年三甲九十九名進士。四十四年任四川江津知縣。在任七年告歸，清風兩袖。

韓法祖 直隸博野縣人。康熙三十六年三甲一百名進士。任陝西沔縣知縣。

支　邑 字叔鼎。江西進賢縣人。康熙三十六年三甲一百零一名進士。觀政三月而歸，閉門讀書，後選廣東恩平知縣。以疾卒於京。

李方熙 字五福。直隸長垣縣人。康熙三十六年三甲一百零二名進士。

吳　迪 直隸井陘縣人。康熙三十六年三甲一百零三名進士。未仕，教授生徒。

張鼎梅 陝西涇陽縣人。康熙三十六年三甲一百零四名進士。康熙四十四年任直隸東明知縣。四十六年被參去。

段　舒 河南太康縣人。康熙三十六年三甲一百零五名進士。四十四年任安徽潛山知縣。

衛伯龍 陝西韓城縣人。康熙三十六年三甲一百零六名進士。任知縣。

馬　斑 山西安邑縣人。康熙三十六年三甲一百零七名進士。任中書舍人。

康熙三十九年（1700）庚辰科

第一甲三名

汪　繹　字玉輪，號東山。江蘇常熟縣人。康熙十年（1671）生。康熙三十九年一甲第一名狀元。授修撰。充《朱子全書》纂修官，四十二年任會試同考官，乞假送親歸。特命家居會俸。四十四年奉命與汪士鋐同赴揚州校《全唐詩》。康熙四十五年（1706）五月十二日卒，年三十六。著有《秋影樓集》。

季　愈　字退如，號秋圃。江蘇寶應縣人。康熙三十九年一甲第二名榜眼。授編修。四十二年、四十五年兩任會試同考官，官至詹事府庶子。四十八年督廣東學政卒於途。

王　露　字戒三，號天坡。河南柘城縣人。康熙三十九年會元，一甲第三名探花。授編修。四十二年任會試同考官。

第二甲六十名

張成遇　字德士，號阿一。廣東番禺縣人。康熙三十九年二甲第一名進士。選庶吉士。未幾以疾歸。

徐昂發　（榜名管昂發，復姓）字大臨，號畏壘。江蘇長洲縣人。康熙三十九年二甲第二名進士。選庶吉士，授編修。五十三年充福建鄉試副考官，五十九年督江西學政，因故遣戍新疆，卒。著有《畏壘山人詩集》《畏壘筆記》。

嚴宗溥　字如園，號志周。福建閩縣人。康熙三十九年二甲第三名進士。選庶吉士，授編修。四十四年充山西鄉試主考官，被劾歸。以疾卒。

楊守知　（1669—1730）字次也，號致軒，一號晚研。浙江海寧縣人。康熙三十九年二甲第四名進士。五十年纍遷甘肅平涼知府，雍正元年署河南河道，降中河通判。工詩，與歸安沈樹本、平湖陸奎勛、嘉善柯煜并稱“浙西四才子”。著有《政軒集》。

董　麒　字觀三。江蘇長洲縣人。康熙三十九年二甲第五名進士。

選庶吉士。

張翃　江蘇華亭縣人。康熙三十九年二甲第六名進士。任內閣中書。

許穀　字貽孫。江蘇常熟縣人。康熙三十九年二甲第七名進士。選庶吉士，歸班候選知縣，四十三年授山西垣曲知縣，歷河津、萬全、繹州知縣。丁憂歸。

王守烈　江蘇常熟縣人。康熙三十九年二甲第八名進士。四十九年官至江西贛州知府。

王孫謀　陝西戶縣人。康熙三十九年二甲第九名進士。任貴州印江知縣，四十三年改四川彭水知縣，四十五年丁憂歸。後遷主事。

高輿　字巽亭、谷蘭。浙江錢塘縣人。禮部侍郎（未任）高士奇子。康熙三十九年二甲第十名進士。選庶吉士，授編修。卒於任。著有《谷蘭齋集》。

李楷　（本姓沈，又名沈李楷）字元禮，號範亭。浙江桐鄉縣人。康熙三十九年二甲十一名進士。選庶吉士，任四川廣元知縣，行取主事，擢郎中，官至江西饒州府知府。

王開泰　字乾來，號岱峰、魯岑。湖北江夏縣人。康熙三十八年舉人，三十九年二甲十二名進士。選庶吉士，歸班候選知縣，四十四年任廣東博羅知縣，丁憂服闋，五十五年署浙江慶元知縣。僅八月以疾卒。

查嗣瑮　字德尹，號查浦。浙江海寧縣人。順治九年（1652）二月十九日生。康熙三十九年二甲十三名進士。選庶吉士，授編修。遷侍講，五十三年督直隸學政。後以弟查嗣庭文字獄罪，雍正五年入獄謫遣陝西，十一年（1733）卒於戍所。年八十二。著有《查浦詩鈔》《查浦輯聞》《南北史識小錄》《音韻通考》《燕京雜詩》等。

兄查慎行，康熙四十二年進士。

辜文麟　廣東海陽縣人。康熙三十九年二甲十四名進士。四十四年任福建安溪知縣。卒於任。

楊尤奇　字如西，號薪庵。山西沁州直隸州人。康熙三十九年二甲十五名進士。選庶吉士，授編修。四十八年任會試同考官。卒年三十九。

史普　號紅泉。江蘇溧陽縣人。康熙三十九年二甲十六名進士。任直隸靜海知縣。以病歸。

為康熙六年進士史鶴齡次子。

顧楷仁　字晉裴。江蘇長洲縣人。康熙三十九年二甲十七名進士。任行人司行人，四十三年考選廣東道御史。父母喪。服闋，終生不出。年七十一卒。

河南巡撫顧汧子。

汪升英　字汝循。安徽休寧縣人。康熙三十九年二甲十八名進士。纍遷至刑部郎中，五十二年考選廣西道御史，五十五年官至貴州糧道。

父汪晉徵，戶部侍郎，康熙十

八年進士。

林紹祖 字依德。福建漳浦縣人。康熙三十九年二甲十九名進士。四十四年任湖南醴陵知縣，四十九年改新寧知縣，擢吏部主事，升員外郎，擢御史。以憂歸。卒年八十四。

江爲龍 字我一，號硯崖。安徽桐城縣人。康熙三十九年二甲二十名進士。任內閣中書，四十三年改江西宜春知縣，署袁州府同知，以卓異升兵部武選司主事，調吏部文選司員外郎，官至工科掌印給事中。卒年七十二。著有《六經圖》。

蔡彬 字興端。浙江德清縣人。康熙二十年浙江鄉試解元，三十九年二甲二十一名進士。選庶吉士，歸班候選知縣，四十四年任福建羅源知縣，在任十年，官至吏部郎中。引疾歸。

嚴元幬 浙江歸安縣人。康熙三十九年二甲二十二名進士。四十三年任山西繁峙知縣。

勵廷儀 字令式，號南湖。直隸靜海縣人。康熙八年（1669）十二月生。刑部侍郎勵杜訥子。康熙三十九年二甲二十三名進士。選庶吉士，授編修。纍遷侍講學士，五十六年授內閣學士，六十一年兼翰林院掌院學士遷兵部侍郎，雍正元年授刑部尚書，五年五月充會試正考官，七月回任刑部尚書。七年加太子少傅。九年九月改吏部尚書，仍管刑部尚書。雍正十年（1732）

五月十五日卒。年六十四。謚"文恭"。

子勵宗萬，康熙六十年進士，刑部侍郎。

陳吳嶽 字大錫。浙江海寧縣人。康熙三十九年二甲二十四名進士。四十二年授湖北漢川知縣，在任七年，行取禮部主事。卒於任。

沈宣 陝西長安縣人。康熙三十九年二甲二十五名進士。任戶部主事。

齊溥 山西汾陽縣人。康熙三十九年二甲二十六名進士。四十四年任廣東新寧知縣。

林思睿 福建南安縣人。康熙三十九年二甲二十七名進士。任內閣中書。

周廷槐 福建武平縣人。康熙三十九年二甲二十八名進士。四十五年任直隸遷安知縣，官至吏部考工司郎中。

張德純 字能一，號松南。江蘇青甫縣人。康熙三十九年二甲二十九名進士。任浙江常山知縣，改青浦知縣。著有《孔門易緒》。

劉憬 字樸夫。山西鎮武衛人。康熙三十九年二甲三十名進士。任河南商城知縣，丁母憂。補陝西長武知縣。調醴泉縣未任卒。

梁堂廅 字喬南。陝西涇陽縣人。康熙三十九年二甲三十一名進士。選庶吉士，歸班候選知縣，康熙五十年任四川富順縣知縣。

李夢暘 字震爲，號和村。山

西大同縣人，原籍江蘇泰興。康熙三十九年二甲三十二名進士。選庶吉士，歸班候選知縣，四十四年任浙江嘉善知縣，四十五年署平湖知縣，六十年以禮部郎中任會試同考官，官至貴州鎮遠府知府。

祖父李宗孔，順治四年進士；父李錦，康熙十五年進士。

吳卜雄 字震一。浙江德清縣人。康熙三十九年二甲三十三名進士。四十八年以工部主事充會試同考官，五十一年以禮部郎中督河南提學道。

顧惟訥 （本姓施）江蘇婁縣人。康熙三十九年二甲三十四名進士。四十七年任浙江蘭溪知縣。因與郡首互揭訐，罷官。

金 樟 字匡秀。浙江桐鄉縣人。康熙三十九年二甲三十五名進士。授內閣中書，改補行人，升工部都水司主事。以親老乞歸，不復出。卒年六十四。家富藏書，有《文瑞樓書目》。著有《南廬詩文集》。

陳嘉猷 字訒叔。江蘇溧陽縣人。康熙三十九年二甲三十六名進士。四十五年任湖南寧鄉知縣，五十一年改湖南安化知縣，遷吏部員外郎，五十六年考選山西道御史。六十年三月與陶彝等十三御史合疏陳請建儲，均被康熙帝遣往西邊軍前効力贖罪。雍正四年釋還，以原職休致。

魏嘉謀 字於野。安徽繁昌縣人。康熙三十九年二甲三十七名進士。授中翰，侍父候銓，丁父憂。服闋卒。

康熙二十四年進士魏壽期之四子。

沈近思 字位山、闇齋，號俟軒。浙江錢塘縣人。康熙十年（1671）正月十四日生。康熙三十九年二甲三十八名進士。四十五年任河南臨潁知縣，遷廣西南寧同知，署臺灣知府，擢吏部郎中。雍正元年授太僕寺卿，二年遷吏部侍郎，五年正月授左都御史，仍兼吏部侍郎。十二月十三日（1728年1月）卒。年五十七。贈禮部尚書，太子少傅銜。諡"端恪"。著有《鳳興錄》《讀論語偶見錄》《天鑒堂文集》。

許迎年 字穀士、毅士。江蘇江都縣人。康熙三十九年二甲三十九名進士。任內閣中書。著有《槐墅詩鈔》。

叔父許承宣，康熙十五年進士。

姜朝勛 字廣成，號克庵。江蘇丹陽縣人。康熙三十九年二甲四十名進士。四十三年授陝西甘泉知縣。擢吏部文選司主事。五十九年充雲南鄉試副考官。著有《使滇漫草》。

胡承謀 字詒仲，號琴崖。安徽涇縣人。康熙三十九年二甲四十一名進士。四十四年任廣東陽江知縣，署高陽知縣，五十五年擢部主事，雍正二年六月外任福建福州知府，坐事免。乾隆元年復任浙江湖州知府。歸。

林　鑛　字學海。浙江慈溪縣人。康熙三十九年二甲四十二名進士。授陝西君宜知縣，丁內外艱。服闋補湖北棗陽知縣，五十六年調江蘇華亭知縣，卒於任。

費洪學　字巽來。江蘇吳江縣人。康熙三十九年二甲四十三名進士。授直隸博野知縣。任三載卒於任。

王廷珹　字俟賡。陝西華州人。康熙三十九年二甲四十四名進士。四十四年任安徽繁昌知縣。卒於任。

包　咸　字俟賡。江蘇吳江縣人。康熙三十九年二甲四十五名進士。四十三年任順天府房山知縣。四十六年引疾歸。

陶　彝　字敏齋。順天大興縣人。康熙三十九年二甲四十六名進士。四十一年任江陰知縣，擢戶部主事遷郎中，考選廣西道御史。五十三年任浙江巡鹽御史，六十年三月與任坪、鄒圖雲、陳嘉猷、王允晉、李允符、范長發、范允鏀、高玢、高怡、趙成穖、孫紹曾、邵璿等十三御史合疏建儲。均委署額外章京，遣往西邊軍前効力贖罪。雍正四年世宗以諸御史不諳國體，心本無他，詔釋還以原職休致。世稱"十三言官"。（鄒圖雲、李允符、趙成穖、邵璿四人皆死於塞外，而給事中劉堂，御史畢謙、吳鎬、程穭四人續以言事被謫同時釋還，仍為十三人。）

林　鏡　江蘇婁縣人。康熙三十九年二甲四十七名進士。四十四年任四川南部知縣。

魏必大　字揆萬，號儕鶴。江西廣昌縣人。康熙三十九年二甲四十八名進士。任浙江宣平知縣，攝遂昌縣。歸卒。年七十六。著有《四書講義》《尚書文稿》。

嚴開昶　字遠侯，號曉亭。江西分宜縣人。康熙三十九年二甲四十九名進士。任河南滎澤知縣，行取禮部主事，遷禮部郎中，五十四年考選江南道御史，母喪歸。補浙江道御史。

楊汝穀　字令貽，號石湖。安徽懷寧縣人。康熙四年（1665）生。康熙三十九年二甲五十名進士。任浙江浦江知縣，四十八年升禮部主客司主事、祠祭司員外郎、制儀司郎中。五十二年考選御史，升右通政使，雍正元年授通政使，遷左副都御史。二年改兵部侍郎，乾隆元年改戶部侍郎，十一月遷左都御史。三年六月休致。乾隆五年（1740）正月卒。年七十六。諡"勤恪"。著有《蔗亭初稿》十二卷。

子楊振翰，康熙五十七年進士。玄孫楊秉璋，咸豐六年進士。

史　泓　字紫壽。江蘇江都縣人。三十九年二甲五十一名進士。任浙江山陰知縣，升主事。未任卒。

江　芑　字豐貽。湖北漢陽縣人。康熙三十五年舉人，三十九年二甲五十二名進士。四十四年遷福建汀州府同知，遷刑部員外郎、郎中，五十八年考選湖廣道御史，鬃遷雲南糧儲道，雍正二年升雲南按察使，五年解職。乾隆元年任福建延建邵道。

文　岱　字震清（一作霞青）。滿洲鑲白旗人。康熙三十九年二甲五十三名進士。選庶吉士，授編修。四十四年督貴州學政，官至少詹事。

章應璧　浙江會稽縣人。康熙三十九年二甲五十四名進士。任知縣。

武承謨　字邵孟。山西盂縣人。康熙三十九年二甲五十五名進士。四十六年授江西大庾知縣，丁憂。補江蘇新安知縣、無錫知縣，雍正元年任江蘇金匱知縣，不足三月以勞疾卒。

陳沂震　字起雷，號狷亭。江蘇吳江縣人。康熙三十九年二甲五十六名進士。任浙江永嘉知縣，四十三年改四川慶符知縣，官至禮科給事中，五十五年督山東學政。著有《征塵》《敝帚》二集。

趙善昌　陝西蒲城縣人。康熙三十九年二甲五十七名進士。任浙江永嘉知縣，五十四年署浙江海寧知縣，五十六年以蕭山知縣署海鹽知縣。

李　楳　字文衆。山東德州人。康熙三十九年二甲五十八名進士。選庶吉士，歸班候選知縣，後官內閣中書，四十七年任貴州鄉試副考官。卒於途。

沈家鶚　字翰逸。浙江桐鄉縣人。康熙三十九年二甲五十九名進士。四十九年任湖北雲夢知縣。以疾告歸。

周士璵　湖北沔陽州人。康熙三十五年舉人，三十九年二甲六十名進士。四十五年任順天府東安知縣。

第三甲二百四十二名

史貽直　字儆弦，號鐵崖。江蘇溧陽縣人。康熙二十一年（1682）正月二十日生。康熙三十九年三甲第一名進士。選庶吉士，授翰林院檢討。康熙五十一年督廣東學政，遷侍讀學士，雍正元年三月授內閣學士，遷吏部侍郎改工部、戶部、復改吏部侍郎，七年四月署福建總督。八年三月署兩江總督，六月遷都察院左都御史，九年改兵部尚書署陝西巡撫。十一年改戶部尚書，十三年署湖廣總督，乾隆二年復任戶部尚書，歷工部、刑部、兵部、吏部尚書。八年協辦大學士事，九年正月授文淵閣大學士。十年三月加太子太保。二十年五月以"胡中藻"文字獄案令休致。二十二年仍授文淵閣大學士，十二月加太子太傅。乾隆二十八年（1763）五月十三日卒，享年八十二。贈太保，入祀賢良祠。諡"文清"。

父史夔，康熙二十一年進士。

錢兆沆　字蓼溰。浙江長興縣人。康熙三十九年三甲第二名進士。

任雲南騰越州知州，纍遷禮部郎中，雍正二年考選湖廣道御史，掌京畿道御史，升刑科給事中、禮科掌印給事中，外任湖北下荊南道。

林應春 字特叔。福建福清縣人。康熙三十九年三甲第三名進士。四十五年任安徽定遠知縣。

方 辰 字拱樞、純叔，號共極。順天大興縣（一作江蘇武進）人。康熙三十九年三甲第四名進士。選庶吉士，授檢討。不數年卒。

沈慶曾 字振始，號怡庭。浙江歸安縣人。康熙三十九年三甲第五名進士。四十四年任山東商河知縣，五十六年署四川新津知縣，官至四川會理州知州。乞終養歸。

介孝瑸 字荊韜，號荊韞。山西解州人。康熙三十八年山西鄉試解元，三十九年三甲第六名進士。選庶吉士，授檢討。五十年任福建鄉試主考官。因失察鄉試舞弊，罷官回籍。

徐永宣 字學人、辛齋，號茶坪。江蘇武進縣人。康熙三十九年三甲第七名進士。授户部主事。淡於仕進，家居數十年。肆力於詩古文辭，其詩聞於世，收入《江左十五子詩選》《毗陵六家詩鈔》，與尚書王士禛、檢討朱彝尊不相上下。大學士熊賜履以其詩進呈，召京供職未赴卒。另有《雲溪草堂詩鈔》。

薛士仁 江蘇武進縣人。康熙三十九年三甲第八名進士。四十四年任山東齊河知縣。

張振嗣 順天大興縣人。康熙三十九年三甲第九名進士。康熙四十三年任安徽巢縣知縣。

趙友虁 字爾諧。江蘇常熟縣人。康熙三十九年三甲第十名進士。四十四年任山西陽曲知縣，五十二年遷山西太原知府，官至甘肅鞏昌知府。

金之存 浙江錢塘縣人。康熙三十九年三甲十一名進士。任四川閬中知縣。

秦國龍 字臥子，號氷谷。山東日照縣人。康熙三十九年三甲十二名進士。四十四年任湖北鄖西知縣，擢户部主事，五十七年考選雲南道御史，掌陝西、山東、山西、浙江道御史，雍正元年授福建按察使，二年遷布政使。四年罷。

邵旦平 浙江仁和縣人。康熙三十九年三甲十三名進士。

張開第 直隸山海衛人。康熙三十九年三甲十四名進士。四十六年任廣東曲江知縣。

陳作霖 （本姓蕭）字雨若，號莪劬。湖北京山縣人。康熙三十五年舉人，三十九年三甲十五名進士。未仕。

范基祚 湖北黃岡縣人。康熙三十五年舉人，三十九年三甲十六名進士。任吏部主事，四十四年改河南洧川知縣。

顧三典 字有常。江蘇長洲縣人。康熙三十九年三甲十七名進士。未仕而卒。

夏　燦　浙江桐鄉縣人。康熙三十九年三甲十八名進士。四十四年任山東招遠知縣。

劉基長　陝西蒲城縣人。康熙三十九年三甲十九名進士。四十四年任順天文安知縣。

李　珍　山東複州衛人，原籍江蘇甘泉縣。康熙三十九年三甲二十名進士。任工部主事，四十二年充會試同考官。

陳聶恒　（榜名聶恒，復姓）字秋田。江蘇婁縣人。康熙三十九年三甲二十一名進士。任四川珙縣知縣，五十三年任四川長寧知縣，雍正元年升刑部主事，特授編修。

吳　荃　字蓀右，號江蘺。江蘇丹陽縣人。康熙三十九年三甲二十二名進士。授江西新建知縣，在任三年多德政。四十七年分校閱卷，過勞成疾卒。著有《四書講義》《詩經書經正解》。

籃啓延　字益元，號延陵。山東即墨縣人。康熙三十九年三甲二十三名進士。四十五年任廣東乳源知縣，五十四年改甘肅西和知縣。隴西用兵調督軍餉，以勞卒於官。

吳元詒　字莘才。江蘇華亭縣人。康熙三十九年三甲二十四名進士。

范　景　字聲佩。浙江秀水縣人。康熙三十九年三甲二十五名進士。四十五年任河南輝縣知縣，遷安徽廬州府通判，四十九年官至廬州府同知。

齊士琬　陝西洋縣人。康熙三十九年三甲二十六名進士。四十五年任山西繁峙知縣。在任十年歸。

王延祺　山東諸城縣人。康熙三十九年三甲二十七名進士。四十五年任浙江仙居知縣，升禮部主事，官至禮部儀制司郎中。

祖父王斗樞，順治六年進士；弟王延禮，康熙四十二年進士。

韓遇春　字曦仙。陝西清水縣人。康熙三十九年三甲二十八名進士。選庶吉士，授檢討。四十五年改山東淄川知縣。請告歸。

李繼泌　直隸祁州人。康熙三十九年三甲二十九名進士。任浙江縉雲知縣。以勞瘁卒於任。

褚　緒　字紹休。山西曲沃縣人。康熙三十九年三甲三十名進士。母疾侍左右，後病未幾卒。

王允猷　字大升，號濟夫。漢軍正紅旗人。康熙三十九年三甲三十一名進士。選庶吉士，任直隸清苑縣知縣，四十三年改完縣知縣。

許　湄　字臨洲。浙江嘉善縣人。康熙三十九年三甲三十二名進士。四十五年任湖南石門知縣。居官十五年，保奏内召赴京卒於途。

張　謙　字子吉，號西山。湖北武昌縣人。康熙三十年舉人，三十九年三甲三十三名進士。四十五年任四川珙縣知縣，擢刑部主事，升郎中，五十六年充貴州鄉試主考官，五十九年督雲南學政，雍正元年授雲南按察使，遷大理寺少卿，雍正三年（1726）赴貴州任巡撫。十一月卒於途。

董新策　字嘉三、雪畊，號樗齋。四川合江縣人。康熙三十九年三甲三十四名進士。選庶吉士，母病請終養歸。二十年後世宗召見（雍正二年）特授甘肅寧夏道，後調甘肅平慶道。丁憂歸閉戶不出，主綿州書院，卒年七十九。工詩文，著有《容子山人稿》《樗齋詩文集》。

巫楨孫　字皇士，號寧庵。安徽廣德直隸州人。康熙三十九年三甲三十五名進士。四十六年任湖南桃源知縣，以墨誤雍正元年降順天通州州判。乞休歸。卒於家。

董玘　字玉崖，號文山。雲南通海縣人，原籍安徽定遠。康熙十一年（1672）生。康熙三十九年三甲三十六名進士。選庶吉士，授檢討。四十四年任福建鄉試主考官，雍正間舉孝廉方正，不赴。乞養歸回鄉種田。曾纂修《三朝國史》諸書。雍正七年（1729）二月初四日卒。年五十八。著有《詩古文集》。

孫董健，乾隆六十年進士。

周光斗　字在霄。浙江海鹽縣人。康熙三十九年三甲三十七名進士。四十七年任江西豐城知縣。

凌紹焻　浙江錢塘縣人。康熙三十九年三甲三十八名進士。

李灼　字賁然。順天文安人。康熙三十九年三甲三十九名進士。雍正二年任浙江定海知縣，十三年改浙江石門知縣。

王昌言　字皋俞。浙江分水縣人。康熙三十九年三甲四十名進士。任山西長子知縣。以疾歸，杜門課子。

汪養純　字謹齋。順天宛平縣人。康熙三十九年三甲四十一名進士。任山西太谷知縣，四十五年改河南陽武知縣，以卓異五十年遷江陰海防同知。乞休歸。

沈曾懋　字子勉。浙江海鹽縣人。康熙三十九年三甲四十二名進士。五十年任直隸南皮知縣，升禮部主事，遷吏部員外郎。致仕歸，閉戶著書，著有《性理鈔》。

金元寬　順天大興縣人，原籍江蘇武進。康熙三十九年三甲四十三名進士。任內閣中書。

雷先春　字奎門。陝西富平縣人。康熙三十九年三甲四十四名進士。四十五年任河南西華知縣。

謝天植　字亦潛。浙江永嘉縣人。康熙三十九年三甲四十五名進士。四十五名任河南杞縣知縣。丁憂歸卒。

祖父謝包京，順治十二年進士。

閻愉　字敬生，號錄園。山東昌樂縣人。康熙三十五年山東鄉試解元，三十九年三甲四十六名進士。選庶吉士，四十八年任浙江長興知縣，五十四年行取主事。二年後以疾歸。以著書終老。著有《制義雜著》。

父閻世繩，康熙十五年進士；子閻廷佶，雍正二年進士；孫閻循琦，工部尚書，乾隆七年進士。

高元吉 四川梁山縣人。康熙三十九年三甲四十七名進士。

王竚 直隸易州人。康熙三十九年三甲四十八名進士。

王士儀 字子常，號來庵。貴州銅仁縣人。康熙三十九年三甲四十九名進士。選庶吉士，歸班候選知縣，授山西永濟知縣，改永和知縣。著有《半園集》十六卷、《拂塵園集》五卷。

晁子管 字匡洲。江西臨川縣人。康熙三十九年三甲五十名進士。選庶吉士，歸班候選知縣。

朱周士 （復姓周）字元友。江蘇昆山縣人。康熙三十九年三甲五十一名進士。四十五年授河南胙城知縣，署陽武、汲縣知縣，丁憂服闋，五十九年補湖廣宜章知縣。以罣誤歸。後以教授生徒自給。

施霖 字能繼，號澍岩。福建閩縣人。康熙三十九年三甲五十二名進士。四十七年任山東平原知縣，五十三年改直隸西寧縣，丁憂。擢工部主事。以疾告歸。

許其誼 字子正。陝西咸陽縣人。康熙三十九年三甲五十三名進士。四十七年任福建永春知州。

魏錫祚 字子晉、長麓。山東萊蕪縣人。康熙三十九年三甲五十四名進士。四十八年任河南林縣知縣，五十三年升江蘇泰州知州，在任十三年，雍正五年遷江西建昌知府，官至江西鹽法道。以疾告歸。

卒於途。著有《樹德堂稿》。

王培宗 字德厚、春霖。山東諸城縣人。康熙三十九年三甲五十五名進士。四十六年任直隸南樂知縣，擢禮部主客司主事，遷山東道御史，歷掌山西、陝西、江南、浙江、河南、京畿諸道御史。雍正二年告歸。卒年八十三。

欽士佃 （一作周士佃，復姓）字文思，號筠庵。湖北江夏縣人。康熙三十二年湖廣鄉試解元，三十九年三甲五十六名進士。選庶吉士。散館歸班候選知縣。著有《瀛洲集》。

李延塏 奉天府（一作漢軍鑲藍旗）人。康熙三十九年三甲五十七名進士。五十五年任江西大庾知縣。

洪世翰 浙江鄞縣人。康熙三十九年三甲五十八名進士。

沈從隆 字蒼程。江蘇長洲縣人。康熙三十九年三甲五十九名進士。任山東鄒平知縣。

孫志仁 福建連江縣人。康熙三十九年三甲六十名進士。四十六年十二月任山東夏津知縣。

胡紹安 字國期。浙江平湖縣人。康熙三十九年三甲六十一名進士。四十六年任順天武清知縣。卒於任。

曹三德 浙江海鹽縣人。康熙三十九年三甲六十二名進士。任內閣中書。

喬于瀛 字子登。山西猗氏縣人。康熙三十九年三甲六十三名進士。四十八年授直隸遷安知縣，擢禮部主事，升考工司員外郎、驗封司郎中，官至廣西右江兵備道。以觸瘴致疾卒於任。

杜光先　字岸修，號海樹。江蘇泰州人。康熙三十九年三甲六十四名進士。授浙江湯溪知縣。在任三年告歸。後研究朱程之學。

葉道復　字見初，號陟岑。湖北武昌縣人。康熙二十九年舉人，三十九年三甲六十五名進士。任福建福安知縣。

蔡維城　江蘇青浦縣人。康熙三十九年三甲六十六名進士。任江西武寧知縣。

宮建章　安徽懷遠縣人。康熙三十九年三甲六十七名進士。四十八年任河南虞城知縣，官至吏部郎中。

魏方泰　字日乾，號魯峰。江西廣昌縣人。順治十四年（1657）生。康熙二十三年江西解元，三十九年三甲六十八名進士。選庶吉士，授檢討。四十四年充山東鄉試主考官，纍遷侍講，四十七年督雲南學政，五十三年以通政使參議充福建鄉試主考官。後任左僉都御史，六十一年授太常寺卿，雍正元年改詹事，三年遷禮部右侍郎。四年病休。六年（1728）四月卒。年七十二。著有《行年錄》。

張燧　字星陳。浙江山陰縣人。康熙三十九年三甲六十九名進士。四十三年任直隸欒城知縣，升

吏部主事。卒於家。

周懋勳　字錫弓。福建連江縣人。康熙三十九年三甲七十名進士。四十七年任直隸廣宗知縣，擢吏部主事。未行卒。

范允鎬　字用賓。浙江錢塘縣人。康熙三十九年三甲七十一名進士。任直隸安平縣知縣，行取工部主事（一作刑部），考選山東道御史。六十年三月與陶彝等十三御史合疏陳請建儲。康熙帝責之，均被遣往西邊軍前効力贖罪。雍正四年被釋還，以原職休致。

謝舉安　字又石。安徽無爲州人。康熙三十九年三甲七十二名進士。任湖南長沙知縣。到任僅三月以疾卒。

張登傑　順天大興縣人。康熙三十九年三甲七十三名進士。四十六年任湖北石首知縣，纍遷禮部郎中，雍正二年考選湖廣道御史。

馬國屏　江西安福縣人。康熙三十九年三甲七十四名進士。任吏部主事，四十六年改河南商城知縣。

李性　山東萊陽縣人。康熙三十九年三甲七十五名進士。四十八年任江西新建縣知縣。

劉侃　字存庵、晉陶。山東沂水縣人。康熙三十九年三甲七十六名進士。任內閣中書、刑部江西司主事，四十四年充山西鄉試副考官，四十五年遷禮部主客司郎中，外任福建泉州知府，五十五年官至福建鹽運使。

汪輿恒　字久也。直隸盧龍縣人。康熙二十三年舉人，三十九年三甲七十七名進士。四十八年任福建長泰知縣，擢禮部主事，遷吏部文選司郎中，左遷行人司副，旋擢鴻臚寺卿。雍正二年卒於任。

陸張烈　（榜名張烈，本姓陸）字昂千。浙江海鹽縣人。康熙三十九年三甲七十八名進士。五十二年任山西浮山知縣，行取吏部主事，三遷至郎中，官至廣東鹽運使。雍正四年赴京便道歸。以疾卒於家。著有《道德經注》《檢身積德歸民需知》。

王涵　字方海。順天文安縣人。康熙三十九年三甲七十九名進士。四十三年任四川奉節知縣。

王珀　字雨堅。江西安福縣人。康熙三十九年三甲八十名進士。四十九年任河南孟縣知縣，擢兵部主事。

于元吉　字文長。山東汶上縣人。康熙三十九年三甲八十一名進士。四十六年任山西長治知縣，五十四年調安徽靈璧知縣。

余尚鈺　字天質。湖北江夏縣人。康熙二十三年舉人，三十九年三甲八十二名進士。任直隸柏鄉知縣，四十六年改河南桐柏知縣，五十三年任河南濟源知縣。以老休致。

郭晉熙　河南新鄉縣人。康熙三十九三甲八十三名進士。四十五年任廣東恩平知縣，五十三年官至安徽徽州知府。

陳廷綸　字孚遠。廣西平樂縣人。康熙三十九年三甲八十四名進士。四十六年授廣東仁化知縣，署清遠、香山知縣，擢吏部文選司主事，升郎中，五十五年外任甘肅鞏昌知府。丁憂服除，五十九年補安徽廬州知府。著有《慎餘堂集》。

于之輔　四川營山縣人。康熙三十九年三甲八十五名進士。五十六年任湖南麻陽知縣，雍正三年任湖南常德府同知，官至湖南寶慶知府。

林元桂　字丹五。浙江永嘉縣人。康熙三十九年三甲八十六名進士。四十八年任順天府懷柔知縣。尋歸。寄情詩酒，游名山勝地。

瓦爾達　字中孚。滿洲鑲白旗人。康熙三十九年三甲八十七名進士。選庶吉士，歸班候選知縣，官至理事通判。

文明　滿洲正白旗人。康熙三十九年三甲八十八名進士。

韓孝基　字祖昭，號東籬。江蘇長洲縣人。康熙三年（1664）正月十九日生。康熙三十九年三甲八十九名進士。選庶吉士，授編修。父卒後居家奉母十餘年，雍正初召修《明史》，書成以疾歸，掌教"紫陽書院"。乾隆十六年帝南巡賜御書"家學耆儒"。十八年（1753）正月初八日卒，年九十。

父韓炎，康熙十二年狀元，禮部尚書。

潘應樞　字瞻辰。河南氾水縣

人。康熙三十九年三甲九十名進士。

李士瑜　順天永清縣人。康熙三十九年三甲九十一名進士。四十三年任四川東鄉知縣，五十五年官至廣東惠州知府。

朱世衍　浙江會稽縣人。康熙三十九年三甲九十二名進士。任知縣。

李　晶　河南沈丘人。康熙三十九年三甲九十三名進士。四十七年任福建政和知縣。

吳之錡　字孌公。浙江仁和縣人。康熙三十九年三甲九十四名進士。四十七年任山西壺關知縣，在任十年行取刑部山西司主事。丁憂歸。

張遇隆　字襄平，號西溪。安徽懷寧縣人。康熙三十九年三甲九十五名進士。任陝西臨潼知縣。有惠政。卒年六十七。

韓　蕃　字尉原。直隸武強縣人。康熙三十九年三甲九十六名進士。四十六年任江西貴溪知縣。在任八載。

譚再生　字元亮，號眉樵。山東淄川縣人。康熙三十九年三甲九十七名進士。四十六年授湖南溆浦知縣，五十六年調直隸隆平知縣。

秦學洙　（本姓劉）字遜五。江蘇長洲縣人。康熙三十九年三甲九十八名進士。任陝西城固知縣。謁選卒。

孫克明　字鑒涵。甘肅鎮蕃縣人。康熙三十九年三甲九十九名進士。四十六年任湖北通城知縣。卒於任。爲清朝河西甲第之首。

程繩武　字念孚。安徽太平縣人。康熙三十九年三甲一百名進士。四十七年任順天文安知縣，署保定知縣。以母老乞歸。

林可喬　（本姓楊）湖北蘄州人。康熙二十六年舉人，三十九年三甲一百零一名進士。四十七年任直隸鹽山知縣。

袁　芝　陝西盩厔縣人。康熙三十九年三甲一百零二名進士。任山東博興知縣。

吳　鎬　湖北漢陽縣人。康熙三十五年舉人，三十九年三甲一百零三名進士。四十七年任廣東徐聞知縣，遷刑部主事，升郎中，五十六年考選陝西道御史。後因言事被謫新疆。雍正四年釋回。

賴　輝　廣東三水縣人。康熙三十九年三甲一百零四名進士。任中書舍人。

梁國寶　福建南安縣人。康熙三十九年三甲一百零五名進士。四十九年任廣東鎮平知縣。以剛直忤當事歸。

梁通洛　字文濤。山西介休縣人。康熙三十九年三甲一百零六名進士。康熙四十六年任直隸濬縣知縣（濬縣雍正年間改隸河南）。

陳　還　漢軍正白旗人。康熙三十九年三甲一百零七名進士。四十七年任廣東開平知縣。

劉師恕　字艾堂，號秘書、補

堂。江蘇寶應縣人。康熙三十九年三甲一百零八名進士。選庶吉士，授檢討。纍遷國子監祭酒，雍正元年授貴州布政使，四年改通政使，遷左副都御史，改工部、禮部侍郎，十二月協辦直隸總督，五年十二月改吏部侍郎仍協辦直隸總督。雍正七年二月授內閣學士，解總督任，降調。充福建觀風整俗使，十一年以病告假。乾隆七年因不能約束族人，罷官。十六年乾隆帝南巡賞侍讀學士銜。乾隆二十一年（1756）卒。

父劉國黼，康熙二十一年進士，官鴻臚寺卿。

王溯維 字林熾、七峰。河南嵩縣人。康熙三十九年三甲一百零九名進士。初授山西潞城知縣，五十六年改江蘇福泉知縣，雍正元年改昆山知縣，二年調青浦知縣，秩滿遷主事，雍正元年改江蘇昆山知縣，四年升太倉州知州，六年擢浙江杭嘉湖道，九年官至寧紹台道。卒於任。

吳 堂 字屆室、介石。湖南華容縣人。康熙三十九年三甲一百十名進士。四十九年任山東淄川知縣，丁憂服闋，五十七年補福建光澤知縣，雍正三年遷直隸開州知州，曾署大名知府。每至有善政。告歸。卒年九十。

陸 師 字中吉、巢雲，號麟度。浙江歸安縣人。康熙六年（1667）生。康熙三十九年三甲一百十一名進士。四十六年授河南新安知縣，丁父憂服闋，五十六年補江蘇儀征知縣，後擢吏部驗封司主事，升員外郎，六十年考選廣西道監察御史，康熙六十一年（1722）授山東兗州沂曹道。未到任，三月十七日卒於京師。年五十六。著有《巢雲書屋》《采碧山堂》《玉屏山樵》諸書。

潘成雲 字仲謀，號松溪。浙江烏程縣人。康熙三十九年三甲一百十二名進士。任直隸臨城知縣。

王孫熊 雲南石屏州人。康熙三十九年三甲一百十三名進士。四十七年任廣東龍川知縣。

李 揄 字簡在。江西新城縣人。康熙三十九年三甲一百十四名進士。任南康府教授。

王文炳 湖北黃岡縣人。康熙三十八年舉人，三十九年三甲一百十五名進士。任陝西吳堡知縣。

姚 馥 字祇清。江蘇長洲縣人。康熙三十九年三甲一百十六名進士。四十六年任山西太谷知縣。

余 珖 字用角。湖北黃岡縣人。康熙三十八年舉人，三十九年三甲一百十七名進士。任廣東四會知縣。

劉慧奇 直隸雄縣人。康熙三十九年三甲一百十八名進士。

鄭景洛 直隸博野縣人。康熙三十九年三甲一百十九名進士。四十六年任山西石樓知縣，五十七年改山東嶧縣知縣。以病卒於任。

張鯉 浙江長興縣人。康熙三十九年三甲一百二十名進士。任廣東澄海知縣。

金璞 字太樸。直隸任丘縣人。康熙三十九年三甲一百二十一名進士。任中書舍人。著有《自省錄》。

馬楠 浙江上虞縣人。康熙三十九年三甲一百二十二名進士。四十七年任江西新城知縣，五十二年捐升主事，官至戶部郎中。

王絃 字經千，號雲溪。山東膠州人。康熙三十九年三甲一百二十三名進士。任安徽臨淮知縣，丁憂歸。雍正初年補順天宛平知縣，四年纍遷直隸清河道。雍正八年授江蘇按察使改安徽按察使，遷江西布政使，改浙江布政使，十一年十二月授安徽巡撫。十二年十月調刑部侍郎，改禮部、工部侍郎。乾隆四年正月休致。年七十五卒於家。著有《一畝園擬古》《葆忠堂文稿》等。

盛度 字惟貞，號一峰。江蘇靖江縣人。康熙三十九年三甲一百二十四名進士。選庶吉士。引疾歸。杜門講學以終。

王鹿瑞 直隸趙州人。康熙三十九年三甲一百二十五名進士。五十三年任江西新建知縣。

楊玠 字承玉，號繼齋。山東即墨縣人。康熙三十九年三甲一百二十六名進士。四十七年任江西贛縣知縣。著有《清溪集》《即墨考》。

朱潘 字東溪。江蘇江都縣人。康熙三十九年三甲一百二十七名進士。授陝西雒南知縣，調安塞，丁憂。五十九年補四川彭水知縣，遷刑部主事，升員外郎，雍正七年任山東督糧道，九年改湖北漢黃道。以老乞休。未幾卒。

陳鶚薦 字飛仲。廣東程鄉縣人。康熙三十二年廣東鄉試解元，三十九年三甲一百二十八名進士。選庶吉士，改主事。母老乞歸。三十年後母喪哀毀卒。年七十二。

呂曰正 山東威海衛人。康熙三十九年三甲一百二十九名進士。四十七年任江蘇溧陽知縣。四十九年被劾去。

來燕雯 字拂雲，號對山。浙江蕭山人。康熙三十九年三甲一百三十名進士。任知縣。康熙四十三年卒，年五十。

金瑛 字萬友。江西德化縣人。康熙三十九年三甲一百三十一名進士。任陝西山陽知縣，調白河知縣，署漢陰縣。行取刑部主事，出任福建同知。

劉芳遠 字赤若，號培先。江西崇仁縣人。康熙三十九年三甲一百三十二名進士。任廣西武宣知縣，四十七年改湖北羅田知縣，丁憂。補福建龍岩知縣，調崇安知縣。三年告歸。著有《詩古文集》。

秦君揚 湖北安陸縣人。康熙三十五年舉人，三十九年三甲一百三十三名進士。

　　田衷孚　字信侯。直隸肅寧縣人。康熙三十九年三甲一百三十四名進士。任陝西興平知縣。

　　李薛　字參梁、諧孟。河南夏邑縣人。康熙三十九年三甲一百三十五名進士。選庶吉士。母病歸。竟先母卒。

　　徐繼昌　字方文。江西金溪縣人。康熙三十九年三甲一百三十六名進士。四十七年任山東諸城知縣。在官七年，年未四十乞養歸。又二十年卒。

　　逄泰　字虞揚。滿洲正黃旗，覺羅氏。閩浙總督滿保兄。康熙三十九年三甲一百三十七名進士。選庶吉士，授檢討。纍遷至右通政副使，雍正十三年擢通政使。旋休。

　　弟滿保，康熙四十五年進士。

　　葉思華　字實齋。山西聞喜縣人。康熙三十九年三甲一百三十八名進士。四十七年任廣東高要知縣，五十四年調福建永定知縣，雍正三年改廣東高明知縣，雍正五年改石城知縣，升瓊州府同知，六年擢廣東高州知府，改雷州知府，內轉員外郎。辭歸。

　　王永祚　河南陽武縣人。康熙三十九年三甲一百三十九名進士。

　　陳濱　河南商丘縣人。康熙三十九年三甲一百四十名進士。

　　段昕　字玉川，號皆山。雲南安寧縣人。康熙三十九年三甲一百四十一名進士。四十七年任福建連城知縣，官至戶部湖廣司主事。致仕歸。著有《皆山堂詩集》《詩餘》《四六璁珩》《溫泉圖經》。

　　兄段曦，康熙三十六年進士。

　　馬焴　字秬齋。浙江烏程縣人。康熙三十九年三甲一百四十二名進士。任直隸任丘知縣。行取不赴。著有《古今文集》。

　　任五倫　字徽庵。直隸昌黎縣人。康熙三十九三甲一百四十三名進士。任湖北漢陽知縣。著有《徽五真稿》。

　　杜能忠　字獻彤，號坦齋。山東樂陵縣人。康熙三十九年三甲一百四十四名進士。四十七年任山西萬泉知縣。著有《芸馥山房稿》。

　　福壽　滿洲鑲黃旗人。康熙三十九年三甲一百四十五名進士。任滿洲席爾登佐領。

　　朱良　字玉齋。直隸無極縣人。康熙三十九年三甲一百四十六名進士。四十七年任安徽太平知縣。著有《玉齋文集稿》。

　　常住　滿洲鑲紅旗人。康熙三十九年三甲一百四十七名進士。任滿洲包衣胡沙那佐領。

　　高光宗　直隸元城縣人。康熙三十九年三甲一百四十八名進士。四十八年任浙江雲和知縣，官至吏部考工司郎中。

　　王俁　直隸蠡縣人。康熙三十九年三甲一百四十九名進士。

　　韓瑛　順天通州人。康熙三十九年三甲一百五十名進士。任貴州甕安知縣，四十七年改山西沁源知縣。

朱大成 河南陳留縣人。康熙三十九年三甲一百五十一名進士。五十一年任山西興縣知縣。

張廷玉 字衡臣，號硯齋。安徽桐城縣人。康熙十一年（1672）九月初九日生。康熙三十九年三甲一百五十二名進士。選庶吉士，授翰林院檢討。歷任洗馬、庶子、侍講學士。康熙五十五年十二月授内閣學士，五十九年遷刑部侍郎改吏部侍郎。六十一年十二月遷禮部尚書，雍正元年六月加太子太保改户部尚書，三年七月署大學士事務，四年二月授文淵閣大學士。五年十月改文華殿大學士兼户部尚書、翰林院掌院學士，六年改保和殿大學士。七年晋少保，八年授軍機大臣，十三年封三等子，乾隆二年十二月晋封三等勤宣伯，四年晋太保，十四年十一月休致。十二月因面請配享太廟削去伯爵。乾隆二十年（1755）三月二十日卒，享年八十四。配享太廟，諡“文和”。曾奉敕共撰《明史》三百三十六卷，奉敕共編《皇清文穎》一百二十四卷等。著有《澄懷堂文集》《駢字類編》《傳經堂集》。

父張英，康熙六年進士，文華殿大學士，張廷玉爲其次子；子張若靄，雍正十一年進士，內閣學士。祖孫三代進士。

張心浴 山東濟寧州人。康熙三十九年三甲一百五十三名進士。四十七年任直隸曲周知縣。

王翼 江蘇無錫縣人。康熙三十九年三甲一百五十四名進士。四十七年任直隸内黄知縣（雍正年間改隸河南）。

楊蘇臣 字眉川。江西高安縣人。康熙三十九年三甲一百五十五名進士。

藍岩 江西廬陵縣人。康熙三十九年三甲一百五十六名進士。任山東蒙陰知縣。

葉紹芳 字芸三、際泰。福建閩縣人。康熙三十九年三甲一百五十七名進士。四十八年任直隸隆平知縣，丁憂歸。五十八年補江陰知縣。雍正四年罷去。

那善 滿洲鑲黄旗人。康熙三十九年三甲一百五十八名進士。任滿洲庸善佐領。

馬元勛 河南泌陽縣人。康熙三十九年三甲一百五十九名進士。四十八年任湖北麻城知縣。

王景曾 字岵瞻、霽岩，號枚孫。順天宛平縣人。康熙三十九年三甲一百六十名進士。選庶吉士，授檢討。纍遷左通政副使，五十三年授太僕寺卿，五十六年遷左副都御史。改户部左侍郎，五十七年降。六十年授刑部左侍郎，雍正元年改禮部左侍郎。三年罷官。

雷恒 字久也，號貞庵。陝西渭南縣人。康熙三十九年三甲一百六十一名進士。四十八年任安徽績溪知縣，卒於任。著有《南游草》《綱鑑輯要》。

劉作楫 江西廬陵縣人。康熙三十九年三甲一百六十二名進士。四十八年任福建臺灣嘉義知縣。

衛雋 山西太平縣人。康熙三十九年三甲一百六十三名進士。

吳從至 江西浮梁縣人。康熙三十九年三甲一百六十四名進士。四十八年任河南太康知縣，遷工部主事。

李帥正 直隸永年縣人。康熙三十九年三甲一百六十五名進士。任江西定南知縣。孝母割股以療。著有《四書稿》。

劉光秀 山西太原縣人。康熙三十九年三甲一百六十六名進士。四十八年任湖南桂陽知縣。

徐鈗 字銘常。山東夏津縣人。康熙二十年舉人，三十九年三甲一百六十七名進士。四十八年任江西永寧知縣，丁憂。五十八年補廣東海豐知縣。致仕歸。

鄭興祖 滿洲正黃旗人。康熙三十九年三甲一百六十八名進士。任滿洲明珠佐領。

程璞 直隸清豐縣人。康熙三十九年三甲一百六十九名進士。四十八年任安徽當塗知縣。

鮑夔 字虞師。浙江錢塘縣人。康熙三十九年三甲一百七十名進士。任內閣中書。

葉魯 字德容，號東岩。浙江龍游縣人。康熙三十九年三甲一百七十一名進士。

陳大賓 號敬庵。福建同安縣人。康熙三十九年三甲一百七十二名進士。安貧力學，淡於世味，未授官卒。

孟寅生 直隸趙州人。康熙三十九年三甲一百七十三名進士。四十八年任山東昌邑知縣。

郭九同 字繹及。山西猗氏縣人。康熙三十九年三甲一百七十四名進士。任浙江歸安知縣，四十九年改河南新野知縣。以老歸里。

梅廷標 字人表。貴州安順府人。康熙三十九年三甲一百七十五名進士。四十八年任江西南城知縣。五十二年罷。

張衷恪 字惕若。河南長葛縣人。康熙三十九年三甲一百七十六名進士。四十七年任湖北竹山知縣，丁憂。補雲夢知縣。卒於任。

郭杞 字樨材，號鑒雲。陝西耀州人。康熙二十九年陝西鄉試解元，三十九年三甲一百七十七名進士。選庶吉士，四十八年任山東臨朐知縣，擢戶部主事，官至吏部員外郎。卒於任。

裴正時 湖南善化縣人。康熙三十九年三甲一百七十八名進士。四十九年任廣東信宜知縣。

武齡 字錫九、學靜。直隸南樂縣人。康熙三十九三甲一百七十九名進士。四十八年任湖南永興知縣。家居十二年。著有《鋤經山房稿》。

廖　琬　湖北景陵縣人。康熙三十五年舉人，三十九年三甲一百八十名進士。

富爾敦　滿洲正黃旗人。康熙三十九年三甲一百八十一名進士。任滿洲揆叙佐領。

張兩銘　河南汝州直隸州人。康熙三十九年三甲一百八十二名進士。四十八年任福建松溪知縣。

藺惟謙　陝西蒲城縣人。康熙三十九年三甲一百八十三名進士。四十八年任河南鎮平知縣，官至給事中。

李　琮　直隸南宮縣人。康熙三十九年三甲一百八十四名進士。任內閣中書。

袁　安　河南睢州人。康熙三十九年三甲一百八十五名進士。任江西靖安知縣。

林　竹　河南睢州人。康熙三十九年三甲一百八十六名進士。四十九年任浙江麗水知縣。以勤卒於官。

張　琰　河南永寧縣人。康熙三十九年三甲一百八十七名進士。任湖南湘潭知縣。

鍾銘文　安徽宣城縣人。康熙三十九年三甲一百八十八名進士。四十九年任湖南綏寧知縣。

王　權　直隸長垣縣人。康熙三十九年三甲一百八十九名進士。任陝西寶雞知縣。

張如緒　字文如，號紹先。山東濟寧州人。康熙三十九年三甲一百九十名進士。任內閣中書，四十七年充湖廣鄉試副考官，遷主事，官至禮部主客司郎中，丁憂服闋，補祭祀司郎中。年七十五致仕歸。卒年九十。

謝　蕭　山西安邑縣人。康熙三十九年三甲一百九十一名進士。

趙鴻猷　山西高平縣人。康熙三十九年三甲一百九十二名進士。任户部主事。

陳雅琛　字喬山。湖南益陽縣人。康熙三十九年三甲一百九十三名進士。四十八年任直隸深澤知縣，雍正三年官至天津直隸州知州（雍正九年直隸州升天津府）。

劉國英　字樂三，早靈松。山東萊蕪縣人。康熙三十九年三甲一百九十四名進士。四十八年任江西泰和知縣，行取吏部文選司主事，遷考工司員外郎、驗封司郎中，擢户科掌印給事中。五十七年充會試同考官。引疾歸。

韓天翯　字摩蒼。直隸高陽縣人。康熙三十九年三甲一百九十五名進士。四十八年任安徽巢縣知縣，官至兵部武庫司主事。

朱蘭泰　字庸伯，號會侯。滿洲正白旗，姓舒穆魯氏。康熙三十九年三甲一百九十六名進士。官至侍講學士。著有《於止齋詩》。

荆文康　字佐平。山西猗氏縣人。康熙三十九年三甲一百九十七名進士。四十八年任山東郯城知縣，在任七年。擢吏部主事。假歸。

蘇壎　福建南安縣人。康熙三十九年三甲一百九十八名進士。任江蘇江寧知縣。

干建邦　字叔掌。江西星子縣人。康熙三十九年三甲一百九十九名進士。五十年任河南舞陽知縣。丁憂歸。

張素履　河南陽武縣人。康熙三十九年三甲二百名進士。四十八年任安徽建德知縣。行取去。

託賢　滿洲正黃旗人。康熙三十九年三甲二百零一名進士。任滿洲索額圖佐領。

周蘇　字子聲。浙江慈溪縣人。康熙三十九年三甲二百零二名進士（時年六十三）。《孝義傳》中稱年已高無任職。未幾卒。

張元銳　江西永豐縣人。康熙三十九年三甲二百零三名進士。

陸士渭　浙江烏程縣人。康熙三十九名三甲二百零四名進士。四十九年任安徽建平知縣。

張象蒲　字繪仙，號蒿陲。山西臨汾縣人。康熙三十二年山西鄉試解元，三十九年三甲二百零五名進士。選庶吉士，散館歸班候選知縣，四十九年任福建松溪知縣。

楊述　字彭似。山西忻州人。康熙三十九年三甲二百零六名進士。康熙四十八年任安徽盱眙知縣。因前任事罣誤罷歸。教授鄉里以終。

王曰俞　四川營山縣人。康熙三十九年三甲二百零七名進士。四十八年任江蘇句容知縣。

孟濤　山西遼州直隸州人。康熙三十九三甲二百零八名進士。四十九年任浙江錢塘知縣。

蔡任鵠　字貽翀。福建晉江縣人。康熙三十九年三甲二百零九名進士。任湖北景陵知縣。以病歸。

曾昕　雲南開化縣人。康熙三十九年三甲二百十名進士。五十三年任湖北武昌知縣。

夏熙澤　字爲霖，號存齋。江西新建縣人。康熙三十九年三甲二百十一名進士。五十一年任廣東增城知縣。以他事落職。

鄭大奎　浙江歸安縣人。康熙三十九年三甲二百十二名進士。任知縣。

平住　滿洲鑲藍旗人。康熙三十九年三甲二百十三名進士。任滿洲綏色佐領。

何肇宗　廣東東莞縣人。康熙三十九年三甲二百十四名進士。

許愫　河南睢州人。康熙三十九年三甲二百十五名進士。四十九年任直隸豐潤知縣。

高其偉　字軼之，號沁園。漢軍鑲白旗人。康熙三十九年三甲二百十六名進士。選庶吉士，散館撤銷庶吉士，留賜同進士出身，任知縣，五十八年官至河南汝寧府知府。著有《來鶴堂詩集》。

張射標　河南新安縣人。康熙三十九年三甲二百十七名進士。四十九年任福建南屏知縣。

年羹堯　字亮工，號雙峰。漢

軍鑲黃旗人。康熙三十九年三甲二百十八名進士。選庶吉士，授檢討。纍遷侍講學士，四十八年授內閣學士，九月調四川巡撫，五十七年十月授四川總督兼四川巡撫。六十年五月改川陝總督，雍正元年三月以平定西藏功加太保，十月封三等公。授撫遠大將軍平定郭爾克，晉二等公。二年三月以平定青海功，封一等公再加給一等子。爲世宗心腹。才氣凌厲，師出屢有功，後爲雍正帝猜忌。三年四月調杭州將軍，復降閑散章京。十二月十一日以"欺網貪殘，悖逆不道"等九十二款罪令自盡。

李鳳彩 字九苞，號紫匡。山東東昌府丘縣人。康熙三十九三甲二百十九名進士。四十九年任福建永安知縣。

賈 林 山東益都縣人。康熙三十九年三甲二百二十名進士。四十九年任福建莆田知縣。

陳協文 陝西富平縣人。康熙三十九年三甲二百二十一名進士。四十九年任福建寧德知縣。

李廷模 湖北江夏縣人。康熙三十八年舉人，三十九年三甲二百二十二名進士。任山西榮河知縣。

劉孟弘 江西安福縣人。康熙三十九年三甲二百二十三名進士。官至貴州定番知州。

何成波 字清漪。廣東開平縣人。康熙三十九年三甲二百二十四名進士。任吏部主事。母老告歸。

盧鎔九 字夏成。河南安陽縣人。康熙三十九年三甲二百二十五名進士。未及任而卒。

馬振龍 河南河內縣人。康熙三十九年三甲二百二十六名進士。任河南衛輝府教授。

裴家鐈 山西夏縣人。康熙三十九年三甲二百二十七名進士。

陳若沂 字魯山。廣西臨桂縣人。康熙三十九年三甲二百二十八名進士。選庶吉士，歸班候選知縣。

王一元 山東淄川縣人。康熙三十九年三甲二百二十九名進士。四十九年任直隸容城知縣。

孫 常 字大年。河南陳州人。康熙三十九年三甲二百三十名進士。四十九年授湖北襄陽知縣，擢吏部文選司主事，遷驗封司主事、考工司郎中，官至雲南永昌知府。卒於任。

柏光斗 山東臨清州人。康熙三十九年三甲二百三十一名進士。任浙江德清知縣。

許殿元 號學山。江西吉水縣人。康熙三十九年三甲二百三十二名進士。未仕，教授鄉里，卒於家。著有《尚書會解》。

邢澤臨 山西高平縣人。康熙三十九年三甲二百三十三名進士。任福建福安知縣。

張調陞 直隸元城縣人。康熙三十九年三甲二百三十四名進士。

來 楫 （本姓陳）浙江蕭山人。康熙三十九年三甲二百三十五名進士。任知縣。

王爰漆 山東高密縣人。康熙三十九年三甲二百三十六名進士。五十二年任湖南湘潭知縣。

張瑞生 直隸肥鄉縣人。康熙三十九年三甲二百三十七名進士。四十九年任江西定南知縣，內遷吏部主事，官至郎中。忤當道歸。家居二十年卒。

戴　寬 字敷在，號裕庵。直隸滄州人。康熙三十九年三甲二百三十八名進士。選庶吉士。早卒，年三十二。

蔡　望 字鉉升，號甘泉。江蘇上元縣人。康熙三十九年三甲二百三十九名進士。任內閣中書，四十九年改福建歐寧知縣，署崇安知縣。

李閬中 河南武安縣人。康熙三十九年三甲二百四十名進士。康熙四十九年任山東新城知縣。五十四年去。

奚　湛 陝西白水縣人。康熙三十九年三甲二百四十一名進士。

丁書升 山西翼城縣人。康熙三十九年三甲二百四十二名進士。任陝西臨潼知縣。

康熙四十二年（1703）癸未科

第一甲三名

王式丹 字方若，號樓村。江蘇寶應縣人。順治二年（1645）閏六月二十日生。康熙四十二年一甲第一名狀元（時年五十九）。授修撰。修《皇輿表》《佩文韻府》《大清一統志》《淵鑒類函》等。五十年以"行止不端"革職。五十二年因去獄中探視科場案被定罪的同科榜眼趙晉，而趙晉當夜即自盡身亡，江蘇巡撫懷疑王式丹所帶僕人代死而放趙晉潛逃，結果王式丹入獄受冤三年。後"奉旨結案"釋歸時年已七十二。以著述自娛，詩文為當時之典範。康熙五十七年（1718）八月初六日卒。年七十四。著有《樓村詩集》。宋犖選其詩入《江左五十子詩選》。

子王懋竑，康熙五十七年進士。

趙　晉 字書三，號二令、秀山。福建閩縣人。康熙四十二年一甲第二名榜眼。授編修。五十年任江南鄉試副考官，受士子吳泌、程光奎賄賂革職入獄。五十二年於獄中自盡。

錢名世 字亮工，號聚庵。江蘇武進縣人。康熙四十二年一甲第三名探花。授編修。官至侍講學士。雍正四年因贈年羹堯詩，罷官逐回原籍，并賜榜書"名教罪人"命懸匾中堂。每月朔望，常州知府、武進知縣親往審視，如不懸挂者，自督撫奏明治罪。并命在京的數百位官員上至大學士下至知縣都作詩聲討，共三百八十五首，賜予錢名世，由他出資刊印，發至全國各府、州、縣學，讓他活著受精神折磨，這就是"錢名世文字獄"。著有《崇雅堂集》《古香亭詩集》，曾協助王鴻緒、萬斯同修《明史》。

第二甲五十名

汪　灝 字紫滄，號沂亭。安徽休寧縣人。康熙四十二年二甲第一名進士。選庶吉士，特授編修。五十一年因為戴名世《子遺錄》作序受牽革職擬斬。後康熙帝念其在内廷纂修年久免死。曾奉敕共撰《佩文斋广群芳谱》一百卷、《韵府拾遗》一百二十卷。著有《知本堂诗文稿》《啸虹集》《披云阁诗词》等。

查慎行（初名查嗣琏）字夏重、他山，号悔余、初白，又号查田。浙江钱塘县人。顺治七年（1650）五月初七日生。康熙四十二年二甲第二名进士（时年五十四）。选庶吉士，未散馆特授编修。充武英殿校勘，入值南书房。康熙五十二年乞休归。雍正五年因其二弟查嗣庭诽谤罪入狱，坐家长失教入京问罪。雍正帝念其端谨，放归田以示儆，同年（1727）八月三十日卒。年七十八。为清代藏书家，藏书处曰"得树楼"。著有《敬业堂集》《敬业堂诗集》《黔中风土记》《庐山游记》《周易玩辞集解》《经史证讹》《苏诗补注》等。

何焯 字屺瞻，号元勇、义门，晚号茶仙，自号息闲老人。江苏崇明县人。康熙元年（1662）生。康熙四十二年二甲第三名进士。选庶吉士。授编修。教皇八子读书，兼武英殿纂修。康熙六十一年（1722）卒。年六十一。赠侍读学士衔。精于考订，为诸生时所选著《义门选集》，即为学者所宗。清著名书法家（清第一名）、藏书家，藏书处曰"赉砚斋"。著有《义门读书记》《行远集》《语古斋披华启秀》。

蒋廷锡 字扬孙，号西谷、酉君、南沙。江苏常熟县人。康熙八年（1669）生。以举人供奉内廷，四十二年未经中试准予一体殿试，赐二甲第四名进士。选庶吉士，任编修。迁侍讲、侍读学士、詹事府少詹事。五十六年授内阁学士，充经筵讲官，迁礼部侍郎，改户部侍郎，雍正四年迁户部尚书，六年三月授文渊阁大学士，兼户部尚书、军机大臣。七年加太子太傅，予一等轻车都尉世职。雍正十年（1732）闰五月卒。享年六十四。谥"文肃"。曾奉康熙帝编著《渊鉴类函》，著有《尚书地理今释》《青铜轩集》《秋风》《片云》等集。

子蒋溥，雍正八年进士，武英殿大学士；孙蒋楒，乾隆十六年进士，兵部左侍郎。祖孙三代进士。

吴廷桢 字山揄，号南村。江苏长洲县人。康熙三十五年顺天乡试以寄籍被黜，三十八年帝南巡献迎銮诗复还举人，奉召入南薰殿。四十二年二甲第五名进士。选庶吉士，授编修。四十七年充江西乡试主考官，官至詹事府左谕德。康熙五十四年（1715）卒。著有《古剑书屋文钞》《南村诗钞》。

陈邦彦 字世南，号春晖、匏庐。浙江海宁县人。康熙十一年（1678）生。康熙四十二月二甲第六名进士。选庶吉士，授编修。历官侍讲、侍读学士。雍正四年因"钱名世文字狱"作诗舛错，免职。乾隆十二年授内阁学士，十五年迁礼部右侍郎。十六年十二月革职。十

七年（1752）卒。年七十五。著有
《烏衣香牒》《春駒小譜》《墨莊小稿》
等。曾奉敕編《歷代題畫詩類》一
百二十卷等。

爲禮部尚書陳詵第四子；叔陳
元龍，康熙二十四年榜眼，文淵閣
大學士。

薄有德 字聿修，號勺庭。順
天大興縣人，原籍江蘇江寧。康熙
四十二年二甲第七名進士。選庶吉
士，授編修。五十年充浙江鄉試副
考官，五十二年以左贊善督湖廣學
政，官至侍讀學士。

汪文炯 （榜姓吳）字秋屏。安
徽休寧縣人。康熙四十二年二甲第
八名進士。選庶吉士。

父汪晉征，康熙十八年進士，
汪文炯爲其次子。

陳世倌 字秉之，號蓮宇。浙
江海寧縣人。康熙十九年（1680）
九月二十五日生。康熙四十二年二
甲第九名進士。選庶吉士，授編修。
纍遷侍讀學士，五十八年督順天學
政，雍正二年授內閣學士，改山東
巡撫。四年奪職督修曲阜孔廟。乾
隆元年十月授都察院左副都御史，
改倉場侍郎、戶部侍郎，四年遷都
察院左都御史，改工部尚書，乾隆
六年七月授文淵閣大學士。十年加
太子太保。十三年十二月因事革職
削爵。十六年仍授文淵閣大學士。
二十二年以老病乞休加太子太傅。
乾隆二十三年（1758）四月十五日
卒於京邸，享年七十九。諡"文勤"。

兄陳世仁，康熙五十四年進士。
弟陳世侃，康熙五十二年進士。

吳瞻淇 字衛漪，號漪堂、漪
公。安徽歙縣人。康熙四十二年二
甲第十名進士。選庶吉士。

父吳苑，康熙二十一年進士，
國子監祭酒。

宮懋言 字書升，號澹庵。直
隸靜海縣人。康熙四十二年二甲十
一名進士。四十九年任山西臨汾知
縣，擢江西吉安府通判，署袁州知
府。卒於官。

歸鴻 字既垣、于磐。江蘇
上海縣人。康熙四十二年二甲十二
名進士。任河南西華知縣。未及遷
而歸。工詩文書法。

唐執玉 字益功，號薊門。江
蘇武進縣人。康熙八年（1669）三月
十三日生。康熙四十二年二甲十三名
進士。四十九年任浙江德清知縣，擢
工部主事，歷戶科給事中、鴻臚寺卿，
六十一年改奉天府丞兼學政。雍正
四年授禮部侍郎，五年遷左都御史，
七年署直隸總督。八年六月遷兵部尚
書，仍署直隸總督，九年以病解任。
十年任刑部尚書，十一年（1733）正
月以刑部尚書署直隸總督。三月十六
日卒於任，年六十五。後人編有《清
大司馬薊門唐公子年譜》。

汪份 字武曹。江蘇長洲縣
人。順治十二年（1655）生。康熙
四十二年二甲十四名進士。選庶吉
士，丁繼母憂家居十年，授編修。
五十三年充廣西鄉試副考官，六十

年（1721）授雲南學政未任卒。年六十七。未第時，與同里何焯評選有名以來諸家之義，又增定《四書大全》，名重一時。著有《邃喜齋集》《河防考》等。

弟汪士鋐，康熙三十六年進士。

潘體震 字長元，號元山、簡齋。山東樂陵縣人。康熙四十二年二甲十五名進士。選庶吉士，授編修。五十一年任貴州鄉試主考官，官至兵部車馬司郎中。以病告歸。卒年七十九。

廖賡謨 字虞箴、虞征，號若村。江蘇華亭縣人。康熙四十二年二甲十六名進士。選庶吉士，授編修。五十年任江西鄉試副考官，五十三年提督四川學院，雍正五年以侍講充丁未科會試同考官。

陸秉鑑 字冰言，號都堂。江蘇吳縣人。康熙四十二年二甲十七名進士。選庶吉士。

父陸肯堂，康熙二十四年狀元。

喬兆棟 字松華。江蘇寶應縣人。康熙四十二年二甲十八名進士。任廣西西林縣知縣。

孫兆奎 字斗文、鶴浦。江蘇興化縣人。康熙四十二年二甲十九名進士。任廣西武緣知縣，升兵部職方司主事。

查嗣珣 字國瑛、東亭。浙江海寧縣人。康熙四十二年二甲二十名進士。任雲南太和知縣，擢吏部主事。告歸。著有《金陵詩》

涂天相 字宏亮，號變庵、存齋、迂叟。湖北孝感縣人。康熙四十二年二甲二十一名進士。選庶吉士，授編修。纍遷侍讀學士，雍正元年授詹事，遷內閣學士，擢刑部侍郎。二年降調太僕寺卿，革。七年授倉場侍郎，十一年遷左都御史改刑部尚書，十二月調兵部尚書，十三年改工部尚書。乾隆二年免職。乾隆四年（1739）卒。著有《謹庸齋札記》《守待錄》《存齋閑話》，又輯《靜用堂偶編》。

萬經 字授一，號九沙。浙江鄞縣人。順治十六年（1659）正月十六日生。布衣萬斯大子。康熙四十二年二甲二十二名進士。選庶吉士，授編修。五十三年督貴州學政，以派修通州城破產罷歸。晚年增補其父《禮記集解》凡數萬言，又訂正從兄《尚書說》輯成一編，以成《萬氏經學》；又重修叔父斯同（布衣）《列代年記》及從兄《明史舉要》，以成《萬氏史學》。詔舉鴻博及修三禮，皆以老不赴。乾隆六年（1741）正月二十四日卒。年八十三。著有《分錄偶存》。晚年家遭大火，遺稿悉焚。

沈嵩士 浙江桐鄉縣人。康熙四十二年二甲二十三名進士。五十七年任順天府寶坻知縣。

王澄慧 字勇循。河南睢州人。康熙四十二年二甲二十四名進士。授戶部主事，遷員外郎，四十七年充江西鄉試副考官，升刑部郎中，父病歸。服闋補郎中，外任廣東肇慶知府，擢江蘇蘇松道。

陳徐基 （榜姓高） 字雨詩。浙江海寧縣人。康熙四十二年二甲二十五名進士。選庶吉士。

陳 嵩 字巨高。浙江海鹽縣人。康熙四十二年二甲二十六名進士。授刑部主事，升員外郎，官至禮部主客司郎中。五十一年充會試同考官。

徐樹敏 字師魯。江蘇昆山縣人。康熙四十二年二甲二十七名進士。授河南安陽知縣。以驛站事罷歸。

父徐乾學，康熙九年進士，官刑部尚書，徐樹敏爲其第三子。

朱秉哲 字明原。浙江嘉善縣人。康熙四十二年二甲二十八名進士。任知縣。

賀方來 字彥威，號集洲。浙江秀水縣人。康熙四十二年二甲二十九名進士。六十年任安徽望江知縣。雍正三年告病歸。

朱 書 字子綠、禄幼，號杜溪。安徽宿松縣人。順治十四年（1657）生。康熙四十二年二甲三十名進士。選庶吉士。未散館，四十六年（1707）卒。年五十一。著有《杜溪文集》。

林祖望 字修伯，號湄公。福建閩縣人。康熙四十二年二甲三十一名進士。選庶吉士。

許 田 字莘野，號昌農。浙江錢塘縣人。康熙四十二年二甲三十二名進士。任四川高縣知縣。工詞，著有《屏山春夢詞》《水痕詞》《屏山詞話》。

王元位 字升揆。江蘇吳縣人。康熙四十二年二甲三十三名進士。五十年任浙江平陽知縣。

雲中官 字軒臣，號澹庵。安徽廣德直隸州人。康熙四十二年二甲三十四名進士。不樂仕宦，應選庶吉士固辭南歸。後補中書舍人不就。卒年四十四。

俞 梅 字太羹，號師岩、雲斤。江蘇泰州人。康熙四十二年二甲三十五名進士。選庶吉士，旋丁憂歸。四十四年康熙帝南巡授編修。曾奉敕參加編著《淵鑒類函》和分校《康熙字典》《一統志》。五十二年充山西鄉試副考官。著有《雲斤詩集》《治河方略》《孔子家語訂正》。

父俞鐸，順治九年進士。

宋 至 字山言，號方庵。河南商丘縣人。順治十三年（1656）七月生。吏部尚書宋犖子。康熙四十二年二甲三十六名進士（時年四十八）。選庶吉士，授編修。五十年充貴州鄉試正考官，五十一年督浙江學政。著有《耵耵集》《緯蕭草堂集》。

楊存理 字天根。浙江海寧縣人。康熙四十二年二甲三十七名進士。任刑部主事，升員外郎，官至兵科給事中。

章藻功 字豈績，號綺堂。浙江錢塘縣人。康熙四十二年二甲三十八名進士。授庶吉士。未散館引疾歸事母。著有《思綺堂集》。

韓貽豐 字燕公。浙江慈溪縣人。康熙四十二年二甲三十九名進士。四十九年任山西石樓知縣，五十四年升山西汾州府同知。

唐麟翔 字石郊，號竺巢。江蘇泰州人。康熙四十二年二甲四十名進士。任四川射洪知縣，五十五年擢吏部主事，雍正二年官至直隸蔚州知州。致仕歸。

伊 泰（一作伊太）字莘夫，號青嶽、晴嶽。滿州鑲白旗人。康熙四十二年二甲四十一名進士。選庶吉士，授編修。

楊 緒 字胄遠，號朗溪。湖南武陵縣人。康熙四十二年二甲四十二名進士。選庶吉士，授編修。五十年以"爲人不端"革職。驛解回籍，交地方官"嚴禁在家，勿令擅出行走"。

吳蔚起 字豹文。安徽歙縣人，原籍江蘇甘泉。康熙四十二年二甲四十三名進士。授户部主事，升員外郎、郎中，四十八年考選廣西道御史，官至京畿道御史。以終養乞歸。

劉 巘（原名劉桂枝）字大山，號月舟、無垢。江蘇江浦縣人。康熙四十二年二甲四十四名進士。選庶吉士，授編修。雍正繼位，因草戴名世《南山集》序文，牽戴名士"文字獄"者悉革職治罪，被隸藉旗奴。劉巘於康熙五十五年（1716）卒。工詩文，善繪畫。著有《大山詩集》七卷、《拙修齋稿》、《匪

莪文集》五卷、《石橋詩集》等。

朱廷寧 字式屏。江蘇靖江縣人。康熙四十二年二甲四十五名進士。父老乞養歸。服闋補内閣中書，遷户部廣西司主事。母病歸。母喪哀毀過甚卒。

父朱鳳臺，順治四年進士。

卞咸和 字屺山。江蘇江都縣人。康熙四十二年二甲四十六名進士。五十年任山東長山知縣，五十八年改浙江嘉興知縣。

王退祚 浙江會稽縣人。康熙四十二年二甲四十七名進士。任江蘇上元知縣。

趙殿最 字奏功，號鐵岩。浙江仁和人。康熙七年（1668）生。康熙四十二年二甲四十八名進士。任内閣中書，纍遷刑科給事中，雍正四年授湖南按察使，五年召京任少詹事。八年授内閣學士遷工部侍郎，乾隆元年改户部、吏部侍郎，三年十月遷工部尚書。四年三月降調。乾隆九年（1744）五月十二日卒。年七十七。

張自超 字彝嘆，號滄溪。江蘇高淳縣人。順治十一年（1654）生。康熙四十二年二甲四十九名進士（時年五十）。歸班候選知縣，以母老辭歸。歸後授經講學，主講"萬松書院"。康熙五十六年，徐乾學以經學薦入都，卒於山東荏平途次，年六十四。著有《春秋宗朱辨義》等。

趙 昌 陝西長安縣人。康熙

四十二年二甲五十名進士。四十九年任山東海豐知縣。

第三甲一百一十三名

張廷標　（一作倪廷標，本姓張）字見侯。奉天鐵嶺縣人。康熙四十二年三甲第一名進士。五十年任安徽舒城知縣。

李陳常　字嶧山。浙江秀水縣人。康熙四十二年三甲第二名進士。任刑部主事，升員外郎、郎中，四十九年外任安徽鳳陽知府，遷兩淮巡鹽御使，五十三年補授山西道御史。

龔廷颺　字庶咸。湖廣景陵縣人。康熙三十八年舉人，四十二年三甲第三名進士。授福建侯官知縣，官至山西蒲州知府。

吳　煐　浙江錢塘縣人。康熙四十二年三甲第四名進士。五十一年任直隸慶雲知縣，遷福建興化府同知。

趙　琛　順天武清縣人。康熙四十二年三甲第五名進士。任直隸內邱教諭。

蔣嘉猷　字蒼濡。順天宛平縣人。康熙四十二年三甲第六名進士。任陝西乾州州同，四十九年官至湖南辰州府同知。以勞卒於官。

王一元　字畹仙。奉天鐵嶺縣人。康熙四十二年三甲第七名進士。任甘肅靈臺知縣。

孔毓儀　（榜名孔幼儀）字端蒙，號北園。江蘇高淳縣人。康熙四十二年三甲第八名進士。授內閣中書，改直隸豐潤知縣，父喪服闋，補四川溫江知縣，五十九年改山西交城知縣，署文水知縣，調潞城知縣。致仕歸。

祝安國　字濟叔，號易齋。浙江海寧縣人。康熙四十二年三甲第九名進士。五十一年任廣東仁化知縣。卒於任。

李　頌　字西音，號惕庵。山東沾化縣人。康熙四十二年三甲第十名進士。五十年任安徽石埭知縣，五十八年改浙江德清知縣。致仕後優游詩酒二十年，卒年八十。

靳治岐　漢軍鑲黃旗。康熙四十二年三甲十一名進士。纍遷雲南武定直隸州知府，官至雲南麗江知府。

王　邁　字日新，號雨山。江西德興縣人。康熙四十二年三甲十二名進士。選庶吉士，授檢討。五十一年任壬辰科會試同考官。卒於任。

陳人文　字明止。江蘇溧陽縣人。康熙四十二年三甲十三名進士。任福建龍岩知縣。在任三年致仕歸。

沈元煉　字珊圃、補天。江蘇溧陽縣人。康熙四十二年三甲十四名進士。五十年任江西瀘溪知縣。五十五年罷。

羅興義　江西臨川縣人。康熙四十二年三甲十五名進士。五十五年任山西趙城知縣。

馬汝爲 字宣臣，號玉岡。雲南元江縣人。康熙四十二年三甲十六名進士。選庶吉士，授檢討。五十年充湖廣鄉試副考官，官至貴州銅仁府知府。著有《悔齋詩集》。

張士驤 字偶韓、見滄。安徽宣城縣人。康熙四十二年三甲十七名進士。初任河南靈寶知縣，丁憂。五十七年補浙江泰順知縣，署永嘉、樂清知縣，雍正三年改太平知縣，忤上官引疾歸。

錢晉珏 字夢得。江蘇長洲縣人。康熙四十二年三甲十八名進士。官至戶部郎中。

盛弘邃 字紫翰，號東田。浙江臨安縣人。康熙四十二年三甲十九名進士。五十一年任江蘇興化知縣。在任六年政和民安，謝病歸。

西 庫 字在言，號蓮仙。滿洲鑲黃旗人。康熙四十二年三甲二十名進士。選庶吉士，授檢討。五十二年任河南鄉試副考官。

辛 煒 字彤甫。直隸武強縣人。康熙四十二年三甲二十一名進士。任河南宜陽知縣。以鹽梟亢珽案落職。年九十卒。

王居建 字霞起，號述園。直隸開州人。康熙四十二年三甲二十二名進士。選庶吉士，任國子監博士，官至知府。

劉金聲 字振玉。江蘇靖江縣人。康熙四十二年三甲二十三名進士。未仕。孝友文章，見稱於鄉黨

間。

詹嗣禄 字廉夫。浙江建德縣人。康熙四十二年三甲二十四名進士。任户部郎中，升禮科給事中，官至工科掌印給事中。年五十卒於任。

父詹幃聖，順治九年進士。

李 沐 字濯江，號浴潭。山東武定州人。康熙四十二年三甲二十五名進士。五十六年任浙江上虞知縣。

劉 圻 字旬伯。山東萊陽縣人。康熙四十二年三甲二十六名進士。選庶吉士。

阮應商 字次廣，號越軒。江蘇山陽縣人。康熙四十二年三甲二十七名進士。由內閣中書，官至吏科掌印給事中。以疾歸卒。著有《春秋彙傳析義》。

吳 璉 字右蔣，號豐亭。浙江常山縣人。康熙四十二年三甲二十八名進士。選庶吉士。未散館。著有《豐亭詩文集》。

朱 琬 江蘇無錫縣人。康熙四十二年三甲二十九名進士。任四川郫縣、新津知縣，調浙江臨安知縣。

趙徵介 字星瞻，號海若。江蘇常熟縣人。康熙四十二年三甲三十名進士。選庶吉士。

朱斯裕 四川閬中縣人。康熙四十二年三甲三十一名進士。雍正年間任陝西宜川知縣。

邰 衡 江蘇溧水縣人。康熙

四十二年三甲三十二名進士。任陝西中部知縣。解任後貧不能歸。同年王雲錦助始歸。

王延禮 字孝可。山東諸城縣人。康熙四十二年三甲三十三名進士。五十年授江西龍南知縣。卒於任。

祖父王斗樞，順治六年進士；兄王延祺，康熙三十九年進士。

謝履忠 字卣臣、一侯，號昆皋、方山。雲南昆明縣人。康熙三十五年雲南鄉試解元，四十二年三甲三十四名進士。選庶吉士，授檢討。五十二年任福建鄉試主考官，官至左春坊左諭德。著有《碧梧堂藏稿》。

柯喬年 字松齡。河南固始縣人。康熙四十二年三甲三十五名進士。選庶吉士，授檢討。五十六年任福建鄉試主考官，雍正元年考選貴州道御史，充山東鄉試副考官，升禮科給事中，三年遷直隸天津道，六年任奉天府丞兼學政。

耿古德 字咸一。滿洲鑲紅旗人。康熙四十二年三甲三十六名進士。選庶吉士。散館因故除名。

祝詒 字靖方，號禹門。浙江海寧縣人。康熙四十二年三甲三十七名進士。

張澂 直隸景州人。康熙四十二年三甲三十八名進士。授陝西藍田知縣，雍正三年改河南鎮平知縣。卒於青城署中。

虞弘 浙江錢塘縣人。康熙

四十二年三甲三十九名進士。任山東新城知縣，降湖南長沙經歷。

魏文碧 字吉水。直隸長垣縣人。康熙四十二年三甲四十名進士。五十年任四川梁山知縣。

高志紳 字鞠存。順天文安縣人。康熙四十二年三甲四十一名進士。

劉祖任 字志尹、心尹，號本庵。陝西綏德州人。康熙四十二年三甲四十二名進士。選庶吉士，授檢討。纍遷刑科給事中，雍正二年充順天鄉試同考官，官至順天府丞。

胡忠本 順天宛平縣人，原籍浙江山陰。康熙四十二年三甲四十三名進士。任中書科中書，五十九年官至湖南常德知府。

周式度 河南柘城縣人。康熙四十二年三甲四十四名進士。五十一年任直隸沙河知縣。

蔣書升 直隸故城縣人。康熙四十二年三甲四十五名進士。任戶部主事。

葛斗南 字敬甫。山東單縣人。康熙四十二年三甲四十六名進士。五十年任山西山陰知縣，雍正二年纍遷任直隸保定知府，雍正三年升長蘆鹽運使，蒞任兩個月調山東鹽運使，五年二月授四川按察使。尋罷。

閔衍 字萊伯。湖北應山縣人。康熙二十年舉人，四十二年三甲四十七名進士。五十一年任山西孝義知縣，行取戶部主事，升員外郎。乞假歸。著有《楚音正訛》《印麓山房詩文集》。

孫閔鶤，乾隆十年進士。

丁腹松 字木公。江蘇通州人。康熙四十二年三甲四十八名進士。授內閣中書，改陝西扶風知縣。以疾歸。

張　晉 字介錫。直隸安肅縣人。康熙四十二年三甲四十九名進士。任安徽成安知縣，擢戶部主事。母喪哀毀卒。

薛祿天 （復姓鄭）字二宜。江蘇無錫縣人。康熙四十二年三甲五十名進士。授四川長壽知縣，遷雲南石屏知州，丁憂歸。補四川簡州知州。

王　旐 陝西臨潼縣人。康熙四十二年三甲五十一名進士。康熙五十四年任江西貴溪知縣。

牛天宿 字戴薇。直隸靜海縣人。康熙四十二年三甲五十二名進士。授廣西融縣知縣，擢吏部主事，雍正元年署河南輝縣，升河南同知。以疾歸。著有《謙愛堂文集》。

楊王發 字又周，號春山。浙江桐廬縣人。康熙四十二年三甲五十三名進士。任湖南華容知縣，五十三年調麻陽知縣。

黃大德 字克成，號梅峰。江西宜黃縣人。康熙四十二年三甲五十四名進士。未任，卒於家。著有《梅峰文集》。

趙泰臨 字敬亭。山東膠州人。康熙四十一年山東鄉試解元，四十

二年三甲五十五名進士。選庶吉士，授檢討。五十三年任雲南鄉試副考官。引疾歸。主講海山書院。卒年六十三。

王士鑰 字粹金。漢軍鑲藍旗人。康熙四十二年三甲五十六名進士。選庶吉士，授檢討。

熊學烈 字繩武，號岫亭。江西南昌縣人。康熙四十二年三甲五十七名進士。任內閣中書，改甘肅鞏昌府同知，擢禮部員外郎，官戶部郎中。致仕歸。年六十五卒。

祖父熊一瀟，康熙三年進士，工部尚書。

李景迪 字遵洪。江西吉水縣人。康熙四十二年三甲五十八名進士。授刑部主事，遷戶部員外郎，五十一年考選廣東道御史。外轉監司未任卒。

父李振裕，康熙九年進士，尚書。

董　泰 字階平。滿洲鑲黃旗人。康熙四十二年三甲五十九名進士。選庶吉士，散館除名。乾隆元年以善國書特授編修。

郭　誌 江蘇江都縣人。康熙四十二年三甲六十名進士。任內閣中書，出爲廣東瓊州府同知，署新會知縣。母喪歸。哀毀卒於瓜洲道中。

楊萬程 字扶九，號南溪。漢軍正黃旗（《進士題名碑》作奉天籍，臨清人）。康熙四十二年三甲六十一名進士。選庶吉士，授檢討。

五十一年任壬辰科會試同考官，官至司經局洗馬。

秦鎬　字宅武，號澹庵。陝西郃陽縣人。康熙四十二年三甲六十二名進士。年七十，任浙江新安知縣。以老休致。

魏世泰　直隸柏鄉縣人。康熙四十二年三甲六十三名進士。任江蘇六合知縣，補河南沈丘知縣。

李天祥　字希文，號婁山。直隸永年縣人。康熙四十二年三甲六十四名進士。選庶吉士，授檢討。五十二年任湖廣鄉試副考官，官至貴州貴西道。

陳士敷　湖北當陽縣人。康熙二十六年舉人，四十二年三甲六十五名進士。任福建歸化知縣。

王嗣昌　直隸任丘縣人。康熙四十二年三甲六十六名進士。

萬肅鐸　江西新建縣人。康熙四十二年三甲六十七名進士。任廣西武緣知縣，五十一年改廣西北流知縣。

李笈　河南河內縣人。康熙四十二年三甲六十八名進士。任河南衛輝府教授。

陳懋德　直隸青縣人。康熙四十二年三甲六十九名進士。官至吏部主事。

石拱極　字天益。河南光州人。康熙四十二年三甲七十名進士。任直隸靜海知縣，五十五年八月改江蘇吳江知縣。

王孚　字顯若，號盥亭。江蘇高淳縣人。康熙四十二年三甲七十一名進士。任福建連江知縣。多善政，卒於任。

蔣肇　字明五，號石塘。廣西永寧州人。康熙四十二年三甲七十二名進士。選庶吉士，授檢討。五十二年任會試同考官，官至侍讀學士。

王炳　陝西蒲城縣人。康熙四十二年三甲七十三名進士。五十年任廣東高要知縣，五十九年改廣東封川知縣。

薛裔昌　字鴻緒，號用拙、拙庵。山東金鄉縣人。康熙四十二年三甲七十四名進士。任浙江景寧知縣，五十五年調浙江慶元、雲和知縣，行取吏部稽勳司主事，改文選司。告假歸，遂不出。卒年七十二。

阿進泰　字階平，號靜安。滿洲正紅旗人（《詞林輯略》作滿洲鑲白旗）。康熙四十二年三甲七十五名進士。選庶吉士，散館除名。

吳相　字長梅，號麟山。福建寧洋縣人。康熙四十二年三甲七十六名進士。選庶吉士，授檢討。五十二年任浙江鄉試副考官，官至侍講。

薛塏　山東濱州人。康熙四十二年三甲七十七名進士。五十一年授山西洪洞知縣。因事解職歸。卒於家。

李蘇　字眉山、環溪。湖北鍾祥縣人。康熙三十八年舉人，四十二年三甲七十八名進士。五十三年任江蘇江都知縣。著有《環溪詩集》。

徐廷宣 字欽宸。河南杞縣人。康熙四十二年三甲七十九名進士。任四川南川知縣。

李士杞（原名李士槙）字幹臣，號閬千。陝西涇陽縣人。康熙四十二年三甲八十名進士。選庶吉士，改西寧衛教授。

李 堂 字仲升，號室思。順天大興縣人。康熙四十一年順天鄉試解元，四十二年三甲八十一名進士。選庶吉士，散館除名。

王謹微 字堯錫。湖北襄陽縣人。康熙三十二年舉人，四十二年三甲八十二名進士。任貴州銅仁知縣。以老告歸。

吳錫炤 字泰來。山東東平州人。康熙四十二年三甲八十三名進士。母喪哀毀幾絕。服闋，康熙五十年任安徽鳳陽知縣。

吳天錫 河南溫縣人。康熙四十二年三甲八十四名進士。五十一年任安徽貴池知縣。

劉興元 直隸蠡縣人。康熙四十二年三甲八十五名進士。

康 樵 字友漁，號雪瀘。山東陵縣人。康熙四十二年三甲八十六名進士。任兗州府教授。

張 瑤 河南湯陰縣人。康熙四十二年三甲八十七名進士。任知縣。

高岱宗 山東汶上縣人。康熙四十二年三甲八十八名進士。

何 垣 字紫庭。浙江蕭山縣人。康熙四十二年三甲八十九名進士。五十一年任山東蓬萊知縣。後攝登州郡，以母憂歸。補高苑知縣，以年老乞歸。

張秉盼 直隸清苑縣人。康熙四十二年三甲九十名進士。

鄭爲龍 字令侯，號雲從、海峰。山西文水縣人。康熙四十二年三甲九十一名進士。選庶吉士，任知縣，升山東膠州知州兼安丘縣知縣，後升任杭州、蘇州、陝西漢中知府，雍正七年改直隸定州知府，遷湖南督糧道，直隸通永河道。卒年八十三。

才 住 字辰岩。滿洲正白旗人。康熙四十二年三甲九十二名進士。選庶吉士。散館除名。

秦源寬 江蘇無錫縣人。康熙四十二年三甲九十三名進士。任內閣中書。

韓 黃 順天香河縣人。康熙四十二年三甲九十四名進士。

凌應揆 字端臣，號復齋。浙江烏程縣人。康熙四十二年三甲九十五名進士。怡於進取，晚年選浙江衢州府教授。未赴而卒。

父凌焜，順治十五年進士。

徐 上 字登逵。江蘇江寧縣人。康熙四十二年三甲九十六名進士。五十一年署江西長寧知縣，五十四年任江西龍南知縣。

劉 洪 山西翼城縣人。康熙四十二年三甲九十七名進士。五十一年任江蘇上海知縣。

王漢周 字晋侯。湖北黄岡縣人。康熙三十二年舉人，四十二年三甲九十八名進士。授四川奉節知縣，纍遷甘肅鞏昌知府。以疾卒於任。

萬民欽 字仰之。貴州清平縣人。康熙四十二年三甲九十九名進士。選庶吉士，授檢討。

張廷超 字文躍。江蘇句容縣人。康熙四十二年三甲一百名進士。歷任安徽懷遠、廣西隆安、四川大竹、河南太康知縣，升行人司行人，官至刑部員外郎。以病假歸。卒年七十六。

秦揚 字德聞。直隸曲周縣人。康熙三十九年任山西馬邑知縣，四十二年三甲一百零一名進士。五十一年任廣東恩平知縣。卒於任。

張莪 字子清，號澹園。陜西醴泉縣人。康熙四十二年三甲一百零二名進士。任河南知縣。卒於任。

郭兆垣 山東汶上縣人。康熙三十九年舉人，四十二年三甲一百零三名進士。任雲南大理府雲南縣知縣。

馬駿 字應圖，號恒齋。直隸安州人。康熙四十二年三甲一百零四名進士。五十二年任安徽望江知縣，卓異升福建同知。

魏沅 直隸柏鄉縣人。康熙四十二年三甲一百零五名進士。五十一年任廣東饒平知縣。

千藻 河南武涉縣人。康熙四十二年三甲一百零六名進士。任直隸高邑知縣。

耿繡彝 河南太康縣人。康熙四十二年三甲一百零七名進士。五十七年任湖南臨湘知縣。

勒騰額 滿洲人。康熙四十二年三甲一百零八名進士。

李鳳翔 直隸長垣縣人。康熙四十二年三甲一百零九名進士。

楊士文 字冠三，號吉園。湖北通城縣人。順治十一年（1654）生。康熙四十二年三甲一百十名進士。五十二年任浙江餘杭知縣。

劉敬德 字皇甫，號翼庵。山東丘縣人。康熙四十二年三甲一百十一名進士。未任而卒

何瑞 直隸正定縣人。康熙四十二年三甲一百十二名進士。五十二年任江蘇華亭知縣。

江兆熊 字叔度。江西浮梁縣人。康熙四十二年三甲一百十三名進士。任安徽全椒知縣。

康熙四十五年（1706）丙戌科

第一甲三名

王雲錦 （又名施雲錦，復姓）
字宏駿、海文，號柳溪。江蘇無錫
縣人。康熙四十五年一甲第一名狀
元。授翰林院修撰。掌修國史，四
十八年充會試同考官，五十二年督
陝西學政，纍遷道員。五十七年革
職。著有《秋林集》。

吕葆中 字無堂，號冰遯。浙
江石門縣人。吕留良之子。康熙四十
五年一甲第二名榜眼。授編修。四十
六年（1707）卒。雍正十年十二月因
其父吕留良文字獄案牽連戮尸。

賈國維 字千仞，號毅庵、奠
坤。江蘇高郵州人。康熙四十五年
一甲第三名探花。授編修。五十年
以"行止不端"革職。著有《毅庵
詩鈔》。

第二甲五十名

俞兆晟 字叔穎、一字叔音，
號穎園。浙江海鹽縣人。康熙四十

五年二甲第一名進士。選庶吉士，
授編修。纍遷至侍讀學士，雍正八
年授內閣學士，遷戶部侍郎。十一
年因不能教子（其子俞鴻圖因貪贓
處斬），向來品行不端，與李維鈞結
親依附年羹堯，在戶部將怡親王所
定成規任意更張，十一年罷官。乾
隆初復職歸。著有《海樹堂雜録》
《蔭華軒筆記》《静思齋集》。

吴士玉 字荆山，號臞庵。江
蘇吴縣人。康熙四年（1665）生。
康熙四十五年二甲第二名進士。選
庶吉士，授編修。升翰林院侍讀，
五十六年督直隸學政，六十一年
遷侍讀學士，雍正元年授內閣學
士，三年遷戶部侍郎，歷工部、禮
部侍郎，仍兼內閣學士。九年改吏
部侍郎，十年十月遷左都御史，十
一年二月改禮部尚書。雍正十一年
（1733）三月卒。年六十九。謚"文
恪"。曾奉敕撰《子史精華》三十卷。
著有《映劍集》。

彭廷訓 字伊作，號補堂。江
西南昌人。康熙四十五年二甲第三

名進士。選庶吉士，授編修。五十一年充會試同考官，升贊善，五十九年充山東鄉試主考官，并督山西學政，晉中允。充明史纂修官，致仕歸卒。

喬崇烈 字無功，號學齋。江蘇寶應縣人。康熙四十五年二甲第四名進士。選庶吉士。未散館，淡於榮利，丁憂歸不出。著有《學齋詩集》《棗花莊録稿》《芥舟集》。

父喬萊，康熙六年進士。

蔡學洙 字皐亭，心涵。江蘇江寧縣人。康熙四十五年二甲第五名進士。選庶吉士，授編修。五十二年任癸巳科會試同考官。

鄒奕鳳 字舜威，號環西。江蘇無錫縣人。康熙四十五年二甲第六名進士。選庶吉士，授編修。五十三年任廣東鄉試副考官，五十七年督廣西學政。

林之濬 字巨川，號象湖。福建惠安縣人。康熙四十五年二甲第七名進士。選庶吉士，授編修。五十三年充貴州鄉試副考官，官至左中允，五十六年督江蘇學政。

顧秉直 字西垣。江南長洲縣人。康熙四十五年二甲第八名進士。選庶吉士。散館除名。

趙士英 字鼎望，號舜威。雲南昆明縣人。康熙四十五年二甲第九名進士。選庶吉士。聖祖命書《前赤壁賦》於象牙筆筒，士英跪御前以成，帝甚嘉賞。

沈翼機 字西園，號澹初、須研。浙江海寧縣人。康熙四十五年二甲第十名進士。選庶吉士，授編修。五十三年充四川鄉試副考官，五十六年督貴州學政，官至侍讀學士，雍正元年督江西學政，五年充丁未科會試同考官。著有《澹初詩稿》。

俞長策 字馭世，號檀溪。浙江桐鄉縣人。康熙四十五年二甲十一名進士。選庶吉士，授編修。五十年充四川鄉試主考官，五十二年任陝西鄉試主考官。

父俞之琰，順治十五年進士；弟俞長城，康熙二十四年進士。

張暎 浙江仁和縣人。康熙四十五年二甲十二名進士。任陝西安定知縣。

吳闕杰 字見山。浙江石門縣人。康熙四十五年二甲十三名進士。選庶吉士，授編修。纍遷鴻臚寺少卿，雍正元年任山東兗州知府，五年官至湖南辰沅兵備道。以病歸。

父吳涵，康熙二十一年進士，官左都御史。

戴思訥 字理研，號禮岩。山東掖縣人，原籍江蘇揚州。康熙四十五年二甲十四名進士。選庶吉士，授編修。

子戴汝棻，雍正八年進士。

嵇曾筠 字禮齋，號松友。江蘇無錫縣人。康熙九年（1670）十一月二十六日生。康熙四十五年二甲十五名進士。選庶吉士，任翰林院編修。遷侍講、左僉都御史，雍正元年授兵部左侍郎改副總河督，五年改吏部侍郎仍留河南副總河督任。六年遷兵部尚書改吏部尚書署河南山東河督，八年署南河督。十年加太子太保，雍正十一年四月遷文華殿大學士。乾隆元年管浙江總督，十一月晋太子太傅。三年總理浙江海塘工程，十二月十七日（1739年1月）回籍就醫卒於江蘇無錫，享年六十九。贈少保，謚“文敏”。曾監修《浙江通志》二百八十卷。著有《防河奏議》《師善堂集》。

熊　本　字藝成、伯通，號滌齋。江西南昌縣人。康熙四十五年二甲十六名進士。選庶吉士，授編修。四十八年武英殿大學士熊賜履故世，遺疏內有薦其侄熊本“清廉謹飭可用”之語。經查明遺疏內并無此語，乃熊本串通家人私行添改。罷官，處斬監候，後赦免。乾隆三十一年爲丙戌登科周甲之年，重赴恩榮宴復原官。

父熊一瀟，康熙三年進士，工部尚書；叔熊賜履，順治十五年進士，大學士。

楊開沅　字用九，號芷畹、禹江。江蘇山陽縣人。康熙四十五年二甲十七名進士。選庶吉士，授編修。直武英殿，注解御選唐詩，五十二年充癸巳科會試同考官。卒於任。

宮鴻曆　字友鹿，號恕堂。直隸靜海縣人，原籍江蘇泰州。順治十三年（1656）生。康熙四十五年二甲十八名進士（時年五十一）。選庶吉士，授編修。任武英殿纂修，五十一年任壬辰科會試同考官。年六十三卒於家。工詩，入詞館，曾纂修《合璧連珠集》《二十一史連珠集》。著有《棣園集》《舊雨園集》《瀛海策略》《恕堂詩鈔》。

兄宮夢仁，康熙十二年進士，福建巡撫。

莊令輿　字蓀服，號阮尊。江蘇武進縣人。康熙四十五年二甲十九名進士。選庶吉士，授編修。五十二年任浙江鄉試副考官。後罷歸。著有《雙松晚翠樓詩》。

田　易　順天大興縣人。康熙四十五年二甲二十名進士。雍正五年任湖南永順府同知。

盧弘熹　浙江仁和縣人。康熙四十五年二甲二十一名進士。官至兵部郎中。

陸賜書　字宣穎。江蘇長洲縣人。康熙四十五年二甲二十二名進士。任禮部主事，遷郎中，雍正二年考選河南道御史，遷陝西涼莊道，官至川東道。乾隆四年以疾告歸。卒於家。

父陸肯堂，康熙二十四年狀元。

何　煜　字章漢。江蘇長洲縣人。康熙四十五年二甲二十三名進士。官至河南南陽知府。

父何棟，順治四年進士。

查嗣庭　字潤木，號橫浦、查溪。浙江海寧縣人。康熙三年（1664）正月二十一日生。康熙四十五年二甲二十四名進士。選庶吉士，授編修。纍遷侍講學士，雍正元年授內閣學士，三年遷禮部左侍郎，四年任江西鄉試主考官。一說以"君子不以言舉人"為題，謂具諷刺時事，心中懷怨；一說以"維民所止"為題，被人告發"維止"二字系"雍正"去頭，并以所著日記悖逆不道，科場作弊請托關節等罪，雍正帝大興文字獄。九月革職入獄。五年（1727）五月卒於獄中，年六十四。仍戮屍。闔門就逮，家族多人被殺或流放，并牽連很多人。著有《雙遂堂遺集》。

兄查慎行，康熙四十二年進士；查嗣瑮，康熙三十九年進士。

王壯圖 字東居。山東掖縣人。中舉人後任山東淄川教諭。康熙四十五年二甲二十五名進士。五十一年授直隸行唐知縣，擢主事。以養母告歸。卒於家。

胡世昌 字我克。浙江上虞縣人。康熙四十五年二甲二十六名進士。任直隸雄縣知縣，署吳橋知縣。帝巡直隸試詩賦，取一等一名，賜神書一幅。

索　泰 字介山。滿洲鑲白旗人。康熙四十五年二甲二十七名進士。選庶吉士，授編修。康熙五十六年充浙江鄉試主考官。因受賄革職。

陳大輦 字子京。湖北江夏縣人。康熙四十一年舉人，四十五年二甲二十八名進士。任廣西永安知州，調西隆知州，遷福建鹽運使分司，官至臺廈道。以疾卒。

施　熹 字對揚。江蘇無錫縣人。康熙四十五年二甲二十九名進士。官至刑部郎中。

陳世僎 字蘭侯。浙江海寧縣人。康熙四十五年二甲三十名進士。任刑部郎中，五十二年官至江西建昌知府。六十一年丁憂歸。

陳觀顥 山西澤州直隸州人。康熙四十五年二甲三十一名進士。五十二年任直隸濬縣知縣，雍正二年改任河南知縣。

曹思義 江蘇無錫縣人。康熙四十五年二甲三十二名進士。任甘肅伏羌知縣。

柯天健 字我九。安徽南陵縣人。康熙四十五年二甲三十三名進士。任貴州畢節知縣，署大定黔西等州，升刑部督捕主事。未任卒。

吳廷案 浙江嘉興縣人。康熙四十五年二甲三十四名進士。任知縣。

李玉鋐 字貢南。江蘇通州人。康熙四十五年二甲三十五名進士。五十二年任廣東西寧知縣，纍遷兵部郎中，外任雲南楚雄知府、福建糧驛道，雍正七年授貴州按察使，改福建按察使。九年病免。

廖賡融 江蘇婁縣人。康熙四十五年二甲三十六名進士。五十二年任山東博平知縣，雍正十三年官至江西撫州知府。

王　坦 山東海陽縣大嵩衛人。康熙四十一年舉人，四十五年二甲三十七名進士。任陝西慶陽府同知，後遷甘肅平凉知府，官至戶部員外郎。

施德涵　字淳如。浙江桐鄉縣人。康熙四十五年二甲三十八名進士。任江西鉛山知縣。

鄭任鑰　字惟啓，號魚門。福建侯官縣人。康熙四十五年二甲三十九名進士。選庶吉士，授編修。升侍講，五十三年充江西鄉試副考官，遷翰林院侍讀學士。雍正元年授湖南布政使，改湖北布政使，四年二月遷湖北巡撫，十月改任左副都御史。因任布政使時其戚販賣硝磺，雍正五年正月革職。卒於杭州。著有《非蘦軒稿》。

王　詝　字孝征，號梅冶。江蘇太倉州人。康熙四十五年二甲四十名進士。選庶吉士，任編修。六十年督陝甘學政，遷侍讀學士、少詹事，雍正七年授直隸布政使，十三年改山西布政使，乾隆二年三月署河南改署廣東巡撫。五年因不勝封疆之任十一月召京解職。赴軍臺効力，後釋歸。十六年乾隆帝東巡迎鑾賞三品。乾隆二十年（1755）卒。

父王原祁，康熙九年進士，戶部侍郎。

顧開陸　字元臣。江蘇長洲縣人。康熙四十五年二甲四十一名進士。任永寧知縣，調貴州遵義知縣，雍正六年遷山西澤州府同知，遷絳州直隸州知州。

張　鐸　字聖宣，號木庵。山東齊東縣人。康熙四十五年二甲四十二名進士。任湖北安陸知縣，歷應山、孝感知縣，升德安府同知。

丁憂。服未闋卒。

李　敏　福建甌寧縣人。康熙四十五年二甲四十三名進士。

萬　瑄　湖北襄陽人。康熙三十八年舉人，四十五年二甲四十四名進士。五十二年任浙江麗水知縣。

湯之旭　字孟升，號凝齋。河南睢州人。康熙四十五年二甲四十五名進士。選庶吉士，授編修。五十三年任江南鄉試副考官，六十一年考選廣西道御史，雍正元年改直隸霸昌道，官至左通政副使。

祖父湯斌，順治九年進士，官工部尚書。

張　機　福建閩縣人。康熙四十五年二甲四十六名進士。任四川儀隴知縣。

諸葛銘　順天武清縣人。康熙四十五年二甲四十七名進士。年四十八卒。

子諸葛永齡，雍正十一年進士。

叢方函　江蘇如皋縣人。康熙四十五年二甲四十八名進士。任四川德陽知縣。

陶元運　江蘇通州人。康熙四十五年二甲四十九名進士。五十二年任直隸完縣知縣。

齊方起　安徽桐城縣人。康熙四十五年二甲五十名進士。五十二年任湖北孝感知縣。

第三甲二百三十七名

李元起　河南柘城縣人。康熙

四十五年三甲第一名進士。任內閣中書。

鞠孫樓 江蘇婁縣人。康熙四十五年三甲第二名進士。任浙江武義知縣。

吳文煊 字令樹。順天大興縣人。康熙四十五年三甲第三名進士。四十五年任湖南華容知縣，六十一年改湖北天門知縣。

王允晉 直隸清苑縣人。康熙四十五年三甲第四名進士。以戶部員外郎考選陝西道御史。六十年與陶彝等十三名御史合疏康熙帝陳請建儲，被奪官遣往西邊軍前効力贖罪。雍正四年釋還，以原職休致。

葉　昌（《進士題名碑》作閔昌，一作葉閔昌）字子常，號鶴山。浙江錢塘縣人。康熙四十五年三甲第五名進士。任內閣中書，改廣東靈山知縣，兼署海防同知。

何　深 字頃波。廣東連平洲人。康熙四十五年三甲第六名進士。任湖南扶溝知縣，丁憂服闋，補山東高苑知縣，丁內艱補湖南長沙知縣。謝病歸。著有《出塞吟》行世。

王昭被 字葆光。江蘇太倉州人。康熙四十五年三甲第七名進士。五十三年任湖南邵陽知縣，改授福建龍岩知縣。卓異，行取入都移疾歸。

高攀嵩 字雲客。山東膠州人。康熙四十五年三甲第八名進士。五十二年任湖南攸縣知縣，署茶陵、湘潭知縣，借補廣西雒容知縣，署永寧知縣。以疾卒於官。

衛昌績 字子久，號鐵峰、緘之。山西陽城縣人。康熙四十五年三甲第九名進士。選庶吉士，授檢討。康熙五十三年任山東鄉試副考官，雍正四年考選江南道御史，五年督廣西學政。

陳時夏 字建常。雲南元謀縣人。康熙四十五年三甲第十名進士。任內閣中書，纍遷工部郎中，六十年考選廣西道御史，遷河南開歸陳許道。雍正二年授湖北按察使，因漕船缺額，降調直隸正定知府，四年遷長蘆鹽運使，八月署，十二月授江蘇巡撫。六年五月解職，署山東布政使，後授營田使。乾隆二年授內閣學士，兼禮部侍郎。乾隆三年（1738）十一月卒。

王　霖 字岩夫，號澄齋。江蘇上元縣人。康熙四十五年三甲十一名進士。五十四年任湖北南樟知縣，丁憂。服闋補四川新繁知縣，升禮部祀祭司主事，官至員外員。致仕歸。

傅王雯 浙江山陰縣人。康熙四十五年三甲十二名進士。任山西聞喜知縣。以內憂歸，清風兩袖。著有《孔木集》行世。

宋一端 字次吕，號樸庵。江西奉新縣人。康熙四十二年三甲十三名進士。任陝西金縣知縣，兩攝渭源知縣，後以同知擢用，致仕歸。

賈兆鳳（又名王兆鳳）字九儀，號圖雲。順天通州人，原籍江蘇高郵。康熙三十八年順天鄉試解元，四十五年三甲十四名進士。選庶吉士，授檢討。後革職。

兄賈國維，本科探花。

余旬（原名余祖訓）字田生，號仲敏。福建福清人。康熙四十五年三甲十五名進士。任四川江津知縣，遷吏部主事，六十一年遷山東運河道，雍正元年授山東兗寧道、督糧道。二年閏四月遷山東按察使，十一月召京，三年授順天府丞。後被劾奪官下獄，事白遣卒。

楊宗澤 字陶甫，號棲岩。福建南安縣人。康熙四十五年三甲十六名進士。授內閣中書，以父老歸，父喪服除，補延安同知，年老告休未歸，年六十卒。

陳均 字秉侯，號一泓。江蘇江陰人。康熙四十五年三甲十七名進士。選庶吉士，授檢討。五十四年任會試同考官，五十七年督廣東學政。還朝卒於京。

邵錫章 浙江仁和縣人。康熙四十五年三甲十八名進士。任直隸長垣知縣。

坡岱 滿洲正黃旗人。覺羅氏。康熙四十五年三甲十九名進士。任滿洲覺羅進寶佐領。

劉青藜 字太乙，號臥廬、嘯月。河南襄城縣人。康熙四十五年三甲二十名進士。選庶吉士。未散館，因父喪嘔血，在家侍母不復出。四十八年（1709）卒。年四十六。著有《高陽山人詩文集》十二卷、《詩集》二十卷、《金石續錄》四卷。

弟劉青芝，雍正五年進士。

許維楷 浙江海寧縣人。康熙四十五年三甲二十一名進士。

楊爲楲 字芃若。湖南巴陵縣人。康熙四十五年三甲二十二名進士。五十二年任浙江山陰知縣，雍正三年補馬平知縣。致仕歸。

彭維新 字肇周，號石源。湖南茶陵縣人。康熙四十五年三甲二十三名進士。選庶吉士，任翰林院檢討。纍遷少詹事，雍正四年授直隸按察使，改河南按察使，遷浙江布政使。六年授禮部侍郎，改刑部、吏部侍郎，九年遷都察院左都御史，改戶部尚書，十一年二月辦理內閣大學士事務。十二月革。十三年十月復任左都御史，丁憂。乾隆六年授戶部侍郎，九年遷兵部尚書。十二年九月革。十三年三授左都御史。十五年革。乾隆二十四年（1759）卒。著有《墨香閣集》。

姜承謙 浙江會稽縣人。康熙四十五年三甲二十四名進士。

錢榮世 字天槎，號紉關。江蘇武進縣人。康熙四十五年三甲二十五名進士。選庶吉士，授檢討。

兄錢名世，康熙四十二年進士。

王克讓 字允恭，號文思。山東臨淄縣人。康熙四十五年三甲二十六名進士。五十二年授廣東始興知縣，補浙江樂清知縣。以罣吏議去職。

李鍾峨 字雪原、西原，號芝麓。四川通江縣人。康熙四十五年三甲二十七名進士。選庶吉士，授檢討。五十一年任會試同考官，五十六年督福建學政，雍正二年以庶子充廣西鄉試主考官，官至太常寺少卿。著有《保寧志》《垂文亭詩文集》二卷。

閔佩 字玉蒼，號雪嚴，一作雪岩。浙江錢塘縣人。康熙四十五年三甲二十八名進士。任四川峨嵋知縣，進刑部主事、郎中，雍正十一年考授山東道御史。與修《大清會典》。著有《本草纂要》。

馬豫 字觀我，號文湘。陝西綏德州人。家金陵（今南京）。康熙四十五年三甲二十九名進士。選庶吉士，授檢討。五十七年任戊戌科會試同考官，五十九年以侍講督浙江學政。雍正元年革。善畫墨竹、坡石、水澗。

閻堯熙 字涑陽。山西夏縣人。康熙十三年（1674）生。康熙四十五年三甲三十名進士。五十二年授直隸藁城知縣，雍正元年調南宮知縣，擢晉州知州，遷山東青州知府，五年改浙江嘉興知府，九年再任，遷江西鹽驛道，乾隆元年四月授湖北按察使，五年遷四川布政使。乾隆七年（1742）九月十三日卒於官。年六十九。

史慶義 字蔚奇。山西太平縣人，原籍江蘇甘泉。康熙四十五年三甲三十一名進士。任山東新泰知縣，官至吏部驗封司員外郎。

陳瓊 字時儒。福建閩縣人。康熙四十五年三甲三十二名進士。

楊企震 江蘇武進縣人。康熙四十五年三甲三十三名進士。任直隸新河知縣。

崔致遠 山西曲沃縣人。康熙四十五年三甲三十四名進士。五十二年任四川大竹知縣，雍正初年官至戶科給事中。

任澐 浙江蕭山縣人。康熙四十五年三甲三十五名進士。五十五年任江西瑞金知縣。

張曘樞 山西曲沃縣人。康熙四十五年三甲三十六名進士。五十二年任山東齊河知縣，雍正元年行取，四年遷湖南永州知府。

魏定國 字步千，號慎齋。江西廣昌縣人。康熙十七年（1678）生。康熙四十五年三甲三十七名進士。五十三年任湖北應城知縣，以卓異擢直隸冀州知州，雍正二年遷杭州知府，四年授河南按察使改直隸按察使，六年解職。十三年署陝西按察使，乾隆五年遷山東布政使，七年改安徽布政使。十年四月遷安徽巡撫，十一年五月改刑部、吏部侍郎。十三年十二月休致。乾隆二十年（1755）卒。年七十八。

父魏方泰，康熙三十九年進士。

岳維 四川南江縣人。康熙四十五年三甲三十八名進士。任貴州荔波知縣。

鄭金章 字若敏。福建閩縣人。康熙四十五年三甲三十九名進士。授四川梓潼知縣，補河南河內縣，因水灾先賑後報，忤上官，令變産賠贖，罷官歸。卒年八十五。

邵錫光 字克大，號恢齋。浙江仁和縣人。康熙四十五年三甲四十名進士。五十四年任江西新建知縣，丁憂。六十一年補安徽潁上知縣、蕪湖知縣，雍正元年任江蘇溧陽知縣，在任四年以他事降調去。官至雲南禄勸州知州。

樊 琳 字林玉，號月山。河南河内縣人。康熙四十五年三甲四十一名進士。五十二年任浙江慈溪知縣，丁憂歸。雍正十一年任浙江黄岩知縣。

李 瑩 直隸元城縣人。康熙四十五年三甲四十二名進士。

王開運 湖北通城縣人。康熙四十五年三甲四十三名進士。任順天房山知縣。

王士炳 字維章。山東掖縣人。康熙四十五年三甲四十四名進士。授河南滑縣知縣。卒於任。

諸起新 字卓山。浙江餘姚縣人。康熙四十五年三甲四十五名進士。選庶吉士，授檢討。五十二年任會試同考官。

滿 保 字九如、鳧山。滿洲正黄旗，覺羅氏，康熙四十五年三甲四十六名進士。纍遷國子監祭酒，四十八年授内閣學士，五十年遷福建巡撫，五十四年任浙閩總督，出師臺灣征朱一貴，七日平息，以功加兵部尚書銜。雍正三年（1725）九月初六日卒。年五十三。著有《檢心堂稿》。

張懋能 字戢在，號莪齋。江西奉新縣人。康熙四十五年三甲四十七名進士。選庶吉士，授檢討。五十六年任浙江鄉試副考官，因失察科場舞弊降爲行人司司副。卒年五十一。

葛亮臣 河南商丘縣人。康熙四十五年三甲四十八名進士。五十三年任湖南衡山知縣。

方粲如 字若文、文輈，號樸山。浙江淳安縣人。康熙十一年（1672）生。康熙四十五年三甲四十九名進士。任直隸豐潤知縣。坐事免。晚主敷文書院。工詩古文詞，與方舟、方苞并稱"三方"。著有《周易通義》《尚書通義》《毛詩通義》《鄭注拾沈》《離騷經解》《集虛齋四書口義》《集虛齋學古文》《集虛齋詩集》《十三經集解》《四書考典》《讀禮記》《樸山存稿》《續稿》等。

浦文焯 字元量。浙江嘉善縣人。康熙四十五年三甲五十名進士。任直隸蠡縣知縣，升正定府同知，雍正元年擢直隸河間知府，三年授直隸按察使，尋降歸。乾隆初授福建糧道。著有《鶴貽堂集》《平怒齋文稿》。

趙 祁 山西盂縣人。康熙四十五年三甲五十一名進士。任江蘇宜興知縣。

陳廷煒 字致遠。浙江秀水縣人。康熙四十五年三甲五十二名進士。五十三年任安徽建平知縣。著有《二觀齋詩稿》。

竇容恂　字介子。河南柘城縣人。康熙四十五年三甲五十三名進士。任內閣中書，升工部主事，雍正七年升員外郎，遷山西汾州知府，調安徽徽州知府，以事落職。後補四川嘉定知府。引疾歸。

沈瑞鶴　河南葉縣人。康熙四十五年三甲五十四名進士。五十三年任江蘇沛縣知縣，雍正三年任浙江平陽知縣。

王思訓　字疇五，號永齋。雲南昆明縣人。康熙四十五年三甲五十五名進士。選庶吉士，授檢討。五十六年督江西學政，雍正元年任廣東鄉試副考官，遷翰林院侍讀。致仕歸。著有《滇乘文集》《見山樓集》。

錢志彤　字賡臣。江蘇丹徒縣人。康熙四十五年三甲五十六名進士。五十年任湖南慈利知縣，五十四年改甘肅鎮原知縣。

陸逢寵　廣東高要縣人，康熙四十五年三甲五十七名進士。五十五年任江西定南知縣。

蔣殿賓　浙江烏程縣人。康熙四十五年三甲五十八名進士。

李棠　直隸清苑縣人。康熙四十五年三甲五十九名進士。任江蘇句容知縣，五十三年改四川西充知縣，乾隆三十一年改安徽天長知縣。

張寅　字曉谷。山東濱州人。康熙四十五年三甲六十名進士。授陝西盩厔知縣，行取禮部主事。以疾乞歸。著有《西征記》《征西吟》。

郁士超　江蘇宜興縣人。康熙四十五年三甲六十一名進士。任河南扶溝知縣，在任五年升同知。

奇勒倫　滿洲正白旗人。康熙四十五年三甲六十二名進士。官至侍讀。

劉朝講　字右平，號丹湖。江蘇高淳縣人。康熙四十五年三甲六十三名進士。五十二年任湖北孝感知縣。多善政。卒於任。

張調元　山西祁縣人。康熙四十五年三甲六十四名進士。任雲南、河南知縣。

吳樹　浙江石門縣人。康熙四十五年三甲六十五名進士。任江蘇如皋知縣，五十四年改湖南常寧知縣。

吳文淵　字涵映。江蘇金壇縣人。康熙四十五年三甲六十六名進士。未仕卒。

杜濱　字文瀾。山西平陸縣人。康熙四十五年三甲六十七名進士。五十四年任安徽宣城知縣，行取宗人府主事，雍正二年擢山西道御史，升吏科給事中，官至陝西督糧道。總理西路軍需，解組歸，年七十卒。著有《澹廬詩文集》。

錢攀元　字丹衷。浙江桐鄉縣人。康熙四十五年三甲六十八名進士。任湖南寧鄉知縣。

張可大　字坤行。山東海豐縣人。康熙四十五年三甲六十九名進士。任鰲山衛教授。主講白雪書院。以卓異六十一年遷浙江永嘉知縣。

因該縣連年歉收，挪用倉儲賑災，解任歸。卒年七十三。

李樹目 字仲明。山東單縣人。康熙四十五年三甲七十名進士。任內閣中書。養母告歸。

李 焕 字瞻瑤。湖北麻城縣人。康熙四十五年三甲七十一名進士。五十五年任江西南康知縣。在任七年卒於官。

李掌圓 字十洲，號仙庵。山東陽信縣人。康熙三十八年山東鄉試解元，四十五年三甲七十二名進士。選庶吉士，授檢討。參與修三朝國史、《一統志》。歸後閉戶著述，有《四書格物彙編》《易經發蒙》等。

陳維嶽 山西猗氏縣人。康熙四十五年三甲七十三名進士。五十四年任浙江桐廬知縣，雍正三年至五年任山東新城知縣。

薛士璣 福建福清縣人。康熙四十五年三甲七十四名進士。任江西興安知縣。

朱文龍 字雲賓。山東陽信縣人。康熙四十五年三甲七十五名進士。五十四年任浙江平湖知縣。以勞瘁卒於官。

陳秉忠 （本姓何）字禮尚。福建同安縣人。康熙四十五年三甲七十六名進士。任四川昭化知縣，後補主事未得缺，年六十六卒於京。

李文輝 湖北江陵人。康熙三十二年舉人，四十五年三甲七十七名進士。五十四年任山西河津知縣。

何 鑑 江西新城縣人。康熙四十五年三甲七十八名進士。任江西雩都知縣。

鄭錫爵 山西文水縣人。康熙四十五年三甲七十九名進士。雍正三年任順天府涿州知州，五年遷直隸廣平知府。

吳宗阿 奉天府（一作滿洲鑲白旗）人。康熙四十五年三甲八十名進士。任滿洲廣哥佐領。

曹 樞 字建中。浙江桐鄉縣人。康熙四十五年三甲八十一名進士。雍正二年任江蘇如皋知縣。

龔晉錫 字蒼書。江蘇常熟縣人。康熙四十五年三甲八十二名進士。

丁士一 字鶚薦，號河峰。山東日照縣人。康熙四十五年三甲八十三名進士。任四川什邡知縣，升戶部主事，六十一年考選御史，雍正二年授浙江按察使，四年遷江西布政使。因江西鄉試主考官查嗣庭文字獄牽連革職。著有《春餘集》《三山詩草》等。

史尚節 字衛周，號桐川、桐山。浙江仁和縣人。康熙四十五年三甲八十四名進士。選庶吉士，授檢討。

劉之玠 漢軍鑲藍旗人。康熙四十五年三甲八十五名進士。任知縣。改漢軍劉顯倫佐領。

彭 倩 江西安福縣人。康熙四十五年三甲八十六名進士。

周 憲 字度千，號蓮漪。江蘇山陽縣人。康熙四十五年三甲八十七名進士。五十四年任廣東興寧知縣。

王萃　字秋史，號蓼與谷，又號二十四泉主人。山東歷城縣人。順治十六年（1659）生。康熙四十五年三甲八十八名進士。歸班候選知縣，五十一年任山東榮城成山衛教授。乞養歸。康熙五十九年（1720）卒。年六十二。著作極富，其詩富才情。有《二十四泉草堂集》《蓼村文集》等。

韓煛　（一作韓煛）字希彥。直隸新安縣人。康熙四十五年三甲八十九名進士。任內閣中書，雍正元年考選山東道御史。

盧生甫　字仲山。浙江平湖縣人。康熙四十五年三甲九十名進士。五十四年任山東定陶縣知縣，五十九年改廣東臨高知縣，擢知州，纍遷刑部郎中，官至遵義知府。有惠政。著有《孝經注》《讀律質疑》《東湖乘》《受中編》。

劉植　奉天府人（一作漢軍正藍旗）人。康熙四十五年三甲九十一名進士。官至兵部郎中。

孫讜　字一士。直隸滄州人，原籍浙江餘姚。康熙四十五年三甲九十二名進士。任江蘇武進知縣。歸後數日卒。

吳世雍　字南渠。浙江餘杭縣人。康熙四十五年三甲九十三名進士。任山西壺關知縣、長子知縣，雍正元年改沁源知縣，三年改山西襄陵知縣。

潘楷　字特書。湖南華容縣人。康熙四十五年三甲九十四名進士。選庶吉士，授檢討。卒於京邸。

魏嶱　字雲岑，號念泉、陟庵。直隸南樂縣人。康熙四十五年三甲九十五名進士。五十四年任浙江錢塘知縣。以事去官，家居十二年，卒年六十八。著有《組力經山房稿》一卷、《且齋草》四卷。

劉曰朝　陝西膚施縣人。康熙四十五年三甲九十六名進士。五十四年任湖南沅江知縣。

馬作肅　山東樂安縣人。康熙四十五年三甲九十七名進士。任河南尉氏知縣，改山東武定府教授。

俎可嘗　字奉先。山東武定州人。康熙四十五年三甲九十八名進士。

鄧廷相　字黼宸，號談中。江西新城縣人。康熙四十五年三甲九十九名進士。任河南儀封知縣。卒於任。

楊廷琚　字帶黃，號濬川。浙江開化縣人。康熙四十五年三甲一百名進士。五十四年授四川蘆山知縣。乞休歸。著有《羲經辯精》《古文注解》《新纂類書》《家塾正銓》等。

王鎬　江蘇上海縣人。康熙四十五年三甲一百零一名進士。任內閣中書。

姚協于　直隸樂亭縣人。康熙四十五年三甲一百零二名進士。五十七年任浙江會稽知縣，署蕭山知縣。

何國璽　山東益都縣人。康熙四十五年三甲一百零三名進士。五十四年任山西陽曲知縣。

林甲　字秀夫。山東掖縣人。康熙四十五年三甲一百零四名進士。任福建清流知縣。以終養歸。

王志援　字予濟，號竹屏。安徽建平縣人。康熙四十五年三甲一百零五名進士。五十五年任湖南桂陽知縣。卒於任。

王旬　河南考城縣人。康熙四十五年三甲一百零六名進士。

周定範　江蘇武進縣人。康熙四十五年三甲一百零七名進士。任廣西荔浦知縣。

李毓岐　陝西高陵縣人。康熙四十五年三甲一百零八名進士。五十五年任山西陽城知縣。

王作楷　陝西乾州人。康熙四十五年三甲一百零九名進士。五十五年任湖南綏寧知縣。

王之麟　字仁趾，號振庵。山東陽穀縣人。康熙四十五年三甲一百十名進士。纍遷至四川川東道，康熙五十一年授廣西按察使，五十五年改浙江按察使，雍正二年召京。三年五月授左副都御史。五年降調。

徐恕　山東臨清州人。康熙四十五年三甲一百十一名進士。五十五年任江蘇山陽知縣，官至海防同知。

李琬　字公琰。山東郓城縣人。康熙四十五年三甲一百十二名進士。任直隸武強知縣，署定州直隸州知州。

張若衡　字伊平。湖北江夏縣人。康熙四十一年舉人，四十五年三甲一百十三名進士。授甘肅狄道知縣，雍正元年補河南睢州知州，擢四川雅州直隸州知州。

李日更　字皆仰，號再熙。山東棲霞縣人。康熙四十五年三甲一百十四名進士。選庶吉士，授檢討。五十一年任壬辰科會試同考官，官至貴州糧道。以疾歸。卒於里。

郭偉　字靖圍。雲南新興縣人。康熙四十五年三甲一百十五名進士。五十四年任河南鎮平知縣，官至吏部稽勳司員外郎。丁憂歸。以哀毀卒。

呂耀曾　字宗華，號樸岩。河南新安縣人。康熙四十五年三甲一百十六名進士。纍遷江西袁州知府，擢武昌道，雍正五年遷四川按察使、左僉都御史、順天府丞，雍正十一年授奉天府尹。十二年遷左副都御史，改吏部侍郎，九月調倉場侍郎。乾隆元年改戶部侍郎，三年復任倉場侍郎。乾隆八年（1743）卒。

王楫　字公濟。山東武城縣人。康熙四十五年三甲一百十七名進士。任陝西懷遠、膚施知縣，雍正三年調安徽銅陵知縣。解任後居銅十餘載，開館授徒，後歸里。

王琮　直隸肅寧縣人。康熙四十五年三甲一百十八名進士。

李琪　河南濟源縣人。康熙四十五年三甲一百十九名進士。雍正八年纍遷直隸河間知府，十二年官至直隸大名知府。

徐登甲 福建漳浦縣人。康熙四十五年三甲一百二十名進士。五十四年任山東福山知縣。

沈光定 浙江鄞縣人。康熙四十五年三甲一百二十一名進士。五十五年任直隸徐水知縣。

錢以瑛 浙江秀水縣人。康熙四十五年三甲一百二十二名進士。任湖北黃陂知縣，改禮部主事，雍正三年考選御史，以主事原銜休致。

許　進 字幼成。安徽桐城縣人。康熙四十五年三甲一百二十三名進士。

張必新 字命之，號銘齋。江蘇高淳縣人。康熙四十五年三甲一百二十四名進士。任陝西渭南知縣。親喪歸。

尚居易 陝西臨潼縣人。康熙四十五年三甲一百二十五名進士。

李　灝 字鑄遠。山東郓城縣人。康熙四十五年三甲一百二十六名進士。五十五年任江蘇婁縣知縣。

錢　珂 江蘇青浦縣人。康熙四十五年三甲一百二十七名進士。五十五年任山東萊蕪知縣。

鄒　庚 河南河內縣人。康熙四十五年三甲一百二十八名進士。

繆　詵 字繩孫。江蘇江陰縣人。康熙四十五年三甲一百二十九名進士。任河南郏縣知縣，忤上官歸。五十五年授湖南宜章知縣，調湖南桂陽知縣，雍正六年補河南葉縣知縣，八年任河南偃師知縣。

鄭亦鄒 福建韶安縣人。康熙四十五年三甲一百三十名進士。任浙江餘杭知縣。

侯維垣 山西陽泉縣人。康熙四十五年三甲一百三十一名進士。任浙江餘杭知縣。

陳　倬 貴州湄潭縣人。康熙四十五年三甲一百三十二名進士。五十五年任湖北蒲圻知縣。

諸　晉 字瞻宸。江蘇青浦縣人。康熙四十五年三甲一百三十三名進士。任河南夏邑知縣，卒於官。

趙　貞 陝西洋縣人。康熙四十五年三甲一百三十四名進士。善書法。

吳茂陵 字松如。安徽潁州人。康熙四十五年三甲一百三十五名進士。五十四年任直隸井陘知縣，署獲鹿知縣。

杭宜祿 （《八旗通志》作杭禄）滿州正紅旗人。康熙四十五年三甲一百三十六名進士。選庶吉士。散館除名。

郭儀韓 陝西蒲城縣人。康熙四十五年三甲一百三十七名進士。任教授。

秦　晉 浙江慈溪縣人。康熙四十五年三甲一百三十八名進士。任四川雲陽知縣。

王全才 字仲默。湖北武昌縣人。康熙三十八年舉人，四十五年三甲一百三十九名進士。五十五年任廣東長寧知縣。卒於任。

馬　尹　字莘叟。江蘇常熟縣人。康熙四十五年三甲一百四十名進士。五十四年任廣西昭平知縣。卒於任。

都　麥　滿洲鑲藍旗人。康熙四十五年三甲一百四十一名進士。官至都政司經歷。

徐　琳　漢軍鑲白旗人。康熙四十五年三甲一百四十二名進士。任雲南宜良知縣，雍正元年纍遷直隸保定知府。

常　生　字謝庭。滿州正白旗人。康熙四十五年三甲一百四十三名進士。選庶吉士。散館除名。

張雲鷃　浙江建德縣人。康熙四十五年三甲一百四十四名進士。以親老不謁選，郡守聘爲書院山長。後任陝西澄城知縣。以徵科不力辭歸。

丘　晟　福建將樂縣人。康熙四十五年三甲一百四十五名進士。五十四年任浙江諸暨知縣。

劉文璹　浙江山陰縣人。康熙四十五年三甲一百四十六名進士。任湖北黃梅知縣。

王允文　（本姓馬）字枚先。江蘇長洲縣人。康熙四十五年三甲一百四十七名進士。任直隸棗強知縣。

李纍珠　字端如。河南臨漳縣人。康熙四十五年三甲一百四十八名進士。五十五年任山東德平知縣。歸後以讀書爲事。卒年九十六。著有《歸吟草》《四書就正編》。

王我都　直隸清苑縣人。康熙四十五年三甲一百四十九名進士。五十五年任浙江義烏知縣，六十年改山西安澤知縣，雍正元年改山西武鄉知縣。

魏　壯　字正也。直隸獲鹿縣人。康熙四十五年三甲一百五十名進士。五十六年任山東臨邑知縣，雍正四年官至湖南常德知府，五年改廣西蒼梧鹽驛道，改福建延建邵道，官至鴻臚寺卿。卒於任。

從弟魏觀，同榜進士。

袁守待　字紹宏。湖北興國州人。康熙三十二年舉人，四十五年三甲一百五十一名進士。五十五年任山西靈石知縣。卒於任。

蔡驥良　（《進士題名碑》作劉驥良，本姓蔡）字德夫，號素亭。福建漳浦縣人。康熙四十五年三甲一百五十二名進士。康熙二十九年任同安縣教諭，在任十六年九上公車，康熙四十五年始登進士。著有《日閑齋集》。

杜文煥　字星五，號聚東。直隸阜城縣人。康熙四十五年三甲一百五十三名進士。任直隸宣化府教授。未幾卒。

范　琇　河南虞城縣人。康熙四十五年三甲一百五十四名進士。任江蘇丹陽知縣。

雷　應　陝西朝邑縣人。康熙四十五年三甲一百五十五名進士。五十八年任廣東仁化知縣。

韓鳳聲　字中五。陝西涇陽縣人。康熙四十五年三甲一百五十六名進士。選庶吉士。散館除名。

劉溥 直隸獲鹿縣人。康熙四十五年三甲一百五十七名進士。

周傑 江西建昌縣人。康熙四十五年三甲一百五十八名進士。

李樟 字樟木。陝西富平縣人。康熙四十五年三甲一百五十九名進士。五十五年任廣東平遠知縣。

劉自唐 字堯封。陝西鳳翔縣人。康熙四十五年三甲一百六十名進士。任雲南祿豐知縣，行取吏部文選司主事，雍正四年授湖南保靖府同知，七年改湖南永順府同知。

李士珍 河南洛陽縣人。康熙四十五年三甲一百六十一名進士。未仕。

蕭震 湖北潛江縣人。康熙三十五年舉人，四十五年三甲一百六十二名進士。任福建臺灣鳳山知縣。

洪晨孚 字愚山、愚三。廣東海豐縣人。康熙三十八年廣東鄉試解元，四十五年三甲一百六十三名進士。選庶吉士，授檢討。改戶部主事。

王坦 字居易，號思齋。直隸交河縣人。康熙四十五年三甲一百六十四名進士。五十五年任江西永豐知縣，雍正五年改江蘇句容知縣，六年改江蘇震澤知縣。

諸葛琪 浙江蘭溪縣人。康熙四十五年三甲一百六十五名進士。任雲南易門知縣。

魯曾 山東蓬萊縣人。康熙四十五年三甲一百六十六名進士。任貴州甕安知縣。

衛士楨 山西猗氏縣人。康熙四十五年三甲一百六十七名進士。任山東陵縣知縣。

趙資 字獻先，號靜齋。山東寧海縣人。康熙四十五年三甲一百六十八名進士。任雲南嶍峨知縣，雍正五年考選河南道御史，擢浙江台州知府。

毛遠宗 浙江仁和縣人。康熙四十五年三甲一百六十九名進士。任內閣中書。

德弘 （改名德通）滿洲正白旗人。康熙四十五年三甲一百七十名進士。官至御史。

陳厚耀 字泗源，號曙峰，江蘇泰州人。順治五年（1648）生。康熙四十五年三甲一百七十一名進士（時年五十九）。歸班候選知縣，任蘇州府教授，改內閣中書，五十二年特授編修。直內廷，五十七年充會試同考官，遷國子監司業，改詹事府左春坊左諭德。以老乞休。康熙六十一年（1722）卒，年七十五。爲清代天文曆算學家。著有《內心齋詩稿》《易箋》《河干問答》《春秋戰國異辭》《春秋世族譜》《孔子家語注》等。

韓允恭 山東膠州人。康熙四十五年三甲一百七十二名進士。

呂文櫻 字果初，號西園。山西汾陽縣人。康熙四十五年三甲一百七十三名進士。授江西弋陽知縣，五十七年署金溪知縣，纍遷禮部郎中，雍正二年督山東學政，七年考選湖廣道御史，補通政司參議，雍正十年官至奉天府丞兼學政。

王珣 字石和，號韞輝。山西孟縣人。康熙四十五年三甲一百七十四名進士。選庶吉士，授檢討。後辭官歸里，主講晋陽書院十餘年。著有《王石和文集》《韞輝文稿》。

來珏 字紫蒼。浙江仁和縣人。康熙四十五年三甲一百七十五名進士。任福建永福知縣。

包括 字銀河。浙江錢塘縣人。康熙四十五年三甲一百七十六名進士。任四川知縣，纍遷刑部員外郎，外任江蘇常州知府，遷太倉兵備道，乾隆元年改山東登萊道。三年授甘肅按察使改江蘇按察使，五年遷安徽布政使，十一月署江西巡撫，六年九月回任安徽布政使，七年改山東布政使，十一月召京以三品京堂候補。乾隆九年（1744）卒。

蔣綱 字容江。廣西全州人。康熙四十五年三甲一百七十七名進士。選庶吉士，授檢討。六十年任辛丑科會試同考官。

魏觀 字賓也。直隸獲鹿縣人。康熙四十五年三甲一百七十八名進士。五十八年任浙江諸暨知縣，擢主事，遷員外郎，雍正五年遷江蘇鎮江知府，改紹興知府，官至江蘇蘇松太道，曾署按察使。解組歸。不復出。

從兄魏壯，同榜進士。

張鉞 字鼎仲。浙江會稽縣人。康熙四十五年三甲一百七十九名進士。任河南商水知縣。在任三年歸，杜門不出。著有《春秋訂傳》《藝苑筌蹄》《會心樓集》等。

王珍 直隸盧龍縣人。康熙四十五年三甲一百八十名進士。任直隸山海衛儒學教授。

李璿 字斯齊。山東諸城縣人。康熙四十五年三甲一百八十一名進士。授戶部主事，遷禮部郎中，五十一年任江南道御史。以疾卒於官。年五十七。

那山 滿洲正白旗人。康熙四十五年三甲一百八十二名進士。任滿洲千里保佐領。

壽致潤 字于陸、雨六，號南湖。浙江諸暨縣人。康熙三十二年浙江鄉試解元，四十五年三甲一百八十三名進士。選庶吉士。授檢討。

王秉義 字質庵。山東海豐縣人。康熙四十五年三甲一百八十四名進士。任陝西淳化知縣。多惠政。旋以蘭州邊餉之役勞苦，抱病告歸。

秦驤 山西沁州直隸州人。康熙四十五年三甲一百八十五名進士。

程彥 字松皋、晏裘。江蘇武進縣人。康熙四十五年三甲一百八十六名進士。任甘肅靈台知縣。征準噶爾，以事罷官，羈西陲十餘年始歸。歸後吟咏詩文，與陳鍊、胡香昊相唱合。

七十 滿洲正紅旗人。康熙

四十五年三甲一百八十七名進士。任滿洲包衣阿達海佐領。

陶國奇 直隸清苑縣人。康熙四十五年三甲一百八十八名進士。

周玉甲 字聖賓。江蘇崇明縣人。康熙四十五年三甲一百八十九名進士。授內閣中書，改河南陽武知縣，前任某以虧帑不得歸，代償二千餘金。後以母憂歸，年八十五卒於家。

謝王寵 字賓于，號愚齋、觀齋。甘肅寧夏衛人。康熙四十五年三甲一百九十名進士。選庶吉士，授檢討。雍正元年纍遷山西雁平道，升侍讀學士、國子監祭酒。雍正六年六月署順天府尹，九月遷左副都御史，八年降宗人府丞。十年病休，年七十卒。著有《愚齋反經錄》。

李空凡 山西平定州人。康熙四十五年三甲一百九十一名進士。五十五年任湖南漵浦知縣，雍正九年改江西豐城知縣。

聶師堯 漢軍鑲黃旗人。康熙四十五年三甲一百九十二名進士。任知縣。

羅其貞 字復仙，號裕庵。四川遵義縣人。康熙四十五年三甲一百九十三名進士。任河南偃師知縣，六十一年行取浙江道御史。雍正五年授光祿寺卿，改大理寺卿。六年革。

王顯一 字立峰。浙江海鹽縣人。康熙四十五年三甲一百九十四名進士。任甘肅成縣知縣，改西寧知縣。西陲用兵，派赴關外辦理轉運，歷沙漠苦寒地，四年往返二次，不辭勞瘁，以勞卒於關外。大將軍班師，親率屬載柩至鞏昌還其家。

劉洽 江蘇武進縣人。康熙四十五年三甲一百九十五名進士。任安徽徽州府教授。

尚彤庭 字觀光，號涇川。陝西長武縣人。康熙四十五年三甲一百九十六名進士。選庶吉士。散館除名。

何如栻 江蘇丹徒縣人。康熙四十五年三甲一百九十七名進士。五十五年任湖南酃縣知縣。

梁星慶 山西清源縣人。康熙四十五年三甲一百九十八名進士。任廣東四會知縣。

趙煌（《進士題名碑》作趙煜，誤）陝西乾州人。康熙四十五年三甲一百九十九名進士。五十六年任山西襄垣知縣。

趙世勛 漢軍鑲白旗，奉天府人。康熙四十五年三甲二百名進士。官至雲南昭通府蒙化直隸廳掌印同知。

閻光衍 山西長治縣人。康熙四十五年三甲二百零一名進士。五十八年任湖南會同知縣。

陳元度 字武岡。江蘇江都縣人。康熙四十五年三甲二百零二名進士。五十六年授直隸赤城知縣，雍正六年補河南郟縣知縣，八年擢刑部湖廣司主事。乞休。年八十一卒於家。著有《野堂集》《金台還璞集》。

甯秉謙 陝西郃陽縣人。康熙

四十五年三甲二百零三名進士。

田承謨 浙江仁和縣人。康熙四十五年三甲二百零四名進士。五十六年任廣東吳川知縣。

戴兆佳 字士期、舒侯。安徽建平縣人。康熙四十五年三甲二百零五名進士。任浙江寧海知縣，五十八年任浙江天台知縣，擢戶部主事，官至戶部員外郎。卒於任。著有《天台治略》。

羅濬 廣東大浦縣人。康熙四十五年三甲二百零六名進士。五十六年任江蘇蕭縣知縣。

梁兆吉 廣西新寧州人。康熙四十五年三甲二百零七名進士。五十六年任順天府東安知縣。

蔣進 字紉園，號巽亭。江蘇高郵州人。康熙四十五年三甲二百零八名進士。授直隸阜城知縣。

劉鑑 字太空，號薔齋。陝西咸寧縣人。康熙四十五年三甲二百零九名進士。五十六年任山西寧鄉知縣，雍正五年補安徽寧國知縣。因不合上官告歸去。閉門謝客，講授實學，隱居三十年，卒年八十二。著有《思誠堂集》《古文雜鈔》《古今詩鈔》《四書題說》《四書大小題稿》。

徐能容 字介庵。江西南城縣人。康熙四十五年三甲二百十名進士。選庶吉士。散館除名。

段獻生 字相山，號柱湖。湖南常寧縣人。康熙四十五年三甲二百十一名進士。授內閣中書，改福建上杭知縣，雍正二年調廣東新安知縣。丁繼母憂歸。博學通經，醫、算皆能。著有《柱湖詩鈔》。

王俊 （榜名周俊，復姓）貴州貴陽縣人。康熙四十五年三甲二百十二名進士。選庶吉士。

王業昌 河南孟津縣人。康熙四十五年三甲二百十三名進士。雍正二年任河南南陽府教授。

王作朋 河南河內縣人。康熙四十五年三甲二百十四名進士。任江西鉛山知縣，六十一年遷岢嵐州知州，雍正五年署山西曲沃知縣事知州。因約束胥役過於嚴刻，比較錢糧用刑太重，胥役與百姓聯合百餘人，將其衣冠毀壞，搶其衣物銀錢。

陳亦濂 河南汲縣人。康熙四十五年三甲二百十五名進士。

馮雲會 字龍章。山東武定州人。康熙四十五年三甲二百十六名進士。授雲南楚雄知縣。引疾歸。

陳紱 浙江會稽縣人。康熙四十五年三甲二百十七名進士。五十九年任廣東高明知縣。

趙予信 字孚中。順天大興縣人，原籍浙江山陰。康熙四十五年三甲二百十八名進士。五十六年任浙江寧海知縣，雍正二年兼理天台知縣。因台州知府楊廷璋逼勒交盤出結，自刎身亡。

白璿 直隸交河縣人。康熙四十五年三甲二百十九名進士。不樂仕進。

李愻 字漢璽，號文峰。山東萊陽縣人。康熙四十五年三甲二百二十名進士。任廣東英德知縣。

高汝撙 字北海。山東萊陽縣人。康熙四十五年三甲二百二十一名進士。授直隸威縣知縣。母喪歸。

吳瑞焉 （《進士題名碑》作吳瑞馬，誤）字象真。福建福安縣人。康熙四十五年三甲二百二十二名進士。選中書舍人未補，供職鰲峰書院。任湖北棗陽知縣，纍署直隸新河、冀州。嘗運糧西域。著有《湖山》《且吟》《三山存稿》《塞竹雜咏》《雪行日記》《且暇吟》等。

孔豸 浙江諸暨縣人。康熙四十五年三甲二百二十三名進士。任內閣中書，五十六年任直隸雞澤知縣。

楊標 （榜名朱標，一作楊朱標，復姓）字少霞，號冶亭。浙江海鹽縣人。康熙四十五年三甲二百二十四名進士。選庶吉士。散館除名。

毛鈺 浙江諸暨縣人。康熙四十五年三甲二百二十五名進士。任四川蒲江知縣。

張鳴皋 江蘇丹徒縣人。康熙四十五年三甲二百二十六名進士。

誇喀 滿洲正紅旗人。康熙四十五年三甲二百二十七名進士。官至侍讀。

騷達子 滿洲鑲藍旗人。康熙四十五年三甲二百二十八名進士。任滿洲岳諸岱佐領。

臧琮 字坤儀，號省齋。山東諸城縣人。康熙四十四年順天舉人，四十五年三甲二百二十九名進士。五十七年任廣東龍川知縣，升寧夏府西路同知，擢禮部員外郎，官至福建建寧知府。

沈一葵 福建詔安縣人。康熙四十五年三甲二百三十名進士。五十七年任山西陽曲知縣，雍正元年遷山西沁州直隸州知州，四年官至安徽徽州知府，七年改山西汾州知府。

張雲路 字爾羽。福建晉江人。康熙四十五年三甲二百三十一名進士。

黃裝 湖北咸寧人。康熙四十一年舉人，四十五年三甲二百三十二名進士。署廣西左州知州，改陽朔知縣，以病卒於任。

趙暐 四川宜賓縣人。康熙四十五年三甲二百三十三名進士。任江蘇六合知縣，五十七年任高淳知縣，升吏部清吏司主事。

倪文輝 江蘇崇明縣人。康熙四十五年三甲二百三十四名進士。

汪度弘 湖北黃岡縣人。康熙四十一年舉人，四十五年三甲二百三十五名進士。任廣東寶昌知縣。

劉嗣因 山東巨野縣人。康熙四十四年舉人，四十五年二百三十六名進士。

郝濬 直隸真定縣人。康熙四十五年三甲二百三十七名進士。善書法。

康熙四十八年（1709）己丑科

第一甲三名

趙熊詔 字侯赤，號裘萼。江蘇武進縣人。康熙二年（1663）生。康熙四十八年一甲第一名狀元（時年四十七）。授翰林院修撰。進直南書房行走。充《佩文韻府》《淵鑒類函》《康熙字典》纂修官。官至侍讀。丁父憂歸後哀毀，康熙六十年（1721）八月卒，年五十九。著有《裘萼剩稿》。

戴名世 字田有，號褐夫、南山，別號憂庵。安徽桐城縣人。順治十年（1653）三月初八日生。康熙二十五年考貢生，補正藍旗教習，授知縣，弃。以賣文爲生。四十八年會元，一甲第二名榜眼（時年五十七）。授編修。四十一年著《南山集》，多采用方孝標《滇黔紀聞》中南明桂王時事，并用明永曆年號。五十年被左都御史趙申喬劾奏，下刑部獄。五十二年（1713）二月初十以大逆罪處斬，年六十一。是清初著名文字獄。株連者數百人之多。所著之書均被毁，僅存《南山文集》《戴褐夫集》等。

繆沅 字湘芷，號澧南、永思、愚園。江蘇泰州人。康熙十一年（1672）三月二十四日生。康熙四十八年一甲第三名探花。授編修。五十一年充會試同考官，五十七年督湖廣學政，進工科給事中，轉禮科。遷右通政使，雍正四年授通政使，六年四月遷內閣學士。八月遷工部左侍郎，改刑部左侍郎。雍正七年十二月二十九日（1730年2月）卒，年五十八。著有《餘園詩鈔》。

第二甲五十名

朱元英 字師晦，號荔衣。江蘇上元縣人。康熙四十八年二甲第一名進士。選庶吉士，授編修。著有《左傳博議拾遺》《天放居集》。

楊錫恒 字涵貞。江蘇華亭縣人。康熙四十八年二甲第二名進士。任內閣中書。

父楊瑄，康熙十四年進士，官

内閣學士。

儲在文 字禮執，號理質、中子。江蘇宜興縣人。康熙四十八年二甲第三名進士。選庶吉士，授編修。五十四年任會試同考官。著有《經余堂文集》。

兄儲大文，康熙六十年進士；子儲晉觀，雍正十五年進士。

陳隨貞 字克亭，號孚嘉。山西澤州直隸州人。康熙四十八年二甲第四名進士。選庶吉士。未散館。工書法，學董其昌，著有《立誠堂集》《寄亭詩草》。

徐　斌 字羽儀。江南上元縣人。康熙四十八年二甲第五名進士。選庶吉士，授編修。五十四年曾充會試同考官。後卒於任。

戚麟祥 字聖來，號瓶谷。浙江德清縣人。康熙四十八年二甲第六名進士。選庶吉士，授編修。五十六年任江南鄉試副考官，官侍讀學士。引疾歸。雍正時因娶蔡升元遺妾，并得其財產被劾定斬，後免死，遣戍寧古塔，乾隆初其子戚發言（時任福建連江知縣）托閩浙總督上疏求赦其父。乾隆帝憫之釋歸。乾隆五年（1740）卒。著有《瓶谷筆記》《紅柏書莊遺稿》。

孔毓璣 字象九、秋岩。江蘇江陰縣人。康熙四十八年二甲第七名進士。五十六年任浙江常山知縣。著有《秋岩詩文稿》。

阿克敦 字仲和、立恒、恒岩。滿洲正藍旗，章佳氏。康熙二十四年（1685）四月初二日生。康熙四十八年二甲第八名進士。選庶吉士，授編修。纍遷侍講學士、侍讀學士。五十六年授詹事府詹事，遷內閣學士。六十一年授兵部侍郎。雍正元年專任翰林院掌院學士，三年遷禮部侍郎，改兵部、吏部侍郎。六年革，往江南河工効力。九年授內閣額外學士，隨軍師討準噶爾，協辦軍務。十三年署工部侍郎，守護泰陵。乾隆三年授工部侍郎，改刑部、吏部侍郎，十一年遷都察院左都御史，改刑部尚書，十三年正月協辦大學士事。十四年二月加太子少保。二十年以病休致。乾隆二十一年（1756）正月二十三日卒。享年七十二。謚“文勤”。

申　瑋 字惠吉。江蘇吳縣人。康熙四十八年二甲第九名進士。任甘肅環縣知縣。

須　洲 字鳳羽、鳳苞，號韋紳。江蘇武進縣人。康熙四十八年二甲第十名進士。選庶吉士，授編修。五十二年充癸巳科會試同考官，五十九年考選廣東道御史，雍正元年由巡視河湖御史署山東布政使，二年遷宗人府丞。三年降調。四年任奉天府丞兼學政。

張起麟 字趾肇，號玉函。江南華亭縣人。康熙四十八年二甲十一名進士。選庶吉士，授編修。五十六年任雲南鄉試副考官。後革職。著有《學古齋集》。

黃叔璥 字玉圃，號篤齋。直

隸大興縣人。康熙四十八年二甲十二名進士。任太常寺博士，遷户部雲南司主事，吏部稽勛司員外郎，五十四年擢湖廣道御史，乾隆元年遷河南開歸道、驛鹽道，丁母憂。官至江蘇常鎮揚道。以老致仕歸。家居七年，卒年七十七。著有《近思録集注》《慎終約編》《既倦録》《廣字義》《中州金石考》《南征紀程》《南臺舊聞》《臺海使槎録》等。

兄黃叔琳，康熙三十年進士，浙江巡撫。

黃瓚（一作黃繢）字在中。安徽休寧縣人。康熙四十八年二甲十三名進士。任内閣中書。

李紱 字巨來，號穆堂、小山。江西臨川縣人。康熙十二年（1673）三月十一日生。康熙四十八年二甲十四名進士。選庶吉士，任編修。纍遷侍講學士，五十九年授内閣學士遷左副都御史，六十年會試溺職革。雍正元年任兵部侍郎，二年調廣西巡撫，三年八月遷直隸總督，四年十二月改工部侍郎，因與田文鏡互參，五年革職論斬，免死在案修《八旗志》。十三年乾隆繼位特命復官授户部侍郎，乾隆元年降調詹事，二年丁母憂。六年補光禄寺卿遷内閣學士。八年以病致仕。乾隆十五年（1750）卒，享年七十八。著有《穆堂類稿》五十卷、《春秋一是》二十卷、《陸子學譜》二十卷、《朱子晚年全論》八卷、《陽陰學録》等。家中藏書極豐，乾隆三

十三年因齊周華文字獄株連，將其書本版片全部燒毁。子孫亦幾遭查辦。

朱一鳳 字儀庭，號丹崖、詔庭。順天涿州人。康熙四十八年二甲十五名進士。選庶吉士，授編修。雍正元年考選福建道御史，雍正二年充山東鄉試副考官，調江蘇蘇松太道，七年任兩淮鹽運使。因任蘇松道時失察蘇州有私鑄錢事，降江西瑞州知府，乾隆十年調安徽廬州府知府。以年老乞休歸。年八十五卒，貧無以葬。

惠士奇 字天牧，號仲孺，晚號半農居士。江蘇吳縣人。康熙十年（1671）八月生。康熙四十八年二甲第十六名進士。選庶吉士，授編修。五十二年、五十四年兩任會試同考官，五十九年充湖廣鄉試主考官，六十年督廣東學政，官至侍讀學士。以病告歸。隨父治經史，晚年尤邃於經。乾隆六年（1741）三月卒。年七十一。清藏書家，藏書處曰"紅豆書屋"。著有《易說》《禮說》《春秋說》《大學說》。又有《交食舉隅》《琴笛理數考》《紅豆齋小草》《咏史樂府》及《歸耕人海》諸集。學者稱"紅豆先生"。

父惠周惕，康熙三十年進士。

吳觀域 浙江錢塘縣人。康熙四十八年二甲十七名進士。任臺灣知縣。

路仍起 字介繁，號訥庵。江蘇宜興縣人。康熙四十八年二甲十

八名進士，選庶吉士。未散館。著有《訥庵詩文集》。

徐用錫 （初名徐杏）字壇長，號晝堂、魯南。江蘇宿遷縣人。順治十三年十二月三十日（1657年2月）生。康熙四十八年二甲十九名進士（時年五十四）。選庶吉士，授編修。五十四年充乙未科會試同考官，後被劾罷歸。乾隆初起用授侍讀。年八十告歸。工書法，鑒別金石考證。著有《字學箋記》《圭美堂集》。

王鳳池 字彥倬。江蘇太倉州人。康熙四十八年二甲二十名進士。任浙江龍游知縣。

李 中 字牟山。河南睢州人。康熙四十一年河南鄉試解元，四十八年二甲二十一名進士。選庶吉士，散館除名。後授内閣中書，官至四川叙永廳同知。

秦道然 字雒生，號南河、泉南。江蘇無錫縣人。順治十五年（1658）生。康熙四十八年二甲二十二名進士。選庶吉士（年已五十二），授編修。五十六年充江西鄉試副考官，官至禮科給事中。坐事被逮入獄。十四年後得釋。乾隆十二年（1747）卒。年九十。著有《困知私記》《明儒學錄》《泉南山人存稿》。

父秦松齡，順治十二年進士。

孫時宜 （榜名沈時宜，復姓孫）字筠亭。江南武進縣人。康熙四十八年二甲二十三名進士。選庶吉士，授編修。

黃振國 順天武清縣人。康熙四十八年二甲二十四名進士。以"暗結黨援，掩飾所犯之罪，請托權要，必要時更翻前案，報復私仇"，雍正四年十二月處立斬。

費 源 字星來。浙江烏程縣人。康熙四十八年二甲二十五名進士。授内閣中書，四十九年改浙江嘉興府教授。著有《古文詩藝》。

王作梅 河南河内縣人。康熙四十八年二甲二十六名進士。五十七年任安徽合肥知縣。

黃叔琬 順天大興縣人。康熙四十八年二甲二十七名進士。任户部主事，纍遷至太僕寺少卿，雍正元年授福建布政使，二年改廣西布政使。五年十一月降調。

方 覲 字近雯，號蓉汀、石川。江蘇江都縣人。康熙二十年（1681）生。康熙四十八年二甲二十八名進士。選庶吉士，授編修。六十一年督四川學政，雍正二年考選浙江道御史，遷户科給事中，六年授浙江按察使，七年遷陝西布政使。扶病上任，八年（1730）二月初八日卒於途。年五十。加太常寺卿銜。著有《石川詩鈔》。

蔡世遠 字聞之，號梁村。福建南靖縣人。康熙二十一年（1682）三月十一日生。康熙四十八年二甲二十九名進士。選庶吉士，授編修。入直上書房侍諸皇子讀書，歷任侍講、右庶子、侍講學士、少詹事，雍正五年授内閣學士，六年遷禮部侍郎。被劾降調。尋賞復原銜。嘗主講鰲峰書院，其教以立志爲始，以孝悌爲基，以讀書體察克己躬行爲要。雍正十一年（1733）正月初九日卒。年五十二。追贈禮部尚書銜，謚“文勤”。乾隆四年入祀賢良祠。乾隆六十年加贈太傅。著有《二稀堂文集》《鰲峰學約》《朱子家禮輯要》《古文雅正》等書。

陳似源 字曳雲、昆霞。廣東順德縣人。康熙四十八年二甲三十名進士，選庶吉士，授編修。著有《敬業堂集》。卒年七十三。

唐紹祖 字次衣，號改堂。江蘇江都縣人。康熙八年（1669）生。康熙四十八年二甲三十一名進士。選庶吉士，授編修。改刑部主事，升員外郎，雍正四年官至浙江湖州知府，復入爲禮部郎中，改刑部郎中。告歸。乾隆十四年（1749）卒。年八十一。著有《改堂文鈔》。

朱青選 字海士，號野塘。江蘇泰興縣人。康熙四十八年二甲三十二名進士。選庶吉士，乞養歸。服闋授編修。著有《野塘詩文集》。

爲康熙五十四年進士朱天榮兄。

駱壽朋 江蘇婁縣人。康熙四十八年二甲三十三名進士。授內閣中書。

蔣錫震 （1662—1739）字豈潛，一作契潛。江蘇宜興人。康熙四十八年二甲三十四名進士。五十六年任直隸慶雲知縣。著有《青溪詩偶存》。

鄒汝模 字端木。湖北麻城縣人。康熙四十四年舉人，四十八年二甲三十五名進士。選庶吉士，授編修。

蔣漣 字檀人，號省庵、錦峰。江蘇常熟縣人。康熙四十八年二甲三十六名進士。選庶吉士，授編修。五十四年任乙未科會試同考官，升中允，五十九年督河南學政，遷左通政副使。雍正十三年遷順天府尹，十一月改太常寺卿，十二月改太僕寺卿。乾隆六年三月病休。

祖父蔣伊，康熙十二年進士；父蔣陳錫，康熙二十二年進士，雲貴總督。

汪見祺 浙江錢塘縣人。康熙四十八年二甲三十七名進士。任禮部主事。

于廣 字天如。山東膠州人。康熙四十八年二甲三十八名進士。選庶吉士，授編修。五十七年充會試同考官，雍正元年考選江南道御史，充順天鄉試同考官，官至大理寺少卿。七年提督河南學政，八年督雲南全省學院。

王應珮 字韻瑲。安徽望江縣人。康熙四十八年二甲三十九名進士。任內閣中書，丁外艱。改河南通許知縣，遷宗人府主事，雍正九年考選浙江道御史。

汪誠 字牧庭。安徽歙縣人。康熙四十八年二甲四十名進士。任河南固始知縣。雍正四年河南巡撫田文鏡奏其"到任三日即拜鹽商借貸銀兩，於地方陋習并不革除"，十二月處斬監候。

閻圻 字泗山、堃掌。河南虞城縣人。康熙四十八年二甲四十一名進士，選庶吉士，授編修。雍正二年任甲辰科會試同考官，官至工科掌印給事中。

趙繼扰 安徽休寧縣人。康熙四十八年二甲四十二名進士。雍正元年任甘肅伏羌知縣。在任二年解職養親。

金虞廷 字揚言。浙江錢塘縣人。康熙四十八年二甲四十三名進士。五十二年任山東魚臺知縣，雍正四年任廣東增城知縣。

閻咏 字元木，號復中、左汾。原籍山西太原，僑居江蘇淮安。康熙四十八年二甲四十四名進士。任內閣中書。

方式濟 字屋源，號沃園。江蘇上元縣人，原籍安徽桐城。直隸總督方觀承父。康熙四十八年二甲四十五名進士。任內閣中書。因其父方登嶧受戴名世《南山集》文字獄牽連，流放黑龍江卜魁，隨父戌所，後卒於塞外。著有《五經一得》《陸塘初稿》《出關詩》《述本堂詩集》《龍沙記略》。

劉嘉本 字培榮。江蘇江陰縣人。康熙四十八年二甲四十六名進士。五十二年任四川太平知縣，升禮部主事，官至直隸霸州知州。

馮應銓 浙江會稽縣人。康熙四十八年二甲四十七名進士。任浙江衢州府教授。

呂謙恒 字天益，號澗樵、六吉。河南新安縣人。順治十年（1653）生。康熙四十八年二甲四十八名進士。選庶吉士，授編修。五十六年充山東鄉試主考官，六十一年考選陝西道御史，遷光祿寺少卿，雍正元年任浙江鄉試主考官，二年以戶科給事中充順天鄉試、會試同考官，遷大理寺少卿，五年九月授光祿寺卿，十二月病休。六年（1728）四月二十一日卒。年七十六。與兄呂履恒同居京師期間，常以詩文相切磋，時稱"新安二呂"。嘗讀書青要山。著有《青要集》。

父呂兆麟，順治十八年進士；兄呂履恒，康熙三十三年進士，官戶部侍郎。

邵錦江 字南浦。順天大興縣人，原籍江蘇長洲。康熙四十八年二甲四十九名進士。五十七年任江西長寧知縣。

顧濂 浙江石門縣人。康熙四十八年二甲五十名進士。雍正六年署山東館陶知縣，升山東臨清知州。

第三甲二百三十九名

韓孝嗣 字祖語。江蘇長洲縣人。禮部尚書韓菼子。康熙四十八年三甲第一名進士。能世其家學。

史隨 字士季，號鷗湖。江

蘇溧陽人。康熙四十八年三甲第二名進士。五十七年授廣東茂名知縣，雍正二年遂溪知縣，擢江西瑞州知府。以疾歸。課子侄，卒年七十六。

汪倬 字尊士，號忍庵。安徽休寧縣人。康熙四十八年三甲第三名進士。選庶吉士，授檢討。五十四年任乙未科會試同考官。

父汪晉征，康熙十八年進士；兄汪文炯，康熙四十二年進士。

鄭羽逵 字瀛州，號雪崖。順天宛平縣人。康熙四十八年三甲第四名進士。任四川安州知縣。

周人龍 字雲上，號躍滄。直隸天津縣人。康熙四十八年三甲第五名進士。授山西屯留縣知縣，雍正二年改清源縣，六年遷忻州知州，擢蒲州知府，丁憂去職。服闋補湖北安陸知府，乾隆五年遷荊西道，官至江西督糧道。乾隆十年乞病歸。卒於家，年六十四。著有《居易堂三思文稿》。

弟周人驤，雍正五年進士；從弟周人騏，乾隆四年進士。

喬徹 江蘇江都縣人。康熙四十八年三甲第六名進士。雍正四年任直隸束鹿知縣。

吳筠 字介臣。浙江仁和縣人。康熙四十八年三甲第七名進士。任廣東增城知縣，雍正元年改山西陽城知縣，改山西潞城知縣。

馬受曾 字念功，號石崖。江蘇溧陽縣人。康熙四十八年三甲第八名進士。五十七年任浙江象山知縣，在任十三年多善政，卒於任。著有《嘗瞻齋集》《心遠堂文選》。

方伯 字英南。安徽潁州人。康熙四十八年三甲第九名進士。五十七年任湖南湘潭知縣，丁憂。補福建壽寧知縣，署福寧知縣。告歸。

顧芝 浙江仁和縣人。康熙四十八年三甲第十名進士。官至福建延建邵道。

蔣文淳 字虞友。江蘇吳縣人。康熙四十八年三甲十一名進士。任吏部主事。

宋筠 字蘭暉，號晉齋。河南商丘縣人。康熙二十年（1681）生。吏部尚書宋犖子。康熙四十八年三甲十二名進士。選庶吉士，授檢討。五十九年充貴州鄉試主考官，升兵科給事中，雍正七年授山西按察使，九年改右通政使，十年遷江西布政使，十二年授奉天府尹。乾隆二年降調。二十五年（1760）十一月卒，年八十。家中藏書極豐，藏書處曰"緯蕭草堂"。著有《青綸堂藏書目錄》《綠波園詩集》《使滇錄》。

兄宋至，康熙四十二年進士。

黎致遠 字寧先，號抑堂。福建長汀縣人。康熙十五年（1676）生。康熙四十八年三甲十三名進士。選庶吉士，授檢討。五十六年充廣西鄉試正考官，六十年督湖廣學政，雍正二年湖南巡按御史，升給事中，纍遷至奉天府丞兼學政，七年遷大理寺卿，充江南鄉試正考官，八年改奉天府尹兼盛京刑部侍郎。九年（1731）病卒，年五十六。

高棠萼 字仲篾，號念庵。直隸昌黎縣人。康熙四十八年三甲十四名進士。五十七年任浙江景寧知縣，署永嘉等數縣。所至有聲，升職卒於省，著有《五榮堂全稿》。

莊令翼 （榜名莊漢）字圖雲。江蘇江都縣人。康熙四十八年三甲十五名進士。授江西宜春知縣，擢福建建寧知府，調延平知府，官至福建按察使。以老乞歸。卒年八十五。

高德修 河南泌陽縣人。康熙四十八年三甲十六名進士。

王奕鴻 字樹先，號勛齋。江蘇太倉州人。大學士王掞次子。康熙四十八年三甲十七名進士。授戶部主事，升員外郎、郎中，五十三年充四川鄉試正考官，五十五年遷湖南鹽驛道、糧儲道。雍正三年世宗言其父"藉事沽名"。乃遣其子奕清及奕鴻兄弟赴西邊軍前効力，奕鴻赴烏里雅蘇臺効力十年，乾隆元年與奕清同釋還，後任四川松茂道改川東道。以疾歸卒。

孔傳忠 字貫原。浙江桐鄉縣人。康熙四十八年三甲十八名進士。任山西盂縣知縣，雍正元年改洪洞知縣，三年擢解州知州。

錢甫生 （復姓劉）順天武清縣人。康熙四十八年三甲十九名進士。任山東猗氏知縣，五十一年改直隸永平府教授。

張照 字得天，號涇南、長卿、天瓶居士。江蘇婁縣人。康熙三十年（1691）三月二十日生。康熙四十八年三甲二十名進士。選庶吉士，任檢討、南書房行走、侍講學士，遷少詹事，雍正九年授內閣學士遷刑部侍郎。十一年四月授左都御史，十二月改任刑部尚書。十三年因"挾詐懷私，攏亂軍務"，十一月革職入獄，乾隆帝命免死釋出，後在武英殿修書。乾隆二年四月復授內閣學士，五年遷刑部侍郎，七年復任刑部尚書。十年正月回籍奔喪，卒於徐州途次，年五十五。贈太子太保、吏部尚書。謚"文敏"。曾奉敕共撰《唐宋文醇》。張照爲清代著名書法家。乾隆帝對他的書法給予絕高評價，懷舊詩云："羲之後一人，舍照誰能若？"著有《律呂正義後編》《得天居士集》，雜劇《勸喜金升》《升平寶筏》《九九大慶》等。

方一韓 字殿西。安徽壽州人。康熙四十八年三甲二十一名進士。五十八年任江西峽江知縣。政簡刑清，囹圄一空，夜不閉戶，巡撫白潢稱爲江西第一清官，在任三年以疾乞休。

胡德浩 山西文水縣人。康熙四十八年三甲二十二名進士。五十七年任湖南臨湘知縣。

顧五達 字仲三，號行三。浙江海寧縣人。康熙四十八年三甲二十三名進士。選庶吉士，授檢討。

父顧悅履，康熙三十三年探花，

官內閣學士。

馬益 字惠我，號文屏。陝西綏德州人。康熙四十八年三甲二十四名進士。選庶吉士，授檢討。雍正八年纍遷直隸宣化知府，十一年官至直隸永平府知府。

弟馬豫，康熙四十五年進士。

潘宗鼎 字實夫。江蘇溧陽縣人。康熙四十八年三甲二十五名進士。任湖北江夏知縣，晉兵部員外郎，轉戶部，雍正四年出任陝西西安知府。卒於任。

父潘麒生，康熙二十一年進士。

郁芬 （一作李郁芬）字母音。江蘇婁縣人。康熙四十八年三甲二十六名進士。選內閣中書，改河南商丘知縣。

吳曙 字峙青，號芸齋。浙江烏程縣人。康熙四十八年三甲二十七名進士。五十五年任山東商河知縣，雍正二年升泰安州知州，署濟南知府。告歸卒。

李同聲 字敬齋，號月江。山西大同縣人，原籍江蘇甘泉。康熙四十八年三甲二十八名進士。選庶吉士，授兵部主事，雍正四年任山東鄉試副考官。

錢人龍 江蘇武進縣人。康熙四十八年三甲二十九名進士。雍正元年任山西長治知縣。

蔣麟 字建修。江蘇婁縣人。康熙四十八年三甲三十名進士。授內閣中書，未任卒。

張景崧 字岳未。江蘇吳縣人。康熙四十八年三甲三十一名進士。五十九年任直隸樂亭知縣。

盧軒 字素功、巽行，號日堂、六臣。浙江海寧縣人。康熙四十八年三甲三十二名進士。選庶吉士，授檢討。官至國子監司業。著有《日堂詩文鈔》《韓筆酌蠡》《春秋三傳纂凡表》。

徐文駒 字子文。浙江鄞縣人。康熙四十八年三甲三十三名進士。五十七年任山西懷仁知縣。編有《明文選》，另有《詩經堂集》。

戈輯 江蘇武進縣人。康熙四十八年三甲三十四名進士。五十一年任安徽池州府教授。

蔣仁錫 字靜山。直隸大興縣人。康熙四十八年三甲三十五名進士。官禮部主事。著有《綠揚紅杏軒詩集》《綠楊紅杏軒續集》。

色楞額 （一作塞楞閣）字允恭。滿洲正白旗，瓜爾佳氏。康熙四十八年三甲三十六名進士。任內閣中書、少詹事。雍正元年授內閣學士，二年遷刑部侍郎改兵部、戶部侍郎。五年授山東巡撫，六年遷工部侍郎，因事革。乾隆元年授鑲藍旗漢軍副都統，六年授直隸提督，歷陝西、江西、山東巡撫，十一年九月遷湖廣總督。十三年（1748）閏七月召京。身爲滿洲大臣違制剃頭，蔑禮犯法。九月初七日以罪令自盡。

徐方光 福建龍溪縣人。康熙四十八年三甲三十七名進士。

王如芳　江蘇武進縣人。康熙四十八年三甲三十八名進士。任福建寧德縣知縣。

王童蔚　山東高密縣人。康熙四十八年三甲三十九名進士。五十七年任直隸懷來知縣。

陸紹琦　字儆岩，號景韓。浙江嘉興縣人。順治十六年（1661）生。康熙四十八年三甲四十名進士。選庶吉士，授檢討。五十六年充福建鄉試副考官，雍正元年督廣西學政，晋侍讀，官至太常寺少卿。致仕歸。乾隆二年（1737）卒，年七十七。曾手書遺訓：“生不妄交一人，不妄爲一事，不妄取一錢。”

子陸樹本，乾隆二年進士；孫陸昌祖，乾隆二十二年進士。

李茂華　福建惠安縣人。康熙四十八年三甲四十一名進士。任河南知縣。

張需訥　山東寧海州人。康熙四十八年三甲四十二名進士。六十一年任四川西充知縣。

侯瑜　河南襄城縣人。康熙四十八年三甲四十三名進士。五十八年任廣東石城知縣。

皇甫文聘　字蜚英。浙江桐廬縣人。康熙四十八年三甲四十四名進士。任福建建寧知縣，擢延平知府，官至廣東高州知府。道銜，解組歸。

陳棫　浙江上虞縣人。康熙四十八年三甲四十五名進士。官至廣西柳州知州。

王元蘅　字敷功，號潯江。江蘇上元縣人。康熙四十八年三甲四十六名進士。任河南新安知縣。歸。卒年七十二。

顧周　浙江海鹽縣人。康熙四十八年三甲四十七名進士。五十九年任廣東陽山知縣，母喪歸，改浙江嚴州府教授。在嚴十三年，卒年八十。

趙蕃　字蓉水，號松存。山東濟寧州人。康熙四十八年三甲四十八名進士。任直隸靜海知縣，六十年任安徽潁上知縣，署霍丘知縣，升天津直隸州知州。以性直被議歸。講學授徒，卒年八十。

張玢　字蔚石，號雪汀。湖南湘潭縣人。康熙四十八年三甲四十九名進士。選庶吉士，授檢討。五十六年任河南鄉試副考官。雍正二年官至河南汝寧知府。被議罷官。

弟張瑗，雍正十一年進士。

謝履厚　字坤侯。雲南昆明縣人。康熙四十八年三甲五十名進士。選庶吉士，授檢討。五十三年（《清代職官年表》作五十六年）督江南學政。

兄謝履中，康熙四十二年進士。

陳世倕　字公佐。浙江海鹽縣人。康熙四十八年三甲五十一名進士。授户部主事，擢兵科給事中。纍遷河南開歸陳許道，雍正七年授河南按察使，署布政使，十一年授順天府尹，十二年遷左副都御史仍兼順天府尹。十三年去職。

楊世芳　河南睢州人。康熙四十八年三甲五十二名進士。五十八年任湖南平江知縣。

劉大轂　字梵雲、文茵。山東長山縣人。康熙四十八年三甲五十三名進士。選庶吉士，授檢討。

邵言綸　福建閩縣人。康熙四十八年三甲五十四名進士。任河南息縣知縣。因河南巡撫田文鏡奏其"日躭詩酒，吏治廢馳"。雍正四年十二月革職發邊充軍。

張淑郿　字誠齋。直隸正定縣人。康熙四十八年三甲五十五名進士。五十七年任浙江臨安知縣，雍正三年改慈溪知縣，十三年官至湖北武昌知府。

父張蓮，康熙二十一年進士。

張紹賢　字藝儲。江蘇長洲縣人。康熙四十八年三甲五十六名進士。四十八年官至直隸河間知府。改四川保寧知府。

屠先庚　浙江嘉興縣人。康熙四十八年三甲五十七名進士。

程　喈　字修馭。安徽歙縣人，原籍江蘇甘泉。康熙四十八年三甲五十八名進士。任內閣中書。

楊　正　順天通州人。康熙四十八年三甲五十九名進士。五十七年任湖南新田知縣，改浙江知縣。

李足興　山西曲沃縣人。康熙四十八年三甲六十名進士。任山西平魯衛教授。

徐學榜　字石洲。湖北興國人。康熙二十九年舉人，四十八年三甲六十一名進士。五十七年任河南淇縣知縣，以疾解任。

吳承捷　湖南新化縣人。康熙四十八年三甲六十二名進士。

應綜文　順天大興縣人。康熙四十八年三甲六十三名進士。

何世璂　字坦園，號澹庵、桐叔、鐵山。山東新城縣人。康熙五年（1666）二月初九日生。康熙四十八年三甲六十四名進士。選庶吉士，授檢討。雍正元年考選山西道監察御史，督浙江學政，二年升兩淮鹽運使，三年授貴州巡撫。五年遷刑部額外侍郎，六年授戶部侍郎，改吏部侍郎，五月署直隸總督。雍正七年（1729）正月二十六日卒。享年六十四。贈禮部尚書銜，謚"端簡"。著有《何端簡公集》

王時憲　字若千，號禩亭。江蘇太倉州人。康熙二十三年舉人，任江蘇宜興縣教諭。四十八年三甲六十五名進士。選庶吉士，授檢討。五十六年充陝西鄉試主考官。年六十三卒於任。著有《性影集》。

亓　煦　山東萊蕪縣人。康熙四十八年三甲六十六名進士。五十八年任直隸青縣知縣，雍正四年任長蘆鹽運分司運判。

鄭純禮　福建長樂縣人。康熙四十八年三甲六十七名進士。任山西潞城知縣，五十八年改安邑知縣，雍正年間改山西平順知縣，九年復任安邑知縣。

倪　溥　（復姓陸）江蘇吳江縣

人。康熙四十八年三甲六十八名進士。

張學孜　山東萊陽縣人。康熙四十八年三甲六十九名進士。任內閣中書，調江蘇鹽城知縣。

劉秉鉉　江蘇無錫人。康熙四十八年三甲七十名進士。五十二年任安徽池州府教授。

王心朝　（本姓葉）福建同安人。康熙四十八年三甲七十一名進士。五十八年任江西宜黃知縣，雍正三年改山西襄陵知縣。

劉雲翱　字瞬千。甘肅蘭州衛人。康熙四十八年三甲七十二名進士。雍正十二年任江蘇福泉知縣。以倉穀糜腐解任歸。

徐士鷺　字邕飛。浙江海鹽縣人。康熙四十八年三甲七十三名進士。選庶吉士。學問淵博，未及大用而卒。

蕭士鑑　浙江嘉興縣人。康熙四十八年三甲七十四名進士。五十九年任山西太谷知縣。

劉念椿　字古年。江蘇上海縣人。康熙四十八年三甲七十五名進士。任安徽鳳陽府教授。

喻觀采　字彤墀。安徽潁州人。康熙四十八年三甲七十六名進士。任江西都昌知縣，卒於任。

張學庠　字師序。江蘇長洲縣人。康熙四十八年三甲七十七名進士。任江西安福知縣，纍遷工部郎中，五十六年督雲南提學道。

曹如琯　字蓮靜，號獻白。陝西同州人。康熙四十八年三甲七十八名進士。選庶吉士。

黃秉銓　字士衡。江蘇溧陽縣人。康熙四十八年三甲七十九名進士。五十八年任直隸靈壽知縣。罷歸。

趙國麟　字仁圃，號拙庵。山東泰安州人。康熙十四年（1675）生。康熙四十八年三甲八十名進士。任直隸長垣知縣，雍正二年遷直隸永平府知府，遷大順廣道，四年改清河道、長蘆鹽運使。雍正五年授福建布政使，改河南布政使，八年遷福建巡撫，十二年改安徽巡撫。乾隆三年四月遷刑部尚書，改禮部尚書，四年正月授文淵閣大學士。六年因事降禮部侍郎，七年復任禮部尚書。因屢乞引退，乾隆帝不悅而奪職。乾隆十五年祝四旬萬壽賞禮部尚書原銜。乾隆十六年（1751）十一月卒。享年七十七。著有《文通類編》《學庸困知錄》《與點集》《雲月硯軒藏書》。

王履仁　號漱園。江蘇江都縣人。康熙四十八年三甲八十一名進士。任河南杞縣知縣，五十八年改江西豐城知縣。

何景雲　浙江仁和縣人。康熙四十八年三甲八十二名進士。五十五年任浙江嘉興府教授。

張　嵩　字立人。山東萊蕪縣人。康熙四十八年三甲八十三名進士。雍正三年任湖南衡陽知縣，升同知。解任歸。乾隆二十四年（1759）卒。著有《在青集》。

祖父張四教，順治三年進士。

雷　淳　順天大城縣人。康熙四十八年三甲八十四名進士。

崔　燦（《進士題名碑》作崔璨）字淡餘。直隸遷安縣人。康熙四十八年三甲八十五名進士。選庶吉士。年四十三卒。善詩、古文詞，著有《式好堂集》。

王肯構　湖北江夏縣人。康熙四十一年舉人，四十八年三甲八十六名進士。任浙江於潛知縣。

李昉梻　字靈再。河南永城縣人。康熙四十八年三甲八十七名進士。

祖父李天馥，順治十五年進士，武英殿大學士；父李孚青，康熙十八年進士。

王大綸　湖北孝感縣人。康熙四十八年三甲八十八名進士。初任河南新鄭知縣，調考城知縣，科滿授中書科中書，雍正八年考選貴州道御史。

程　祓　字書巢。湖北景陵縣人。康熙四十八年三甲八十九名進士。選庶吉士，授檢討。

芮復傳　字宗一，號衣亭。順天寶坻縣人，原籍江蘇溧陽。康熙二十一年（1682）四月初二日生。康熙四十八年三甲九十名進士。任內閣中書，五十七年授浙江錢塘知縣，擢溫州知府，雍正七年遷浙江溫處道。坐失察官吏舞弊奪職，高宗登極復官。後以父母喪歸遂不出。家居三十年，乾隆四十年（1775）卒。年九十四。著有《衣亭詩草》。

程　璲　字以長。湖北景陵縣人。康熙四十八年三甲九十一名進士。任四川樂至知縣。

祝萬選（復姓錢）字又青。江蘇武進縣人。康熙四十八年三甲九十二名進士。授安徽太平府教授，擢福建莆田知縣。罷歸。

錢　倬（本姓樊）字俊天。江蘇吳江縣人。康熙四十八年三甲九十三名進士。雍正三年官至山西平陽知府。

汪泗民　字永思，號述庵。江蘇六合縣人。康熙四十八年三甲九十四名進士。五十八年任山東費縣知縣。

丘尚志　字宏儒、備庵。江西寧都縣人。康熙四十八年三甲九十五名進士。選庶吉士，授檢討。以母老乞歸。雍正初起用任原官，遷兵科掌印給事中。以病乞休，卒。

徐　超（本姓周，復姓）浙江上虞縣人。康熙四十八年三甲九十六名進士。五十八年任山西汾陽知縣。

李前勛　字恒堂。湖北潛江縣人。康熙四十一年舉人。四十八年三甲九十七名進士。五十八年任廣東博羅知縣，調直隸清河知縣，遷江蘇蘇州府同知。母老乞歸。母喪哀毀卒。

李應綬（榜名張應綬，復姓）字在公。雲南河陽縣人。康熙四十八年三甲九十八名進士。選庶吉士，雍正元年授直隸藁城知縣，升都察院經歷，改江西泰和知縣。致仕歸。纂修《雲南澂江府志》，著《紀思詩廉》《城西昌草》。

范令譽　字永公，號天門。河

南修武縣人。康熙四十八年三甲九十九名進士。選庶吉士，授檢討。

李果實 順天府東安縣人。康熙四十八年三甲一百名進士。任河間府教授，六十一年改直隸正定府教授。

李薲 江西德化縣人。康熙四十八年三甲一百零一名進士。任教授，雍正九年改安徽太湖知縣。

賈倫 陝西三原縣人。康熙四十八年三甲一百零二名進士。五十八年任湖南桂東知縣。

張椎 直隸清苑縣人。康熙四十八年三甲一百零三名進士。五十八年任山西蒲縣知縣，雍正元年改山西山陰知縣。

曾謹 字麟書。湖北麻城縣人。康熙四十八年三甲一百零四名進士。選庶吉士，授檢討。

王鐼 字洪聲。江蘇鹽城縣人。康熙四十八年三甲一百零五名進士。任河南西平知縣。有循聲，以老致仕歸。

黃廷貴 字聘草。湖北漢川縣人。康熙四十四年舉人，四十八年三甲一百零六名進士。任江西廣昌知縣。卒於任。

薛儁聲 河南孟縣人。康熙四十八年三甲一百零七名進士。五十八年任浙江里安知縣。

高鎮峰 （復姓陳鎮峰）福建南安縣人。康熙四十八年三甲一百零八名進士。

詹銓吉 字卜臣，號念山。浙江遂安縣人。康熙四十四年浙江鄉試解元，四十八年三甲一百零九名進士。選庶吉士，授檢討。以手顫不能楷書，告歸。著有《燕臺集》《雙柏軒集》《壽樟樓集》。

江成 字振聲。山東鰲山衛人。康熙四十八年三甲一百第十名進士。五十八年任湖南益陽知縣。

張作舟 字宜川。廣東大埔縣人。康熙四十八年三甲一百十一名進士。選庶吉士，授檢討。

姚士勤 安徽旌德縣人。康熙四十八年三甲一百十二名進士。任內閣中書。

李厚望 （1679—1749）字培園、淡園，號愚山。山西蔚縣人。康熙四十八年三甲一百十三名進士。授山東高密知縣，改昌邑知縣，纍遷禮部郎中。乾隆間，出任四川寧遠、重慶知府。所至有政績，以疾辭歸。著有《教家邇言》。

從兄李周望，康熙三十六年進士。

蘇璜 字佩登。山東定陶縣人。康熙四十八年三甲一百十四名進士。五十九年任廣東乳源知縣，雍正四年調文昌知縣，兼定安、萬州印務。致仕歸。卒年八十五。著有《玉陽治稿》。

張世任 字汝肩。湖北江夏縣人。康熙三十五年舉人，四十八年三甲一百十五名進士。五十二年任湖南岳州府教授。

哈爾泰 滿洲鑲藍旗人。康熙

四十八年三甲一百十六名進士。

濮起熊　貴州清鎮縣人。康熙四十八年三甲一百十七名進士。選庶吉士。

張昉　直隸清苑縣人。康熙四十八年三甲一百十八名進士。

王僧慧　字晋卿。直隸開州人。康熙四十八年三甲一百十九名進士。任山東新泰知縣，雍正五年調山東蒲台知縣。

王廷僚　江西長治縣人。康熙四十八年三甲一百二十名進士。

張書紳　江蘇上海縣人。康熙四十八年三甲一百二十一名進士。任江寧府教授。

黃承祖　字蘭起。湖南湘潭縣人。康熙四十八年三甲一百二十二名進士。任內閣中書。以繼母老乞假歸養母，卒年八十。

李率先　直隸深澤縣人。康熙四十八年三甲一百二十三名進士。任福建侯官知縣，改寧祥知縣。

孫來賀　山東朝城縣人。康熙四十八年三甲一百二十四名進士。任廣西西林知縣。

龍爲霖　四川巴縣人。康熙四十八年三甲一百二十五名進士。任雲南太和知縣、石屏州知州。雍正八年署廣東肇慶府同知，九年改廣東潮州海防同知，十年官至潮州知府。

張奎光　字玉辰。順天大興縣人。康熙四十八年三甲一百二十六名進士。五十九年任廣東興寧知縣。

郝鏞　山西翼城縣人。康熙四十八年三甲一百二十七名進士。任山西河東運司教授。

葉亮　字郎亭、敬六。浙江仁和縣人。康熙四十八年三甲一百二十八名進士。五十八年任山東定陶知縣，雍正五年任山東沾化知縣。旋告歸。

陳脩　直隸雄縣人。康熙四十八年三甲一百二十九名進士。五十八年任湖南祁陽知縣。

朱若功　浙江武義縣人。康熙四十八年三甲一百三十名進士。任雲南呈貢知縣，改昆明知縣。

胡紹高　字聞衣。浙江平湖縣人。康熙四十八年三甲一百三十一名進士。任貴州貴築知縣。

嚴思位　字西武、次宸，號山鄰。浙江平湖縣人。康熙四十八年三甲一百三十二名進士。選庶吉士，授檢討。五十六年任廣東鄉試主考官。

顏敏　字鑄庵。江蘇鹽城縣人。康熙四十八年三甲一百三十三名進士。五十九年任山東海陽知縣三載，有循聲，致仕歸。卒年八十九。

樊貞　字大復。順天文安縣人。康熙四十八年三甲一百三十四名進士。官至刑部員外郎。

陶成　字企大、存軒，號吾廬。江西南城縣人。康熙四十八月三甲一百三十五名進士。選庶吉士，授檢討。旋致仕。巡撫聘主講豫章書院。著有《皇極數鈔》《存軒日程》《四書講習》《吾廬遺書》。

湯豫誠 字素一，號川南。河南儀封縣人。康熙四十八年三甲一百三十六名進士。五十九年任山東海豐知縣，雍正元年升東昌府知府，二年遷山東督糧道，六年改山西雁平兵備道，十二年官至直隸口北道。

陳餘芳 江西龍南縣人。康熙四十八年三甲一百三十七名進士。任直隸邱縣知縣。

黃越 字際飛，號退谷。江蘇上元縣人。康熙四十八年三甲一百三十八名進士。選庶吉士，授檢討。後告歸。著有《退谷詩文集》；撰有《四書義疏》《天玉經注》《天玉經說》。

李炯 江西臨川縣人。康熙四十八年三甲一百三十九名進士。

姚一經 字含六。山東平原縣人。康熙四十八年三甲一百四十名進士。任直隸大名知縣。

孔毓玠 江西新城縣人。康熙四十八年三甲一百四十一名進士。

王勍 陝西長安縣人。康熙四十八年三甲一百四十二名進士。任知縣。

白兼 字謙益。湖南華容縣人。康熙四十八年三甲一百四十三名進士。著有《四書辨難》。

黃音 （榜名趙音，復姓）字翰思，號秩齋。江蘇無錫縣人。康熙四十八年三甲一百四十四名進士。選庶吉士，授檢討。

陳詩 直隸唐縣人。康熙四十八年三甲一百四十五名進士。乾隆五年任山西猗氏知縣，改山西鳳臺知縣。

管鳳苞 字翔高，號桐南。浙江海寧縣人。康熙四十八年三甲一百四十六名進士。五十九年官直隸高陽知縣。著有《讀經筆記》《三禮纂要》《杜詩纂注》《塞外紀行草》《慎餘堂文集》。

孫金堅 浙江會稽縣人。康熙四十八年三甲一百四十七名進士。任山東臨淄知縣。

董策醇 河南獲嘉縣人。康熙四十八年三甲一百四十八名進士。任廣西義寧知縣。

王承烈 字遜功，號復庵。陝西涇陽縣人。康熙五年（1666）三月二十日生。康熙四十八年三甲一百四十九名進士。選庶吉士，授檢討。雍正元年考選江南道御史，轉吏科給事中，升湖北漕運使、江西督糧道，雍正四年授江西布政使，六年遷左副都御史，改工部、刑部侍郎。七年（1729）十二月十四日卒。年六十四。著有《日省錄》《毛詩解》《尚書解》《復庵詩說》等。

蘇澎 河南汲縣人。康熙四十八年三甲一百五十名進士。任知縣。

段世繼 江西永新縣人。康熙四十八年三甲一百五十一名進士。

黎益進 廣東三水縣人。康熙四十八年三甲一百五十二名進士。

四十九年任廣東惠州府教授。

孫超群 山東鄒平縣人。康熙四十八年三甲一百五十三名進士。任內閣中書。旋卒。

李長庚 字再白。河南臨漳縣人。康熙四十八年三甲一百五十四名進士。任福建惠安知縣。

林緝 字蕭齋。福建閩縣人。康熙四十八年三甲一百五十五名進士。六十年任安徽當塗知縣。乞休歸。

薛乙甲 陝西韓城縣人。康熙四十八年三甲一百五十六名進士。任教授。

周鳳來 字儀園，號啓輝。廣東海陽縣人。康熙四十四年廣東鄉試解元，四十八年三甲一百五十七名進士。選庶吉士，雍正三年改廣東雷州府教授。

邊溪 字狷園。直隸任丘縣人。康熙四十八年三甲一百五十八名進士。五十九年任江西定南知縣，丁憂服闋，改廬陵知縣。乞休歸。優游林下，卒年八十。

陳守仁 雲南石屏州人。康熙四十八年三甲一百五十九名進士。雍正四年任安徽霍丘知縣，七年改舒城知縣。

楊紹 字振宗、祇文。湖南武陵縣人。康熙四十八年三甲一百六十名進士。授內閣中書，六十一年改江蘇六合知縣，雍正元年任吳縣知縣，纍遷江南鹽驛道，雍正四年任山東按察使，六年遷直隸布政

使。七年（1729）二月卒。

萬如濟 河南陳州人。康熙四十八年三甲一百六十一名進士。五十八年任奉天開原知縣。

袁暤 字際熙。河南許州人。康熙四十八年三甲一百六十二名進士。雍正六年任浙江浦江知縣。

陳綸 山西猗氏縣人。康熙四十八年三甲一百六十三名進士。

林瑩 福建長泰縣人。康熙四十八年三甲一百六十四名進士。任江西安福知縣，未幾以親老致仕歸。

翁廷資 廣東澄海縣人。康熙四十八年三甲一百六十五名進士。雍正三年任廣東韶州府教授。

高維新 字景因，號雨嵐。直隸寧晋縣人。康熙四十八年三甲一百六十六名進士。選庶吉士，授檢討。康熙五十四年充會試同考官，雍正元年考選陝西道御史，掌河南道御史，遷刑科給事中。外任四川松茂道，雍正七年署四川按察使，九月遷四川布政使，九年降署四川按察使，十一年授四川按察使。十三年五月革職。

韓性善 山西沁水縣人。康熙四十八年三甲一百六十七名進士。任山西太原府教授。

張令璜 字心友，號又仲。山東東阿縣人。康熙四十八年三甲一百六十八名進士。任內閣中書、刑部主事，五十九年考選山東道御史，雍正二年超擢順天府丞，晋府尹，

三年改大理寺卿,遷吏部侍郎仍兼順天府尹。四年以屬員罣誤,致仕歸。

顏光佇 湖北施州人。康熙四十四年舉人,四十八年三甲一百六十九名進士。五十九年任安徽黟縣知縣。

趙東暄 順天宛平縣人。康熙四十八年三甲一百七十名進士。

邵之旭 順天大興縣人,原籍浙江餘姚。康熙四十八年三甲一百七十一名進士。五十九年任江蘇金壇知縣。

孫貞勵 字邁英,號有阮。山西盂縣人。康熙四十八年三甲一百七十二名進士。教授生徒,殷殷不倦,年未五十卒。

曾世琮 (《湖南通志》作原名曾用琮)湖南湘潭縣人。康熙四十八年三甲一百七十三名進士。任刑部主事。

張鵬翼 漢軍正白旗人。康熙四十八年三甲一百七十四名進士。任知縣,改漢軍夏益佐領。

閻宗衍 山西長治縣人。康熙四十八年三甲一百七十五名進士。六十年任廣東封川知縣,署德慶知州。

孫庭楷 福建韶安縣人。康熙四十八年三甲一百七十六名進士。六十一年任浙江雲和知縣。

徐元禧 字非之。浙江歸安縣人。康熙四十八年三甲一百七十七名進士。任中書,六十年改四川名山知縣。

周天任 浙江山陰縣人。康熙四十八年三甲一百七十八名進士。任雲南河西知縣。

梁植 山西盂縣人。康熙四十八年三甲一百七十九名進士。六十年任江蘇華亭知縣。

徐閬 字于門。湖北江陵縣人。康熙四十七年舉人,四十八年三甲一百八十名進士。任廣東英德知縣。以足疾歸。

程大聿 字珥書。湖北孝感縣人。康熙三十八年舉人,四十八年三甲一百八十一名進士。任工部主事。

朱綸 字言如,號晦庵。順天通州人。康熙四十八年三甲一百八十二名進士。選庶吉士。以病乞假歸。

陳會 字遠嵐,號遠齋。四川營山縣人。康熙四十八年三甲一百八十三名進士。選庶吉士,授檢討。五十六年任順天鄉試同考官,五十九年充江南鄉試副考官。

張大受 字日容,號匠門。江蘇嘉定縣人。順治十七年(1660)生。康熙四十八年三甲一百八十四名進士(時年五十)。選庶吉士,授檢討。五十六年充順天鄉試同考官,五十九年任四川鄉試主考官,十一月督貴州學政,教諸生讀書之法,風氣爲之一變。世宗聞其名,命再任,雍正元年(1722)卒於任。著有《匠門書屋文集》。

周道裕　湖北應城縣人。康熙四十八年三甲一百八十五名進士。五十九年任順天府東安知縣。

萬　瑄　直隸昌黎人。康熙四十八年三甲一百八十六名進士。任山東鄒縣知縣，丁憂服闋，補河南內鄉、內黃縣知縣。以年高致仕，卒於家。

傅之詮　陝西寧夏衛人。康熙四十八年三甲一百八十七名進士。六十一年任江蘇上海知縣。

王敬修　山西陽城縣人。康熙四十八年三甲一百八十八名進士。任山西大同陽高衛教授。

何士達　廣東德慶人。康熙四十八年三甲一百八十九名進士。任廣東廉州府教授。

王念臣　字楓存。湖北鍾祥縣人。康熙四十四年舉人，四十八年三甲一百九十名進士。任吏部主事，六十一年任廣東順德知縣，雍正十二年改直隸望都知縣。以病歸。

朱廷遴　直隸盧龍縣人。康熙四十八年三甲一百九十一名進士。任直隸河間府教授，改順德府教授。

李汝霖　河南永城縣人。康熙四十八年三甲一百九十二名進士。六十年任江西鄱陽知縣，官至福州知府，改刑部湖廣司郎中，致仕歸。

黃敬中　字叔直，號山淙。山東即墨縣人。康熙四十八年三甲一百九十三名進士。任直隸龍門知縣，升河南禹州知州。

李元梅　山西翼城縣人。康熙四十八年三甲一百九十四名進士。

顏紹標　山東曲阜縣人。康熙四十八年三甲一百九十五名進士。五十九年任山西文水知縣。

梁　迪　字道始，號茂山。廣東合浦縣人。康熙四十八年三甲一百九十六名進士。任內閣中書，改山西平陸、屯留知縣。政聲卓著。著有《茂山堂集》。

呂　滉　直隸延慶州人。康熙四十八年三甲一百九十七名進士。任直隸保定府教授。

蔣　亮　字理貞，號樸山。山東聊城縣人。康熙四十八年三甲一百九十八名進士。任內閣中書，六十一年選四川灌縣知縣，丁憂服闋，雍正六年補江西萍鄉知縣。乞休歸。卒年八十五。

李　發　陝西城固縣人。康熙四十八年三甲一百九十九名進士。任陝西教授。

郝　曙　山西太原縣人。康熙四十八年三甲二百名進士。五十四年任山西平陽府教授。

孔衍治　山東曲阜縣人。康熙四十八年三甲二百零一名進士。

張端翊　河南尉氏縣人。康熙四十八年三甲二百零二名進士。六十一年任湖南善化知縣。

高緝顥　直隸靜海縣人。康熙四十八年三甲二百零三名進士。任內閣中書。

劉弘猷　河南商丘縣人。康熙四十八年三甲二百零四名進士。

葛佩琯　河南鄖城縣人。康熙四十八年三甲二百零五名進士。

曹掄彬　字炳庵、文明。貴州黃平州人。康熙四十八年三甲二百零六名進士。選庶吉士，授檢討。五十二年任會試同考官，官至浙江湖州府知府，忤上官解職，召京。雍正年改浙江處州知府，乾隆三年官至四川雅州知府（一作修處州、雅州二府志）。

趙　宣　浙江平湖縣人。康熙四十八年三甲二百零七名進士。任河南濟源知縣。

張翰揚　字翼冲，號耐庵。直隸束鹿縣人。康熙四十八年三甲二百零八名進士。任貴州貴築知縣，行取吏部主事。卒於貴州。

胡文燦　順天大興縣人，原籍浙江山陰。康熙四十八年三甲二百零九名進士。任奉天教授。

吳弘助　山西萬泉縣人。康熙四十八年三甲二百十名進士。六十一年任江蘇福泉知縣。

任　溥　河南河內縣人。康熙四十八年三甲二百十一年進士。六十年任廣東連山知縣。

王作礪　字相悅。山東曹縣人。康熙四十八年三甲二百十二名進士。任貴州仁懷知縣。暮年致仕，家居課子。

黑天池　字南溟，號鵬飛。直隸赤城縣人。康熙四十八年三甲二百十三名進士。任廣西義寧知縣，擢廣西南寧知府，在任六年，官至廣西蒼梧道。以疾卒。

徐誠身　河南武安縣人。康熙四十八年三甲二百十四名進士。六十一年任安徽蒙城知縣。解組歸。卒年六十九。

呂孚鳳　山東萊陽縣人。乾隆四十八年三甲二百十五名進士。

薛化成　河南鹿邑縣人。康熙四十八年三甲二百十六名進士。六十一年任廣西富川知縣。

竇彝常　字慎徵。河南涉縣人。康熙四十八年三甲二百十七名進士。

朱作霖　（一作郎作霖，復姓）浙江鎮海縣人。康熙四十八年三甲二百十八名進士。雍正元年任山東濟陽知縣。以他事被議去職。

鄧葵友　字湘嵐。廣西全州人。康熙四十八年三甲二百十九名進士。選庶吉士，授檢討。升禮部郎中，五十六年任順天鄉試同考官，五十七年充會試同考官。

沈　鎬　字新周。安徽望江縣人。康熙四十八年三甲二百二十名進士。任四川馬湖知縣，改屏山知縣。任滿究心史學。著有《韻書》十九卷、《詩經講義》。

董　昌　山西徐溝縣人。康熙四十八年三甲二百二十一名進士。

陰　儼　順天香河縣人。康熙四十八年三甲二百二十二名進士。雍正五年任天津學正。

所　住　滿洲正黃旗人。康熙四十八年三甲二百二十三名進士。任漢軍包衣七十管領。

辛禹奕　直隸新安縣人。康熙四十八年三甲二百二十四名進士。六十一年任浙江分水知縣。

張揆亮　雲南廣西府人。康熙四十八年三甲二百二十五名進士。任雲南雲南府教授。

鄧佳植　廣西全州人。康熙四十八年三甲二百二十六名進士。雍正元年任山西翼城知縣。

王錫慶　河南濟源縣人。康熙四十八年三甲二百二十七名進士。雍正元年任廣東南海知縣。

朱之璘　直隸青縣人。康熙四十八年三甲二百二十八名進士。

蔡祖班　字文中。湖南攸縣人。康熙四十八年三甲二百二十九名進士。任內閣中書。

劉濚符　（一作劉溁符）字濟源。山東昌樂縣人。康熙四十八年三甲二百三十名進士。五十九年任浙江東陽知縣，丁憂補四川通江知縣，行取戶部江南司主事。以足疾辭歸，卒年七十五。著有《四書制義》《松月廬文集》。

張鑑　山東萊陽縣人。康熙四十八年三甲二百三十一名進士。任內閣中書，調江蘇嘉定知縣。

張曉　直隸清苑縣人。康熙四十八年三甲二百三十二名進士。六十一年任江西永寧知縣，雍正七年改江西廣昌知縣。次年罷。

王辛元　字于方。江蘇江陰縣人。康熙四十八年三甲二百三十三名進士。任江蘇松江府教授。

積善　滿洲鑲藍旗人。康熙四十八年三甲二百三十四名進士。纍遷刑部郎中，雍正三年官至江西按察使。五年解職。

車松　字腹公，號蒼岩。滿洲鑲白旗人。康熙四十八年三甲二百三十五名進士。選庶吉士，授檢討。雍正七年未向本旗告假擅自出京潛行游蕩，遍歷江浙，干謁地方官員，被革職拿問。

李玘尊　順天宛平縣人。康熙四十八年三甲二百三十六名進士。

蔣憲文　河南杞縣人。康熙四十八年三甲二百三十七名進士。授河南懷慶府教授。

辛禹籍　直隸新安縣人。康熙四十八年三甲二百三十八名進士。任陝西寧朔知縣。

余慶錫　字德安。直隸長垣縣人。康熙四十八年三甲二百三十九名進士。六十一年任廣東香山知縣。被論罷官歸。登舟歸里，送者數千人。

康熙五十一年（1712）壬辰科

第一甲三名

王世琛 字寶傳，號艮甫。江蘇長洲縣人。康熙五十一年一甲第一名狀元。授翰林院修撰。五十四年充乙未科會試同考官，五十九年充陝西鄉試副考官，纍遷侍講學士，官至少詹事，雍正四年督山東學政。七年（1729）卒於任。著有《橘巢小稿》。

沈樹本 字厚餘，號操堂，別號艙翁。浙江歸安縣人。康熙五十一年一甲第二名榜眼。授編修。乞養歸。久主安定書院。工詩，幼時與海寧楊守知、嘉善柯煜、平湖陸奎勛同稱“浙西四才子”。著有《德本錄》《艙翁詩集》《玉玲瓏山館詞》《湖州詩摭》。

父沈三曾，康熙十五年進士；子沈榮仁，雍正元年進士。祖孫三代進士。

潘葆光 （復姓徐）字亮直，號澄齋。江蘇吳江縣人。康熙五十一年一甲第三名探花。授編修。五十

二年、五十四年兩任會試同考官，五十七年賜一品麟蟒服，派充往琉球國副使，敕封國王嗣位。後乞假歸。雍正初召起以御史記名。乾隆元年（1736）卒。撰有《中山傳言錄》，述琉球風土人情。著有《二友齋集》《海舶集》。

第二甲五十名

卜俊民 字方嘉，號衣言。江蘇武進縣人。康熙五十一年二甲第一名進士。選庶吉士，散館改內閣中書。尋卒。

曹　鳴 （原名曹岡）字聲喈。江蘇金壇縣人。康熙五十一年二甲第二名進士。選庶吉士，授編修。告假歸。垂暮家居仍手不釋卷，卒年七十二。

李鍾僑 字世郇，號柳亭。福建安溪縣人。康熙二十八年（1689）生。文淵閣大學士李光地從子。康熙五十一年二甲第三名進士。選庶吉士，授編修。五十九年任雲南鄉

試主考官，雍正五年督江西學政，降調國子監監丞。雍正十年（1732）十月卒。年四十四。著有《論語孟子講蒙》《詩經測義》《易解》。

兄李天寵，康熙五十四年進士。子李清載，雍正八年進士；子李清芳，乾隆元年進士；子李清時，乾隆七年進士。

陶貞一（1676—1743）字駿文、改之，號退庵。江蘇常熟縣人。康熙五十一年二甲第四名進士。選庶吉士，授編修。不樂仕進乞養歸。雍正初，被薦修《明史》，復乞歸。著有《虞邑先民傳》《退庵文集》。

弟陶正靖，雍正八年進士，太常寺卿。

劉於義　字喻㫼，號蔚岡。江蘇武進縣人。康熙十四年（1675）生。康熙五十一年二甲第五名進士。選庶吉士，授編修。歷任詹事府中允、侍講、督山西學政、庶子，雍正四年授順天府尹，改詹事府詹事，遷倉場侍郎，八年改吏部侍郎。十二月授北河總督，九年遷刑部尚書，署直隸總督、陝甘總督。十一年改吏部尚書。仍署陝甘總督，十三年回任吏部尚書，乾隆元年曾署甘肅巡撫，三年七月革吏部尚書。五年署直隸布政使，七年授福建巡撫，改山西巡撫，遷戶部尚書，九年正月復任吏部尚書，授協辦大學士事，十年加太子少保。乾隆十三年（1748）三月於養心殿跪久遽卒。年七十四。諡"文恪"。曾監修《陝西

通志》。

子劉復，雍正五年進士。

潘允敏　字尹少、穎少，號葦村。江蘇溧陽縣人。康熙五十一年二甲第六名進士。選庶吉士，授編修。五十四年充會試同考官，升戶部郎中，雍正七年充山東鄉試主考官，同年十月督陝西學政，十三年十一月督廣西學政，乾隆三年十月督河南學政，官至雲南廣南府知府。

王圖炳　字麟照，號澄川。江蘇華亭縣人。康熙八年（1669）生。康熙五十一年二甲第七名進士。選庶吉士，授編修。纍遷侍讀學士，遷國子監祭酒，雍正元年授詹事，七年遷左副都御史，八年改禮部侍郎，十一年革職。後以詹事銜任翰林院侍講。乾隆九年（1744）卒。年七十六。著有《樛香書屋詩集》。

父王頊齡，康熙十五年進士，武英殿大學士。

鄂爾奇　字季正，號復齋。滿洲鑲藍旗，西林覺羅氏。保和殿大學士鄂爾泰弟。康熙五十一年二甲第八名進士。選庶吉士，授編修。遷翰林院侍讀，雍正元年授詹事，遷工部侍郎改禮部侍郎，復任工部侍郎。九年三月遷左都御史，九月改兵部尚書，十年閏五月調戶部尚書，兼步軍統領。十一年因"壞法營私"被直隸總督李衛彈劾，九月革職。雍正十三年（1735）卒。著有《清虛齋集》。

楊士徵　字若游，號藕塘。江

蘇武進縣人。康熙五十一年二甲第九名進士。選庶吉士，授編修。五十六年任四川鄉試正考官。

祖父楊大鯤，順治十六年進士，山東按察使。

何國宗 字翰如，號約齋。順天大興縣人。康熙五十一年二甲第十名進士（欽賜進士）。選庶吉士，授編修。歷任庶子、侍讀學士、少詹事，雍正三年授內閣學士，領七人赴山東查勘運河水道，山東巡撫塞楞額奏稱其食物車馬共用銀一萬兩，降三級。五年補大理寺少卿，六年十月復任內閣學士。七年十二月遷工部侍郎，八年又命修北運河減水壩，東河總督田文鏡上疏其勘查錯誤，九年革職，充算學館總裁。乾隆九年授左副都御史，十三年復任工部侍郎，二十年五月授左都御史。二十一年五月降，十一月署左都御史，二十二年改禮部尚書，四月因京察保送其親弟何國棟，降三級革。五月授編修。二十四年三任內閣學士，二十六年遷禮部侍郎。二十七年三月以老休致。乾隆三十一年（1766）卒。

秦靖然 字藥師，號寶華。江蘇無錫縣人。康熙五十一年二甲十一名進士。選庶吉士，授編修。尋告歸。閉門讀書。

父秦松齡，順治十二年進士；兄秦道然，康熙四十八年進士。

田嘉穀 字樹滋，號芹村。山西陽城縣人。康熙五十一年二甲十二名進士。選庶吉士，授編修。雍正元年任浙江副考官，官至雲南道御史。二年因會議案件時，不畫題，不另議，又不奏對原由而革職。著有《易說》《春秋說》。

徐雲瑞 字卿升、慶生，號鹿溪。浙江錢塘縣人。康熙五十一年二甲十三名進士。選庶吉士，授編修。五十六年充順天鄉試同考官，五十七年任戊戌科會試同考官，雍正元年再充順天鄉試同考官，二年充陝西鄉試副考官。著有《鹿溪文集》《游秦詩草》。

馮汝軾 字學坡，號稼末。江蘇吳縣人。康熙五十一年二甲十四名進士。選庶吉士，任內閣中書。

兄馮曧，康熙五十二年進士。

查雲標 字學庵。浙江海寧縣人。康熙五十一年二甲十五名進士。任禮部主客司主事。

許　鎮 字天倚，號東間。浙江德清縣人。康熙五十一年二甲十六名進士。選庶吉士，授編修。五十六年任貴州鄉試副考官，官至江西南昌府知府，後以公事失察降刑部主事。乞終養歸。修復東萊書院與里人講學。

林　佶 字吉人，號鹿原。福建侯官縣人。順治十七年（1660）生。康熙五十一年二甲十七名進士（時年五十三）。選庶吉士，官內閣中書。工書法，擅詩文，家中藏書極富，藏書處曰"樸學齋"。著有《樸學齋集》。

俞鴻圖 字麟一，號則堂。浙

江海鹽縣人。康熙五十一年二甲十八名進士。選庶吉士，授編修。十九年任廣東鄉試主考官，雍正四年任江西鄉試副考官，升侍講，十年督河南學政。同年因查嗣庭案（查爲四年江西鄉試主考官）牽連，及任河南學政期間"受賄營私，贓私纍萬"，十二年（1734）三月初八處斬。

父俞兆晟，康熙四十五年進士，戶部侍郎。

杜詔 字紫綸，號雲川，人稱豐樓先生。江蘇無錫縣人。康熙六年十二月初二（1668年1月）生。自幼工於詩，尤善填詞。康熙五十一年二甲十九名進士。選庶吉士。以詩受知於聖祖。曾選《唐詩叩彈集》，皆唐中晚期名作。未散館，以久假休致。乾隆元年（1736）七月十二日卒。年七十二。著有《雲川閣集》六卷、《浣花詞》《鳳髓詞》三卷、《蓉湖漁笛譜》《讀史論略》《唐詩叩彈集》等。

周王春 （？—1743）字錦臣，福建莆田縣人。康熙五十一年二甲二十名進士。授內閣撰文中書。著有《濯成亭詩集》。

鮑開 字孝儀，號東皋。江蘇常熟縣人，原籍安徽，後遷吳縣。康熙五十一年二甲二十一名進士。選庶吉士，授編修。

孟班 字蘭泰（一作蘭台）。山東臨沂縣人。康熙五十一年二甲二十二名進士。選庶吉士，授編修。

歸里後授徒終。著有《詩文集》。

楊祖楫 字秉萬、乘萬，號恬川。江蘇武進縣人。康熙五十一年二甲二十三名進士（欽賜進士）。選庶吉士，以修書賜編修。

父楊大鶴，康熙十八年進士。

李慎修 字思永，號雪山。山東章丘縣人。康熙五十一年二甲二十四名進士。選庶吉士，授內閣中書，遷主事、刑部陝西司員外郎、廣西司郎中、江西道監察御史。雍正五年出任杭州知府，遷河南汝光道，乾隆元年改湖北漢黃德道，調江蘇鹽驛道，乾隆十年官至湖南衡郴永道。十二年乞病歸。著有《內訟編》《史治卮言》《倫理至言》《勸民俗話》等。

吳玉崑 （榜名楊玉崑）字禹功。江蘇武進縣人。康熙五十一年二甲二十五名進士。任內閣中書。

何應鰲 字滄持，號福峰。安徽當塗縣人。康熙五十一年二甲二十六名進士。選庶吉士，授編修。五十四年任會試同考官，官至禮部祠祭司郎中。致仕歸。

林昂 字嘉超，號若亭。福建侯官縣人。康熙四十七年福建鄉試解元，五十一年二甲二十七名進士。選庶吉士，授編修。

顧嗣立 字俠信，一作俠君，號閭丘。江蘇長洲縣人。康熙四年（1665）五月二十九日生。任內閣中書。康熙五十一年賜二甲二十八名進士。選庶吉士。歸班候選知縣，外補未就而歸。以疾歸。康熙六十一年（1722）卒。年五十八。藏書家，藏書處曰"秀野草堂"。輯有《詩林韶濩》《元詩選》《韓昌黎詩集注》《溫飛卿詩集箋注》，著有《秀野集》《閶丘集》。

父顧予咸，順治四年進士。

卜兆龍 江蘇武進縣人。康熙五十一年二甲二十九名進士。任內閣中書。

昝茹穎 字仲遂，號白村。安徽懷寧縣人。康熙五十一年二甲三十名進士。任內閣中書。因事解組。遂憂思成疾，卒於京。工詩詞，作畫善松菊竹石。

汪泰來 字陛交，號後山。浙江錢塘縣人，原籍安徽歙縣。康熙五十一年二甲三十一名進士。授內閣中書，官至廣東潮州府同知，署知府。著有《半舫詩集》。

王澍 字若霖、篛林，號虛舟、良常，曾自署二泉寓客。江蘇金壇縣人。康熙七年（1668）九月十六月生。康熙五十一年二甲三十二名進士。選庶吉士，授編修。纍遷戶科給事中，官至戶科掌印給事中，降吏部員外郎。辭官回籍後，專事金石學問，善書法。乾隆四年（1739）十一月二十二日卒。年七十二。撰著有《禹貢譜》《學庸本義》《學庸困學錄》《程朱格物法》《朱子讀書》《白鹿洞規條目》《淳化閣貼考正》等書。

汪鶴皋 字錦書、天聲。江蘇江陰縣人。康熙五十一年二甲三十三名進士。

劉大輗 山東長山縣人。康熙五十一年二甲三十四名進士。

狄貽孫 字宗維，號翼亭。江蘇溧陽縣人。康熙五十一年二甲三十五名進士。選庶吉士，授編修。康熙五十四年、雍正五年兩任會試同考官。

父狄億，康熙三十年進士。

徐杞 字集功，號静谷。浙江錢塘縣人。康熙二十四年（1685）生。康熙五十一年二甲三十六名進士。選庶吉士，授編修。雍正四年任廣西主考官，升山東道御史，八年充庚戌科會試同考官，遷禮科給事中、通政使司左參議、太常寺少卿。雍正十一年署甘肅布政使，十三年實授，乾隆十年召京。十一年署湖北按察使，三月遷湖南布政使，九月授陝西巡撫。十二年十二月召京，十三年閏七月授宗人府丞。十五年四月休致。乾隆三十年（1765）四月十三日卒，年八十一。

父徐潮，康熙十二年進士，吏部尚書；兄徐本，康熙五十七年進士。

易簡 字易仲，號半山。四川豐都縣人。康熙五十一年二甲三十七名進士。選庶吉士，授編修。

漆紹文 字馥來、質先。江西新昌縣人。康熙五十一年二甲三十八名進士。選庶吉士，授編修。五十六年任順天鄉試同考官，雍正元年考選廣西道御史，充湖廣鄉試主考官，五十七年任戶科給事中，雍正二年遷山東鹽運使，三年授江蘇布政使，五年改湖南布政使，旋罷。後任光祿寺少卿。丁內艱歸。年五十七卒。

王箴輿 字敬倚，號孟亭。江蘇寶應縣人。康熙五十一年二甲三十九名進士。任內閣中書，改河南臨漳知縣，歷任澠池、洛陽知縣，擢直隸冀州知州，改河南陳州府知州，遷歸德知府，官至河南衛輝知府。罷歸。乾隆十六年帝南巡，迎駕復原銜。卒年六十六。著有《孟亭詩文集》。

祖父王式丹，康熙四十二年狀元。

周天祐 （《詞林輯略》作周天适，又作周天佑）字篤豐，號承吉。湖北江夏人。康熙四十七年舉人，五十一年二甲四十名進士。選庶吉士，授編修。官至四川重慶知府，改成都知府。

程夢星 字午橋，號汧江、香溪。江蘇江都縣人。康熙五十一年二甲四十一名進士。選庶吉士，授編修。以疾歸。工書法，喜著述。乾隆二十年（1755）卒。年七十七。著有《李義山詩注》《平山堂志》《今有堂集》《茗柯詞》。

父程文正，康熙三十年進士。

汪　栴 字亭之。湖北江夏縣人，原籍安徽休寧。康熙五十一年二甲四十二名進士。授陝西同官知縣，升兵部主事、戶科給事中，雍正五年遷湖南衡州知府，六年官至衡永郴桂道。

薄　海 字圖南，號隅穀。順天大興縣人，原籍江蘇江寧。康熙五十一年二甲四十三名進士。選庶吉士，授編修。升侍讀學士，因事降職。後復起，官至太僕寺少卿。

父薄有德，康熙四十二年進士。

春　山 字長人，號丹崖。滿州鑲藍旗，伊爾根覺羅氏。康熙五十一年二甲四十四名進士。任內閣中書，纍遷至侍讀學士，雍正十三年擢內閣學士，乾隆八年授盛京兵部侍郎。十年病休。

秦　休 字又休，號岵瞻，更號匪峨。陝西郃陽縣人。康熙十八年（1679）生。康熙五十一年二甲四十五名進士。選庶吉士，授編修。六十年充會試同考官，升戶部郎中，任廣西潯州知府。坐事遣戍，後釋歸。乾隆七年（1742）三月二十日卒。年六十四。集塞外錄成《雅方》。

郁　瑞 字典六。江蘇江寧縣人。康熙五十一年二甲四十六名進士。官內閣中書。

周金簡 字大西，號蒸岩。江蘇無錫縣人。康熙五十一年二甲四十七名進士。選庶吉士，授編修。

黃師瓊 字願宏，號思位。江蘇長洲縣人。康熙十八年（1679）生。康熙五十一年二甲四十八名進士。任安徽徽州府教授，丁憂補鎮江府教授，官至雲南廣通知縣。卒於任。

張春慶　山西繁峙縣人。康熙五十一年二甲四十九名進士。任內閣中書。

王時鴻　字雲岡。江蘇華亭縣人。康熙五十一年二甲五十名進士。選庶吉士，授編修。五十六年任山西鄉試主考官。

第三甲一百二十四名

喬時适　字仲容，號易齋。河南寧陵縣人。康熙五十一年三甲第一名進士。選庶吉士，授檢討。

董　宏　（又名董胡宏，復姓）。字千峰、育萬，號仕庵。江蘇青浦縣人。康熙五十一年三甲第二名進士。選庶吉士，授檢討。六十年任會試同考官，降助教。升工部主事，雍正七年任順天鄉試同考官，官至員外郎。

周　彬　字文若，號潛庵。雲南昆明縣人。康熙四十一年舉人，五十一年三甲第三名進士。選庶吉士，授檢討。五十六年充順天鄉試同考官，五十七年任會試同考官，出任雲南東川知府，調四川夔州知府，遷四川松茂道，官至甘肅平慶道，後降知府。

錢金森　（本姓錢，復姓金）字子厚。江蘇吳縣人。康熙五十一年三甲第四名進士。官至雲南蒙化直隸廳同知。

周有堂　湖北黃岡縣人。康熙五十年舉人，五十一年三甲第五名

進士。任禮部主事。

張秉亮　字熙人。江蘇上元縣人。康熙五十一年三甲第六名進士。任翰林院纂修官，書成歸里未及仕卒於家。祀鄉賢良祠。

洪　澤　字沾仁。安徽歙縣人。康熙五十一年三甲第七名進士。五十五年任江西泰和知縣，官至工部都水司員外郎。

郭孫順　（一作孫順，復姓郭）字鳳客。江蘇吳江縣人。康熙五十一年三甲第八名進士。選庶吉士，授檢討。五十六年任順天鄉試同考官。

錢廷獻　字我持，號南塘。浙江仁和縣人。康熙五十一年三甲第九名進士。選庶吉士，授檢討。雍正二年考選御史。

楊　湝　字彙南，號掌亭。江南江都縣人。康熙五十一年三甲第十名進士。選庶吉士，授檢討。以疾卒於任。善詩、古文、書法。

沈世屏　字錫侯，號帶河。浙江錢塘縣人。康熙五十一年三甲十一名進士。選庶吉士，授檢討。五十七年任戊戌科會試同考官，雍正二年官至湖南長沙府知府。

夏慎樞　字用修，號曉堂。江蘇丹徒縣人。康熙五十一年三甲十二名進士。選庶吉士，授檢討。六十年任辛丑科會試同考官，久而不遷罷官歸。爲人不修邊幅，所遇坎坷亦其自取也。

徐天球　（本姓黃）字樟五，號

璞齋。江蘇長洲縣人。康熙五十一年三甲十三名進士。任江西靖安知縣，擢禮部主事。告歸。

陳　謨（《進士題名碑》作陳王謨）字虞佐，號東溪。江蘇吳江縣人。康熙五十一年三甲十四名進士。選庶吉士，任刑部主事。

劉軼政　字超夫，號惕庵。山東昌樂縣人。康熙五十一年三甲十五名進士。授江西湖口知縣，改直隸饒陽知縣。

舒大成　字子展。順天大興縣人。康熙五十一年三甲十六名進士。選庶吉士，授檢討。五十四年任乙未會試同考官。著有《試墨齋詩集》。

李五福　字皆之。福建海澄縣人。康熙五十一年三甲十七名進士。授刑部主事，四載致仕。著有《家訓廣義》。

何隆遇　字志合，號石峰。安徽桐城縣人。康熙五十一年三甲十八名進士。任貴州清鎮知縣，改修文縣、玉屏、遵義知縣，調福建安溪知縣，擢漳州府同知。退歸。返遵義終老。

吳振鎬　字友昭。浙江山陰縣人。康熙五十一年三甲十九名進士。任甘肅渭源知縣。

楊森秀　字清令。浙江樂清縣人。康熙五十一年三甲二十名進士。任內閣中書。

壽奕磐　號佳峰。浙江諸暨縣人。康熙五十一年三甲二十一名進士。由子史精華館纂修官，改任湖北光化知縣。

華觀光　江蘇無錫縣人。康熙五十一年三甲二十二名進士。任內閣中書。

名　昌　字第五，號新莊。滿洲正紅旗，覺羅氏。康熙五十一年三甲二十三名進士。選庶吉士，授檢討。

田廣運　字右君，號謹齋。江蘇泰州人。康熙五十一年三甲二十四名進士。任福建惠安知縣，卒於任。

胡　煦　字滄曉，號紫弦。河南光山縣人。順治十二年（1655）生。康熙五十一年三甲二十五名進士（時年五十八）。選庶吉士，授檢討。嘗召對乾清宮，講《河洛理數》及卦爻中疑義，爲康熙帝所賞識，命直南書房，充《明史》總裁。五十四年任乙未科會試同考官，五十六年充湖廣鄉試主考官，纍遷鴻臚寺卿。雍正元年授內閣學士，五年遷兵部侍郎，九年調禮部侍郎。同年以年老解職（時年七十七）。乾隆元年（1736）八月賞復原銜，九月十二日卒，年八十二。追贈尚書，五十九年追謚"文良"。究心《周易》。著有《周易函書約存》《葆璞堂文集》《卜法詳考》。

孫胡鈺，乾隆五十二年進士。

千　兆　河南武陟縣人。康熙五十一年三甲二十六名進士。雍正六年任河南唐縣教諭。改陝西鳳縣知縣。

陶必達　字品誠。浙江會稽縣人。康熙五十一年三甲二十七名進士。五十六年任江西永寧知縣。

張佺枝　河南祥符縣人。康熙五十一年三甲二十八名進士。任知縣。

王珍　字玉茗。浙江海鹽縣人。康熙五十一年三甲二十九名進士。官至通州知州。

陳銳　字芝山。陝西渭南縣人。康熙五十一年三甲三十名進士。雍正元年任江西吉水知縣。解組歸。

王淑京　字道舒。江蘇昆山縣人。康熙五十一年三甲三十一名進士。五十五年任廣四富川知縣，雍正五年改江西宜春知縣，遷四川劍州知州，官至四川眉州直隸州知州。卒於任。

李登瀛　直隸河間縣人，原籍浙江山陰。康熙五十一年三甲三十二名進士。任內閣中書，雍正元年任江西安仁知縣。

沈曾發　字方枚。浙江海鹽縣人。康熙五十一年三甲三十三名進士。六十一年任江西分宜知縣。不及半載，以勞卒於官。

張世文　字孟符。浙江山陰縣人。康熙五十一年三甲三十四名進士。任內閣中書。

畢瀟　字清源。山東平陰縣人。康熙五十一年三甲三十五名進士。任內閣中書，升詹事府左春坊左中允。以疾致仕。著有《敬廷文稿》。

兄畢漣，雍正二年進士。

錢祐　（一作錢祜）湖北漢川縣人。康熙五十年舉人，五十一年三甲三十六名進士。任內閣中書。

李居廣　字子霖。號葡圃。直隸高陽縣人。康熙五十一年三甲三十七名進士。雍正二年任山東嶧縣知縣，四年調，十年改湖北房縣知縣。

李如璐　字佩五，號清園。直隸新安縣人。康熙五十一年三甲三十八名進士。選庶吉士，授檢討。六十年任會試同考官，雍正三年遷甘肅臨洮知府，四年官至陝西延綏郿道。

牟愿　字印宗。山東棲霞縣人。康熙五十一年三甲三十九名進士。雍正元年署江蘇安東知縣，改江蘇武進知縣，調睢寧知縣。以清官奉召見，卒於途。

徐依　字起弦，號永念。江蘇武進縣人。康熙五十一年三甲四十名進士（時年五十二）。選庶吉士，五十六年散館改廣東三水知縣，丁憂服闋，補浙江麗水縣知縣。蒞任值秋災，報賑不批罷官歸。

周楨　字鹿崖。江蘇句容縣人。康熙五十一年三甲四十一名進士。授內閣中書，六十一年改湖南通道知縣，署綏寧知縣，官至湖南靖州直隸知州。以疾告歸，卒年六十五。著有《存青閣詩集》。

侯廷琳　河南蘭陽縣人。康熙五十一年三甲四十二名進士。五十六年任廣東花縣知縣。

宋　晶　河南祥符縣人。康熙五十一年三甲四十三名進士。雍正四年官至直隸天津州直隸州知州（雍正九年直隸州升天津府）。

應朝昌　字會臣、桂岩。浙江嵊縣人。康熙五十一年三甲四十四名進士。授廣東開建知縣，未任卒。著有《桂岩詩選》。

高澤弘　直隸靜海縣人。康熙五十一年三甲四十五名進士。雍正元年任安徽定遠知縣。

于　棻　山東臨淄縣人。康熙五十一年三甲四十六名進士。任內閣中書。

耿之昌　河南虞城縣人。康熙五十一年三甲四十七名進士。官至貴州石阡知府。

牛元弼　山東章丘縣人。康熙五十一年三甲四十八名進士。六十一年任江西峽江知縣，雍正五年改江西清江知縣。

吳　翊　字振西。江蘇太倉州人。康熙五十一年三甲四十九名進士。任內閣中書。年六十以病卒。

劉公津　字百液，號耐亭。山東陽信縣人。康熙五十一年三甲五十名進士。任江西萬年知縣，行取工部員外郎，升刑部郎中，外任河南開封知府。丁母憂歸。哀毀卒。

甯時文　山西稷山縣人。康熙五十一年三甲五十一名進士。雍正元年任廣東吳川知縣，六年改廣東澄海知縣。

陳德榮　字廷彥，號密山。直隸安州人。康熙二十八年（1689）正月十六日生。康熙五十一年三甲五十二名進士。六十一年任湖北枝江知縣，雍正三年遷貴州黔西知州，丁父憂歸。服除署威寧知府，授大定知府，丁母憂。署江西廣饒九南道。乾隆元年授貴州按察使，四年署、十年九月授貴州布政使，十一月改安徽布政使。乾隆十二年（1747）八月二十七日卒。年五十九。著有《葵園詩集》。

子陳策，乾隆元年進士；陳筌，乾隆十七年進士；陳筠，乾隆十六年進士；孫陳耀昌，嘉慶六年進士。

許基山　字穎若。福建莆田縣人。康熙五十一年三甲五十三名進士。

張　淳　字無懷，號邈公。山東武定州人。康熙五十年山東鄉試解元，五十一年三甲五十四名進士。選庶吉士，授檢討。

韓三善　字魏續，號菊園。直隸高陽縣人。康熙五十一年三甲五十五名進士。五十一年任廣西富川知縣，調西林縣，遷廣西隆州知州。以疾歸。

翟正經　字遷齋。直隸盧龍縣人。康熙五十一年三甲五十六名進士。任直隸保定、山海衛教授，轉山西太原知縣、文水知縣，乾隆元年改安徽建平知縣，卒於任。

歸　璉　山東聊城縣人。康熙五十年舉人，五十一年三甲五十七名進士。六十一年任湖北穀城知縣。

崔林 順天霸州人。康熙五十一年三甲五十八名進士。任廣東大埔縣知縣。

王瀛 字文洲，號愚谷。山東臨淄縣人。康熙五十一年三甲五十九名進士。任內閣中書，丁憂。補山東萊州府教授，升河南郾城知縣。

張謙宜 （碑作張宜）號稚松，號山農。山東膠州人。康熙五十一年三甲六十名進士。歸班候選知縣。年逾六旬不仕，閉門讀書。著有《絸齋詩選》《尚書說略》《四書廣注》《質言疏義》《春秋左傳摘評》等。

田長文 字近庭。山西高平縣人。康熙五十一年三甲六十一名進士。五十三年任浙江鎮海知縣，署鄞縣，丁父憂。雍正九年改淳安知縣。卒於任。

閻九疇 字箕陳，號洪川。直隸南樂縣人。康熙五十一年三甲六十二名進士。授內閣中書，改錦州府教授，補順天府教授。雍正八年告休歸。

湯大輅 字乘素，號綺峰、竹坡。江蘇江陰縣人。康熙五十一年三甲六十三名進士。選庶吉士，授檢討。五十七年任戊戌科會試同考官。著有《周易講義》五卷、《四書語錄》十卷、《容江草堂詩》八卷等。

張燾 字函三、慕韋。山東新城縣人。康熙五十一年三甲六十四名進士。任內閣中書。

李介福 直隸完縣人。康熙五十一年三甲六十五名進士。

甄之璜 字嶧山。順天大興縣人。康熙五十一年三甲六十六名進士。六十一年任山東濟陽知縣，雍正四年改山西徐溝知縣，改中書科中書，雍正九年考選陝西道御史。

景崟 山西安邑縣人。康熙五十一年三甲六十七名進士。任湖北大治知縣，雍正二年署通城知縣，六年官至直隸宣化知府。

莫與及 字長卿。河南洛陽縣人。康熙五十一年三甲六十八名進士。選庶吉士。

蘇習禮 山東武城縣人。康熙四十二年舉人，五十一年三甲六十九名進士。雍正六年任江西萬安知縣。

陳以剛 字爥門。安徽天長縣人。康熙五十一年三甲七十名進士。歸班候選知縣，乾隆三年任浙江嘉善知縣，改池州府教授。官至雲南阿迷州知州。著有《爥門詩》。

高卓 山西絳縣人。康熙五十一年三甲七十一名進士。任山西太原府教授。

丁善 江蘇山陽縣人。康熙五十一年三甲七十二名進士。任甘肅狄道知縣。

吳宸生 （一作吳震生，誤）陝西渭南縣人。康熙五十一年三甲七十三名進士。

張延慶 字燕翼。山東臨清縣人。康熙五十一年三甲七十四名進士。授安徽潛山知縣，雍正十二年遷湖北荊州府同知。致仕歸。

白子雲 字仲傑，號希齋。陝西清澗縣人。康熙五十一年三甲七十五名進士。選庶吉士，授檢討。

魯立 字書田、蒼鶴。江西新城縣人。康熙五十一年三甲七十六名進士。選庶吉士。母老乞歸。

高鍾嶽 陝西延川縣人。康熙五十一年三甲七十七名進士。任甘肅寧夏中衛教授。

鹿耿 直隸南和縣人。康熙五十一年三甲七十八名進士。六十一年任廣東澄邁知縣，雍正年改浙江宣平知縣。

黃之綬 直隸元城縣人。康熙五十一年三甲七十九名進士。

王夢旭 字初升。貴州平越縣人。康熙五十一年三甲八十名進士。選庶吉士，授檢討。官至廣西太平知府。

從弟王夢堯，康熙五十七年進士。

孫廷翼 河南陳留縣人。康熙五十一年三甲八十一名進士。

徐啟統 字垂昆。江西豐城縣人。康熙五十一年三甲八十二名進士。任內閣中書。母喪歸，哀毀致疾卒。

林景拔 字彥楚，號荊崖。廣東普寧縣人。康熙五十一年三甲八十三名進士。選庶吉士。

李棠蔭 山西臨縣人。康熙五十一年三甲八十四名進士。任內閣中書，以父病歸養，服闋，改河南清豐知縣。

遲之金 漢軍正白旗人。康熙五十一年三甲八十五名進士。任漢軍石文賢佐領，官至知縣。

叢元燦 山東文登縣人。康熙五十一年三甲八十六名進士。雍正元年任江蘇高淳知縣。

王遵宸 字篋六，號秋崖。江蘇太倉州人。康熙七年（1668）二月十三日生。康熙五十一年三甲八十七名進士。選庶吉士，授檢討。以疾歸。後詔纂修《春秋經傳彙說》，雍正二年歸。十二年（1734）卒。年六十七。

為大學士王掞侄。

謝濟世 字石霖，號梅莊。廣西全州人。康熙二十八年（1689）生。康熙四十七年廣西鄉試解元，五十一年三甲八十八名進士。選庶吉士，授檢討。康熙五十六年充順天鄉試同考官，雍正四年考選浙江道御史。因彈劾河南巡撫田文鏡獲罪，流放阿勒泰，後因冒死將所撰《大學注》《中庸道》進呈雍正帝，險被殺。乾隆帝繼位後被赦免，并恢復御史職。六年調湖南糧儲道。由於他錯誤估計了形勢，認為乾隆帝會賞識自己的著述，又將《大學注》《中庸道》進呈給乾隆帝，再次引發了雍正時期的"謝濟世著書案"。乾隆帝對他否定程朱理學看做是"學術之大害"，是"理學罪人"。所幸乾隆對"文字獄"尚且寬容，僅查抄焚毀了書及他的刻板，并令其休致回籍了結。乾隆二十一年（1756）卒。年六十八。著有《以學居業集》《史評》《西北域記》等。

鄭之僑 字惠人、東里，號之溪。四川仁懷縣人。康熙五十一年三甲八十九名進士。選庶吉士，授檢討。著有《鵝湖講舍彙編》

侯 靖 字獻可。山東堂邑縣人。康熙五十一年三甲九十名進士。雍正元年任廣西馬平知縣，調陽朔知縣。

吳 拜 字昌言。滿洲正紅旗，覺羅氏。康熙二十三年（1684）生。康熙五十一年三甲九十一名進士。纍遷國子監祭酒，雍正十三年授詹事遷內閣學士，乾隆三年授盛京刑部侍郎，七年改內閣學士遷倉場侍郎。十三年改盛京兵部侍郎，四月革，閏七月再任內閣學士。十五年遷盛京工部侍郎，復改盛京刑部侍郎，二十二年十一月遷左都御史。乾隆二十三年十月休致。

虞景星 字東皋、天裔。江蘇金壇縣人。康熙五十一年三甲九十二名進士。授貴州永寧知縣，雍正三年補浙江上虞知縣，九年改江蘇吳縣教諭。工詩書，精繪畫，有"三絕"之譽。

李 湜 陝西三原縣人。康熙五十一年三甲九十三名進士。

徐樹屏 字敬思。江蘇昆山縣人。康熙五十一年三甲九十四名進士。任刑部主事，官至刑部郎中，

五十八年督廣西學政。以病歸卒。

武安邦 山西威遠衛人。康熙五十一年三甲九十五名進士。任山西左衛教授。

三 格 漢軍正白旗包衣。康熙五十一年三甲九十六名進士。任漢軍包衣李瑛貴佐領。

李汝懋 河南永城縣人。康熙五十一年三甲九十七名進士。任主事，官至員外郎。

張 旭 字明廷，號漁襯。雲南呈貢縣人。康熙五十一年三甲九十八名進士。選庶吉士，授檢討。卒於任。

劉 蛟 字雲友，號臥雲。貴州都勻縣人。康熙五十一年三甲九十九名進士。選庶吉士，授檢討。五十六年任順天鄉試同考官，五十七年任會試同考官。著有《臥雲文稿》。

鄒啓孟 雲南河陽縣人。康熙五十一年三甲一百名進士。

陳見龍 （本姓倪）字潮文。浙江海鹽縣人。康熙五十一年三甲一百零一名進士。雍正年間任江西上饒知縣，乾隆二十八年任順天府保安知縣。

劉正遠 字端生。山東臨駒縣人。康熙四十四年舉人，五十一年三甲一百零二名進士。選庶吉士，授編修。六十一年左遷江蘇宿遷知縣，雍正四年改睢寧知縣，升廣東肇州知府，雍正十年官至廣東雷州府知府。卒於任。

劉三策　江西永新縣人。康熙五十一年三甲一百零三名進士。

李祖望　廣西恭城縣人，原籍浙江會稽。康熙五十一年三甲一百零四名進士。雍正元年任山西絳縣知縣。

張豐孫　山東堂邑人。康熙五十一年三甲一百零五名進士。雍正年間任江西瑞昌知縣。

何騰三　字鵬扶。福建閩縣人。康熙五十一年三甲一百零六名進士。

孫宗緒　字似百、青湖。江蘇興化縣人。康熙五十一年三甲一百零七名進士。任河南安陽知縣，在任僅七月積勞成疾，卒於任。

為康熙四十二年進士孫兆奎從弟。

蔣鏞　（榜名張鏞）字東亭。江蘇無錫縣人。康熙五十一年三甲一百零八名進士。任清河縣教諭，雍正元年任浙江嘉善知縣。左遷去。

韓三公　字召績，號竹園。直隸高陽縣人。康熙五十一年三甲一百零九名進士。任直隸廣平府教授。乾隆元年升山西文水知縣，忤上意解官歸。

璩廷慶　字來章。河南濟源縣人。康熙五十一年三甲一百十名進士。未任卒。

孫詔　字鳳書，號友石。甘肅涼州人。康熙五十一年三甲一百十一名進士。選庶吉士，改任知縣，雍正二年遷江蘇徐州知州，五年擢浙江寧波知府，六年升浙江寧紹台道，十年授安徽按察使，改江西按察使，十一年署湖北布政使。未離任卒於南昌。

謝鵬程　直隸邯鄲縣人。康熙五十一年三甲一百十二名進士。任浙江宣平知縣，改直隸保定府教授。

徐永祐　字天宇。湖南武陵縣人。康熙四十四年舉人，五十一年三甲一百十三名進士。任江蘇丹陽知縣，乾隆三年七月以江蘇吳江知縣署長洲知縣，六年七月任江蘇蘇州知府，調貴州平越知府，官至雲南守道。

凌霄　字麓安。浙江石門縣人。康熙五十一年三甲一百十四名進士。雍正年任浙江溫州府教授。

崔鶴齡　山西臨縣人。康熙五十一年三甲一百十五名進士。六十一年任湖南興寧知縣。以病卒於任，櫬不能歸，士民釀金為助，乃得返葬。

張璞璽　山西猗氏縣人。康熙五十一年三甲一百十六名進士。雍正六年任廣東程鄉知縣，九年改山西忻州學政。

鄭其儲　（1684—1754）字又梁，號虛齋。湖北石首縣人。康熙五十一年三甲一百十七名進士。選庶吉士，授檢討。六十年充辛丑科會試同考官，升工科給事中，雍正四年任四川鄉試正考官，遷順天府丞，官至左僉都御史。

張乾修　河南汝陽縣人。康熙五十一年三甲一百十八名進士。

潘　祥　字大千，號拙齋。甘肅靖遠衛人。康熙五十一年三甲一百十九名進士。選庶吉士，授檢討。遷戶部郎中，官至四川順慶府知府、重慶知府。

王　晦　字樹百，號補亭。江蘇嘉定縣人。順治三年（1646）生。康熙五十一年三甲一百二十名進士（時年六十七）。選庶吉士。散館除名。康熙五十八年（1719）卒。年七十四。

竇祖禹　字敬傳。陝西富平縣人。康熙五十一年三甲一百二十一名進士。五十六年任安徽婺源知縣。在任四年，五十九年（1720）卒。

王　鈞　字爾陶，號怡亭。直隸高陽縣人。康熙五十一年三甲一百二十二名進士。授江西安福知縣，雍正二年任浙江鎮海知縣，改青田知縣，七年改浙江麗水知縣，八年任山東萊蕪知縣，纍遷浙江鹽驛道。

雍正十年十二月授光祿寺卿，十三年遷工部侍郎，改刑部、戶部侍郎。乾隆五年（1740）卒。著有《松露堂稿》四卷。

戈懋倫　字興三，號勉齋。直隸獻縣人。康熙五十一年三甲一百二十三名進士。選庶吉士，授檢討。年五十去官歸。

父戈英，順治十六年進士；子戈錦，雍正八年進士；長孫戈濤，乾隆十六年進士；四孫戈源，乾隆十九年進士。

張　坦　字易庵。河南磁州人。康熙五十一年三甲一百二十四名進士。歸班候選知縣，任雲南浪穹、錄勸知縣，遷雲南普洱知府，調陝西同州知府，乾隆十八年官至陝西潼商道。

曾祖張潜，順治九年進士；祖父張榕端，康熙十五年進士；父張丙厚，康熙三十三年進士。

康熙五十二年（1713）癸巳恩科

第一甲三名

王敬銘　字丹思，號味閑、未岩。江蘇嘉定縣人。康熙七年（1668）生。康熙五十二年一甲第一名狀元。授武英殿修撰。五十四年任乙未科會試同考官，五十六年任江西鄉試主考官，康熙六十年（1721）卒。年五十四。預修《萬壽盛典》。著有《未岩詩稿》。

任蘭枝　字香谷，號南樓、隨齋。江蘇溧陽縣人。康熙十六年（1677）生。康熙五十二年一甲第二名榜眼。授編修。直南書房，纍遷少詹事。雍正五年充宣諭安南王副使，擢內閣學士遷兵部侍郎，改吏部侍郎，十三年十月遷禮部尚書，乾隆三年十月改戶部尚書。四年正月復改禮部尚書，七年正月改兵部尚書，七月回任禮部尚書，十年十月休致。乾隆十一年（1746）正月十八日卒，年七十。著有《南樓詩文集》。

魏廷珍　字君璧。直隸景州人。康熙八年（1669）生。康熙五十二年一甲第三名探花。授編修。遷侍讀，五十九年授詹事，遷內閣學士。雍正元年授湖南巡撫，二年改盛京工部侍郎（滿缺），三年調安徽巡撫，八年改湖北巡撫。九年十月遷禮部尚書，調漕運總督，署兩江總督，十二年授兵部尚書，復改禮部尚書。乾隆三年授左都御史，四年改工部尚書。五年以老病乞休，乾隆帝以其"因循懈怠，持祿保身"革職。十三年帝東巡過景州，魏廷珍迎謁，命還原銜。乾隆二十一年（1756）三月卒，年八十八。謚"文簡"。著有《伐蛟說》《課忠堂詩鈔》等。

第二甲五十名

楊繩武　字文叔，號皋思、訥庵。江蘇吳縣人。康熙五十二年二甲第一名進士。選庶吉士，授編修。五十七年任戊戌科會試同考官。後以父病乞歸不出，主講江寧鍾山書院、杭州敷文書院。著有《古柏軒集》《訥庵詩存》《入蜀記》《文章鼻祖》《鍾山書院規約》等。

劉自潔 字恒叔，號南村。河北武強縣人。康熙二十六年（1687）正月二十九日生。左都御史劉謙子。康熙五十二年二甲第二名進士。選庶吉士，授編修。五十四年因參與打傷御史任奕鑑，革職。乾隆元年薦舉博學鴻詞，後辭官。先後主講大梁、瀛州兩書院，著有《周禮質疑》《陰符經注》《漢書集粹》《定性齋文集》。

孫見龍 字葉飛，號潛村、秋田，晚號春齋。浙江烏程縣人。康熙二十五年（1686）閏四月十四日生。康熙五十二年會元，二甲第三名進士。選庶吉士，授山西洪洞知縣，有政聲，雍正元年改山西徐溝知縣，以忤上官去任。九年任江蘇青浦知縣，十年改金山知縣。後主講滇南五華書院。著有《五華纂訂》《四書大全》《潛村詩稿》等。歸里後掌教愛山書院。

弟孫人龍，雍正八年進士。

許王猷（碑名王猷，本姓許）。字賓穆，號竹君。浙江嘉興縣人。康熙五十二年二甲第四名進士。選庶吉士，授編修。升贊善，雍正七年充山西鄉試主考官，十年以侍讀學士任湖南鄉試主考官，遷少詹事，乾隆五年四月授內閣學士，十一月革。後復賞侍讀學士。乾隆三十三年（1768）卒，年八十。

萬承蒼 字宇兆、宇光，號孺廬。江西南昌縣人。康熙五十二年二甲第五名進士。選庶吉士，授編修。六十年充會試御試上等擢侍讀學士，九年充福建鄉試副考官。著有《孺廬詩文集》《萬學集》《易傳論》。

弟萬承岑，雍正元年進士。

吳廷揆 字賓門，號湄州。江蘇華亭人。康熙五十二年二甲第六名進士。任戶部主事，遷吏科給事中，五十六年任順天鄉試同考官，五十七年充戊戌科會試同考官，官至四譯館少卿。

吳襄 字七雲，號輯耘、懸水。安徽青陽縣人。順治十八年（1661）生。康熙五十二年二甲第七名進士（時年已五十三）。任編修。翰林院侍講，雍正元年督直隸學政，遷侍讀學士，雍正元年督直隸學政，四年授內閣學士，纍遷禮部侍郎，十一年四月授禮部尚書。雍正十三年（1735）正月初九日卒。年七十五。謚“文簡”。曾充《明史》《八旗通志》總裁。著有《錫老堂集》。

三子吳兆雯，雍正二年進士。

徐駿 字觀卿，號堅蕉。江蘇長洲縣人。刑部尚書徐乾學第五子。康熙五十二年二甲第八名進士。選庶吉士，雍正八年（1730）十月初四以“悖逆狂妄，罪不容誅”處斬。此爲徐駿文字獄。初因上書言事，雍正帝怒其粗率，立斥放歸。又檢查其所著詩文《堅蕉詩稿》《戊戌文稿》《雜錄》，以其詩文“輕浮狂縱""語含譏諷"，尤以其詩句中有"清風不識字，何必亂翻書"之句，被斥爲"譏訕悖亂"。著有《石帆軒集》。

父徐乾學，康熙九年探花，刑部尚書。

蔡嵩 字宣問，號中岩。江蘇上海縣人。康熙五十二年二甲第九名進士。選庶吉士，授編修。遷詹事府右中允，雍正元年督雲南學政，四年授湖北按察使，五年改太僕寺卿，六年任宗人府丞。八年以原品休致，在八旗館與李紱等一同修書效力。

蔣洞 字愷思，號復軒。江蘇常熟縣人。康熙五十二年二甲第十名進士。任工部主事，遷郎中，五十四年督雲南學政，五十九年遷甘肅涼莊道，雍正三年授山西按察使，六年遷廣東布政使，改山西布政使。十年加侍郎銜調辦肅州軍務屯田，曾開闢田地十三萬畝，得糧十三萬石。被劾侵帑誤工下獄。後雪誣，已病卒。善畫花鳥。

父蔣陳錫，康熙十二年進士，雲貴總督。

王資 江蘇無錫縣人。康熙五十二年二甲十一名進士。任內閣中書。

陳治滋 字以樹，號德泉。福建閩縣人。康熙五十二年二甲十二名進士。選庶吉士，授編修。五十六年充順天會試同考官，五十七年任戊戌科會試同考官，乾隆二年考

選江西道御史，三年任順天西城巡城御史，五年升奉天府丞兼學政。

景考祥 字履齋。河南汲縣人，原籍江蘇甘泉。康熙五十二年二甲十三名進士。選庶吉士，授編修。五十六年充順天鄉試同考官、五十七年任戊戌科會試同考官、雍正元年任湖廣鄉試副考官，考選山東道御史。二年再充順天鄉試同考官。升吏科給事中。官至福建鹽運使。

馮昺 字孟容。江蘇長洲人。康熙五十二年二甲十四名進士。選庶吉士，授編修。

弟馮汝軾，康熙五十一年進士。

劉嵩齡 字山祝，號向南、洵直。漢軍正白旗，原籍直隸寶坻。康熙五十二年二甲十五名進士。選庶吉士，授編修。雍正四年考選山東道御史。雍正四年充陝西鄉試主考官，官任至四川永寧道。雍正十三年以"不思憚心職守，只以迎奉上司爲務"革職。後降浙江處州府知府。

高輝 浙江山陰人。康熙五十二年二甲十六名進士。任內閣中書。

王奕仁 字志山，號魯公。江蘇婁縣人。康熙五十二年二甲十七名進士。選庶吉士，授編修。雍正二年督貴州學政。官至贊善。

蔣洽秀 字道周，號虛齋。廣西永寧縣人。康熙五十二年二甲十八名進士。選庶吉士，授編修。雍正五年任丁未科會試同考官。四年

考選湖廣道御史。降戶部員外郎，官至福建汀州府知府。

李元直（初名李元真）字象山，號愚村。山東高密縣人。康熙五十二年二甲十九名進士。選庶吉士，授編修。五十六年充順天會試同考官。五十七年任戊戌科會試同考官。雍正七年任四川道御史，直言敢諫，都人呼爲“戇李”。與李慎修齊名，稱爲“山東二李”。被讒告歸，後巡視臺灣，條陳利病數十事。坐罪家居後二十年卒。

趙洵　字又蘇。福建閩縣人。康熙五十二年二甲二十名進士。任福建邵武府教授。

于本宏　順天大興縣人。康熙五十二年二甲二十一名進士。雍正六年任江蘇上海知縣，八年遷江蘇淮安知府，十年十月官至江蘇蘇州府知府。

喬學尹　字莘廬。山西猗氏縣人。康熙五十二年二甲二十二名進士。選庶吉士，授編修。五十六年充順天鄉試同考官，遷吏部郎中，雍正二年考選江南道御史，升禮科給事中，雍正四年授福建按察使，任內疏請開倉賑饑，遭同官忌恨彈劾革職，流放遼東。乾隆元年詔還，復原職，轉湖北按察使。三年遷福建布政使，六年改湖北布政使，八年調山東布政使，九年召京，十年授太僕寺卿。乾隆十一年病休。

劉泌　字鄴侯，號北谷。陝西涇陽縣人。康熙五十二年二甲二十三名進士。選庶吉士，授編修。五十六年任順天鄉試同考官，以疾卒。

父劉涵，康熙二十四年進士。

莊楷　字書田，號鹿原。江蘇武進縣人。康熙五十二年二甲二十四名進士。選庶吉士，授編修。雍正元年任四川鄉試主考官，二年充順天鄉試同考官，官至國子監司業。以老疾歸。

蔣繼軾　字蜀瞻，號西圃。江蘇江都縣人。康熙七年（1668）生。康熙五十二年二甲二十五名進士。選庶吉士，授編修。五十六年任順天鄉試同考官，因父母兩喪皆不得親視含殮，請假歸。乾隆三年（1738）十月二十四日卒。年七十一。著有《庭暇庸言韻》《綠山房遺稿》。工書法。

張梁　字大木，號奕山，自號幻花居士。江蘇婁縣人。康熙五十二年二甲二十六名進士。歸班候選知縣，任行人裁缺，另別補，遂絕意仕進。著有《澹吟樓詩鈔》《幻花庵詞鈔》。

張榮源　江蘇婁縣人。康熙五十二年二甲二十七名進士。任江蘇鎮江府教授。

黃文虎　江蘇武進縣人。康熙五十二年二甲二十八名進士。任江西廣豐知縣。

徐鼎　字仲實、鼎臣。河南遂平縣人。康熙五十二年二甲二十九名進士。任雲南永昌府同知，授内閣中書，雍正三年考選御史，五年遷浙江杭嘉道，六年授江西布政使，改直隸、湖北布政使。雍正八年革職。

王希曾 字孝先，號惺岩。江蘇崇明縣人。康熙五十二年二甲三十名進士。選庶吉士，授編修。雍正二年督山東學政，官至諭德。

王貽荃 順天大興縣人，原籍浙江山陰。康熙五十二年二甲三十一名進士。任禮部主事。

曹　儀 字亮疇。江蘇太倉州人。康熙五十二年二甲三十二名進士。授內閣中書，雍正四年充湖北鄉試副考官，出署浙江安吉州知州，補嚴州府同知。

傅爾傑 字豈凡，號西園。河南蘭陽縣人。康熙五十二年二甲三十三名進士。任河南彰德府教授。

陳學海 字二登，號志澄。江西永豐人。康熙二十四年（1685）生。康熙五十二年二甲三十四名進士。任山東恩縣知縣，擢刑部主事、員外郎、御史。因與謝濟世友好，濟世劾河南巡撫田文鏡（雍正帝寵臣），後學海稱病告假，都察院稱其偽病奪官，命與濟世同効力軍前。雍正七年召還授檢討。雍正十一年（1733）正月初四日卒，年四十九。

唐建中 字志子，號南軒、怍人。湖北景陵縣人。康熙五十二年二甲三十五名進士。選庶吉士。散館除名。晚年僑居揚州。著有《周易毛詩義疏》《國語國策糾正》等。

屠　洵 字少泉，號退山。湖北孝感縣人。康熙五十二年二甲三十六名進士。選庶吉士，授編修。官至河南彰德府知府。以不合上官罷歸。

兄屠沂，康熙三十三年進士，浙江巡撫。

曹鑑臨 字熙如。江蘇婁縣人。康熙五十二年二甲三十七名進士。選庶吉士，授編修。著有《吹劍集》。

劉　澐（一作劉檁）山西遼州直隸州人。康熙五十二年二甲三十八名進士。任山西大同陽高教授。

朱　馥 湖北黃安縣人。康熙五十二年二甲三十九名進士。五十四年任湖北鄖陽府教授，雍正十三年遷廣東和平知縣。

袁國桴 湖北黃岡縣人。康熙五十年舉人，五十二年二甲四十名進士。任吏部主事。

周本治 字倉修。浙江錢塘縣人。康熙五十二年二甲四十一名進士。五十七年任河南新野知縣，署南陽縣八載，中牟黃河決口，晝夜經營，不一月鬚髮盡白。

顏昭續 山東曲阜縣人。康熙五十二年二甲四十二名進士。任內閣中書。

厲　煌 字子嘉，號思晦、皓然。浙江會稽縣人。康熙五十二年二甲四十三名進士。選庶吉士，授編修。

袁　溶 江蘇武進縣人。康熙五十二年二甲四十四名進士。

徐士林　字式儒、雨峰。山東文登縣人。康熙二十三年（1684）生。康熙五十二年二甲四十五名進士。任内閣中書，遷禮部員外郎、郎中，雍正六年任安慶知府，十年擢江蘇按察使，十一年坐安慶知府期間失察私鑄，降福建汀漳龍道。乾隆元年授河南布政使，十一月病假。四年四月授江蘇布政使，五年七月授江蘇巡撫。乾隆六年（1741）九月以養母回籍，卒於淮安舟次，年五十八。入祀賢良祠。著有《岊山集》。

程　崟　字夔州。安徽歙縣人，原籍江蘇甘泉。康熙五十二年二甲四十六名進士。授兵部職方司主事，升武選司員外郎，官至刑部福建司郎中。辭官後居江蘇儀徵，謝絶交游，潛心經籍。卒年八十一。

王協燦　字冠文。浙江蕭山縣人。康熙五十二年二甲四十七名進士。五十七年任山東樂陵知縣，雍正元年升東昌府同知。

林儀鳳　（本名顏儀鳳）字亦允。福建永春縣人。康熙五十二年二甲四十八名進士。授直隸安平知縣，擢貴州正安知州，以疾告歸。

張　繒　字紳公，號省齋。陝西韓城縣人。康熙五十二年二甲四十九名進士。選庶吉士，授編修。康熙五十六年任順天同考官，五十七年任戊戌科會試同考官，官至中允。告病家居。因陝西巡撫西琳劾其父受河督趙世顯贓銀六千兩，張繒居鄉不法，令其在川陝沿邊修城贖罪。

父張廷樞，康熙二十一年進士，刑部尚書。

苑林嵋　山西振武衛人。康熙五十二年二甲五十名進士。任浙江孝豐知縣。

第三甲一百四十三名

朱向中　字丹宸。浙江桐鄉縣人。康熙五十二年三甲第一名進士。未授官卒。

姚培和　江蘇婁縣人。康熙五十二年三甲第二名進士。雍正八年官至陝西漢興道。

蔣杲　字子遵，號篁亭。江蘇長洲縣人。康熙二十二年（1683）生。康熙五十二年三甲第三名進士。任户部主事，升郎中，雍正四年官至廣東廉州府知府。以罣誤罷。雍正九年（1731）卒。年四十九。家中藏書較富。其侄蔣曾瑩乾隆三十七年曾進書百餘種，特賜《佩文韻府》。

王之驥　字日皋，號牧岩。江西龍南縣人。康熙五十二年三甲第四名進士。授内閣中書，卒於京。

世　禄　字際可，號漢閣。滿州鑲白旗人。康熙五十二年三甲第五名進士。選庶吉士，授檢討。五十九年任四川鄉試副考官，官至侍讀學士。

褚　越　河南睢寧人。康熙五

十二年三甲第六名進士。任河南懷慶府教授，改河南府教授。

鄒允焕 浙江宣平縣人。康熙五十二年三甲第七名進士。雍正二年任湖北江夏知縣。

姚三辰 字舜揚，號翼湖。浙江仁和縣人。康熙五十二年三甲第八名進士。選庶吉士。授檢討。五十七年充壬戌科會試同考官，雍正四年以中允任山西鄉試主考官，遷少詹事，十年督安徽學政，十三年授内閣學士，乾隆元年任江西鄉試主考官，遷兵部左侍郎改吏部右侍郎。二年（1737）充丁巳科會試副考官。七月卒。

姚 炯 山西臨晉縣人。康熙五十二年三甲第九名進士。任内閣中書。

梅廷對 字策三，號以茂、素岩。江西南城縣人。康熙五十二年三甲第十名進士。選庶吉士，授檢討。六十年充會試同考官，雍正二年任順天鄉試同考官，考選廣西道御史，五年官至山東鹽運使。以事罷歸。

父梅之珩，康熙二十四年進士。

潘述祖 字紹衣，號諗齋。江西上高縣人。康熙五十二年三甲十一名進士。選庶吉士，授檢討。供奉南書房，忽得疾卒。

張 珍 字播芳，號蘊諸。浙江仁和縣人。康熙五十二年三甲十二名進士。選庶吉士，授檢討。

車敏來 字遜公。湖南邵陽縣人。康熙五十二年三甲十三名進士。五十七年任廣東新會知縣，雍正元年調山西安邑知縣，遷隰州直隸州知州，九年改保德直隸州知州。告歸。年六十一卒。

祖父車萬育，康熙三年進士；父車鼎晋，康熙三十六年進士。

孫嘉淦 字錫公，號懿齋、静軒。山西興縣人。康熙二十二年（1683）二月十七日生。康熙五十二年三甲十四名進士。選庶吉士，授翰林院檢討。纍遷國子監司業，雍正三年安徽提督學院，遷祭酒。雍正七年九月授順天府尹，遷工部侍郎。十年革。十三年授吏部侍郎，遷都察院左都御史兼吏部侍郎，乾隆元年改刑部尚書、吏部尚書，十月授直隸總督。四年加太子少保。六年改湖廣總督，八年二月至四月署福建巡撫，九月革。九年十一月授宗人府丞，十年遷左副都御史。十二年休致。十五年正月授兵部侍郎，遷工部尚書，十七年九月改吏部尚書、協辦大學士。乾隆十八年（1753）十二月初六日卒。年七十一。諡"文定"。著有《春秋義》十五卷、《南華通》七卷、《詩經補注》《成均講義》等。

黃燾世 山東即墨縣人。康熙五十二年癸三甲十五名進士。任大理寺評事。

黃 鉅 字大任。直隸南皮縣人。康熙五十二年三甲十六名進士。雍正元年任陝西安定知縣，奉委出玉門關建沙州城，六年峻工，以勞瘁致疾卒。卒後三日推升雲南尋甸知州。

陸琮 陝西綏德州人。康熙五十二年三甲十七名進士。雍正七年官至山西太原府同知。

曾振宗 江西龍南縣人。康熙五十二年三甲十八名進士。任評事，雍正二年改直隸濬縣知縣（雍正年間濬縣隸河南省），十年改直隸滄州知州。

溫儀 字可象，號紀堂。陝西三原縣人。康熙五十二年三甲十九名進士。六十年任江西進賢知縣，雍正三年遷直隸保定知府，四年官至直隸霸昌道。年七十三卒。著有《棲賢錄燕游稿》。

李茹旻 （1657—1734）字覆如，號鷺州。江西臨川縣人。康熙五十二年三甲二十名進士。任內閣中書。以母憂歸。曾預修《廣西通志》《撫州府志》。著有《二水樓詩文集》八卷行世。卒年七十六。

徐雲祥 字彩升，號蘆江。浙江上虞縣人。康熙五十二年三甲二十一名進士（時年五十）。充武英殿纂修，校錄。雍正二年改任廣東新安知縣。以目疾歸。著有《蘆江集》。

兄徐雲瑞，康熙五十一年進士。

陳春英 （一作何春英）字友茲，號西岩。廣東澄海縣人。康熙五十二年三甲二十二名進士。選庶吉士，授檢討。五十六年任順天鄉試同考官，五十七年任戊戌科會試同考官。

曹志宏 字俊源。安徽歙縣人。康熙五十二年三甲二十三名進士。任內閣中書。

何人龍 字雨民。江西廣昌縣人。康熙五十年江西鄉試解元，五十二年三甲二十四名進士。選庶吉士，授檢討。五十六年任順天鄉試同考官，六十年年充會試同考官，官至禮部儀制司郎中。

陳世侃 字行之，號闇齋。浙江海寧縣人。康熙五十二年三甲二十五名進士。選庶吉士，授檢討。五十六年任山西鄉試副考官。

兄陳世倌，康熙四十二年進士，文淵閣大學士。

王希洪 字幼毅，號槐墀。湖北漢川縣人。康熙四十一年舉人，五十二年三甲二十六名進士。雍正二年任廣東龍門知縣，六年改廣東吳川知縣，官至知府。

陳焯 陝西涇陽縣人。康熙五十二年三甲二十七名進士。任河南河南府教授。

任嵩 河南汲縣人。康熙五十二年三甲二十八名進士。任河南河南府教授。

陸翼 江蘇青浦縣人。康熙五十二年三甲二十九名進士。任江蘇揚州府教授。

史在甲 字牲忠，號慎齋。浙江鄞縣人。康熙五十二年三甲三十名進士。選庶吉士，授檢討。纍遷左通政副使，雍正二年改山西汾州知府，五年遷廣東鹽運使，七年授光禄寺卿改太常寺卿。八年調大理寺卿，十年擢左副都御史，十一年改禮部右侍郎。十二年三月以病免。

從父史大成，順治十二年狀元，禮部侍郎。

蔡大受 （舊志作徐大受）福建晋江縣人。康熙五十二年三甲三十一名進士。任内閣中書。

吳孝登 字夔修。滿洲正紅旗人。康熙五十二年三甲三十二名進士。選庶吉士，授檢討。官至侍讀。雍正四年錢名世因作詩諂媚年羹堯得罪，雍正帝命在京科舉出身官員各爲詩文記其劣迹，吳因“作詩謬妄”革職發寧古塔爲奴。

朱曙蓀 字景先。四川嘉定縣人。康熙五十二年三甲三十三名進士。選庶吉士。授檢討。充四川主考官，五十六年充順天鄉試同考官，五十七年任戊戌科同考官，雍正元年任廣西鄉試主考官，六年以侍講督陝西學政，七年改督山西學政，官至右通政使。

管式龍 （改姓陸）字剛中。浙江海鹽縣人。康熙五十二年三甲三十四名進士。任内閣中書、工部主事、吏部郎中，雍正六年督湖北學政。

江發 字岷源。浙江烏程縣人。康熙五十二年三甲三十五名進士。任内閣中書。

李飛鯤 江蘇華亭縣人。康熙五十二年三甲三十六名進士。五十

七年任浙江慶元知縣，雍正五年升杭州府海防同知，乾隆八年任江蘇山清外河同知。

董玖 山西安邑縣人。康熙五十二年三甲三十七名進士。雍正元年任直隸滑縣知縣（滑縣雍正三年改隸河南衛輝府）。

陳法 字世垂，號聖泉、定齋。貴州安平衛人。康熙五十二年三甲三十八名進士。選庶吉士，授檢討。遷刑部郎中，雍正八年遷直隸順德知府，乾隆二年改山東登州知府，四年擢山東運河道，改安徽廬鳳道，九年任淮揚道，官至直隸大名道。因河決口革職遣戍，釋歸無意仕進。後主講貴山書院十八年而卒。精於《易》。著有《明辨録》《易箋》《河干問答》《内心齋詩稿》等書。

弟陳澂，乾隆三年進士。

顧之樽 字彝先。江蘇長洲縣人。康熙五十二年三甲三十九名進士。授編修。

毛汝詵 河南鄭州人。康熙五十二年三甲四十名進士。任陝西宜君知縣。

祖父毛九端，順治十六年進士。

湯大瑜 號書田。江西南豐縣人。康熙五十二年三甲四十一名進士。雍正六年任廣西臨桂知縣。

向日貞 字一存，號乾夫、乙齋。四川成都縣人。康熙四十七年四川鄉試解元，五十二年癸巳科三甲四十二名進士。選庶吉士，授檢

討。六十年任辛丑科會試同考官，官至廣東監察御史。

李近陽 陝西郃陽縣人。康熙五十二年三甲四十三名進士。

蘇彤紹 字仲衣，號蘭園。廣東潮陽縣人。康熙五十二年三甲四十四名進士。選庶吉士，授檢討。五十六年任順天鄉試同考官，六十年任辛丑科會試同考官。

王紹先 字揆一、大樽。山東臨朐縣人。康熙五十二年三甲四十五名進士。任濟南府教授。後主講白雪書院。

甘汝來 字耕道，號遜齋。江西奉新縣人。康熙二十三年（1684）九月初四日生。康熙五十二年三甲四十六名進士。歷任直隸淶水知縣、調新城縣，升吏部主事，遷廣西太平府知府，擢左江道。雍正三年授廣西布政使，四年五月遷廣西巡撫，五年授左副都御史。六年革。九年任直隸霸昌道，十年授廣東布政使遷禮部侍郎，十三年授兵部尚書。乾隆三年十月改吏部尚書，加太子少保。乾隆四年（1739）七月二十三日卒。年五十六。謚“莊恪”。著有《遜齋詩文奏議全集》《周禮簡注》《宦績紀略》。

丁 蓮 字青若。福建晉江縣人。康熙五十二年三甲四十七名進士。任福建興化府教授。調臺灣府學，擢江蘇儀徵知縣，未抵任卒。

祁文瀚 字北溟。山西壽陽縣人。康熙五十二年三甲四十八名進士。任安徽來安知縣，丁憂服闋，雍正三年補江蘇江陰知縣。

張 漢 字月槎，號蟄存。雲南石屏州人。康熙十九年（1680）生。康熙五十二年三甲四十九名進士。選庶吉士，授檢討。任雲南大理府雲南知縣，改宣威州知州，遷河南知府，因與上官牴牾解組歸。乾隆二年補試博學鴻詞，列二等，年已六十餘，復授檢討，六年考選湖廣道御史。尋乞歸。乾隆二十四年（1759）卒，年八十。著有《月槎集》《留硯堂集》。

嚴啓漢 江西德化縣人。康熙五十二年三甲五十名進士。雍正元年任江蘇溧陽知縣，調安徽潁上縣。以中傷解任。

張 岑 直隸曲周縣人。康熙五十二年三甲五十一名進士。

陳六義 河南考城縣人。康熙五十二年三甲五十二名進士。任江西新淦知縣。

陳 溥 字永升，號南陔。浙江天台縣人。康熙五十二年三甲五十三名進士。五十八年任湖南攸縣知縣。

張光華 字雲燦，號昆堂。直隸高陽縣人。康熙五十二年三甲五十四名進士。雍正元年任福建建陽知縣。丁憂歸，以哀毀卒。著有《左傳評林》。

馬 瑛 雲南新興縣人。康熙五十二年三甲五十五名進士。任雲南大理府教授。

張虞熙　山東益都縣人。康熙五十二年三甲五十六名進士。選庶吉士，任陝西宜君知縣，改山東魚臺縣教諭。以疾卒於任。

朱天保　字九如。滿洲正紅旗。兵部侍郎朱都訥子。康熙五十二年三甲五十七名進士。選庶吉士，授檢討。五十六年充山東鄉試副考官，五十七年（1718）正月因疏請復立允礽爲皇太子，二月二十六日以罪處斬。

王桴　河南柘城縣人。康熙五十二年三甲五十八名進士。任河南河南府教授。

石生暉　直隸定興縣人。康熙五十二年三甲五十九名進士。任陝西咸陽知縣。

鄭三才　字廷贊，號參亭。福建侯官縣人。康熙五十二年三甲六十名進士。入武英殿修書，出爲直隸東光知縣，連丁父母憂，補江蘇上元知縣，未任而虧帑事發，轉從燕趙三十年而卒。

胡承贊　安徽涇縣人。康熙五十二年三甲六十一名進士。五十八年任江西安福知縣。

郝祺　山西榆次縣人。康熙五十二年三甲六十二名進士。雍正二年任湖南安仁知縣。

焦綏祚　山東章丘縣人。康熙五十二年三甲六十三名進士。任內閣中書，借補奉天府經歷。後以母憂歸里，不復出。

陸趙泰　（《嘉興府志》作趙泰）字時明。浙江秀水縣人。康熙五十二年三甲六十四名進士。任河南正陽知縣，官至河南光州知州。忤郡守，落職而歸。

程光鄂　字墾南、靜亭。湖北孝感縣人。康熙五十二年三甲六十五名進士。雍正二年任江西餘干知縣，七年改南昌知縣，雍正十年署江西新建知縣，乾隆元年任江西上饒知縣，丁內艱去。八年任江西安福知縣，十四年遷寧州知州。

金鑣　字御六，號和庵。安徽潁上人。康熙五十二年三甲六十六名進士。觀政吏部，未及選而卒。

王游　字安麒，號瑞園。湖北武昌縣人。康熙五十二年三甲六十七名進士。五十七年任直隸阜城知縣，雍正三年署景州知州，調清苑知縣，擢大名知府，坐事落職。乾隆二年補廣東肇慶府同知，署高州府、高廉道、惠州府，官至雷瓊道兼瓊州知府。

楊世照　河南睢州人。康熙五十二年三甲六十八名進士。任山西虞鄉知縣，六十年改直隸濟縣知縣。

林鶴來　雲南建水縣人。康熙五十二年三甲六十九名進士。任雲南雲南府教授，乾隆五年任山東博山知縣。

南弘緒　字序思。陝西安定縣人。康熙五十二年三甲七十名進士。任陝西靖邊教授。丁憂歸。

董植　河南蘭陽縣人。康熙五十二年三甲七十一名進士。雍正二年任湖南興寧知縣。

茹昌鼎 浙江山陰縣人。康熙五十二年三甲七十二名進士。

徐流謙 字仲益。順天大興縣人。康熙三十八年舉人，五十二年三甲七十三名進士。選庶吉士，授檢討。

敬　霍（本姓周）字宏烈。湖南邵陽縣人。康熙五十二年三甲七十四名進士。雍正十一年任直隸慶雲知縣。有善政，卒於任。

趙　晟 順天武清縣人。康熙五十二年三甲七十五名進士。雍正二年任湖南瀏陽知縣。

黃　華 字實君，號畏齋。浙江嘉興縣人。康熙五十二年三甲七十六名進士。五十八年任浙江烏程縣教諭、湖州府教授。後主安定書院，以勞瘁卒於任。

方宏度 字勉仁，號曉山。順天大興縣人，原籍江蘇武進。康熙五十二年三甲七十七名進士。任直隸大名府教授。

父方辰，康熙三十九年進士。

魏　朝 山東巨野縣人。康熙五十二年三甲七十八名進士。任貴州畢節知縣。

文大漳 字清泉，號葦村。廣西灌陽縣人。康熙五十二年三甲七十九名進士。選庶吉士，授檢討。五十六年任順天鄉試同考官。

秦樹熾 河南武陟縣人。康熙五十二年三甲八十名進士。工於制藝，著作甚豐。

邢曰玫 山東歷城人。康熙五十二年三甲八十一名進士。

杜　薰 字堯夫。四川忠州人。康熙五十二年三甲八十二名進士。任河南閿縣知縣，遷直隸永吉州知州，官至湖北安陸府同知。著有《鶴林堂四書講義》。

莊　論 字在思。廣東海陽縣人。康熙五十二年三甲八十三名進士。選庶吉士。散館除名。

金鼎錫 浙江仁和縣人。康熙五十二年三甲八十四名進士。乾隆五年任江蘇丹陽知縣，改福建南靖知縣。

趙廷輔 直隸完縣人。康熙五十二年三甲八十五名進士。任湖北黃陂知縣。

周世培 直隸冀州人。康熙五十二年三甲八十六名進士。

賈　甡 字泰來，號鹿湄、昆陽。河南葉陽縣人。康熙五十二年三甲八十七名進士。選庶吉士，授檢討。官至侍讀學士。

陳　沆 浙江山陰縣人。康熙五十二年三甲八十八名進士。雍正二年任直隸廣宗知縣，改直隸清河知縣。

潘晉晟 福建南安縣人。康熙五十二年三甲八十九名進士。官至雲南曲靖知府。

崔　葕 順天霸州人。康熙五十二年三甲九十名進士。雍正二年任湖北嘉魚知縣。

葉　蓁 直隸保定人，原籍浙

江會稽。康熙五十二年三甲九十一名進士。

張元懷　字田莘，號向甘、免翁。直隸宣化縣人。康熙五十二年三甲九十二名進士。選庶吉士，授檢討。五十七年充會試同考官，升御史，雍正五年遷廣西按察使，擢布政使，八年改安徽、浙江布政使，九年署東河河道總督。雍正十年九月革職。

蘇滋恢　字茂宏。浙江餘姚縣人。康熙五十二年三甲九十三名進士。五十六年任浙江杭州府教授。後主敷文書院。

春　臺　字錫祺，號顧齋。滿州正黃旗人。康熙五十二年三甲九十四名進士。任內閣中書，官至翰林院侍讀學士。

鞏建豐　字子文，號渭川、介亭。甘肅伏羌縣人。康熙五十二年三甲九十五名進士。選庶吉士，授檢討。六十年、雍正元年兩充會試同考官，二年任四川鄉試主考官，四年督雲南學政，官至侍讀學士。著有《朱圉山人集》。

甯世藻　安徽潁州人。康熙五十二年三甲九十六名進士。五十六年任安徽太平府教授。

徐敦蕃　字錫侯，號寧國。浙江西安縣人。康熙五十二年三甲九十七名進士。授內閣中書，雍正六年擢安徽寧國府同知，八年任廣德州知州，以養祖告歸。服闋改雲南澂江府通判，署安徽太平府知府。

卒於任。

雷　霦　河南鄭州人。康熙五十二年三甲九十八名進士。任河南清豐縣教諭，改河南府教授。

涂學詩　江蘇江寧縣人。康熙五十二年三甲九十九名進士。任內閣中書。

臧爾心　字子端。山西太平縣人。康熙五十二年三甲一百名進士。選庶吉士，授檢討。旋以終養乞歸。

張　宣　河南息縣人。康熙五十二年三甲一百零一名進士。任福建龍岩知縣。

畢　濯　山西高平縣人。康熙五十二年三甲一百零二名進士。任直隸正定府同知。

湯一中　雲南呈貢縣人。康熙五十二年三甲一百零三名進士。

張夢白　山東章丘縣人。康熙五十二年三甲一百零四名進士。任廣西永福縣知縣，調廣東宜山縣知縣。

鄢大年　江西豐城縣人。康熙五十二年三甲一百零五名進士。五十七年任浙江諸暨知縣。後自縊於署。

僧格勒　字致中。滿洲正黃旗人。康熙五十二年三甲一百零六名進士。任主事。官至翰林院侍讀學士。

王國棟　字左吾。漢軍鑲紅旗人。康熙五十二年三甲一百零七名進士。任檢討。歷任侍講、侍讀學士、左通政副使、浙江觀風整俗使。

雍正四年授光禄寺卿，十月改宗人府府丞，五年五月遷湖南巡撫，七年召京，八年二月授刑部侍郎，九年七月署江蘇巡撫，九月改署浙江巡撫，十年回任刑部侍郎。十二年十月革職。雍正十三年（1735）十一月卒。

余光祖 四川犍爲縣人。康熙五十二年三甲一百零八名進士。雍正二年任江蘇安東知縣，六年升安徽亳州知州。

王　楨 字彥倩。湖北雲夢縣人。康熙四十七年舉人，五十二年三甲一百零九名進士。任武昌府教授、漢陽府教授，年六十致仕歸。卒年七十八。著有《讀書管見》《王氏家訓》。

吳　翀 字羽中。江西浮梁縣人。康熙五十二年三甲一百十名進士。選庶吉士。

蔣如松 廣西全州人。康熙五十二年三甲一百十一名進士。任國子監監承。

劉元聲 字鈞樂。山東福山縣人。康熙五十二年三甲一百十二名進士。雍正二年任河南鄢師知縣。卒於任。

秦宗淑 （本名宋宗淑）順天大興縣人。康熙五十二年三甲一百十三名進士。

魏　泌 字鄴元。山東東阿縣人。康熙五十二年三甲一百十四名進士。任順天府大興知縣，雍正五年任湖南祁陽知縣，六年調廣東開平知縣。

薛　斌 河南安陽縣人。康熙五十二年三甲一百十五名進士。

胡　安 字雲銘，號靜庵、雪銘、拙翁。河南襄城縣人。康熙五十二年三甲一百十六名進士。選庶吉士。

王之臣 直隸蠡縣人。康熙五十二年三甲一百十七名進士。雍正二年任江蘇桃源知縣。

楊克慧 字穀山。山西忻州人。康熙五十二年三甲一百十八名進士。五十六年任大同府教授，雍正六年遷浙江淳安知縣，乾隆元年任浙江平湖知縣。

李耀庚 直隸晉州人。康熙五十二年三甲一百十九名進士。

秦奕詵 山東東阿縣人。康熙五十二年三甲一百二十名進士。任內閣中書，雍正八年署廣東德慶知州，乾隆三年改濟南府教授。

汪曰鯤 字飛雲。河南榮陽縣人。康熙五十二年三甲一百二十一名進士。任河南衛輝府教授。

王玉璿 順天大興縣人，原籍江蘇江寧。康熙五十二年三甲一百二十二名進士。五十七年任奉天海城知縣，五十九年改蓋平知縣。

唐　琠 貴州貴定縣人。康熙五十二年三甲一百二十三名進士。任山西榮河知縣。

匡　璪 山東膠州人。康熙五十二年三甲一百二十四名進士。任山東青州府教授。

趙　瓚　直隸雞澤縣人。康熙五十二年三甲一百二十五名進士。五十三年任直隸河間府教授。

羅　翼　廣東興寧縣人。康熙五十二年三甲一百二十六名進士。

楊　瓊　廣東程鄉縣人。康熙五十二年三甲一百二十七名進士。任山東寧陽知縣，改廣東龍門縣教諭，五十八年任廣東高州府教授。

王言惠　字思贊。湖廣彝陵州人。康熙五十二年三甲一百二十八名進士。雍正四年任山東陽穀知縣。

陳朝幹　（榜名陳朝楨）江蘇吳縣人。康熙五十二年三甲一百二十九名進士。五十七年任安徽廬州府教授。

高　端　陝西興平縣人。康熙五十二年三甲一百三十名進士。雍正四年分發直隸任獲鹿、良鄉、任縣、長垣等縣知縣。多善政。

王　凝　山西平定州人。康熙五十二年三甲一百三十一名進士。纍遷四川成都府知府，雍正六年官至陝西延榆綏道。

王運元　字貞起。貴州銅仁縣人。康熙五十二年三甲一百三十二名進士。選庶吉士。

陳有懷　福建晉江縣人。康熙五十二年三甲一百三十三名進士。

陳大任　河南扶溝縣人。康熙五十二年三甲一百三十四名進士。

任河南汝寧府教授。

于周禮　河南孟津縣人。康熙五十二年三甲一百三十五名進士。任浙江山陰知縣。

千　殊　字天疑。河南武陟縣人。康熙五十二年三甲一百三十六名進士。任四川江津知縣。

潘光灯　江蘇江都縣人。康熙五十二年三甲一百三十七名進士。

孟宗美　山東巨野縣人。康熙五十二年三甲一百三十八名進士。任翰林院教習，在京供職三年，請假回籍，卒於家。

壽致浦　字顧岩。浙江諸暨縣人。康熙五十二年三甲一百三十九名進士。任河南獲嘉知縣，署淇縣知縣，擢陝州知州、禹州知州。與上官不合歸里。

傅　元　字長善。直隸内黄縣人。康熙五十二年三甲一百四十名進士。入翰林院學習，乞養歸。卒於家。

吳世模　湖北黄安縣人。康熙五十年舉人，五十二年三甲一百四十一名進士。

王大烈　陝西乾州人。康熙五十二年三甲一百四十二名進士。雍正十三年官至江西袁州府同知。

葉大楷　福建莆田縣人。康熙五十二年三甲一百四十三名進士。雍正四年任江蘇儀徵知縣。

康熙五十四年（1715）乙未科

第一甲三名

　　徐陶璋　字端揆，號達夫、蘅圃。江蘇昆山縣人。康熙五十四年一甲第一名狀元。授修撰。六十年充辛丑科會試同考官，乞假歸，杜門研經學。乾隆元年補前職，任《雍正實錄》纂修官。以病卒於京。年六十五。少好學，書法聞名於世，能大魁天下，亦得力於此，其名收入《皇清書史》。

　　繆曰藻　字文子，號文山、南有。江蘇吳縣人。康熙六年狀元繆彤之子。康熙五十四年一甲第二名榜眼。授編修。五十六年、雍正四年兩任順天鄉試同考官。八年充庚戌科會試同考官。升司經局洗馬，十一年督廣東肇高學政。以失察下屬去職。乾隆帝登極復官，以母老辭。乾隆二十六年（1761）卒，年八十。著有《寓意錄》。

　　父繆彤，康熙六年狀元；子繆敦仁，乾隆四年進士；子繆遵義，乾隆二年進士。

　　傅王露　字良木，號玉笋、閬林，晚築信天書屋，自號信天翁。浙江會稽縣人。康熙十七年（1678）生。康熙五十四年一甲第三名探花。授編修。六十年任辛丑科會試同考官，雍正七年督江西學政，乾隆二十六年編修，後乞歸。以著述自娛。四十年帝南巡迎謁加中允銜，著有《玉笋山房集》《西湖志》等。

第二甲四十名

　　李文銳　字鼎臣，號北苑、敬齋。江南長洲縣人。康熙五十四年二甲第一名進士。選庶吉士，授編修。雍正十三年任河南鄉試主考官，乾隆二年充丁巳科會試同考官，官至司經局洗馬。

　　兄李錦，同榜進士。

　　張應造　字兆先，號翼齋、縝齋，江蘇吳縣人。康熙五十四年二甲第二名進士。選庶吉士，授編修。六十年任辛丑科會試同考官。

　　吳應棻　（原名吳應楨）字小

眉，號眉庵。浙江歸安縣人。康熙五十四年二甲第三名進士。選庶吉士，任編修。五十九年充河南鄉試副考官，雍正七年復任河南鄉試主考官，遷侍講，少詹事。九年督直隸學政，蕁遷左僉都御史，十三年正月署湖北巡撫，二月遷兵部侍郎仍署巡撫，乾隆元年二月赴兵部侍郎任。乾隆五年（1740）四月卒。

弟吳應枚，雍正二年進士，奉天府尹。

任中柱 字迥齋。河南涉縣人。康熙五十四年二甲第四名進士。選庶吉士。以母老終養歸。卒於京師。著有《鏡悔堂詩集》。

汪受祺 字九如。浙江錢塘縣人。康熙五十四年二甲第五名進士。選庶吉士，授編修。

蔡衍誥 字紫泥。福建漳浦縣人。康熙五十四年二甲第六名進士。選庶吉士。

陳 儀 字子翽、一吾，號蘭雪。順天文安縣人。康熙九年（1670）生。康熙五十四年二甲第七名進士。選庶吉士，授編修。歷任侍讀、庶子、侍講學士。善治河，曾任京東營田觀察使。雍正四年改天津府同知，營田於天津，使灘塗變良田，官至侍讀學士。乾隆二年授鴻臚寺卿未任歸。七年（1742）卒，年七十三。著述甚富，著有《毛詩憶評》《鄉黨私記》《學庸私記》《南華經解》《蘭雪齋讀離騷》《廣前定錄》《天游錄》《文集》《直隸河渠志》等。

子陳鳳友，雍正二年進士。

子陳玉友，雍正八年進士。

李 錦 字絅文，號蘆州。江蘇長洲縣人。康熙五十四年會元，二甲第八名進士。選庶吉士，授編修。升侍讀，雍正十年任湖北鄉試主考官，充聖祖實錄文穎館纂修。以疾乞歸。卒年七十二。

弟李文銳，同榜進士。

李克敬 字子凝。山東嶧縣人。康熙五十四年二甲第九名進士。選庶吉士，授編修。著有《四書言經解》等。

梅毂成 字玉汝，號循齋、柳下居士。安徽宣城縣人。康熙二十年（1681）生。康熙五十四年二甲第十名進士。選庶吉士，任編修。雍正七年考選江南道御史。升工科給事中、左通政使。乾隆九年任順天府丞，十年授宗人府丞。十二年遷左副都御史，十三年改刑部侍郎。十五年九月授左都御史，十八年九月休致。乾隆二十八年（1764）卒，享年八十三。謚"文穆"。精研數學，在勾股算術中有突出貢獻。主編《數理精蘊》五十三卷，著有《增減算法統宗》《赤水遺珍》《操縵巵言》《曆象考成》《律呂正義》等著述。

胡彥穎 字石田，號秋垂。浙江德清縣人。康熙五十四年二甲十一名進士。選庶吉士，授編修。六十年任辛丑科會試同考官。雍正二年廣東鄉試副考官。奉命隨年羹堯幕，獲罪謫寧古塔，乾隆元年釋歸。十六年迎駕復職。著有《北窗偶談》。

懷淵中 字蓉江。浙江嘉興縣人。康熙五十四年二甲十二名進士。選庶吉士，授編修。

陳邦直 字方大，號愚亭。浙江海寧縣人。康熙五十四年二甲十三名進士。選庶吉士，授編修，官至侍讀。雍正四年錢名世因作詩諂媚年羹堯得罪，雍正帝命在京科舉出身官員各作詩文記其劣迹。陳因作詩"謬誤舛錯"革職。

父陳元龍，康熙二十四年榜眼，文淵閣大學士。

楊超曾 字駿驤，號孟班。湖南武陵縣人。康熙三十二年（1693）生。康熙五十四年二甲十四名進士。選庶吉士，任編修，雍正四年督陝西學政。升侍講學士，六年督順天學政。雍正九年授奉天府尹，十一年遷倉場侍郎，改刑部侍郎。乾隆二年調廣西巡撫，三年遷兵部尚書。五年署兩江總督改吏部尚書。七年（1742）丁父憂，十一月卒，年五十。謚"文敏"。

曹友夏 字次辰，號介庵。江蘇金壇縣人。康熙五十四年二甲十五名進士。選庶吉士，授編修。六十年、雍正八年兩充會試同考官，雍正元年官至福建邵武府知府。入爲戶部員外郎，官至刑部郎中。年七十告歸。

湯 倓 字以安，號漫湖。江西南豐縣人。康熙五十四年二甲十六名進士。選庶吉士，授編修。擢河南道御史。官至給事中。引疾歸，卒。

李鳳岐 字周來。江西南豐縣人。康熙五十四年二甲十七名進士。選庶吉士。次年七月病卒。

張鳴鈞 字雙南，號笠賓、絳溪。浙江烏程縣人。康熙五十四年二甲十八名進士。選庶吉士，授編修。歷工科給事中，外任江南泰東道、江寧鹽驛道，雍正十一年授河南按察使，十三年遷直隸布政使，改右通政副使。乾隆五年七月遷順天府尹，十二月革職。

沈繼賢 字鶴書。浙江海寧縣人。康熙五十四年二甲十九名進士。雍正元年任直隸樂亭知縣，補山西嵐縣知縣，八年改太原知縣。尋乞歸。纂《太原縣志》。

徐德泓 浙江烏程縣人。康熙五十四年二甲二十名進士。雍正三年任山東齊河知縣，七年調山東日照知縣。十年任順天府通州州同。

施昭庭 字筠瞻，號寄篁。浙江嘉善縣人，原籍江蘇吳縣。康熙五十四年二甲二十一名進士。五十八年任江西萬載知縣，擢主事、知州。因疾歸，卒於家。

楊克茂 字樸庵，號松岩。山西忻州人。康熙五十四年二甲二十二名進士。選庶吉士，授編修。

朱 璋 字敬函。福建閩縣人。康熙五十四年二甲二十三名進士。選庶吉士。

張　鋗　字子客。山西蒲州人。康熙十四年（1675）生。五十四年二甲二十四名進士。雍正元年任湖北應山知縣，二年署隨州知州，五年官至廣東廣州知府。八年（1730）卒。年五十六。

張鱗甲　字千子，號天池。直隸新安縣人。康熙五十四年二甲二十五名進士。選庶吉士，授編修。雍正七年考選湖廣道御史。巡視京師北城、南城。

蔣芳洲　江蘇武進縣人。康熙五十四年二甲二十六名進士。纍遷禮部員外郎。

石　杰　字裕昆，號虹村。浙江桐鄉縣人。康熙五十四年二甲二十七名進士。任江西知縣，五十八年改江西清江知縣，雍正七年改江蘇泰州知州，十二年任江蘇常熟知縣，十三年改江蘇邳州知州，乾隆三年擢徐州知府，遷至四川建昌道，乾隆十二年授四川按察使。十二月革職。

趙　城　字亘興，號艮興。雲南通海縣人。康熙五十四年二甲二十八名進士。選庶吉士，授編修。雍正二年考選江西道御史，四年充貴州鄉試主考官，五年遷湖南布政使，七年召京。乾隆元年起用任直隸廣平知府，二年遷山東督糧道，調江蘇常鎮道，四年授甘肅按察使，五年擢河南布政使，十年召京任左通政副使。致仕歸。

朱兆琪　浙江義烏縣人。康熙五十四年二甲二十九名進士。

成　文　字裝齋。滿洲正白旗人。康熙五十四年二甲三十名進士。選庶吉士，授編修。

凌如煥　字榆山、琢成，號新齋。江蘇上海縣人。康熙二十一年（1682）生。康熙五十四年二甲三十一名進士。選庶吉士，授編修。雍正七年督湖北學政，纍遷侍讀學士，十一年授內閣學士。乾隆三年遷兵部右侍郎，充江西鄉試主考官，四年任會試副考官，五年改左侍郎。六年以病乞養歸。乾隆十四年（1749）七月二十三日卒。年七十二。著有《應制集》《楚游集》《讀史》《皇華集》《黃海記游》《向日槎雜咏》等集。

陳武嬰　字聞野。浙江海寧縣人。康熙五十四年二甲三十二名進士。任陝西雒南知縣，補福建莆田知縣、崇安知縣。

王時瑞　浙江仁和縣人。康熙五十四年二甲三十三名進士。雍正二年任江蘇宜興知縣。

張　翼　山西盂縣人。康熙五十四年二甲三十四名進士。雍正二年任湖南衡山知縣。

王世睿　字道存，號龍溪。山東章丘縣人。康熙五十四年二甲三十五名進士。授四川蘆山知縣，雍正七年調天全知縣，擢瀘州直隸州知州，左遷江蘇江甫知縣，乾隆四年調上海知縣。著有《龍溪草堂集》，收入《四庫全書》中。

侯　度　字貞百、伯正。四川營山縣人。康熙五十四年二甲三十六名進士。選庶吉士，授編修。官至工部虞衡司郎中。歸後掌綿州書院。卒年八十。

張朱霖　（一作朱霖，復姓張）字炳南，號百成。江蘇太倉州人。康熙五十四年二甲三十七名進士。任福建龍岩知縣，五十九年改湖北蒲圻知縣，乾隆六年改山東德平知縣，調山東披縣知縣。

李天寵　字世來，號鑒堂。福建南安縣人。文淵閣大學士李光地從子。康熙五十四年二甲三十八名進士。選庶吉士，授編修。雍正十年任陝西鄉試副考官，辭官後以講經學爲業。

弟李鍾僑，康熙五十一年進士。

宮　雝　字炳如。直隸靜海縣人。康熙五十四年二甲三十九名進士。任內閣中書。以母老乞養歸。著有《花嶼山房詩集》。

祖父宮夢仁，康熙十二年進士，福建巡撫。

沈　士　（復姓顧沈士）字麗天。浙江錢塘縣人。康熙五十四年二甲四十名進士。任行人司行人。

第三甲一百四十七名

裘　璉　字殷玉，號蔗村。世居橫山，學者稱"橫山先生"。浙江慈溪縣人。順治元年（1644）生。康熙五十四年三甲第一名進士（時年七十二）。選庶吉士。以年高乞休歸。雍正七年（1729）卒，年八十六。著述頗富，有雜劇《昆明池》《集翠裘》《鑒湖隱》《旗亭館》，及傳奇《女昆侖》，另有《橫山文集》《橫山詩集》《玉湖詩綜》《復古堂集》《明史——崇禎長篇》。

江　濟　字道之、有楫。浙江黃岩縣人。康熙五十四年三甲第二名進士（年逾六十）。選庶吉士。卒於京邸。

方景詡　字虞謨。江蘇昆山縣人。康熙五十四年三甲第三名進士。安徽天長縣教諭。雍正元年任江西雩都知縣。

田大璽　字荊山。安徽鳳陽縣人。康熙五十四年三甲第四名進士。任河南尉氏知縣，調江西武寧知縣，改福建永安知縣。著《咏桃詩百首》。

丁續曾　字古似，號霍庵。山東日照縣人。康熙五十四年三甲第五名進士。五十九年任浙江歸安知縣。告歸。課子孫，守先業。著有《暢齋集》。

弟丁勻曾，康熙五十七年進士。

黃相旦　浙江鄞縣人。康熙五十四年三甲第六名進士。雍正二年任山東樂陵知縣。六年改任教諭。

李炳旦　字震男。江蘇興化縣人。康熙五十四年三甲第七名進士。工畫山水，善詩，能書，有三絕之譽。

莊汝揚　廣東海豐縣人。康熙五十四年三甲第八名進士。

楊鳳崗　字羽聖。四川新都縣人。康熙五十四年三甲第九名進士。選庶吉士，授檢討。

栗爾璋　字珏如，號蘭溪。甘肅寧夏衛人。康熙五十四年三甲第十名進士。選庶吉士，授檢討。任兵部主事、員外郎、郎中，乾隆元年考選廣東道御史，官至雲南臨安知府。

蔡賓興　福建同安縣人。康熙五十四年三甲十一名進士。五十九年任江西長寧知縣，雍正八年改江西定南知縣。

朱丕彧　浙江秀水縣人。康熙五十四年三甲十二名進士。任知縣。

胡虞繼　字祈緒，號芝廬。湖南湘潭縣人。康熙五十四年三甲十三名進士。五十九年任江西宜黃知縣。以罣誤去職。坐他事遣戍榆林，旋放歸。能詩，著有《芝廬集》。卒年八十一。

周澂　浙江錢塘縣人。康熙五十四年三甲十四名進士。任禮部主事。

王雲倬　字漢卓。江蘇吳江人。康熙五十四年三甲十五名進士。任永福知縣。

陳王綬　字元章。浙江永嘉縣人。康熙五十四年三甲十六名進士。初任河南郟縣知縣，雍正三年改南陽知縣，官至直隸州知州。以憂歸。著有《留燕雜咏續咏集》。

德齡　字松如，號櫨村。滿洲鑲黃旗，紐祜祿氏。康熙五十四年三甲十七名進士。選庶吉士，授檢討。雍正元年充廣西鄉試副考官，二年以侍講任湖北鄉試主考官，遷翰林院侍講學士，八年授內閣學士，十年十一月調湖北巡撫，十二年五月赴西寧協辦軍需。乾隆二年任鑲紅旗漢軍副都統，四年授盛京工部侍郎，改工部、吏部侍郎，十四年降內閣學士，十五年遷盛京禮部侍郎。十七年乞養歸。

張綎　陝西韓城縣人。刑部尚書張廷樞子。康熙五十四年三甲十八名進士。任戶部主事。

馮叔爌　直隸南樂縣人。康熙五十四年三甲十九名進士。任福建南平知縣。

羅爌　字勤功。江西南城縣人。康熙五十四年三甲二十名進士。雍正三年任浙江新城知縣。

博山　滿洲人。康熙五十四年三甲二十一名進士。任滿洲勒爾圖佐領。

余敏紳　字張佩。福建建寧縣人。康熙五十四年三甲二十二名進士。禮部觀政，丁母憂卒。著有《韋齋詩集》。

秦士顯　湖北沔陽州人。康熙五十四年三甲二十三名進士。任江蘇上海知縣，雍正二年任安徽黟縣知縣。任二載以憂去。

蔣萬禩　（原名蔣蔚）河南睢州人。康熙五十四年三甲二十四名進士。任中書科中書，官至禮部郎中。

關陳　字兼萬，號荔江。廣

東東莞縣人。康熙五十四年三甲二十五名進士。選庶吉士，改任知縣。

景四維　山西安邑縣人。康熙五十四年三甲二十六名進士。雍正六年任江西新喻知縣，乾隆二年改安徽涇縣知縣。

鄧州彥　字倩升。湖北鍾祥縣人。康熙五十二年舉人，五十四年三甲二十七名進士。任四川黔江知縣，攝塾江縣，調西昌知縣。病卒。

周之楨　字襄廷，號寧山。江西南城縣人。康熙五十四年三甲二十八名進士。任湖北大治知縣，調江夏縣，再調湖南瀏陽知縣。以疾致仕歸。

呂　功　字守謙。陝西韓城縣人。康熙五十四年三甲二十九名進士。

李　秩　直隸南宮縣人。康熙五十四年三甲三十名進士。任陝西商南知縣。

竇啓瑛　字修五，號亦亭。漢軍正白旗人。康熙五十四年三甲三十一名進士。選庶吉士，授檢討。雍正七年考選御史，遷光祿寺少卿，十年授直隸按察使，十二年改湖北按察使，遷四川布政使，乾隆三年召京。任光祿寺少卿，降鴻臚寺少卿。

許日熾　字魯常。廣東程鄉縣人。康熙五十四年三甲三十二名進士。雍正初年授山西夏縣知縣，六年升解州知州，九年遷山西澤州知州，刑部員外郎，雍正十二年考選

浙江道御史，擢廣西太平知府，官至廣西右江道。

路　衡　江蘇宜興縣人。康熙五十四年三甲三十三名進士。任福建順昌縣知縣。

宋懷金　字蘊一。河南商丘縣人。康熙五十四年三甲三十四名進士。選庶吉士，父喪告歸。官至山東運河同知。謝病歸卒。

張希聖　安徽旌德縣人。康熙五十四年三甲三十五名進士。任直隸河間知縣，雍正五年任江蘇通州州判。

羅勉仁　江西廬陵縣人。康熙五十四年三甲三十六名進士。

沈　竹　字淇澹。漢軍鑲白旗人。康熙五十四年三甲三十七名進士。選庶吉士，授檢討。官至詹事府中允。

薩綸錫　字鳳詔，號言如。雲南楚雄縣人。康熙五十三年雲南鄉試解元，五十四年三甲三十八名進士。選庶吉士，授檢討。未就任卒。著有《燕山詩集》《德慶堂詩稿》。

吳傳覲　字開宗，號岳屏。廣東南海縣人。康熙五十四年三甲三十九名進士。選庶吉士，授檢討。官至郎中。

胡爾默　字瞻庵。直隸左衛人。康熙五十四年三甲四十名進士。雍正二年任浙江龍游知縣，丁艱去。六年改廣東從化知縣。

李修行　字子乾。山東陽信縣人。康熙五十四年三甲四十一名進

士。循例教習，留都門三載。著有《夢中緣》十五回，崇德堂刊本。

劉之蒻 號桐實。山東鄒平縣人。康熙五十四年三甲四十二名進士。未仕而卒。

王籌 河南孟津縣人。康熙五十四年三甲四十三名進士。雍正二年任湖南寧遠知縣。

惠克廣 山西安邑縣縣人。康熙五十四年三甲四十四名進士。雍正二年任山東滋陽知縣。

陳暻文 （一作陳暻雯）四川富順人。康熙五十四年三甲四十五名進士。五十九年任廣東廣昌知縣。

丘鏞 字惕若。江蘇山陽縣人。康熙五十四年三甲四十六名進士。任四川鄰水知縣。卒於任。

朱天榮 （一作羅天榮，本姓朱）字谷似。江蘇江都人。康熙五十四年三甲四十七名進士。任禮部主事。卒於京師。

兄朱青選，康熙四十八年進士。

黃鶴鳴 字皋聞。雲南建水州人。康熙五十四年三甲四十八名進士。五十八年任江西貴溪知縣，雍正四年改安徽望江知縣，九年遷安徽和州直肅州知州，升江蘇鎮江知府，乾隆二年二月改江蘇蘇州知府，官至江南驛鹽道。

蔣林 字元楚、元素，號介亭。廣西全州人。康熙三十三年（1694）生。康熙五十四年三甲四十九名進士。選庶吉士，授檢討。纍遷戶部雲南司郎中，供職南書房。

出任福建邵武、浙江杭州知府，雍正八年改嚴州、金華等知府，遷直隸天津道，乾隆元年官至直隸長蘆鹽運使。以親老乞養歸。乾隆帝大為驚訝："世乃有不願久為長蘆鹽運使者耶？" 乾隆十二年十二月十六日（1748年1月）卒。年五十四。著有《介庵詩稿》。

張弘俊 字喆士。江蘇山陽縣人。康熙五十四年三甲五十名進士。任蘇州府教授，六十一年改江寧府教授。

薛天玉 福建仙游縣人。康熙五十四年三甲五十一名進士。雍正二年任山東商河知縣。

宋鱗 （《進士題名碑》作宋鱗，誤）河南祥符縣人。康熙五十四年三甲五十二名進士。雍正二年任四川綿竹知縣。

郭潔 陝西蒲城縣人。康熙五十四年三甲五十三名進士。雍正三年任直隸南宮知縣。

陳憲周 福建閩縣人。康熙五十四年三甲五十四名進士。雍正三年任直隸滿城知縣。

姜朝俊 字民章。江蘇丹徒人。康熙五十四年三甲五十五名進士。五十九年授廣東新寧知縣，擢雲南建寧知府，雍正十一年官至福建延建邵道。丁父憂歸。母又喪，哀毀成疾。卒年五十五。

王用中 字子極。甘肅甘州人。康熙五十四年三甲五十六名進士。雍正二年任江西萍鄉知縣。

王　璋　直隸正定縣人。康熙五十四年三甲五十七名進士。雍正三年任湖南益陽知縣，改河南獲嘉知縣。

陳弘訓　浙江山陰縣人。康熙五十四年三甲五十八名進士。任甘肅平羅知縣。

郭嗣齡　字引年。江蘇江都縣人。康熙五十四年三甲五十九名進士。授松江府學教授。以病歸。著有《古文偶存集》《玉山詩集》《印山堂經義稿》。

陳世仁　字元之，號換吾。浙江海寧縣人。禮部尚書陳詵子；文淵閣大學士陳世倌兄。康熙五十四年三甲六十名進士。選庶吉士，授檢討。以母年老失明，即乞終養歸。著有《少廣補遺》等。

弟陳世倌，康熙四十二年進士。

王大年　字惕若、拙山。江西廬陵縣人。康熙五十四年三甲六十一名進士。任山東鄆城知縣，雍正五年擢直隸定州直隸州知州，乾隆五年官至直隸順德知府。

薛天培　字子因。雲南建水州人。康熙五十四年三甲六十二名進士。五十七年任順天密雲知縣，雍正元年兼懷安知縣，四年直隸開州知州，纍遷吏部郎中，擢直隸遵化直隸州知州。乞終養歸。

杜啓運　湖北黃岡縣人。康熙五十年舉人，五十四年三甲六十三名進士。雍正元年任西河知縣。

秦　鑄　直隸曲周縣人。康熙五十四年三甲六十四名進士。任河南扶溝知縣，改西華知縣。引疾歸。

父秦恪，康熙九年進士。

冀　棟　字隆吉。直隸永年縣人。康熙五十四年三甲六十五名進士。選庶吉士，授檢討。纍遷右通政副使，雍正六年授光祿寺卿，七年改宗人府丞，八年遷左副都御史。九年革職。補御醫。

昌天錦　字倬庵。福建漳浦縣人。康熙五十四年三甲六十六名進士。雍正三年任順天府涿州知州。

李三光　河南新鄉縣人。康熙五十四年三甲六十七名進士。

郝士鋐　順天霸州人。康熙五十四年三甲六十八名進士。

徐學柄　字玉馭，號蔚村。江蘇上海縣人。康熙五十四年三甲六十九名進士。選庶吉士，授檢討。

房毓楨　字如瑤，號惺齋。山東曹州人。康熙五十四年三甲七十名進士。任江西廣昌知縣，忤上官降直隸順德府經歷。丁憂歸里不復出。教授程朱理學。著有《四書困學篇》。

薛　鵬　陝西韓城縣人。康熙五十四年三甲七十一名進士。任陝西靖邊衛教授。

高玉芬　浙江分水縣人。康熙五十四年三甲七十二名進士。雍正六年任安徽建德知縣。因公罣誤去。

陳宗標　字兆龍。浙江海鹽縣人。康熙五十四年三甲七十三名進士。雍正二年任山西臨汾知縣。改浙江台州府教授，未任卒。

朱　朗　字斯筍。福建莆田縣人。康熙五十四年三甲七十四名進士。任河南密縣知縣。改福建建寧府教授。卒年七十六。

張正榜　湖北漢川縣人。康熙五十四年三甲七十五名進士。

葉華晫　陝西城固縣人。康熙五十四年三甲七十六名進士。雍正三年任山西曲沃知縣。

楊枝建　字利侯，號鶴湖。湖南湘陰縣人。康熙五十四年三甲七十七名進士。任山東昭遠知縣，雍正三年改山東海豐知縣，署萊陽、棲霞、陽信知縣。致仕歸。

魏士瑛　直隸安州人。康熙五十四年三甲七十八名進士。雍正元年任山西曲沃知縣。

李　錦　字簡中。山東鄒平縣人。康熙五十四年三甲七十九名進士。任山西聞喜知縣。

楊　纘　湖南武陵縣人。康熙五十四年三甲八十名進士。

戴滋暢　字予務。湖北雲夢縣人。康熙三十八年舉人，五十四年三甲八十一名進士。任福建永福知縣，署仙游知縣。

李祖旦　安徽潁州人。康熙五十四年三甲八十二名進士。任江西彭澤知縣，在任十二年，乾隆二年任廣東化州知州，官至直隸連州知州。未任。

許登庸　廣東澄海縣人。康熙五十四年三甲八十三名進士。雍正

三年任山西太原知縣。

陳自彰　湖北石首縣人。康熙四十七年舉人，五十四年三甲八十四名進士。

宋之樹　山東文登縣人。康熙五十四年三甲八十五名進士。雍正元年任山西猗氏知縣。

趙尚友　字景獻。直隸南樂縣人。康熙五十四年三甲八十六名進士。五十八年授山西襄垣知縣，雍正元年改樂平知縣，調盂縣、夏縣，遷中書，官至禮部郎中。著有《山泉吟稿》。

刁承祖　字步武。直隸祁州人。康熙十一年（1672）閏七月初二日生。康熙五十四年三甲八十七名進士。任陝西扶風知縣，改江蘇上元知縣，雍正五年超擢安徽太平知府，改鳳陽知府，八年遷湖南糧道，九年授湖北按察使改江蘇按察使，十年遷河南布政使，改浙江布政使，十二年調江西布政使，乾隆二年改廣東布政使。四年（1739）七月十三日卒，年六十八。

粟千鍾　廣西臨桂縣人。康熙五十四年三甲八十八名進士。任直隸獻縣知縣。

季運隆　字得寯。江蘇邳州人。康熙五十四年三甲八十九名進士。任四川金堂知縣。

陳永浩　陝西韓城縣人。康熙五十四年三甲九十名進士。雍正三年任直隸宣化知縣，六年改廣東定安知縣，七年遷廣東德慶知州。

蕭劼　字慜齋。山東福山縣人。康熙五十四年三甲九十一名進士。任甘肅高臺知縣，因事不肯附知府，歸里。改山東鄒縣教諭。

劉夢龍　字甲先。江西廬陵縣人。康熙五十四年三甲九十二名進士。五十八年任江西建昌府教授。

張繼咏　字菊源、次崖。湖廣景陵縣人。康熙五十四年三甲九十三名進士。雍正二年任江蘇青浦知縣，乾隆二年六月署江蘇震澤知縣，三年署鎮洋知縣。未任卒。

陳于蕃　字再申。浙江奉化縣人。康熙五十四年三甲九十四名進士。雍正三年任廣東翁源知縣。解組歸。後優游林下二十年。著有《左氏論略》。

劉信嘉　字孚衆，號慎齋。江蘇山陽縣人。康熙五十四年三甲九十五名進士。雍正三年任廣西岑溪知縣。以老疾歸。

方克壯　字元功。浙江遂安縣人。康熙五十四年三甲九十六名進士。參與修《浙江通志》，不樂仕進。以琴書自娛，客死京師。

高荀僑　字艾東，號毅齋。直隸靜海縣人。康熙五十四年三甲九十七名進士。選庶吉士，授檢討。官至郎中。

譚璉　廣東新安縣人。康熙五十四年三甲九十八名進士。任四川灌縣知縣。

潘淳　字元亮，號南垞。貴州平遠州人。康熙五十四年三甲名

九十九名進士。選庶吉士，授檢討。以詩出名，與同榜進士陳儀合稱“潘詩陳筆”。著有《椽林詩集》。

嚴禹沛　江蘇常熟縣人。康熙五十四年三甲一百名進士。任江蘇六合縣教諭，甘肅中衛、山丹知縣。

張鷳　字漢輝。河南陝州人。康熙五十四年三甲一百零一名進士。雍正三年任甘肅古浪知縣。

田玉芝　直隸蠡縣人。康熙五十四年三甲一百零二名進士。

齊淑倫　直隸雞澤縣人。康熙五十四年三甲一百零三名進士。任湖北興山知縣，改江蘇清河知縣，雍正三年任直隸撫寧縣教諭。

張景謙　字廣益。江西德興縣人。康熙五十四年三甲一百零四名進士。雍正五年任安徽太和知縣，代理潁州知州。歸。

徐霞彩　（本姓洪）福建惠安縣人。康熙五十四年三甲一百零五名進士。

彭祐　貴州普安縣人。康熙五十四年三甲一百零六名進士。雍正三年任廣東清遠知縣。

張謐　山西洪洞縣人。康熙五十四年三甲一百零七名進士。五十八年任江蘇鹽城知縣。

陸述宣　順天大興縣人。康熙五十四年三甲一百零八名進士。

趙枚　字東生。山東陽信縣人。康熙五十四年三甲一百零九名進士。雍正三年任山西武鄉縣知縣，調山西懷仁知縣。

唐開運　河南沈丘縣人。康熙五十四年三甲一百十名進士。五十九年任廣東靈山知縣。

楊雲翼　山西平陸縣人。康熙五十四年三甲一百十一名進士。雍正四年任山西應州學正。

范　芬　陝西醴泉縣人。康熙五十四年三甲一百十二名進士。

洪世本　福建晋江縣人。康熙五十四年三甲一百十三名進士。雍正三年任江西貴溪知縣。

韓從王　山西太平縣人。康熙五十四年三甲一百十四名進士。

王廷枚　四川劍州人。康熙五十四年三甲一百十五名進士。雍正三年任江蘇金壇知縣。

王蕙生　山東濱州人。康熙五十四年三甲一百十六名進士。

趙中遴　字萬青，號岱峰。山東寧海州人。康熙五十四年三甲一百十七名進士。雍正三年任江西泰和知縣。

冀　楽　直隸永年縣人。康熙五十四年三甲一百十八名進士。任中書舍人。

王　淇　字公谷。安徽盱眙縣人。康熙五十四年三甲一百十九名進士。任内閣中書。

王楙績　湖北黃岡縣人。康熙四十七年舉人，五十四年三甲一百二十名進士。五十八年任湖南永州府教授。

魏　協　江西廣昌縣人。康熙五十四年三甲一百二十一名進士。任江西瑞州府教授。

朱之問　字裕夫。江西高安縣人。康熙五十四年三甲一百二十二名進士。在京二載，得病告歸，卒於舟。

雷殷薦　福建寧化縣人。康熙五十四年三甲一百二十三名進士。雍正七年任湖北松滋知縣。

朱緇衣　字展宜。山東泰安州人。康熙五十四年三甲一百二十四名進士。任四川富順知縣。因公去職。

德　新　字冶亭，號惺之、新之。滿洲鑲黃旗人。康熙五十四年三甲一百二十五名進士。選庶吉士，授檢討。雍正二年以侍讀充廣西鄉試副考官，遷侍講學士，雍正三年擢內閣學士。教庶子，十一年充武會正考官。後罷職。

權步武　陝西渭南縣人。康熙五十四年三甲一百二十六名進士。

嚴盛昌　字五期。江西奉新縣人。康熙五十四年三甲一百二十七名進士。雍正三年任安徽懷寧知縣。

趙希濂　山西猗氏縣人。康熙五十四年三甲一百二十八名進士。任垣曲縣教諭，雍正二年任河南輝縣知縣。

王弘培　河南商丘縣人。康熙五十四年三甲一百二十九名進士。雍正三年任山西河曲知縣。

周元超　河南鄭州人。康熙五十四年三甲一百三十名進士。任四川金堂知縣。

王　蒼　福建長泰縣人。康熙五十四年三甲一百三十一名進士。授廣西來賓知縣，改廣西宜山知縣。

紀之從　字巽甫，號忍堂。山東利津縣人。康熙五十四年三甲一百三十二名進士。歸班候選知縣，因其兄紀之健在京任職，其弟紀之復在浙江仁和任職。在家養親不仕。

楊　瑁　四川成都縣人。康熙五十四年三甲一百三十三名進士。

洪　勛　字麟士。浙江永嘉縣人。康熙五十四年三甲一百三十四名進士。雍正三年任湖南會同知縣，不數月解組歸。授徒百餘人，出其門者俱有文名。

胡　煦　字仁風。直隸永年縣人。康熙五十四年三甲一百三十五名進士。任江西廣豐知縣。忤上罷官。貧不能歸，永豐民捐資始得歸。

子胡在角，乾隆元年進士。

喬　昆　河南登封縣人。康熙五十四年三甲一百三十六名進士。授直隸雄縣知縣。

牛思任　字鉅膺。直隸靜海縣人。康熙五十四年三甲一百三十七名進士。雍正元年任江西南城知縣，三年罷。改河南尉氏知縣。告歸。

劉起宗　直隸隆平縣人。康熙五十四年三甲一百三十八名進士。

索　柱　字海峰。滿洲正黃旗人。康熙五十四年三甲一百三十九名進士。雍正十年授內閣學士，署左副都御史，乾隆元年實授仍兼內閣學士，四年改工部右侍郎仍兼內閣學士。十三年五月降調。

周孫著　字日章，號蒙泉。浙江西安縣人。康熙五十四年三甲一百四十名進士。雍正三年任河南新野知縣。忤上官意，改授蘭溪縣教諭。

朱允元　字耐亭。山東東明縣人。康熙五十四年三甲一百四十一名進士。雍正三年任江西石城知縣，十二年調新建知縣，行取主事。以疾告歸。

周　球　字琳友。江西新昌縣人。康熙五十四年三甲一百四十二名進士。

趙好義　奉天府（遼寧錦縣）人。康熙五十四年三甲一百四十三名進士。雍正三年任廣東連山知縣，四年改廣東徐聞知縣。

李夢麟　河南涉縣人。康熙五十四年三甲一百四十四名進士。雍正三年任湖南善化知縣，十年由知縣降武寧縣丞。

劉維漢　貴州銅仁縣人。康熙五十四年三甲一百四十五名進士。任知縣。

林　嶸　號爐山。山東棲霞縣人。康熙五十四年三甲一百四十六名進士。雍正四年任江蘇泰興知縣。秩滿歸。

唐之儀　山東萊陽縣人。康熙五十四年三甲一百四十七名進士。

康熙五十七年（1718）戊戌科

第一甲三名

汪應銓 字杜林，號梅林。江蘇常熟縣人。康熙五十七年一甲第一名狀元。授修撰。掌修國史，升庶子，官至左春坊左贊善。因得罪權貴歸籍，主講鍾山書院。工書法，善詩文。著有《閑綠齋文稿》《容安齋詩集》。參與修湖廣、江南通志。

張廷璐 字寶臣，號藥齋。安徽桐城縣人。康熙十四年（1675）五月二十七日生。康熙五十七年一甲第二名榜眼。授編修。纍遷侍講學士，雍正元年督河南學政，因封丘生員罷考革職。復起任侍講，升國子監祭酒，少詹事，雍正五年遷詹事。七年督江蘇學政，十一年授禮部侍郎，仍督江蘇學政。乾隆三年回任。九年病休。十年（1745）八月二十二日卒。年七十一。著有《咏花軒詩》《咏花軒制藝》。

父張英，康熙六年進士，文華殿大學士，張廷璐爲其三子；兄張廷玉，康熙三十九年進士，大學士。

沈錫輅 字南指、南址。浙江仁和縣人。康熙五十七年一甲第三名探花。授編修。雍正四年督山西學政。

第二甲四十名

金以成 字素存，號補山。浙江山陰縣人。康熙五十七年二甲第一名進士。選庶吉士，授編修。雍正四年官至山東兖州知府。

單　翰（榜名潘翰，復姓）字聞遠。浙江山陰縣人。康熙五十七年二甲第二名進士。選庶吉士。

查　祥 字存畏、星南，號穀齋。浙江秀水縣人。康熙五十七年二甲第三名進士。選庶吉士，授編修。充律例館纂修。辭官歸鄉講學，主敷文、安定書院。年八十餘卒。著有《雲在樓詩》《穀齋文鈔》。

陳萬策 字對初，號謙季。福建晉江縣人。康熙六年（1667）生。康熙五十七年二甲第四名進士。選庶吉士，授編修。纍遷侍講學士，雍正四年擢詹事，五年因事降職，後復任侍講學士。雍正十二年（1734）二月卒於任。年六十八。精研算數。著有《近道齋文集》《館閣絲綸》《詩集》等。

父陳遷鶴，康熙二十四年進士。因遷鶴與李光地相處極密，李屢主春闈，例回避，萬策遲二十年始成進士，此時其父陳遷鶴已於四年前康熙五十三年卒。

李志沆 字元池。江西建昌縣人。康熙五十七年二甲第五名進士。選庶吉士，授編修。

父李鳳翥，康熙三十六年進士，工部侍郎。

崔紀（原名崔珺）字君玉，號南有、虞村。山西永濟縣（一作蒲州）人。康熙三十二年（1693）十月初二日生。康熙五十七年二甲第六名進士。選庶吉士，授編修。歷國子監司業、祭酒。乾隆元年授詹事，十一月遷倉場侍郎，二年改吏部侍郎，三月署十月授陝西巡撫，三年三月調湖北巡撫，五年因刻減鹽價，致漢口地區數千人向鹽店強行勒買，四月降調。六年復任國子監祭酒，九年丁父憂。十四年授山東布政使，十五年（1750）以右副都御史銜督江蘇學政。八月初十日卒。年五十八。撰有《成均客講周易》《學庸講義》《論語溫知錄》《讀孟子札記》《詩書講義》等。

葉長揚 字爾祥，號定湖。江蘇吳縣人。康熙六年（1667）生。

康熙五十七年二甲第七名進士。選庶吉士，授編修。乾隆元年薦舉博學鴻詞，未赴試。

莊亨陽 字元仲，號復齋。福建南靖縣人。康熙二十五年（1686）生。康熙五十七年二甲第八名進士。任山東濰縣知縣，授國子監助教，遷吏部主事，補湖北德安府同知，乾隆七年授徐州知府，九年遷按察司副使，官至江蘇淮徐海道。乾隆十一年（1746）正月十六日，以勘淮海災過勞病卒。年六十一。著有《秋水堂集》《河防演算法書》。

董俊 字千若。順天涿州人，原籍浙江會稽。康熙五十七年二甲第九名進士。選庶吉士，未散館雍正元年改山西平定州知州，官至山西隰州直隸知州。

王懋竑 字予中，號白田。江蘇寶應縣人。康熙七年（1668）生。康熙五十七年二甲第十名進士。歸班候選知縣，母老乞就教職，五十八年補安徽安慶府教授。雍正元年召入都特授編修，在上書房行走。二年充順天鄉試同考官，丁母憂。後以老病告歸，閉門著書專門精研理學。乾隆六年（1741）十月初一日卒。年七十四。著有《白田草堂存稿》《讀史記疑》《讀經記疑》《朱子文集注》《朱子語錄注》《朱子年譜》等。

父王式丹，康熙四十二年狀元。

張夢徵 字鷗來，號東亭。江蘇華亭縣人。康熙五十七年二甲十一名進士。選庶吉士，授編修。雍正七年任廣東鄉試主考官，後因事降行人司司副。

徐　本　字立人，號是齋、荷山。浙江錢塘縣人。康熙二十二年（1683）八月二十三日生。康熙五十七年二甲十二名進士。選庶吉士，授編修。歷任贊善、侍讀，雍正五年督貴州學政，七年授貴州按察使，改江蘇按察使，遷湖北布政使。十年授安徽巡撫，遷都察院左都御史。十二年三月改工部尚書，十月授協辦大學士。十三年十月改刑部尚書。乾隆元年十一月遷東閣大學士、軍機大臣。九年六月以病辭職，晉太子太傅。乾隆十二年（1747）卒。年六十五。贈少傅，謚"文穆"。乾隆五十一年入祀賢良祠。

父徐潮，康熙十二年進士，吏部尚書；子徐以烜，雍正八年進士，太常寺卿。祖孫三代進士。

習　寯　字載展。江蘇吳縣人。康熙五十七年二甲十三名進士。選庶吉士，授編修。雍正四年充順天鄉試同考官。五年督湖南學政，升侍講、侍讀學士。官至詹事府少詹事。以父老假歸。乾隆三十年（1765）卒。年八十五。

楊振翰　安徽懷寧縣人。康熙五十七年二甲十四名進士。任內閣中書。

吳家騏　字晉綺、駿起，號晚風。浙江桐鄉縣人。康熙五十七年二甲十五名進士。選庶吉士，授編修。充仁皇帝實錄纂修官。雍正元年充陝西鄉試副考官。二年督湖廣學政，遷左贊善、右庶子、侍講學士。十二年授內閣學士。乾隆二年遷禮部右侍郎。三年充順天鄉試副考官。六年因事革職。卒年七十四。著有《雙硯堂集》。

顧　仔　字子肩，號瞻廬。江蘇安東縣人。康熙五十七年二甲十六名進士。選庶吉士，授編修。雍正四年充雲南鄉試副考官。五年以中允督廣東學政，官至侍讀學士。八年督浙江學政。

馮漢煒　字曙雲，號素園。江蘇金壇縣人。康熙二十一年十二月二十三日（1683年1月）生。康熙五十七年二甲十七名進士。任內閣中書，升兵部員外郎，官至工部屯田司郎中。歸。乾隆三年十二月二十一日（1739年1月）卒。年五十七。

曹源郊　字石麟、東牧，號尹東。浙江嘉善縣人。康熙五十七年二甲十八名進士。選庶吉士，授編修。雍正二年充貴州鄉試副考官，四年（1726）任廣東鄉試副考官，八月二十八日卒於廣州闈中。年四十八。著有《古香閣集》《桂元詩集》。

父曹鑑倫，康熙十八年進士，吏部左侍郎。

許　均　字叔調，號雪村。福建閩縣人。康熙五十七年二甲十九名進士。選庶吉士，任吏部主事（一作禮部），官至吏部郎中。出至揚州清查虧空錢糧被害。爲閩中詩畫名家。著有《玉琴書屋詩鈔》《雪村集》《載道集》。

伊爾敦 字學實。滿洲鑲紅旗人。康熙五十七年二甲二十名進士。選庶吉士，授編修。乾隆二年纍遷内閣學士。五年革職。

鄒升恒 字泰和，號慎齋。江蘇無錫縣人。康熙五十七年二甲二十一名進士。選庶吉士，授編修。雍正十一年以贊善督河南學政。乾隆元年以侍講充山西鄉試主考官，官至侍講學士。著有《借柳軒詩集》。

祖父鄒忠倚，順治九年狀元；弟鄒一桂，雍正五年進士，内閣學士。

宋照 字謹涵，號喜墨。江蘇長洲縣人。康熙五十七年二甲二十二名進士。選庶吉士，授編修。以撰文忤旨放還。乾隆二年（1737）薦修《三禮》，以勞瘁病卒。著有《禮經彙解》《史間》《息軒雜文》等書。

傅王雪 浙江山陰縣人。康熙五十七年二甲二十三名進士。任工部主事，雍正三年任直隸萬全知縣。

蕭宸捷 字俞聘。廣東大埔縣人。康熙五十七年二甲二十四名進士。選庶吉士，授編修。

曾元邁 字循逸，號嚴齋。湖北景陵縣人。康熙五十二年舉人，五十七年二甲二十五名進士。選庶吉士，授編修。雍正四年任江南鄉試副考官。五年官至廣西道御史。

顧承烈（榜名沈承烈） 字念揚。江蘇華亭縣人。爲華亭籍增貢生，康熙五十一年召試爲内書房纂

修官。五十七年二甲二十六名進士。選庶吉士，授編修。充古今圖書集成館總裁。致仕後隱居。

張鉞（一作董鉞，本姓張） 字南呂。江蘇上海縣人。康熙五十七年二甲二十七名進士。任内閣中書，遷宗人府主事，雍正九年考選江南道御史，官至吏科給事中。

侯之緹（碑作陳之緹，復姓陳） 福建南安縣人。康熙五十七年二甲二十八名進士。

徐大枚 字惟吉，號梅麓。漢軍正藍旗人。康熙五十七年二甲二十九名進士。選庶吉士。五十七年未散館揀選太原府同知。雍正六年擢安徽廬州知府，十三年十一月任江蘇蘇州知府，十七年四川建昌上南兵備道。乾隆三年任兩淮鹽運使，七年廣東肇羅道。

顧祖鎮 字景範。江蘇吳縣人。康熙五十七年二甲三十名進士。選庶吉士，授編修。纍遷至右通政副使。雍正十一年授詹事。十二年八月遷内閣學士，十月任工部右侍郎。十三年充順天鄉試主考官。因弊竇多，九月革職下獄。

畢誼 字元復，號咸正。寄籍直隸滄州，原籍江蘇婁縣。康熙五十七年二甲三十一名進士。任主事。雍正十年考選江南道御史，轉禮科給事中、兵科掌印給事中，官至安徽廬鳳道。後以事降額外主事，充平定金川方略館纂修。卒於任。

劉丕謨 字子定。順天文安縣

人。康熙五十七年二甲三十二名進士。選庶吉士，授編修。官至刑部湖廣司郎中。

張夢拓　字孝園。福建福清縣人。康熙五十七年二甲三十三名進士。任內閣中書。早卒。

徐　模　字文表。江蘇長洲人。康熙五十七年二甲三十四名進士。

楊爾德　字質爲，號升聞。浙江嘉善縣人。康熙五十七年會元，二甲三十五名進士。選庶吉士，授編修。官至吏科給事中。雍正四年督廣東學政。卒於任。

王　恪（初名王慮）　字愚千。江蘇太倉州人。康熙五十七年二甲三十六名進士。雍正七年授直隸唐縣知縣。多善政。以繼母年老乞歸。年七十卒。

黃鴻中　字仲宣，號海群。山東即墨縣人。康熙五十七年二甲三十七名進士。選庶吉士，授編修。雍正二年以侍講充山西鄉試副考官。雍正三年督湖廣學政，官至侍讀學士。以疾告歸。著有《容堂集》。

張　煒　字彤伯。福建候官縣人。康熙五十七年二甲三十八名進士。選庶吉士，授編修。官至刑部郎中。

杜　藻　字正文，號振文。河南封丘縣人。康熙五十七年二甲三十九名進士。選庶吉士，授編修。官至郎中。

夏開衡　字弁南。浙江烏程縣人。康熙五十七年二甲四十名進士。選庶吉士，授編修。

第三甲一百二十二名

吳　濤　字柱中。浙江仁和縣人。康熙五十七年三甲第一名進士。選庶吉士，授檢討。雍正四年考選貴州道御史，十年充順天鄉試同考官，官至侍讀學士。著有《孟鄰堂集》《詩繹釋辨》。

楊　椿　字農先，號雪溪。江蘇武進縣人。康熙十五年（1676）生。康熙五十七年三甲第二名進士。選庶吉士，授檢討。參修《明史》《一統志》。遷左中允，官至侍講學士。乾隆二年致仕。後又詔修《明鑑綱目》，乾隆十九年十二月初十日（1755年1月）卒。年七十八。一生著述頗豐，皆散佚。著有《孟鄰堂集》二十六卷、《古園易尚書定本》《詩經釋辨》《春秋類考》《周禮訂疑》《稽古錄》《水經注廣釋》《古今類纂》等書。

李天龍　字雲階。湖南湘潭縣人。康熙五十七年三甲第三名進士。選庶吉士，授檢討。官至兵部郎中。卒年七十。

沈嘉麟　字梅漢。浙江烏程籍，寓居奉天寧遠人。康熙五十七年三甲第四名進士。選庶吉士，授檢討。

馬　倬　河南睢州人。康熙五十七年三甲第五名進士。雍正三年任安徽合肥知縣。

吳士進　字書登。順天大興縣人。康熙五十七年三甲第六名進士。

任知縣，纍遷禮部郎中，乾隆十三年官至浙江嚴州府知府。曾重修《嚴州府志》。

李蘭 字汀倩，號西園。直隸樂亭縣人。康熙五十七年三甲第七名進士，選庶吉士，授檢討。雍正元年充會試同考官，二年任江南鄉試副考官，擢戶科給事中，遷至江西督糧道。五年擢湖南按察使，六年遷江西布政使，署理巡撫。八年降江西按察使，十年又任安徽布政使。乾隆元年（1736）病卒，年四十五。

熊應璜 字偕呂。江西安義縣人。康熙五十七年三甲第八名進士。雍正元年任山西壽陽知縣。卒於任。著有《偕呂文稿》。

丁勺曾 字幼文，號稽岑。山東日照縣人。康熙五十七年三甲第九名進士。任安徽宿松知縣，雍正三年升安徽廣德直隸州知州。

鄭江 字璣尺，號筠谷、荃若。浙江錢塘縣人。康熙二十一年（1682）正月二十六日生。五十七年三甲第十名進士。選庶吉士，雍正元年任順天鄉試同考官，授檢討。遷右春坊右贊善，修《明史》《大清一統志》。雍正十三年以侍講督安徽學政，任滿遷侍讀。後以足疾告歸。乾隆十年（1745）二月三十九日卒，年六十四。專精學，著有《春秋集義》《詩經集詁》《禮記集注》《筠谷詩鈔》《書帶草堂詩鈔》《文集》《粵東游記》等。

汪嗣聖 字拙存。湖北江陵縣人。康熙四十四年舉人，五十七年三甲十一名進士。任四川梓潼知縣，雍正三年遷山西朔平知州。乞養歸。遂不出，卒年七十七。

王煒 江西南城縣人。康熙五十七年三甲十二名進士。任國子監學正，雍正二年改直隸欒城知縣，六年調直隸南樂知縣，遷署定州知州。

王瓚 字爾爵。貴州貴築縣人。康熙五十七年三甲十三名進士。選庶吉士，授檢討。雍正二年考選廣東道御史，官至刑科給事中。雍正十年充浙江鄉試副考官。

康忱 字子丹，號太乙、友霞。山西興縣人。康熙五十三年山西鄉試解元，五十七年三甲十四名進士。任吏部主事，升兵部武庫司郎中，雍正六年官至湖廣黃州知府。邑人呼為康青天。著有《友霞詩鈔》。

謝光紀 字星度。山東福山縣人。康熙五十七年三甲十五名進士。雍正三年任廣西富川知縣。因母老告歸。以病卒，年五十三。

朱大資 福建莆田縣人。康熙五十七年三甲十六名進士。雍正四年任湖北宜城知縣。

胡瀛 字一山。四川宜賓縣人。康熙五十七年三甲十七名進士。選庶吉士，授檢討。雍正元年充雲南鄉試主考官、會試同考官，考選御史，八年遷直隸清河道，調山西冀寧道。九年授湖南按察使，十二年改湖北、十三年調浙江按察使，乾隆三年擢山西布政使。五年三月召京。

胡士僑 字公望。江西南昌縣人。康熙五十七年三甲十八名進士。六十一年任安徽寧國知縣。乞終養歸。

賈淑 山西崞縣人。康熙五十七年三甲十九名進士。雍正三年任山東平原知縣，降調去職。四年任山西忻州學正。

嚴文在 字聚東，號清澗。安徽建平縣人。康熙五十六年江南鄉試解元，五十七年三甲二十名進士。選庶吉士，授檢討。

黃圖 字九章，號廬峰。江西德化縣人。康熙五十七年三甲二十一名進士。雍正元年任浙江浦江知縣，丁內艱歸。六年改廣東陽山知縣，七年改博羅知縣，八年任香山知縣。

徐聚倫 字容齋，號寰峰。浙江山陰縣人。康熙五十七年三甲二十二名進士。選庶吉士，授檢討。雍正三年纍遷湖南衡永郴桂道，七年改湖北漢黃德道，八年改山東糧儲道，九年授河南布政使，十年四月改山東布政使，五月仍回河南布政使。十一月解職。

蔡一澧 山東寧海州人。康熙五十七年三甲二十三名進士。

劉黼 字宏度。江西廬陵縣人。康熙五十七年三甲二十四名進士。雍正三年任山西垣曲知縣。以失報黃河清罷職，居林下，同年友好以書招，竟不往。

劉運鉟 字西臨。安徽南陵縣

人。康熙五十七年三甲二十五名進士。選庶吉士，授檢討。雍正二年考選福建道御史，四年充湖南鄉試正考官，擢刑科給事中，轉工科給事中，雍正七年官至廣東惠潮道，降雷州府知府。以疾卒於任。

李治國 字亮公。山東歷城縣人。康熙五十七年三甲二十六名進士。任江西寧都知縣，雍正元年署江西瑞金知縣，調署福建汀州知府，雍正五年補邵武知府，歷漳州、延平知府。以謫去官。降平原知州，改河南鄧州知州。乾隆五年乞養歸。卒年七十一。

張天翼 浙江海寧人。康熙五十七年三甲二十七名進士。任湖北江陵知縣，雍正六年任浙江建德縣教諭，乾隆四年升直隸懷來知縣。

張璨 字闇公。陝西綏德州人。康熙五十七年三甲二十八名進士。選庶吉士，授檢討。雍正三年考選河南道御史，五年遷兩淮鹽運使，六年授直隸按察使，七年改湖南按察使，九年擢湖南布政使。因其按湖南巡撫許容意旨誣諂湖南糧道謝濟世，乾隆八年閏四月解任，六月革職。

子張秉愚，乾隆二十八年進士。

董怡 順天豐潤縣人。康熙五十七年三甲二十九名進士。官至江蘇常州知府。乾隆十一年徇情肆虐，冤害無辜。被兩江總督尹繼善參奏究審。

思強 字崇強。滿洲正黃旗，

覺羅氏。康熙五十七年三甲三十名進士。選庶吉士。

陳舜裔 山西武鄉縣人。康熙五十七年三甲三十一名進士。雍正五年署甘肅階州知州事知縣。因征錢糧過急，百姓鬧事，署甘肅巡撫鍾保題參將其革職。有旨責鍾保"只聽刁民一面之詞，有沽名釣譽之意"，鍾保亦被革職。

蔡曰逢 字方樸。甘肅秦安縣人。康熙五十七年三甲三十二名進士。選庶吉士，授檢討。遷御史，官至山東登州府知府，左遷主事，再謫軍營効力，起補兵部武選司主事，擢員外郎、郎中。卒於任。

戴 珽 字藍田。安徽當塗縣人。康熙五十七年三甲三十三名進士。任內閣中書。

張彤標 字伊蔚。山東觀城縣人。康熙五十七年三甲三十四名進士。雍正五年任江西新城知縣，十一年改江西吉水知縣，在任四年擢刑部主事。

王立常 山東高密縣人。康熙五十七年三甲三十五名進士。雍正四年任浙江仙居知縣。

卿 悅 字嵩年。廣西灌陽縣人。康熙四十一年廣西鄉試解元，五十七年三甲三十六名進士。選庶吉士，授檢討。

蔡名載 廣東番禺縣人。康熙五十七年三甲三十七名進士。任廣東羅定州學正。

儀于庭 山東高密縣人。康熙五十七年三甲三十八名進士。

韓慧基 字益恬。直隸高陽縣人。康熙五十七年三甲三十九名進士。雍正四年任浙江義烏知縣，七年任浙江黃岩知縣。

崔 宣 順天霸州人。康熙五十七年三甲四十名進士。雍正六年任浙江德清知縣。

魏亦晋 陝西富平縣人。康熙五十七年三甲四十一名進士。

任元勛 河南嵩縣人。康熙五十七年三甲四十二名進士。

韓 楷 字皆木。湖南善化縣人。康熙五十七年三甲四十三名進士。任吏部主事。以親老乞歸。

鄭 度 浙江蘭溪縣人。康熙五十七年三甲四十四名進士。任貴州慶陽知縣，升山西朔州知州，兼署馬邑知縣。

王夢堯 字起唐。貴州平越縣人。康熙五十七年三名四十五名進士。選庶吉士，授檢討。官至廣西太平府知府。

兄王夢旭，康熙五十一年進士。

李 洵 字少泉。廣西蒼梧縣人。康熙五十七年三甲四十六名進士。選庶吉士。散館除名。

楊詢朋 福建晋江縣人。康熙五十七年三甲四十七名進士。任廣西臨桂知縣。

李根雲 字仙蟠，號玉成、亦人。雲南趙州人。康熙五十七年三甲四十八名進士。選庶吉士，授檢討。雍正四年以刑部郎中任山東主考官，五年充會試同考官，十一年任江蘇徐州知府，遷兩淮兵備道，改江西鹽驛道，乾隆元年遷兩淮鹽運使，内轉光祿寺少卿。不赴。年七旬謝病歸。僑居武昌。

萬上達 （《廣東通志》作復姓潘）廣東番禺縣人。康熙五十七年三甲四十九名進士。任知縣。

管學宣 字虎臣。江西安福縣人。康熙五十七年三甲五十名進士。雍正二年任直隸慶雲知縣，四年擢山西沁州知州，改雲南劍川知州，授楚雄府同知，代理麗江知府，乾隆十三年官至湖南常德知府。

嚴瑞龍 字凌雲。四川閬中縣人。康熙五十七年三甲五十一名進士。選庶吉士，授檢討。雍正六年以户部郎中考選江南道御史，遷吏科給事中，十年充福建鄉試副考官，遷鴻臚寺少卿，乾隆二年授湖南按察使，遷湖北布政使，改山西布政使。十年降直隸按察使，十二月遷河南布政使復任湖北布政使，十六年正月署湖北巡撫，因收受平餘款，二月革職。又因誣參前任巡撫唐綏祖，十六年五月處斬監候。

徐裕慶 陝西蒲城縣人。康熙五十七年三甲五十二名進士。雍正四年任順天府東安知縣。

解震泰 字履安。甘肅寧夏衛人。康熙五十七年三甲五十三名進士。選庶吉士。散館除名。

趙曰睿 字敬恩，號陶齋。陝西高陵縣人。康熙五十七年三甲五十四名進士。授四川資陽知縣，升户部主事，未赴。

雷天鐸 字四聞，號容齋。湖北羅田縣人。康熙五十七年三甲五十五名進士。選庶吉士。散館除名。祖籍太湖，明末父被虜入湖北，遂籍羅田。父曰太湖祖墓未掃，散館後來太湖修宗譜，葺家廟。

張憲齡 直隸束鹿縣人。康熙五十七年三甲五十六名進士。雍正六年任山西武鄉知縣，官至甘肅寧州知州。

翟張極 （碑作張極）廣東東莞縣人。康熙五十七年三甲五十七名進士。任廣西來賓知縣。

傅樹崇 河南登封縣人。康熙五十七年三甲五十八名進士。雍正三年任順天府東安知縣。

劉燦 字韜士。山西盂縣人。康熙五十七年三甲五十九名進士。選庶吉士，授檢討。雍正二年考選御史，改刑部郎中，調禮部，官至福建汀漳龍道。

戴廷堅 浙江嘉興縣人。康熙五十七年三甲六十名進士。

趙曰瑛 山西文水縣人。康熙五十七年三甲六十一名進士。雍正四年任順天府武清縣知縣。在任十一年。

曹永琪 直隸景州人。康熙五十七年三甲六十二名進士。

黃紹琦 河南鹿邑縣人，原籍江蘇溧水。康熙五十七年三甲六十三名進士。任河南開封府教授。因委其監河工，積勞成疾暴卒。

馮　怡　字和齋。山東武定州人。康熙五十七年三甲六十四名進士。任河南伊陽知縣，丁父憂，服闋。補四川浹江知縣。歸里後教授生徒。卒年六十。

張之珩　湖北江陵縣人。康熙五十七年三甲六十五名進士。雍正五年任直隸定興知縣，改安肅縣晉知府銜，改湖北黃州府教授。著有《愚室稿》。

王極昭　廣西全州人。康熙五十七年三甲六十六名進士。雍正四年任山西趙城知縣。

張天畏　山西榮河縣人。康熙五十七年三甲六十七名進士。

李玉書　山西平定州人。康熙五十七年三甲六十八名進士。任山西汾州府教授。

饒世經　字緯文。江西新城縣人。康熙五十七年三甲六十九名進士。雍正二年任直隸西寧知縣。卒於任。

楊昌言　字禹廷。直隸曲陽縣人。康熙五十七年三甲七十名進士。雍正元年任直隸永平府教授，改福建建寧知縣。

周　璋　湖北景陵縣人。康熙五十七年三甲七十一名進士。雍正三年任江西上高知縣。

沈培種　浙江嘉善縣人。康熙五十七年三甲七十二名進士。

趙與鴻　字元任。江西南豐縣人。康熙五十七年三甲七十三名進士。任知縣，改江西贛州府教授，改瑞州府教授。

孫　騏　字御五，號愚谷。江蘇興化縣人。康熙五十七年三甲七十四名進士。未仕。

高元崐　江蘇江都縣人。康熙五十七年三甲七十五名進士。乾隆十七年纍遷陝西漢中知府，改福建福州知府，官至福建鹽法道。

彭　洙　福建安溪縣人。康熙五十七年三甲七十六名進士。任雲南江川知縣，雍正元年改山西翼城知縣，十三年改山西安邑知縣，乾隆元年遷山西解州直隸州知州。

李士元　字乾一。陝西蒲城縣人。康熙五十七年三甲七十七名進士。選庶吉士。散館除名。

董自超　漢軍鑲白旗。康熙五十七年三甲七十八名進士。任河南汝南道，雍正十年調山東登萊青道。

趙恒祚　字方山。山東沾化縣人。康熙五十九年三甲七十九名進士。任陝西潼關、咸陽知縣。以軍需罣誤去職。歸里後掌教“瀠源書院”，教授生徒。卒年八十三。

楊自欽　字少儀。湖北監利縣人。康熙五十年舉人。五十七年三甲八十名進士。雍正元年任山東菏澤知縣，遷曹州知州，官至山東兗沂曹兵備道。卒於任。著有《鳴鶴堂集》。

龔相玉　字右樟。江蘇昆山縣人。康熙五十七年三甲八十一名進士。任內閣中書。

姚永先　江西南城縣人。康熙五十七年三甲八十二名進士。雍正四年任浙江淳安知縣。

陳瓊枝　（《進士題名碑》作李瓊枝，本姓陳）湖北黃岡縣人。康熙五十七年三甲八十三名進士。

郭　操　（改名郭璉，改名國璉）字夏陳。滿洲鑲白旗人。康熙五十七年三甲八十四名進士。纍遷至國子監祭酒，乾隆三年授光祿寺卿。十二年革職。

趙　勝　陝西高陵縣人。康熙五十七年三甲八十五名進士。

劉　博　字天如。順天文安人。康熙五十七年三甲八十六名進士。任河南上蔡知縣。

戴洪禩　字士純。浙江錢塘縣人。康熙五十七年三甲八十七名進士。任陝西涇陽知縣，雍正三年改陝西安定知縣。

鄭　堃　廣東海陽縣人。康熙五十七年三甲八十八名進士。

王　霈　山西翼城縣人。康熙五十七年三甲八十九名進士。雍正三年任湖南慈利知縣，改山西平魯縣教諭。

王　明　浙江會稽縣人。康熙五十七年三甲九十名進士。

戴允恭　順天大興縣人。康熙五十七年三甲九十一名進士。

楊　熉　湖北江夏縣人。康熙五十六年舉人，五十七年三甲九十二名進士。雍正三年任山西右玉知縣。

石光璽　直隸獲鹿縣人。康熙五十七年三甲九十三名進士。雍正三年任山西陽高知縣。

蘇　圻　福建同安人。康熙五十七年三甲九十四名進士。

顧兆麟　浙江錢塘縣人。康熙五十七年三甲九十五名進士。

張廷煌　福建晉江縣人。康熙五十七年三甲九十六名進士。雍正四年任江蘇丹徒知縣。

馮嗣京　山西高平縣人。康熙五十七年三甲九十七名進士。

徐元鰲　廣東東莞縣人。康熙五十七年三甲九十八名進士。

劉　彤　字赤若，號培先。江西崇仁縣人。康熙五十七年三甲九十九名進士。任廣西武宣知縣，丁憂，補福建龍岩知縣，調崇安縣，三年告歸。

莊士元　福建漳浦縣人。康熙五十七年三甲一百名進士。任直隸淶水知縣。

李志遠　字淡明。山東壽光縣人。康熙五十七年三甲一百零一名進士。雍正二年任浙江歸安知縣，七年改廣西容縣知縣。

鄭　嶕　字樂士、錦峰。山西五台縣人。康熙五十七年三甲一百零二名進士。選庶吉士，授檢討。歷任江西吉安、南昌知府，雍正十一年授安徽寧國知府。未任。

顏光暉　順天宛平縣人。康熙五十七年三甲一百零三名進士。

任際虞　字唐臣。江西上高縣

人。康熙五十七年三甲一百零四名進士。選庶吉士，授檢討。雍正元年任順天鄉試同考官，二年充雲南鄉試副考官。五年（1727）卒。

劉翰書 山西垣曲縣人。康熙五十七年三甲一百零五名進士。雍正四年授山東嘉祥知縣，五年任山東日照知縣，七年調山東淄川知縣。僅三十日以罣誤去官。

曲欐 字一齋。山東寧海州人。康熙五十七年三甲一百零六名進士。任內閣中書，纍遷刑部河南司郎中。忤上官，移禮部告歸。

劉仁達 雲南建水州人。康熙五十七年三甲一百零七名進士。雍正四年任廣西貴縣知縣。

史增 字學川。江蘇青浦縣人。康熙五十七年三甲一百零八名進士。授雲南保山知縣，遷雲南趙州知州。以勞卒於官。

李堯疇 雲南彌勒州人。康熙五十七年三甲一百零九名進士。

杜遂 直隸衡水縣人。康熙五十七年三甲一百十名進士。任直隸順德府教授。

盧愈奇 河南扶溝縣人。康熙五十七年三甲一百十一名進士。雍正四年任甘肅涇州知州。

李景運 字會可。江西豐城縣人。康熙五十七年三甲一百十二名進士。雍正二年任廣東揭陽知縣。以憂去。

趙爾楷 字子師。直隸宣化府西寧縣人。康熙五十七年三甲一百

十三名進士。授陝西戶縣知縣，丁憂歸。雍正九年補山西文水知縣。被劾歸。家居教授。

楊兆鏇 河南溫縣人。康熙五十七年三甲一百十四名進士。任禮部儀制司郎中。

陳之遇 廣東新安縣人。康熙五十七年三甲一百十五名進士。任安徽來安知縣，雍正十二年改廣東瓊州府教授。

父陳似源，康熙四十八年進士。

童保 滿洲鑲藍旗包衣。康熙五十七年三甲一百十六名進士。任滿洲包衣沙爾漢佐領。

丁源渭 河南鹿邑縣人。康熙五十七年三甲一百十七名進士。任福建永安知縣。

鄒訓 字聖謨。河南虞城縣人。康熙五十七年三甲一百十八名進士。雍正四年任山東平原知縣，被劾去職。五年改山東陵縣知縣。

杜天培 山東金鄉縣人。康熙五十七年三甲一百十九名進士。著有《寶樹堂詩文集》。

蕭師諤 字恂嵋。江西會昌縣人。康熙五十七年三甲一百二十名進士。雍正四年任湖南攸縣知縣。卒於任。著有《綱山集》。

李符恭 雲南楚雄縣人。康熙五十七年三甲一百二十一名進士。即用知縣。

閻自新 四川渠縣人。康熙五十七年三甲一百二十二名進士。

康熙六十年（1721）辛丑科

第一甲三名

鄧鍾岳　字東長，號悔廬、畏廬。山東東昌衛人。康熙六十年一甲第一名狀元。授修撰。雍正元年充江南鄉試副考官，四年督江南學政，八年以少詹事督廣東學政，纍遷內閣學士，雍正十一年四月升禮部右侍郎，九月因事降調。復起任太僕寺少卿，乾隆六年授通政使，七年遷禮部侍郎。十二年任江南鄉試主考官。乾隆十三年以疾休致。著有《知非錄》《寒香閣詩集》傳世。

曾祖鄧秉恒，順治六年進士；子鄧汝勤，乾隆四十年進士。

吳文焕　字觀侯，號劍虹。福建長樂縣人。康熙六十年一甲第二名榜眼。授編修。乞假歸，家居十年，雍正四年補原官。十年充陝西鄉試主考官。升刑部員外郎，遷郎中，乾隆六年考選湖廣道御史，以病乞歸。著有《劍虹詩鈔》。

程元章　字冠文，號垣齋。河南上蔡縣人。康熙六十年一甲第三名探花。授編修。進侍講，遷少詹事，雍正四年督福建學政，七年授浙江布政使遷安徽巡撫，十年八月任浙江總督。十二年十月裁撤浙江總督設閩浙總督，以總督銜任浙江巡撫。乾隆帝以浙江海塘工程無益，十三年十二月解職。乾隆元年授漕運總督（未任），六月改任禮部侍郎，歷刑部、吏部侍郎。五年革職。乾隆三十二年（1767）卒。

第二甲四十名

王蘭生　字振聲，號信芳、坦齋。直隸交河縣人。康熙十八年（1679）正月初六日生。由李光地舉薦由生員直內廷。康熙六十年未經式中准予一體殿試，二甲第一名進士。選庶吉士，授編修。升國子監司業，雍正五年督浙江學政，遷侍講、侍讀學士，七年督安徽學政，九年授內閣學士。十年督陝甘學政，十三年五月降少詹事，高宗登極十三年十二月復原官，乾隆元年遷刑部右侍郎，管禮部侍郎事。二年（1737）二月二十三日隨扈卒於良鄉途中，年五十九。曾參與纂輯《律呂正義》《數理精蘊》《音韻闡微》諸書。

黃之雋 字石牧，號堉堂、晚號石翁。江蘇華亭縣人，原籍安徽休寧。康熙六十年二甲第二名進士。選庶吉士，授編修。充日講起居注官，遷中允，雍正二年督福建學政。五年坐事罷歸。乾隆十三年（1748）正月卒。年八十一。工詩文，才華富贍。著有《堉堂集》《香屑集》《四才子》等。

俞鴻馨 字尹思。浙江海鹽縣人。康熙六十年二甲第三名進士。選庶吉士，散館改直隸靜海知縣，官至冀州、磁州知州。卒於任。

姚世榮 字公桓，號葑塘、復塘。浙江仁和縣人。康熙六十年二甲第四名進士。選庶吉士，授編修。纍遷刑部郎中，雍正九年考選江西道御史，十年督江西學政，乾隆元年充順天鄉試同考官。

邵　基 字學址，號岳岷、思蓼。浙江鄞縣人。康熙六十年二甲第五名進士。選庶吉士，授編修。雍正六年考選福建道御史，升戶科給事中，遷國子監祭酒，擢通政司參議，雍正十年充江西主考官，遷左僉都御史，雍正十二年六月授左副都御史。十一月改吏部侍郎，乾隆元年十月調江蘇巡撫。乾隆二年（1737）八月卒，年五十一。

姜邵湘 （榜名邵湘）字賦山。浙江錢塘縣（一作江蘇吳縣）人。康熙六十年二甲第六名進士。選庶吉士，散館改知縣，雍正四年遷湖南永州知府，遷湖廣荊南道，十一年官至襄鄖道。

魯曾煜 （榜名朱曾煜）字啓人，號秋塍。浙江會稽縣人。康熙六十年二甲第七名進士。選庶吉士。以祖母年九十乞養歸。曾修《廣州志》。主講開封、杭州書院。著有《秋塍文鈔》。

姚之駰 字露絲、魯斯。浙江錢塘縣人。康熙六十年二甲第八名進士。選庶吉士，授編修。雍正四年官至陝西道御史。精研《漢書》。著有《後漢書補遺》《元明事類鈔》及《類林新吟》。

靖道謨 字誠合，號果園。湖北漢陽縣人。康熙六十年二甲第九名進士。選庶吉士，改知縣，升雲南姚州知州，乾隆間，官至江西饒州知府。先後主鰲山、白洞、江漢書院。著有《禮記過庭編》《果園全集》等。

邵　泰 字峙東，號北崖。順天大興縣人，原籍江蘇長洲。康熙六十年二甲第十名進士。選庶吉士，授編修。雍正四年充四川鄉試副考官。後辭官僑居江蘇吳縣。善寫大字，江蘇一帶匾額、碑刻多爲其所作。

楊廷選 （改名楊廷勱）字仲青，號瀛州。福建同安縣人。康熙六十年二甲十一名進士。選庶吉士，授編修。

雍正七年任順天鄉試同考官。

鄒世楠 字廷楚。江蘇吳縣人。康熙六十年二甲十二名進士。選庶吉士。

李 咸 (《詞林輯略》作李鍼) 字含奇，號含光。直隸盧龍縣人，祖籍江蘇吳縣。康熙六十年二甲十三名進士。選庶吉士。早卒。著有《鄧尉山房集》。

王敛福 字凝齋、凝箕，號石翁。山東諸城縣人。康熙六十年二甲十四名進士。選庶吉士，未散館授吏部稽勛司員外郎，升考功司郎中，雍正二年外任浙江溫處道，七年改杭嘉湖道。與上官有隙降調，乾隆六年署江蘇常州知府，九年署松江知府，十年任安徽潁州府，十一年改江寧知府，十五年復任潁州知府。年六十五卒。

錢陳群 (榜名陳群) 字主敬、集齋，號香樹，又號柘南居士。浙江嘉興縣人，原籍海鹽。康熙二十五年 (1686) 五月二十九日生。康熙六十年二甲十五名進士。選庶吉士，授編修。歷任左贊善、右庶子、侍講學士、侍讀學士、右通政使，乾隆六年授太僕寺卿，遷詹事。七年擢內閣學士，遷刑部侍郎。曾值南書房，充經筵講官。高宗嘗與考論今古，稱爲"故人"。十七年以疾乞歸，詔在籍食俸。高宗常寄詩相與倡和。與沈德潛并稱爲"東南二老"。二十六年祝皇太后七旬大壽賞給尚書銜。三十年乾隆帝南巡迎鑾加太子太傅。乾隆三十九年 (1774) 正月初七日卒。年八十九。贈太傅，入祀賢良祠。謚"文端"。著有《香樹齋詩文集》。

沈起元 字子大，號敬亭。江蘇太倉州人。康熙二十四年 (1685) 生。康熙六十年二甲十六名進士。選庶吉士，改吏部主事，遷吏部驗封司員外郎。歷任福州、興化、臺灣知府，纍遷江西鹽茶道。乾隆二年授河南按察使，七年擢直隸布政使，九年調光禄寺卿。十三年降調，移疾歸。乾隆二十八年 (1763) 九月卒，年七十九。著有《周易孔義》《詩傳叶音考》《敬亭詩文集》等。

蔣恭棐 字維御，號迪甫、西原。江蘇長洲縣人。康熙二十九年 (1690) 十月二十三日生。康熙五十四年廷試違式落第。六十年二甲十七名進士。選庶吉士，授編修。充《清會典》及玉牒館、五朝國史館纂修官，旋致仕歸。主講揚州安定書院。乾隆十九年 (1754) 六月初四日卒，年六十五。著有《西原草堂集》。

勵宗萬 字滋大，號衣園。天津靜海縣人。康熙六十年二甲十八名進士。選庶吉士，授編修。遷侍讀，雍正五年督山西學政，纍遷光禄寺少卿，十二年授鴻臚寺卿，十月擢內閣學士兼禮部侍郎，改刑部侍郎。乾隆元年因事革。七年補侍講學士，八年遷通政使，九年擢左副都御史改工部侍郎，調刑部右侍郎。十一年革。十六年授侍講學士，二十四年（1759）遷光禄寺少卿。九月卒，年五十五。著有《京城古迹考》《衣園遺稿》《青箱堂集》。

父勵廷儀，康熙三十九年進士，吏部尚書。

留　保　字松裔，號恤緯。滿洲鑲黃旗。康熙六十年二甲十九名進士。選庶吉士，授編修。纍遷侍講、侍讀學士，雍正四年授詹事，六年改通政使兼翰林院掌院學士兼詹事。十一年授禮部左侍郎仍兼詹事，雍正十三年病免。曾赴廣東處理總督阿克敦侵蝕粵海關火耗案。乾隆三年授戶部侍郎，四年會試副考官，五年改吏部侍郎。八年降內閣學士。十二年去職。著有《大清名臣言行録》《自省録》。

謝道承　字又紹，號古梅。福建閩縣人。康熙六十年二甲二十名進士。選庶吉士，授編修。纍遷國子監祭酒，乾隆五年官至內閣學士。六年病休。修纂《福建通志》，包括臺灣在內的該地區乾隆以前歷史、地理、政治、軍事、經濟、文化、生產、技術、海上交通等。著有《小蘭陵詩集》。

王兆符　（1681—1723）字龍篆，別字隆川。順天大興縣人。康熙六十年二甲二十一名進士。歸班候選知縣。尤好讀史，曾著《古今變異論》九篇，著有《戰國策》批注，未及成書而卒。

盧見曾　字抱孫，號雅雨、澹園。山東德州人。康熙二十九年（1690）生。康熙六十年二甲二十二名進士。雍正三年任四川洪雅知縣，四年丁憂歸。八年改安徽蒙城知縣，遷六安、亳州知州，授江蘇江寧知府、安徽潁州知府、廬州知府，遷江西饒九南道，乾隆元年任兩淮鹽運使。五年中蜚語，被吏議戍軍臺。再起任邯鄲知縣，九年補直隸灤州知州，遷永平府知府，調揚州知府，十六年遷長蘆鹽運使，十八年復任兩淮鹽運使。後告歸。爲清代藏書家，藏書處曰"雅雨堂"。刻有《雅雨堂叢書》《金石三例》，著有《出塞集》，《邯鄲集》《北平集》《平山堂後集》《里門感舊集》，編《國朝山左詩鈔》六十卷。

父盧道悅，康熙九年進士；孫盧蔭溥，乾隆四十六年進士，體仁閣大學士，紀曉嵐女婿；孫盧蔭文，乾隆五十四年進士。

葛柱邦　字玉衡。福建侯官縣人。康熙六十年二甲二十三名進士。任內閣中書。

楊汝梗　浙江仁和縣人。康熙六十年二甲二十四名進士。雍正八年遷甘肅肅州知州，十一年遷甘肅西寧知府，官至甘肅西寧道。

于　柟　字讓谷。江蘇金壇縣人。康熙六十年二甲二十五名進士。授內閣中書，升禮部主事。

俞元祺　字貞起。浙江仁和縣人。康熙六十年二甲二十六名進士。選庶吉士，授編修。母老告歸。母喪，哀毀得寒疾卒。

顧棟高 字震滄，號復初、左佘。江蘇無錫縣人。康熙十八年（1679）生。康熙六十年二甲二十七名進士。授內閣中書，雍正年間引見以奏對越次罷官。乾隆十六年詔內外大臣保舉經學之士，僅顧棟高等四人入選，因年老不能入京任職，授國子監司業銜。二十二年乾隆帝南巡迎鑾加祭酒銜，并賜御書"傳經耆碩"額。乾隆二十四年（1759）卒。年八十一。著有《司馬溫公年譜》《尚書質疑》《毛詩類釋》《續編》《春秋大事表》《輿圖》《大儒粹語》等。

鄭大德 字衣聞。順天宛平縣人，原籍江蘇如皋。康熙六十年二甲二十八名進士。授浙江山陰知縣，調鄞縣知縣。以疾歸。

夏力恕 字觀川，晚稱澴農。湖北孝感縣人。康熙六十年二甲二十九名進士。選庶吉士，授編修。雍正元年充順天鄉試同考官，二年山西鄉試正考官。修《湖廣通志》。乞終養歸。家居三十年。主講江漢書院。著有《四書札記》《證疑備覽》《杜詩筆記》《菜根精舍詩》《易論》。六十五歲卒。

兄夏立中，同科進士。

惲宗泃 直隸滄州人。康熙六十年二甲三十名進士。任安徽安慶府教授。

恩壽（《詞林輯略》作恩受）字如山。滿洲鑲紅旗人。覺羅氏。康熙六十年二甲三十一名進士。選庶吉士，授編修。官至侍講。

吳端升 字申錫，號蓉村。江蘇武進縣人。康熙六十年二甲三十二名進士。選庶吉士。著有《蓉村集》。

吳毅 字朔占。浙江烏程縣人。康熙六十年二甲三十三名進士。任直隸宣化知縣，乾隆元年官至湖南岳州知府，八年改直隸廣平知府，十一年官至宣化知府。

姜任脩（原名姜耕）字自芸，號退耕、白蒲。江蘇如皋縣人。康熙六十年二甲三十四名進士。選庶吉士，改直隸清苑知縣。被劾罷官。書畫弈算皆精。著有《白蒲子古文》等。

蔣文元 江蘇武進縣人。康熙六十年二甲三十五名進士。雍正元年任江蘇淮安府教授。

梁機 字仙來，號慎齋。江西泰和縣人。康熙十七年（1678）生，六十年二甲三十六名進士。選庶吉士，雍正元年任山西文水知縣，改教授。乾隆年間，薦舉博學鴻詞，未中。著有《北游草》《趙游日記》《三華集》。

父梁弓，康熙十八年進士。

胡國楷 字鏡舫。浙江山陰縣人。康熙六十年二甲三十七名進士。雍正四年授安徽太湖知縣，九年補廣東高明知縣，升主事，官至郎中。年七十告歸。著有《承家錄》《珠船二樓集》《尊德堂集》《鏡舫詩集》《浮家泛定集》《春曹存稿》《歸田集》。好詩，爲"越中七子之一"。

儲大文 字六雅，號畫山。江

蘇宜興縣人。康熙四年（1665）生。康熙六十年會元，二甲三十八名進士（時年五十七）。選庶吉士，授編修。晚年曾主講安定書院。乾隆八年（1743）卒，年七十九。著有《存硯樓集》《存硯樓二集》《論形勢居》等。

弟儲在文，康熙四十八年進士。

李　清　河南滎陽縣人。康熙六十年二甲三十九名進士。雍正四年任江蘇清河知縣。

吳啟昆　字宥涵。江蘇江寧縣人。康熙六十年二甲四十名進士。選庶吉士，授編修。雍正四年充湖南鄉試副考官，升江西道御史。精通易學，著有《索易臆説》二卷。

第三甲一百二十名

李光墺　字廣卿，號識都。福建安溪縣人。大學士李光地從弟。康熙六十年三甲第一名進士。選庶吉士，授檢討。乾隆元年督山東學政，官至國子監司業。參與修《一統志》《八旗人物志》《三禮》。與弟李光型并稱“二李”。著有《二李經説》《沈餘詩文集》《考工發明》《黄庭二景互注》。

王　植　字槐三，號戇思。直隸深澤縣人。康熙六十年三甲第二名進士。雍正四年任廣東和平知縣，署平遠、德慶、陽江知縣，乾隆元年改新會知縣、香山知縣，調山東沾化知縣，十三年任郯城等縣知縣。

官至廣東羅定直隸州知州。以老病乞休。卒年八十六。著有《四書參注》《正蒙初義》《皇極經世書解》《韻學》《韻學臆説》《崇德堂集》《偶存草》《道學淵源錄》等。

宋華金　字西甀。河南商丘縣人。康熙六十年三甲第三名進士。任同知，遷刑部郎中，雍正十三年任湖北襄陽知府。著有《青立軒詩集》行世。

父宋至，康熙四十二年進士。

馮　咏　字亹颺。江西金溪縣人。康熙六十年三甲第四名進士。選庶吉士，散館雍正二年授江蘇丹徒知縣，三年江蘇金壇知縣，擢貴州開州知州，代理思南知府。後因在丹徒時事罷歸。有文名，與兄馮湛、弟馮謙號稱“三馮”。著有《桐樹詩》共九卷，每卷爲一集，分別爲《江漢集》《日下集》《章江集》《南海集》《南海二集》《公車集》《玉堂集》《京口集》《黔中集》。

弟馮謙，同科進士。

趙可大　直隸清苑縣人，原籍江蘇武進。康熙六十年三甲第五名進士。官至河南陝州知州。

楊夢琰　字玉行。江蘇丹徒縣人。康熙六十年三甲第六名進士。選庶吉士，散館改知縣，官至河南開歸道。河東鹽法道。

楊　錦　河南洧川縣人。康熙六十年三甲第七名進士。

何　溥　滿洲正黄旗人。康熙六十年三甲第八名進士。

段西銘 直隸河間縣人。康熙六十年三甲第九名進士。乾隆元年任江蘇揚州府教授。九年改安徽池州府教授。

沈成璉 浙江錢塘縣人。康熙六十年三甲第十名進士。任宗人府主事。

吳栻 字屆了，號青城。江蘇武進縣人。康熙六十年三甲十一名進士。選庶吉士，授檢討。歷官至中允。

任相 河南固始縣人。康熙六十年三甲十二名進士。雍正年間任河南河南府教授。

李桓 河南睢州人。康熙六十年三甲十三名進士。雍正四年任直隸懷來知縣，改大興知縣。

馮謙 字禹拜，號菽林。江西金溪縣人。康熙六十年三甲十四名進士。選庶吉士，授檢討。工文章，有詩名。

兄馮咏，同科進士。

崔乃鏞 字伯敖，號豚齋。陝西同官縣人。康熙六十年三甲十五名進士。選庶吉士，未散館，補雲南尋甸州知州。遷雲南東川知府，乾隆三年官至湖北糧儲道。

唐繼祖 字序皇，號範山。江蘇江都縣人。康熙六十年三甲十六名進士（時年五十）。選庶吉士，授檢討。歷任禮部主事、員外郎、河南道御史、工科給事中、通政司參議，擢鴻臚寺卿。雍正九年授河南按察使，改湖北按察使，十年

（1732）調江西按察使。未任以疾乞歸，十一月初六日卒。年六十三。著有《義山詩文對釋》。

儲郁文 江蘇宜興縣人。康熙六十年三甲十七名進士。雍正三年任安徽徽州府教授。

牟融 漢軍正白旗人。康熙六十年三甲十八名進士。雍正五年纍遷直隸宣化知府，乾隆六年改甘肅寧夏知府，八年改甘州知府。

儲雄文 字沨雲，號浮青。江蘇宜興縣人。康熙六十年三甲十九名進士。兄弟五人并登甲乙榜，世稱"五鳳齊飛"。著有《浮青水謝詩》。

儲大文、儲雄文、儲郁文三人同榜進士；儲在文，康熙四十八年進士。

宋在詩 字雅伯，號野柏。山西安邑縣（今運城）人。康熙六十年三甲二十名進士。選庶吉士，授檢討。改吏部主事，雍正三年充順天鄉試同考官，遷吏部郎中，五年督四川學政，官至鴻臚寺少卿。是清代有名的經學家。著有《懷古堂詩稿》《論語贅言》《見聞瑣錄》。

戴壽名 （一作祝壽名）山東德州人。康熙六十年三甲二十一名進士。任甘肅莊浪知縣，官至甘肅涼州府同知。

王還樸 河南太康縣人。康熙六十年三甲二十二名進士。任江西上饒知縣。

楊于位 字及中。江西瑞金縣

人。康熙六十年三甲二十三名進士。雍正二年任廣東始興知縣，改平遠知縣，署翁源知縣。坐誤革職入獄，未幾釋歸。

沈遴 字輯之。直隸滄州人。康熙六十年三甲二十四名進士。初署貴州施秉知縣，補普安知縣。聘修《貴州通志》，在任十三年以疾歸，遂卒。

羅克拔 字尤取。江西新建縣人。康熙六十年三甲二十五名進士。

李若采 字允五。福建福清縣人。康熙六十年三甲二十六名進士。官至候補員外郎。

張對墀 字丹颺，號仰峰。福建晉江縣人。康熙六十年三甲二十七名進士。任河南太康知縣，因友人事株連獲罪，卒於配所。

楊魁甲 字賓升。甘肅寧夏人。康熙六十年三甲二十八名進士。選庶吉士，散館改知縣，官至山西吉州知州。

司馬灝文 （榜名杜灝文）字惺齋。浙江鄞縣人。康熙六十年三甲二十九名進士。選庶吉士，散館改山西太谷知縣，雍正七年官至山西沁州知州。

張士毅 河南祥符縣人。康熙六十年三甲三十名進士。雍正四年任奉天海城知縣。

邵成楨 （改名邵成正）字樹百。江蘇青浦縣人。康熙六十年三甲三十一名進士。雍正五年任廣東開建知縣，六年改廣東徐聞知縣。

應上苑 字眉允。江西宜黃縣人。康熙六十年三甲三十二名進士。雍正二年任廣東陽山知縣，六年改花縣知縣、萬州同知、陵水知縣，十二年遷廣東惠州府同知，官至山東東昌知府，卒於任。

馬維翰 字默臨、墨麟，號侶仙。浙江海鹽縣人。康熙三十二年（1693）生。康熙六十年三甲三十三名進士。任吏部主事、員外郎。雍正四年考選河南道御史。升工科、戶科給事中。外任四川建昌道。乾隆二年授江蘇常鎮道，丁憂歸。乾隆五年（1740）五月初四日卒，年四十八。工詩。著有《墨麟詩集》《古文》《舊雨集》等。

張符驤 字良御，號海房。江蘇泰州人。康熙三年（1664）生。康熙六十年三甲三十四名進士（時年五十八）。選庶吉士。雍正二年乞休歸。五年（1727）卒，年六十四。撰《竹西詞》《後竹西詞》，對康熙帝南巡窮奢極侈，多有揭露。另有《依歸草》《自長吟詩集》《日下麗澤集》。

夏立中 字惟允，號映川。湖北孝感縣人。康熙五十六年舉人，六十年三甲三十五名進士。選庶吉士。雍正元年（1723）卒於京。

弟夏立恕，同科進士。

侯來旌 字天章、穎長。陝西合陽縣人。康熙六十年三甲三十六名進士。選庶吉士。未散館授檢討，雍正元年，充順天同考官。官至刑部郎中。

王克宏 字能四、龍問。順天宛平縣人。康熙六十年三甲三十七名進士。選庶吉士,改主事。

父王熙,兵部尚書;祖父王崇簡,禮部尚書。

牛天申 字蓼懷。江蘇上元縣人。康熙六十年三甲三十八名進士。官至貴州大定知府。

劉維新 順天宛平縣人。康熙六十年三甲三十九名進士。

趙笏 直隸寧津縣人。康熙六十年三甲四十名進士。選庶吉士。

陸奎勛 字聚侯,號星坡、陸堂。浙江平湖縣人。康熙二年(1663)生。康熙六十年三甲四十一名進士(時年五十九)。選庶吉士,授檢討。充《明史》纂修官。以病歸。後主講廣西秀峰書院。研究經學,多新奇之論。乾隆三年(1738)卒,年七十六。著有《陸堂易説》《詩學》《今文尚書説》《春秋義存録》《戴禮緒言》《陸堂詩文集》《真息齋詩鈔》等。

袁耀玉 山東蓬萊縣人。康熙六十年三甲四十二名進士。任山東兗州府教授。

范卜年 順天大興縣人,原籍浙江山陰。康熙六十年三甲四十三名進士。雍正六年任江西上高知縣,十二年改高安知縣。

介錫周 字鼎卜。山西解州人。康熙六十年三甲四十四名進士。歷任貴州畢節知縣、平遠知州、大定知府、貴西道、督糧道。乾隆十

三年授貴州按察使,十四年召京授太僕寺少卿。十七年休致。三十年(1765)卒。

王溥 字洵如,號桐原。浙江錢塘縣人。康熙六十年三甲四十五名進士。選庶吉士,散館歸班候選知縣,雍正二年任山東即墨縣知縣。

楊纘緒 字式光。廣東澄海縣人。康熙六十年三甲四十六名進士。選庶吉士,補吏部員外郎。雍正元年充會試同考官,考選浙江道御史。剛直不阿,革。乾隆二年起用,任甘肅慶陽知府,丁憂歸。補江蘇松江知府,調廣西桂林知府、泗城知府。遷浙江金衢道,乾隆二十二年授陝西按察使。二十四年九月病休,卒年七十五。著有《佩蘭齋詩文集》。

父楊之徐,康熙二十七年進士;弟楊黼時,乾隆元年進士;弟楊演時,乾隆十年進士。

彭家屏 字樂君,號青源。河南夏邑縣人。康熙六十年三甲四十七名進士。授刑部主事,遷郎中。雍正八年考選山西道御史,十三年遷直隸保定知府,轉直隸清河道。乾隆三年署湖南按察使,六年遷江西布政使,十五年改雲南布政使,十九年調江蘇布政使。二十年召京,二十二(1757)年因其家收藏逆書(吳三桂檄文),七月十三日令自盡。

梅枚 字功臣。江西南城縣人。康熙六十年三甲四十八名進士。授河南河內知縣,調儀封縣,雍正

六年任河南裕州知州，十一年擢許州直隸州知州，官至山東泰安知府。任二載以勞瘁卒於任。

吳錕 字汝礪，號鼎齋。江西南昌縣人。康熙六十年三甲四十九名進士。任福建福清知縣，改江蘇揚州鹽運使經歷。

林聞譽 字體仁，號靜山。廣東陽春縣人。康熙六十年三甲五十名進士。任直隸保定知縣，以卓異升霸州知州。解組歸。著有《花笑軒詩文集》。

程仁圻 字方誠，號袤野。貴州廣順州人。康熙六十年三甲五十一名進士。任吏部主事，雍正二年考選湖廣道御史，升山西河東鹽運使，十二年署十三年授陝西布政使，乾隆二年丁憂歸。五年署廣東布政使。六年十一月革。

三格 滿洲鑲黃旗人。康熙六十年三甲五十二名進士。雍正元年任安徽懷寧知縣。

蔣大成 字展亭。浙江仁和縣人。康熙六十年三甲五十三名進士。乾隆七年官至安徽寧國府知府。降調去。

彭亮 江西南豐縣人。康熙六十年三甲五十四名進士。雍正七年任山東東阿知縣，改肥城知縣。

王士俊 字灼川，號犀川。貴州平越縣人。康熙六十年三甲五十五名進士。選庶吉士，雍正元年八月特旨揀發河南以知州用，九月補河南許州知州，四年授瓊州知府、廣東肇高道。七年授廣東布政使，九年遷湖北巡撫，十年十一月任河東總督，兼管河南巡撫。十三年十一月裁撤河東總督解職，署兵部侍郎。乾隆元年改署四川巡撫。七月密陳認爲雍正朝政治過於嚴刻。乾隆帝盛怒不已，二年革職斬監候。後詔釋回籍爲民。乾隆二十一年（1756）卒。曾監修《河南通志》八十卷。著有《閑家編》。

叔父王夢堯，康熙五十七年進士；叔父王夢旭，康熙五十一年進士。

盧建中 湖北黃安縣人。康熙五十六年舉人，六十年三甲五十六名進士。雍正四年任甘肅平番知縣，遷主事。

喬世臣 字丹葵，號蓼圃。山東磁陽縣人。康熙二十五年（1686）生。康熙五十九年鄉試解元，六十年三甲五十七名進士。選庶吉士，授檢討。充明史纂修官，進吏部郎中，雍正四年出任嘉興知府，丁父憂服闋補杭州知府。八年擢江蘇按察使，九年九月署十年十一月授江蘇巡撫。十一年六月召京，十月改任左副都御史，十二月改刑部侍郎，十二年十月調工部侍郎。雍正十三年（1735）正月初三日卒，年五十。著有《臥游集》。

徐士俊 湖北江夏縣人。康熙五十年舉人，六十年三甲五十八名進士。雍正四年任直隸平山知縣，纍遷福建建寧府同知，官至建寧知府。

何　浩　字改夫。滿洲正黃旗人。康熙六十年三甲五十九名進士。乾隆四十一年任江西浮梁知縣。緣事罷吏議去。

何　朗　字玉山。雲南石屏州人。康熙六十年三甲六十名進士。選庶吉士，授檢討。雍正元年，任順天同考官。

彭人瑛　山西安邑縣人。康熙六十年三甲六十一名進士。雍正六年以直隸易州知州調順天涿州知州，九年遷直隸保定知府，十一年遷清河道，十三年授湖南按察使。乾隆二年罷。

陳惟煜　直隸河間縣人。康熙六十年三甲六十二名進士。任直隸順德府教授。

安受賑　山西垣曲縣人。康熙六十年三甲六十三名進士。任河南嵩縣知縣。

陶德燾　直隸保定左衛人，原籍浙江會稽。康熙六十年三甲六十四名進士。雍正四年任廣東連山知縣，七年任廣東三水知縣，八年改廣東連州直隸州知州，升員外郎，官至廣西鹽運同。

嚴　潔　字皓亭。江西南城縣人。康熙六十年三甲六十五名進士。雍正二年任廣東徐聞知縣，七年改直隸鹽山知縣。

壯　純　直隸滄州人，原籍江蘇武進。康熙六十年三甲六十六名進士。雍正四年任山西五寨知縣。

周毓真　（改名周毓正）字衷愷，號心雪。山東萊州府鰲山衛人。康熙六十年三甲六十七名進士。雍正五年任山西浮山知縣。罷歸。著有《中溪集》《心雪齋集》。

劉葆采　江西金溪縣人。康熙六十年三甲六十八名進士。任貴州永從知縣。

彭起渭　河南夏邑縣人。康熙六十年三甲六十九名進士。雍正四年任江西上猶知縣。

鍾元輔　廣東新會縣人。康熙六十年三甲七十名進士。雍正四年任山西懷仁知縣，官至禮部郎中。

衛學瑗　山西陽城縣人。康熙六十年三甲七十一名進士。雍正四年任陝西膚施知縣，十年改湖南湘潭知縣。

黃　秀　字君實，一字實庵。湖南巴陵縣人。康熙元年（1662）生。康熙六十年三甲七十二名進士（時年六十）。選庶吉士，授檢討。官至山東道御史。致仕歸。乾隆十六年（1751）卒，年九十。崇尚樸學。曾與修《治河方略》《政治典制》。著有《實庵文集》。

杜先瀛　山西太谷縣人。康熙六十年三甲七十三名進士。任山西安邑縣教諭。

鄭佑人　湖北漢陽縣人。康熙六十年三甲七十四名進士。任浙江歸安知縣，河南臨潁知縣，雍正十二年任湖南臨湘縣教諭。

蔣　梓　河南睢州人。康熙六十年三甲七十五名進士。任知縣。

鄧枚 字乃夢。江西南豐縣人。康熙六十年三甲七十六名進士。任江西撫州府教授。薦試博學鴻詞，報罷尋卒。

郭應元 字景仁。福建永春縣人。康熙六十年三甲七十七名進士。授福建邵武府教授。

屠用謙 字益受，號中安、畏貞。湖北孝感縣人。康熙五十二年舉人，六十年三甲七十八名進士。選庶吉士，改任知縣，升河南汝州知州，官至四川綿州直隸州知州。

父屠沂，康熙三十三年進士，浙江巡撫。

李梅賓 字與素。廣西臨桂縣人。康熙六十年三甲七十九名進士。選庶吉士，補四川劍州知州，擢成都同知，遷四川寧遠知府，雍正七年改直隸廣平知府，九年調天津知府（天津原爲天津直隸州，雍正九年以河間府青縣、靜海縣隸屬升爲天津府），乾隆五年遷湖北鹽法道，七年正月官至山東鹽運使。

蕭炘 山東德州人。康熙六十年三甲八十名進士。任禮部文選司主事、郎中，雍正十二年考授陝西道御史，乾隆元年任順天東城巡城御史。

爲順治十五年進士蕭惟豫曾孫。

全乾象 山東沂州人。康熙六十年三甲八十一名進士。雍正三年任江蘇上海知縣，尋去職。

王恕 字樓山，號中安、瑟齋。四川安居縣人。康熙二十一年（1682）六月二十四日生。康熙六十年三甲八十二名進士。選庶吉士，任吏部員外郎、郎中，雍正元年考選廣西道御史，升兵科給事中、江安糧道。乾隆元年授廣東按察使，遷廣東布政使，五年五月授福建巡撫。七年三月解職，降直隸布政使。同年（1742）十月十六日卒。年六十一。學者稱“樓山先生”。著有《樓山詩集》。

謝國維 江西南豐縣人。康熙六十年三甲八十三名進士。未仕。

周知非 山東萊州府鰲山衛人。康熙六十年三甲八十四名進士。任河南確山知縣。

郭稷 山西臨晉縣人。康熙六十年三甲八十五名進士。

李文華 順天大城縣人。康熙六十年三甲八十六名進士。任直隸宣化府教授。

關上進 字凌雲。廣東新寧縣人。康熙六十年三甲八十七名進士。選庶吉士，授檢討。雍正元年任順天鄉試同考官。

莫魁文 字起梧。廣東定安縣人。康熙六十年三甲八十八名進士。雍正五年任直隸慶雲知縣。

李渭 字菉崖，號素園。直隸高邑縣人。康熙二十四年（1685）生。康熙六十年三甲八十九名進士。授內閣中書，遷刑部主事，雍正四年授湖南岳州知府，左遷武昌府同知未任，丁母憂服闋授四川嘉定知府，丁父憂歸。乾隆五年改河南彰德知府，九年遷山東鹽運使，十三年授山東按察使，遷安徽布政使，十五年改山東布政使。乾隆十九年（1754）六月十五日卒於任，年七十。

湯萬炳 字孔倬。江蘇長洲縣人。康熙六十年三甲九十名進士。

黃煥彰 字槐州。福建晉江縣（今泉州）人。康熙六十年三甲九十一名進士。選庶吉士，授檢討。雍正元年充順天同考官，歷官至雲南澂江知府，後入京任刑部郎中。

郭紹璞 山西翼城縣人。康熙六十年三甲九十二名進士。任河南陝州直隸州知州。

曹涵 字奕汪，號珍硯。順天武清縣人。康熙六十年三甲九十三名進士。選庶吉士，授檢討。

楊景 河南伊陽縣人。康熙六十年三甲九十四名進士。雍正四年任廣東陽春知縣。

梁樟 陝西咸寧縣人。康熙六十年三甲九十五名進士。

萬繩祜 字爾受。湖北麻城縣人。康熙六十年三甲九十六名進士。選庶吉士。散館歸班知縣，雍正元年任山西壺關知縣。

彭之華 湖北黃安縣人。康熙五十二年舉人。六十年三甲九十七名進士。任山東城武知縣。

姚溍 山西臨晉縣人。康熙六十年三甲九十八名進士。任奉天工部員外郎。

周大賚 山東蓬萊縣人。康熙六十年三甲九十九名進士。任山東萊州府教授。

樊正域 學海截。直隸成安縣人。康熙六十年三甲一百名進士。任雲南富民知縣，官至戶部主事，升員外郎。告歸。二十年杜門不出。

董思恭 字作肅，號雨亭。山東壽光縣人。康熙六十年三甲一百零一名進士。選庶吉士，未散館補四川劍州知州，改任河南許州知州，乾隆八年遷湖南常德知府，十一年改沅州知府，十四年官至湖南糧儲道。年六十致仕歸。

李開葉 （1673—1743）字奕夫，號磁林。福建閩縣人。康熙六十年三甲一百零二名進士。選庶吉士，未散館補吏部員外郎。忤權要歸。著有《崇雅堂詩鈔》十一卷、《儀禮輯要》《教學纂述》《教學源流》等書。

李捷元 山東利津縣人。康熙六十年三甲一百零三名進士。任固城知縣。

楊弘緒 四川新繁縣人。康熙六十年三甲一百零四名進士。乾隆二年任湖南糧儲道。

萬咸燕 字舒仲。雲南石屏州人。康熙六十年三甲一百零五名進士。任雲南麗江府教授，遷四川井研知縣。撰有《麗江府志》。

戴亨 字通乾，號遂堂。奉天承德縣人，原籍浙江仁和。康熙六十年三甲一百零六名進士。乾隆二年任山東齊河知縣。抗忤上官罷。寄居京師，晚年居南京。著有《慶芝堂詩集》《遼東三老集》等。

王元穉　浙江錢塘縣人。康熙六十年三甲一百零七名進士。雍正元年任江蘇江都知縣。

孫國璽　字輝川、振九。漢軍正白旗人。康熙六十年三甲一百零八名進士。任河南知縣，雍正四年遷河南禹州知州，遷河南開封知府，五年改杭州知府，六年擢臺灣道，改福建鹽道。七年授福建按察使遷山東布政使。八年十一月解職。九年署浙江布政使，十年任東河副總河督，十一月改署河南巡撫，十一年四月調任左副都御史。乾隆元年十一月改兵部侍郎，三年四月改任安徽巡撫。四年（1739）十一月卒。

張勿遷　字靜思。山東昌邑縣人。康熙四十七年舉人，六十年三甲一百零九名進士。任内廷教習。

歐鍾諧　廣東樂昌縣人。康熙六十年三甲一百十名進士。任福建順昌知縣。

彭士商　字克家。湖南衡山縣人。康熙六十年三甲一百十一名進士。雍正元年任湖北黃州府教授。著有《恒農堂詩古文集》。

趙升朝　山西平定州人。康熙六十年三甲一百十二名進士。任四川平武知縣。

晏斯盛　字虞際，號一齋。江西新喻縣人。康熙六十年三甲一百十三名進士。選庶吉士，授檢討。雍正五年考選山西道御史，八年督貴州學政，遷鴻臚寺少卿，乾隆元年授安徽布政使，五年三月丁憂。七年三月授山東巡撫，八年三月改湖北巡撫，九年正月改戶部侍郎（未任），二月仍任湖北巡撫。十年十一月以養母乞歸。乾隆十七年（1752）四月卒。著有《易經解》《禹貢解》《楚蒙山房集》。

王錫年　字喬生。陝西郃陽縣人。康熙六十年三甲一百十四名進士。雍正五年任浙江歸安知縣，六年改浙江遂安知縣，後改陝西涇陽教諭，轉靜寧州學正。歸後主講蒲城書院，年八十卒。

劉廷翰　字子藩。山西永寧州人。康熙六十年三甲一百十五名進士。任福建政和、福安知縣。

張發祖　字孝舒，號西濱。陝西朝邑縣人。康熙六十年三甲一百十六名進士。任禮部主事，居官九載清操卓立，清苦之狀寒士有所不堪，而處之恬然。林下三十年，閉門課讀不爲衣食計，家屢困。

陳　愷　浙江諸暨縣人。康熙六十年三甲一百十七名進士。即用知縣，改教職。

李先枝　字舒揚。四川蒼溪縣人。康熙六十年三甲一百十八名進士。選庶吉士，散館歸班候選知縣。

甘曰懋　四川大邑縣人。康熙六十年三甲一百十九名進士。

邊　果　直隸任丘縣人。康熙六十年三甲一百二十名進士。